Wirtschaftliches Prüfungswesen

Band I:
Aufstellung und Prüfung des Jahresabschlusses nach dem Handelsgesetzbuch

Materialien zur Vorbereitung auf die Berufsexamina wirtschaftsprüfender und -beratender Berufe

Von

WP/StB Prof. Dr. Dr. h. c. Klaus v. Wysocki

Vierte, überarbeitete und ergänzte Auflage

R. Oldenbourg Verlag München Wien

Bibliografische Information Der Deutschen Bibliothek

Die Deutsche Bibliothek verzeichnet diese Publikation in der Deutschen Nationalbibliografie; detaillierte bibliografische Daten sind im Internet über <http://dnb.ddb.de> abrufbar.

Rosenheimer Straße 145, D-81671 München
Telefon: (089) 45051-0
www.oldenbourg.de

Gedruckt auf säure- und chlorfreiem Papier
Gesamtherstellung: Druckhaus „Thomas Müntzer“ GmbH, Bad Langensalza

ISBN 3-486-57712-3

Vorwort zur vierten Auflage

Die Materialien zur Vorbereitung auf die Berufsexamina wirtschaftsprüfender und -beratender Berufe sind auf der Grundlage jahrelanger Erfahrungen nicht nur in der Hochschullehre sondern auch in der Berufsvorbereitung von Angehörigen prüfender Berufe in Deutschland entstanden. Sie konzentrieren sich auf die wesentlichen Grundlagen des Fachgebietes "Wirtschaftliches Prüfungswesen". Der vorliegende Teil I enthält die Materialien zum Teilbereich "Aufstellung und Prüfung des Jahresabschlusses nach dem Handelsgesetzbuch und nach internationalen Grundsätzen".

Die einzelnen Sachgebiete werden am Schluss des Buches in der Form von Gliederungsvorschlägen zu ausgewählten Themenstellungen aufbereitet. Sie sind dazu bestimmt, sowohl die im Rahmen der Examina anzufertigenden Aufsichtsarbeiten als auch die "Kurzvorträge" im Rahmen der mündlichen Prüfung unter sachlichen Gesichtspunkten zu strukturieren. Den einzelnen Gliederungsvorschlägen ist stets ein Hinweis auf die Fundstelle im Textteil des Buches vorangestellt. Dadurch ist der Zugriff auf den zum jeweiligen Thema gehörenden Volltext möglich.

Zwei Gründe haben mich veranlasst, die vierte Auflage des ersten Teils der "Materialien" in vollständig überarbeiteter und ergänzter Form vorzulegen und zugleich den Titel der Schrift durch den Hinweis auf die internationalen Rechnungslegungsgrundsätze zu erweitern:

- Die Reform des nationalen Rechts der handelsrechtlichen Rechnungslegung durch das Gesetz zur Kontrolle und Transparenz im Unternehmensbereich (KonTraG), durch das Kapitalaufnahmeerleichterungsgesetz (KapAEG), durch das Tansparenz- und Publizitätsgesetz (TransPuG), durch das Bilanzrechtsreformgesetz (BilReG) und durch das Bilanzkontrollgesetz (BilKoG) hat mannigfache Änderungen bzw. Ergänzungen erforderlich gemacht.
- Die verstärkte Diskussion um die Anwendung internationaler Rechnungslegungsstandards, die auf der Grundlage der IAS-Verordnung der EU für kapitalmarktorientierte Konzerne zur Rezeption der internationalen Rechnungslegungsstandards in Deutschland geführt hat, legte es nahe, parallel zu der Erörterung der nationalen Bilanzierungs-, Bewertungs- und Ausweisregeln jeweils auch Vergleiche mit den entsprechenden internationalen Standards des International Accounting Standards Board (IASB) anzustellen, zumal. die Übernahme der internationalen Standards nicht ohne Ausstrahlung auf die noch von der IAS-Verordnung nicht unmittelbar betroffenen Unternehmen bleiben wird. - Es wurden die bis Mitte Februar 2005 verabschiedeten und im Amtsblatt der EU veröffentlichten International Accounting Standards / International Financial Reporting Standards (IAS/IFRS) durch zahlreiche Hinweise berücksichtigt.

Die wohlwollende Aufnahme der ersten drei Auflagen hat mich darin bestärkt, in der vorliegenden vierten Auflage die bewährte Konzeption der Vorauflagen beizubehalten: Der Gesamtkomplex des Jahresabschlusses nach geltendem deutschen Handelsrecht steht nach wie vor im Mittelpunkt der Darstellung. Die Hinweise auf die internationalen Standards sollen dem Leser zusätzlich eine erste Orientierung in der Welt der neuen Rechnungslegungsgrundsätze ermöglichen; sie sollen aber eine intensive Auseinandersetzung mit den internationalen Standards nicht ersetzen.

Klaus v. Wysocki

Inhaltsverzeichnis

Verzeichnis der berücksichtigten International Accounting Standards (IAS/IFRS) und deren Veröffentlichungstermine im Amtsblatt der EU

__Anmerkung:__ Auf der Grundlage der IAS-Verordnung der EG sind die International Accounting Standards in der jeweiligen Fassung zu beachten, die im Amtsblatt der Europäischen Union veröffentlicht worden ist. Da auch (die häufigen) Änderungen der Standards mit ihrer Veröffentlichung wirksam werden, wird dem Leser empfohlen, bei der Bezugnahme auf einzelne IAS auf deren aktuellen Veröffentlichungsdatum zu achten.

IAS/ IFRS Nr.	Deutsche Titel der Standards	Veröffentlichung im Amtsblatt der EU
IAS 1	Darstellung des Abschlusses	31.12.2004
IAS 2	Vorräte	31.12.2004
IAS 8	Bilanzierungs- und Bewertungsmethoden, Änderung von Schätzungen und Fehlern	31.12.2004
IAS 10	Ereignisse nach dem Bilanzstichtag	31.12.2004
IAS 11	Fertigungsaufträge	13.10.2003
IAS 12	Ertragsteuern	13.10.2003
IAS 16	Sachanlagen	31.12.2004
IAS 17	Leasingverhältnisse	31.12.2004
IAS 18	Erträge	13.10.2003
IAS 19	Leistungen an Arbeitnehmer	13.10.2003
IAS 20	Bilanzierung und Darstellung von Zuwendungen der öffentlichen Hand	31.12.2004
IAS 21	Auswirkungen von Änderungen der Wechselkurse	31.12.2004
IAS 23	Fremdkapitalkosten	31.12.2004
IAS 24	Angaben zu Beziehungen zu nahe stehenden Unternehmen und Personen	31.12.2004
IAS 26	Bilanzierung und Berichterstattung von Altersversorgungsplänen	13.10.2003
IAS 28	Anteile an assoziierten Unternehmen	31.12.2004
IAS 31	Anteile an Joint Ventures	31.12.2004
IAS 32	Finanzinstrumente: Angaben und Darstellung	31.12.2004
IAS 36	Wertminderung vom Vermögenswerten	31,12,2004
IAS 37	Rückstellungen, Eventualschulden und Eventualforderungen	13.10.2003
IAS 38	Immaterielle Vermögenswerte	31.12.2004
IAS 39	Finanzinstrumente: Ansatz und Bewertung	09.12.2004
IAS F	Rahmenkonzept (Framework) für die Aufstellung und Darstellung von Abschlüssen	Nov. 2003
IFRS 1	Erstmalige Anwendung der IFRS	17.04.2004
IFRS 2	Aktienbasierte Vergütung	11.02.2005
IFRS 5	Zur Veräußerung gehaltene langfristige Vermögenswerte und aufgegebene Geschäftsbereiche	31.12.2004

Abkürzungsverzeichnis

A.	Auflage
Abb.	Abbildung
Abs.	Absatz
Abschn.	Abschnitt
ADS	Adler/Düring/Schmaltz, Rechnungslegung und Prüfung der Unternehmen, 6.A., Schef-fer/Poeschel Verlag, Stuttgart
AG	Aktiengesellschaft
AktG	Aktiengesetz
Art.	Artikel
AWV	Arbeitsgemeinschaft für wirtschaftliche Verwaltung
Az.	Aktenzeichen
BAG	Bundesarbeitsgericht
Bd.	Band
BeBiKo	Beck'scher Bilanz-Kommentar, 5. Aufl., C.H. Beck Verlag, München
BetrAVG	Gesetz über die betriebliche Altersversorgung
BetrVerfG	Betriebsverfassungsgesetz
BFA	Banken-Fachausschuss (IDW)
BFH	Bundesfinanzhof
BGB	Bürgerliches Gesetzbuch
BilKoG)	Bilanzkontrollgesetz
BilReG	Bilanzrechtsreformgesetz
BiRiLiG	Bilanzrichtlinien-Gesetz
BStBl.	Bundessteuerblatt
bzw.	beziehungsweise
d.V.	der Verfasser
DB	Der Betrieb (Zeitschrift)
Ders.	Derselbe
Dies.	Dieselbe(n)
ebd.	ebendort
EDV	Elektronische Datenverarbeitung
EG	Europäische Gemeinschaft
EGHGB	Einführungsgesetz zum HGB
EStDV	Einkommensteuer Durchführungsverordnung
EStG	Einkommensteuergesetz
EStR	Einkommensteuer-Richtlinien
EU	Europäische Union
EuroEG	Gesetz zur Einführung des Euro
evtl.	eventuell -er, -en
f.	folgende(r)
FAMA	Fachausschuss für automatisierte Abrechnungssysteme im IDW
ff.	fortlaufend folgende(r)
FG	Fachgutachten
GenG	Genossenschaftsgesetz
ggf.	gegebenenfalls
GmbH	Gesellschaft mit beschränkter Haftung
GmbHG	Gesetz über die Gesellschaften mit beschränkter Haftung
GoB	Grundsätze ordnungsmäßiger Buchführung
GuV	Gewinn und Verlust
GWG	Geringwertige Wirtschaftsgüter
HdJ	Handbuch des Jahresabschlusses in Einzeldarstellungen, Loseblatt, Verlag Dr. Otto Schmidt, Köln
HFA	Hauptfachausschuss
HGB	Handelsgesetzbuch
HWRev	Handwörterbuch der Revision, hrsg. v. Coenenberg/Wysocki v., Poeschel-Verlag, Stuttgart
HWRP	Handwörterbuch der Rechnungslegung und Prüfung, hrsg. v. Ballwieser/Coenenberg/v. Wysocki
i.d.F.	in der Fassung
i.d.R.	in der Regel
i.S.d.	im Sinne des / der
i.V.m.	in Verbindung mit
IAS	International Accounting Standard
IAS Verordnung	Verordnung (EG) Nr. 1606/2002 d. Europäischen Parlaments und des Rates vom 19.Juli 2002 betr. die Anwendung internationaler Rechnungslegungsstandards
IASB	International Accounting Standards Board
IDW	Institut der Wirtschaftsprüfer in Deutschland e.V.
IFAC	International Federation of Accountants

IFRS	International Financial Reporting Standard
IKS	Internes Kontrollsystem
ISA	International Standard on Auditing
KapAEG	Kapitalaufnahmeerleichterungsresetz
Kg	Kilogramm
KG	Kommanditgesellschaft
KGaA	Kommanditgesellschaft auf Aktien
KonTraG	Gesetz zur Kontrolle und Transparenz im Unternehmensbereich
KSt	Körperschaftsteuer
KStG	Körperschaftsteuergesetz
KWG	Kreditwesen Gesetz
Mio	Millionen
Nr.	Nummer
PHG	Personen-Handelsgesellschaft
PPS	Produktions-Planung und -Steuerung
PublG	Publizitätsgesetz
Rn.	Randnummer
SABI	Sonderausschuss Bilanzrichtlinien Gesetz
SANA	Sonderausschuss Neues Aktienrecht
SoPo	Sonderposten mit Rücklageanteil
Sp.	Spalte
St.	Stellungnahme
TransPuG	Tansparenz -und Publizitätsgesetz
Tz.	Textziffer
v.	von / vom
Verf.	Verfasser
VGA	Verdeckte Gewinnausschüttung
WK	(gemischtes) Warenkonto
WPg	Die Wirtschaftsprüfung (Zeitschrift)
WPH	Wirtschaftsprüfer-Handbuch
WPK	Wirtschaftsprüferkammer, Körperschaft des öffentlichen Rechts
z.B.	zum Beispiel
Ziff.	Ziffer

Teil I. Aufstellung und Prüfung des Jahresabschlusses nach dem Handelsgesetzbuch und nach internationalen Grundsätzen

§ 1 Rechtsgrundlagen des handelsrechtlichen Jahresabschlusses

<u>Übersicht:</u>

Ziff. 1 Kodifiziertes Handelsrecht
- *a) Die 4., die 7. und die 8. EG-Richtlinie als Grundlage des deutschen Handelsbilanzrechts*
- *b) Das Dritte Buch des Handelsgesetzbuches 1985*

Ziff. 2 Die Generalnormen für die Aufstellung des Jahresabschlusses
- *a) Vorschriften für alle Kaufleute (Einzelkaufleute und PHG)*
- *b) Vorschriften für Kapitalgesellschaften (entsprechend Art. 2 der 4. EG-Richtlinie)*

Ziff. 3 Handelsrechtliche Grundsätze ordnungsmäßiger Buchführung und Bilanzierung (GoB)
- *a) Rechtsnatur der GoB.*
- *b) Inhalt der GoB*
- *c) Bestimmung sonstiger GoB*

Ziff. 4 Jüngere Entwicklungen, Anpassung der Rechnungslegung an internationale Grundsätze
- *a) Ermittlung der GoB durch unabhängige Gremien (DRSC)*
- *b) Übersicht über die Rechnungslegungsgrundsätze des International Accounting Standards Board (IASB)*

Lit.: ADS, 6. A. §§ 238, 239, 242-245, 264; Baetge/Apelt, GoB, HdJ, Abt. I, 2; Beck`scher Bilanzkommentar, 5. A., §§ 238 ff., 264 HGB; Coenenberg, Jahresabschluss, 19. A., S. 3 ff.; ders.: HdJ, Abt. I, 3; Gross/Schruff, Jahresabschluss, 2. A. S. 29 ff.; Haberstock/Breithecker, Buchführungssystem, HWRev, 2. A., Sp. 292 ff.; IDW, Stellungnahme FAMA 1/1987, Grundsätze ordnungsmäßiger Buchführung bei computergestützten Verfahren und deren Prüfung; International Accounting Standards (IAS) Framework; Lange, Generalnorm, HWRev, 2. A., Sp. 602 ff.; Minz, Buchführungssysteme, HWRev, 2. A., Sp. 316 ff.; Stellungnahme SABI 3/1986, Zur Darstellung der Finanzlage i.S.v. § 264 Abs. 2 HGB; Wanik, EDV-Buchführung, HWRev, 2. A., Sp. 377 ff.; WPH 2000, Bd. I, E 1-13;

Ziff. 1 Kodifiziertes Handelsrecht

a) Die 4., die 7. und die 8. EG-Richtlinie als Grundlage des deutschen Handelsbilanzrechts

Die Europäische Gemeinschaft hatte eine Reihe von sog. gesellschaftsrechtlichen Richtlinien erlassen. Die Europäischen Staaten haben sich in den sog. Römischen Verträgen verpflichtet, den Inhalt der Richtlinien in ihre nationalen Rechte zu übertragen. Es geht für den Bereich der handelsrechtlichen Rechnungslegung vor allem um die folgenden Richtlinien.

a1) Die 4. (Bilanz-)Richtlinie vom 25. Juli 1978

Durch die vierte gesellschaftsrechtliche Richtlinie sollte die externe Rechnungslegung von Kapitalgesellschaften (AG, GmbH, KGaA) "harmonisiert" werden.

a2) Die 7. (Konzern-)Richtlinie vom 13. Juni 1983

Die siebente Richtlinie sollte die Aufstellung von Konzernabschlüssen derjenigen Konzerne harmonisieren, an deren Spitze eine Kapitalgesellschaft steht. Durch sie wurde die Konzernrechnungslegung der Konzernobergesellschaften stark an die angelsächsischen Rechnungslegungsregeln angepasst.

a3) Die 8. (Prüfer-)Richtlinie vom 10. April 1984

Durch die achte Richtlinie, die sog. Prüferbefähigungsrichtlinie, wurden die Mindestqualifikationen festgelegt, die die Prüfer der Einzel- und der Konzernabschlüsse besitzen müssen.

b) Das Dritte Buch des Handelsgesetzbuches 1985

Der deutsche Gesetzgeber hat im Jahre 1985 die Richtlinientransformation durch das Bilanzrichtlinien-Gesetz (BiRiLiG) vorgenommen. Er hat damit die handelsrechtlichen Rechnungslegungsvorschriften, die bis dahin in verschiedenen Gesetzen niedergelegt waren, im Dritten Buch des HGB konzentriert. Bei der Transformation der Richtlinien hat er sich im wesentlichen von den folgenden Grundsätzen leiten lassen:

- Übernahme der zwingenden Richtlinien-Regeln;
- Vornahme von Änderungen des bisherigen Rechts im geringstmöglichen Umfang;
- Beibehaltung der Maßgeblichkeit der Handels- für die Steuerbilanz und der "umgekehrten Maßgeblichkeit";
- Wahrung der steuerlichen Neutralität der Umsetzung.

b1) Konzeption des Dritten Buches HGB

Dem Dritten Buch des HGB liegt die folgende Konzeption zugrunde:

b11) Vorschriften, die für alle Kaufleute gelten

In einem allgemeinen Teil (bis § 263 HGB) sind alle Vorschriften enthalten, die für sämtliche Kaufleute i.S.d. HGB gelten sollen. **Einzelkaufleute und Personengesellschaften** finden eine abschließende Regelung ihrer Rechnungslegung im allgemeinen Teil des Dritten Buches des HGB (bis § 263 HGB).

b12) Vorschriften, die zusätzlich für Kapitalgesellschaften gelten

Ab dem § 264 HGB finden sich alle Rechnungslegungsvorschriften, die speziell für **Kapitalgesellschaften** gelten, also für diejenigen Unternehmen, deren Rechnungslegung durch die 4., 7. und 8. Richtlinie in Europa harmonisiert worden ist.

Kapitalgesellschaften haben zunächst die Vorschriften des allgemeinen Teils des Dritten Buchs zu beachten, zusätzlich aber auch den 2. Abschnitt des Dritten Buchs (§§ 264 ff. HGB). Ferner ist zu beachten, dass das Aktiengesetz und das GmbH-Gesetz rechtsformabhängige Vorschriften zur Rechnungslegung (im Bereich der Rücklagen und der Gewinnverwendung; ggf. Segmentberichterstattung und Kapitalflussrechnung) enthalten, die zusätzlich zu beachten sind. Für sehr große Unternehmen, die unter das **Publizitätsgesetz** fallen, gelten Sonderregelungen.

b13) Vorschriften für Genossenschaften

Genossenschaften haben die allgemeinen Regelungen, die Sonderregelungen für Kapitalgesellschaften und schließlich die ergänzenden Regelungen im 3. Abschnitt des Dritten Buchs HGB zu beachten.

b14) Vorschriften für Kreditinstitute

Kreditinstitute müssen zusätzlich zum Allgemeinen Teil des Dritten Buchs des HGB und zusätzlich zu den Vorschriften für Kapitalgesellschaften die Vorschriften des Ersten Unterabschnitts des Vierten Abschnitts des Dritten Buches des HGB beachten.

b15) Vorschriften für Versicherungsunternehmen

Versicherungsunternehmen müssen zusätzlich zum Allgemeinen Teil des Dritten Buches des HGB und zusätzlich zu den Vorschriften für Kapitalgesellschaften die Vorschriften des Zweiten Unterabschnitts des Vierten Abschnitts des Dritten Buchs des HGB beachten.

b2) Gliederung des Dritten Buches HGB

Das Dritte Buch des HGB ist wie folgt gegliedert:

Erster Abschnitt. Vorschriften für alle Kaufleute §§ 238-263

- *Erster Unterabschnitt. Buchführung, Inventar §§ 238-241*
- *Zweiter Unterabschnitt. Eröffnungsbilanz, Jahresabschluss §§ 242-256*
  - *Erster Titel. Allgemeine Vorschriften §§ 242-245*
  - *Zweiter Titel. Ansatzvorschriften §§ 246-251*
  - *Dritter Titel. Bewertungsvorschriften §§ 252-256*
- *Dritter Unterabschnitt. Aufbewahrung und Vorlage §§ 257-261*
- *Vierter Unterabschnitt. Sollkaufleute, Sonderrecht §§ 262-263*

Zweiter Abschnitt. Ergänzende Vorschriften für Kapitalgesellschaften (AG, KGaA, GmbH) §§ 264-335

- *Erster Unterabschnitt. Jahresabschluss der Kapitalgesellschaft und Lagebericht §§ 264-289*
  - *Erster Titel. Allgemeine Vorschriften §§ 264-265*
  - *Zweiter Titel. Bilanz §§ 266-274*
  - *Dritter Titel. Gewinn- und Verlustrechnung §§ 275-278*
  - *Vierter Titel. Bewertungsvorschriften §§ 279-283*
  - *Fünfter Titel. Anhang §§ 284-288*
  - *Sechster Titel. Lagebericht § 289*
- *Zweiter Unterabschnitt. Konzernabschluss und Konzernlagebericht §§ 290-315*
- *Dritter Unterabschnitt. Prüfung §§ 316-324*

- *Vierter Unterabschnitt. Offenlegung, Veröffentlichung und Vervielfältigung. Prüfung durch das Registergericht §§ 325-329*
- *Fünfter Unterabschnitt. Verordnungsermächtigung für Formblätter und andere Vorschriften § 330*
- *Sechster Unterabschnitt. Straf- und Bußgeldvorschriften. Zwangsgelder §§ 331-335*

Dritter Abschnitt. Ergänzende Vorschriften für eingetragene Genossenschaften §§ 336-339

Vierter Abschnitt. Ergänzende Vorschriften für Unternehmen bestimmter Geschäftszweige §§ 340-341 o

- *Erster Unterabschnitt. Ergänzende Vorschriften für Kreditinstitute §§ 340-340 o*
- *Zweiter Unterabschnitt. Ergänzende Vorschriften für Versicherungsunternehmen §§ 341-341 o*

Fünfter Abschnitt. Privates Rechnungslegungsgremium

- *Privates Rechnungslegungsgremium § 342*
- *Rechnungslegungsbeirat § 342a*

Ziff. 2 Die Generalnormen für die Aufstellung des handelsrechtlichen Jahresabschlusses

Generalnormen sind die allgemeinen Regelungen (hier zur Rechnungslegung), die zu beachten sind, wenn ihnen nicht Spezialregelungen entgegenstehen.

a) Vorschriften für alle Kaufleute (Einzelkaufleute und PHG)

a1) Buchführungspflicht § 238 HGB

"§ 238 Buchführungspflicht

(1) Jeder Kaufmann ist verpflichtet, Bücher zu führen und in diesen seine Handelsgeschäfte und die Lage seines Vermögens nach den Grundsätzen ordnungsmäßiger Buchführung ersichtlich zu machen. Die Buchführung muss so beschaffen sein, dass sie einem sachverständigen Dritten innerhalb angemessener Zeit einen Überblick über die Geschäftsvorfälle und über die Lage des Unternehmens vermitteln kann. Die Geschäftsvorfälle müssen sich in ihrer Entstehung und Abwicklung verfolgen lassen.

(2) Der Kaufmann ist verpflichtet, eine mit der Urschrift übereinstimmende Wiedergabe der abgesandten Handelsbriefe (Kopie, Abdruck, Abschrift oder sonstige Wiedergabe des Wortlauts auf einem Schrift-, Bild- oder anderen Datenträger) zurückzubehalten."

a2) Führung der Handelsbücher § 239 HGB

"§ 239 Führung der Handelsbücher

(1) Bei der Führung der Handelsbücher und bei den sonst erforderlichen Aufzeichnungen hat sich der Kaufmann einer lebenden Sprache zu bedienen. Werden Abkürzungen, Ziffern, Buchstaben oder Symbole verwendet, muss im Einzelfall deren Bedeutung eindeutig festliegen.

(2) Die Eintragungen in Büchern und die sonst erforderlichen Aufzeichnungen müssen vollständig, richtig, zeitgerecht und geordnet vorgenommen werden.

(3) Eine Eintragung oder eine Aufzeichnung darf nicht in einer Weise verändert werden, dass der ursprüngliche Inhalt nicht mehr feststellbar ist. Auch solche Veränderungen dürfen nicht vorgenommen werden, deren Beschaffenheit es ungewiss lässt, ob sie ursprünglich oder erst später gemacht worden sind.

(4) Die Handelsbücher und die sonst erforderlichen Aufzeichnungen können auch in der geordneten Ablage von Belegen bestehen oder auf Datenträgern geführt werden, soweit diese Formen der Buchführung einschließlich des dabei angewandten Verfahrens den Grundsätzen ordnungsmäßiger Buchführung entsprechen. Bei der Führung der Handelsbücher und der sonst erforderlichen Aufzeichnungen auf Datenträgern muss insbesondere sichergestellt sein, dass die Daten während der Dauer der Aufbewahrungsfrist verfügbar sind und jederzeit innerhalb angemessener Frist lesbar gemacht werden können. Absätze 1 bis 3 gelten sinngemäß."

Nach § 244 HGB i.V. mit dem Euro Einführungsgesetz ist der Jahresabschluss in deutscher Sprache und in Euro aufzustellen.

a3) Inventar §§ 240 f. HGB

Vgl. hierzu die Ausführungen zur Inventur und zum Inventar unten, § 12 Ziff. 2.

a4) Pflicht zur Aufstellung von Bilanz und Gewinn- und Verlustrechnung § 242 HGB

"§ 242 Pflicht zur Aufstellung

(1) Der Kaufmann hat zu Beginn seines Handelsgewerbes und für den Schluss eines jeden Geschäftsjahrs einen das Verhältnis seines Vermögens und seiner Schulden darstellenden Abschluss (Eröffnungsbilanz, Bilanz) aufzustellen. Auf die Eröffnungsbilanz sind die für den Jahresabschluss geltenden Vorschriften entsprechend anzuwenden, soweit sie sich auf die Bilanz beziehen.

(2) Er hat für den Schluss eines jeden Geschäftsjahrs eine Gegenüberstellung der Aufwendungen und Erträge des Geschäftsjahrs (Gewinn- und Verlustrechnung) aufzustellen.

(3) Die Bilanz und die Gewinn- und Verlustrechnung bilden den Jahresabschluss."

Merke: der "Jahresabschluss" besteht bei Einzelkaufleuten und bei Personenhandelsgesellschaften nur aus der Bilanz und aus der GuV-Rechnung, während er bei Kapitalgesellschaften aus der Bilanz der GuV-Rechnung, dem Anhang und ggf. weiterer Aufstellungen besteht.

a5) Generalnorm für alle Kaufleute

§ 243 HGB enthält zur Gestaltung des Jahresabschlusses für alle Kaufleute nur einige recht allgemein gehaltene Regelungen:

"§ 243 Aufstellungsgrundsatz

(1) Der Jahresabschluss ist nach den Grundsätzen ordnungsmäßiger Buchführung aufzustellen.

(2) Er muss klar und übersichtlich sein.

(3) Der Jahresabschluss ist innerhalb der einem ordnungsmäßigen Geschäftsgang entsprechenden Zeit aufzustellen."

b) Vorschriften für Kapitalgesellschaften (entsprechend Art. 2 der 4. EG-Richtlinie)

Die Generalnorm nach der vierten EG-Richtlinie ist wesentlich schärfer gefasst als die für alle Kaufleute geltende Generalnorm. Diese Generalnorm ist von allen Kapitalgesellschaften bei der Aufstellung ihres Jahresabschlusses zu beachten, weil die vierte Richtlinie nur für die Kapitalgesellschaften bestimmt ist. Die wesentlichen Merkmale dieser Generalnorm sind:

b1) Der Jahresabschluss wird durch den Anhang ergänzt; Bilanz, GuV und Anhang bilden eine Einheit (§ 264 Abs. 1 HGB)

Der Jahresabschluss von Kapitalgesellschaften besteht nicht nur aus der Bilanz und der GuV-Rechnung, sondern wird durch den Anhang ergänzt, der zusammen mit den übrigen Teilen des Jahresabschlusses eine Einheit bildet. Der Anhang kann somit durchaus Informationen enthalten, die an sich in die Bilanz oder die GuV-Rechnung gehören. (Einzelheiten zum Anhang vgl. unten, I. § 23)

b2) Der Jahresabschluss ist durch einen Lagebericht zu ergänzen (§ 264 Abs. 1 HGB)

Einzelheiten zum Lagebericht vgl. unten, I. § 24.

b3) Für die Kapitalgesellschaften ist eine abweichende Generalnorm zu beachten (§ 264 Abs. 2 HGB)

Es handelt sich bei der neuen Generalnorm um das aus dem angelsächsischen Bereich stammende Prinzip des "True and fair view". Dieser Begriff ist allerdings auch im angelsächsischen Bereich nicht fest umrissen; vor allem lässt sich das engl. Wort "fair" nicht ohneweiters in das Deutsche übersetzen. Der deutsche Gesetzgeber hat in § 264 Abs. 2 HGB wie folgt formuliert:

"Der Jahresabschluss der Kapitalgesellschaft hat unter Beachtung der Grundsätze ordnungsmäßiger Buchführung ein den tatsächlichen Verhältnissen entsprechendes Bild der Vermögens-, Finanz- und Ertragslage der Kapitalgesellschaft zu vermitteln. Führen besondere Umstände dazu, dass der Jahresabschluss ein den tatsächlichen Verhältnissen entsprechendes Bild im Sinne des Satzes 1 nicht vermittelt, so sind im Anhang zusätzliche Angaben zu machen."

Gegenüber dem Originaltext der vierten Richtlinie enthält § 264 Abs. 2 HGB eine Erweiterung: Es sind die Grundsätze ordnungsmäßiger Buchführung zu beachten. Dieser Zusatz soll offensichtlich dazu dienen, eine allzu wörtliche Auslegung des True and fair view-Prinzips abzumildern.

Nach bisher herrschender Meinung reicht es grundsätzlich aus, die gesetzlichen Bilanzierungs- und Bewertungsvorschriften anzuwenden, um ein den tatsächlichen Verhältnissen entsprechendes Bild der Vermögens-, Finanz- und Ertragslage (true and fair view) zu vermitteln Besondere Bedeutung kommt in diesem Zusammenhang dem Anhang zu, durch den es stets möglich sein dürfte, "Verzerrungen" des durch Bilanz und GuV vermittelten Bildes "geradezurücken".

Es fällt auf, dass der deutsche Gesetzgeber der Darstellung der Finanzlage nicht dieselbe Bedeutung beimisst wie der Darstellung der Vermögenslage (durch die Bilanz) und der Darstellung der Ertragslage (durch die Gewinn- und Verlustrechnung). Es sind deshalb ggf. ergänzende Angaben im Anhang erforderlich.

b4) Größenabhängige Vorschriften für Kapitalgesellschaften.

§ 267 HGB differenziert die Kapitalgesellschaften in kleine, mittelgroße und große Kapitalgesellschaften. Die Bedeutung der Differenzierung beruht darauf, dass für kleine und mittelgroße Kapitalgesellschaften im Vergleich zur großen Kapitalgesellschaft unterschiedliche Erleichterungen eingeräumt werden.

Achtung: Die Erleichterungen entfallen für Kapitalgesellschaften, die eine europäische Börse in Anspruch nehmen; sie sind nach § 267 Abs. 3 Satz 2 HGB stets wie große Kapitalgesellschaften zu behandeln. Es heißt dort:

> *"Eine Kapitalgesellschaft gilt stets als große, wenn Aktien oder andere von ihr ausgegebene Wertpapiere an einer Börse in einem Mitgliedstaat der Europäischen Wirtschaftsgemeinschaft zum amtlichen Handel oder zum geregelten Markt zugelassen oder in den geregelten Freiverkehr einbezogen sind oder die Zulassung zum amtlichen Handel oder zum geregelten Markt beantragt ist."*

Als Größenmerkmale kommen die Bilanzsumme, die Umsatzerlöse und die Zahl der Arbeitnehmer in Betracht. Zu beachten ist, dass die wertmäßigen Größenmerkmale von Zeit zu Zeit neu bestimmt wurden. Unter dem Euro werden die Größenmerkmale neu festgelegt. Die letzte Festlegung erfolgte durch das Bilanzrechtsreformgesetz (BilReG) vom 5.11.2004.

b5) Folgen der Größendifferenzierung

Die Erleichterungen, die für kleine und für mittelgroße Kapitalgesellschaften gewährt werden, sind unterschiedlich: *(bitte die §§ des HGB lesen!)*

b51) Erleichterung für kleine Kapitalgesellschaften bei der Aufstellungsfrist (§ 264 Abs. 1 HGB)

Die Aufstellungsfrist wird für kleine Kapitalgesellschaften von drei auf sechs Monate verlängert.

b52) Erleichterung bei der Bilanzgliederung für kleine Kapitalgesellschaften (§ 266 Abs. 1 HGB)

Kleine Kapitalgesellschaften brauchen nur die in § 266 HGB mit Großbuchstaben und römischen Ziffern bezeichneten Posten gesondert auszuweisen.

b53) Erleichterungen bei der Aufstellung des Anlagegitters und des Lageberichts

Kleine Kapitalgesellschaften sind von der Aufstellung eines Anlagegitters nach § 268 Abs. 2 HGB sowie von der Pflicht zur Aufstellung eines Lageberichts nach § 264 Abs. 1 Satz 3 HGB befreit.

b54) Erleichterungen bei der Erläuterung bestimmter Forderungen und Verbindlichkeiten im Anhang

Kleine Kapitalgesellschaften sind von den Erläuterungspflichten nach § 268 Abs. 4 Satz 2 und 268 Abs. 5 Satz 3 HGB befreit. Es geht dabei um die Erläuterung von "Sonstigen Vermögensgegenständen" oder "Verbindlichkeiten", die erst nach dem Abschlussstichtag rechtlich entstehen, falls diese Beträge einen größeren Umfang haben.

b55) Keine Verpflichtung zum Ausweis des Disagios

Kleine Kapitalgesellschaften brauchen das an sich nach § 286 Abs. 6 HGB auszuweisende Disagio gem. § 250 Abs. 3 nicht gesondert auszuweisen.

b56) Keine Verpflichtung zur Erläuterung der Kosten der Ingangsetzung und Erweiterung des Geschäftsbetriebs

Kleine Kapitalgesellschaften brauchen den § 269 HGB insoweit nicht anzuwenden als die Kosten der Ingangsetzung und Erweiterung des Geschäftsbetriebs zu erläutern sind.

b57) Erleichterungen bei der GuV-Gliederung für kleine und mittelgroße Kapitalgesellschaften (§ 276 HGB)

Kleine und mittelgroße Kapitalgesellschaften können die ersten Posten der GuV-Rechnung zu einem Posten mit der Bezeichnung "Rohergebnis" zusammenfassen. Kleine Kapitalgesellschaften brauchen außerdem die in § 277 Abs. 4 Satz 2 und 3 verlangten Erläuterungen zu den Posten "außerordentliche Erträge" und "außerordentliche Aufwendungen" nicht zu machen.

b58) Erleichterungen hinsichtlich der Angabepflichten im Anhang für kleine und mittelgroße Kapitalgesellschaften (§ 288 HGB)

Vgl. Einzelheiten unten, I, § 23.

b59) Nur die mittelgroße und die große Kapitalgesellschaft unterliegen der Pflichtprüfung (§ 316 Abs. 1 HGB)

Kleine Kapitalgesellschaften sind von der Prüfungspflicht befreit.

Offenlegung: Die kleine Kapitalgesellschaft unterliegt einer eingeschränkten Registerpublizität; die mittelgroße Kapitalgesellschaft unterliegt einer Registerpublizität und die große Kapitalgesellschaft unterliegt einer Bundesanzeigerpublizität (§§ 325 ff. HGB)

Hinsichtlich der Bewertung von Bilanzposten bestehen keine größenabhängigen Erleichterungen!

Ziff. 3 Handelsrechtliche Grundsätze ordnungsmäßiger Buchführung und Bilanzierung (GoB)

a) Rechtsnatur der GoB

Die Generalnormen in Deutschland verlangen die Beobachtung der Grundsätze ordnungsmäßiger Buchführung. Bei den GoB handelt es sich um Rechtsnormen, deren Inhalt unbestimmt ist;

sie müssen deshalb grundsätzlich im Einzelfall aus den Zwecken des Jahresabschlusses und der Rechnungslegung abgeleitet werden.

b) Inhalt der GoB

Es liegt in der Natur der GoB, dass ihr konkreter Inhalt abschließend nicht festgestellt werden kann. Als unbestimmte Rechtsnormen sind sie allenfalls einer mehr oder weniger guten Systematisierung zugänglich. Von den vielen Systematisierungsversuchen wird nachfolgend nur die Einteilung, die aus der Rechtsprechung des BFH stammt, vorgestellt.

b1) Formelle GoB

Bei den formellen GoB handelt es sich um Grundsätze, deren Missachtung noch nicht zu einer falschen Darstellung der Vermögens-, Finanz- und Ertragslage führen muss. Zu nennen sind:

b11) Der Grundsatz der Klarheit und der Übersichtlichkeit

b111) Klarheit und Übersichtlichkeit der Buchführung

Zu den formellen Grundsätzen ordnungsmäßiger Buchführung liegt eine umfangreiche Steuerrechtsprechung vor. Der BFH hat die folgenden Fallgestaltungen analysiert:

- Die Buchführung ist so beschaffen, dass der Buchführende sich in seiner Buchführung selbst nicht mehr zurechtfindet: Buchführung ist nicht ordnungsmäßig;
- die Buchführung ist so beschaffen, dass der Buchführende sich selbst zwar in seiner Buchführung zurechtfindet, nicht aber ein sachverständiger Dritter: Buchführung ist nicht ordnungsmäßig;
- die Buchführung ist so beschaffen, dass der Buchführende sich selbst zurechtfindet, ein sachverständiger Dritter aber nicht in angemessener Zeit: Buchführung ist nicht ordnungsmäßig.

Das HGB hat in § 238 Abs. 1 Satz 2 und 3 diese Argumentation aufgenommen und somit kodifiziert:

> *"Die Buchführung muss so beschaffen sein, dass sie einem sachverständigen Dritten innerhalb angemessener Zeit einen Überblick über die Geschäftsvorfälle und über die Lage des Unternehmens vermitteln kann. Die Geschäftsvorfälle müssen sich in ihrer Entstehung und Abwicklung verfolgen lassen."*

b112) Klarheit und Übersichtlichkeit des Jahresabschlusses.

Der Grundsatz wird im Allgemeinen durch Einhaltung der Gliederungs- und Ausweisvorschriften des HGB eingehalten und bedarf deshalb an dieser Stelle keiner näheren Erläuterung.

b12) Formelle Kontinuität

Unter formeller Kontinuität wird im Interesse der Vergleichbarkeit aufeinander folgender Jahresabschlüsse vor allem die Beibehaltung der Kontierung (gleich bleibende Abgrenzung von Bestands- und Erfolgsposten im Zeitablauf) und die gleich bleibende Ausübung von Gliederungs- und Ausweiswahlrechten verstanden.

b2) Materielle GoB

Bei den materiellen GoB handelt es sich um Grundsätze, deren Missachtung stets zu einer falschen Darstellung der Vermögens-, Finanz- und Ertragslage führen muss. Zu nennen sind:

b21) "Wahrheit" (Vollständigkeit und Richtigkeit der Bilanzierung)

Man sollte nicht, wie dies in der Literatur häufig geschieht, von der "Wahrheit der Bilanzierung" sprechen; es kann sich immer nur um die "Richtigkeit", bezogen auf den Zweck der Rechnungslegung handeln.

b211) Inventur und Inventar

Die Inventur und das Inventar dienen der vollständigen Erfassung aller Vermögensgegenstände und Schulden. Auf die Inventurverfahren wird unten, I. § 12, ausführlich eingegangen.

b212) "Wahrheit" der Bewertung

Es gibt an sich keine "wahre" Bewertung. Der Jahresabschluss ist ein Zweckinstrument. Je nach dem Zweck der Bilanz können unterschiedliche Wertansätze "richtig" sein: Ein Konkursstatus verlangt andere Wertansätze als eine Steuerbilanz; ein Kreditstatus verlangt andere Wertansätze als z.B. eine Handelsbilanz.

b22) Materielle Kontinuität

Der Grundsatz der Bewertungs- und Bilanzierungsstetigkeit wird unten in I. § 8 ausführlich behandelt. Der Stetigkeitsgrundsatz dient dazu, die Vergleichbarkeit der Jahresabschlüsse im Zeitablauf sicherzustellen. Dem Grundsatz liegt der Gedanke zugrunde, dass auch dann, wenn unterschiedliche Wertansätze möglich sind, durch Beibehaltung der einmal gewählten Wertansätze zumindest die Veränderungen der Vermögens-, Finanz- und Ertragslage kenntlich gemacht werden können.

b3) Kodifizierte Grundsätze ordnungsmäßiger Buchführung

An sich sind die Grundsätze ordnungsmäßiger Buchführung aus ihrem Wesen heraus ungeschriebene Rechtsnormen. Der Gesetzgeber hat aber immer wieder, wenn ihm dies notwendig erschien, diejenigen Grundsätze kodifiziert, die sich im Laufe der Zeit herausgebildet hatten. Die Grundsätze verlieren insoweit den Charakter von GoB und werden zu geschriebenen Rechtsnormen. Im Einzelnen sind zu nennen:

b31) Klarheit und Übersichtlichkeit (§ 243 HGB)

Der Grundsatz wurde oben ausführlich behandelt; es geht um den Grundsatz der Klarheit und Übersichtlichkeit der Buchführung und um den Grundsatz der Klarheit und Übersichtlichkeit der Bilanz und der GuV-Rechnung.

b32) True and fair view (§ 264 Abs. 2 HGB)

Auch der Grundsatz des True and fair view wurde oben ausgiebig besprochen. Es geht darum, dass mindestens die Kapitalgesellschaften ein den tatsächlichen Verhältnissen entsprechendes Bild ihrer Vermögens-, Finanz- und Ertragslage zu vermitteln haben.

b33) Grundsatz der Bilanzidentität (§ 252 Abs. 1 Nr. 1 HGB)

Das Gesetz stellt fest, dass die Wertansätze in der Eröffnungsbilanz des Geschäftsjahrs mit denen der Schlussbilanz des vorhergehenden Geschäftsjahrs übereinstimmen müssen.

b34) Going Concern (§ 252 Abs. 1 Nr. 2 HGB)

Bei der Bewertung ist von der Fortführung der Unternehmenstätigkeit auszugehen, sofern dem nicht tatsächliche oder rechtliche Gegebenheiten entgegenstehen. Tatsächliche Gegebenheiten, die der Fortführung des Unternehmens entgegenstehen, liegen z.B. vor, wenn die Absatzmärkte verloren gehen; rechtliche Gegebenheiten liegen z.B. vor, wenn durch Ablauf eines Lizenzvertrages die Fortführung der Leistungserstellung nicht mehr möglich ist. Der Grundsatz gilt nicht nur für das ganze Unternehmen, sondern auch für Unternehmensteile; bei einzelnen Vermögensgegenständen sorgen grundsätzlich die unten zu behandelnden Bewertungsvorschriften für die Beobachtung des Grundsatzes.

b35) Grundsatz der Einzelbewertung (§ 252 Abs. 1 Nr. 3 HGB)

Die Vermögensgegenstände und Schulden sind zum Abschluss-Stichtag einzeln zu bewerten. Der Grundsatz dient dazu, Kompensationen zwischen Wertminderungen bei einzelnen Posten mit Wertsteigerungen bei anderen Positionen zu verhindern. Er entspringt insoweit dem Vorsichtsprinzip.

b36) Vorsichtsprinzip (§ 252 Abs. 1 Nr. 4 HGB)

Das Vorsichtsprinzip liegt dem gesamten handelsrechtlichen Bewertungsrecht zugrunde. Es gilt: Der Kaufmann soll sich in Zweifelsfällen eher zu arm, nicht aber zu reich rechnen.

b37) Stichtagsprinzip (§ 252 Abs. 1 Nr. 4 HGB)

Das Gesetz führt aus:

> *"... namentlich sind alle vorhersehbaren Risiken und Verluste, die bis zum Abschluss-Stichtag entstanden sind, zu berücksichtigen, selbst wenn diese erst zwischen dem Abschluss-Stichtag und dem Tag der Aufstellung des Jahresabschlusses bekannt geworden sind; ..."*

Es gilt also: Verluste und Risiken, die vor dem Bilanzstichtag verursacht worden sind, sind zu berücksichtigen, auch wenn sie erst später erkannt worden sind (Wertaufhellung), während Verluste und Risiken, die erst nach dem Bilanzstichtag entstanden sind, erst im Folgejahr erfasst werden dürfen.

b38) Realisationsprinzip (§ 252 Abs. 1 Nr. 4 HGB)

Es gilt das sog. Imparitätsprinzip, d.h. nicht realisierte Gewinne dürfen nicht ausgewiesen werden, dagegen müssen nicht realisierte Verluste unter Berücksichtigung des Stichtagsprinzips ausgewiesen werden

b39) Grundsatz der Erfolgsabgrenzung (§ 252 Abs. 1 Nr. 5 HGB)

Der Grundsatz besagt lediglich, dass der Gewinn nicht durch einen Einnahme- Ausgabevergleich zu ermitteln ist, sondern durch einen Aufwands- Ertragsvergleich.

b40) Materielle Kontinuität (§ 252 Abs. 2 Nr. 6 HGB)

Auf den schwierig zu handhabenden Grundsatz der materiellen Bewertungskontinuität wird unten, in I. § 8 Ziff. 5, ausführlich eingegangen.

Es ist darauf hinzuweisen, dass die in **§ 252 Nrn. 1-6 HGB** aufgezählten Grundsätze **für alle Kaufleute** gelten. Diese Grundsätze gelten allerdings nicht absolut, sondern es kann von ihnen **in begründeten Ausnahmefällen** nach **§ 252 Abs. 2 HGB** abgewichen werden. Fraglich ist nur, wann ein begründeter Ausnahmefall vorliegt!

c) Bestimmung sonstiger GoB

Die vorstehenden Aufzählungen können den Gesamtkomplex der GoB nicht abschließend erfassen. Es bedarf deshalb noch einiger Überlegungen darüber, wie im Einzelfall der konkrete Inhalt der GoB ermittelt werden kann. Hier finden sich in Literatur und Praxis verschiedene Ansätze:

c1) Ermittlung des Inhalts der GoB durch Rechtsprechung und amtliche Äußerungen

Es liegt nahe, den jeweiligen Inhalt der GoB aus der Rechtsprechung abzuleiten (Maßgeblich sind die jeweiligen obersten Gerichte, also der BGH und ggf. auch der BFH). Insbesondere der BFH entwickelt die GoB in den Fällen, in denen er i.S.v. § 5 EStG im Rahmen des Betriebsvermögensvergleichs Urteile über die handelsrechtlichen GoB fällt. Quellen können auch amtliche Äußerungen sein, so z.B. die EStR.

c2) Ermittlung des Inhalts der GoB durch bilanzrechtliches Schrifttum, Fachgutachten und Erkenntnisse der Betriebswirtschaftslehre

Erhebliche Bedeutung kommt auch den Erkenntnissen der Betriebswirtschaftslehre und dem bilanzrechtlichen Schrifttum zu. Hier ist es allerdings mitunter schwierig, die "Spreu" vom "Weizen" zu trennen. Die Fachgutachten und Stellungnahmen des Instituts der Wirtschaftsprüfer können von sich aus keine Grundsätze ordnungsmäßiger Buchführung generieren. Diese Verlautbarungen geben aber die herrschende Meinung des Prüferberufs wieder und haben deshalb besonders in Streitfällen erhebliche Bedeutung.

Nach vorstehenden Erörterungen bleibt offen, wie denn die Gerichte, die Verwaltung, die Betriebswirtschaftslehre oder das IDW ihrerseits die GoB ermitteln. Hier haben sich zwei grundsätzliche Auffassungen herausgebildet:

c3) Ermittlung der GoB durch Handelsbrauch und tatsächliche Übung (induktive Methode)

Die sog. **induktive Methode** will feststellen, welche Verfahrensweise im Bereich der Rechnungslegung von der "Mehrzahl ordentlicher und ehrbarer Kaufleute" für rechtens gehalten wird. Diese Verfahrensweisen gelten dann als GoB.

c4) Ermittlung der GoB durch "Nachdenken" (deduktive Methode)

Nach der sog. **deduktiven Methode** soll die jeweils richtige Verfahrens- und Gestaltungsweise durch "Nachdenken" ermittelt werden, und zwar durch Nachdenken darüber, wie die Zwecke des Jahresabschlusses am besten erfüllt werden können. Grundsatz ordnungsmäßiger Buchführung können deshalb alle jene Gestaltungen sein, mit deren Hilfe die Jahresabschlusszwecke erfüllt werden können.

c5) Beurteilung der induktiven und der deduktiven Ermittlungsmethode

Gegen die induktive und damit für die deduktive Methode sprechen die folgenden Argumente:

Die induktive Methode ist **konservativ**. Neuerungen können sich erst durchsetzen, wenn sich eine entsprechende Überzeugung bei der Mehrzahl der ordentlichen und ehrbaren Kaufleute herausgebildet hat.

Die induktive Methode vernachlässigt ferner die **Interessen der Bilanzempfänger**. Wenn nur die Kaufleute darüber befinden können, was "richtig" ist, bleibt den Bilanzempfängern keinerlei Einwirkungsmöglichkeit auf die Qualität der ihnen vorgelegten Rechenwerke. Dies wird als Mangel empfunden, weil der handelsrechtliche Jahresabschluss letztlich so aufgestellt werden muss, dass die Interessen beider Seiten angemessen berücksichtigt werden.

Umgekehrt führt die deduktive Methode zu **Anwendungsproblemen**, wenn und soweit die Zwecke des Jahresabschlusses nicht klar formuliert sind oder wenn gegensätzliche Zwecke zum Ausgleich zu bringen sind.

Ziff. 4 Jüngere Entwicklungen, Anpassung der Rechnungslegung an internationale Grundsätze

a) Ermittlung der GoB durch unabhängige Gremien (DRSC)

a1) Gesetzliche Regelung durch das KonTraG

Durch das Gesetz zur Kontrolle und Transparenz im Unternehmensbereich (KonTraG) wurden die §§ 342 und 342a in das HGB eingefügt. Durch sie ist eine Institution geschaffen worden, die nach dem Vorbild des US-amerikanischen Financial Accounting Standards Board (FASB) für die Fortentwicklung von Grundsätzen der externen Rechnungslegung - insbesondere der Konzernrechnungslegung - zuständig sein soll:

"§ 342 Privates Rechnungslegungsgremium

(1) Das Bundesministerium der Justiz kann eine privatrechtlich organisierte Einrichtung durch Vertrag anerkennen und ihr folgende Aufgaben übertragen:

1. *Entwicklung von Empfehlungen zur Anwendung der Grundsätze über die Konzernrechnungslegung,*
2. *Beratung des Bundesministeriums der Justiz bei Gesetzgebungsvorhaben zu Rechnungslegungsvorschriften und*
3. *Vertretung der Bundesrepublik Deutschland in internationalen Standardisierungsgremien.*

Es darf jedoch nur eine solche Einrichtung anerkannt werden, die auf Grund ihrer Satzung gewährleistet, dass die Empfehlungen unabhängig und ausschließlich von Rechnungslegern in einem Verfahren entwickelt und beschlossen werden, das die fachlich in-

teressierte Öffentlichkeit einbezieht. Soweit Unternehmen oder Organisationen von Rechnungslegern Mitglied einer solchen Einrichtung sind, dürfen die Mitgliedschaftsrechte nur von Rechnungslegern ausgeübt werden.

(2) Die Beachtung der die Konzernrechnungslegung betreffenden Grundsätze ordnungsmäßiger Buchführung wird vermutet, soweit vom Bundesministerium der Justiz bekannt gemachte Empfehlungen einer nach Absatz 1 Satz 1 anerkannten Einrichtung beachtet worden sind.“

a2) Konstituierung des DRSC

Im März 1998 wurde auf private Initiative das private Rechnungslegungsgremium i.S.v. § 242 HGB gegründet, um dem in § 342a HGB substitutiv vorgesehenen staatlichen "Rechnungslegungsbeirat" zuvorzukommen. Dieses Rechnungslegungsgremium führt den Namen: "Deutsches Rechnungslegungs Standards Committee (DRSC)". Vorbild für dieses Gremium ist der US-amerikanische Financial Accounting Standards Board (FASB), der ebenfalls ein privat organisiertes Gremium unabhängiger Persönlichkeiten ist.

a3) Offene Fragen

Die Schaffung eines privaten Rechnungslegungsgremiums im deutschen Rechtskreis wirft einige Fragen auf:

- Es ist fraglich, ob es möglich sein wird, Grundsätze für die Konzernrechnungslegung zu entwickeln, ohne dabei auch auf die Ansatz- und Bewertungsgrundsätze für die dem Konzernabschluss zugrunde liegenden Einzelabschlüsse einzuwirken, zumal § 297 Abs. 3 HGB ausdrücklich verlangt, dass der Konzernabschluss so aufzustellen ist, wie wenn alle einbezogenen Unternehmen ein einziges Unternehmen wären; § 298 Abs. 1 HGB zählt darüber hinaus jene §§ aus dem dritten Buch des HGB auf, die auch bei der Aufstellung des Konzernabschlusses zu beachten sind.
- In rechtssystematischer Hinsicht ist es fraglich, ob der Gesetzgeber Rechtssetzungskompetenzen im Bereich der Rechnungslegung auf ein privates Rechnungslegungsgremium übertragen kann bzw. sollte.
- Nach herrschender Auffassung können GoB nur durch die oberste Rechtsprechung (BGH/BFH) verbindlich festgestellt werden. Anstelle bzw. in Ergänzung dessen wird durch § 342 Abs. 2 HGB nur die Vermutung ausgesprochen, dass die ermittelten Grundsätze GoB-konform sind, wenn die Empfehlungen vom Bundesministerium der Justiz bekannt gemacht worden sind. Fraglich ist, was passiert, wenn die von der Verwaltung bekannt gemachten Empfehlungen von der Rechtsprechung nicht anerkannt werden.
- Die beiden anderen Aufgaben des privaten Rechnungslegungsgremiums - Beratung des BMJ und nachhaltige Vertretung des deutschen Standpunktes in internationalen Gremien (IASC, IFAC, EU usw.) können durch ein Rechnungslegungsgremium sicher besser wahrgenommen werden, als dies in der jüngeren Vergangenheit der Fall war.

b) Übersicht über die Rechnungslegungsgrundsätze des International Accounting Standards Board (IASB)

Der International Accounting Standards Board (IASB), ein internationaler Zusammenschluss von nationalen Organisationen aus dem Bereich der Rechnungslegung und Prüfung, bemüht sich seit einigen Jahren um die internationale Vereinheitlichung / Harmonisierung von Grundsätzen der externen Rechnungslegung von Unternehmen und Konzernen, die den internationalen Kapitalmarkt in Anspruch nehmen. Die vom IASB erarbeiteten und veröffentlichten International Accounting Standards (IAS) bzw. International Financial Reporting Standards (IFRS) orientieren sich ihrerseits stark an den im angelsächsischen Bereich entwickelten Rechnungslegungsgrundsätzen, insbesondere an denen der USA. Die Grundsätze weichen z.T. von den durch die Bilanzrichtlinien und durch das deutsche HGB festgelegten Grundsätzen ab. Die Rezeption dieser internationalen Grundsätze durch international tätige Unternehmen und Konzerne lässt nachhaltige Rückwirkungen auf das nationale Handels- und Steuerbilanzrecht erwarten. Es ist deshalb angebracht, diese Entwicklung - auch in dieser Schrift - durch vergleichende Gegenüberstellungen zu begleiten.

Kapitalmarktorientierte Unternehmen sind ab 2005 durch Art. 4 der sog. IAS-Verordnung der EU verpflichtet, die IAS/IFRS anzuwenden. Es heißt in den Art. 4 und 5 der Verordnung (EG) Nr. 1606/2002 des Europäischen Parlaments und des Rates vom 19. Juli 2002 betreffend die Anwendung internationaler Rechnungslegungsstandards:

„*Artikel 4 Konsolidierte Abschlüsse von kapitalmarktorientierten Gesellschaften*

Für Geschäftsjahre, die am oder nach dem 1. Januar 2005 beginnen, stellen Gesellschaften, die dem Recht eines Mitgliedstaates unterliegen, ihre konsolidierten Abschlüsse nach den internationalen Rechnungslegungsstandards auf, die nach dem Verfahren des Artikels 6 Absatz 2 übernommen wurden, wenn am jeweiligen Bilanzstichtag ihre Wertpapiere in einem beliebigen Mitgliedstaat zum Handel in einem geregelten Markt im Sinne des Artikels 1 Absatz 13 der Richtlinie 93/22/EWG des Rates vom 10. Mai 1993 über Wertpapierdienstleistungen zugelassen sind.

Artikel 5 Wahlrecht in Bezug auf Jahresabschlüsse und hinsichtlich nicht kapitalmarktorientierter Gesellschaften

Die Mitgliedstaaten können gestatten oder vorschreiben, dass

a) Gesellschaften im Sinne des Artikels 4 ihre Jahresabschlüsse,

b) Gesellschaften, die nicht solche im Sinne des Artikels 4 sind, ihre konsolidierten Abschlüsse und/oder ihre Jahresabschlüsse nach den internationalen Rechnungslegungsstandards aufstellen, die nach dem Verfahren des Artikels 6 Absatz 2 angenommen wurden."

Durch das BilReG ist das Wahlrecht nach Art. 5 der EU-Verordnung an die Unternehmen / Konzerne weitergegeben worden.

b1) Zweck der externen Rechnungslegung: Entscheidungsbezogenheit

Den einzelnen IAS/IFRS ist ein Rahmenkonzept (Framework) vorangestellt, durch das die allgemeinen Grundsätze der externen Rechnungslegung umschrieben werden sollen (Zitierweise: IAS F.1-...). Die im Framework niedergelegten Grundsätze finden ihre Entsprechung in den einzelnen IAS/IFRS, insbesondere in dem Standard IAS 1, Darstellung des Abschlusses.

Zweck der externen Rechnungslegung ist nach IAS 1.5 die Vermittlung von Informationen über die Vermögens-, Finanz- und Ertragslage von Unternehmen und Konzernen.

„5. Ein Abschluss ist eine strukturierte finanzielle Darstellung der Vermögens- und Finanzlage und der durchgeführten Transaktionen eines Unternehmens. Die Zielsetzung eines allgemeinen Abschlusses ist es, Informationen über die Vermögens- und Finanzlage, die Ertragskraft und die Cashflows eines Unternehmens bereitzustellen, die für eine breite Palette von Adressaten nützlich sind, um wirtschaftliche Entscheidungen zu treffen. Ein Abschluss zeigt ebenfalls die Ergebnisse der Verwaltung des dem Management anvertrauten Vermögens. Um diese Zielsetzung zu erfüllen, stellt ein Abschluss Informationen über

(a) Vermögenswerte;

(b) Schulden;

(c) Eigenkapital;

(d) Erträge und Aufwendungen, einschließlich Gewinne und Verluste;

und

(e) Cashflows

eines Unternehmens zur Verfügung."

Diese Informationen helfen den Adressaten zusammen mit den anderen Informationen in den Anhangangaben, die künftigen Cashflows des Unternehmens sowie insbesondere Zeitpunkt und Sicherheit des Entstehens von Zahlungsmitteln und Zahlungsmitteläquivalenten vorauszusagen.

Es überwiegt die Informationsfunktion des Abschlusses; die Ausschüttungs- und Steuerbemessungsfunktion spielt dagegen eine untergeordnete Rolle.

b2) Grundlegende Annahmen

Zu den grundlegenden Annahmen, von denen nur in begründeten Ausnahmefällen bei entsprechender Berichterstattung abgewichen werden kann, gehören:

b21) Prinzip der Periodenabgrenzung

Aufwendungen und Erträge sollen nach IAS F 22; IAS 1.26 periodengerecht verrechnet werden.

„26. Gemäß dem Konzept der Periodenabgrenzung werden Geschäftsvorfälle und andere Ereignisse erfasst, wenn sie auftreten (und nicht wenn Zahlungsmittel oder Zahlungsmitteläquivalente zugehen oder bezahlt werden), und sie werden in der Periode erfasst und im Abschluss ausgewiesen, der sie zuzurechnen sind. Aufwendungen werden in der Gewinn- und Verlustrechnung auf der Grundlage eines direkten Zusammenhangs zwischen den angefallenen Kosten und den entsprechenden Ertragsposten erfasst (sachliche Abgrenzung). Die Anwendung dieses Konzeptes der sachlichen Ab-

grenzung gestattet jedoch nicht den Ansatz von Sachverhalten in der Bilanz, die nicht die Definition von Vermögenswerten oder Schulden erfüllen."

Der Grundsatz entspricht der Regelung in § 352 Abs. 1 Nr. 5 HGB.

b22) Going Concern Prinzip

Die Bilanzierungs- und Bewertungsregeln gehen von der Unterstellung aus, dass das Unternehmen fortgeführt werden kann. Ist dies nicht geplant oder möglich, müssen die angewandten Bilanzierungs- und Bewertungsmethoden offengelegt werden. Der Grundsatz entspricht der Regelung in § 352 Abs. 1 Nr. 2 HGB. Es heißt in IAS 1.23:

„*23 Bei der Aufstellung eines Abschlusses hat das Management eine Einschätzung über die Fähigkeit des Unternehmens vorzunehmen, den Geschäftsbetrieb fortzuführen. Ein Abschluss ist solange auf der Grundlage der Annahme der Unternehmensfortführung aufzustellen, bis das Management entweder beabsichtigt, das Unternehmen aufzulösen, das Geschäft einzustellen oder keine realistische Alternative mehr hat, als so zu handeln. Wenn dem Management bei seiner Einschätzung wesentliche Unsicherheiten in Verbindung mit Ereignissen und Bedingungen bekannt sind, die erhebliche Zweifel an der Fortführungsfähigkeit des Unternehmens auf werfen, sind diese Unsicherheiten anzugeben. Werden die Abschlüsse nicht auf der Grundlage der Annahme der Unternehmensfortführung aufgestellt, ist diese Tatsache gemeinsam mit den Grundlagen anzugeben, auf denen der Abschluss basiert, und der Grund, warum von einer Fortführung des Unternehmens nicht ausgegangen wird.*"

b3) Qualitative Anforderungen an die Abschlüsse

Neben den grundlegenden Annahmen der Rechnungslegung enthalten die IAS eine Reihe von allgemeinen qualitativen Grundsätzen (Qualitative Characteristics of Financial Statements, IAS F.24 ff.).

b31) Verständlichkeit

Der Grundsatz entspricht dem deutschen Grundsatz der Klarheit und Übersichtlichkeit. Sachkundige Abschlussleser dürfen keine Verständnisschwierigkeiten haben (IAS F.25).

b32) Vergleichbarkeit

Vergleichbarkeit muss einerseits im Zeitablauf gegeben sein, um die wirtschaftliche Entwicklung aufzuzeigen. Deshalb sind Vorjahreszahlen stets anzugeben. Es soll aber auch ein Vergleich zwischen den Unternehmen möglich sein. Deshalb sind die Bilanzierungs- und Bewertungsgrundsätze sowie deren Änderungen und deren Auswirkungen anzugeben. Der Grundsatz der Bilanzierungs- und Bewertungsstetigkeit zieht sich durch sämtliche IAS. Im Gegensatz zu §°353 Abs. 1 Nr. 6 HGB bezieht sich der Stetigkeitsgrundsatz nicht nur auf die Bewertungsregeln sondern auch auf die Ansatzregeln. Es heißt in IAS 1.38-40:

„*38 Sofern ein International Accounting Standard nichts anderes erlaubt oder vorschreibt, sind im Abschluss Vergleichsinformationen hinsichtlich der vorangegangenen Periode für alle quantitativen Informationen anzugeben. Vergleichsinformationen sind in die verbalen und beschreibenden Informationen einzubeziehen, wenn es für das Verständnis des Ab-*

schlusses der Berichtsperiode von Bedeutung ist.

39 In manchen Fällen sind verbale Informationen, die in den Abschlüssen der vorangegangenen Periode(n) gemacht wurden, auch für die Berichtsperiode von Bedeutung. Beispielsweise sind Einzelheiten eines Rechtsstreits, dessen Ausgang zum letzten Bilanzstichtag unsicher war und der noch entschieden werden muss, in der Berichtsperiode anzugeben. Adressaten ziehen Nutzen aus der Information, dass zum letzten Bilanzstichtag eine Unsicherheit bestand, und über die Schritte, die unternommen worden sind, um diese Unsicherheit zu beseitigen.

40 Werden Darstellung oder Klassifizierung von Posten im Abschluss geändert, sind, außer wenn dies praktisch nicht durchführbar oder wirtschaftlich nicht vertretbar ist, auch die Vergleichsbeträge neu zu gliedern, um die Vergleichbarkeit mit der Berichtsperiode sicherzustellen, ferner sind Art, Betrag und Grund für jede Änderung anzugeben. Sofern es nicht durchführbar oder wirtschaftlich nicht vertretbar ist, die Vergleichsbeträge neu zu gliedern, hat ein Unternehmen die Gründe für die unterlassene Anpassung und die Art der Änderungen anzugeben, die vorgenommen worden wären, hätte man Beträge umgegliedert."

b33) Relevanz im Hinblick auf die Entscheidungsbezogenheit

Die Abschlüsse sollen für die Empfänger Signalwirkung besitzen. Voraussetzung für die Relevanz einer Abschlussinformation ist deren Wesentlichkeit. Sie ist dann gegeben, wenn die Veröffentlichung / Nichtveröffentlichung von Abschlussdaten wirtschaftliche Entscheidungen der Adressaten beeinflusst (IAS F.26 f.).

b34) Verlässlichkeit

Die Abschlussinformationen sollen frei von wesentlichen Fehlern und willkürfrei sein. Daten, die zwar relevant aber nicht zuverlässig sind, sollten wegen der Gefahr der Fehlinformation nicht veröffentlicht werden (IAS F.31 f.). Die Verlässlichkeit wird vor allem durch die folgenden Grundsätze gewährleistet.

b341) Wahrheitsgemäße Darstellung

Der Grundsatz besagt, dass sämtliche Posten, auf die die Merkmale der Vermögensgegenstände (Assets) und Schulden (Liabilities) zutreffen, bilanziert werden müssen (IAS F.33).

b342) Grundsatz der wirtschaftlichen Betrachtungsweise

Geschäftsvorfälle und sonstige Gegebenheiten sind nach ihrem wirtschaftlichen Gehalt und nicht nach ihrer rechtlichen Form zu behandeln (Substance over Form, IAS F.35).

b343) Neutralität

Es soll der Grundsatz der Wertfreiheit herrschen: Informationen dürfen Entscheidungen nicht in der Absicht beeinflussen, erwünschte Ergebnisse zu erzielen (IAS F.36).

b344) Grundsatz der Vorsicht

Das Vorsichtsprinzip ist in den IAS nicht als übergreifender Grundsatz (Overriding Principle) zu verstehen, sondern lediglich als Schätzregel bei ungewissen Erwartungen. Eine willkürliche Unterbewertung von Aktiva bzw. Überbewertung von Passiva würde gegen das Gebot der Neutralität und gegen das Gebot der Verlässlichkeit verstoßen (IAS F.37).

b345) Vollständigkeit

Aus dem Grundsatz der Verlässlichkeit ist der Vollständigkeitsgrundsatz abgeleitet. Er betrifft im Rahmen des Wesentlichkeitsgrundsatzes die Vollständigkeit der in die Rechnungslegung eingehenden Daten (IAS F.38).

b4) Einschränkungen (Constraints on Relevant and Reliable Information)

Der Relevanz (oben, b33) und der Verlässlichkeit (oben, b34) der Abschlussdaten sind Grenzen gesetzt, d.h. die qualitativen Anforderungen an die Abschlüsse werden durch die folgenden Grundsätze relativiert.

b41) Grundsatz der Rechtzeitigkeit

Eine Information ist umso wertvoller, je schneller sie zur Verfügung steht. Es ist deshalb zwischen der Schnelligkeit und der Verlässlichkeit der Informationen abzuwägen. Der Ausgleich ist unter Berücksichtigung der Zielsetzung der Rechnungslegung anzustreben (IAS F.43).

b43) Grundsatz der Wirtschaftlichkeit

Es gilt bei der Rechnungslegung das Wirtschaftlichkeitsprinzip, d.h. zwischen den Kosten der Informationsgewinnung und dem Nutzen der Information soll ein angemessenes Verhältnis bestehen (IAS F.44).

b43) Lösung von Konflikten zwischen Rechnungslegungsregeln

Mögliche Konflikte zwischen den qualitativen Anforderungen an die Abschlüsse sollen in der Weise gelöst werden, dass die Zielsetzung der Abschlüsse so weit wie möglich erreicht wird (IAS F.45).

b5) Ergebnis: Fair Presentation / True and Fair View

In IAS F.46 wird festgestellt, dass die Beachtung der qualitativen Anforderungen an die Abschlüsse unter Berücksichtigung der genannten Einschränkungen zu dem verlangten Einblick in die Vermögens-, Finanz- und Ertragslage führt (fair presentation bzw. true and fair view).

§ 2 Grundlagen der Bilanzierung

Übersicht

Lit.: ADS, 6. A., §§ 246-248, 255, 269, 274 ; Beck'scher Bilanzkommentar, 5. A., §§ 246-248, 255, 269, 274 ; Brezing, Gegenstand der Bilanzierung, HdJ, Abt. I, 4 ; Coenenberg, Jahresabschluß, 19. A., S. 77 ff. ; Gelhausen, Leasing, HdJ, Abt. I, 5 ; Gross/Schruff, Jahresabschluß, 2. A. S., 75 ff. ; IASB, IAS 17, Leasingverhältnisse, IAS 38, Immaterielle Vermögenswerte ; IASB, IAS Framework, IASB, IAS 1, Darstellung des Abschlusses ; IDW, HFA 1/1989, Zur Bilanzierung beim Leasinggeber ; IDW, HFA 2/1993, Zur Bilanzierung bei Personenhandelsgesellschaften ; IDW, SABI 3/1988: Zur Steuerabgrenzung im Einzelabschluß ; Jacobs, VermögensgegenstandWirtschaftsgut, HWRP, Sp. 2499-2518; Mellwig, Leasing, HWRP, Sp. 1478-1495; Schwantag/Krämmer, Geschäfts- oder Firmenwert, HWRev, 2. A., Sp. 636 ff. ; Streim, Ingangsetzungs- und Erweiterungsaufwendungen, HWRev, 2. A., Sp. 846 ff. ; Wöhe, Leasing-Verträge, HWRev, 2. A., Sp. 1236 ff. ; WPH 2000, Bd. I, E. 8 ff., F. 58 ff, N 597 ff.;

Ziff. 1: Bilanzierungspflichten, Bilanzierungsrechte und Bilanzierungsverbote (was wird bilanziert?)

a) Begriff der Bilanzierungsrechte, -pflichten und -verbote

An sich müsste nach dem Grundsatz der Vollständigkeit des Jahresabschlusses jeder Vermögensgegenstand und jede Verbindlichkeit in den Jahresabschluss aufgenommen werden. Danach könnte es für jeden Posten der Bilanz nur ein Bilanzierungsverbot oder eine Bilanzierungspflicht geben. Aus Gründen der Vorsicht oder als "Bilanzierungshilfe" sieht das Handelsrecht aber auch Bilanzierungswahlrechte auf der Aktivseite der Bilanz vor. Um die Frage zu klären, ob ein Gegenstand überhaupt bilanzierungsfähig ist, hat sich im Handelsrecht der Begriff "**Vermögensgegenstand**" herausgebildet. Im Gegensatz dazu spricht das Steuerrecht von "**Wirtschaftsgütern**". Einen materiellen Unterschied zwischen Wirtschaftsgütern und Vermögensgegenständen dürfte es eigentlich nicht geben, weil nach § 5 EStG der Betriebsvermögensvergleich nach den handelsrechtlichen Grundsätzen ordnungsmäßiger Buchführung vorzunehmen ist.

b) Der Begriff des Vermögensgegenstandes im Handelsrecht

Nachfolgend wird der Versuch unternommen, den Begriff des Vermögensgegenstandes abzugrenzen.

b1) Hinweise im Handelsgesetzbuch

Das HGB spricht zwar immer von Vermögensgegenständen, grenzt sie aber nicht ab. Auch die Bilanzgliederung nach **§ 266 HGB** enthält keinen erschöpfenden Katalog dessen, was als Vermögensgegenstand anzusehen ist.

b2) Merkmale des Vermögensgegenstandes

Es wird deshalb versucht, die einzelnen Merkmale der Vermögensgegenstände zu umschreiben. Grundsätzlich liegt ein Vermögensgegenstand immer (und nur) dann vor, wenn sämtliche nachfolgenden Merkmale gleichzeitig gegeben sind.

b21) Verkehrsfähigkeit

Verkehrsfähig ist ein Gut nur dann, wenn es losgelöst vom Unternehmen zum Gegenstand des Rechtsverkehrs gemacht werden kann. Hierbei sind z.B. vertragliche Veräußerungsverbote unschädlich; es geht lediglich darum, sicherzustellen, dass nur solche Gegenstände bilanziert werden, die (z.B. im Falle der Liquidation) einzeln an Dritte übertragen werden können.

b22) "Sicherer" zukünftiger Wert

Das Kriterium besagt, dass nur solche Gegenstände bilanzierungsfähig sind, die mit einiger Sicherheit zukünftige Nutzen für das Unternehmen versprechen. Auf die Höhe des Nutzens kommt es dabei nicht an; sie wird durch die Bewertung berücksichtigt.

b23) Zurechenbarkeit von Ausgaben (Aufwendungen)

Das Kriterium soll die Sicherheit der Bewertung gewährleisten. Das Handelsrecht geht davon aus, dass bei Sachgegenständen eine Zurechenbarkeit in aller Regel gegeben ist. Bei selbsterstellten immateriellen Gütern, Know how usw., ist häufig eine solche Zurechenbarkeit nicht eindeutig gegeben.

c) "Assets" nach den Rechnungslegungsstandards des IASB

Die Bilanz enthält nach dem "IAS-Framework" nur *Assets, Liabilities* und als Saldo: *Equity*. Hierbei sind Assets nicht gleichzusetzen mit Vermögensgegenständen / Wirtschaftsgütern. Für das Vorliegen eines Asset ist die Verkehrsfähigkeit i.S. der Einzelveräußerungsfähigkeit nicht erforderlich; es kommt auf die Erzielung zukünftigen Nutzens an.

Demnach ist ein Asset ist ein "Item", über das ein Unternehmen aufgrund eines vergangenen Ereignisses verfügen kann und aus dessen Nutzung zukünftige Nutzen entstehen. Es heißt in **IAS F.49(a)**:

> *„Ein Vermögenswert ist eine Ressource, die auf Grund von Ereignissen der Vergangenheit in der Verfügungsmacht des Unternehmens steht, und von der erwartet wird, dass dem Unternehmen aus ihr künftiger wirtschaftlicher Nutzen zufließt."*

Der zukünftige Nutzen besteht aus einem direkten oder indirekten Beitrag zur Erhöhung des Cash-Flow (**IAS F.53**):

> *„Der einem Asset innewohnende künftige wirtschaftliche Nutzen repräsentiert das Potenzial, direkt oder indirekt zum Zufluss von Zahlungsmitteln und Zahlungsmitteläquivalenten zum Unternehmen beizutragen. Dieses Potenzial kann zur Leistungserstellung als Teil der lau-*

fenden Geschäftstätigkeit des Unternehmens gehören. Es kann auch in der Konvertierbarkeit in Zahlungsmittel oder Zahlungsmitteläquivalente oder in der Fähigkeit bestehen, den Mittelabfluss zu verringern, beispielsweise wenn ein alternatives Herstellungsverfahren die Produktionskosten vermindert.“

Die physikalische Form eines Item ist für das Vorliegen eines Asset unerheblich. Ebenso ist das rechtliche Eigentum ohne ausschlaggebende Bedeutung.

Eine Verpflichtung zum Ansatz eines Asset besteht allerdings nur dann, wenn die sog. Recognition criteria erfüllt sind. Es heißt in **IAS F.83**:

„Ein Sachverhalt, der die Definition Abschlusspostens erfüllt, ist zu erfassen, wenn

(a) es wahrscheinlich ist, dass ein mit dem Sachverhalt verknüpfter zukünftiger wirtschaftlicher Nutzen dem Unternehmen zufließen oder von ihm abfließen wird, und

(b) die Anschaffungs- oder Herstellungskosten oder der Wert des Sachverhalts verlässlich ermittelt werden können.“

Wahrscheinlich ist der Zufluss zukünftigen wirtschaftlichen Nutzens dann, wenn die Eintrittswahrscheinlichkeit eines zukünftigen Ereignisses größer ist als deren Gegenwahrscheinlichkeit. Ferner müssen die Kosten bzw. der Wert des Asset zuverlässig (with reliability) geschätzt werden können (**IAS F.83, 89**).

Ist es unwahrscheinlich (improbable) dass in der Zukunft wirtschaftlicher Nutzen zufließen wird oder können die Kosten oder der Wert nicht zuverlässig ermittelt werden, muss der Ansatz des Asset unterbleiben.

d) Grenzfälle: Forschungs- und Entwicklungskosten, immaterielle Vermögensgegenstände, Bilanzierungshilfen, Firmenwert, aktive latente Steuern

Diejenigen Gegenstände, bei denen die drei handelsrechtlichen Kriterien (Verkehrsfähigkeit, sicherer zukünftiger Wert, Zurechenbarkeit von Aufwendungen) zweifelsfrei gegeben sind (z.B. Vorräte, Maschinen, Forderungen usw.), werden nicht weiter besprochen, sondern nur die Grenzfälle.

d1) Forschungs- und Entwicklungskosten

Nach dem HGB besteht keine selbständige Bilanzierungsfähigkeit der Forschungs- und Entwicklungskosten, da sie weder verkehrsfähig sind noch immer eine Zurechenbarkeit von Ausgaben/Aufwendungen besteht. Die vierte EG-Richtlinie enthielt zwar ein "nationales Wahlrecht" zur Aktivierung von Forschungs- und Entwicklungskosten. Dieses Wahlrecht ist aber im Dritten Buch des HGB nicht ausgeübt worden (steuerliche Gründe?).

Die Aktivierung der Forschungs- und Entwicklungskosten kommt unter dem HGB nur im Rahmen der Aktivierung der Herstellungskosten in Betracht.

Nach **IAS 38.42** ff. dürfen **Forschungsaufwendungen** ebenfalls nicht aktiviert werden. Beispiele für Forschungsaktivitäten sind nach **IAS 38.42**:

(a) Aktivitäten, die auf die Erlangung neuer Erkenntnisse ausgerichtet sind;

(b) die Suche nach sowie die Abschätzung und endgültige Auswahl von Anwendungen für Forschungsergebnisse und anderem Wissen;

(c) die Suche nach Alternativen für Materialien, Vorrichtungen, Produkte, Verfahren, Systeme oder Dienstleistungen; und

(d) die Formulierung, der Entwurf sowie die Abschätzung und endgültige Auswahl von möglichen Alternativen für neue oder verbesserte Materialien, Vorrichtungen, Produkte, Verfahren, Systeme oder Dienstleistungen.

Dagegen sind **Entwicklungsaufwendungen** dann und nur dann als immaterieller Vermögenswert zu aktivieren, wenn die folgenden Nachweise erbracht werden können (**IAS 38.45**):

„(a) die technische Realisierbarkeit der Fertigstellung des immateriellen Vermögenswertes, damit er zur internen Nutzung oder zum Verkauf zur Verfügung stehen wird;

(b) seine Absicht, den immateriellen Vermögenswert fertig zu stellen sowie ihn zu nutzen oder zu verkaufen;

(c) seine Fähigkeit, den immateriellen Vermögenswert zu nutzen oder zu verkaufen;

(d) wie der immaterielle Vermögenswert einen voraussichtlichen künftigen wirtschaftlichen Nutzen erzielen wird. Nachgewiesen werden muss von dem Unternehmen u. a. die Existenz eines Marktes für die Produkte des immateriellen Vermögenswertes oder den immateriellen Vermögenswert an sich oder, falls er intern genutzt werden soll, der Nutzen des immateriellen Vermögenswertes;

(e) die Verfügbarkeit adäquater technischer, finanzieller und sonstiger Ressourcen, um die Entwicklung abschließen und den immateriellen Vermögenswert nutzen oder verkaufen zu können; und

(f) seine Fähigkeit, die dem immateriellen Vermögenswert während seiner Entwicklung zurechenbaren Ausgaben verlässlich zu bewerten.

An Beispielen werden in **IAS 38.46** genannt:

(a) der Entwurf, die Konstruktion und das Testen von Prototypen und Modellen vor Aufnahme der eigentlichen Produktion oder Nutzung;

(b) der Entwurf von Werkzeugen, Spannvorrichtungen, Prägestempeln und Gussformen unter Verwendung neuer Technologien;

(c) der Entwurf, die Konstruktion und der Betrieb einer Pilotanlage, die von ihrer Größe her für eine kommerzielle Produktion wirtschaftlich ungeeignet ist; und

(d) der Entwurf, die Konstruktion und das Testen einer gewählten Alternative für neue oder verbesserte Materialien, Vorrichtungen, Produkte, Verfahren, Systeme oder Dienstleistungen.

d2) Immaterielle Anlagewerte

In **§ 248 Abs. 2 HGB** heißt es:

"Für immaterielle Vermögensgegenstände des Anlagevermögens, die nicht entgeltlich erworben wurden, darf ein Aktivposten nicht angesetzt werden."

Das nach der 4.EG-Richtlinie vorhandene Wahlrecht, auch selbsterstellte immaterielle Anlagewerte zu bilanzieren, ist nicht ausgeübt worden.

Man beachte die folgenden Widersprüche:

Das Gesetz spricht von Vermögensgegenständen, obwohl ein Bilanzierungsverbot ausgesprochen wird.

Das Bilanzierungsverbot besteht nur für selbst erstellte immaterielle Vermögensgegenstände des Anlagevermögens. Das bedeutet im Umkehrschluss, dass selbst erstellte immaterielle Gegenstände des Umlaufvermögens bilanziert werden müssen.

Das Bilanzierungsverbot lässt sich im Konzern dadurch umgehen, dass z.B. die Ergebnisse einer Entwicklungsgesellschaft als Tochterunternehmen entgeltlich an das Mutterunternehmen veräußert werden und dann, weil Anschaffungskosten zurechenbar sind, eine Aktivierungspflicht bei dem Mutterunternehmen besteht.

Nach **IAS 38**, Bilanzierung und Bewertung von "Intangible Assets" ist eine Regelungslücke im IAS-System geschlossen worden. Es ist unter bestimmten Bedingungen, die denen für die Aktivierung von Entwicklungskosten entsprechen, eine Bilanzierungspflicht vorgesehen. Es heißt in **IAS 38.19:**

> *„Von Unternehmen wird der Ansatz eines immateriellen Vermögenswertes (zu Anschaffungs- oder Herstellungskosten), ... nur dann verlangt, wenn:*
>
> *(a) es hinreichend wahrscheinlich ist, dass dem Unternehmen der künftige wirtschaftliche Nutzen aus dem Vermögenswert zufließen wird; und*
>
> *(b) die Anschaffungs- oder Herstellungskosten des Vermögenswertes verlässlich bewertet werden können.“*

Diese Bestimmung gilt unabhängig davon, ob ein immaterieller Vermögenswert extern erworben oder selbst geschaffen wird.

IAS 38.51 sieht vor, dass ein selbst geschaffener Geschäfts- oder Firmenwert sowie selbst geschaffene Markennamen, Drucktitel, Verlagsrechte, Kundenlisten und ihrem Wesen nach ähnliche Posten **nicht** als Vermögenswerte anzusetzen sind.

d3) "Bilanzierungshilfen"

d31) Wesen der Bilanzierungshilfen

Man spricht im Rahmen des HGB von einer Bilanzierungshilfe, wenn das zu bilanzierende Gut zwar kein Vermögensgegenstand ist, der Gesetzgeber aber dennoch den bilanzierenden Unternehmen die Möglichkeit geben will, "heiße Luft" zu aktivieren um dadurch bestimmte Rechtsfolgen z.B. bei Unterbilanz oder Überschuldung zu vermeiden. Die einzelnen Bilanzierungshilfen sind im Gesetz aufgeführt; eine Bildung von Bilanzierungshilfen in Analogiefällen ist unzulässig.

Nach IAS kommt eine Aktivierung von Bilanzierungshilfen nicht in Betracht, weil es sich dabei nicht um Assets handelt.

d32) Kosten der Ingangsetzung und Erweiterung

Eine Aktivierung der Kosten der Ingangsetzung und Erweiterung ist bei neu gegründeten Unternehmen u.U. notwendig, um die meist bestehenden Anlaufverluste aufzufangen. Würde die Aktivierungsfähigkeit nicht bestehen, so könnte ein solches Unternehmen wegen (bilanzieller)

Überschuldung (z.B. nach § 92 AktG) in Konkurs geraten. Bei den Kosten der Ingangsetzung und Erweiterung fehlt es an der Verkehrsfähigkeit, deshalb sind sie grundsätzlich nicht bilanzierungsfähig.

Die Bilanzierung der Ingangsetzungs- und Erweiterungsaufwendungen gibt Abb. 5 wieder.

Zu den Kosten der Ingangsetzung und Erweiterung führt **§ 269 HGB** aus:

"Die Aufwendungen für die Ingangsetzung des Geschäftsbetriebs und dessen Erweiterung dürfen, soweit sie nicht bilanzierungsfähig sind, als Bilanzierungshilfe aktiviert werden; der Posten ist in der Bilanz unter der Bezeichnung "Aufwendungen für die Ingangsetzung und Erweiterung des Geschäftsbetriebs" vor dem Anlagevermögen auszuweisen und im Anhang zu erläutern. Werden solche Aufwendungen in der Bilanz ausgewiesen, so dürfen Gewinne nur ausgeschüttet werden, wenn die nach der Ausschüttung verbleibenden jederzeit auflösbaren Gewinnrücklagen zuzüglich eines Gewinnvortrags und abzüglich eines Verlustvortrags dem angesetzten Betrag mindestens entsprechen."

In **§ 282 HGB** heißt es weiter:

"Für die Ingangsetzung und Erweiterung des Geschäftsbetriebs ausgewiesene Beträge sind in jedem folgenden Geschäftsjahr zu mindestens einem Viertel durch Abschreibungen zu tilgen."

Achtung: Personenhandelsgesellschaften und Einzelkaufleute können die Bilanzierungshilfe nicht bilden, weil es sich um eine Spezialvorschrift für Kapitalgesellschaften handelt (die Paragraphennummer von § 269 ist größer als die von § 264!).

d4) Firmenwert

Als Geschäfts- oder Firmenwert gilt der Unterschiedsbetrag zwischen dem Kaufpreis eines Unternehmens und dem Reinvermögen dieses Unternehmens im Zeitpunkt der Übernahme. Der Geschäfts- oder Firmenwert ist auch dann grundsätzlich nicht bilanzierungsfähig, wenn er entgeltlich erworben wurde, weil er als solcher nicht verkehrsfähig ist. Gleichwohl besteht handelsrechtlich ein Bilanzierungswahlrecht, dem steuerlich eine Aktivierungspflicht entspricht.

§ 255 Abs. 4 HGB lautet:

"Als Geschäfts- oder Firmenwert darf der Unterschiedsbetrag angesetzt werden, um den die für die Übernahme eines Unternehmens bewirkte Gegenleistung den Wert der einzelnen Vermögensgegenstände des Unternehmens abzüglich der Schulden im Zeitpunkt der Übernahme übersteigt. Der Betrag ist in jedem folgenden Geschäftsjahr zu mindestens einem Viertel durch Abschreibungen zu tilgen. Die Abschreibung des Geschäfts oder Firmenwerts kann aber auch planmäßig auf die Geschäftsjahre verteilt werden, in denen er voraussichtlich genutzt wird."

Achtung: Es handelt sich um Vorschriften, die für alle Kaufleute gelten.

Achtung: Die Verpflichtung zur Bildung einer Ausschüttungssperrücklage besteht bei Aktivierung eines Firmenwertes im Gegensatz zur Bilanzierungshilfe für die Kosten der Ingangsetzung und Erweiterung des Geschäftsbetriebs **nicht**.

IAS 22.41 ff. (revised 1998) beschäftigt sich im Rahmen der Regelungen für die Konzernrechnungslegung mit dem bei Erwerb eines Unternehmens entstehenden (derivativen) Geschäfts- oder Firmenwert. Danach muss der Geschäfts- oder Firmenwert aktiviert werden (**IAS 22.41**):

> *„Ein Überschuss der Anschaffungskosten des Unternehmenserwerbes über den vom Erwerber, zum Tage des Tauschvorganges, erworbenen Anteil an den beizulegenden Zeitwerten der identifizierbaren Vermögenswerte und Schulden ist als Geschäfts- oder Firmenwert zu bezeichnen und als Vermögenswert anzusetzen."*

d5) Aktive latente Steuern als Bilanzierungshilfe

Die Verpflichtung bzw. das Recht zur Abgrenzung von sog. latenten Steuern ist über **§ 274 HGB** neu in das deutsche Bilanzrecht aufgenommen worden. Es handelt sich um einen aktiven oder passiven Abgrenzungsposten, der dann in Betracht kommt, wenn die Berücksichtigung von Aufwendungen in der Handelsbilanz und von Betriebsausgaben in der Steuerbilanz bzw. von Erträgen in der Handelsbilanz und Betriebseinnahmen in der Steuerbilanz zeitlich auseinander fällt. Auf Einzelheiten wird unten in I. § 17 eingegangen.

In **§ 274 Abs. 2 HGB** heißt es:

> *"Ist der dem Geschäftsjahr und früheren Geschäftsjahren zuzurechnende Steueraufwand zu hoch, weil der nach den steuerrechtlichen Vorschriften zu versteuernde Gewinn höher als das handelsrechtliche Ergebnis ist, und gleicht sich der zu hohe Steueraufwand des Geschäftsjahres und früherer Geschäftsjahre in späteren Geschäftsjahren voraussichtlich aus, so darf in Höhe der voraussichtlichen Steuerentlastung nachfolgender Geschäftsjahre ein Abgrenzungsposten als Bilanzierungshilfe auf der Aktivseite der Bilanz gebildet werden. Dieser Posten ist unter entsprechender Bezeichnung gesondert auszuweisen und im Anhang zu erläutern. Wird ein solcher Posten ausgewiesen, so dürfen Gewinne nur ausgeschüttet werden, wenn die nach der Ausschüttung verbleibenden jederzeit auflösbaren Gewinnrücklagen zuzüglich eines Gewinnvortrags und abzüglich eines Verlustvortrags dem angesetzten Betrag mindestens entsprechen."*

Achtung: Es handelt sich um eine Vorschrift, die nach dem HGB nur für Kapitalgesellschaften gilt (§ 274 > § 264!).

Durch **IAS 12** ist im Jahre 1996 eine vollständige Anpassung an die US-GAAP vorgenommen worden. die mit den Regelungen des § 274 HGB kaum noch vergleichbar ist. Es heißt in IAS **12.46** f.:

> „46. *Tatsächliche Ertragsteuerschulden (Ertragsteueransprüche) für die laufende Periode und für frühere Perioden sind mit dem Betrag zu bewerten, in dessen Höhe eine Zahlung an die Steuerbehörden (eine Erstattung von den Steuerbehörden) erwartet wird; basierend auf Steuersätzen (und Steuervorschriften), die am Bilanzstichtag gelten oder in Kürze gelten werden.*
>
> 47. *Latente Steueransprüche und latente Steuerschulden sind anhand der Steuersätze zu bewerten, deren Gültigkeit für die Periode, in der ein Vermögenswert realisiert wird oder eine Schuld erfüllt wird, erwartet wird. Dabei werden die Steuersätze (und Steuervorschriften) verwendet, die zum Bilanzstichtag gültig oder angekündigt sind."*

Auf IAS 12 in der neuen Fassung wird im Rahmen der Überlegungen zur Konzernrechnungslegung eingegangen (Bd. II.).

Ziff. 2 Die Zurechnung von Wirtschaftsgütern bzw. Vermögensgegenständen zum Bilanzierenden (wer bilanziert?)

Nachdem klargestellt ist, was in die Bilanz (auf der Aktivseite) eingestellt werden muss bzw. eingestellt werden kann, ist die weitere Frage zu beantworten, wo bzw. bei wem die Gegenstände zu bilanzieren sind. Es geht zunächst um die Abgrenzung zwischen Betriebs- und Privatvermögen, aber auch um die Behandlung sog. schwebender Geschäfte und um die Behandlung von Leasingverhältnissen.

a) Betriebsvermögen, Privatvermögen

Die Abgrenzung zwischen Betriebs- und Privatvermögen unter dem HGB ist vornehmlich rechtsformabhängig vorzunehmen.

a1) Abgrenzung bei Einzelkaufleuten

Handelsrechtlich gibt es keine besonderen Vorschriften. Man wird davon ausgehen können, dass die umfangreiche steuerliche Rechtsprechung mit ihrem Ergebnis einer Einteilung in notwendiges Betriebsvermögen, notwendiges Privatvermögen und gewillkürtes Betriebsvermögen auch handelsrechtlich anwendbar ist. Es gilt die sog. wirtschaftliche Betrachtungsweise.

a2) Abgrenzung bei Personenhandelsgesellschaften

In der Stellungnahme HFA 2/1993: "Zur Bilanzierung bei Personenhandelsgesellschaften" hat der Hauptfachausschuss des IDW grundlegend zur Bilanzierung bei Personenhandelsgesellschaften unter handelsrechtlichen Gesichtspunkten Stellung genommen, unter anderem auch zu der Frage, welche Vermögensgegenstände und Schulden der Gesellschaft als solcher zuzurechnen sind und welche Vermögensgegenstände und Schulden den Gesellschaftern (außerhalb der Personenhandelsgesellschaft) zuzurechnen sind. Fasst man die Ausführungen in der Stellungnahme HFA 2/1993 zusammen, so gilt grundsätzlich, dass bei der Gesellschaft nur diejenigen Gegenstände bilanziert werden dürfen, die **Gesamthandsvermögen der Gesellschaft** und nicht (Privat-)Vermögen der Gesellschafter sind. Es heißt entsprechend in Abschn. A I 1 der Stellungnahme HFA 2/1993:

"1. Vermögensgegenstände der Personenhandelsgesellschaft

a) <u>Grundsatz der wirtschaftlichen Zugehörigkeit</u>. Bilanzierbar sind nur diejenigen Vermögensgegenstände, die bei wirtschaftlicher Betrachtung Gesellschaftsvermögen sind. Dabei macht es für die Bilanzierung keinen Unterschied. Ob die Vermögensgegenstände betrieblich genutzt werden oder nicht. Eine wirtschaftliche Zugehörigkeit zum Gesellschaftsvermögen ist auch dann gegeben, wenn Vermögensgegenstände der Gesellschaft auf der Grundlage einer gesellschaftsrechtlichen Einbringung (Einlage nicht nur zur Nutzung, sondern auch dem Werte nach) überlassen worden sind und weder zivilrechtlich Gesamthandseigentum besteht noch eine formgerechte Verpflichtung zur Übertragung des Eigentums auf die Gesellschaft vorliegt. Im Interesse der Bilanzklarheit ist es wünschenswert, auf ein derartiges Rechtsverhältnis durch einen Bilanzvermerk hinzuweisen.

b) Abgrenzung zu den Vermögensgegenständen der Gesellschafter. Vermögensgegenstände, die einzelnen Gesellschaftern gehören, aber nicht Gesellschaftsvermögen sind, können handelsrechtlich auch dann nicht von der Personenhandelsgesellschaft bilanziert werden, wenn sie dem Geschäftsbetrieb dieser Gesellschaft dienen (z. B. von einem Gesellschafter an die Gesellschaft vermietetes oder aufgrund des Gesellschaftsvertrages zur Nutzung, jedoch nicht dem Werte nach überlassenes Grundstück). Dies gilt auch dann, wenn die betreffenden Vermögensgegenstände steuerlich notwendiges Betriebsvermögen sind. Es ist daher nicht zulässig, in der Handelsbilanz lediglich auf die Nichtzugehörigkeit zum Gesellschaftsvermögen hinzuweisen und einen Ausgleichsposten für Gegenstände im Eigentum eines Gesellschafters zu passivieren."

Entsprechend heißt es für die Abgrenzung der Schulden der Personenhandelsgesellschaften in der Stellungnahme HFA 2/1993, Abschn. A I 2a):

"2. Schulden der Personenhandelsgesellschaft

a) Gesamthandsverbindlichkeiten. Als Schulden sind in der Bilanz der Personenhandelsgesellschaft nur Gesamthandsverbindlichkeiten auszuweisen. Die persönlichen Steuerschulden eines Gesellschafters sind auch dann nicht passivierbar, wenn sie sich aus der Beteiligung am Vermögen und Gewinn der Personenhandelsgesellschaft ergeben haben (Vermögensteuer, einkommensabhängige Steuern)."

In diesem Zusammenhang wird auch das Problem der Gesellschafter-Darlehen aus handelsrechtlicher Sicht angesprochen. Auch hier gilt der Grundsatz der strengen Abgrenzung zwischen der Gesellschaftssphäre und der Gesellschaftersphähre. HFA 2/1993, Abschn. A I 2b):

"b) Abgrenzung von Eigen- und Fremdkapital. Verbindlichkeiten gegenüber Gesellschaftern sind als Fremdkapital auszuweisen. Sie können nur dann als Eigenkapital ausgewiesen werden. Wenn

- erstens künftige Verluste mit diesen Konten bis zur vollen Höhe - auch mit Wirkung gegenüber den Gesellschaftsgläubigern - zu verrechnen sind und wenn

- zweitens sie im Falle eines Konkurses der Gesellschaft nicht als Konkursforderung geltend gemacht werden können oder wenn sie bei einer Liquidation der Gesellschaft erst nach Befriedigung aller Gesellschaftsgläubiger mit dem sonstigen Eigenkapital auszugleichen sind."

Die Beobachtung des Grundsatzes der Trennung der Gesellschaftssphäre von der Gesellschaftersphäre findet nach der Stellungnahme HFA 2/1993, Abschn. II, ihren Niederschlag ferner in der GuV-Rechnung

a3) Abgrenzung bei Kapitalgesellschaften

Bei Kapitalgesellschaften stellt die Abgrenzung zwischen Betriebs- und Privatvermögen kein Problem dar: Alle Vermögensgegenstände, die der Kapitalgesellschaft gehören, sind Betriebsvermögen; Privatvermögen kann es bei Kapitalgesellschaften nicht geben.

Die IAS/IFRS verlangen bei der Abgrenzung generell die Beobachtung des Grundsatzes „Substance over Form“. Es heißt in **IAS F.35**:

„Wenn die Informationen die Geschäftsvorfälle und anderen Ereignisse, die sie vorgeben darzustellen, glaubwürdig darstellen sollen, müssen sie gemäß ihrem tatsächlichen wirtschaftlichen Gehalt und nicht allein gemäß der rechtlichen Gestaltung bilanziert und dargestellt werden. ...“

b) Rechtliches und wirtschaftliches Eigentum

b1) Allgemeines

An sich sind Vermögensgegenstände bei demjenigen zu bilanzieren, dem sie rechtlich zugehören. Es gibt aber Fälle, in denen der Vermögensgegenstand gerade nicht durch den rechtlichen Eigentümer bilanziert wird. Der Grund dafür liegt darin, dass, wenn immer nur der rechtliche Eigentümer bilanzieren würde, in bestimmten Fällen die Ertragslage der Unternehmen nicht richtig dargestellt würde. Man spricht insofern vom sog. wirtschaftlichen Eigentum im Gegensatz zum "rechtlichen" Eigentum.

b2) Einzelbeispiele

Beispiele für ein Abweichen des wirtschaftlichen von dem rechtlichen Eigentum sind der Eigentumsvorbehalt, die Sicherungsübereignung, die Bauten auf fremdem Grund und Boden und ggf. Gegenstände, die vermietet oder verpachtet sind (Leasing).

b21) Eigentumsvorbehalt

Bei der Lieferung von Waren ist es üblich, dass der Lieferant sich das Eigentum bis zur vollständigen Bezahlung der Ware vorbehält. (= Eigentumsvorbehalt). Da der Empfänger der Ware bis zur vollständigen Bezahlung auf jeden Fall eine Verbindlichkeit in Höhe der Gegenleistung einzustellen hat, ist die Frage zu klären, auf welchem Konto die Gegenbuchung vorzunehmen ist. Das Gegenkonto kann offensichtlich nicht ein Erfolgskonto (GuV-Konto) sein, weil der Kauf von Waren auf Ziel ein nicht erfolgswirksamer Vorgang ist. Folglich ist die Gegenbuchung auf einem aktiven Bestandskonto (Vorräte) vorzunehmen. Damit bilanziert der Empfänger Gegenstände, an denen er (noch) kein Eigentum besitzt. - Umgekehrt verfährt der Lieferant. Er bucht die gelieferte Ware aus und stellt an ihrer Stelle eine Forderung ein.

b22) Sicherungsübereignung

Ähnlich liegen die Verhältnisse bei der Sicherungsübereignung. Wird z.B. das Eigentum an einer Maschine zur Besicherung eines Bankkredits an die Bank übertragen, so wird die Gewährung des Kredits durch den Buchungssatz per "Kasse" an "Verbindlichkeiten" erfasst. Für eine "Abschreibung" der Maschine ist kein Raum, da die Gewährung eines Kredits keine Veranlassung zu einer Aufwandsbuchung ist. Umgekehrt wird auch die Bank darauf verzichten müssen, die Maschine zu aktivieren, weil das Kreditgeschäft für sie durch die Buchung: per Forderungen an Kasse erfasst ist.

b23) Bauten auf fremdem Grund und Boden

Da grundsätzlich der Eigentümer des Grund und Bodens auch Eigentümer der mit diesem fest verbundenen Gebäude wird, muss auch in diesem Fall bei der Bilanzierung von der rechtlichen Gestaltung abgewichen werden. Der Erbauer des Gebäudes auf fremdem Grund wird die für den

Bau entstandenen Aufwendungen aktivieren, da die Errichtung eines Baues nicht als erfolgswirksamer Vorgang angesehen werden kann.

b24) Miet- und Pachtverhältnisse

Der Mieter z.B. eines Gebäudes erwirbt durch den Abschluss des Mietvertrages ein Nutzungsrecht an der Mietsache. Dieses Nutzungsrecht erfüllt alle Merkmale eines Vermögensgegenstandes (Verkehrsfähigkeit, zukünftiger Wert, Zurechenbarkeit von Aufwendungen/Ausgaben). Auf der anderen Seite geht der Mieter Zahlungsverpflichtungen in Höhe der vertraglich festgelegten (zukünftigen) Mietzahlungen ein. Deshalb müssten eigentlich sowohl das Nutzungsrecht aktiviert als auch die Zahlungsverpflichtung passiviert werden. Hiervon wird (wohl aus Vereinfachungsgründen) nach den GoB abgesehen, d.h. die vermietete Sache wird weiterhin bei dem Vermieter bilanziert.

c) Zur Behandlung schwebender Geschäfte im Jahresabschluss

c1) Zum Begriff der schwebenden Geschäfte

Die oben besprochenen Miet- und Pachtverhältnisse stellen einen typischen Fall von sog. schwebenden Geschäften dar, die mit dem Miet- und Pachtverträgen gemeinsam haben, dass sie bei Abschluss des Mietvertrages noch von keiner Seite erfüllt worden sind. Die Typen der schwebenden Geschäfte und ihre bilanzielle Behandlung werden nachfolgend angesprochen.

Man spricht von schwebenden Geschäften, wenn und soweit sie **noch von keiner Seite erfüllt** worden sind. Beispiele sind die bereits erwähnten Miet- und Pachtverträge, soweit sie in die Zukunft gerichtet sind und deshalb noch von keiner Seite erfüllt wurden. Schwebend sind auch Versicherungs- oder Arbeitsverträge, soweit sie in die Zukunft gerichtet sind und deshalb noch von keiner Seite erfüllt wurden. Zu nennen sind ferner sog. Pensionsgeschäfte, d.h. Geschäfte, die darauf gerichtet sind, Gegenstände auf Zeit an einen Dritten zu übertragen. Das auf die Rückübertragung gerichtete Geschäft schwebt und braucht deshalb nicht bilanziert zu werden. Schließlich sind auch Erwerbsgeschäfte, z.B. der Abschluss eines Kaufvertrages über eine Maschine schwebende Geschäfte, sofern weder Zahlungen geleistet noch die Maschine geliefert worden ist.

c2) Grundsätze der Bilanzierung von schwebenden Geschäften

c21) Nach GoB sind schwebende Geschäfte nicht zu bilanzieren, obwohl es sich ggf. um Vermögensgegenstände und Schulden handelt

Es wurde bereits oben darauf hingewiesen, dass (wohl) aus Vereinfachungsgründen schwebende Geschäfte von beiden Vertragspartnern nicht bilanziell erfasst werden.

c22) Teilweise erfüllte Geschäfte werden nur insoweit bilanziert, wie wenigstens eine Seite erfüllt hat

Ist ein Geschäft, z.B. bei einem Dauerrechtsverhältnis bereits teilweise erfüllt worden, so gilt nur der noch von keiner Seite erfüllte Teil als schwebend. Ein Mietvertrag büßt während seiner Laufzeit stetig seinen Schwebecharakter ein.

Leistet eine Seite Anzahlungen, so ist insoweit der Schwebezustand beendet. Ebenso ist der Schwebezustand beendet, sofern einer der Vertragspartner Teilleistungen im Rahmen des bisher schwebenden Geschäfts erbringt.

c23) Berücksichtigung von Verlusten aus schwebenden Geschäften

Der Grundsatz, dass schwebende Geschäfte nach den GoB nicht bilanziert werden, erfährt eine **wesentliche Ausnahme**: Sind am Bilanzstichtag aus einem schwebenden Geschäft Verluste zu erwarten, d.h. sind die zu erbringende Leistung und die erwartete Gegenleistung nicht ausgeglichen, so sind entsprechend dem Grundsatz, dass Verluste bereits dann bei der Bilanzierung berücksichtigt werden müssen, wenn sie entstanden sind (**§ 252 Abs. 1 Nr. 4 HGB**), nach **§ 249 Abs. 1 Satz 1 HGB** Rückstellungen für drohende Verluste aus schwebenden Geschäften zu bilden. (Über diese Rückstellungen wird ausführlich unten, in I, § 16, referiert).

c24) Besonderheiten bei Finanzierungs-Leasing-Verträgen

Der Grundsatz, dass schwebende Geschäfte nicht bilanziert werden, wird schließlich u.U. bei Vorliegen von sog. Finanzierungs-Leasing-Verträgen durchbrochen (vgl. den Folgeabschnitt).

d) Besonderheiten des Leasing

(vgl. auch die steuerlichen Leasing-Erlasse)

d1) Begriff und Arten von Leasingverträgen

Der Begriff "Finanzierungs-Leasing" stammt aus einer Diskussion um die Bilanzierung langfristiger Miet- und Pachtverhältnisse, die in wirtschaftlicher Betrachtungsweise **eher den Ratenkaufverträgen als den Miet- und Pachtverträgen** begrifflich zuzurechnen sind.

d11) Begriff nach deutschem Steuerrecht

Unter "Finanzierungsleasing" werden Verträge zusammengefasst, bei denen die Vertragsdauer (Grundmietzeit) mit der "betriebsgewöhnlichen Nutzungsdauer" des Gegenstandes (näherungsweise) übereinstimmt. Die Verträge können während der Grundmietzeit grundsätzlich nicht gekündigt werden. Durch die Mietraten während der Grundmietzeit werden mindestens die Anschaffungs- oder Herstellungskosten des Leasinggebers gedeckt.

d12) Arten der Leasingverträge nach IAS 17

In **IAS 17.7 bis .11** werden Leasingverträge wie folgt umschrieben:

„KLASSIFIZIERUNG VON LEASINGVERHÄLTNISSEN

7. *Grundlage für die Klassifizierung von Leasingverhältnissen in diesem Standard ist der Umfang, in welchem die mit dem Eigentum eines Leasinggegenstandes verbundenen Risiken und Chancen beim Leasinggeber oder Leasingnehmer liegen. Zu den Risiken gehören die Verlustmöglichkeiten auf Grund von ungenutzten Kapazitäten oder technischer Überholung und Renditeabweichungen auf Grund geänderter wirtschaftlicher Rahmenbedingungen. Chancen können die Erwartungen eines Gewinn bringenden Einsatzes im Geschäftsbetrieb während der wirtschaftlichen Nutzungsdauer des Vermögenswertes und eines Gewinnes aus einem Wertzuwachs oder aus der Realisation eines Restwertes sein.*
8. *Ein Leasingverhältnis wird als Finanzierungsleasing klassifiziert, wenn es im Wesentli-*

chen alle Risiken und Chancen, die mit dem Eigentum verbunden sind, überträgt. Ein Leasingverhältnis wird als Operating-Leasingverhältnis klassifiziert, wenn es nicht im Wesentlichen alle Risiken und Chancen, die mit dem Eigentum verbunden sind, überträgt.

9. *Da die Transaktion zwischen einem Leasinggeber und einem Leasingnehmer auf einer zwischen ihnen geschlossenen Leasingvereinbarung basiert, ist die Verwendung einheitlicher Definitionen angemessen. Die Anwendung dieser Definitionen auf die unterschiedlichen Verhältnisse des Leasinggebers und Leasingnehmers kann dazu führen, dass sie dasselbe Leasingverhältnis unterschiedlich klassifizieren. Dies kann beispielsweise der Fall sein, wenn eine vom Leasingnehmer unabhängige Partei eine Restwertgarantie zugunsten des Leasinggebers einräumt.*

10. *Ob es sich bei einem Leasingverhältnis um ein Finanzierungsleasing oder um ein Operating-Leasingverhältnis handelt, hängt eher von dem wirtschaftlichen Gehalt der Vereinbarung als von einer bestimmten formalen Vertragsform ab. Beispiele für Situationen, die für sich genommen oder in Kombination normalerweise zur Klassifizierung eines Leasingverhältnisses als Finanzierungsleasing führen würden, sind:*

    (a) am Ende der Laufzeit des Leasingverhältnisses wird dem Leasingnehmer das Eigentum an dem Vermögenswert übertragen;

    (b) der Leasingnehmer hat die Kaufoption, den Vermögenswert zu einem Preis zu erwerben, der erwartungsgemäß deutlich niedriger als der zum möglichen Optionsausübungszeitpunkt beizulegende Zeitwert des Vermögens wertes ist, so dass zu Beginn des Leasingverhältnisses hinreichend sicher ist, dass die Option ausgeübt wird;

    (c) die Laufzeit des Leasingverhältnisses umfasst den überwiegenden Teil der wirtschaftlichen Nutzungsdauer des Vermögenswertes, auch wenn das Eigentumsrecht nicht übertragen wird;

    (d) zu Beginn des Leasingverhältnisses entspricht der Barwert der Mindestleasingzahlungen im Wesentlichen mindestens dem beizulegenden Zeitwert des Leasinggegenstandes;

    und

    (e) die Leasinggegenstände haben eine spezielle Beschaffenheit, so dass sie ohne wesentliche Veränderungen nur vom Leasingnehmer genutzt werden können.

11. *Indikatoren für Situationen, die für sich genommen oder in Kombination mit anderen auch zu einem Leasingverhältnis führen könnten, das als Finanzierungsleasing klassifiziert wird, sind:*

    (a) wenn der Leasingnehmer das Leasingverhältnis auflösen kann, werden die Verluste des Leasinggebers in Verbindung mit der Auflösung vom Leasingnehmer getragen;

    (b) Gewinne oder Verluste, die durch Schwankungen des beizulegenden Zeitwertes des Restwertes entstehen, fallen dem Leasingnehmer zu (beispielsweise in Form einer Mietrückerstattung, die einem Großteil des Verkaufserlöses am Ende des Leasingverhältnisses entspricht);

    und

(c) der Leasingnehmer hat die Möglichkeit, das Leasingverhältnis für eine zweite Mietperiode zu einer Miete fortzuführen, die wesentlich niedriger als die marktübliche Miete ist.“

d2) Die Zurechnung der Leasinggegenstände zum Leasinggeber oder zum Leasingnehmer?

Wie erwähnt, ist ein Leasingvertrag, soweit er noch von keiner Seite erfüllt ist, ein schwebendes Geschäft. Deshalb ist der Vertrag nach den GoB grundsätzlich nicht bei dem Leasingnehmer zu bilanzieren. Dies bedeutet, dass der Leasinggeber den (Finanzierungs-) Leasinggegenstand zu bilanzieren hat.

Bei Finanzierungs-Leasingverträgen erscheint aber eine Umdeutung des Miet- und Pachtvertrages in einen **Ratenkaufvertrag** insoweit angemessen, wie aus wirtschaftlicher Sicht nicht tatsächlich ein Mietvertrag sondern ein Ratenkaufvertrag gewollt ist.

Die eigentliche Problematik liegt indes in der Zurechnung des Leasinggegenstandes zum Leasinggeber oder zum Leasingnehmer.

Die Finanzverwaltung und die Steuerrechtsprechung haben dieses Problem dadurch gelöst, dass durch entsprechende Erlasse die Vertragsmerkmale genau festgelegt sind, die gegeben sein müssen, wenn der Leasinggegenstand beim Leasinggeber oder beim Leasingnehmer bilanziert werden muss. Diese Vorgehensweise hat insoweit klare Verhältnisse geschaffen, wie der Bilanzierende durch geeignete Vertragsgestaltung die bilanzielle Behandlung des Leasinggegenstandes beeinflussen kann.

d4) Regelung nach Handelsrecht

Weder die 4.EG-Richtlinie noch das HGB nehmen zur Zurechnung des Leasing-Gegenstandes Stellung.

Das HGB sieht - wie die 4.EG-Richtlinie - aber eine Angabe im Anhang der Kapitalgesellschaften vor. In **§ 285 Nr. 3 HGB** heißt es:

> ***"Im Anhang ist anzugeben 'der Gesamtbetrag der sonstigen finanziellen Verpflichtungen, die nicht in der Bilanz erscheinen und auch nicht nach § 251 (Haftungsverhältnisse, d.V.) anzugeben sind, sofern diese Angabe für die Beurteilung der Finanzlage von Bedeutung ist; davon sind Verpflichtungen gegenüber verbundenen Unternehmen gesondert anzugeben.'"***

Nach bisheriger Auffassung gehören dazu auch die finanziellen Verpflichtungen des Leasingnehmers, falls der Leasing-Gegenstand beim Leasinggeber bilanziert wurde.

d5) Die Bilanzielle Behandlung und Bewertung von Leasinggegenständen

d51) Bilanzierung bei Zurechnung zum Leasingnehmer

Bei Zurechnung zum Leasingnehmer ist der Leasinggegenstand aus steuerlicher Sicht mit den Anschaffungs- oder Herstellungskosten des Leasinggebers zu aktivieren und zu bewerten. Bei ausgeglichenen Verträgen sind die Leasingverpflichtungen in grundsätzlich gleicher Höhe zu passivieren, wobei Zins- und Tilgungsanteile der Leasingraten zu berücksichtigen sind.

d52) Bilanzierung bei Zurechnung zum Leasinggeber

Das Institut der Wirtschaftsprüfer hat zur handelsrechtlichen Bilanzierung bei dem Leasinggeber die Stellungnahme HFA 1/1989: "Zur Bilanzierung beim Leasinggeber" mit dem folgenden Inhalt veröffentlicht:

d521) Ausweis des Leasingvermögens

Nach der Stellungnahme HFA 1/1989 soll das dem Leasinggeber zugerechnete Leasingvermögen grundsätzlich im Anlagevermögen ausgewiesen werden; ein Sonderausweis innerhalb des Anlagevermögens wird für notwendig gehalten. Es heißt im Abschn. B der Stellungnahme:

"1. Der Ausweis des Leasingvermögens beim Leasinggeber erfordert eine Zuordnung zum Anlagevermögen oder zum Umlaufvermögen. Dabei ist die Absicht einer dauerhaften Nutzung durch den Bilanzierenden (Leasinggeber) entscheidend; dies führt in der Regel zu einer Zuordnung zum Anlagevermögen. Ein Ausweis zwischen Anlage- und Umlaufvermögen kommt nicht in Betracht.

2. Der Ausweis muss die Besonderheit, dass es sich um Leasingvermögen handelt, erkennen lassen. Dies erfordert in der Regel einen gesonderten Ausweis des Leasingvermögens über die gesetzliche Gliederung hinaus. Es erscheint empfehlenswert, das Leasingvermögen in der Bilanz in einer besonderen Gruppe mit römischer Gliederungsziffer i.S.v. § 266 Absatz 2 HGB auszuweisen und dort oder im Anhang nach Anlagearten zu untergliedern."

d522) Bewertung des Leasingvermögens

Die Stellungnahme HFA 1/1989 verlangt in ihrem Abschnitt C die Bewertung der Leasinggegenstände mit den fortgeführten Anschaffungs- oder Herstellungskosten, d.h. als Ausgangswert für die Gegenstände kommen nach Abschn. C (1) der Stellungnahme die Anschaffungs- oder Herstellungskosten gem. § 255 HGB, vermindert um planmäßige Abschreibungen in Betracht. Zinsaufwendungen sind dabei nur im Rahmen des § 255 Abs. 3 HGB in die Herstellungskosten einrechenbar. Kosten des Leasingvertrags (sog. Vertragsbeschaffungskosten, wie z.B. Kosten für die Konzeption und die Vermittlung von Leasingverträgen) können nach Ziff. 3 der Stellungnahme im Hinblick auf § 255 Absatz 2 Satz 6 HGB weder als Anschaffungs- oder Herstellungskosten eines Leasinggegenstandes noch als immaterielle Werte oder als Rechnungsabgrenzungsposten aktiviert werden. Zu den Abschreibungen auf die Leasinggegenstände wird in den Ziff. 4, 5 und 7 der Stellungnahme ausgeführt:

"4. Die planmäßige Abschreibung des Leasingvermögens kann über die Nutzungsdauer der einzelnen Leasinggegenstände oder unter Berücksichtigung vorsichtig geschätzter Restwerte über die jeweilige Vertragsdauer erfolgen.

5. Mit der planmäßigen Abschreibung ist im Zeitpunkt des Zugangs der Leasinggegenstände zum Anlagevermögen des Leasinggebers zu beginnen. Ein späterer Mietbeginn ist insoweit unerheblich.

7. Außerplanmäßige Abschreibungen auf den niedrigeren beizulegenden Wert sind bei voraussichtlich dauernder Wertminderung des Leasinggegenstandes vorzunehmen. Ein niedrigerer Wert liegt nicht vor, solange davon ausgegangen werden kann, dass vertragliche

Vereinbarungen (Leasingvertrag, Händlergarantie u.a.) eine betragsmäßige Deckung des Buchwertes am Bilanzstichtag gewährleisten. Sind außerplanmäßige Abschreibungen vorzunehmen, können sie nicht durch eine Änderung des Abschreibungsplans ersetzt werden."

d523) Ergebniswirksame Vereinnahmung von Leasingentgelten

Kernstück der Stellungnahme HFA 1/1989 sind die Ausführungen zur Abgrenzung der ergebniswirksamen Vereinnahmung der Leasingentgelte. Danach ist für die ergebniswirksame Vereinnahmung der Leasingraten in den einzelnen Perioden nur dann von den vertraglichen Vereinbarungen auszugehen, soweit diese zu einem **sachgerechten Ausgleich von Leistung und Gegenleistung in den einzelnen Perioden** führen. Dies ist nach der Stellungnahme regelmäßig dann der Fall, wenn die vereinbarten Leasingentgelte der im Zeitablauf gleichbleibenden Nutzungsüberlassung oder dem i.d.R. degressiven Aufwandsverlauf des Leasinggebers entsprechen. In allen anderen Fällen ist eine zeitliche Abgrenzung im Interesse der periodenrichtigen Darstellung der Ertragslage des Leasinggebers erforderlich. Hierzu heißt es in Abschn. D 2 bis 6 der Stellungnahme:

"2. *Führen die vertraglichen Vereinbarungen nicht zu einem sachgerechten Ausgleich von Leistung und Gegenleistung in den einzelnen Perioden (z.B. degressive Ratenvereinbarungen, die über die Aufwandsdegression hinausgehen, oder progressive Ratenvereinbarungen), ist eine abweichende ergebniswirksame Vereinnahmung erforderlich (passive Rechnungsabgrenzung fälliger Leasingentgelte oder Aktivierung noch nicht fälliger Leasingforderungen unter den sonstigen Vermögensgegenständen).*

3. *Maßstab für die passive Abgrenzung fälliger Leasingentgelte im vorstehenden Sinne ist der Aufwandsverlauf.*

4. *Maßstab für die Aktivierung noch nicht fälliger Leasingforderungen im Falle progressiver Ratenvereinbarungen ist die gleichbleibende Nutzungsüberlassung. Voraussetzung für eine Aktivierung ist, dass die Ansprüche des Leasinggebers mit Ausnahme der Fälligkeit einredefrei sind und die folgenden typischen Merkmale des Leasingvertrages gesichert sind:*

   - *es ist eine unkündbare Grundmietzeit vereinbart,*
   - *die Leasingraten und deren Fälligkeit sind für die gesamte Grundmietzeit festgelegt,*
   - *die Objektrisiken werden vom Leasingnehmer getragen,*
   - *bei vorzeitiger Vertragsauflösung stehen dem Leasinggeber ausreichende Schadensersatzansprüche zu.*

   Die Aktivierung ist gemäß § 268 Absatz 4 Satz 2 HGB im Anhang zu erläutern.

5. *Unter Berücksichtigung der Ertragsvereinnahmung ist zu jedem Abschluss-Stichtag eine verlustfreie (Rest-)Abwicklung des Leasingvertrages sicherzustellen, ggf. sind Rückstellungen für drohende Verluste zu bilden.*

6. *Die Gestaltung und Vereinnahmung von Leasingentgelten können im Fall wesentlicher Anlaufverluste oder Auslaufgewinne aus den Leasingverträgen insbesondere aufgrund von Veränderungen im Geschäftsumfang zusätzliche Angaben gemäß § 264 Absatz 2 HGB erfordern."*

Nach **IAS 17** ist die Regelungsdichte in bezug auf Leasingverhältnisse geringer als nach den Leasing-Erlassen der deutschen Finanzverwaltung und nach der IDW-Stellungnahme: Gem. **IAS 17** werden Finanzierungs-Leasing-Verträge (finance leasing) grundsätzlich bei dem Leasingnehmer und Operating-leasing-Verträge (operate leasing) bei dem Leasingnehmer bilanziert.

Zur Bewertung der im Wege des Finanzierungsleasing erworbenen Vermögensgegenstände bei dem Leasingnehmer heißt es in **IAS 17.20**:

> *„20. Leasingnehmer haben Finanzierungs-Leasingverhältnisse zu Beginn der Laufzeit des Leasingverhältnisses als Vermögenswerte und Schulden in gleicher Höhe in ihrer Bilanz anzusetzen, und zwar in Höhe des zu Beginn des Leasingverhältnisses beizulegenden Zeitwertes des Leasinggegenstandes oder mit dem Barwert der Mindestleasingzahlungen, sofern dieser Wert niedriger ist. Bei der Berechnung des Barwertes der Mindestleasingzahlungen ist der dem Leasingverhältnis zugrunde liegende Zinssatz als Abzinsungssatz zu verwenden, sofern er in praktikabler Weise ermittelt werden kann. Ist dies nicht der Fall, ist der Grenzfremdkapitalzinssatz des Leasingnehmers anzuwenden. Dem als Vermögenswert angesetzten Betrag werden die anfänglichen direkten Kosten des Leasingnehmers hinzugerechnet."*

Die Leasingraten sind in einen Zinsanteil und in einen Tilgungsanteil aufzuteilen. Die aktivierten Leasinggegenstände sind nach den gleichen Grundsätzen abzuschreiben wie vergleichbare andere Vermögensgegenstände (**IAS 17.25**).

Zur Bewertung der im Wege des Operating-Leasing erworbenen Gegenstände durch den Leasingnehmer heißt es in **IAS 17.33**:

> *„Leasingzahlungen innerhalb eines Operating-Leasingverhältnisses sind als Aufwand linear über die Laufzeit des Leasingverhältnisses zu erfassen, es sei denn, eine andere systematische Grundlage entspricht eher dem zeitlichen Verlauf des Nutzens für den Leasingnehmer."*

Für die Behandlung der Leasingverträge durch den Leasing-Geber gilt im Falle des Finanzierungsleasing **IAS 17.36**:

> „36 *Leasinggeber haben Vermögenswerte aus einem Finanzierungsleasing in ihren Bilanzen anzusetzen und sie als Forderungen darzustellen, und zwar in Höhe des Nettoinvestitionswertes aus dem Leasingverhältnis."*

Falls es sich dagegen um Operating-Leasing-Verträge handelt ist vom Leasinggeber **IAS 17.49 und .50** anzuwenden:

> *„49. Leasinggeber haben Vermögenswerte, die Gegenstand von Operating-Leasingverhältnissen sind, in ihrer Bilanz entsprechend der Eigenschaften dieser Vermögenswerte darzustellen.*
>
> *50. Leasingerträge aus Operating-Leasingverhältnissen sind erfolgswirksam linear über die Laufzeit des Leasing verhältnisses zu erfassen, es sei denn, eine andere planmäßige Verteilung entspricht eher dem zeitlichen Verlauf, in dem sich der aus dem Leasinggegenstand erzielte Nutzenvorteil verringert".*

§ 3 Grundlagen der Bewertung in der Handelsbilanz

<u>*Übersicht*</u>

Lit.:

ADS, 6. A., Vorbemerkungen zu §§ 252-256 HGB, Kommentierung zu §§ 252-256; Ballwieser, Bewertungsgrundsätze, HWRP, Sp. 353-375; Beck'scher Bilanzkommentar, 5. A. Kommentierung zu §§ 252-256, 279-283; Coenenberg, Jahresabschluß, 19. A., S. 92 ff.; Gross/Schruff, Jahresabschluß, 2. A., S. 86 ff.; IASB, IAS 1, Darstellung des Abschlusses; IASB, IAS Framework ; Leffson/Schmid, Erfassungs- und Bewertungsprinzipien, HdJ, Abt. I; WPH 2000, Bd. I, F 78 ff.

Ziff. 1 Bewertungsprinzipien in der Handelsbilanz

a) Realisationsprinzip

Das Realisationsprinzip ist das fundamentale Bewertungsprinzip in der Handelsbilanz. Es ist in **§ 252 Abs. 1 Nr. 4 HGB** ausdrücklich als Bewertungsgrundsatz aufgeführt:

"... *Gewinne sind nur zu berücksichtigen, wenn sie am Abschluss-Stichtag realisiert sind.*"

Das Realisationsprinzip gilt im Grundsatz auch nach den IAS/IFRS; auf Ausnahmen wird unten im Zusammenhang mit der Besprechung einzelner Bilanz- und Erfolgsposten eingegangen.

Es ist zweckmäßig, das Prinzip der Gewinnrealisation von zwei Seiten her zu betrachten. Da Gewinne die Differenz zwischen Erträgen und Aufwendungen sind, ist zunächst festzustellen, ob am Bilanzstichtag bereits ein Ertrag realisiert ist; es ist zum anderen festzustellen, welche Aufwendungen diesen Erträgen bis zum Bilanzstichtag gegenübergestellt werden müssen, d.h. welche Aufwendungen die Erträge "alimentiert" haben.

a1) Ertragsrealisation

Grundsätzlich sind drei verschiedene Zeitpunkte denkbar, zu denen ein Ertrag aus einem Absatzgeschäft als realisiert angesehen werden könnte:

- Der Zeitpunkt des Vertragsabschlusses;
- der Zeitpunkt der Leistungsbewirkung und
- der Zeitpunkt der Bewirkung der Gegenleistung (Zahlung).

Nach den GoB kommt für die Bestimmung des Zeitpunkts der Ertragsrealisation nur der Zeitpunkt der Leistungsbewirkung durch das leistende Unteernehmen in Betracht. Grundsätzlich gilt somit ein Ertrag aus einem Umsatz erst dann als **realisiert, wenn das liefernde oder leistende Unternehmen seine Leistung bewirkt** hat; auf den Zeitpunkt der Gegenleistung des empfangenden Unternehmens und auf den Zeitpunkt des Vertragsabschlusses kommt es nicht an.

Eine ähnliche Argumentation findet sich in IAS 8, Erträge. In **IAS 18.7 und .14** heißt es:

„*(7) Ertrag ist der aus der gewöhnlichen Tätigkeit eines Unternehmens resultierende Bruttozufluss wirtschaftlichen Nutzens während der Berichtsperiode, der zu einer Erhöhung des Eigenkapitals führt, soweit er nicht aus Einlagen der Anteilseigner stammt.*“

und:

„*(14) Erlöse aus dem Verkauf von Gütern sind zu erfassen, wenn die folgenden Kriterien erfüllt sind:*

(a) das Unternehmen hat die maßgeblichen Risiken und Chancen, die mit dem Eigentum der verkauften Waren und Erzeugnisse verbunden sind, auf den Käufer übertragen;

(b) dem Unternehmen verbleibt weder ein weiter bestehendes Verfügungsrecht, wie es gewöhnlich mit dem Eigentum verbunden ist, noch eine wirksame Verfügungsmacht über die verkauften Waren und Erzeugnisse;

(c) die Höhe der Erlöse kann verlässlich bestimmt werden;

(d) es ist hinreichend wahrscheinlich, dass dem Unternehmen der wirtschaftliche Nutzen aus dem Verkauf zufließen wird; und

(e) die im Zusammenhang mit dem Verkauf angefallenen oder noch anfallenden Kosten können verlässlich bestimmt werden.“

a2) Aufwandsrealisation

Die den realisierten Erträgen entsprechenden Aufwendungen müssen bilanziell der gleichen Periode zugeordnet werden, in der die Erträge als realisiert zu gelten haben. Weichen die Zeitpunkte der den Aufwendungen entsprechenden Ausgaben oder Auszahlungen von den Zeitpunkten der Ertragsrealisation ab, sind die entsprechenden Ausgaben/Auszahlungen durch Aktivierung bzw. Passivierung abzugrenzen. Die notwendige zeitliche Anpassung der Aufwendungen an die Realisationszeitpunkte der Erträge wird neuerdings als "Alimentationsprinzip", im angelsächsischen Schrifttum als "matching-principle“ bezeichnet. Hierzu heißt es auch in **IAS 18.19:**

„*(19) Ertrag und Aufwand aus demselben Geschäftsvorfall oder Ereignis werden zum selben Zeitpunkt erfasst; dieser Vorgang wird allgemein als Zuordnung von Aufwendungen zu Er-*

trägen bezeichnet. Aufwendungen einschließlich solcher für Gewährleistungen und weiterer nach der Lieferung der Waren oder Erzeugnisse entstehender Kosten können normalerweise verlässlich bestimmt werden, wenn die anderen Bedingungen für die Ertragserfassung erfüllt sind. Allerdings darf ein Ertrag nicht erfasst werden, wenn der entsprechende Aufwand nicht verlässlich bestimmt werden kann; in diesen Fällen werden etwaige, für den Verkauf der Waren oder Erzeugnisse bereits erhaltene Gegenleistungen als Schuld angesetzt.“

a3) Ergebnis: Gewinnrealisation

Von einer "Gewinnrealisation" kann nach Vorstehendem nur gesprochen werden, wenn nicht nur die Ertragskomponente realisiert ist, sondern auch die den Erträgen entsprechenden Aufwendungen periodengerecht zugeordnet worden sind.

b) Modifikation des Realisationsprinzips durch das Imparitätsprinzip

Das Prinzip der Gewinnrealisation findet nach dem HGB keine Entsprechung in einem "Prinzip der Verlustrealisation". Verluste sind vielmehr nicht erst dann auszuweisen, wenn sie im oben beschriebenen Sinn realisiert sind, sondern sie sind bereits dann auszuweisen, wenn sie "entstanden", d.h. "verursacht" worden sind. Entsprechend heißt es in **§ 252 Abs. 1 Nr. 4 HGB** (wie bereits erwähnt):

> *" Es ist vorsichtig zu bewerten, namentlich sind alle vorhersehbaren Risiken und Verluste, die bis zum Abschluss-Stichtag entstanden sind, zu berücksichtigen, selbst wenn diese erst zwischen dem Abschluss-Stichtag und dem Tag der Aufstellung des Jahresabschlusses bekannt geworden sind."*

Da somit einerseits Gewinne erst dann ausgewiesen werden dürfen, wenn sie realisiert sind, andererseits Verluste bereits dann ausgewiesen werden müssen, wenn sie entstanden (und noch nicht realisiert) sind, wird der entsprechende fundamentale Bewertungsgrundsatz auch als das **"Imparitätsprinzip"** bezeichnet.

c) Das Anschaffungswertprinzip

Das Anschaffungswertprinzip besagt, dass der Wertansatz eines Vermögensgegenstandes höchstens mit seinen Anschaffungs- oder Herstellungskosten bewertet werden darf. Diese Regel gilt ausnahmslos nach dem HGB. (zur Durchbrechung des Anschaffungswertprinzips durch die IAS/IFRS s.u.). Das Anschaffungswertprinzip ist eigentlich identisch mit dem Prinzip der Gewinnrealisation; es verhindert den Ausweis von Gewinnen, bevor diese als realisiert gelten.

d) Das Niederstwertprinzip (Höchstwertprinzip)

Das sog. Niederstwertprinzip gestattet es, das Realisationsprinzip, das Imparitätsprinzip (Prinzip der Verlustantizipation) und das Anschaffungswertprinzip in einem Zuge zu beachten. Für die Bewertung der aktiven Bestandsposten enthält das Niederstwertprinzip die folgenden Bewertungsanweisungen:

Es sind am Bilanzstichtag für jeden Vermögensgegenstand **zwei Wertansätze** festzustellen, und zwar einerseits die Anschaffungs- oder Herstellungskosten des Gegenstands und andererseits der dem Gegenstand am Abschluss-Stichtag "beizulegende" Wert (Tageswert). Es ist dann jeweils der **niedrigere von beiden Wertansätzen** in die Bilanz einzustellen.

Für passive Bestandsposten gilt das sog. **Höchstwertprinzip**, d.h. hier ist **von beiden Wertansätzen jeweils der höhere Wert** in die Bilanz einzustellen.

Abb. 1: Gläubigerschutz, Vorsichtsprinzip mit Unterprinzipien

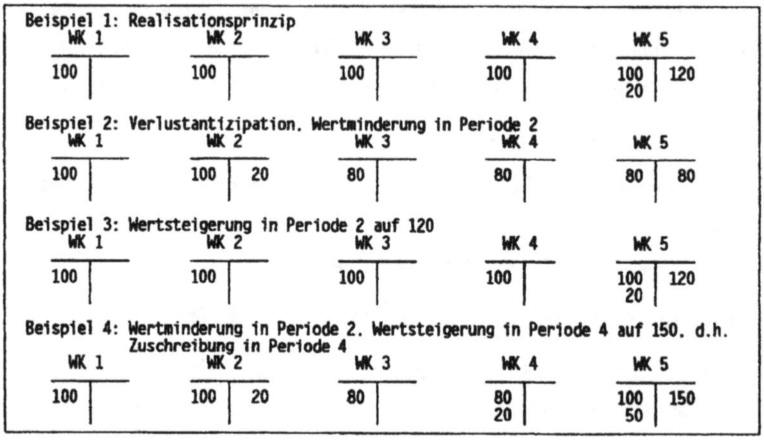

Anhand der Beispiele in Abb. 1 soll die Wirkungsweise der Bewertungsprinzipien dargestellt und erläutert werden. Die Beispiele gehen von der folgenden Situation aus: Ein Handelsunternehmen beschafft in der 1. Periode einen Vermögensgegenstand, den es in der 5. Periode veräußert; die Konten stellen "gemischte Warenkonten" dar.

Zu Beispiel 1: **Realisationsprinzip**. Das Unternehmen erwirbt zum Zeitpunkt 1 Waren für €°100 und veräußert diese Waren im Zeitpunkt 5 für € 120. Ein (realisierter) Gewinn kann erst im Zeitpunkt 5 ausgewiesen werden. Zu diesem Zeitpunkt ist der Ertrag in Höhe von €°120 realisiert. Ihm ist der Aufwand in Höhe von € 100 gegenüberzustellen. Um dies zu erreichen, müssen die Ausgaben für die eingesetzten Waren zu den vorhergehenden Stichtagen solange als Bestand aktiviert bleiben, bis sie in der Periode 5 als Bestandsminderung dem Ertrag gegenübergestellt werden können. - Das Anschaffungswertprinzip, nach dem die Ware in den Perioden 1-5 höchstens mit ihren Anschaffungskosten bewertet werden darf, verhindert zugleich den vorzeitigen Ausweis von (nicht realisierten) Gewinnen.

Zu Beispiel 2: **Verlustantizipation**, Wertminderung in Periode 2: Hier wird zusätzlich zum Beispiel 1 unterstellt, dass sich in der zweiten Periode herausstellt, dass der beizulegende Tageswert auf € 80 gesunken ist. Es ist deshalb entsprechend dem Niederstwertprinzip eine Abwertung um € 20 auf € 80 vorzunehmen und in den Perioden 3 und 4 beizubehalten. Im Zeitpunkt 5, dem Zeitpunkt der Ertragsrealisation, wird ein Gewinn in Höhe von € 0 ausgewiesen, da der Verlust aus dem Geschäft bereits in der 2. Periode ausgewiesen wurde. Der Verlust wurde also "antizipiert", vorweggenommen.

Zu Beispiel 3: **Wertsteigerung in Periode 2 auf € 120**: Hier wird zusätzlich zum Beispiel 1 unterstellt, dass sich in der zweiten Periode herausstellt, dass der beizulegende Wert auf €°120 gestiegen ist. In diesem Fall verhindert das Niederstwert- bzw. das Anschaffungswertprinzip eine Zuschreibung auf € 120, d.h. der Gewinn aus dem Geschäft kann nicht antizipiert werden, sondern ist erst in der Periode 5 als realisiert auszuweisen.

Zu Beispiel 4: **Wertminderung in Periode 2 auf € 80, Wertsteigerung in Periode 4 auf €°150**: In diesem Beispiel wird zusätzlich angenommen, dass dem Sinken des beizulegenden Wertes in der Periode 2 ein Steigen des beizulegenden Wertes in Periode 4 gegenübersteht. Hier ist nach dem Niederstwertprinzip in der Periode 2 eine Abwertung um € 20 auf € 80 vorzunehmen. In der Periode 4 führt der Niederstwertvergleich zu einer Zuschreibung um €°20 auf € 100, denn den Anschaffungskosten in Höhe von € 100 steht ein beizulegender Wert in Höhe von € 150 gegenüber. Der Gewinn in Höhe von € 50 kann aber erst in der Periode 5 als realisiert ausgewiesen werden.

Ziff. 2 Das Bewertungssystem für Kaufleute nach §§ 252-254 HGB

a) Beachtung allgemeiner Bewertungsgrundsätze nach § 252 HGB

Nachfolgend wird das handelsrechtliche Bewertungssystem im Überblick dargestellt, und zwar wird zunächst nochmals auf die bereits erläuterten allgemeinen Bewertungsgrundsätze, einschließlich der Generalnormen, in tabellarischer Form (Abb. 2, vgl. Gross/Schruff, Jahresabschluß, 2. A., S. 89) hingewiesen *(bitte suchen Sie nochmals die entsprechenden Vorschriften im HGB auf!)*.

Abb. 2: Allgemeine Bewertungsgrundsätze

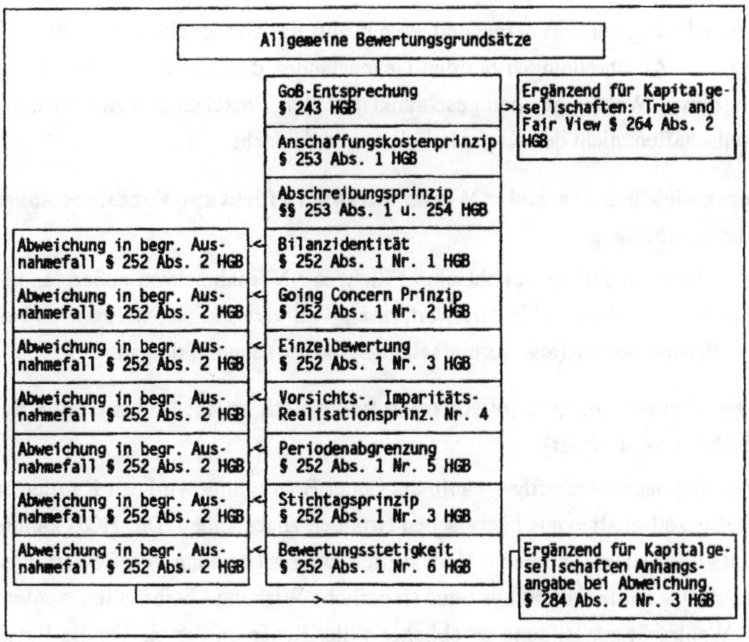

b) Bewertung von Gegenständen des Anlagevermögens (alle Kaufleute)

b1) Obergrenze: Anschaffungs- oder Herstellungskosten (§ 253 Abs. 1 Satz 1 HGB)

Entsprechend dem Anschaffungswertprinzip und dem Realisationsprinzip sind die Vermögensgegenstände höchstens mit ihren Anschaffungs- oder Herstellungskosten zu bewerten.

b2) Vornahme planmäßiger Abschreibungen bei Vermögensgegenständen, deren Nutzung zeitlich begrenzt ist (§ 253 Abs. 2 Satz 1 u. 2 HGB)

Bei abnutzbaren Gegenständen, d.h. bei Gegenständen, deren Nutzung zeitlich begrenzt ist, sind planmäßige Abschreibungen vorzunehmen. Der Abschreibungsplan muss nach **§ 253 Abs. 2 Satz 2 HGB** die Anschaffungs- oder Herstellungskosten auf die Geschäftsjahre verteilen, in denen der Vermögensgegenstand voraussichtlich genutzt werden kann. Zu beachten ist, dass bei den abnutzbaren Vermögensgegenständen die Bewertungsobergrenze durch die um die planmäßigen Abschreibungen verminderten Anschaffungs- oder Herstellungskosten definiert ist; diese sog. **fortgeführten Anschaffungs- oder Herstellungskosten** dürfen in der Zukunft nicht überschritten werden.

b3) Vornahme außerplanmäßiger Abschreibungen bei allen Gegenständen des Anlagevermögens (gemildertes Niederstwertprinzip, § 253 Abs. 2 Satz 3 HGB)

Daneben sieht das Gesetz sog. außerplanmäßige Abschreibungen vor, die nicht nur bei abnutzbaren sondern auch bei nicht abnutzbaren Vermögensgegenständen vorgenommen werden müssen oder können.

b31) Bei vorübergehender Wertminderung: Wahlrecht zur Vornahme außerplanmäßiger Abschreibungen

Ist die Wertminderung nur vorübergehend, so gewährt das Gesetz ein Wahlrecht zur Vornahme außerplanmäßiger Abschreibungen bei den Gegenständen des Anlagevermögens. Es ist zu beachten, dass dieses Wahlrecht uneingeschränkt nur den Einzelkaufleuten und den Personen-Handelsgesellschaften, nicht den Kapitalgesellschaften zusteht.

b32) Bei voraussichtlich dauernder Wertminderung: Pflicht zur Vornahme außerplanmäßiger Abschreibungen

Bei dauernder Wertminderung besteht eine Pflicht zur Vornahme von außerplanmäßigen Abschreibungen. Hier ist also das Niederstwertprinzip voll verwirklicht, während es bei nur vorübergehender Wertminderung (aus Vereinfachungsgründen) abgemildert ist.

b4) Weitere Abschreibungen im Rahmen vernünftiger kaufmännischer Beurteilung (§ 253 Abs. 4 HGB)

Die Abschreibung nach vernünftiger kaufmännischer Beurteilung wird den Kaufleuten und Personen-Handelsgesellschaften aus historischen Gründen zugestanden. Das HGB kannte vor 1985 für diese Unternehmensgruppe keine Vorschriften zur Bestimmung von Bewertungsuntergrenzen. Dieses Privileg sollte - allerdings ohne steuerliche Wirkung - beibehalten werden. Praktisch kann dieses Wahlrecht zur Bildung erheblicher stiller Reserven führen. Ob die Einschränkung, "nach vernünftiger kaufmännischer Beurteilung", wesentliche Bedeutung hat, muss dahingestellt bleiben.

b5) Ein niedrigerer Wertansatz darf beibehalten werden, wenn die Gründe für eine frühere außerplanmäßige Abschreibung nicht mehr bestehen (§ 253 Abs. 5 HGB)

Das nach dem Niederstwertprinzip an sich notwendige Wertaufholungsgebot braucht von den

Einzelkaufleuten und von den Personen-Handelsgesellschaften nicht beachtet zu werden. Die vierte Richtlinie sieht es dagegen zwingend vor. (Zur Regelung für Kapitalgesellschaften vgl. § 280 HGB).

b6) Abschreibungen können auch vorgenommen werden, um Vermögensgegenstände des Anlagevermögens mit dem niedrigeren Wert anzusetzen, der auf einer nur steuerrechtlich zulässigen Abschreibung beruht (§ 254 HGB)

Es handelt sich um eine "Öffnungsklausel" für die sog. umgekehrte Maßgeblichkeit. Unter der umgekehrten Maßgeblichkeit versteht man die Maßgeblichkeit der Steuerbilanz für die Handelsbilanz. Im HGB finden sich derartige Öffnungsklauseln nicht nur in § 254 sondern auch in § **279 Abs. 1 HGB** für steuerrechtliche Abschreibungen. Mit den Regelungen für steuerrechtliche Abschreibungen wird insbesondere die Übernahme von Steuervergünstigungen in die Handelsbilanz ermöglicht. Dabei sind die handelsrechtlichen Vorschriften zur umgekehrten Maßgeblichkeit stets als Wahlrecht ausgestaltet. Damit wird der Zweck verfolgt, dass aufgrund des Handelsrechts nicht verhindert werden soll, Steuervergünstigungen in Anspruch zu nehmen.

Bei Einzelkaufleuten und Personen-Handelsgesellschaften können - im Gegensatz zu den Kapitalgesellschaften - niedrigere steuerliche Wertansätze auch dann in der Handelsbilanz angesetzt werden, wenn eine umgekehrte Maßgeblichkeit nicht besteht. Die Vorschrift dient insoweit dazu, eine Einheitsbilanz, d.h. eine Handelsbilanz, die zugleich Steuerbilanz ist, aufstellen zu können.

c) Bewertung von Gegenständen des Umlaufvermögens

c1) Obergrenze: Anschaffungs- oder Herstellungskosten (wie Anlagevermögen)

Auch für das Umlaufvermögen gilt das Anschaffungswertprinzip uneingeschränkt.

c2) Pflicht zur Anwendung des strengen Niederstwertprinzips (§ 253 Abs. 3 Satz 1 u. 2 HGB)

Ferner gilt für das Umlaufvermögen das sog. strenge Niederstwertprinzip. Es ist also stets bei dem Vergleich zwischen den Anschaffungs- oder Herstellungskosten einerseits und dem beizulegenden Wert andererseits der jeweils niedrigere Wert (höchstens) anzusetzen. Der "beizulegende Wert" wird im Gesetz näher umschrieben: Er ist im Zweifel aus einem Börsen- oder Marktpreis abzuleiten *(Näheres zur Ableitung vgl. unten, I. § 5 Ziff. 1)*

c21) Abschreibung auf den niedrigeren Wert, der sich am Abschluss-Stichtag aus einem Börsen- oder Marktpreis ergibt

Es entspricht dem marktwirtschaftlichen System, den beizulegenden Wert aus Börsen- oder Marktpreisen abzuleiten. Zur Frage, ob Beschaffungs- oder Absatzmärkte in Betracht kommen und wie ggf. eine Ableitung insbes. bei unfertigen Erzeugnissen möglich ist, vgl. ebenfalls unten, I. § 5 Ziff. 1.

c22) Abschreibung auf den niedrigeren beizulegenden Wert (§ 253 Abs. 3 Satz 2 HGB)

Ist die Ableitung aus einem Börsen- oder Marktpreis nicht möglich, so ist der "beizulegende

Wert" auf andere Weise festzustellen, z.B. durch Vornahme von "Gängigkeitsabschreibungen" bei Vermögensgegenständen (z.B. Ersatzteilen), für die ein Markt nicht mehr existiert.

c3) Wahlrecht, den niedrigeren "Zukunftswert" anzusetzen (§ 253 Abs. 3 Satz 3 HGB)

Das Wahlrecht, den "niedrigeren Zukunftswert" ansetzen zu können, entspringt dem Bestreben nach Vereinfachung. Im Gesetz heißt es:

> *"Außerdem dürfen Abschreibungen vorgenommen werden, soweit diese nach vernünftiger kaufmännischer Beurteilung notwendig sind, um zu verhindern, dass in der nächsten Zukunft der Wertansatz dieser Vermögensgegenstände aufgrund von Wertschwankungen geändert werden muss."*

Als "nächste Zukunft" wird ein Zeitraum von zwei Jahren angesehen. - An sich stellt diese Vereinfachungsregelung, die auch von Kapitalgesellschaften in Anspruch genommen werden kann, eine Durchbrechung des Stichtagsprinzips dar.

c4) Weitere Abschreibung im Rahmen vernünftiger kaufmännischer Beurteilung (§ 253 Abs. 4 HGB)

Wie bei den Gegenständen des Anlagevermögens können Einzelkaufleute und Personen-Handelsgesellschaften weitere (willkürliche) Abschreibungen "nach vernünftiger kaufmännischer Beurteilung" - allerdings ohne steuerliche Wirkung - vornehmen.

c5) Ein niedrigerer Wertansatz darf beibehalten werden, auch wenn die Gründe dafür nicht mehr bestehen (§ 254 Abs. 5 HGB)

Einzelkaufleute und Personen-Handelsgesellschaften können - wie bei Gegenständen des Anlagevermögens - nach Vornahme außerplanmäßiger Abschreibungen den niedrigeren Wertansatz auch dann beibehalten, wenn die Gründe für die Wertminderung inzwischen fortgefallen sind. *(vgl. dazu für den Bereich des Anlagevermögens, oben, Abschn. b5) dieser Ziffer).*

c6) Abschreibungen können auch vorgenommen werden, um Vermögensgegenstände des Umlaufvermögens mit dem niedrigeren Wert anzusetzen, der auf einer nur steuerrechtlich zulässigen Abschreibung beruht (§ 254 HGB)

Die Regelungen für das Anlagevermögen *(vgl. oben, b6) dieser Ziffer)* im Hinblick auf den Zusammenhang zwischen Steuerbilanz und Handelsbilanz gelten auch für das Umlaufvermögen.

d) Bewertung von Verbindlichkeiten

Zur Bewertung der Passiva enthält das Gesetz nur einen einzigen Satz. Es ist darauf hinzuweisen, dass in Ermangelung von Einzelregelungen für die Passiva (mit Ausnahme des Eigenkapitals) nach den GoB das Höchstwertprinzip gilt.

d1) Verbindlichkeiten sind mit ihrem Rückzahlungsbetrag zu bewerten

Verbindlichkeiten sind grundsätzlich mit dem Rückzahlungsbetrag zu bewerten. Dies gilt auch dann, wenn der Verfügungsbetrag niedriger als der Rückzahlungsbetrag ist; der Differenzbetrag zwischen dem Rückzahlungs- und dem niedrigeren Verfügungsbetrag darf handelsrechtlich (und muss steuerrechtlich) nach **§ 250 Abs. 3 HGB** durch Aktivierung eines Disagio abgegrenzt werden.

d2) Rentenverpflichtungen, für die eine Gegenleistung nicht mehr zu erwarten ist, sind zu ihrem Barwert anzusetzen

Rentenverpflichtungen, d.h. periodisch wiederkehrende Zahlungsverpflichtungen, sind grundsätzlich mit ihrem Barwert anzusetzen. Bei dem Barwert handelt es sich um die Summe der mit Zinseszinsen abgewerteten zukünftigen Einzelzahlungen. Der Barwert wird entscheidend durch die Höhe des jeweiligen Diskontierungszinssatzes bestimmt; das Gesetz enthält aber über die Höhe des Zinssatzes keine Vorschriften.

Werden für die Rentenzahlungen noch Gegenleistungen erbracht, dies ist z.B. bei Pensionszusagen an noch aktive Arbeitnehmer der Fall, so ist nicht der Barwert der Rentenverpflichtungen sondern ein entsprechend niedrigerer Wert anzusetzen *(vgl. dazu vor allem unten, I. § 16 Ziff 2, Pensionsrückstellungen)*.

d3) Rückstellungen sind nur in Höhe des Betrags anzusetzen, der nach vernünftiger kaufmännischer Beurteilung notwendig ist (§ 253 Abs. 1 HGB)

Die Bewertung von Rückstellungen bereitet besondere Schwierigkeiten, weil die Schätzung des Ob und des Wie der zukünftigen Inanspruchnahme mit Unsicherheiten behaftet ist. Der Gesetzgeber benutzt den Terminus "vernünftige kaufmännische Beurteilung" im übrigen immer dann, wenn es sich um Schätzgrößen handelt. Hier soll nach den GoB weder zu optimistisch noch zu pessimistisch geschätzt werden. Durch die Änderung des HGB auf Grund des Versicherungsbilanzrichtlinie-Gesetzes ist klargestellt worden dass eine Abzinsung von Rückstellungen nur dann in Betracht kommt, wenn die ihnen zugrunde liegenden Verbindlichkeiten einen Zinsanteil enthalten *(vgl. zur Bewertung von Rückstellungen ebenfalls unten, I. § 16)*.

Ziff. 3 Das Bewertungssystem für Kapitalgesellschaften

a) Beachtung allgemeiner Bewertungsgrundsätze (wie alle Kaufleute)

Vgl. oben, Ziff. 2 a).

b) Bewertung von Gegenständen des Anlagevermögens (Kapitalgesellschaften)

b1) Obergrenze: Anschaffungs- oder Herstellungskosten (wie alle Kaufleute)

Vgl. oben, I, § 3 Ziff. 2 b1).

b2) Vornahme planmäßiger Abschreibungen bei Vermögensgegenständen, deren Nutzung zeitlich begrenzt ist (wie alle Kaufleute)

Vgl. oben, I, § 3 Ziff. 2 b2).

b3) Vornahme außerplanmäßiger Abschreibungen bei Gegenständen des Anlagevermögens

b31) Bei vorübergehender Wertminderung sind außerplanmäßige Abschreibungen nur bei dem Finanzanlagevermögen zulässig (§ 279 Abs. 1 HGB; anders als bei den übrigen Kaufleuten)

Bei Kapitalgesellschaften ist das für alle Kaufleute existierende Wahlrecht, auch bei vorübergehenden Wertminderungen außerplanmäßige Abschreibungen vornehmen zu können, durch die vierte EG-Richtlinie gestrichen worden.

Nur bei dem Finanzanlagevermögen ist - wie bei allen Kaufleuten - die Vornahme außerplanmäßiger Abschreibungen bei vorübergehenden Wertminderungen möglich. Im Gesetz (**§ 279 Abs. 1 Satz 2 HGB**) heißt es:

> *"§ 253 Abs. 2 Satz 3 darf, wenn es sich um eine voraussichtlich dauernde Wertminderung handelt, nur auf Vermögensgegenstände, die Finanzanlagen sind, angewendet werden."*

b32) Außerplanmäßige Abschreibungen bei voraussichtlich dauernder Wertminderung (wie alle Kaufleute)

Vgl. oben, I, § 3 Ziff. 2 b32).

b4) Weitere Abschreibungen nach vernünftiger kaufmännischer Beurteilung sind bei Kapitalgesellschaften unzulässig (§ 279 Abs. 1 HGB)

Die für Einzelkaufleute und Personen-Handelsgesellschaften eingeräumte Möglichkeit, nach vernünftigem kaufmännischen Ermessen willkürliche Abschreibungen vornehmen zu können, ist nach der vierten EG-Richtlinie unzulässig und deshalb für Kapitalgesellschaften nicht vorgesehen.

b5) Wertaufholungsgebot

An sich besteht nach dem Niederstwertprinzip die Verpflichtung, in den Fällen, in denen eine außerplanmäßige Abschreibung vorgenommen worden ist, eine Zuschreibung vorzunehmen, wenn in späteren Perioden die Gründe für die Wertminderung fortgefallen sind *(vgl. oben, § 3 Ziff. 1)*. Die vierte EG-Richtlinie trägt dem auch voll Rechnung. In Deutschland wird dieses Prinzip aber mit Hinweis auf die steuerlichen Folgen des Zuschreibungsgebotes weitgehend unterlaufen.

b51) Grundsätzlich darf ein niedrigerer Wertansatz nicht beibehalten werden, wenn die Gründe für eine außerplanmäßige Abschreibung fortgefallen sind (§ 280 Abs. 1 HGB)

In **§ 280 Abs. 1 HGB** heißt es entsprechend der vierten EG-Richtlinie:

> *"Wird bei einem Vermögensgegenstand eine Abschreibung nach § 253 Abs. 2 Satz 3 oder Abs. 3 oder § 254 Satz 1 vorgenommen, und stellt sich in einem späteren Geschäftsjahr heraus, dass die Gründe dafür nicht mehr bestehen, so ist der Betrag dieser Abschreibung im Umfang der Werterhöhung unter Berücksichtigung der Abschreibungen, die inzwischen vor-*

zunehmen gewesen wären, zuzuschreiben. § 253 Abs. 5, § 254 Satz 2 sind insoweit nicht anzuwenden."

b52) Der niedrigere Wertansatz darf beibehalten werden, wenn steuerlich ein Beibehaltungswahlrecht und "umgekehrte Maßgeblichkeit" besteht (§ 280 Abs. 2 HGB)

In **§ 280 Abs. 2 HGB** wird das Wertaufholungsgebot der vierten EG-Richtlinie praktisch aufgehoben, d.h. in allen den Fällen in denen ein steuerliches Beibehaltungswahlrecht besteht **und** die Ausübung dieses Beibehaltungswahlrechts davon abhängig ist, dass auch in der Handelsbilanz auf die Wertaufholung verzichtet wird, kann von der Zuschreibung auch in der Handelsbilanz abgesehen werden *(bitte Text von § 280 Abs. 2 HGB lesen!)*

b6) Die nach § 254 HGB zulässigen steuerlich bedingten Abschreibungen dürfen auch indirekt durch Einstellung in den Sonderposten mit Rücklageanteil vorgenommen werden (§ 281 Abs. 1 HGB)

§ 281 Abs. 1 HGB enthält ein Wahlrecht, das eigentlich nicht die Bewertung sondern den Bilanzausweis betrifft (Bruttobilanzierung steuerlicher Sonderabschreibungen anstelle der Nettobilanzierung):

> *"Die nach § 254 zulässigen Abschreibungen dürfen auch in der Weise vorgenommen werden, dass der Unterschiedsbetrag zwischen der nach § 253 in Verbindung mit § 279 und der nach § 254 zulässigen Bewertung in den Sonderposten mit Rücklageanteil eingestellt wird. ..."*

b7) Außerplanmäßige Abschreibung auf den niedrigeren steuerlichen Wertansatz bei "umgekehrter Maßgeblichkeit"

Im Gegensatz zu den Einzelkaufleuten und zu den Personen-Handelsgesellschaften dürfen Kapitalgesellschaften niedrigere, steuerlich bedingte Wertansätze nur dann auch in die Handelsbilanz übernehmen, wenn die steuerliche Anerkennung dieser Wertansätze davon abhängig ist, ob die gleichen Wertansätze auch in der Handelsbilanz ausgewiesen werden (umgekehrte Maßgeblichkeit). **§ 279 Abs. 2 HGB:**

> *"Abschreibungen nach § 254 dürfen nur insoweit vorgenommen werden, als das Steuerrecht ihre Anerkennung bei der steuerlichen Gewinnermittlung davon abhängig macht, dass sie sich aus der (Handels-) Bilanz ergeben."*

c) Bewertung von Gegenständen des Umlaufvermögens (Kapitalgesellschaften)

c1) Bewertungsobergrenze wie alle Kaufleute

Vgl. oben, I, § 3 Ziff. 2 c1).

c2) Die außerplanmäßige Abschreibung nach vernünftiger kaufmännischer Beurteilung ist unzulässig (§ 279 Abs. 1 HGB)

Wie bei dem Anlagevermögen ist auch bei dem Umlaufvermögen die willkürliche Abschreibung nach vernünftiger kaufmännischer Beurteilung bei Kapitalgesellschaften untersagt.

c3) Ansatz steuerlicher Werte und Wertaufholung: Wie Anlagevermögen

Die Regelungen über den Ansatz steuerlicher Werte und über die Wertaufholung bei Kapitalgesellschaften gelten sowohl für das Umlaufvermögen wie auch für das Anlagevermögen. Niedrigere steuerliche Wertansätze dürfen auch hier nur bei umgekehrter Maßgeblichkeit in die Handelsbilanz übernommen werden.

Abb. 3: Überblick über das handelsrechtliche Bewertungssystem

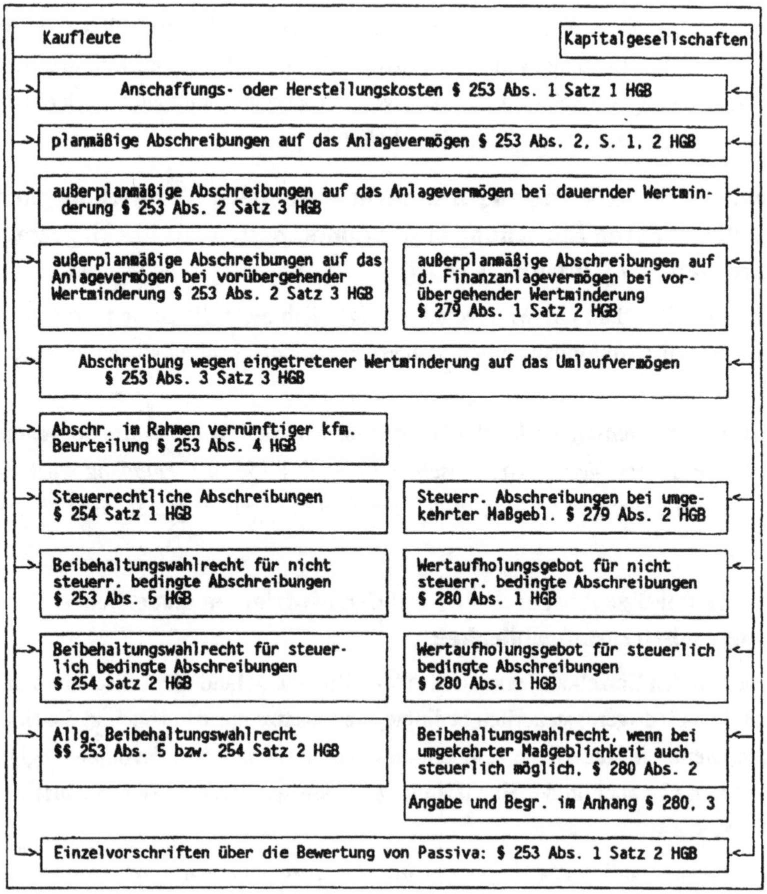

d) Bewertung der Passiva (Kapitalgesellschaften)

d1) Verbindlichkeiten: Wie alle Kaufleute

Vgl. oben I, § 3 Ziff. 2 d1).

d2) Rentenverpflichtungen: Wie alle Kaufleute

Vgl. oben I, § 3 Ziff. 2 d2).

d3) Rückstellungen: Wie alle Kaufleute

Vgl. oben I, § 3 Ziff. 2 d3).

Ziff. 4 Tabellarische Darstellung der Bewertungssysteme für alle Kaufleute und für Kapitalgesellschaften nach dem HGB

In Abb. 3 werden die handelsrechtlichen Bewertungssysteme für Kapitalgesellschaften einerseits und für alle Kaufleute andererseits noch einmal zusammengestellt (Zur Abb. 3 vgl. Gross/Schruff, Jahresabschluß, 2. A., S. 87).

Ziff. 5 Wertansätze nach den IAS

Die im IAS-Framework genannten Wertansätze (historische Kosten, IAS F.100 (a), Tageswerte, IAS F.100 (b), Veräußerungswert (Erfüllungsbetrag), IAS F.100 (c), und Barwert, IAS F.100 (d) stellen keine geschlossene Bewertungskonzeption dar.

Darüber hinaus enthalten einzelne IAS mehrere unterschiedliche Bewertungshinweise für ein und denselben Sachverhalt; der "Benchmark" als dem "bevorzugten" Verfahren wird häufig ein alternatives zulässiges Verfahren gegenübergestellt (alternativ allowed treatment).

Das Fehlen einer einheitlichen Bewertungskonzeption kommt in der Formulierung in **IAS F.101** zum Ausdruck. Es heißt dort:

„Die von den Unternehmen bei der Aufstellung ihrer Abschlüsse am häufigsten eingesetzte Bewertungsgrundlage sind die historischen Anschaffungs- oder Herstellungskosten. Sie wird gewöhnlich mit anderen Bewertungsgrundlagen kombiniert. Beispielsweise werden die Vorräte zum niedrigeren Betrag von Anschaffungs- oder Herstellungskosten und Nettoveräußerungswert geführt, marktfähige Wertpapiere können zum Marktwert und Pensionsverpflichtungen mit ihrem Barwert angesetzt werden. Ferner verwenden einige Unternehmen das Konzept der Tageswerte, um dem Umfang Rechnung zu tragen, dass das Rechnungslegungsmodell der historischen Anschaffungs- oder Herstellungskosten die Auswirkungen von Preisänderungen nicht monetärer Vermögenswerte nicht berücksichtigt."

Die in dem Framework (IAS F.100) definierten Wertansätze werden durch die verschiedenen IAS einzelfallbezogen ergänzt.

a) Historische Kosten (historical cost)

Es handelt sich bei den Historischen Kosten nach IAS F.100 (a) bei den Aktiva um den Betrag, der bei der Beschaffung aufgewandt wurde (Anschaffungs- oder Herstellungskosten) und bei den Verbindlichkeiten um den Betrag der erhaltenen Leistung. In **IAS F.100 (a)** heißt es:

„Historische Anschaffungs- oder Herstellungskosten. Vermögenswerte werden mit dem Betrag der entrichteten Zahlungsmittel oder Zahlungsmitteläquivalente oder dem beizulegenden Zeitwert der Gegenleistung für ihren Erwerb zum Erwerbszeitpunkt erfasst. Schulden werden mit dem Betrag des im Austausch für die Verpflichtung erhaltenen Erlöses erfasst, oder in manchen Fällen (beispielsweise bei Ertragsteuern) mit dem Betrag an Zahlungsmitteln oder Zahlungsmitteläquivalenten, der erwartungsgemäß gezahlt werden muss, um die Schuld im normalen Geschäftsverkehr zu tilgen."

b) Tageswert (current cost)

Nach IAS F.100 (b) ist der Tageswert bei den Aktiva der Betrag, der zur Wiederbeschaffung eines identischen oder vergleichbaren Gegenstandes aufgewandt werden müsste; bei Schuldposten ist das der Betrag, der zum gegenwärtigen Zeitpunkt zur Begleichung der Verpflichtung aufgewandt werden müsste. Es heißt in **IAS F.100 (b)**:

> „*Tageswert. Vermögenswerte werden mit dem Betrag an Zahlungsmitteln oder Zahlungsmitteläquivalenten erfasst, der für den Erwerb desselben oder eines entsprechenden Vermögenswertes zum gegenwärtigen Zeitpunkt gezahlt werden müsste. Schulden werden mit dem nicht diskontierten Betrag an Zahlungsmitteln oder Zahlungsmitteläquivalenten angesetzt, der für eine Begleichung der Verpflichtung zum gegenwärtigen Zeitpunkt erforderlich wäre.*"

c) Veräußerungswert / Erfüllungsbetrag (realisable / settlement value)

Der realisable value eines Aktivum ist nach IAS F.100 (c) der Betrag, der gegenwärtig im gewöhnlichen Geschäftsverkehr erzielbar ist; der settlement value einer Verbindlichkeit ist der Betrag, der zum Rückzahlungszeitpunkt im gewöhnlichen Geschäftsverkehr zur Begleichung der Verpflichtung voraussichtlich aufzuwenden ist. **IAS F.100 (c)**:

> „*Veräußerungswert (Erfüllungsbetrag). Vermögenswerte werden mit dem Betrag an Zahlungsmitteln oder Zahlungsmitteläquivalenten angesetzt, der zum gegenwärtigen Zeitpunkt durch Veräußerung des Vermögenswertes im normalen Geschäftsverkehr erzielt werden könnte. Schulden werden mit dem Erfüllungsbetrag erfasst, d.h. zum nicht diskontierten Betrag an Zahlungsmitteln oder Zahlungsmitteläquivalenten, der erwartungsgemäß gezahlt werden muss, um die Schuld im normalen Geschäftsverlauf zu begleichen.*"

d) Gegenwartswert (present value)

Bei Aktivposten handelt es sich nach IAS F.100 (d) um den Barwert der Zahlungsmittelzuflüsse, die das Aktivum im gewöhnlichen Geschäftsverkehr voraussichtlich erzielen wird; bei Schuldposten ergibt sich der present value aus dem Barwert der Zahlungsmittelabflüsse die im gewöhnlichen Geschäftsverkehr zur Begleichung der Verpflichtung voraussichtlich aufzuwenden sind. **IAS F.100 (d)**:

> „*Barwert. Vermögenswerte werden mit dem Barwert des künftigen Nettomittelzuflusses angesetzt, den dieser Posten erwartungsgemäß im normalen Geschäftsverlauf erzielen wird. Schulden werden zum Barwert des künftigen Nettomittelabflusses angesetzt, der erwartungsgemäß im normalen Geschäftsablauf für eine Erfüllung der Schuld erforderlich ist.*"

e) Beizulegender Wert (fair value)

Der fair value ist der Betrag, der im Geschäftsverkehr zwischen sachverständigen und vertragswilligen Vertragspartnern unter Marktbedingungen erzielbar ist. Er wird in **IAS 16.6**, Sachanlagen, **IAS 18.7**, Erträge, in **IAS 21.7**, Auswirkungen von Änderungen der Wechselkurse, in **IAS 38.7**, Immaterielle Vermögenswerte, und in **IAS 40.4**, Als Finanzinvestition gehaltene Immobilien, gleichlautend definiert:

> „*Der beizulegende Zeitwert ist der Betrag, zu dem zwischen sachverständigen, vertragswilligen und voneinander unabhängigen Geschäftspartnern ein Vermögenswert getauscht werden könnte.*"

Generell ist der fair value auch nach IAS als "beizulegender Wert" zu begreifen.

f) Marktwert (market value)

Wenn Bilanzposten auf Märkten gehandelt werden, kommt häufig ein Wert auf einem „aktiven" Markt als Anhaltspunkt für die Ermittlung von fair values in Betracht. Nach **IAS 38.7** liegt ein aktiver Markt vor, wenn die folgenden Bedingungen kumulativ erfüllt sind:

„*(a) die auf dem Markt gehandelten Produkte sind homogen;*

(b) vertragswillige Käufer und Verkäufer können in der Regel jederzeit gefunden werden; und

(c) Preise stehen der Öffentlichkeit zur Verfügung."

§ 4 Anschaffungs- und Herstellungskosten

<u>*Übersicht*</u>

Lit.: ADS, 6. A., § 255, Tz. 5 ff. ; Castan, Anschaffungskosten, HWRev, 2. A., Sp. 48 ff. ; Coenenberg, Jahresabschluss, 19. A., S.94 ff. ; Ellrott et al., Kommentierung zu § 255 HGB, Beckscher Bilanzkommentar, 5. A. ; Heinold, Anzahlungen, HWRev, 2. A., Sp. 62 ff. ; Hommel, Anschaffungskosten, HWRP, Sp. 77-87; IASB, IAS 2, Vorräte ; IASB, IAS 16, Sachanlagen ; IASB, IAS 20, Bilanzierung und Darstellung von Zuwendungen der öffentlichen Hand ; IASB, IAS 23, Fremdkapitalkosten ; IDW, HFA 1/1984 i.d.F.v. 1990, Bilanzierungsfragen bei Zuwendungen, dargestellt am Beispiel finanzieller Zuwendungen der öffentlichen Hand ; IDW, HFA 1/1985 i.d.F.v. 1990, Zur Behandlung der Umsatzsteuer im Jahresabschluss ; IDW, HFA 2/1991, Änderung von Jahresabschlüssen und Anpassung der Handelsbilanz an die Steuerbilanz ; IDW, HFA 2/1996, Zur Bilanzierung privater Zuschüsse ; IDW, HFA 5/1991 Zur Aktivierung von Herstellungskosten ; Möller, Herstellungskosten, HWRev, 2. A., Sp. 814 ff. ;Naumann/Breker, Bewertungsprinzipien für die Rechnungslegung nach HGB, Bilanzsteuerrecht und IAS/IFRS, HdJ, Abt.I/7 ; Siegel, Herstellungskosten, HWRP, Sp. 1119-1134; Wohlgemuth, Anschaffungskosten, HdJ, Abt. I, 9 ; Wohlgemuth, Herstellungskosten, HdJ, Abt. I, 10 ; WPH 2000 Bd. I, E 220 ff.

Vorbemerkung

Nachfolgend werden die einzelnen Wertbegriffe, die bei der Darstellung der Bewertungssysteme nicht weiter untersucht wurden, einzeln erläutert, und zwar in I. § 4 die Anschaffungs- oder Herstellungskosten, in I. § 5 die niedrigeren Wertansätze, in I. § 6 die Bewertungsprobleme bei Fremdwährungsposten. In I. § 7 wird auf die Sonderprobleme bei langfristiger Fertigung und in I. § 8 auf das Problem der Stillen Rücklagen und der Bewertungsstetigkeit eingegangen.

Ziff. 1 Anschaffungskosten

a) Merkmale des Anschaffungskostenbegriffs

Das HGB umschreibt den Begriff der Anschaffungskosten in **§ 255 Abs. 1 HGB** wie folgt:

"Anschaffungskosten sind Aufwendungen, die geleistet werden, um einen Vermögensgegenstand zu erwerben und ihn in einen betriebsbereiten Zustand zu versetzen, soweit sie dem Vermögensgegenstand einzeln zugeordnet werden können. Zu den Anschaffungskosten gehö-

ren auch die Anschaffungsnebenkosten sowie die nachträglichen Anschaffungskosten. Anschaffungspreisminderungen sind abzusetzen."

In **IAS 16.15** werden die Anschaffungskosten (und die Herstellungskosten) wie folgt umschrieben. Eine ähnliche Definition findet sich in **IAS 2.7 ff.** für die Bewertung von Vorräten:

„(15) Die Anschaffungs- oder Herstellungskosten einer Sachanlage umfassen den Kaufpreis einschließlich Einfuhrzölle und nicht erstattungsfähiger Erwerbsteuer sowie alle direkt zurechenbaren Kosten, die anfallen, um den Vermögenswert in den betriebsbereiten Zustand für seine vorgesehene Verwendung zu bringen. Alle Rabatte, Boni und Skonti sind vom Kaufpreis abzuziehen. Beispiele für direkt zurechenbare Kosten sind:

(a) Kosten der Standortvorbereitung;

(b) Kosten der erstmaligen Lieferung und Verbringung;

(c) Montagekosten;

(d) Honorare wie beispielsweise für Architekten und Ingenieure; und

geschätzte Kosten für den Abbruch und das Abräumen des Vermögenswertes und die Wiederherstellung des Standortes in dem Maße, in welchem sie gemäß IAS 37, Rückstellungen, Eventualschulden und Eventualforderungen, als Rückstellung erfasst werden."

Die Komponenten des Begriffs der Anschaffungskosten sind nachfolgend einzeln zu besprechen. Daneben ist auf die sog. Gesetzlichen Anschaffungskosten einzugehen, die in Sonderfällen (z.B. bei Währungsumstellungen) eine Rolle spielen können.

b) Probleme der Ermittlung des Anschaffungspreises

Für die Ermittlung des Anschaffungspreises spielt es grundsätzlich keine Rolle, ob das Unternehmen seine Gegenleistung vor, bei oder nach Erwerb geleistet hat. Auf jeden Fall entsteht die **Verpflichtung zur Aktivierung des Anschaffungspreises grundsätzlich in Höhe der Verpflichtung zur Gegenleistung.**

Probleme können sich im Bereich der sog. fiktiven Anschaffungspreise ergeben, so beim Tausch und bei dem unentgeltlichen Erwerb.

b1) Der tatsächlich gezahlte Preis

b11) Der vor Erwerb gezahlte Preis

b111) Anzahlungen

Ein typischer Fall des vor dem Erwerb gezahlten Preises sind die geleisteten Anzahlungen; sie gehen voll in den Anschaffungspreis ein.

b112) Mietkauf

Es gibt sog. Mietkaufverträge, bei denen eine Sache zunächst gemietet worden ist, bei denen aber dem Erwerber das Recht zusteht, die Sache zu einem späteren Zeitpunkt zu erwerben, wobei der Veräußerer die bereits geleisteten Mietzahlungen auf den Kaufpreis anrechnet. In diesen Fällen gelten die angerechneten Mietzahlungen als Anschaffungspreis.

b113) Anrechnung einer Schuld auf den Kaufpreis

Übernimmt der Erwerber zusammen mit der erworbenen Sache eine Schuld und mindert sich insofern der Kaufpreis, so ist die übernommene Schuld auf den Anschaffungspreis anzurechnen.

b12) Bei Erwerb gezahlter Preis

b121) Grundsatz: Bilanzierung in Höhe der Verpflichtung zur Gegenleistung

Auf den Grundsatz wurde bereits oben hingewiesen. Nachfolgend sind einige Sonderprobleme zu behandeln:

b122) Behandlung der Mehrwertsteuer

Sofern der Erwerber zum Vorsteuerabzug berechtigt ist, gehen die an ihn weiterberechneten Vorsteuern nicht in den Anschaffungspreis ein. Es wird der Nettobetrag als Anschaffungspreis aktiviert, weil in den Fällen der Abzugsberechtigung die Mehrwertsteuer als durchlaufender Posten betrachtet wird. Gleiches ergibt sich nach **IAS 2.8** für „Steuern, die das Unternehmen später von den Steuerbehörden zurückerlangen kann".

Das Institut der Wirtschaftsprüfer hat sich ausgiebig mit der Behandlung der Umsatzsteuer bei Einführung des Mehrwertsteuersystems beschäftigt; aus der entsprechenden Stellungnahme HFA 1/1985 i.d.F.v. 1990 "Zur Behandlung der Umsatzsteuer im Jahresabschluss", werden deshalb einige Passagen zitiert.

b1221) Allgemeine Behandlung in der Gewinn- und Verlustrechnung

HFA 1/1985, Abschn. A I:

> *"Gemäß § 277 Abs. 1 HGB und dem Charakter der Umsatzsteuer als durchlaufender Posten entsprechend sind in der Gewinn- und Verlustrechnung die Umsatzerlöse und die sonstigen betrieblichen Erträge netto, d.h. um die Umsatzsteuer gekürzt, auszuweisen. Im Sinne einer weitergehenden Gliederung kann auch die auf die Bruttoumsatzerlöse entfallende Umsatzsteuer von den Umsatzerlösen bzw. sonstigen betrieblichen Erträgen in der Vorspalte offen abgesetzt werden."*

b1222) Behandlung der Umsatzsteuer auf erhaltene Anzahlungen

HFA 1/1985, Abschn. B:

> *"Aus den Grundsätzen der Bilanzierung schwebender Geschäfte und dem Charakter der Umsatzsteuer ergibt sich, dass die Umsatzsteuer auf erhaltene Anzahlungen erfolgsneutral zu behandeln ist. Sofern aus dem Geschäft, auf das sich die Anzahlung bezieht, ein Verlust droht, ist dieser unabhängig von der bilanziellen Behandlung der Umsatzsteuer auf Anzahlungen im Jahresabschluss zu berücksichtigen (§ 253 Abs. 3, § 253 Abs. 1 Satz 2 i.V.m. § 249 HGB).*
>
> *Es ist nahe liegend, dem Charakter der Umsatzsteuer entsprechend, die erhaltenen Anzahlungen netto, d.h. ohne Umsatzsteueranteil, auszuweisen (§ 250 Abs. 1 Satz 2 HGB). Bei noch schwebendem Geschäft besteht die Verpflichtung des Unternehmens in der Erbringung einer Lieferung oder sonstigen Leistung. Die erhaltenen Anzahlungen - als gesonderter Passivposten - zeigen an, in welchem Umfang der Auftraggeber für diese Verpflichtung bereits*

eine Gegenleistung erbracht hat. Es ist folgerichtig, wie beim Umsatzgeschäft, Leistung und darauf entfallende Umsatzsteuer zu trennen und damit die Gegenleistung ohne Umsatzsteuer auszuweisen (Nettomethode).

Es bestehen aber auch keine Bedenken, unter dem Gesichtspunkt einer möglichen Rückgängigmachung des Geschäfts, erhaltene Anzahlungen brutto, d.h. einschließlich Umsatzsteuer, als Verpflichtung auszuweisen. Dann muss allerdings dementsprechend ein Anspruch auf Rückerstattung der Umsatzsteuer aktiviert werden, um die Erfolgsneutralität zu wahren. Dies gilt auch bei Anwendung der Nettomethode, falls eine Rückzahlung zu erwarten ist."

b1223) Behandlung nichtabzugsfähiger Vorsteuern

HFA 1/1985, Abschn. C:

"Im Hinblick darauf, dass Vorsteuern, die nicht abgezogen werden können, die Anschaffung eines Gegenstandes des Anlage- oder des Umlaufvermögens verteuern, sind die nichtabzugsfähigen Vorsteuern grundsätzlich den Anschaffungskosten zuzurechnen.

b123) Bestimmung der Anschaffungskosten bei Vorliegen eines Gesamtanschaffungspreises

Wird eine Sachgesamtheit erworben und dafür auch nur ein Gesamtanschaffungspreis vereinbart, so ist wegen des Grundsatzes der Einzelbewertung eine Aufspaltung des Gesamtanschaffungspreises erforderlich. Die Aufspaltung hat grundsätzlich im Verhältnis der Tageswerte der einzelnen Komponenten der Gesamtanschaffung zu erfolgen.

b124) Bestimmung der Anschaffungskosten bei verdeckter Gewinnausschüttung

Verdeckte Gewinnausschüttung (VGA) kann vorliegen, wenn das Unternehmen Vermögensgegenstände zu einem überhöhten Preis von einem Gesellschafter erwirbt. Nach den einschlägigen Kommentarmeinungen kann in solchen Fällen der tatsächlich gezahlte (überhöhte) Preis nicht in die Anschaffungskosten eingehen. Dies würde dem Gläubigerschutzgedanken widersprechen. Im Falle der VGA kann deshalb als Anschaffungspreis nur der (vorsichtig) geschätzte Zeitwert des erworbenen Gegenstandes in die Anschaffungskosten eingehen.

b125) Anschaffungspreis in Auslandswährung

Wird der Kaufpreis in Auslandswährung vereinbart und gezahlt (angezahlt, gestundet), so ist der Ermittlung des Anschaffungspreises eine Währungsumrechnung vorzuschalten (vgl. dazu auch **IAS 2.9**). Auf die Probleme der Währungsumrechnung im Einzelabschluss wird unten, in I. § 6 ausführlich eingegangen.

b13) Nach dem Erwerb gezahlter Preis

In einigen Fällen - mit Ausnahme des gestundeten Kaufpreises - können Probleme bei nachträglichen Änderungen des Anschaffungspreises auftreten:

b131) Nachträgliche Anschaffungskosten

§ 255 Abs. 1 Satz 2 HGB bestimmt, dass die im Rahmen von Umbau- oder Ausbaumaßnahmen anfallenden Kosten als nachträgliche Anschaffungskosten des Gegenstands zu aktivieren sind. Die Abgrenzung dieser Kosten von den erfolgswirksam zu verrechnenden Aufwendungen erfolgt nach den gleichen Kriterien, nach denen der sog. Erhaltungsaufwand (abzugsfähig) von dem Herstellungsaufwand (aktivierungspflichtig) abzugrenzen ist.

b132) Nachträglich im Prozesswege heraufgesetzter Preis

Wird ein vereinbarter (und gezahlter) Kaufpreis nachträglich im Prozesswege zugunsten des Verkäufers heraufgesetzt, so ist dem Rechtsstaatsgedanken folgend nachzuaktivieren.

b133) Später erkannte Mängel

Erkennt der Käufer Mängel der Kaufsache erst zu einem späteren Zeitpunkt und fallen bei ihm Reparaturaufwendungen an, so sind diese Aufwendungen nicht aktivierungsfähig. Hat der Käufer dagegen die Mängel zum Zeitpunkt des Kaufes gekannt, so sind die entsprechenden Aufwendungen nachzuaktivieren. Begründet wird diese Auffassung damit, dass im zweiten Fall davon auszugehen ist, dass wegen der Mängelkenntnis von vorn herein ein niedrigerer Kaufpreis ausgehandelt worden ist als im ersten Fall. Würden im ersten Fall die Reparaturaufwendungen nachaktiviert, könnten deshalb überhöhte Anschaffungskosten zustande kommen.

b2) Der fiktive Anschaffungspreis

In einigen Fällen muss die Bewertung zu Anschaffungskosten auf der Grundlage von fiktiven Anschaffungspreisen erfolgen, und zwar bei Tauschgeschäften und bei dem unentgeltlichen Erwerb (Erbschaft, Schenkung).

b21) Fiktiver Anschaffungspreis bei unentgeltlichem Erwerb

Bei unentgeltlichem Erwerb entsteht ein Dilemma: Nach dem Anschaffungswertprinzip ist die Bewertungsobergrenze durch die (fehlenden) Anschaffungskosten begrenzt; nach dem Grundsatz der Vollständigkeit der Bilanz sind alle Vermögensgegenstände zu bilanzieren. Nach herrschender Meinung ist gegen eine Aktivierung solcher Gegenstände höchstens in Höhe der vorsichtig geschätzten Beschaffungszeitwerte nichts einzuwenden. Steuerlich gilt der Gemeine Wert. Auf die Nichtaktivierbarkeit selbst erstellter immaterieller Gegenstände des Anlagevermögens sei an dieser Stelle hingewiesen.

b22) Anschaffungspreis beim Tausch

Bei Tauschgeschäften gilt der Grundsatz, dass der empfangene Gegenstand mit dem Wert des hingegebenen Gegenstandes anzusetzen ist. Hierbei handelt es sich um eine Leerformel, solange der Wert des hingegebenen Gegenstandes nicht bestimmt ist. Nachfolgend werden zwei Auffassungen vorgestellt.

b221) Anschaffungspreis ohne Gewinnrealisierung

Wird der empfangene Gegenstand mit dem Buchwert des hingegebenen Gegenstandes bewertet, so bleibt das Tauschgeschäft erfolgsneutral. Die handelsrechtlichen Kommentierungen schließen zwar eine Gewinnrealisierung nicht grundsätzlich aus, halten sie aber für bedenklich, wenn der Tausch nicht aus betrieblichen Gründen sondern aus bilanzpolitischen Gründen erfolgt. Dieser Verdacht liegt insbesondere bei Tauschgeschäften zwischen verbundenen Unternehmen nahe.

b222) Anschaffungspreis mit Gewinnrealisierung

Steuerlich ist grundsätzlich Gewinnrealisierung erforderlich, d.h. das empfangene Wirtschaftsgut ist mit dem Verkehrswert des hingegebenen Wirtschaftsguts zu bewerten. Nur bei dem Tausch von wert-, art- und funktionsgleichen Gegenständen kann der Buchwert fortgeführt werden.

b223) Behandlung von Tauschvorgängen nach den IAS

IAS 16.21, .22 regeln die Zugangsbewertung bei Tauschvorgängen (im Sachanlagevermögen). Hiernach gilt:

- **Tausch von untereinander ähnlichen Gegenständen** mit ähnlicher Nutzung in einem ähnlichen Geschäftszweig mit annähernd gleichem beizulegenden Zeitwert (auch Tausch gegen eine Kapitalbeteiligung an einem ähnlichen Gegenstand): Bewertung mit dem Buchwert des hingegebenen Gegenstandes, also wie nach GoB keine Gewinnrealisierung **(IAS 16.22)**:

  „22. Eine Sachanlage kann im Tausch gegen einen ähnlichen Gegenstand mit ähnlicher Nutzung in demselben Geschäftszweig und ähnlichem beizulegenden Zeitwert erworben werden. Eine Sachanlage kann auch im Tausch gegen eine Kapitalbeteiligung an einem ähnlichen Vermögenswert verkauft werden. Da in beiden Fällen der Realisationsprozess noch nicht abgeschlossen wurde, werden bei dem Geschäftsvorfall weder Gewinne noch Verluste erfasst. Stattdessen entsprechen die Anschaffungskosten des neuen Vermögenswertes dem Buchwert des hingegebenen Vermögenswertes. Allerdings kann der beizulegende Zeitwert des erhaltenen Vermögenswertes ein substanzieller Hinweis auf eine Wertminderung des hingegebenen Vermögenswertes sein. In diesen Fällen wird der hingegebene Vermögenswert abgeschrieben, und der niedrigere Wert wird dem neuen Vermögenswert zugeordnet. Beispiele für den Tausch ähnlicher Gegenstände umfassen den Tausch von Flugzeugen, Hotels, Tankstellen und anderem Immobilienbesitz. Sofern ein Tausch mit Zahlungsmitteln oder zusammen mit anderen Vermögenswerten stattfindet, kann dies ein Hinweis darauf sein, dass die getauschten Güter keinen ähnlichen Wert haben."

- **Tausch von untereinander unähnlichen Gegenständen**: Bewertung des erworbenen Gegenstandes mit dem beizulegenden Zeitwert des hingegebenen Gegenstandes (ggf. korrigiert um bare Zuzahlungen), also Gewinnrealisierung **(IAS 16.21)**:

  „21. Eine Sachanlage kann im Tausch oder teilweisen Tausch gegen eine unähnliche Sachanlage oder einen anderen Vermögenswert erworben werden. Die Anschaffungskosten für einen solchen Gegenstand werden mit dem beizulegenden Zeitwert des erhaltenen Vermögenswertes bewertet, der dem beizulegenden Zeitwert des hingegebenen Gegenstandes, gegebenenfalls korrigiert um geflossene Zahlungsmittel oder Zahlungsmitteläquivalente, entspricht."

c) Anschaffungsnebenkosten

c1) Anschaffungsnebenkosten mit Aktivierungspflicht

Nach den bisherigen GoB und nach dem Wortlaut des Gesetzes besteht für die Anschaffungsnebenkosten, wenn sie dem angeschafften Vermögensgegenstand einzeln zugeordnet werden können, Aktivierungspflicht. Transportkosten, Fundamentierungskosten, Einrichtungskosten, Probelaufkosten, Transportversicherungskosten usw. sind somit als Einzelkosten aktivierungspflichtig. Es handelt sich also um sämtliche einzeln zurechenbaren Aufwendungen, die erforderlich sind, um den Gegenstand in einen betriebsbereiten Zustand zu versetzen.

c2) Anschaffungsnebenkosten mit Aktivierungsverbot

Sämtliche Anschaffungsnebenkosten mit Gemeinkostencharakter, wie Betriebs- und Verwaltungskosten im Beschaffungsbereich, sind dagegen nicht aktivierungsfähig.

Dies gilt auch für Finanzierungskosten der beschafften Gegenstände, weil nicht einzusehen ist, warum die Höhe der Anschaffungskosten von der jeweiligen Finanzierungsart abhängig sein sollte.

In einem Ausnahmefall können die Finanzierungskosten allerdings berücksichtigt werden: Hat der Abnehmer die Herstellung eines Gegenstandes durch den Lieferanten finanziert und dieser deshalb einen Preisnachlass (in Höhe der übernommenen Finanzierungskosten) gewährt, so sind diese Finanzierungskosten aktivierungsfähig.

d) Anschaffungspreisminderungen

d1) Skonti, Rabatte und Boni

Skonti, Boni und Rabatte sind als Anschaffungspreisminderungen sind nach **§ 255 Abs. 1 Satz 3 HGB** vom Anschaffungspreis abzusetzen. Dies kann in allen denjenigen Fällen zu Schwierigkeiten führen, in denen die Höhe der gewährten Nachlässe dem Bilanzierenden erst nachträglich bekannt wird. Die herrschende Meinung hält deshalb insbesondere bei Skonti und Boni eine pauschale Handhabung für zulässig. Zum Abzug von Skonti und Rabatten s. **IAS 2.8.**

d2) Zuschüsse und Subventionen als Anschaffungskostenminderungen

Vgl. unten, Ziff. 2.

e) Gesetzliche Anschaffungskosten

Unter gesetzlichen Anschaffungskosten werden Wertansätze verstanden, die zwar nicht nach § 255 HGB ermittelt worden sind, die aber nach dem Willen des Gesetzgebers die Funktion der Anschaffungskosten (z.B. Bestimmung der Bewertungsobergrenze) erfüllen sollen.

Beispiele für gesetzliche Anschaffungs- oder Herstellungskosten finden sich vor allem im Zusammenhang mit Währungsumstellungen. So heißt es z.B. in **§ 7 Abs. 1 Satz 5 DMBilG**:

> *"Die in der Eröffnungsbilanz angesetzten Werte gelten für die Folgezeit als Anschaffungs- oder Herstellungskosten, ..."*

Ziff. 2 Exkurs: Zuschüsse und Subventionen als Anschaffungspreisminderungen

Nicht zurückzahlbare Investitionszuschüsse können grundsätzlich als Anschaffungspreisminderungen angesehen werden. In jüngerer Zeit haben insbesondere die öffentlichen Zuschüsse und Subventionen einen solchen Umfang und einen solchen Grad an Differenzierung erreicht, dass die Frage der Bilanzierung, der Bewertung und der erfolgsmäßigen Behandlung der Zuschüsse und Subventionen zum Gegenstand gründlicher Überlegungen gemacht worden ist.

Das Institut der Wirtschaftsprüfer hat sich - internationalen Regelungen, wie **IAS 20**, Bilanzierung und Darstellung von Zuwendungen der öffentlichen Hand, folgend - in seiner Stellungnahme **HFA 1/1984 i.d.F.v. 1990**, "Bilanzierungsfragen bei Zuwendungen, dargestellt am Beispiel finanzieller Zuwendungen der öffentlichen Hand", eingehend mit den anstehenden Problemen auseinandergesetzt. Die Stellungnahme wird als Exkurs nachfolgend vorgestellt.

a) Begriffsabgrenzung

Die Stellungnahme behandelt nicht sämtliche denkbaren Zuschüsse und Subventionen; sie differenziert die von ihr ausschließlich behandelten öffentlichen Leistungen vornehmlich nach ihrer bilanziellen Behandlung. HFA 1/1984 i.d.F.v. 1990, Abschn. 1:

> *"Unter finanziellen Zuwendungen sind Zahlungen an den Berechtigten zu verstehen, die nicht rückzahlbar oder nur bedingt rückzahlbar sind. Bei bedingt rückzahlbaren Zuwendungen ist die Rückzahlungspflicht von dem Eintritt oder Nichteintritt einer oder mehrerer bei der Gewährung der Zuwendung festgelegter Bedingungen abhängig. ...*
>
> *Steuerpflichtige Zuwendungen werden als Zuschüsse, nicht steuerpflichtige als Zulagen bezeichnet. Sie werden entweder zu Investitionen (Investitionszuschüsse und -zulagen) oder zu (einmaligen oder laufenden) Aufwendungen gewährt (Aufwandszuschüsse). Es kommen auch Mischformen vor, wenn die Kosten bestimmter unternehmerischer Vorhaben (z.B. Markteinführung energiesparender Technologien, Erstinnovationen) bezuschusst werden und diese sowohl Investitionskosten als auch laufende Aufwendungen umfassen.*
>
> *Investitionszuschüsse und -zulagen werden häufig mit Bindungsfristen gewährt, innerhalb derer das bezuschusste Anlagegut z.B. nicht veräußert oder nicht aus der geförderten Betriebsstätte entfernt werden darf. Bei Nichteinhaltung der Bindungsfrist ist der Zuschuss ganz oder teilweise zurückzuzahlen.*
>
> *Aufgrund der Vielfalt der in der Praxis anzutreffenden Förderungsprogramme können nur einige in der Praxis häufig vorkommende Zuwendungsarten behandelt werden."*

b) Bilanzierung von nicht zurückzahlbaren Zuwendungen

Die IDW-Stellungnahme beschäftigt sich vorwiegend mit den nicht zurückzahlbaren Zuwendungen (Abschn. 2 der Stellungnahme).

b1) Erfolgswirksamkeit

Nicht zurückzahlbare Zuwendungen sind grundsätzlich erfolgswirksam zu vereinnahmen. So heißt es auch in **IAS 20.12**:

> *„12. Zuwendungen der öffentlichen Hand sind planmäßig als Ertrag zu erfassen, und zwar im Verlauf der Perioden, die erforderlich sind, um sie mit den entsprechenden Aufwendungen, die sie kompensieren sollen, zu verrechnen. Sie sind dem Eigenkapital nicht unmittelbar zuzuordnen."*

Probleme bereitet die periodengerechte Zuordnung der Erfolgsbeiträge. HFA 1/1984 i.d.F.v. 1990, Abschn. 2 a):

"Nicht rückzahlbare Zuwendungen stellen für das empfangende Unternehmen zusätzliche Finanzierungsmittel dar, die jedoch nicht unmittelbar als Kapitalbeiträge zu bilanzieren sind, weil sie mangels Rückzahlungspflicht nicht als Fremdkapital und als Zuwendungen von dritter Seite auch nicht als Eigenkapital einzuordnen sind. Vielmehr stellen die hier behandelten nicht rückzahlbaren Zuwendungen ungeachtet ihrer Zweckbestimmung im Einzelfall nach herrschender Auffassung Erfolgsbeiträge dar, die ihren Niederschlag in der Gewinn- und Verlustrechnung (als Ertrag oder als Minderung von Aufwendungen) finden müssen.

Da die Gewährung nicht rückzahlbarer Zuwendungen regelmäßig erfordert, dass das begünstigte Unternehmen bestimmte, im Gesetz oder in Förderungsbestimmungen niedergelegte Voraussetzungen (z.B. die Durchführung bestimmter Investitionen, bestimmter aufwandswirksamer Maßnahmen oder die Inkaufnahme bestimmter Nachteile) erfüllt, muss für einen zutreffenden Erfolgsausweis des begünstigten Unternehmens die Ertragswirksamkeit von Zuschüssen und Zulagen an die Erfüllung dieser Voraussetzungen und an die Verrechnung der damit verbundenen Aufwendungen anknüpfen. Dem wird Rechnung getragen, wenn

- *Investitionszuschüsse und -zulagen nach sachgerechten Verfahren verteilt über die Nutzungsdauer des Vermögensgegenstandes, für den sie gewährt werden,*
- *Aufwandszuschüsse nach Maßgabe der Verrechnung des Aufwands, zu dessen Deckung der Zuschuss dient, erfolgswirksam werden.*

Die sofortige vollständige Vereinnahmung von nicht rückzahlbaren Zuwendungen in dem Zeitpunkt, in dem sie gewährt werden, ist hiernach grundsätzlich nicht sachgerecht. Eine sofortige Vereinnahmung würde zur Verzerrung von Periodenergebnissen sowohl des laufenden Jahres als auch der Folgejahre führen. Dies gilt nicht, soweit

- *für die bezuschussten Vermögensgegenstände eine Verteilung der Zuwendungen über die Nutzungsdauer nicht mehr erforderlich ist, weil für diese Anlagegegenstände außerplanmäßige Abschreibungen i.S.v. § 253 Abs. 2 Satz 3 HGB vorgenommen werden und hierdurch die künftigen Geschäftsjahre bereits von Aufwand entlastet sind,*
- *bereits entstandene Verluste ausgeglichen werden (so etwa bei Sanierungen)."*

b2) Zeitpunkt der Bilanzierung von Zuwendungen

In den Bereich der zutreffenden Periodenabgrenzung gehört auch die Entscheidung über den Zeitpunkt der Bilanzierung von Zuwendungen. HFA 1/1984 i.d.F.v. 1990, Abschn. 2 b):

"Der Anspruch auf die Zuwendung ist als Forderung zu aktivieren, wenn das Unternehmen am Bilanzstichtag die sachlichen Voraussetzungen für die Gewährung der Zuwendung erfüllt hat und diese spätestens zum Zeitpunkt der Aufstellung des Jahresabschlusses ohne Auszahlungsvorbehalt bewilligt ist. Bei Zuwendungen, auf die ein Rechtsanspruch besteht, erfolgt die Aktivierung des Anspruchs auf die Zuwendung, wenn das Unternehmen am Bilanzstichtag die sachlichen Voraussetzungen für die Gewährung der Zuwendung erfüllt hat und zum Zeitpunkt der Bilanzaufstellung der erforderliche Antrag gestellt ist oder mit an Sicherheit grenzender Wahrscheinlichkeit gestellt werden wird.

Wird eine nicht rückzahlbare Zuwendung ausgezahlt, bevor der Empfänger die sachlichen Voraussetzungen für die Gewährung erfüllt hat, so ist der empfangene Betrag bis zu seiner bestimmungsgemäßen Verwendung unter den sonstigen Verbindlichkeiten zu passivieren."

Vorstehende Regel entspricht **IAS 20.8**:

> *„8. Zuwendungen der öffentlichen Hand werden nur erfasst, wenn eine angemessene Sicherheit dafür besteht, dass das Unternehmen die damit verbundenen Bedingungen erfüllen wird und dass die Zuwendungen gewährt werden. Der Zufluss einer Zuwendung liefert für sich allein keinen schlüssigen substanziellen Hinweis dafür, dass die mit der Zuwendung verbundenen Bedingungen erfüllt worden sind oder werden."*

b3) Rückzahlungsverpflichtung bei Nichteinhaltung der Bindungsfrist

Investitionszuschüsse werden häufig unter der Bedingung gewährt, dass die bezuschussten Gegenstände während eines festgelegten Zeitraums bestimmten Verfügungsbeschränkungen unterliegen. Hierzu heißt es in HFA 1/1984, Abschn. 2 c):

> *"Die Zuwendungsbestimmungen sehen nicht selten eine Rückzahlungspflicht von grundsätzlich nicht rückzahlbaren Zuwendungen vor, wenn der Zuwendungsempfänger bestimmte Bindungsfristen nicht einhält. Es handelt sich hierbei um auflösende Bedingungen für die Gewährung der Zuwendungen, die zurückgezahlt werden müssen, wenn beispielsweise die Verwendungs- oder geographische Bindung nicht eingehalten wird.*
>
> *Eine Passivierung der Rückzahlungsverpflichtung während der Bindungsfrist ist erst dann geboten, wenn die Nichteinhaltung der Bindungsfrist (z.B. Veräußerung des bezuschussten Vermögensgegenstandes innerhalb der Bindungsfrist) feststeht, beabsichtigt oder zu erwarten ist."*

b4) Ausweisfragen

Für den Bilanzausweis von bezuschussten Vermögensgegenständen kommen grundsätzlich zwei Verfahrensweisen in Betracht. Bei Anwendung der **Netto-Methode** wird der Zuwendungsbetrag unmittelbar von den Anschaffungs- oder Herstellungskosten des Gegenstandes in Abzug gebracht. Insoweit handelt es sich um eine "Anschaffungspreisminderung". die verminderten Bilanzwerte werden dann in den Folgebilanzen entsprechend fortgeführt. Bei Anwendung der **Brutto-Methode** werden auf der Aktivseite die vollen Anschaffungs- oder Herstellungskosten aktiviert und auf der Passivseite ein Korrekturposten in Höhe der Zuwendung ausgewiesen und entsprechend erfolgswirksam aufgelöst. Hierzu und zu dem Ausweis von sog Aufwandszuschüssen wird in HFA 1/1984 i.d.F.v. 1990, Abschn. 2 b) ausgeführt:

b41) Investitionszuschüsse und -zulagen

> *"Die zeitliche Abgrenzung der Zuwendungen kann entweder durch Absetzung von den Anschaffungs- bzw. Herstellungskosten oder durch Bildung eines Passivpostens erreicht werden:*
>
> - *Absetzung von den Anschaffungs-/Herstellungskosten*
>
>   *Bei der Absetzung der Zuwendungen von den Anschaffungs- bzw. Herstellungskosten wird der Zugang im Anlagespiegel um die Zuwendungen gekürzt ausgewiesen.*
>
>   *Für den Ausweis in der Gewinn- und Verlustrechnung ergibt sich aus der Absetzung von den Anschaffungs- oder Herstellungskosten zwangsläufig, dass die Abschreibungen auf*

das Anlagevermögen um die zeitanteiligen Beträge der Zuwendungen gemindert ausgewiesen werden.

- *Bildung eines Passivpostens*

  Eine Passivierung der noch nicht ertragswirksamen Zuwendungen unter Rücklagen, Sonderposten mit Rücklageanteil, Posten der Rechnungsabgrenzung oder ein Ausweis unter Wertberichtigungen wird als nicht zulässig angesehen. Da ein passivischer Ausweis der Zuwendungen besser geeignet ist, ein den tatsächlichen Verhältnissen entsprechendes Bild i.S.v. § 264 Abs. 2 HGB zu vermitteln, empfiehlt es sich, einen gesonderten Passivposten nach § 265 Abs. 5 Satz 2 HGB ohne Berührung der Gewinn- und Verlustrechnung zu bilden. Aus der Bezeichnung des Postens muss ersichtlich sein, welcher Art die darin erfassten Zuwendungen sind (z.B. 'Sonderposten für Investitionszuschüsse zum Anlagevermögen').

Die Auflösung des Sonderpostens ist in der Gewinn- und Verlustrechnung als gesonderter Posten, als Absetzung von den Abschreibungen oder unter den sonstigen betrieblichen Erträgen auszuweisen.

Investitionszuwendungen, die ... ohne zeitliche Abgrenzung ertragswirksam werden, sind grundsätzlich unter den sonstigen betrieblichen Erträgen auszuweisen."

Auch vorstehende Regelung entspricht **IAS 20.24 f.:**

„24. Zuwendungen der öffentlichen Hand für Vermögenswerte, einschließlich nicht monetärer Zuwendungen zum beizulegenden Zeitwert, sind in der Bilanz entweder als passivischer Abgrenzungsposten darzustellen oder bei der Feststellung des Buchwertes des Vermögenswertes abzusetzen."

„25. Die zwei Alternativen der Darstellung von Zuwendungen (oder entsprechende Anteile der Zuwendungen) für Vermögenswerte sind im Abschluss als gleichwertig zu betrachten."

b42) Aufwandszuschüsse

Für Aufwandszuschüsse gilt nach HFA 1/1984 i.d.F.v. 1990, Abschn. 2:

"Vereinnahmte Aufwandszuschüsse sind in der Gewinn- und Verlustrechnung unter den sonstigen betrieblichen Erträgen auszuweisen. Eine Verrechnung mit den Aufwendungen, zu deren Deckung diese Zuschüsse gewährt werden, ist grundsätzlich nicht zulässig (Saldierungsverbot); jedoch ist eine offene Absetzung von den entsprechenden Aufwendungen möglich.

Zuschüsse, die periodengerecht vereinnahmt werden und einem einzigen Primäraufwand direkt zuzuordnen sind, können als Aufwandsminderungen angesehen und direkt bei den betreffenden Aufwandsposten gekürzt werden. (Entsprechendes gilt für die Einbeziehung von Ertragszuschüssen in die Umsatzerlöse.)

Hat ein Unternehmen Zuschüsse zur Deckung zukünftiger Aufwendungen erhalten, so sind die Beträge als noch nicht verwendete Zuwendungen nach den Umständen des Einzelfalls als sonstige Verbindlichkeiten bzw., soweit die sonstigen Voraussetzungen vorliegen, auch als passive Rechnungsabgrenzungsposten auszuweisen."

c) Bilanzierung von bedingt zurückzahlbaren Zuwendungen

Neben den "verlorenen" Zuwendungen gibt es Zuwendungen, die bedingt zurückzuzahlen sind. Auch hier kommen zwei Hauptgruppen in Betracht, nämlich Zuwendungen, deren Rückzahlungspflicht von der Gewinnerzielung des Empfängerunternehmens und Zuwendungen, deren Rückzahlungspflicht von den die Erfolgen des bezuschussten Projekts abhängt. Es heißt in HFA 1/1984 i.d.F.v. 1990. Abschn 3:

> *"In der Praxis sind Zuwendungen vielfach mit Rückzahlungsklauseln ausgestattet, wobei die Rückzahlbarkeit nach den Zuwendungsbedingungen an unterschiedliche, im einzelnen weiter differenzierte Bedingungen anknüpft. Die bilanzielle Berücksichtigung dieser bedingten Verpflichtung hängt von der Ausgestaltung der Bedingungen im Einzelfall ab. Nachfolgend werden beispielhaft einige in der Praxis vorkommende Bedingungen erörtert."*

c1) An Gewinnerzielung des Unternehmens gebundene Rückzahlungsverpflichtung

> *"Sind die gewährten Zuwendungen lediglich aus künftigen Gewinnen des Unternehmens zurückzuzahlen (z.B. bestimmte Sanierungszuschüsse), so ist die aufschiebend bedingte Verpflichtung zur Rückzahlung eine vertragliche Gewinnverfügung und dementsprechend in Höhe des Anteils am Gewinn im Jahr der Gewinnerzielung als Verbindlichkeit zu berücksichtigen.*
>
> *Danach nicht zu passivierende Rückzahlungsverpflichtungen sind im Anhang gem. § 264 Abs.2 Satz 2 HGB zu erläutern; wird kein Anhang erstellt, kommt ein Vermerk unter der Bilanz in Betracht."*

c2) An den Erfolg des geförderten Projekts gebundene Rückzahlungsverpflichtung

> *"Bestimmte Förderungsprogramme (z.B. in der Ausgestaltung der Zuwendungen zur Förderung von Erstinnovationen und der hierzu erforderlichen Entwicklung nach den Vergabebedingungen vom 20.8.1971) machen die Rückzahlung der Zuwendung davon abhängig, ob das geförderte Projekt zu Erlösen bzw. Erfolgen führt. Dadurch beteiligt sich der Zuwendungsgeber an den regelmäßig beträchtlichen Risiken des Projekts. Zur Beurteilung der Frage, ob eine evtl. Rückzahlungspflicht der Zuwendung in der Bilanz auszuweisen ist, muss geprüft werden, ob diese unter Berücksichtigung des Entwicklungsstandes des Projekts eine wirtschaftliche Last für das Unternehmen darstellt. Dementsprechend ist die Rückzahlungsverpflichtung unter den sonstigen Verbindlichkeiten zu passivieren, wenn der nach den Zuwendungsbedingungen für die Rückzahlung maßgebliche Erfolg eingetreten ist. Soweit damit gerechnet werden muss, dass die Rückzahlungspflicht wirksam wird (z.B. infolge Hereinnahme von Aufträgen oder Beginn der Produktion), die Rückzahlung der Zuwendung aber nicht aus dem Gewinn des Projekts erfolgen kann, ist die Rückzahlungspflicht im Rahmen der verlustfreien Bewertung bzw. der Rückstellung für drohende Verluste aus schwebenden Geschäften zu berücksichtigen. Bei der Bemessung der Rückstellung wird darauf abzustellen sein, inwieweit das Unternehmen verpflichtet ist, die Projektabwicklung weiter zu betreiben."*

c3) Wegfall der Rückzahlungsverpflichtung

"Einzelne Zuwendungsbedingungen (Zuwendungen des Bundes zur Förderung von Erstinnovationen und der hierzu erforderlichen Entwicklung i.d.F. vom 25.8.1980; Zuwendungen zur Förderung marktnaher Vorhaben des Bundesministers für Forschung und Technologie) sehen vor, dass die Zuwendung grundsätzlich innerhalb eines bestimmten Zeitraums zurückzuzahlen ist. Die Bedingungen sehen jedoch einen Wegfall der Rückzahlungsverpflichtung für den Fall vor, dass das mit der Förderung angestrebte Ziel nicht erreicht wird. In gleicher Weise entfällt beispielsweise die Rückzahlungsverpflichtung bei Finanzbeiträgen an Schifffahrtsunternehmen, sofern diese entsprechende Beträge für Neuinvestitionen im Schiffbau verwenden.

Bei derartigen Bedingungen ist die Rückzahlungsverpflichtung aufgrund der gewährten Zuwendung als Verbindlichkeit zu passivieren, solange die auflösende Bedingung nicht eingetreten ist."

d) HFA-Stellungnahme 2/1996, Zur Bilanzierung privater Zuschüsse

Der HFA hat in Ergänzung der Stellungnahme HFA 1/1984 i.d.F.v. 1990 eine Stellungnahme HFA 2/1996 "Zur Bilanzierung privater Zuschüsse" veröffentlicht. Die Stellungnahme findet keine Parallele in den IFRS/IAS - :

"1. Grundlagen In der Praxis werden Unternehmen verschiedene Arten von Zuwendungen oder Vergünstigungen von privater Seite (Dritte oder Gesellschafter) als "Zuschuss" gewährt. Im Gegensatz zu öffentlichen Zuwendungen, die in der Regel aus struktur- oder wirtschaftspolitischen Gründen gewährt werden und häufig keine unmittelbare Gegenleistungsverpflichtung des Zuwendungsempfängers gegenüber dem Zuwendungsgeber vorsehen, beruhen private Zuschüsse, die im Rahmen einer Geschäftsbeziehung unter fremden Dritten gewährt werden, grundsätzlich auf einem ökonomischen Austauschverhältnis. In diesem Fall sind Leistung und Gegenleistung nach kaufmännischen Gesichtspunkten gegeneinander abgewogen, so dass die Leistung des Zuschussgebers und die gesamte Gegenleistung des Zuschussempfängers sich ausgeglichen gegenüberstehen. Eine einseitige Vorteilsgewährung (Schenkung) darf deshalb bei privatrechtlichen Leistungsbeziehungen ungeachtet der Bezeichnung als Zuschuss im Regelfall nicht unterstellt werden. Bei einem privaten Zuschuss handelt es sich somit um eine Leistung, die vom Zuschussgeber zur Erreichung eines bestimmten, in seinem Interesse liegenden Ziels gewährt wird und bei der die (erwartete) Gegenleistung des Zuschussempfängers in der Erfüllung des Förderungszwecks zugunsten des Zuschussgebers besteht. Die Absicht des Zuschussgebers besteht beispielsweise darin, durch die Gewährung eines Zuschusses die Beschaffung von ihm benötigter Produktionsfaktoren zu sichern bzw. zu erleichtern oder den Absatz eigener Leistungen zu fördern.

Nur in Ausnahmefällen begründet die Zuschussgewährung keine Gegenleistungsverpflichtung des Empfängers. Dies kann etwa bei Sanierungszuschüssen der Fall sein. Des weiteren können Zuschüsse, die ein Gesellschafter aufgrund seiner Gesellschafterstellung gewährt, ohne Gegenleistungsverpflichtung erbracht sein.

Die Gegenleistungsverpflichtung besteht unabhängig davon, ob der Zuschuss nach den getroffenen Vereinbarungen nicht oder bedingt zurückzuleisten ist. Unbedingt zuruckzuleisten-

de Zuschüsse (Darlehen) sind nicht Gegenstand dieser Stellungnahme.

Private Zuschüsse können auf die Anschaffung oder Herstellung von Vermögensgegenständen, die der Zuschussempfänger für Zwecke des Zuschussgebers zu verwenden hat (Investitionszuschuss), oder auf die Kompensation von Aufwendungen bzw. Mindererträgen, die der Zuschussempfänger im Interesse des Zuschussgebers tätigt bzw. in Kauf nimmt (Aufwands- oder Ertragszuschüsse), gerichtet sein. Unerheblich für diese Unterscheidung ist, ob der jeweilige Zuschuss als Geld- oder Sachleistung gewährt wird."

In der Stellungnahme wird sowohl die Behandlung der Zuschüsse im Jahresabschluss des Zuschussgebers als auch im Jahresabschluss des Zuschussnehmers dargestellt. Behandelt werden dabei jeweils Zuschüsse mit oder ohne Gegenleistungsverpflichtung sowie sog. Investitionszuschüsse mit oder ohne Eigentumsübertragung auf den Zuschussgeber und sog. Aufwands- und Ertragszuschüsse. Die Stellungnahme ist dementsprechend wie folgt gegliedert:

"1. Grundlagen
2. Behandlung im Jahresabschluss des Zuschussempfängers
21. Zuschüsse mit Gegenleistungsverpflichtung
211. Investitionszuschüsse
2111. Eigentum an dem Vermögensgegenstand verbleibt beim Zuschussempfänger
2112. Eigentum an dem Vermögensgegenstand geht auf den Zuschussgeber über
212. Aufwands- und Ertragszuschüsse
22. Zuschüsse ohne Gegenleistungsverpflichtung
3. Behandlung im Jahresabschluss des Zuschussgebers
31. Zuschüsse mit Gegenleistungsverpflichtung
311. Investitionszuschüsse
3111. Eigentum an dem Vermögensgegenstand verbleibt beim Zuschussempfänger
3112. Eigentum an dem Vermögensgegenstand geht auf den Zuschussgeber über
312. Aufwands- und Ertragszuschüsse
32. Zuschüsse ohne Gegenleistungsverpflichtung"

Ziff. 3 Herstellungskosten (§ 255 Abs. 2 HGB)

a) Begriff der Herstellungskosten

a1) Herstellungskosten als Analogbegriff zu den Anschaffungskosten

Das HGB behandelt die Herstellungskosten stets parallel mit den Anschaffungskosten. Es geht davon aus, dass ein Vermögensgegenstand vom Unternehmen entweder von Dritten bezogen wird - die Bewertungsobergrenze ist dann durch die Anschaffungskosten festgelegt - oder dass der Vermögensgegenstand selbst hergestellt wird - in diesem Fall wird die Bewertungsobergrenze durch die Herstellungskosten i.S.v. **§ 255 Abs. 2 HGB** festgelegt.

Folgt man diesem Gedankengang, so sind die Herstellungskosten analog zu den Anschaffungskosten zu bestimmen: An die Stelle eines einmaligen Anschaffungsvorgangs tritt bei der Herstellung eine Abfolge von einzelnen Beschaffungsvorgängen: Die für die Herstellung erforderlichen Produktionsfaktoren werden durch die Produktion miteinander kombiniert; die Herstellungskosten sind deshalb gleich der Summe der für die einzelnen Produktionsfaktoren angefallenen Aufwendungen.

a2) Herstellungsaufwand und Herstellungskosten

Das Gesetz spricht von Herstellungs-"Kosten". dieser Begriff ist irreführend. Gemeint sind nicht die Kosten der Herstellung i.S.d. Kostenrechnung, sondern die Aufwendungen, die im Zusammenhang mit der Herstellung angefallen sind. In die Herstellungskosten i.S.d. HGB können nur Aufwendungen eingerechnet werden.

"Aufwendungen" unterscheiden sich von "Kosten" in mehrfacher Hinsicht. Kosten sind nach der herkömmlichen Definition "**bewerteter, leistungsbezogener Güterverbrauch**"; Aufwendungen sind dagegen "**periodifizierte Ausgaben**". Aus dieser begrifflichen Gegenüberstellung ergeben sich folgende Feststellungen:

In sachlicher Hinsicht gilt: Die sog. kalkulatorischen Kosten (kalkulatorische Abschreibungen, kalkulatorische Zinsen, kalkulatorische Wagnisse, kalkulatorische Miete, kalkulatorischer Unternehmerlohn) können nicht in die handelsrechtlichen Herstellungskosten eingerechnet werden, wenn ihnen nicht Ausgaben (der Vergangenheit, der Gegenwart oder der Zukunft) gegenüberstehen.

Im Hinblick auf die Bewertung gilt: Kostenbestandteile können insoweit nicht in die handelsrechtlichen Herstellungskosten eingehen, wie sie nicht auf der Grundlage des Anschaffungswertprinzips ermittelt werden; die auf der Grundlage von Tageswerten ermittelten Kosten der Kostenrechnung können nicht unverändert in die Herstellungskosten nach dem HGB übernommen werden.

Im Hinblick auf die Leistungsbezogenheit gilt: Kosten der Kostenrechnung und Herstellungskosten i.S.d. HGB haben gemeinsam, dass sie leistungsbezogen sein müssen, d.h. Herstellungskosten i.S.d. HGB und Kosten der Kostenrechnung müssen sich stets auf bestimmte zu bewertende Leistungen beziehen bzw. beziehen lassen.

Im **Ergebnis** können in die Herstellungskosten des HGB nur die sog. aufwandsgleichen Kosten der Kostenrechnung einbezogen werden; Aufwendungen können nur einbezogen werden, wenn sie "Zweckaufwendungen" und nicht neutrale Aufwendungen sind.

a3) Herstellungskosten nach § 255 Abs. 2 und 3 HGB

§ 255 Abs. 2 und 3 HGB enthält eine abschließende Definition der Herstellungskosten sowie eine Aufzählung ihrer einbeziehungspflichtigen und einbeziehungsfähigen Bestandteile. **§ 255 Abs. 2 und 3 HGB**:

> *"(2) Herstellungskosten sind die Aufwendungen, die durch den Verbrauch von Gütern und die Inanspruchnahme von Diensten für die Herstellung eines Vermögensgegenstands, seine Erweiterung oder für eine über seinen ursprünglichen Zustand hinausgehende wesentliche Verbesserung entstehen. Dazu gehören die Materialkosten, die Fertigungskosten und die Sonderkosten der Fertigung. Bei der Berechnung der Herstellungskosten dürfen auch angemessene Teile der notwendigen Materialgemeinkosten, der notwendigen Fertigungsgemeinkosten und des Wertverzehrs des Anlagevermögens, soweit er durch die Fertigung veranlasst ist, eingerechnet werden. Kosten der allgemeinen Verwaltung sowie Aufwendungen für sozi-*

ale Einrichtungen des Betriebs, für freiwillige soziale Leistungen und für betriebliche Altersversorgung brauchen nicht eingerechnet zu werden. Aufwendungen im Sinne der Sätze 3 und 4 dürfen nur insoweit berücksichtigt werden, als sie auf den Zeitraum der Herstellung entfallen. Vertriebskosten dürfen nicht in die Herstellungskosten einbezogen werden.

(3) Zinsen für Fremdkapital gehören nicht zu den Herstellungskosten. Zinsen für Fremdkapital, das zur Finanzierung der Herstellung eines Vermögensgegenstands verwendet wird, dürfen angesetzt werden, soweit sie auf den Zeitraum der Herstellung entfallen; in diesem Falle gelten sie als Herstellungskosten des Vermögensgegenstands."

Zum Begriff der Herstellungskosten wird in der Stellungnahme HFA 5/1991 "Zur Aktivierung von Herstellungskosten" ausgeführt:

"1. Grundsatz: Aufwendungen, die durch den Verbrauch von Gütern und die Inanspruchnahme von Diensten für die Herstellung eines Vermögensgegenstandes, seine Erweiterung oder für eine über seinen ursprünglichen Zustand hinausgehende wesentliche Verbesserung entstehen, sind in § 255 Abs. 1 Satz 1 HGB als Herstellungskosten definiert. Sie werden grundsätzlich durch Aktivierung im Rahmen der Bewertungsvorschriften bilanziell neutralisiert, um insoweit erst in der Periode der Verwendung des hergestellten Vermögensgegenstandes (z.B. durch Verkauf) den entsprechenden Erträgen ergebniswirksam gegenüber gestellt zu werden. Die nach § 255 Abs. 2 Sätze 2 bis 6, Abs. 3 HGB zu ermittelnden Herstellungskosten stellen die Ausgangsgröße für die Bewertung eines durch den Bilanzierenden hergestellten Vermögensgegenstandes dar; sie sind gegebenenfalls um Abschreibungen nach §§ 253 Abs. 2 und 3, 279 Abs. 1 HGB zu vermindern."

Als Herstellungskosten im Sinne des HGB und des Steuerrechts können nur jene Aufwendungen aktiviert werden, die auf den Zeitraum der Herstellung entfallen. Hierzu wird in der Stellungnahme HFA 5/91 ausgeführt:

"2. Zeitraum der Herstellung: Für eine Aktivierung als Herstellungskosten kommen nur die vom Beginn bis zum Ende der Herstellung (Zeitraum der Herstellung) angefallenen, dem betreffenden Vermögensgegenstand direkt oder indirekt zurechenbaren Aufwendungen in Betracht.

2.1. Beginn der Herstellung: Die Herstellung beginnt gleichzeitig mit dem auf die Schaffung, Erweiterung oder wesentliche Veränderung des zu bewertenden Vermögensgegenstandes gerichteten Kombinationsprozess von Produktionsfaktoren. Vorbereitungshandlungen, die unmittelbar der Herstellung eines Vermögensgegenstandes dienen, gehören bereits zum Herstellungsvorgang, sofern der betreffende Vermögensgegenstand - etwa durch externe Aufträge oder betriebsinterne Vorgaben - hinreichend konkretisiert ist.

Konkretisiert sich der zu bewertende Vermögensgegenstand, für dessen Herstellung Vorbereitungshandlungen vorgenommen wurden, erst nach der Aufstellung des Jahresabschlusses, so kann dies den Schluss zulassen, dass der Herstellungszeitraum bereits vor dem Bilanzstichtag begonnen hat. In diesem Fall dürfen die vor dem Bilanzstichtag angefallenen Aufwendungen für Vorbereitungshandlungen, die zunächst mangels Konkretisierung des Vermögensgegenstandes nicht aktivierbar waren, aus Vereinfachungsgründen anstelle einer Bilanzänderung in späteren Perioden insoweit (nach-)aktiviert werden als ansonsten eine Bi-

lanzänderung nach allgemeinen Grundsätzen zulässig wäre (vgl. hierzu Stellungnahme HFA 2/91: "Änderung von Jahresabschlüssen und Anpassung der Handelsbilanz an die Steuerbilanz"). Allein in der Beschaffung von Werkstoffen ist noch nicht der Beginn des Herstellungsprozesses zu sehen.

2.2. Unterbrechung der Herstellung: Ist der Herstellungsvorgang unterbrochen, so können die während der Zeit der Unterbrechung anfallenden Aufwendungen nicht als Herstellungskosten berücksichtigt werden. Ein durch herstellungsbezogene Umstände bedingter (technischer) Produktionsstillstand stellt allerdings i.d.R. keine Unterbrechung der Herstellung dar. Soweit in diesem Fall Ausgaben anfallen, die erforderlich sind, um die Herstellung des Vermögensgegenstandes beenden zu können, (z.B. Bewachung eine Gebäudes während der Baupause im Winter), können diese zu den Herstellungskosten gehören.

2.3. Beendigung der Herstellung: Der Herstellungszeitraum endet in der Regel mit der Fertigstellung des Vermögensgegenstandes, also mit der Möglichkeit seiner bestimmungsgemäßen Verwendung. Der Vertrieb eines Vermögensgegenstandes ist nicht dem Herstellungsvorgang zuzurechnen. Vertriebskosten gehören mithin nicht zu den aktivierbaren Herstellungskosten (§ 255 Abs. 2 Satz 6 HGB)."

Nach Vorstehendem lassen sich die nach 255 Abs. 2 und 3 HGB bestehenden Einbeziehungspflichten, Einbeziehungswahlrechte und Einbeziehungsverbote im Zusammenhang mit der Bestimmung der Herstellungskosten wie in Abbildung 3 tabellarisch darstellen:

Abb. 3 Bestandteile der Herstellungskosten nach § 255 Abs. 2 und 3HGB

Bestandteile von „Herstellungskosten“	**§ 255 Abs. 1 u. 2 HGB**
Material-Einzelkosten	Pflicht
Fertigungs-Einzelkosten	Pflicht
Sonderkosten der Fertigung	Pflicht
Auf den Zeitraum der Herstellung entfallende angemessene Teile der notwendigen Materialgemeinkosten	Wahlrecht
Auf den Zeitraum der Herstellung entfallende angemessene Teile der notwendigen Fertigungsgemeinkosten	Wahlrecht
Auf den Zeitraum der Herstellung entfallender durch die Fertigung veranlasster Wertverzehr des Anlagevermögens	Wahlrecht
Auf den Zeitraum der Herstellung entfallende Kosten der allgemeinen Verwaltung (sofern auf die Herstellung zuordnungsfähig)	Wahlrecht
Auf den Zeitraum der Herstellung entfallende Aufwendungen für soziale Einrichtungen (sofern auf die Herstellung zuordnungsfähig)	Wahlrecht
Auf den Zeitraum der Herstellung entfallende Aufwendungen für freiwillige soziale Leistungen (sofern auf die Herstellung zuordnungsfähig)	Wahlrecht
Auf den Zeitraum der Herstellung entfallende Aufwendungen für betriebliche Altersversorgung (sofern auf die Herstellung zuordnungsfähig)	Wahlrecht
Auf den Zeitraum der Herstellung entfallende objektbezogene Zinsen für Fremdkapital (vgl. dazu unten, § 4 Ziff. 3, Abschn. b 34)	Wahlrecht
Vertriebskosten	Verbot

a4) Herstellungskosten nach Abschn. 33 EStR

Für das Steuerrecht enthält Abschn. 33 EStR eine ähnlich lautende Definition der Herstellungskosten, aber mit abweichendem Umfang der in die Herstellungskosten einzubeziehenden bzw. einbeziehbaren Aufwendungen:

"(1) Herstellungskosten eines Wirtschaftsguts sind alle Aufwendungen, die durch den Verbrauch von Gütern und die Inanspruchnahme von Diensten für die Herstellung des Wirtschaftsguts, seine Erweiterung oder für eine über seinen ursprünglichen Zustand hinausgehende wesentliche Verbesserung entstehen (vgl. auch § 255 Abs. 2 HGB). Dazu gehören die Materialkosten einschließlich der notwendigen Materialgemeinkosten, die Fertigungskosten, insbesondere Fertigungslöhne, einschließlich der notwendigen Fertigungsgemeinkosten, die Sonderkosten der Fertigung und der Wertverzehr von Anlagevermögen, soweit er durch die Herstellung des Wirtschaftsguts veranlasst ist. Kosten der allgemeinen Verwaltung sowie Aufwendungen für soziale Einrichtungen des Betriebs, für freiwillige soziale Leistungen und für betriebliche Altersversorgung brauchen nicht in die Herstellungskosten einbezogen zu werden. Vertriebskosten gehören nicht zu den Herstellungskosten."

Abb. 4: Komponenten der Herstellungskosten im Vergleich zwischen § 255 HGB und Abschn. 33 EStR

Bestandteile von „Herstellungskosten“	**§ 255 Abs. 1 u. 2 HGB**	**Abschn. 33 EStR**
Material-Einzelkosten	Pflicht	Pflicht
Fertigungs-Einzelkosten	Pflicht	Pflicht
Sonderkosten der Fertigung	Pflicht	Pflicht
Auf den Zeitraum der Herstellung entfallende angemessene Teile der notwendigen Materialgemeinkosten	Wahlrecht	Pflicht
Auf den Zeitraum der Herstellung entfallende angemessene Teile der notwendigen Fertigungsgemeinkosten	Wahlrecht	Pflicht
Auf den Zeitraum der Herstellung entfallender durch die Fertigung veranlasster Wertverzehr des Anlagevermögens	Wahlrecht	Pflicht
Auf den Zeitraum der Herstellung entfallende Kosten der allgemeinen Verwaltung (sofern auf die Herstellung zuordnungsfähig)	Wahlrecht	Wahlrecht
Auf den Zeitraum der Herstellung entfallende Aufwendungen für soziale Einrichtungen (sof. auf d. Herstellung zuordnungsfähig)	Wahlrecht	Wahlrecht
Auf den Zeitraum der Herstellung entfallende Aufwendungen für freiwillige soziale Leistungen (sof. a. d. Herst. zuordnungsfähig)	Wahlrecht	Wahlrecht
Auf den Zeitraum der Herstellung entfallende Aufwendungen für betriebliche Altersversorgung (sof. a. d. Herst. zuordnungsfähig)	Wahlrecht	Wahlrecht
Auf den Zeitraum der Herstellung entfallende objektbezogene Zinsen für Fremdkapital (vgl. dazu unten, § 4 Ziff. 3, Abschn. b 34)	Wahlrecht	Wahlrecht
Vertriebskosten	Verbot	Verbot

Wie aus Abb. 4 zu ersehen ist, unterscheiden sich die Herstellungskosten nach § 255 HGB von den nach steuerlichen Grundsätzen zu bestimmenden Herstellungskosten durch die Einbeziehungspflicht bestimmter „Gemeinkosten", nämlich der auf den Zeitraum der Herstellung entfallenden Teile der notwendigen Materialgemeinkosten, der notwendigen Fertigungsgemeinkosten und des durch die Fertigung veranlassten Wertverzehrs des Anlagevermögens (AfA).

a5) Herstellungskosten nach IAS 2.10 ff. (IAS 16, IAS 38)

In den IAS/IFRS fehlt es an einer Vorschrift, die den Regeln des **§ 255 Abs. 2 und 3 HGB** entsprechen würde. Nur im Framework (**IAS F 100(a)**) findet sich eine allgemeine Definition von sog. Historischen Kosten. Diese allgemeinen Ausführungen werden in verschiedenen IAS konkretisiert. So finden sich in **IAS 2.10 ff.** Vorschriften zur Ermittlung der Herstellungskosten von Vorräten; in **IAS 16.18** (Sachanlagevermögen) wird festgestellt, dass die Ermittlung der Herstellungskosten für selbsterstellte Vermögenswerte denselben Grundsätzen, zu folgen habe, die auch beim Erwerb von Vermögenswerten angewendet werden. „Wenn ein Unternehmen ähnliche Vermögenswerte für den Verkauf im Rahmen seiner normalen Geschäftstätigkeit herstellt, sind die Herstellungskosten einer Sachanlage normalerweise dieselben wie die für die Produktion der zu veräußernden Gegenstände (s. IAS 2, Vorräte)". Weitere Regelungen finden sich in **IAS 38.53 ff.** Die dort für die Bewertung Immaterieller Vermögenswerte getroffenen Hinweise auf die Bemessung der Herstellungskosten entsprechen im Ergebnis den Regeln nach IAS 2 (Wohlgemuth, Herstellungskosten, Rn. 199). Hervorzuheben ist, dass nach den IAS/IFRS hinsichtlich des Umfangs der Herstellungskosten grundsätzlich keine Wahlrechte bestehen. Es heißt in **IAS 2.10**:

„10. Die Herstellungskosten von Vorräten umfassen die Kosten, die den Produktionseinheiten direkt zuzurechnen sind, wie beispielsweise Fertigungslöhne. Weiterhin umfassen sie systematisch zugerechnete fixe und variable Produktionsgemeinkosten, die bei der Verarbeitung der Ausgangsstoffe zu Fertigerzeugnissen anfallen. Fixe Produktionsgemeinkosten sind solche nicht direkt zurechenbaren Kosten der Produktion, die unabhängig vom Produktionsvolumen relativ konstant anfallen, wie beispielsweise Abschreibungen und Instandhaltungskosten von Betriebsgebäuden und -einrichtungen sowie die Kosten des Managements und der Verwaltung. Variable Produktionsgemeinkosten sind solche nicht direkt zurechenbaren Kosten der Produktion, die unmittelbar oder nahezu unmittelbar mit dem Produktionsvolumen variieren, wie beispielsweise Materialgemeinkosten und Fertigungsgemeinkosten."

In **IAS 2.14** werden bestimmte Kosten-/Aufwandsarten ausdrücklich als nicht einbeziehungsfähig bezeichnet:

„14. Beispiele für Kosten, die aus den Anschaffungs- oder Herstellungskosten von Vorräten ausgeschlossen sind und in der Periode ihres Anfalls als Aufwand behandelt werden, sind:

(a) anomale Beträge für Materialabfälle, Fertigungslöhne oder andere Produktionskosten;

(b) Lagerkosten, soweit diese nicht im Produktionsprozess vor einer weiteren Produktionsstufe erforderlich sind;

(c) Verwaltungsgemeinkosten, die nicht dazu beitragen, die Vorräte an ihren derzeitigen Ort und in ihren derzeitigen Zustand zu versetzen; und

(d) Vertriebskosten."

Wie nach den deutschen Regelungen können Zinsen für Fremdkapital in die Herstellungskosten eingerechnet werden (vgl. dazu unten, § 4 Ziff. 3, Abschn. b 34). Es heißt dazu in **IAS 2.15**:

> *„15. Unter bestimmten Umständen können Fremdkapitalkosten in die Anschaffungs- oder Herstellungskosten von Vorräten einbezogen werden. Diese Umstände sind unter der alternativ zulässigen Methode gemäß IAS 23, Fremdkapitalkosten, im Einzelnen dargestellt."*

Eine Gegenüberstellung der unterschiedlichen Regelungen zur Einbeziehung von Komponenten der Herstellungskosten findet sich in der Abb. 5 (in Anlehnung an Naumann/Breker, a.a.O., Rn. 308):

Abb. 5: Komponenten der Herstellungskosten im Vergleich zwischen § 255 HGB, Abschn. 33 EstR und IAS/IFRS

Bestandteile von „Herstellungskosten"	**§ 255 Abs. 1 u. 2 HGB**	**Abschn. 33 EStR**	**IAS/IFRS**
Material-Einzelkosten	Pflicht	Pflicht	Pflicht
Fertigungs-Einzelkosten	Pflicht	Pflicht	Pflicht
Sonderkosten der Fertigung	Pflicht	Pflicht	Pflicht
Auf den Zeitraum der Herstellung entfallende angemessene Teile der notwendigen Materialgemeinkosten	Wahlrecht	Pflicht	Pflicht
Auf den Zeitraum der Herstellung entfallende angemessene Teile der notwendigen Fertigungsgemeinkosten	Wahlrecht	Pflicht	Pflicht
Auf den Zeitraum der Herstellung entfallender durch die Fertigung veranlasster Wertverzehr des Anlagevermögens	Wahlrecht	Pflicht	Pflicht
Auf den Zeitraum der Herstellung entfallende Kosten der allgemeinen Verwaltung (sofern auf die Herstellung zuordnungsfähig)	Wahlrecht	Wahlrecht	Pflicht
Auf den Zeitraum der Herstellung entfallende Aufwendungen für soziale Einrichtungen (sofern auf die Herstellung zuordnungsfähig)	Wahlrecht	Wahlrecht	Pflicht
Auf den Zeitraum der Herstellung entfallende Aufwendungen für freiwillige soziale Leistungen (sofern auf die Herstellung zuordnungsfähig)	Wahlrecht	Wahlrecht	Pflicht
Auf den Zeitraum der Herstellung entfallende Aufwendungen für betriebliche Altersversorgung (sofern auf die Herstellung zuordnungsfähig)	Wahlrecht	Wahlrecht	Pflicht
Auf den Zeitraum der Herstellung entfallende objektbezogene Zinsen für Fremdkapital (vgl. dazu unten, § 4 Ziff. 3, Abschn. b 34)	Wahlrecht	Wahlrecht	Wahlrecht
Vertriebskosten	Verbot	Verbot	Verbot

b) Zur Bestimmung der Obergrenze der Herstellungskosten

Im folgenden werden zunächst die Obergrenze und dann die Untergrenze der Herstellungskosten diskutiert.

b1) Nach HGB, Einkommensteuerrecht und IAS/IFRS einzubeziehende Aufwendungen

Die folgenden Einzelkosten müssen in die Herstellungskosten einbezogen werden:

Abb. 6: Nach Handels- und Steuerrecht sowie IAS/ISFS einbeziehungspflichtige Komponenten der Herstellungskosten

Bestandteile von „Herstellungskosten“	§ 255 Abs. 1 u. 2 HGB	Abschn. 33 EStR	IAS/IFRS
Material-Einzelkosten	Pflicht	Pflicht	Pflicht
Fertigungs-Einzelkosten	Pflicht	Pflicht	Pflicht
Sonderkosten der Fertigung. Hierzu gehören z.B. Entwurfskosten, Lizenzgebühren usw., soweit sie nicht als Gemeinkosten anzusehen sind	Pflicht	Pflicht	Pflicht

Die vorstehenden Aufwendungen **müssen nach allen drei Regelungsbereichen** in die Herstellungskosten eingerechnet werden. Insofern bestehen zwischen Handels- und Steuerrecht sowie IAS/IFRS keine Unterschiede.

b2) Einbeziehbare Aufwendungen

Die folgenden Aufwendungen **können nach Handelsrecht und müssen nach Steuerrecht und nach den IRS/IFRS** in die Herstellungskosten einbezogen werden:

Abb. 7: Nach Steuerrecht und IAS einbeziehungspflichtige, nach Handelsrecht einbeziehungsfähige Komponenten der Herstellungskosten

Bestandteile von „Herstellungskosten“	§ 255 Abs. 1 u. 2 HGB	Abschn. 33 EStR	IAS/IFRS
Auf den Zeitraum der Herstellung entfallende angemessene Teile der notwendigen Materialgemeinkosten	Wahlrecht	Pflicht	Pflicht
Auf den Zeitraum der Herstellung entfallende angemessene Teile der notwendigen Fertigungsgemeinkosten	Wahlrecht	Pflicht	Pflicht
Auf den Zeitraum der Herstellung entfallender durch die Fertigung veranlasster Wertverzehr des Anlagevermögens	Wahlrecht	Pflicht	Pflicht

Zu den **Materialgemeinkosten und den Fertigungsgemeinkosten,** die im Rahmen der Herstellungskosten erfasst werden können (steuerlich und nach IAS müssen), gehören u.a. auch die Aufwendungen für folgende Kostenstellen:

Lagerhaltung, Transport und Prüfung des Fertigungsmaterials,

Vorbereitung und Kontrolle der Fertigung, Werkzeuglager, Betriebsleitung, Raumkosten, Sachversicherungen,

Unfallstation und Unfallverhütungseinrichtungen der Fertigungsstätten, Lohnbüro, soweit in ihm die Löhne und Gehälter der in der Fertigung tätigen Arbeitnehmer abgerechnet werden.

Zu den Kosten des Wertverzehrs der Anlagen gehören nur jene Abschreibungen, die sich auf die in der Produktion befindlichen Anlagen beziehen. Zur Bemessung der Abschreibungen wird in der Stellungnahme des HFA 5/91: "Zur Aktivierung von Herstellungskosten" in Abschn. 5 ausgeführt:

> "*Umfang einrechenbarer Abschreibungen: In die Herstellungskosten dürfen nach § 255 Abs. 2 Satz 3 und 5 HGB auf den Zeitraum der Herstellung entfallende angemessene Teile des Wertverzehrs des Anlagevermögens, soweit er durch die Fertigung veranlasst ist, eingerechnet werden. Für die Beurteilung der Angemessenheit und die Berechnung des einbeziehbaren Wertverzehrs kann von den kalkulatorischen Abschreibungen ausgegangen werden, jedoch ist der Ansatz nach oben durch die bilanziellen Abschreibungen begrenzt.*"

Die folgenden Aufwendungen **können nach Handels- und Steuerrecht** in die Herstellungskosten eingerechnet werden; **sie müssen nach den IAS/IFRS** einbezogen werden;

Abb. 8: Nach Handels- und Steuerrecht einbeziehungsfähige, nach IAS einbeziehungspflichtige Komponenten der Herstellungskosten

Bestandteile von „Herstellungskosten“	**§ 255 Abs. 1 u. 2 HGB**	**Abschn. 33 EStR**	**IAS/IFRS**
Auf den Zeitraum der Herstellung entfallende Kosten der allgemeinen Verwaltung (sofern auf die Herstellung zuordnungsfähig)	Wahlrecht	Wahlrecht	Pflicht
Auf den Zeitraum der Herstellung entfallende Aufwendungen für soziale Einrichtungen (sofern auf die Herstellung zuordnungsfähig)	Wahlrecht	Wahlrecht	Pflicht
Auf den Zeitraum der Herstellung entfallende Aufwendungen für freiwillige soziale Leistungen (sofern auf die Herstellung zuordnungsfähig)	Wahlrecht	Wahlrecht	Pflicht
Auf den Zeitraum der Herstellung entfallende Aufwendungen für betriebliche Altersversorgung (sofern auf die Herstellung zuordnungsfähig)	Wahlrecht	Wahlrecht	Pflicht

Zu den Kosten für die **allgemeine Verwaltung** gehören u.a. die Aufwendungen für Geschäftsleitung, Einkauf und Wareneingang, Betriebsrat, Personalbüro, Nachrichtenwesen, Ausbildungswesen, Rechnungswesen - z.B. Buchführung, Betriebsabrechnung, Statistik und Kalkulation -, Feuerwehr, Werkschutz sowie allgemeine Fürsorge einschließlich Betriebskrankenkasse, sofern sie auf die Herstellung bezogen werden können.

Zu den Aufwendungen für **soziale Einrichtungen** gehören z.B. Aufwendungen für Kantine einschließlich der Essenzuschüsse sowie für Freizeitgestaltung der Arbeitnehmer, sofern zuordnungsfähig.

Aufwendungen für die **betriebliche Altersversorgung** umfassen sowohl Direktversicherungen als auch Zuwendungen an Pensions- und Unterstützungskassen sowie die Zuführung zu entsprechenden Pensionsrückstellungen, sofern zuordnungsfähig.

b3) Sonderprobleme

Falls die Obergrenze der Herstellungskosten bestimmt werden soll, treten einige zusätzliche Abgrenzungsprobleme auf:

b31) Behandlung der Biersteuer, der Mineralölsteuer

Die Praxis hat teilweise die Mineralöl- und die Biersteuer mit in die Herstellungskosten eingerechnet, obwohl beide Steuern erst mit dem Absatz an Dritte anfallen und obwohl Vertriebskosten nicht in die Herstellungskosten eingerechnet werden dürfen. Der Gesetzgeber hat das Problem dadurch einer Lösung näher gebracht, dass er nach **§ 250 Abs. 1 Satz 2 Nr. 1 HGB** ein Wahlrecht vorgesehen hat,

> *"als Aufwand berücksichtigte Zölle und Verbrauchsteuern, soweit sie auf am Abschlussstichtag auszuweisende Vermögensgegenstände des Vorratsvermögens entfallen,"*

können unter den Rechnungsabgrenzungsposten ausgewiesen werden. Die Stellungnahme HFA 5/91 stellt hierzu in Abschn. 5 fest:

> *"7. Zölle und Verbrauchsteuern: Kraft spezialgesetzlicher Regelung (§ 250 Abs. 1 Satz 2 Nr. 1 HGB) nehmen Zölle und Verbrauchsteuern (z.B. Biersteuer, Mineralölsteuer), soweit sie auf am Abschlussstichtag auszuweisende Vermögensgegenstände des Vorratsvermögens entfallen, eine Sonderstellung ein. Soll das gesetzlich eingeräumte Aktivierungswahlrecht für diese Kostenarten ausgeübt werden, so können sie statt in die Rechnungsabgrenzungsposten auch in die Herstellungskosten der betreffenden Vermögensgegenstände eingerechnet werden."*

b32) Verbot der Einbeziehung von Vertriebskosten, Behandlung der Kosten der Auftragserlangung

Nach **§ 255 Abs. 2 Satz 6 HGB** und den anderen Regelungsbereichen dürfen Vertriebskosten nicht in die Herstellungskosten eingerechnet werden. Der Gesetzgeber geht dabei davon aus, dass Gegenstände grundsätzlich zunächst hergestellt und dann vertrieben werden. Folglich können die Vertriebskosten nicht in die Herstellungskosten eingerechnet werden. Fraglich ist, wie die Verhältnisse liegen, wenn - z.B. bei Auftragsfertigung - zunächst Kosten der Auftragserlangung anfallen und erst dann die Fertigung beginnt. Nach der Meinung des HFA können zwar Herstellungskosten erst dann einem Vermögensgegenstand zugerechnet werden, wenn dieser durch externe Aufträge oder durch betriebsinterne Vorgaben hinreichend konkretisiert ist. Aufwendungen, die danach nicht in den Herstellungszeitraum fallen, dürfen aber in späteren Perioden (nach-)aktiviert werden, wenn sich dann der zu bewertende Vermögensgegenstand hinreichend konkretisiert hat (vgl. HFA 5/91: "Zur Aktivierung von Herstellungskosten", Abschn. 2.1.).

b33) Einbeziehbarkeit der Kosten der Unterbeschäftigung

Sog. Kosten der Unterbeschäftigung entstehen im Bereich der Gemeinkosten als fixe Kostenbestandteile. Da nur angemessene Teile der Gemeinkosten in die Herstellungskosten eingerechnet werden dürfen, könnte man für die bei Unterbeschäftigung entstehenden sog. Leerkosten ein Einbeziehungsverbot ableiten. Die Zuordnung der Gemeinkosten zu **Leerkosten und Nutzkosten** setzt die Kenntnis eines "normalen" Beschäftigungsniveaus voraus. Dieses normale Beschäftigungsniveau ist aber praktisch nur im Rahmen einer mehr oder weniger großen Bandbreite erfassbar. Die handelsrechtliche Kommentierung verlangt deshalb nur eine relativ großzügige

Auslegung des Verbots der Einbeziehung von Leerkosten in die Herstellungskosten. Gleiches gilt für die Einkommensteuerrichtlinien. **EStR Abschn. 33 Nr. 8**:

"Die nicht volle Ausnutzung von Produktionsanlagen führt nicht zu einer Minderung der in die Herstellungskosten einzubeziehenden Fertigungsgemeinkosten, wenn sich die Schwankung in der Kapazitätsausnutzung aus der Art der Produktion, wie z.B. bei der Zuckerfabrik als Folge der Abhängigkeit von natürlichen Verhältnissen, ergibt (BFH-Urteil vom 15.2.1966 - BStBl. III S. 468). Wird ein Betrieb infolge teilweiser Stilllegung oder mangelnder Aufträge nicht voll ausgenutzt, so sind die dadurch verursachten Kosten bei der Berechnung der Herstellungskosten nicht zu berücksichtigen. ..."

In der Stellungnahme des HFA 5/91 wird hierzu mit ähnlichem Ergebnis ausgeführt:

"4. Eliminierung von Leerkosten: § 255 Abs. 2 Satz 3 HGB gestattet zwar grundsätzlich, für die Fertigung ihrer Art nach notwendige Material- und Fertigungsgemeinkosten sowie den durch die Fertigung veranlassten Wertverzehr des Anlagevermögens in die Berechnung der Herstellungskosten einzubeziehen, beschränkt diese Einbeziehung jedoch auf angemessene Teile der Gemeinkosten und des Wertverzehrs. Diesem Angemessenheitsprinzip entspricht es, fertigungsbedingte Gemeinkosten bei der Berechnung der Herstellungskosten nur insoweit zu berücksichtigen, wie sie bei einer normalen Auslastung der technischen und personellen Fertigungskapazitäten unter Berücksichtigung der branchentypischen Beschäftigungsschwankungen (Normalbeschäftigung) anfallen. Die Normalbeschäftigung ist in der Praxis oft schwer bestimmbar; sie kann sich im Zeitablauf ändern. Werden jedoch Fertigungsbereiche zeitweilig oder endgültig stillgelegt oder offenbar weniger als normal ausgelastet, dann sind die betreffenden Gemeinkosten als nicht mehr angemessene und nicht produktionsnotwendige Leerkosten von einer Einrechnung in die Herstellungskosten ausgeschlossen."

Auf ähnliche Weise wird das Problem der Beschäftigungsabhängigkeit der Herstellungskosten durch **IAS 2.11** gelöst:

„11. Die Zurechnung fixer Produktionsgemeinkosten zu den Herstellungskosten basiert auf der normalen Kapazität der Produktionsanlagen. Die normale Kapazität ist das Produktionsvolumen, das im Durchschnitt über eine Anzahl von Perioden oder Saisons unter normalen Umständen und unter Berücksichtigung von Ausfällen auf Grund planmäßiger Instandhaltungen erwartet werden kann. Das tatsächliche Produktionsniveau kann zu Grunde gelegt werden, wenn es der Normalkapazität nahe kommt. Der auf die einzelne Produktionseinheit entfallende Betrag der fixen Gemeinkosten erhöht sich infolge eines geringen Produktionsvolumens oder eines Betriebsstillstandes nicht. Nicht zugerechnete fixe Gemeinkosten sind in der Periode ihres Anfalls als Aufwand zu erfassen. In Perioden mit ungewöhnlich hohem Produktionsvolumen mindert sich der auf die einzelne Produktionseinheit entfallende Betrag der fixen Gemeinkosten, so dass die Vorräte nicht über den Herstellungskosten bewertet sind. Variable Produktionsgemeinkosten werden den einzelnen Produktionseinheiten auf der Grundlage des tatsächlichen Einsatzes der Produktionsmittel zugerechnet."

b34) Das Problem der Einbeziehbarkeit von Fremdkapitalzinsen (§ 255 Abs. 3 HGB; IAS 23)

Als Ausnahme von dem generellen Aktivierungsverbot von Geldbeschaffungskosten gewährt § **255 Abs. 3 HGB** in einer etwas eigenartigen Formulierung, die Möglichkeit, Zinsen für Fremdkapital, das zur Finanzierung der Herstellung eines Vermögensgegenstandes verwendet wird, in die Herstellungskosten mit einzubeziehen. Die Einbeziehung ist bei Kapitalgesellschaften im Anhang anzugeben. Die Schwierigkeit bei der Einbeziehung von Fremdkapitalzinsen liegt in der eindeutigen Zurechenbarkeit der auf bestimmte Produktionsvorgänge bezogenen Fremdkapitalzinsen. Ebenso heißt es in **Abschn. 33 Nr. 7** der **EStR**:

> *"Zinsen für Fremdkapital gehören nicht zu den Herstellungskosten (vgl. auch § 255 Abs. 3 Satz 1 HGB). Das gilt auch für Kosten der Geldbeschaffung (BFH-Urteil vom 24.5.1968 - BStBl. II S. 574) und für kalkulatorische Zinsen für Eigenkapital. Wird jedoch nachweislich in unmittelbarem wirtschaftlichem Zusammenhang mit der Herstellung eines Wirtschaftsguts ein Kredit aufgenommen, so können die Zinsen, soweit sie auf den Herstellungszeitraum entfallen, in die Herstellungskosten des Wirtschaftsguts einbezogen werden. Voraussetzung für die Berücksichtigung von Zinsen für Fremdkapital als Teil der Herstellungskosten eines Wirtschaftsguts ist, dass in der Handelsbilanz entsprechend verfahren wird."*

Ähnlich äußert sich die Stellungnahme des HFA 5/91:

> *"6. <u>Einbeziehung von Fremdkapitalzinsen</u>: Nach § 255 Abs. 3 Satz 1 HGB gehören Zinsen nicht zu den Herstellungskosten. Der Gesetzgeber gewährt jedoch in Satz 2 der Vorschrift ein Wahlrecht. Danach dürfen Zinsen für Fremdkapital, das zur Finanzierung der Herstellung eines Vermögensgegenstandes verwendet wird, angesetzt werden, soweit sie auf den Zeitraum der Herstellung entfallen. Wird von dem Wahlrecht Gebrauch gemacht, gelten aktivierte Zinsen als Herstellungskosten. Die Einbeziehung von Fremdkapitalzinsen ist als Ausnahmefall anzusehen; dementsprechend ist die gesetzliche Regelung eng auszulegen. Erforderlich für die Aktivierung ist die Zurechenbarkeit des aufgenommenen Fremdkapitals in sachlicher und zeitlicher Hinsicht auf den jeweiligen Herstellungsvorgang, wie sie z.B. durch eine Objektfinanzierung zum Ausdruck kommt. Liegt keine Objektfinanzierung vor, so sind an das Kriterium der Zurechenbarkeit strenge Anforderungen (andere Indizien für eine sachliche und zeitliche Zuordnung) zu stellen. Als aktivierbare Fremdkapitalzinsen kommen grundsätzlich nur solche Aufwendungen in Betracht, die auch in der Gewinn- und Verlustrechnung als Zinsen und ähnliche Aufwendungen (Posten 13 bei Anwendung des Gesamtkostenverfahrens, Posten 12 bei Anwendung des Umsatzkostenverfahrens) auszuweisen sind. Die planmäßigen Abschreibungen auf ein gemäß § 250 HGB aktiviertes Disagio können berücksichtigt werden, soweit sie Teilentgelt für die Überlassung von Kapital der betreffenden Periode darstellen. Kosten der Kapitalbeschaffung (z.B. Bereitstellungszinsen) sind nicht aktivierbar. Über die Einbeziehung von Zinsen für Fremdkapital in die Herstellungskosten sind gem. § 284 Abs. 2 Nr. 5 HGB Angaben im Anhang zu machen."*

IAS 23, "Borrowing Costs", enthält eine inhaltlich ähnliche Regelung. Der Kernsatz der "Benchmark"-Regelung in IAS 23.7 lautet:

> *"Fremdkapitalkosten sind in der Periode zu erfassen in der sie angefallen sind."*

IAS 23. lässt aber als "alternativ allowed treatment" auch die Einrechnung von Fremdkapitalkosten in die Herstellungskosten unter bestimmten Bedingungen und bei entsprechender Berichterstattung zu. In so weit besteht hinsichtlich der Einbeziehung von Fremdkapitalzinsen in die Herstellungskosten ein faktisches Wahlrecht. Es heißt in **IAS 23. 10 ff.**:

„10. Fremdkapitalkosten sind grundsätzlich in der Periode erfolgswirksam als Aufwand zu erfassen, in der sie angefallen sind, außer in dem Umfang, in dem sie gemäß Paragraph 11 aktiviert werden.

11. Fremdkapitalkosten, die direkt dem Erwerb, dem Bau oder der Herstellung eines qualifizierten Vermögenswertes zugeordnet werden können, sind als Teil der Anschaffungs- oder Herstellungskosten dieses Vermögenswertes zu aktivieren. Der Betrag der aktivierbaren Fremdkapitalkosten ist nach diesem Standard zu bestimmen.

12. Nach der alternativ zulässigen Methode gehören die Fremdkapitalkosten, die direkt dem Erwerb, dem Bau oder der Herstellung eines Vermögenswertes zugeordnet werden können, zu den Anschaffungs- oder Herstellungskosten dieses Vermögenswertes. Solche Fremdkapitalkosten werden als Teil der Anschaffungs- oder Herstellungskosten des Vermögenswertes aktiviert, wenn wahrscheinlich ist, dass dem Unternehmen hieraus künftiger wirtschaftlicher Nutzen erwächst und die Kosten verlässlich bewertet werden können. Andere Fremdkapitalkosten werden in der Periode als Aufwand erfasst, in der sie angefallen sind."

c) Zur Bestimmung der Untergrenze der Herstellungskosten

c1) Nach § 255 Abs. 2 mindestens einzubeziehende Aufwendungen

Nach § 255 Abs. 2 Satz 2 HGB müssen mindestens die folgenden Aufwendungen in die Herstellungskosten nach Handelsrecht einbezogen werden:

Abb. 9: Mindestens nach Handelsrecht in die Herstellungskosten einzubeziehende Komponenten

Bestandteile von „Herstellungskosten“	**§ 255 Abs. 1 u. 2 HGB**	**Abschn. 33 EStR**	**IAS/IFRS**
Material-Einzelkosten	Pflicht	Pflicht	Pflicht
Fertigungs-Einzelkosten	Pflicht	Pflicht	Pflicht
Sonderkosten der Fertigung. Hierzu gehören z.B. Entwurfskosten, Lizenzgebühren usw., soweit sie nicht als Gemeinkosten anzusehen sind	Pflicht	Pflicht	Pflicht

Im Umkehrschluss aus **§ 255 Abs. 2 Satz 3 HGB** könnte angenommen werden, dass die vorstehenden Aufwandsarten "Einzelkosten" im Sinne der Kostenrechnung seien, d.h. Kosten, die unmittelbar bei dem jeweiligen Kostenträger erfasst werden. Diese Regelung gibt aber zur Diskussion Anlass:

c2) Diskussion möglicher Untergrenzen

c21) Variable Kosten als Untergrenze

Namhafte betriebswirtschaftliche Autoren haben sich auf den Standpunkt gestellt, dass die Untergrenze nicht bei den Einzelkosten liege, sondern bei den "variablen Kosten", d.h. bei den Kosten (Aufwendungen), die unmittelbar mit der Ausbringungsmenge schwanken.

c22) Leistungsabhängige Kosten als Untergrenze (vgl. NA 4/1966: Untergrenze der Herstellungskosten)

Das Institut der Wirtschaftsprüfer hatte nach der Novelle des Aktiengesetzes im Jahre 1965 durch einen "Sonderausschuss Neues Aktienrecht" (SANA) die Auffassung vertreten, dass in die Herstellungskosten mindestens die "leistungsabhängigen Fertigungskosten" mit Ausnahme der Abschreibungen einzubeziehen seien.

c23) Dem Erzeugnis unmittelbar zurechenbare Kosten (Art. 35 der 4.EG-Richtlinie)

Die vierte EG-Richtlinie enthält in Art. 35 Abs. 3 die folgende Passage:

> *"Zu den Herstellungskosten gehören neben den Anschaffungskosten der Roh-, Hilfs- und Betriebsstoffe* ***die dem einzelnen Erzeugnis unmittelbar zurechenbaren Kosten*** *(*Hervorhebung v. Verf.*). Den Herstellungskosten dürfen angemessene Teile der dem einzelnen Erzeugnis nur mittelbar zurechenbaren Kosten, welche auf den Zeitraum der Herstellung entfallen, hinzugerechnet werden."*

c24) Einzelkosten als Untergrenze?

Die im Hinblick auf den Wortlaut von § 255 Abs. 2 HGB geäußerte Auffassung, die Untergrenze der Herstellungskosten läge bei der Summe der in der Kostenrechnung erfassten Einzelkosten, ist in Ansehung des Wortlautes der 4. EG-Richtlinie abwegig. Die Untergrenze liegt vielmehr bei den einzeln zurechenbaren Aufwendungen, unabhängig davon, ob diese Aufwendungen in der Kostenrechnung tatsächlich als Einzelkosten erfasst werden oder nicht.

Man kommt somit zu dem folgenden Ergebnis:

Die Untergrenze der Herstellungskosten liegt bei den einzeln zurechenbaren Aufwendungen (den variablen Aufwendungen bzw. den "leistungsabhängigen Kosten" i.S.d. IDW). Es sind also nicht nur die in der Kostenrechnung erfassten Einzelkosten als Untergrenze anzusehen, sondern auch jene Kostenbestandteile, die zwar in der Kostenrechnung als Gemeinkosten behandelt werden, aber auch einzeln erfasst werden könnten (sog. **unechte Gemeinkosten**)

In der Stellungnahme **HFA 5/1991** wird folglich festgestellt:

> *"3. Abgrenzung von Einzel- und Gemeinkosten: Wie sich aus dem Gesetzeszusammenhang ergibt, sind die gem. § 255 Abs. 2 HGB den Herstellungskosten zuzurechnenden Materialkosten, Fertigungskosten, Sonderkosten der Fertigung, als aufwandsgleiche aktivierungspflichtige Einzelkosten zu verstehen. Aktivierungspflichtige Einzelkosten im Sinne des Gesetzes sind die dem hergestellten und einzeln zu bewertenden Vermögensgegenstand unmittelbar zurechenbaren Kosten. Die Unmittelbarkeit der Zurechnung bezieht sich auf einen eindeutigen (und nachweisbaren) quantitativen Zusammenhang zwischen dem hergestellten*

Gegenstand und dem durch seine Herstellung entstandenen Verbrauch an Gütern, Leistungen und Diensten. Dieser fertigungsbedingte Einsatz an Gütern, Leistungen und Diensten muss sich also in der jeweiligen Maßeinheit (Menge, Zeit, Wert) ohne weitere Schlüsselung oder Umlage auf den zu bewertenden Vermögensgegenstand beziehen lassen. Eine Schlüsselung, wie etwa die Umrechnung von Stundenlöhnen auf die eingesetzte Fertigungszeit, steht dem unmittelbarem Zusammenhang der betreffenden Einzelkosten mit dem betreffenden Vermögensgegenstand nicht entgegen.

Von den aktivierungspflichtigen Einzelkosten abzugrenzen sind Gemeinkosten einschließlich der Kosten der allgemeinen Verwaltung sowie der Aufwendungen für soziale Einrichtungen des Betriebs, für freiwillige soziale Leistungen und für betriebliche Altersversorgung, für die ein Aktivierungswahlrecht besteht. Dabei handelt es sich im Rahmen der Herstellungskosten um diejenigen Aufwendungen für Güter, Leistungen und Dienste, die nicht unmittelbar in das Produkt eingehen, sondern nur über eine Schlüsselung oder Umlage zu dem hergestellten Vermögensgegenstand in Beziehung gebracht werden können. Für die Zuordnung von Aufwendungen zu aktivierungspflichtigen Einzelkosten einerseits und aktivierbaren Gemeinkosten andererseits kommt es auf die im Einzelfall zu deren Ermittlung angewandte Kostenrechnungsmethode nicht an. Werden aufwandsgleiche Kosten aus Praktikabilitätsgründen in der Kostenrechnung als Gemeinkosten behandelt und geschlüsselt, können sie aber ihrer Natur nach dem hergestellten Vermögensgegenstand quantitativ direkt zugerechnet werden, so handelt es sich um aktivierungspflichtige Einzelkosten (sog. unechte Gemeinkosten). Entscheidend für die Zuordnung ist also nicht die tatsächliche kostenrechnungsmäßige Zurechnung, sondern die Möglichkeit einer direkten Zurechnung."

§ 5 Niedrigere Wertansätze und Zuschreibungen

Übersicht

Lit.: ADS, 6. A., § 253 HGB; Ballwieser, Kommentierung von IAS 16, in: Baetge et al., Rechnungslegung nach IAS, Losebl. 2004; Berger/Schramm/Ring, Kommentierung zu § 253 HGB, Beck'scher Bilanzkommentar, 5. A., § 253; Brezing, Niedrigere Wertansätze in der Steuerbilanz, HdJ, Abt. I. 12; Coenenberg, Jahresabschluss, 19. A., S. 106 ff.; IASB, IAS 2, Vorräte; IASB, IAS 16, Sachanlagen; IASB, IAS Framework; IDW, HFA 2/1991, Änderung von Jahresabschlüssen und Anpassung der Handelsbilanz an die Steuerbilanz; IDW, HFA 2/1991, Änderung von Jahresabschlüssen und Anpassung der Handelsbilanz an die Steuerbilanz; Jacobs, Kommentierung von IAS 2, in: Baetge et al., Rechnungslegung nach IAS, Losebl. 2004; Wohlgemuth, Niedrigere Wertansätze in der Handelsbilanz, HdJ, Abt. I. 11; WPH 2000, Bd. I, E 207 ff.

Vorbemerkung

Wie erwähnt, stellen die im IAS-Framework genannten Wertansätze (historische Kosten, IAS F.100 (a), Tageswerte, IAS F.100 (b), Veräußerungswert (Erfüllungsbetrag), IAS F.100 (c), und Barwert, IAS F.100 (d) keine geschlossene Bewertungskonzeption dar. Darüber hinaus enthalten einzelne IAS mehrere unterschiedliche Bewertungshinweise für ein und denselben Sachverhalt; der "Benchmark" als dem "bevorzugten" Verfahren wird häufig ein alternatives zulässiges Verfahren gegenübergestellt (alternativ allowed treatment). Aus diesem Grunde werden im vorliegenden § 5 vorrangig die Bewertungs- und Zuschreibungsregeln nach geltendem Handels- und Steuerrecht behandelt. Auf die einschlägigen Regeln der IFRS/IAS wird im Rahmen der Besprechung der einzelnen Bilanzposten (§§ 9 - 16) eingegangen.

Ziff. 1 Der niedrigere Wert, der sich aus einem Börsen- oder Marktpreis am Abschluss-Stichtag ergibt (§ 253 Abs. 3 Satz 1 HGB)

a) Grundlagen

Zur Bewertung des Umlaufvermögens schreibt das HGB zwingend vor, dass das Niederstwertprinzip durch den Vergleich zwischen den Anschaffungs- oder Herstellungskosten einerseits und den Tageswerten andererseits anzuwenden ist. Als Tageswert eines Gegenstandes des Umlaufvermögens kommt grundsätzlich der Börsen- oder Marktpreis in Betracht (Ziff. 1). Ist ein Börsen- oder Marktpreis nicht vorhanden, ist ersatzweise der (niedrigere) Wert zu berücksichtigen, der den Gegenständen am Abschlussstichtag beizulegen ist (Ziff. 2).

a1) Der Gesetzeswortlaut und offene Fragen

§ 253 Abs. 3 Satz 1 HGB schreibt vor:

> *"Bei Vermögensgegenständen des Umlaufvermögens sind Abschreibungen vorzunehmen, um diese mit einem niedrigeren Wert anzusetzen, der sich aus einem Börsen- oder Marktpreis am Abschlussstichtag ergibt."*

Bei der Auslegung dieser Vorschrift sind die folgenden Fragen offen: (1) Was versteht das Gesetz unter "einem Börsen- oder Marktpreis"? (2) Welcher Börsen- oder Marktpreis ist zu berücksichtigen? und (3) Wie ist der Börsen- oder Marktpreis vor allem bei unfertigen Erzeugnissen zu ermitteln?

a2) Der Begriff des Börsen- oder Marktpreises

Das Gesetz spricht von "einem" Börsen- oder Marktpreis; es lässt also die Wahl des bestimmenden Preises im Einzelfall offen. Die herrschende Meinung leitet daraus aber keinesfalls ein Wahlrecht ab, irgend einen Börsen- oder Marktpreis bei der Anwendung des Niederstwertprinzips anzuwenden, sondern verlangt, dass jeweils **nur diejenigen Börsen oder Märkte zu berücksichtigen sind, auf denen das bilanzierende Unternehmen normalerweise tätig wird.** Dies bedeutet z.B., dass durch ein Unternehmen, welches bestimmte Rohstoffe auf einem bestimmten örtlichen Markt bezieht, die Preise gerade auf diesem Markt bei der Anwendung des Niederstwertprinzips zu berücksichtigen sind. Würde dieses Unternehmen dagegen die betreffenden Vermögensgegenstände üblicherweise dort beschaffen, wo sie weltweit am günstigsten beschafft werden können, so wäre der Weltmarkt maßgebend.

a3) Die Maßgeblichkeit des Beschaffungsmarktes und die Maßgeblichkeit des Absatzmarktes

Da jedes Unternehmen (mit Ausnahme der Unternehmen der Urproduktion) mindestens auf zwei Märkten tätig wird, nämlich auf dem Beschaffungs- und auf dem Absatzmarkt, bleibt nach dem Gesetzeswortlaut weiterhin die Frage offen, auf welchen der beiden Märkte das Niederstwertprinzip zu beziehen ist.

Bei grundsätzlicher Überlegung kann **nur der jeweilige Absatzmarkt in Betracht kommen,** weil alle Vermögensgegenstände, über die das Unternehmen verfügt, letztlich nur über die Absatzmärkte wirtschaftlich verwertet werden können: Um festzustellen, wie viel ein Vermögensgegenstand am Abschlussstichtag für ein Unternehmen wert ist, kommt es nicht darauf an, wie hoch der Wiederbeschaffungspreis des Gegenstandes am Abschlussstichtag ist, sondern darauf, zu welchem Preis der Gegenstand mit oder ohne weitere Be- oder Verarbeitung an Dritte weiterveräußert werden kann.

Die vorstehende Aussage wird in der Praxis allerdings teilweise durchbrochen, wenn die Ableitung des Börsen- oder Marktpreises aus dem Absatzmarkt zu (Zurechnungs-)Schwierigkeiten führt, so z.B. bei Roh-, Hilfs- und Betriebsstoffen). Im Einzelnen gelten die folgenden Regeln:

Abb.10: Die Ableitung von Marktpreisen aus dem Beschaffungs- oder dem Absatzmarkt

Gegenstände des Umlaufvermögens	**Ableitung von Marktpreisen aus dem Absatz- oder Beschaffungsmarkt**
Fertige Erzeugnisse	Absatzmarkt
Unfertige Erzeugnisse	Absatzmarkt
Roh-, Hilfs- und Betriebstoffe	(wegen der bestehenden Zurechnungsprobleme): Beschaffungsmarkt
Handelswaren	Absatzmarkt; es könnte aber auch der Beschaffungsmarkt in Betracht kommen (sog. doppeltes Niederstwertprinzip)
Überbestände an RHB	Absatzmarkt für die betreffenden Roh-, Hilfs- und Betriebstoffe
Unfertige Erzeugnisse, die auch von Dritten beschafft werden könnten	Beschaffungsmarkt

IAS 2.25 schreibt im Zusammenhang mit der Anwendung des Niederstwertprinzips den Ansatz des net realizable value vor, verlangt also die Bezugnahme auf den Absatzmarkt und nicht auf den Beschaffungsmarkt. Es heißt dort:

> *"Die Anschaffungs- oder Herstellungskosten von Vorräten sind unter Umständen nicht werthaltig, wenn die Vorräte beschädigt, ganz oder teilweise veraltet sind oder wenn ihr Verkaufspreis zurückgegangen ist. Die Anschaffungs- oder Herstellungskosten von Vorräten können nicht zu erzielen sein, wenn die geschätzten Kosten der Fertigstellung oder die geschätzten, bis zum Verkauf anfallenden Kosten gestiegen sind. die Abwertung der Vorräte auf den niedrigeren Nettoveräußerungswert (net realizable value. d.V.) folgt der Ansicht, dass Vermögenswerte nicht mit höheren Werten angesetzt werden dürfen, als bei ihrem Verkauf oder Gebrauch voraussichtlich zu realisieren sind."*

IAS 2.29 lässt bei Roh-, Hilfs- und Betriebsstoffen - wie die GoB - allerdings Ausnahmsweise auch die Bezugnahme auf den Beschaffungsmarkt zu:

> *„Roh-, Hilfs- und Betriebsstoffe, die für die Herstellung von Vorräten bestimmt sind, werden nicht auf einen unter ihren Anschaffungs- oder Herstellungskosten liegenden Wert abgewertet, wenn die Fertigerzeugnisse, in die sie eingehen, voraussichtlich zu den Herstellungskosten oder darüber verkauft werden können. Wenn jedoch ein Preisrückgang*

für diese Stoffe darauf hindeutet, dass die Herstellungskosten der Fertigerzeugnisse über dem Nettoveräußerungswert liegen werden, werden die Stoffe auf den Nettoveräußerungswert abgewertet. Unter diesen Umständen können die Wiederbeschaffungskosten für die Stoffe die beste verfügbare Bemessungsgrundlage für den Nettoveräußerungswert sein.“

b) Sonderprobleme der "retrograden Bewertung" bzw. der verlustfreien Bewertung

Ein Sonderproblem entsteht dann, wenn der aus einem Börsen- oder Marktpreis abgeleitete Wert eines unfertigen Erzeugnisses zu ermitteln ist. Dieses Problem besteht auch dann, wenn fertige Erzeugnisse am Abschlussstichtag noch nicht veräußert sind. Hier gilt die folgende Grundregel:

Abb. 11: Retrograde Ermittlung von Tageswerten

Mutmaßlicher Veräußerungserlös
./. noch anfallende Aufwendungen
./. noch anfallende Herstellungskosten bis zur Fertigstellung,
./. Rabatte und Vertriebskosten (grundsätzlich ohne Gewinnzuschlag)
= abgeleiteter Tageswert

b1) Ermittlung des mutmaßlichen Veräußerungserlöses

Das Gesetz sagt ausdrücklich, dass der Börsen- oder Marktpreis zu berücksichtigen ist, "der sich am Abschlussstichtag ... ergibt". Würde man das Gesetz wörtlich auslegen, d.h. nur die mutmaßlichen Veräußerungserlöse zugrunde legen, die (fiktiv) am Abschlussstichtag erzielbar sind, so würden sich insbesondere bei Saisonbetrieben unsinnige, mit dem Zweck des Niederstwertprinzips unvereinbare Lösungen ergeben. Es entspricht deshalb der herrschenden Auffassung, dass bei der retrograden (verlustfreien) Bewertung von denjenigen (zukünftigen) Veräußerungserlösen auszugehen ist, die mit hoher Wahrscheinlichkeit im Rahmen des normalen Geschäftsverkehrs zu erwarten sind.

b2) Ermittlung der noch anfallenden Aufwendungen

Bei unfertigen und fertigen Erzeugnissen ist das Niederstwertprinzip durch Vergleich zwischen den bereits angefallenen (historischen) Anschaffungs- oder Herstellungskosten und dem aus dem Absatzmarkt abgeleiteten Wert anzuwenden.

Hinsichtlich des Ansatzes der **bereits angefallenen Herstellungskosten** besteht unzweifelhaft nach **§ 255 Abs. 2 HGB** ein Wahlrecht, unter Beachtung des Stetigkeitsgrundsatzes entweder die bereits angefallenen "Vollkosten" oder "Teilkosten" oder auch Zwischenwerte anzusetzen.

Hinsichtlich der **noch anfallenden Anschaffungs- oder Herstellungskosten** existieren entsprechende Regelungen des Gesetzes nicht. Es ist aber offensichtlich, dass durch die folgenden Ansatzalternativen der zu ermittelnde Niederstwert- erheblich beeinflusst werden kann. Dies ergibt sich aus den nachfolgenden Beispielen, denen als Annahme ein mutmaßlicher Veräußerungserlös in Höhe von € 100,- und bereits angefallene Anschaffungs- oder Herstellungskosten in Höhe von € 80,- zugrunde liegen. Die noch anfallenden Einzelkosten sollen € 10,- und die noch anfallenden Gemeinkosten sollen € 60,- betragen:

Beispiel I. Abzug der "Vollaufwendungen": Der Niederstwert ergibt sich aus der folgenden Rechnung:

Abb. 12: Beispiel I zur retrograden Bewertung

Mutmaßlicher Veräußerungserlös: € 100,-
./. noch anfallende Einzelkosten: € 10,-
./. noch anfallende Gemeinkosten: € 60,-
= aus dem Absatzmarkt abgeleiteter Wert: € 30,-
Mithin Niederstwert: € 30,-; denn dieser Wert ist niedriger als die bereits angefallenen Herstellungskosten (€ 80,-)

Beispiel II. Abzug der "Teilaufwendungen": Der Niederstwert ergibt sich aus der folgenden Rechnung:

Abb. 13: Beispiel II zur retrograden Bewertung

Mutmaßlicher Veräußerungserlös: € 100,-
./. noch anfallende Einzelkosten: € 10,-
= aus dem Absatzmarkt abgeleiteter Wert: € 90
Mithin Niederstwert: € 80,-; denn die bereits angefallenen Herstellungskosten sind niedriger als der aus dem Absatzmarkt abgeleitete Wert

Es leuchtet ein, dass durch den **Abzug von Zwischenwerten** für die noch anfallenden Herstellungskosten nach den Annahmen des Beispiels "Niederstwerte" ermittelt werden können, die zwischen € 30,- und € 80,- liegen.

b3) Versuch einer Problemlösung

Bislang haben sich hinsichtlich der Wahlrechte bei dem Abzug der noch anfallenden Herstellungskosten keine einheitlichen GoB entwickelt. Ein beachtenswerter Lösungsvorschlag stammt von Forster (vgl. in anderem Zusammenhang: WPg 1971, S. 395), der zu der Frage betriebswirtschaftliche Überlegungen heranzieht. Er geht der Frage nach, welche noch anfallenden Gemeinkosten in Abhängigkeit von der Beschäftigungslage des bilanzierenden Unternehmens von den noch fertig zu stellenden Gegenständen getragen werden müssen:

Ist das Unternehmen unterbeschäftigt, so werden durch das fertig zu stellende Erzeugnis nur die noch anfallenden Einzelkosten zu tragen sein; denn die Gemeinkosten fallen grundsätzlich auch dann an, wenn das unfertige Erzeugnis nicht fertig gestellt würde. Es brauchen deshalb in diesem Fall **nur die noch anfallenden Einzelkosten** (variablen Kosten) durch das unfertige Erzeugnis getragen zu werden.

Ist das Unternehmen vollbeschäftigt, sind also alle Kapazitäten voll ausgelastet, so sind in die noch anfallenden Herstellungsaufwendungen **auch die Gemeinkosten (fixen Kosten) einzurechnen**; denn durch die Fertigstellung des unfertigen Erzeugnisses werden Kapazitäten gebunden, die anderenfalls ggf. lukrativeren Verwendungsmöglichkeiten zugeführt werden könnten.

Nach dem **Vorsichtsprinzip** sollte auch bei Unterbeschäftigung des bilanzierenden Unternehmens die Abzugsfähigkeit der noch anfallenden Vollkosten stets möglich sein.

b4) Die Behandlung anderer noch anfallender Aufwendungen und der Gewinnzuschläge

Es ist selbstverständlich, dass zur Ermittlung des Niederstwertes unfertiger Erzeugnisse auch die noch anfallenden **Vertriebskosten** von dem mutmaßlichen Veräußerungserlös abzusetzen sind, da Vertriebskosten nicht bei den Vermögensgegenständen aktiviert werden dürfen (**§ 255 Abs. 2 Satz 6 HGB**).

Skonti, Rabatte und ggf. Boni mindern die mutmaßlichen Veräußerungserlöse unmittelbar; sie können deshalb schon aus diesem Grunde nicht in dem aus dem Absatzmarkt abgeleiteten Wert enthalten sein.

Einen Sonderfall stellen die **kalkulierten Gewinnzuschläge** dar. Es besteht kein Grund dafür, sie von dem mutmaßlichen Veräußerungserlös abzuziehen; denn es geht nicht darum, kalkulierte Kosten zu ermitteln, sondern es geht bei Anwendung des Niederstwertprinzip darum, durch niedrige Bewertung sicherzustellen, dass voraussichtlich keine weiteren Verluste mehr ausgewiesen werden müssen (= verlustfreie Bewertung). Gleichwohl lässt die Finanzverwaltung (aus anderen Überlegungen) den Abzug von kalkulierten Gewinnzuschlägen zu, deshalb wird auch handelsrechtlich ein Abzug für zulässig gehalten, zumal dies nicht dem Vorsichtsprinzip widersprechen würde.

b5) Die retrograde (verlustfreie) Bewertung unter den IAS

Das vorstehend umschriebene Problem dürfte bei Anwendung der Bewertungsregeln der IAS nicht entstehen. Da die Herstellungskosten generell nach dem Konzept der **produktionsbezogenen Vollkosten** zu ermitteln sind, müssen sowohl die bereits angefallenen als auch die noch anfallenden Aufwendungen bei Anwendung des Niederstwertprinzips sämtlich mit den Vollkosten angesetzt werden. Die Formulierung in **IAS 2.25** bestätigt dies:

> *„Die Anschaffungs- oder Herstellungskosten von Vorräten sind unter Umständen nicht werthaltig, wenn die Vorräte beschädigt, ganz oder teilweise veraltet sind oder wenn ihr Verkaufspreis zurückgegangen ist. Die Anschaffungs- oder Herstellungskosten von Vorräten können nicht zu erzielen sein, wenn die geschätzten Kosten der Fertigstellung oder die geschätzten, bis zum Verkauf anfallenden Kosten gestiegen sind. Die Abwertung der Vorräte auf den niedrigeren Nettoveräußerungswert folgt der Ansicht, dass Vermögenswerte nicht mit höheren Beträgen angesetzt werden dürfen, als bei ihrem Verkauf oder Gebrauch voraussichtlich zu realisieren sind.*

Ziff. 2 Der Wert, der den Vermögensgegenständen am Abschluss-Stichtag beizulegen ist (§ 253 Abs. 3 Satz 2 HGB)

a) Grundsätzliche Überlegungen

Wie bereits erwähnt, ist der "beizulegende Wert" ein Ersatzwert, der zur Anwendung des Niederstwertprinzips ermittelt werden muss, wenn ein Börsen- oder Marktpreis nicht vorhanden ist. Allerdings sind die Fälle relativ selten, in denen es an Marktpreisen fehlt, aus denen ein Tageswert abgeleitet werden könnte. Unter den IAS kann der "beizulegende Wert" offensichtlich dem "fair value" entsprechen.

b) Das Beispiel der "Gängigkeitsabschreibungen"

Ein Beispiel für das Fehlen von Marktpreisen findet sich z.B. bei Ersatzteilen für ausgelaufene Modelle. Es kann sein, dass diese Ersatzteile auch dann noch zur Verfügung gehalten werden, wenn für diese Teile, z.B. mangels Nachfrage, ein Markt nicht mehr besteht. Hier behilft sich die Praxis (in Übereinstimmung mit den GoB) mit Pauschallösungen, z.B.: Sind Bestände während eines Jahres nicht bewegt worden, Abschreibung um 25 %; sind sie während zweier Jahre nicht bewegt worden, Abschreibung auf 25 %; sind sie während eines längeren Zeitraums nicht bewegt, Vollabschreibung (ggf. auf den Erinnerungswert).

Ziff. 3 Abwertungswahlrecht zur Verhinderung von Wertschwankungen (§ 253 Abs. 3 Satz 3 HGB)

a) Der Wortlaut des Gesetzes und offene Fragen

§ 253 Abs. 3 Satz 3 HGB:

> *"Außerdem dürfen Abschreibungen vorgenommen werden, soweit diese nach vernünftiger kaufmännischer Beurteilung notwendig sind, um zu verhindern, dass in der nächsten Zukunft der Wertansatz dieser Vermögensgegenstände aufgrund von Wertschwankungen geändert werden muss."*

Auch bei dieser Regelung, die aus Vereinfachungsgründen in das Gesetz (und in die 4. EG-Richtlinie) aufgenommen worden ist, sind einige Fragen diskussionsbedürftig. Die Regelung dient dazu, bei zukünftigen Preisschwankungen nach unten eine mehrmalige Abschreibung in aufeinander folgenden Bilanzen dadurch zu vermeiden, dass zukünftige Wertminderungen über das Stichtagsprinzip hinaus "antizipiert" werden.

b) Der Begriff der "nächsten Zukunft"

Offen ist zunächst die Frage, was das Gesetz unter der "nächsten Zukunft" versteht. Da es sich um eine Vorschrift für die Bewertung in den Jahresbilanzen handelt, muss der Begriff "nächste Zukunft" mindestens ein Jahr umfassen, sonst würde die Vorschrift in das Leere gehen. Ein Zeitraum vom mehr als zwei Jahren kommt n.h.M. wohl deshalb nicht in Betracht, weil niemand in der Lage sein dürfte, Preisentwicklungen für einen längeren Zeitraum einigermaßen vorherzusehen.

c) Das Identitätsproblem

Es ist ferner die Frage zu stellen, ob die Gegenstände des Umlaufvermögens, auf die die Vorschrift angewandt werden soll, innerhalb des Vorhersagezeitraums im Unternehmen verbleiben müssen (=Identitätsproblem). Würde man diese Identität als Voraussetzung für die Anwendung der Vorschrift fordern, so würde die Vorschrift auch deswegen in das Leere gehen. Es wäre sicher unrealistisch, unterstellen zu wollen, dass die Gegenstände des Umlaufvermögens während eines Zeitraums zwischen einem und zwei Jahren als Vorräte gehalten werden. Die Vorschrift sollte deshalb auch auf nur "revoltierend" gehaltene Bestände anwendbar sein.

d) Der "Zukunftswert" als Methode zur Bildung stiller Rücklagen

Nach allem ist der Zukunftswert weniger eine Vereinfachungsvorschrift als eine Methode zur Bildung (und ggf. Auflösung) Stiller Rücklagen, die aus diesem Grunde auch in der Steuerbilanz nicht anerkannt wird.

Unter den internationalen Bewertungsgrundsätzen findet der "Zukunftswert" keine Parallele!

Ziff. 4 Niedrige steuerliche Wertansätze §§ 254, 279 und 281 HGB

a) Die "Einheitsbilanz" als Grundlage des Abschreibungswahlrechts nach § 254 HGB

Der Gesetzgeber möchte allen Kaufleuten, insbesondere aber den Einzelkaufleuten und den Personen-Handelsgesellschaften die Möglichkeit einräumen, eine sog. Einheitsbilanz aufstellen zu können, d.h. eine Bilanz, die zugleich handelsrechtlichen und steuerlichen Vorschriften entspricht. Zu diesem Zweck war es notwendig, in das Handelsrecht eine Vorschrift aufzunehmen, die eine Anpassung der handelsrechtlichen Wertansätze an die entsprechenden (ggf. niedrigeren) steuerlichen Wertansätze gestattet.

b) Abwertungswahlrecht für alle Kaufleute

Es heißt in **§ 254 HGB**:

> *"Abschreibungen können auch vorgenommen werden, um Vermögensgegenstände des Anlage- oder Umlaufvermögens mit dem niedrigeren Wert anzusetzen, der auf einer nur steuerrechtlich zulässigen Abschreibung beruht."*

§ 254 HGB gilt grundsätzlich für alle Kaufleute. Nach dem Wortlaut von § 254 HGB reicht es für die Vornahme einer steuerlichen Abschreibung in der Handelsbilanz aus, nachzuweisen, dass eine solche Abschreibung steuerlich zulässig ist. Die Vorschrift ist - im Gegensatz zu § 279 Abs. 2 HGB - nicht an das Vorliegen der sog. umgekehrten Maßgeblichkeit gebunden. Es ist darauf hinzuweisen, dass für Kapitalgesellschaften nach den §§ 279 ff. HGB Sondervorschriften gelten, die durch die vierte EG-Richtlinie erzwungen sind.

Den Einzelkaufleuten und den Personen-Handelsgesellschaften ist ferner das Beibehaltungswahlrecht i.S.v. **§ 253 Abs. 5 HGB** eingeräumt, d.h. sie können den niedrigeren, für Steuern vom Einkommen für zulässig gehaltenen Wert beibehalten, auch wenn die Gründe für die (steuerliche) Abschreibung nicht mehr bestehen. Dies stellt an sich einen Verstoß gegen das oben umschriebene Niederstwertprinzip wie auch gegen die Regelungen der 4. EG-Richtlinie dar; der Gesetzgeber wollte mit dieser Regelung aber wohl die "Besitzstände" der Einzelkaufleute und Personen-Handelsgesellschaften nicht antasten.

c) Einschränkung des Abschreibungswahlrechts für Kapitalgesellschaften durch § 279 Abs. 2 HGB

c1) Voraussetzung für die Abschreibung auf den niedrigeren steuerlichen Wert: Umgekehrte Maßgeblichkeit

Voraussetzung für die Abschreibung auf den niedrigeren steuerlichen Wertansatz auch in der Handelsbilanz ist das Vorliegen der "umgekehrten Maßgeblichkeit" (**§ 279 Abs. 2 HGB**):

> *"Abschreibungen nach § 254 dürfen nur insoweit vorgenommen werden, als das Steuerrecht ihre Anerkennung bei der steuerrechtlichen Gewinnermittlung davon abhängig macht, dass sie sich aus der (Handels-)Bilanz ergeben."*

Danach können durch Kapitalgesellschaften - entsprechend einer Sonderregelung der 4. EG-Richtlinie - steuerlich bedingte Abschreibungen in der Handelsbilanz nur dann vorgenommen werden, wenn durch eine steuerrechtliche Vorschrift verlangt wird, dass das steuerliche Abschreibungswahlrecht in Handels- und Steuerbilanz gleichartig ausgeübt wird.

c2) Wahlrecht zur "direkten" oder zur "indirekten" Vornahme der steuerlich bedingten Abschreibungen

§ 281 HGB enthält ein (Ausweis)Wahlrecht für die steuerlich bedingten Abschreibungen. Danach können Kapitalgesellschaften anstelle der direkten Abschreibung (Buchungssatz: per Abschreibungen an abzuschreibenden Gegenstand) die Abschreibung indirekt durch Einstellung in die Sonderposten mit Rücklageanteil vornehmen (§ 281 Abs. 1 Satz 1 HGB; Buchungssatz: per Abschreibungen an Sonderposten). Es heißt in **§ 281 Abs. 1 Satz 1 HGB**:

> *"Die nach § 254 zulässigen Abschreibungen dürfen auch in der Weise vorgenommen werden, dass der Unterschiedsbetrag zwischen der nach § 253 in Verbindung mit § 279 und der nach § 254 zulässigen Bewertung in den Sonderposten mit Rücklageanteil eingestellt wird."*

und in **§ 281 Abs. 1 Satz 3 HGB**:

> *"Unbeschadet steuerrechtlicher Vorschriften über die Auflösung ist die Wertberichtigung insoweit aufzulösen, als die Vermögensgegenstände, für die sie gebildet worden ist, aus dem Vermögen ausscheiden oder die steuerrechtliche Wertberichtigung durch handelsrechtliche Abschreibungen ersetzt wird."*

Die Vorschriften, nach denen die "Wertberichtigung" gebildet wurde, sind in der Bilanz oder im Anhang anzugeben (§ 281 Abs. 1 Satz 2 HGB); sie sind aufzugliedern und zu begründen (**§ 281 Abs. 2 Satz 1 HGB**).

In der Gewinn- und Verlustrechnung sind die Zuführungen zu dem Sonderposten mit Rücklageanteil (=Wertberichtigung) und die Auflösungen nach **§ 281 Abs. 2 Satz 2 HGB** zu behandeln:

> *"Erträge aus der Auflösung des Sonderpostens mit Rücklageanteil sind in dem Posten 'sonstige betriebliche Erträge', Einstellungen in den Sonderposten mit Rücklageanteil sind in dem Posten 'sonstige betriebliche Aufwendungen' der Gewinn und Verlustrechnung gesondert auszuweisen oder im Anhang anzugeben."*

Niedrigere steuerliche Wertansätze finden in den internationalen Grundsätzen keine Parallele!

Ziff. 5 Zuschreibungen (Wertaufholungsgebot)

a) Voraussetzungen für das Zuschreibungswahlrecht nach bisherigem Handelsrecht

Das Handelsrecht lässt eine Zuschreibung (Wertaufholung) nur unter bestimmten Bedingungen zu. Diese Bedingungen gelten für Kapitalgesellschaften und die übrigen Kaufleute in gleicher Weise.

a1) Vornahme außerplanmäßiger Abschreibungen in Vorperioden

Erste Voraussetzung ist, dass auf den betreffenden Vermögensgegenstand in Vorperioden außerplanmäßige Abschreibungen vorgenommen worden sind. Für in Vorperioden vorgenommene planmäßige Abschreibungen nach **§ 253 Abs. 2 HGB** kommt eine Zuschreibung nicht in Betracht; sie wäre ein Verstoß gegen das Anschaffungswertprinzip, nach dem bei Gegenständen, deren Nutzung zeitlich begrenzt ist, die fortgeführten Anschaffungs- oder Herstellungskosten, d.h. die um planmäßige Abschreibungen verminderten Anschaffungs- oder Herstellungskosten zugleich die (absolute) Bewertungsobergrenze darstellen.

a2) Fortfall der Gründe für die außerplanmäßige Abschreibung

Zweite Voraussetzung ist, dass die Gründe, wegen derer die außerplanmäßigen Abschreibungen in Vorperioden vorgenommen worden sind, bis zum Abschlussstichtag fortgefallen sind. Nach dem Wortlaut des Gesetzes müssen die ursprünglichen Gründe für die außerplanmäßigen Abschreibungen mit den Gründen, die später fortfallen, identisch sein; andere spätere Wertsteigerungen dürfen nicht durch Zuschreibungen berücksichtigt werden. Dies wäre gleichbedeutend mit dem Ausweis nicht realisierter Gewinne.

a3) Zuschreibung nur bis zu den fortgeführten Anschaffungs- oder Herstellungskosten

Obergrenze für die Zuschreibungen sind die fortgeführten Anschaffungs- oder Herstellungskosten des betreffenden Gegenstandes. Eine Zuschreibung über diesen Wert hinaus wäre gleichbedeutend mit einem Verstoß gegen das Realisationsprinzip.

a4) Andere Zuschreibungen sind nur in Ausnahmefällen zulässig

Das Institut der Wirtschaftsprüfer hat schon in den 30er Jahren festgestellt, dass in bestimmten Ausnahmefällen auch andere Zuschreibungen zulässig sein müssten, z.B. zur Anpassung der Handelsbilanz an die Ergebnisse einer steuerlichen Außenprüfung, wenn die Wertansätze in der Steuerbilanz heraufgesetzt werden und wenn eine Einheitsbilanz beibehalten werden soll. Ohne diese Ausnahmeregelung wäre der Bilanzierende zu dauernden Abweichungen zwischen Handels- und Steuerbilanz gezwungen.

Diese Auffassung wurde durch Abschnitt IV der Stellungnahme HFA 2/1991, Änderung von

Jahresabschlüssen und Anpassung der Handelsbilanz an die Steuerbilanz, bekräftigt und präzisiert:

"IV. Anpassung der Handelsbilanz an die Steuerbilanz

Die Ergebnisse steuerlicher Außenprüfung führen nicht zwangsläufig dazu, dass die nach Handelsrecht erstellten Jahresabschlüsse daran angepasst werden müssen. Handelsrechtlich zulässige Wertansätze können auch dann beibehalten und fortgeführt werden, wenn in der Steuerbilanz für dasselbe Wirtschaftsgut andere Wertansätze ausgewiesen werden.

Zur Vermeidung von steuerlichen Mehrergebnissen kann es im Hinblick auf den Maßgeblichkeitsgrundsatz des § 5 EStG zweckdienlich sein, den handelsrechtlichen Jahresabschluss desselben Geschäftsjahres zu ändern, um dadurch z.B. zusätzliche Abschreibungen bei der steuerlichen Gewinnermittlung geltend machen zu können.

Werden die Auswirkungen einer steuerlichen Außenprüfung nicht im Wege der Änderung des handelsrechtlichen Jahresabschlusses erfasst, so können sie durch eine später erfolgende Anpassung der Handelsbilanz an die Steuerbilanz - ganz oder teilweise - berücksichtigt werden.

Diese Anpassungen sind nur in dem Geschäftsjahr zulässig, in welchem die Ergebnisse der steuerlichen Außenprüfung absehbar sind oder feststehen; stets sind die handelsrechtlichen Ansatz-, Ausweis- und Bewertungsvorschriften, insbesondere die Wertobergrenzen, zu beachten. Für Vermögensgegenstände ist das Wertaufholungsgebot des § 280 Abs. 1 HGB zu beachten; zusätzliche Steuerschulden sind in jedem Fall zu berücksichtigen, sobald sie erkennbar werden.

In der Gewinn- und Verlustrechnung können die Anpassungen aus Vereinfachungsgründen unter den sonstigen betrieblichen Erträgen oder Aufwendungen ausgewiesen werden. Ggf. erfolgt außerdem eine Erläuterung im Anhang (§ 277 Abs. 4 S. 3 HGB). Mehrsteuern aus der Betriebsprüfung sind stets unter "Steuern vom Einkommen und vom Ertrag" bzw. unter "sonstige Steuern" auszuweisen. Steuererstattungen sind in dem Posten Steueraufwand zu saldieren, auch wenn dieser dadurch negativ wird.

Eine Anpassung der Handelsbilanz an die Steuerbilanz unter Durchbrechung des Bilanzzusammenhangs zwischen der handelsrechtlichen Schlussbilanz vom Ende des Vorjahres und der Eröffnungsbilanz des darauf folgenden Geschäftsjahres ist ein Verstoß gegen § 252 Abs. 1 Nr. 1 HGB und deshalb handelsrechtlich unzulässig."

b) Zuschreibung nach der 4. EG-Richtlinie

Die 4. EG-Richtlinie enthält in Art. 35 Abs. 1 c) dd) und Art. 39 Abs. 1 d) ein Wertaufholungsgebot für die Kapitalgesellschaften:

"Der niedrigere Wertansatz nach den Unterabsätzen aa) und bb) (= niedrigerer beizulegender Wert) darf nicht beibehalten werden, wenn die Gründe für die Wertminderung nicht mehr bestehen."

c) Zuschreibungen im HGB

c1) Regelung für alle Kaufleute

Wie bereits mehrfach erwähnt, besteht für alle Kaufleute - entgegen der 4. EG-Richtlinie ein sog. Beibehaltungswahlrecht, d.h. sie dürfen nach vorangegangener außerplanmäßiger Abschreibung den niedrigeren Wertansatz auch dann beibehalten, wenn die Gründe für die Wertminderung fortgefallen sind (**§ 253 Abs. 5 HGB**).

c2) Zuschreibungsgebot für Kapitalgesellschaften nach § 280 Abs. 1 HGB

In **§ 280 Abs. 1 HGB** wird zunächst das Zuschreibungsgebot für die Kapitalgesellschaften aus der 4. EG-Richtlinie in das HGB übertragen:

> *"Wird bei einem Vermögensgegenstand eine Abschreibung nach § 253 Abs. 2 Satz 3 oder Abs. 3 oder § 254 Satz 1 vorgenommen und stellt sich in einem späteren Geschäftsjahr heraus, dass die Gründe dafür nicht mehr bestehen, so ist der Betrag dieser Abschreibung im Umfang der Werterhöhung unter Berücksichtigung der Abschreibungen, die inzwischen vorzunehmen gewesen wären, zuzuschreiben. § 253 Abs. 5, § 254 Satz 2 sind insoweit nicht anzuwenden."*

c3) Befreiung von dem Zuschreibungsgebot bei "umgekehrter Maßgeblichkeit" nach § 280 Abs. 2 HGB

Vorwiegend aus steuerlichen Gründen ist das Zuschreibungsgebot der 4. EG-Richtlinie in Deutschland nicht auf Gegenliebe gestoßen. Man hat deshalb von einer in der 4. EG-Richtlinie enthaltenen Sonderregelung Gebrauch gemacht. Nach dieser Sonderregelung können auch in der Handelsbilanz niedrigere steuerliche Wertansätze angesetzt werden, wenn das Steuerrecht die sog. umgekehrte Maßgeblichkeit zwingend vorschreibt, d.h. wenn die steuerlichen Bewertungsfreiheiten nur in Anspruch genommen werden können, wenn ihnen auch in der Handelsbilanz gefolgt wird. Entsprechend heißt es in **§ 280 Abs. 2 HGB**:

> *"Von der Zuschreibung nach Absatz 1 kann abgesehen werden, wenn der niedrigere Wertansatz bei der steuerrechtlichen Gewinnermittlung beibehalten werden kann und wenn Voraussetzung für die Beibehaltung ist, dass der niedrigere Wertansatz auch in der (Handels-)Bilanz beibehalten wird."*

- und **§ 280 Abs. 3 HGB**:

> *"Im Anhang ist der Betrag der im Geschäftsjahr aus steuerrechtlichen Gründen unterlassenen Zuschreibungen anzugeben und hinreichend zu begründen."*

Damit ist das Zuschreibungsgebot der 4. EG-Richtlinie praktisch unterlaufen. Es ist jedoch darauf hinzuweisen, dass in den genannten Fällen entsprechende Angaben im Anhang der Kapitalgesellschaften erforderlich sind, um auf diese Weise sicherzustellen dass der notwendige Einblick in die Vermögens-, Finanz- und Ertragslage erhalten bleibt (vgl. **§ 264 HGB**). Ein solches Vorgehen war möglich, da die 4. EG-Richtlinie ausdrücklich feststellt, dass Bilanz, Gewinn- und Verlustrechnung und Anhang eine Einheit bilden und es deshalb (im Gegensatz zu den IFRS/IAS) ein Substitutionsverhältnis zwischen den Teilen des Jahresabschlusses der Kapitalgesellschaften gibt.

c4) Zuschreibungen (Wertaufholungen) nach internationalen Grundsätzen (IAS 2, IAS 16)

Für Gegenstände des Vorratsvermögens besteht nach **IAS 2.30** eine Pflicht zur Wertaufholung:

> *"Der Nettoveräußerungswert wird in jeder Periode neu ermittelt. Wenn die Umstände, die früher zu einer Abwertung der Vorräte auf einen Wert unter ihren Anschaffungs- oder Herstellungskosten geführt haben, nicht länger bestehen, wird der Betrag der Abwertung insoweit rückgängig gemacht, dass der neue Buchwert dem niedrigeren Wert aus Anschaffungs- oder Herstellungskosten und berichtigtem Nettoveräußerungswert entspricht. ..."*

Ähnliches gilt für Gegenstände des Anlagevermögens nach IAS 16.59:

> *"Eine nachfolgende Erhöhung des erzielbaren Betrags (revoverable amount, d.V.) für einen Gegenstand ... ist wieder zuzuschreiben, wenn die Umstände und Ereignisse, die zur außerplanmäßigen Abschreibung oder Ausbuchung führten, entfallen und es substantielle Hinweise gibt, dass die neuen Umstände und Ereignisse für die voraussehbare Zukunft gelten werden. Der Zuschreibungsbetrag ist um die planmäßige Abschreibung zu kürzen, die sich ergeben hätte, wenn die außerplanmäßige Abschreibung oder Ausbuchung nicht erfolgt wäre."*

§ 6 Währungsumrechnung im Jahresabschluss

<u>*Übersicht*</u>

Lit.: ADS, 6. A., § 253, Tz. 55, 90 ff., § 284, Tz. 94-99;.Ellrott, Beck'scher Bilanzkommentar, 5. A., § 284; IASB,.IAS 21, Auswirkungen von Wechselkursänderungen; IDW, HFA-Verlautbarung: Geänderter Entwurf einer Verlautbarung zur Währungsumrechnung im Jahres- und Konzernabschluss, WPg 1986, S. 664 ff.; Oechsle/Müller/Doleczik, Kommentierung zu IAS 21,.in: Baetge et al., Rechnungslegung nach IAS, Losebl., 2004;.Uhlig, Währungsumrechnung im Einzelabschluss, HWRev, 2. A., Sp. 2145 ff.; Windmöller, Devisengeschäfte, HWRev, 2. A., Sp. 331 ff.; WPH 2000, Bd. I, N.656.

Vorbemerkung:

Sowohl Jahres- als auch Konzernabschlüsse deutscher Unternehmen sind in Euro aufzustellen (§§ 244, 298 HGB). Nach **§ 284 Abs. 2 Nr. 2 HGB** sind die Grundlagen für die Umrechnung in Euro im Anhang anzugeben, wenn der Abschluss Posten enthält, denen Beträge zugrunde liegen, die auf fremde Währung lauten oder ursprünglich auf fremde Währung lauteten. Als Spezialvorschrift behandelt § 340h HGB die Währungsumrechnung von Kreditinstituten und Finanzdienstleistungsinstituten. § 340h Abs. 1 regelt die Umrechnung von Bilanzposten und schwebenden Geschäften zum Bilanzstichtag. Abs. 2 enthält Vorschriften, wann Umrechnungsdifferenzen aus der Fremdwährungsumrechnung erfolgswirksam behandelt werden müssen bzw. dürfen.

In der Praxis haben sich unterschiedliche Vorgehensweisen zur Berücksichtigung von Geschäftsvorfällen in fremder Währung herausgebildet, was zu einer mangelnden nationalen und internationalen Vergleichbarkeit und Transparenz deutscher Abschlüsse geführt hat.

Vor diesem Hintergrund hatte der Hauptfachausschuss des Instituts der Wirtschaftsprüfer seinerseits zwei Entwürfe für entsprechende Stellungnahmen erarbeitet; er hatte aber darauf verzichtet, die Stellungnahme zu verabschieden, um zunächst die Entwicklung in der EG und auf dem internationalen Feld abzuwarten. Wesentlich ist, dass der HFA - in gewissem Widerspruch zu internationalen Entwicklungen - auch bei der Währungsumrechnung ausdrücklich an dem Anschaffungswertprinzip festhält.

Vom IASB liegt der Standard IAS 21, Auswirkungen von Änderungen der Wechselkurse, in der Fassung der Veröffentlichung im Amtsblatt der EU v. 31.12.2004 vor.

In der nachfolgenden Darstellung wird sowohl auf den Entwurf des Instituts der Wirtschaftsprüfer als auch auf den Standard IAS 21 Bezug genommen.

Ziff. 1 Grundsätze der Währungsumrechnung bei der Erstbewertung (Zugangsbewertung)

a) Währungsumrechnung ist Teil der Bewertung im Jahresabschluss

Zunächst ist festzustellen, dass die Umrechnung von Posten aus fremder Währung ein Bewertungsproblem darstellt, d.h. die Umrechnung kann nicht (nur) in der Weise vorgenommen werden, dass die Fremdwährungspositionen mit einem Wechselkurs multipliziert werden. So heißt es in dem Entwurf der IDW-Stellungnahme (**Abschn. I., S. 1 und 2**):

> *"Bei Vermögensgegenständen und Verpflichtungen, die in fremder Währung valutieren, ist sicherzustellen, dass ihre Anschaffungskosten in inländischer Währung bestimmbar sind. Ihre Umrechnung ist Teil der Bestimmung des in inländischer Währung ausgedrückten Anschaffungswertes dieser Posten oder des Zeitwertes an späteren Bilanzstichtagen. Währungsumrechnung im Einzelabschluss ist also Teil der Bewertung im Jahresabschluss."*

Nach **IAS 21.20** ist ein Fremdwährungsgeschäft (Fremdwährungstransaktion) ein Geschäftsvorfall, der die Erfüllung in einer Fremdwährung erfordert oder dessen Transaktionsvolumen in einer Fremdwährung angegeben ist. Erläuternd heißt es in **IAS 21.20:**

> *„Eine Fremdwährungstransaktion ist ein Geschäftsvorfall, dessen Wert in einer Fremdwährung angegeben ist oder der die Erfüllung in einer Fremdwährung erfordert, einschließlich Geschäftsvorfällen, die auftreten, wenn ein Unternehmen:*
>
> *(a) Waren oder Dienstleistungen kauft oder verkauft, deren Preise in einer Fremdwährung angegeben sind;*
>
> *(b) Mittel aufnimmt oder verleiht, wobei der Wert der Verbindlichkeiten oder Forderungen in einer Fremdwährung*
> *angegeben ist;*
>
> *oder*
>
> *(c) auf sonstige Weise Vermögenswerte erwirbt oder veräußert oder Schulden eingeht oder begleicht, deren Wert in einer Fremdwährung angegeben ist."*

b) Anzuwendende Bewertungsregeln, Grundsätze

Bei den Posten, die auf fremde Währung lauten oder auf fremde Währung lauteten sind unter dem HGB nach Auffassung des Instituts der Wirtschaftsprüfer sowohl bei der Erstbewertung als auch bei der Folgebewertung die gleichen Bewertungsregeln und -grundsätze anzuwenden, die für alle Vermögensgegenstände und Verbindlichkeiten gelten. Die folgenden Feststellungen in dem geänderten Entwurf stellen also im wesentlichen die Anwendung der allgemeinen Bewertungsvorschriften des HGB auf Fremdwährungsgeschäfte dar.

Im Zeitpunkt der "Erstverbuchung", sind nach dem IDW-Entwurf (Abschn. II. 2) für die Bewertung zwei Kriterien bestimmend, nämlich

- der maßgebliche Wechselkurs der ausländischen Währung und
- der Zeitpunkt der Erstverbuchung.

c) Maßgeblicher Wechselkurs im Zeitpunkt der Erstverbuchung

c1) Grundsätze

Vereinfachungen bei der Bestimmung der Wechselkurse sollten zulässig sein, wenn dadurch wesentliche Fehler nicht entstehen. Das IDW stellt fest, dass die Verwendung von Standardkursen (z.B. interne Verrechnungskurse, durchschnittliche Monatskurse etc.) bei der Erstverbuchung zulässig sei, wenn wesentliche Abweichungen gegenüber dem Kurs im Zeitpunkt der Erstverbuchung nicht vorliegen (**IDW-Entw., Abschn. II. 2., Abs. 3**).

Zum gleichen Ergebnis kommen **IAS 21.21 und .22**:

> *„21. Die Fremdwährungstransaktion ist erstmalig in der funktionalen Währung anzusetzen, indem der Fremdwährungsbetrag mit dem am jeweiligen Tag des Geschäftsvorfalles gültigen Kassakurs zwischen der funktionalen Währung und der Fremdwährung umgerechnet wird.*
>
> *22. Der Tag des Geschäftsvorfalls ist der Tag, an dem der Geschäftsvorfall erstmals gemäß den International Financial Reporting Standards ansetzbar ist. Aus praktischen Erwägungen wird häufig ein Kurs verwendet, der einen Näherungswert für den aktuellen Kurs am Tag des Geschäftsvorfalles darstellt. So kann beispielsweise der Durchschnittskurs einer Woche oder eines Monats für alle Geschäftsvorfälle in der jeweiligen Fremdwährung verwendet werden. Bei stark schwankenden Wechselkursen ist jedoch die Verwendung von Durchschnittskursen für einen Zeitraum unangemessen."*

c2) Sonderfälle der Kursbestimmung

Sind **Währungen nicht frei konvertierbar**, so ist der erste Umrechnungskurs nach Beendigung der Beschränkung heranzuziehen. Besteht die Einschränkung der Konvertierung bis zum Aufstellungszeitpunkt fort, so können die Kurse von Parallelmärkten einen Hinweis auf den anzuwendenden Wechselkurs geben. Existieren **gespaltene Wechselkurse**, z.B. mehrere amtliche Kurse, die jeweils für bestimmte Geschäftsarten gelten (z.B. Importkurse, Exportkurse, Finanzkurse), soll zur Umrechnung der Kurs herangezogen werden,, mit dem das Fremdwährungsgeschäft bei Realisation am Transaktions- oder Bewertungstag hätte abgewickelt werden können. In **IAS 21.26** heißt es hierzu:

> *„26. Sind mehrere Wechselkurse verfügbar, wird der Kurs verwendet, zu dem die zukünftigen Cash Flows, die durch den Geschäftsvorfall oder Saldo dargestellt werden, hätten abgerechnet werden können, wenn sie am Bewertungsstichtag stattgefunden hätten. Sollte der Umtausch zwischen zwei Währungen vorübergehend ausgesetzt sein, ist der erste darauf folgende Kurs zu verwenden, zu dem ein Umtausch wieder möglich war."*

d) Die Zeitpunkte der Erstverbuchung

Nach allen Stellungnahmen/Entwürfen ergeben sich die Zeitpunkte der Erstverbuchung für Währungsposten in gleicher Weise aus den Grundsätzen ordnungsmäßiger Buchführung wie für die in inländischer Währung valutierenden Posten. Der maßgebliche Wechselkurs ist der Kurs im Zeitpunkt der Erstverbuchung; also der Kurs des Tages, an dem der Geschäftsvorfall nach den GoB einzubuchen ist. In der IDW-Verlautbarung wird dieser Grundsatz an dem Beispiel der Fakturierung von veräußerten Waren in Fremdwährung, an dem Beispiel der Bestimmung von Anschaffungskosten von aus dem Ausland bezogenen Vermögensgegenständen und an dem Beispiel der in Fremdwährung geleisteten Anzahlungen erläutert (vgl. jeweils **Abschn. II., 2.**).

Werden Waren in das Ausland verkauft und in fremder Währung fakturiert, so ist die entsprechende **Forderung** dann als realisiert anzusehen, wenn die Leistung des Lieferers erbracht ist. Der maßgebliche Wechselkurs ist der Kurs an diesem Zeitpunkt.

Nach den allgemeinen Bewertungsregeln bestimmen sich die **Anschaffungskosten eines bezogenen Gegenstands** nach dem Wert der Gegenleistung. Auch diese Regel findet keine Ausnahme, wenn die Gegenleistung in einer Fremdwährung zu leisten ist: Soweit durch die Anschaffung eines Vermögensgegenstandes eine Verbindlichkeit in fremder Währung begründet wird, ist der Wechselkurs der Verbindlichkeit auch für die Bewertung des Aktivums maßgebend.

Anzahlungen sind in die Anschaffungskosten eines aus dem Ausland gegen Fremdwährung bezogenen Gegenstands stets mit dem Stichtagskurs zum Zeitpunkt der Anzahlung umzurechnen: Werden für ein Anschaffungsgeschäft Anzahlungen geleistet, so ist der Anschaffungswert durch die Kurse der Anzahlungen jeweils anteilig festgelegt.

Ziff. 2 Folgebewertung von Vermögensgegenständen und Verbindlichkeiten

Während im Bereich der Erstbewertung / Zugangsbewertung wesentliche Unterschiede zwischen der IDW-Verlautbarung einerseits und den internationalen Rechnungslegungsgrundsätzen (IAS 21) andererseits nicht bestehen, gelten für die Folgebewertung abweichende Regelungen. Es werden nachfolgend zunächst die auf der Anwendung der Bilanzierungs- und Bewertungsgrundsätze des HGB basierenden Empfehlungen der IDW-Verlautbarung vorgestellt (Ziff. 2 a)), um im Anschluss daran die davon abweichenden internationalen Grundsätze der Währungsumrechnung zu besprechen (Ziff. 2 b)).

a) Folgebewertung unter strikter Beachtung des Anschaffungswertprinzips, des Imparitätsprinzips und des Realisationsprinzips (HFA)

Die im Zeitpunkt der Erstbewertung festgestellten Wertansätze sind, wie die IDW-Verlautbarung betont (**Abschn. II. 3 Abs. 1**) an den jeweiligen Bilanzstichtagen nach dem Niederstwertprinzip bzw. nach dem Höchstwertprinzip fortzuschreiben:

> *"Für die Bilanzierung ergeben sich gegenüber dem bei der Erstverbuchung ermittelten Anschaffungswert in inländischer Währung insoweit Bewertungsfragen, als für Vermögensgegenstände der Ansatz eines niedrigeren Zeitwertes oder für Verpflichtungen ein höherer Zeitwert (Stichtagskurs) in Frage kommen kann (Niederstwertprinzip bzw. gemildertes Niederstwertprinzip)."*

a1) Bei Anwendung des Niederstwertprinzips sind die maßgebenden Märkte und deren Währungen zu berücksichtigen

Nach den allgemeinen Bewertungsgrundsätzen sind bei der Anwendung des Niederstwertprinzips die Märkte zu berücksichtigen, die auch nach den GoB maßgeblich sind. Im Einzelnen gilt (**Abschn. II. 3.a.**, Hervorh. v. Verf.):

> *"Können Gegenstände des Anlage- und des Umlaufvermögens nur in ausländischer Währung wiederbeschafft werden oder sind sie im Ausland belegen und können normalerweise nur dort verwertet werden (z.B.* ***im Ausland belegenes Grundstück, ausländische Wertpapiere, Anlagen und Vorräte einer ausländischen Betriebsstätte****), so ist der Buchwert mit dem Wert zu vergleichen, der sich aus dem Zeitwert des Gegenstandes in ausländischer Währung umgerechnet mit dem Wechselkurs am Bilanzstichtag ergibt. Der Zeitwert in ausländischer Währung richtet sich nach den Verhältnissen auf dem für eine Wiederbeschaffung oder Verwertung maßgebenden jeweiligen Auslandsmarkt.*
>
> *Für* ***in fremder Währung geführte Vorräte*** *in einer ausländischen Betriebsstätte ist eine Bewertung nach dem Niederstwertprinzip grundsätzlich nur durch einen Vergleich der Anschaffungswerte und der Zeitwerte jeweils nach Umrechnung in inländische Währung möglich. Ein solcher Vergleich erfordert eine Einzelfortschreibung dieser Vorräte nicht nur in der ausländischen, sondern auch in der inländischen Währung. Als Hilfslösung erscheint es vertretbar, die Bestände nach ihrer Lagerdauer periodisch zu schichten und die Anschaffungswerte je Schicht mit den Durchschnittskursen der Perioden in die inländische Währung umzurechnen.*
>
> *Sind* ***unfertige und fertige Erzeugnisse, Waren oder Leistungen für den Absatz im Ausland*** *gegen ausländische Währung bestimmt, so sind sie nach den Verhältnissen dieses Absatzmarktes und der Kursentwicklung verlustfrei zu bewerten."*

a2) Währungsforderungen und -verbindlichkeiten sind nach dem Niederstwert- und nach dem Imparitätsprinzip zu bewerten

Für Währungsforderungen und -verbindlichkeiten gilt nach der IDW-Verlautbarung (**Abschn. II. 3 b)**) unabhängig von ihrer Fälligkeit und auch im Falle von Auf- und Abwertungen das Niederstwert- bzw. das Imparitätsprinzip. Bei Währungsforderungen dürfen deshalb spätere Kurssteigerungen nicht berücksichtigt werden; Kurssenkungen müssen dagegen nach dem Niederstwertprinzip durch entsprechende Abschreibungen berücksichtigt werden. Bei Währungsverbindlichkeiten gilt umgekehrt das Höchstwertprinzip. Für kurzfristige Forderungen und Verbindlichkeiten können ebenso wie für flüssige Mittel **Vereinfachungsregeln** Platz greifen, weil hier die Einzelbewertung nach der IDW-Verlautbarung auf Schwierigkeiten stoßen kann.

a3) Folgebewertung von flüssigen Mitteln, Anzahlungen und Rückstellungen

Zur Folgebewertung von flüssigen Mitteln in Fremdwährung, geleistete und erhaltene Anzahlungen sowie von Rückstellungen für in Fremdwährung zu erbringende Verpflichtungen soll nach der IDW-Verlautbarung gelten (**Abschn. II. 3. c) bis e)**):

- *"Auch bei der Bewertung flüssiger Mittel in ausländischer Währung darf der Anschaffungswert grundsätzlich nicht überschritten werden. Bei Barbeständen und Bankguthaben in laufender Rechnung kann jedoch der Stichtagskurs angesetzt werden.*
- *Für geleistete und erhaltene Anzahlungen sind Risiken aus Kursänderungen bei der Risikoermittlung für das Gesamtgeschäft zu berücksichtigen. Ist jedoch aufgrund von Leistungsstörungen mit der Rückforderung von Anzahlungen zu rechnen, so sind Anzahlungen ebenso wie Forderungen oder Verbindlichkeiten zu bewerten.*
- *Bei der Ermittlung von Rückstellungen für in ausländischer Währung zu erbringende Verpflichtungen und für drohende Verluste aus schwebenden Geschäften ist die Kursentwicklung in die Bemessung des Wertansatzes nach vernünftiger kaufmännischer Beurteilung einzubeziehen."*

b) Folgebewertung nach internationalen Grundsätzen (IAS 21)

b1) Die Unterscheidung in monetäre und nicht monetäre Fremdwährungsposten

Bei der Folgebewertung ist nach den IAS die Unterscheidung in "monetäre Posten in Fremdwährung" und "nicht monetäre Posten in Fremdwährung" wesentlich. Je nach der Zuordnung von Bilanzposten zu den beiden Kategorien ist die Folgebewertung nach unterschiedlichen Regeln vorzunehmen. Dadurch ergeben sich im Vergleich zur HGB-Regelung (nach dem IDW-Entwurf) wesentliche Abweichungen.

Die monetären Posten in Fremdwährung werden in **IAS 21.8** wie folgt umschrieben:

> *"Monetäre Posten sind im Besitz befindliche Währungseinheiten sowie Vermögenswerte und Schulden, für die das Unternehmen eine feste oder bestimmbare Anzahl von Währungseinheiten erhält oder bezahlen muss."*

Demnach sind - im Umkehrschluss - Sachanlagen, Vorräte, Anzahlungen auf Vorräte oder Sachanlagen und Posten der Rechnungsabgrenzung als nicht-monetäre Posten zu klassifizieren. Auch Beteiligungen, Wertpapiere und Eigenkapital gehören nicht zu den monetären Posten.

Eine auf IAS 21 bezogene Gegenüberstellung findet sich in Abb. 14. Hierbei ist zu beachten, dass sowohl Finanzanlagen (Anleihen/Beteiligungen) als auch Rückstellungen (Verbindlichkeitsrückstellungen/andere Rückstellungen) sowohl zu den monetären als auch zu den nicht monetären Posten gehören können.

Die Kernaussage in **IAS 21.23** zur Folgebewertung von Fremdwährungsposten im Einzelabschluss lautet:

> *"Zu jedem Bilanzstichtag (*gilt*):*
>
> *(a) Monetäre Posten in fremder Währung sind unter Verwendung des Stichtagskurses anzusetzen,*
>
> *(b) nicht monetäre Posten, die zu historischen Kursen in einer Fremdwährung bewertet wurden, sind mit dem Kurs am Tag des Geschäftsvorfalles umzurechnen und*
>
> *(c) nicht monetäre Posten, die mit ihrem beizulegenden Zeitwert in einer Fremdwährung bewertet wurden, sind mit dem Kurs umzurechnen, der zum Zeitpunkt der Ermittlung des Wertes gültig war."*

Abb.: 14: Monetäre und nicht monetäre Bilanzposten n. Oechsle/Müller/Doleczik, Rn. 21.

Bilanzposten	**monetär**	**nicht monetär**
Sachanlagen und immaterielle Anlagen		X
Finanzanlagen	X	X
Geleistete / Erhaltene Anzahlungen		X
Vorräte		X
Forderungen und sonstige Vermögensgegenstände	X	
Flüssige Mittel	X	
Abgrenzungsposten		X
Latente Steuern	X	
Eigenkapital		X
Rückstellungen	X	X
Verbindlichkeiten	X	

b2) Die Folgebewertung der monetären Fremdwährungsposten

b21) Umrechnung zum jeweiligen Stichtagskurs

Nach **IAS 21.23(a)** sind monetäre Posten in Fremdwährung zu jedem Bilanzstichtag im Rahmen der Folgebewertung zum jeweiligen Stichtagskurs umzurechnen. Dies kann dazu führen, dass das Anschaffungswertprinzip ggf. durchbrochen wird, wenn eine Änderung des Stichtagskurses bei aktiven Posten zu einem Ansatz führt, der über den ursprünglichen Anschaffungskosten liegt oder der bei passiven Posten zur Abwertung gegenüber dem ursprünglichen Ansatz führt.

Zur Frage, ob diese Regelung mit den Bewertungsgrundsätzen des HGB vereinbar ist, hat das IDW in der Stellungnahme RS HFA 2, "Einzelfragen zur Anwendung von IAS" (Stand 5.3.2002) Stellung genommen. Danach wird aus Praktikabilitätsgesichtspunkten bei kurzfristigen Fremdwährungsforderungen und -verbindlichkeiten eine Durchbrechung des Anschaffungswertprinzips akzeptiert, nicht aber bei langfristigen Forderungen und Verbindlichkeiten. **(RS HFA 2.18)**:

> *„(18) Bei kurzfristigen Fremdwährungsverbindlichkeiten und -forderungen aus dem laufenden Geschäftsverkehr mit einer Laufzeit von maximal einem Jahr sind aus Praktikabilitätsgründen gegen eine solche Umrechnungsmethode aus HGB-Sicht grundsätzlich keine Einwendungen zu erheben. Insoweit besteht bei der Währungsumrechnung von Forderungen und Verbindlichkeiten kein Widerspruch zwischen der nach HGB zulässigen und der nach IAS (vgl. IAS 21.11 (a)) gebotenen Behandlung."*

b22) Erfolgswirksame Behandlung der Umrechnungsdifferenzen

Durch **IAS 21.27 und .28** wird bei monetären Posten grundsätzlich die periodenanteilige erfolgswirksame Behandlung der durch die Umrechnung zum jeweiligen Stichtagskurs entstehenden Umrechnungsdifferenzen verlangt. Es heißt dort:

„27. Umrechnungsdifferenzen, die sich aus dem Umstand ergeben, dass monetäre Posten zu einem anderen Kurs abgewickelt oder umgerechnet werden als dem, zu dem sie bei der erstmaligen Erfassung während der Berichtsperiode oder in früheren Abschlüssen umgerechnet wurden, sind ... im Ergebnis der Berichtsperiode zu erfassen, in der diese Differenzen entstehen.

28. Eine Umrechnungsdifferenz ergibt sich, wenn bei monetären Posten aus einer Fremdwährungstransaktion am Tag des Geschäftsvorfalls und am Tag der Abwicklung unterschiedliche Wechselkurse bestehen. Erfolgt die Abwicklung des Geschäftsvorfalls innerhalb der gleichen Berichtsperiode wie die erstmalige Erfassung, wird die Umrechnungsdifferenz in dieser Periode berücksichtigt. Wird der Geschäftsvorfall jedoch in einer späteren Berichtsperiode abgewickelt, so wird die Umrechnungsdifferenz, die in jeder dazwischen liegenden Periode bis zur Periode, in welcher der Ausgleich erfolgt, erfasst wird, durch die Änderungen der Wechselkurse während der Periode bestimmt."

Ausnahmen von dieser Regelung kommen nur in den Ausnahmefällen nach **IAS 21.15** (Umrechnungsdifferenzen aus einer „Nettoinvestition" in ein Konzernunternehmen) und **IAS 21.48** (Umrechnungsdifferenzen aus einer Fremdwährungsschuld aus einem Kurssicherungsgeschäft einer Nettoinvestition in ein selbständiges Tochterunternehmen) in Betracht.

b3) Die Folgebewertung der nicht monetären Fremdwährungsposten: Differenzierte Umrechnung nach dem Zeitbezug

Nicht monetäre Fremdwährungsposten müssen nach **IAS 21.23 (b) und (c)** nach einem differenzierten Verfahren behandelt werden. Dieses Verfahren wird im Rahmen der Konzernrechnungslegung auch als Zeitbezugsmethode bzw. als Äquivalenzmethode bezeichnet. Nach diesem Verfahren sind die folgenden Regeln zu beachten:

- Nicht monetäre Posten, die zu **historischen Anschaffungs- oder Herstellungskosten in der Fremdwährung bewertet worden sind,** werden (unverändert) an jedem nach der Erstbewertung folgenden Bilanzstichtag mit dem Kurs umgerechnet, der bei der Erstbewertung zur Anwendung gekommen ist. **IAS 21.23 (b)**:

  „Nicht monetäre Posten, die zu historischen Anschaffungs- oder Herstellungskosten in einer Fremdwährung bewertet wurden, sind mit dem Kurs am Tag des Geschäftsvorfalles umzurechnen."

- Nicht monetäre Posten, die **mit ihrem beizulegenden Zeitwert in der Fremdwährung bewertet worden sind** (z.B. in Anwendung des Niederstwertprinzips), werden mit dem Stichtagskurs umgerechnet, der zum Zeitpunkt der Ermittlung des Zeitwertes gültig ist. IAS **21.23 (c)**:

  „Nicht monetäre Posten, die mit ihrem beizulegenden Zeitwert in einer Fremdwährung bewertet wurden, sind mit dem Kurs umzurechnen, der zum Zeitpunkt der Ermittlung des Wertes gültig war."

b4) Die Behandlung der Umrechnungsdifferenzen

IAS 21 regelt die Behandlung der sich ergebenden Umrechnungsdifferenzen lediglich für den Bereich der monetären Posten in Fremdwährung. In Ermangelung spezieller Regelungen empfiehlt sich eine analoge Anwendung der Regeln für die monetären Posten.

Ziff. 3 Ergebnis

Nach Vorstehendem können Zweifel darüber bestehen, welches Umrechnungssystem bei der Aufstellung eines Einzelabschlusses anzuwenden ist. Nach der hier vertretenen Auffassung ergeben sich nach der derzeitigen Rechtslage die folgenden Alternativen:

- Im Rahmen eines nach des HGB aufzustellenden Einzelabschlusses sind die allgemeinen Bewertungsregeln des HGB anzuwenden. Eine Leitlinie hierzu bietet der erwähnte Entwurf einer IDW-Verlautbarung.
- Im Rahmen eines nach internationalen Grundsätzen (IFRS/IAS) aufzustellenden Einzelabschlusses sind die Regeln des Standards IAS 21 in vollem Umfang zu beobachten.
- Offen bleibt die Frage, ob die durch das Deutsche Rechnungslegungs Standard Committee festgestellten Regeln, die sich in dem Standard DRS 14 finden, auf einen HGB Einzelabschluss anwendbar sein werden. Gegen diese Auffassung spricht, dass das DRSC nach **§ 342 Abs. 1 Nr. 1 HGB** die Aufgabe hat, „Empfehlungen zur Anwendung der Grundsätze über die Konzernrechnungslegung" zu entwickeln. Ob diese Empfehlungen auch zwingend Rückwirkungen auf einen unter dem HGB aufzustellenden Einzelabschluss haben können, muss offen bleiben.

§ 7 Sonderproblem: Gewinnrealisierung bei langfristiger Fertigung

<u>*Übersicht*</u>

Lit.: ADS, 6. A., § 252 HGB, Tz. 86 ff.; Busse von Colbe, Langfristige Fertigung, HWRev, 2. A., Sp. 1197 ff.; Coenenberg, Jahresabschluss, 19. A., S. 231 ff.; IAS 11 i.d.F.v. 1979, Langfristige Fertigungsaufträge IAS 11 i.d.F.v. 1999, Langfristige Fertigungsaufträge; Ellrott/Fitzner, Kommentierung zu § 255 HGB, Beck'scher Bilanzkommentar, 5. A., § 255, Anm. 457 ff.; HFA, Einzelfragen zur Anwendung von IAS, FN., 1-2/1998; Mansch, Art. Langfristige Fertigung, HWRP 2002, Sp. 1447-1461; Seeberg, Kommentierung zu IAS 11, in: Baetge et al., Rechnungslegung nach IAS, Losebl., 2003; WPH 2000, Bd. I, E, Rn. 232

Ziff. 1 Einführung

Neben den Problemen der Kursumrechnung, die Zweifel an der Zweckmäßigkeit des Anschaffungskosten-Prinzips, des Realisationsprinzips und des Imparitätsprinzips aufkommen lassen können, ergeben sich ähnliche Probleme bei der sog. langfristigen Fertigung. Auch hier widerstreiten das Realisationsprinzip und die Verpflichtung, ein den tatsächlichen Verhältnissen entsprechendes Bild vor allem der Ertragslage zu vermitteln.

a) Wesen der langfristigen Fertigung

Unternehmen der Bauindustrie, des Anlagenbaus und des Maschinenbaus haben i.d.R. mit längeren Fertigungszeiten ihrer Produkte zu rechnen. Wenn das Realisationsprinzip beachtet wird, können diese Unternehmen Gewinne aus dem Absatz ihrer Produkte erst dann ausweisen, wenn sie ihre Leistung erbracht haben. Bis zu diesem Zeitpunkt fällt ein Großteil der Fertigungskosten an, die nur dann nicht zum Ausweis von Verlusten in den Produktions-Geschäftsjahren führen, wenn es gelingt, möglichst alle Fertigungskosten in den unfertigen Erzeugnissen zu aktivieren.

Offensichtlich widerspricht es der Verpflichtung zur richtigen Darstellung der Ertragslage, wenn ein solches Unternehmen während mehrerer Geschäftsjahre nicht nur kein positives Ergebnis ausweist, sondern regelmäßig sogar Verluste, und zwar auch dann, wenn während der Produktionsdauer ernstliche Zweifel an der Gewinnträchtigkeit des Produktes nicht bestehen und wenn andererseits erst nach Lieferung des Produkts Gewinne ausgewiesen werden, die das Ergebnis einer mehrjährigen Produktionsdauer sind.

Ähnliche Probleme tauchen nicht nur in den genannten Wirtschaftszweigen, sondern auch immer dann auf, wenn Produktionsprozesse sich zeitlich über einen Bilanzstichtag erstrecken.

Probleme der langfristigen Fertigung werden seit Jahren international diskutiert. Den nachfolgenden Überlegungen wird die Stellungnahme des International Accounting Standards Board **IAS.11** in der Fassung der Veröffentlichung im Amtsblatt der EU v. 13. 10. 2003 zugrunde gelegt.

Ein Fertigungsauftrag ist ein Vertrag über die Fertigung einer Anlage oder einer Gruppe von Anlagen, die zusammengenommen ein Projekt darstellen. Beispiele für Tätigkeiten, die unter solche Verträge fallen, sind der Bau von Brücken, Dämmen, Schiffen, Gebäuden und komplexen Teilen von Betriebsausrüstung. Charakteristisches Merkmal eines Fertigungsauftrags im Sinne der Stellungnahme ist, dass der Zeitpunkt der Aufnahme der vertraglichen Tätigkeit und der Zeitpunkt der Beendigung der vertraglichen Tätigkeit in unterschiedlichen Rechnungsperioden liegen. Eine bestimmte Dauer der Auftragsdurchführung gilt nicht als Unterscheidungsmerkmal für einen Fertigungsauftrag.

In **IAS 11.3** werden Fertigungsaufträge wie folgt definiert:

> *"Ein Fertigungsauftrag ist ein Vertrag über die kundenspezifische Fertigung einzelner Gegenstände oder einer Anzahl von Gegenständen, die hinsichtlich Design, Technologie und Funktion oder hinsichtlich ihrer Verwendung aufeinander abgestimmt oder voneinander abhängig sind."*

b) Arten der langfristigen Fertigungsaufträge

Die Stellungnahme IAS 11 unterscheidet zwei Arten der langfristigen Fertigungsaufträge, die sich grundsätzlich danach unterscheiden, ob der jeweilige Auftraggeber oder der jeweilige Auftragnehmer das Verlustrisiko zu tragen hat. Es heißt in **IAS 11.3** (Herv. v Verf.):

> *"Ein **Festpreisvertrag** ist ein Fertigungsauftrag für den der Auftragnehmer einen festen Preis bzw. einen festgelegten Preis pro Einheit vereinbart, wobei diese an eine Preisgleitklausel gekoppelt sein können.*
>
> *Ein **Kostenzuschlagsvertrag** ist ein Fertigungsauftrag, bei dem der Auftragnehmer abrechenbare oder anderweitig festgelegte Kosten zuzüglich eines vereinbarten Prozentsatzes dieser Kosten oder einen festen Betrag vergütet bekommt."*

Ziff. 2 Bilanzierungs- und Bewertungsmöglichkeiten bei langfristiger Fertigung

In Literatur und Praxis werden unterschiedliche Bilanzierungsverfahren im Zusammenhang mit den langfristigen Fertigungsaufträgen diskutiert und angewendet. Die konservative, dem Realisationsprinzip entsprechende Methode ist die **"completed-contract-method"**. Im Gegensatz dazu verstößt die **"percentage of completion method"** gegen das Realisationsprinzip, weil nach dieser Methode - unter bestimmten Voraussetzungen - die Gewinne vor der eigentlichen Realisation nach Maßgabe der Fertigstellung vereinnahmt werden sollen. Als dritte Methode wird die **Methode der Teilabrechnung** empfohlen.

a) "Completed-contract-Methode"

a1) Beschreibung

In **IAS 11 i.d.F.v. 1979** wurde die completed contract Methode wie folgt beurteilt:

"Der Hauptvorteil der "completed contract"-Methode ist, dass sie sich auf Ergebnisse stützt, die nach Durchführung oder wesentlicher Durchführung des Auftrages festgestellt werden, und nicht auf Schätzungen, die u.U. eine nachträgliche Berichtigung aufgrund unvorhergesehener Aufwendungen und möglicher Verluste erforderlich machen. Das Risiko, Gewinne auszuweisen, die möglicherweise noch nicht realisiert sind, wird damit auf ein Mindestmaß verringert.

Der Hauptnachteil der "completed contract"-Methode ist, dass periodisch dargestellte Ergebnisse nicht den Umfang der Auftragstätigkeit während der Periode widerspiegeln. Wenn beispielsweise einige wenige Großaufträge in einer Rechnungsperiode fertig gestellt werden, aber keine Aufträge in der Vorperiode fertig gestellt wurden oder in der nachfolgenden Periode fertig gestellt werden, so kann die Höhe der ausgewiesenen Ergebnisse sprunghaft sein, obwohl der Umfang der Auftragstätigkeit durchweg relativ konstant geblieben sein mag. Selbst wenn in jeder Rechnungsperiode zahlreiche Aufträge regelmäßig fertig gestellt werden und die ausgewiesenen Ergebnisse anscheinend den Umfang der Auftragstätigkeit widerspiegeln, besteht ein ständiger Unterschied zwischen dem Zeitpunkt, zu dem die Arbeit ausgeführt wird, und dem Zeitpunkt, zu dem der entsprechende Ertrag ausgewiesen wird."

Wegen dieses Nachteils soll die completed contract method nach den IFRS/IAS nur noch angewandt werden, wenn das Ergebnis eines Fertigungsauftrags nicht verlässlich geschätzt werden kann. In diesem Falle werden, Erträge nur in der Höhe als realisiert angesehen, wie sie durch die Herstellungskosten gerade gedeckt werden (**IAS 11.32 f.**).

a2) Art und Umfang der in die Herstellungskosten der unfertigen Erzeugnisse einrechenbaren Aufwendungen

Soll bei Anwendung der completed contract method der Ausweis von Verlusten während der Fertigungszeit vermieden werden, so müssen sämtliche im Zusammenhang mit der Fertigung angefallenen Aufwendungen aktiviert werden. IAS 11 verwendet deshalb sowohl in der alten wie auch in der neuen Fassung erhebliches Augenmerk auf die Frage, welche Aufwendungen in das unfertige Erzeugnis eingerechnet werden können. Dies erschien im Zusammenhang mit der Stellungnahme umso wichtiger, als es im angelsächsischen Bereich an vereinheitlichten Kostenrechnungssystemen fehlt. In **IAS 11.16 bis .21** in der gültigen Fassung heißt es:

"16. Die Auftragskosten umfassen.

(a) die direkten Kosten in Verbindung mit dem bestimmten Vertrag,

(b) alle indirekten und allgemein dem Vertrag zurechenbaren Kosten und

(c) sonstige Kosten, die dem Kunden vertragsgemäß gesondert in Rechnung gestellt werden können.

17. Die mit einem einzelnen Vertrag direkt zusammenhängenden Kosten umfassen:

(a) Fertigungslöhne einschließlich der Löhne bzw. Gehälter für die Auftragsüberwachung,

(b) Kosten für Fertigungsmaterial,

(c) planmäßige Abschreibungen der für die Vertragsleistung eingesetzten Maschinen und Anlagen,

(d) Kosten für den Transport von Maschinen, Anlagen und Material zum und vom Erfüllungsort,

(e) Kosten aus der Anmietung von Maschinen und Anlagen,

(f) Kosten für die Ausgestaltung und die technische Unterstützung, die mit dem Projekt direkt zusammenhängen,

(g) die geschätzten Kosten für Nachbesserung und Garantieleistungen einschließlich erwartetem Gewährleistungsaufwand und

(h) Nachforderungen Dritter.

Diese Kosten können durch zusätzliche Erträge, die nicht in den Auftragserlösen enthalten sind, beispielsweise Erträge aus der Veräußerung von überschüssigem Material oder von nicht mehr benötigten Anlagen nach Beendigung des Projektes, reduziert werden.

18. Die indirekten und allgemein der Vertragserfüllung zurechenbaren Kosten umfassen:

(a) Versicherungsprämien,

(b) Kosten für die Ausgestaltung und die technische Unterstützung, die nicht direkt in Zusammenhang mit dem Auftrag stehen, und

(c) Fertigungsgemeinkosten.

Diese Kosten werden mittels planmäßiger und sachgerechter Methoden zugerechnet, welche einheitlich und stetig auf alle Kosten mit ähnlichen Merkmalen angewendet werden. Die Zurechnung erfolgt auf der Basis einer normalen Kapazitätsauslastung. Zu den Fertigungsgemeinkosten zählen beispielsweise auch Kosten für die Lohnabrechnung der Beschäftigten im Fertigungsbereich. Zu den indirekten und allgemein der Vertragserfüllung zurechenbaren Kosten zählen auch die Fremdkapitalkosten, wenn der Auftragnehmer die alternativ zulässige Methode gemäß International Accounting Standard IAS 23, Fremdkapitalkosten, anwendet.

19. Kosten, die dem Kunden vertragsgemäß gesondert in Rechnung gestellt werden können, können Kosten für die allgemeine Verwaltung sowie Entwicklungskosten umfassen, wenn ihre Erstattung in den Vertragsbedingungen vereinbart ist.

20. Kosten, die einzelnen Aufträgen nicht zugeordnet werden können, dürfen nicht als Auftragskosten berücksichtigt werden. Dazu gehören:

(a) Kosten der allgemeinen Verwaltung, sofern für sie keine Erstattung im Vertrag vereinbart wurde,

(b) Vertriebskosten,

(c) Forschungs- und Entwicklungskosten, sofern für sie keine Erstattung im Vertrag vereinbart wurde, und

(d) planmäßige Abschreibungen auf ungenutzte Anlagen und Maschinen, die nicht für die Abwicklung eines bestimmten Auftrages verwendet werden.

21. Die Auftragskosten umfassen alle dem Vertrag zurechenbaren Kosten ab dem Tag der Auftragserlangung bis zur Erfüllung des Vertrages. Kosten, die zur Erlangung eines konkreten Auftrages erforderlich sind, gehören auch zu den Auftragskosten, wenn sie einzeln identifiziert und verlässlich ermittelt werden können und es wahrscheinlich ist, dass der Auftrag erhalten wird. Werden Kosten, die zur Erlangung eines Auftrages entstanden sind, in der Periode ihres Anfallens als Aufwand erfasst, so sind sie nicht den Auftragskosten zuordenbar, wenn der Auftrag in einer späteren Periode eingeht."

a3) Prüfungsprobleme, insbesondere Feststellung der Obergrenze der Herstellungskosten

Die Tendenz der Bilanzierenden, bei Anwendung der completed contract method möglichst viele Aufwendungen den in Arbeit befindlichen Aufträgen zuzurechnen, um auf diese Weise den Verlustausweis zu verhindern, sollte bei der Planung der Abschlussprüfung berücksichtigt werden: Der Prüfer wird sich insbesondere auf die Frage zu konzentrieren haben, ob die nach § **255 Abs. 2 HGB** gezogene Obergrenze der in den Fertigungsaufträgen aktivierbaren Herstellungskosten nicht überschritten worden ist.

b) Die "Percentage-of Completion-Methode"

b1) Beschreibung

Nach der Percentage of Completion Methode werden bei Fertigungsaufträgen die erwarteten Gewinne aus dem Gesamtauftrag nach Maßgabe der Fertigstellung des Auftrages periodenanteilig vereinnahmt. Die Anwendung dieser Methode ist nach IAS 11 - wenn die entsprechenden Voraussetzungen vorliegen - zwingend anzuwenden. Hierzu wird in der aktuellen Fassung von **IAS 11.22 ff.** ausgeführt:

"22. Ist das Ergebnis eines Fertigungsauftrages verlässlich zu schätzen, so sind die Auftragserlöse und Auftragskosten in Verbindung mit diesem Fertigungsauftrag entsprechend dem Leistungsfortschritt am Bilanzstichtag jeweils als Erträge und Aufwendungen zu erfassen. ..."

Eine entsprechende Begründung findet sich in **IAS 11.25**:

"25. Die ergebniswirksame Berücksichtigung von Erträgen und Aufwendungen gemäß dem Leistungsfortschritt wird häufig als Gewinnrealisierung nach dem Fertigstellungsgrad bezeichnet. Gemäß dieser Methode werden die entsprechend dem Fertigungsgrad angefallenen Auftragskosten den Auftragserlösen zugeordnet. Hieraus ergibt sich eine Erfassung von Erträgen, Aufwendungen und Ergebnis entsprechend dem Leistungsfortschritt. Diese Methode liefert nützliche Informationen zum Stand der Vertragsarbeit sowie zur Leistung während einer Periode."

b2) Voraussetzungen für die Anwendung der percentage of completion Methode

Die Anwendungsvoraussetzungen sind je nach dem Charakter des Fertigungsauftrages unterschiedlich, weil die Möglichkeiten der Schätzung der zukünftigen Erfolge wesentlich durch die Vertragsgestaltung beeinflusst werden.

b21) Voraussetzungen für die Anwendung bei Festpreisverträgen

Zur Schätzproblematik bei dem Vorliegen von Festpreisverträgen wird in **IAS 11.23** gesagt:

"23. Im Falle eines Festpreisvertrages kann das Ergebnis eines Fertigungsauftrages verlässlich geschätzt werden, wenn alle folgenden Kriterien erfüllt sind.

(a) Die gesamten Auftragserlöse können verlässlich ermittelt werden,

(b) es ist wahrscheinlich, dass der wirtschaftliche Nutzen aus dem Vertrag dem Unternehmen zufließt,

(c) sowohl die bis zur Fertigstellung des Auftrages noch anfallenden Kosten als auch der Grad der erreichten Fertigstellung können am Bilanzstichtag verlässlich ermittelt werden, und

(d) die dem Vertrag zurechenbaren Kosten können eindeutig bestimmt und verlässlich ermittelt werden, so dass die bislang entstandenen Kosten mit früheren Schätzungen verglichen werden können."

b22) Voraussetzungen für die Anwendung bei Kostenzuschlagsverträgen

Abweichend davon gilt für Kostenzuschlagsverträge (cost-plus-Verträge) nach **IAS 11.24**:

"24. Im Falle eines Kostenzuschlagsvertrages kann das Ergebnis eines Fertigungsauftrages verlässlich geschätzt werden, wenn alle folgenden Kriterien erfüllt sind.

(a) Es ist wahrscheinlich, dass der wirtschaftliche Nutzen aus dem Vertrag dem Unternehmen zufließt, und

(b) die dem Vertrag zurechenbaren Auftragskosten können eindeutig bestimmt und verlässlich ermittelt werden, unabhängig davon, ob sie gesondert abrechenbar sind.

b23) Durchführung der percentage of completion Methode

Hinweise zur Durchführung der Methode finden sich in **IAS 11.26 bis .31**:

"26. Gemäß der Gewinnrealisierungsmethode nach dem Fertigstellungsgrad werden die Auftragserlöse in der Gewinn- und Verlustrechnung in den Perioden, in denen die Leistung erbracht wird, als Ertrag erfasst. Auftragskosten werden in der Gewinn- und Verlustrechnung im Regelfall in der Periode als Aufwand erfasst, in der die dazugehörige Leistung erbracht wird. ...

27. Einem Auftragnehmer können Auftragskosten entstehen, die mit einer zukünftigen Tätigkeit im Rahmen des Vertrages verbunden sind. Derartige Auftragskosten werden als Vermögenswert erfasst, wenn sie wahrscheinlich abrechenbar sind. Diese Kosten stellen einen vom Kunden geschuldeten Betrag dar und werden häufig als unfertige Leistungen bezeichnet.

28. Das Ergebnis eines Fertigungsauftrages kann nur dann verlässlich geschätzt werden, wenn die wirtschaftlichen Vorteile aus dem Vertrag dem Unternehmen wahrscheinlich zufließen. Entsteht jedoch eine Unsicherheit hinsichtlich der Möglichkeit, den Betrag zu vereinnahmen, der bereits in den Auftragserlösen enthalten und bereits in der Gewinn- und Verlustrechnung erfasst ist, wird der nicht einbringbare Betrag oder der Betrag, für den eine Bezahlung nicht mehr wahrscheinlich ist, als Aufwand, nicht als Anpassung der Auftragserlöse erfasst.

29. Ein Unternehmen kann im allgemeinen verlässliche Schätzungen vornehmen, wenn es einen Vertrag abgeschlossen hat, der:

(a) jeder Vertragspartei durchsetzbare Rechte und Pflichten bezüglich der zu erbringenden Leistung einräumt,

(b) die zu erbringende Gegenleistung festlegt und

(c) Art und Bedingungen der Erfüllung festlegt.

Im Regelfall ist es für das Unternehmen auch erforderlich, dass es über ein wirksames internes Budgetierungs- und Berichterstattungssystem verfügt. Das Unternehmen überprüft und überarbeitet erforderlichenfalls mit Fortschreiten der Leistungserfüllung die Schätzungen der Auftragserlöse und der Auftragskosten. Die Notwendigkeit derartiger Korrekturen ist nicht unbedingt ein Hinweis darauf, dass das Ergebnis des Auftrages nicht verlässlich geschätzt werden kann.

30. Der Fertigstellungsgrad eines Auftrages kann mittels verschiedener Verfahren bestimmt werden. Das Unternehmen setzt die Methode ein, mit der die erbrachte Leistung verlässlich ermittelt wird. Je nach Vertragsart umfassen diese Methoden:

(a) das Verhältnis der bis zum Stichtag angefallenen Auftragskosten zu den am Stichtag geschätzten gesamten Auftragskosten,

(b) eine Begutachtung der erbrachten Leistung,

(c) die Vollendung eines physischen Teiles des Vertragswerkes.

Vom Kunden erhaltene Abschlagszahlungen und Anzahlungen spiegeln die erbrachte Leistung häufig nicht wider.

31. Wird der Leistungsfortschritt entsprechend den angefallenen Auftragskosten bestimmt, sind nur diejenigen Auftragskosten, die die erbrachte Leistung widerspiegeln, in diesen Kosten zu berücksichtigen. Beispiele für hier nicht zu berücksichtigende Kosten sind:

(a) Kosten für zukünftige Tätigkeiten in Verbindung mit dem Auftrag, beispielsweise Kosten für Materialien, die zwar an den Erfüllungsort geliefert oder dort zum Gebrauch gelagert, jedoch noch nicht installiert, gebraucht oder verwertet worden sind, mit Ausnahme von Materialien, die speziell für diesen Auftrag angefertigt wurden, und

(b) Vorauszahlungen an Subunternehmen für erbrachte Leistungen im Rahmen des Untervertrages."

Zu Ausweisfragen im Zusammenhang mit langfristigen Fertigungsaufträgen hat der HFA (Einzelfragen zur Anwendung von IAS, Fachnachrichten, 1-2/1998, S. 2) festgestellt, dass noch nicht mit dem Auftraggeber abgerechnete Aufträge bei einem positiven Saldo unter "Forderungen" auszuweisen sind. Dieser Posten umfasst die bis dahin entstandenen Auftragskosten zuzüglich vereinnahmter Gewinne abzüglich entstandener Verluste und bereits in Rechnung gestellter Abschlagszahlungen. Ein negativer Saldo ist unter den erhaltenen Anzahlungen möglich. Eine Saldierung von künftigen Forderungen und Verbindlichkeiten aus verschiedenen Fertigungsaufträgen ist unzulässig. Die künftigen Forderungen und Verpflichtungen aus Fertigungsaufträgen sind entweder in der Bilanz gesondert auszuweisen oder im Anhang anzugeben.

b24) Verzicht auf die Anwendung der percentage of completion Methode bei Fehlen der Anwendungsvoraussetzungen

Die Anwendung der percentage of completion Methode findet ihre Grenze, wenn die (Schätz-)Voraussetzungen für ihre Anwendung nicht gegeben sind. In diesen Fällen ist die Completed Contract Methode nach **IAS 11.32 und 33** anzuwenden:

"32.Sofern das Ergebnis eines Fertigungsauftrages nicht verlässlich geschätzt werden kann,

(a) ist der Ertrag nur in Höhe der angefallenen Auftragskosten zu erfassen, die wahrscheinlich einbringbar sind, und

(b) sind die Auftragskosten in der Periode, in der sie anfallen, als Aufwand zu erfassen.

33. In den frühen Phasen eines Auftrages kann sein Ergebnis häufig nicht verlässlich geschätzt werden. Dennoch kann es wahrscheinlich sein, dass das Unternehmen die angefallenen Auftragskosten decken wird. Daher werden die Auftragserlöse nur so weit ergebniswirksam, wie die angefallenen Kosten erwartungsgemäß gedeckt werden können. Da das Ergebnis des Auftrages nicht verlässlich geschätzt werden kann, wird kein Gewinn erfasst. ..."

b3) Prüfungsprobleme: Ermittlung der bereits angefallenen/der noch anfallenden Aufwendungen

Die Eigenart der percentage of completion method bedingt ein von der Prüfung im Rahmen der completed contract method abweichendes prüferisches Vorgehen: Es kommt vor allem darauf an, die Zuverlässigkeit der erforderlichen Schätzungen kritisch zu untersuchen, d.h. die Einhaltung der Anwendungsvoraussetzungen für die Methode sicherzustellen.

b4) Beurteilung: Verstoß gegen das Realisationsprinzip

Es handelt sich bei der Anwendung der percentage of completion method eindeutig um eine Durchbrechung des Realisationsprinzips. Es ist die Frage aufgeworfen worden ob die Methode dennoch unter Bezugnahme auf **§ 252 Abs. 2 HGB** bei entsprechender Berichterstattung im Anhang angewandt werden kann. Nach § 252 Abs. 2 HGB wäre die Anwendung zwar "in begründeten Ausnahmefällen" möglich; nach herrschender Meinung - wohl auch aus steuerlichen Gründen - sollte aber dieser Weg nicht beschritten werden. Es bietet sich vielmehr an, bei der Bilanzierung die completed contract method (oder die Methode der Teilabrechnung) zu verwenden und im Anhang ggf. zusätzliche Angaben über die Ertragslage nach **§ 264 Abs. 2 Satz 2 HGB** zu machen:

"Führen besondere Umstände dazu, dass der Jahresabschluss ein den tatsächlichen Verhältnissen entsprechendes Bild ... nicht vermittelt, so sind im Anhang zusätzliche Angaben zu machen."

Das IDW hält nach einer Stellungnahme zur Rechnungslegung: Einzelfragen zur Anwendung von IAS (**IDW RS HFA 2.24**, Stand: 5.3.2002) eine Anwendung der percentage of completion-Methode unter dem HGB für unzulässig Es heißt dort wörtlich:

„Der HFA sieht eine Gewinnrealisierung entsprechend der percentage-of-completion-Methode nach IAS 11 als mit dem HGB nicht vereinbar an.“

c) Methode der Teilabrechnung

In der deutschen Literatur und Praxis wird anstelle der percentage of completion method teilweise die Methode der Teilabrechnung empfohlen.

c1) Beschreibung

Es wird versucht, einen einheitlichen Fertigungsauftrag in selbständige Teilaufträge aufzuspalten, die dann entsprechend selbständig abgerechnet werden. Besteht eine solche Teilbarkeit, so ist gegen eine Gewinnrealisierung nach Fertigstellung der Teilaufträge grundsätzlich nichts einzuwenden. Beispiel: Aufteilung eines Autobahnloses über 50 km in fünf Teilaufträge á 10 km.

c2) Anwendungsvoraussetzungen

Die Anwendungsvoraussetzungen für die Methode der Teilabrechnung liegen auf der Hand:

- Der Gesamtauftrag muss teilbar sein und
- Restrisiken, die sich aus dem Gesamtauftrag ergeben können, müssen bereits bei der Abrechnung der Teilaufträge berücksichtigt werden.

So ergeben sich in dem oben erwähnten Autobahn-Beispiel kaum Restrisiken aus dem Gesamtauftrag; wird dagegen der Bau eines Gebäudes in der Weise aufgeteilt, dass 30% des Gesamtpreises bei Fertigstellung der Kellerdecke, weitere 30% bei Fertigstellung des Rohbaus und der Rest bei Fertigstellung abgerechnet werden, so kann z.B. das Risiko von Baumängeln usw. nicht auf die einzelnen Teilaufträge verteilt werden.

Adler/Düring/Schmaltz (6. A., § 252 HGB, Tz. 88) wollen "bis auf weiteres" eine Teilgewinnrealisierung nur zulassen, wenn die folgenden Bedingungen sämtlich erfüllt sind:

1. Es muss sich um eine langfristige Fertigung handeln, dh. der Fertigungsprozess muss sich über die Dauer eines Geschäftsjahres hinaus hinziehen;
2. langfristige Fertigungen müssen einen wesentlichen Teil der Tätigkeit des Unternehmens bilden;
3. eine Abrechnung des Auftrages erst nach Abschluss der langfristigen Fertigung müsste zu einer nicht unerheblichen Beeinträchtigung des Einblicks in die Ertragslage des Unternehmens führen;
4. der aus der langfristigen Fertigung erwartete Gewinn muss sicher zu ermitteln sein (Vorkalkulationen, laufende Kostenrechnung mit Soll/Ist-Vergleich), und es dürfen keine Risiken ersichtlich sein, die das erwartete Ergebnis wesentlich beeinträchtigen können;
5. für unvorhersehbare Garantieleistungen und Nachbesserungen müssen vorsichtig bemessene Beträge berücksichtigt sein;
6. die Gesamtleistung muss in kalkulatorisch abgrenzbare Teilleistungen zerlegt werden können;

7. es darf allenfalls der auf diese Teilleistungen anteilmäßig entfallende Gewinn vereinnahmt werden;
8. schließen Teilleistungen gegenüber den Vorkalkulationen mit wesentlich höheren Ist-Kosten ab, so dürfen anteilige Gewinne nicht vereinnahmt werden, soweit nicht davon ausgegangen werden kann, dass die noch anfallenden Kosten hinreichende Deckung im Erlös finden;
9. es dürfen keine Anzeichen dafür vorliegen, dass der Abnehmer Einwendungen erheben kann, die sich negativ auf das Gesamtergebnis auswirken können.

c3) Prüfungsprobleme: Erfassung der Restrisiken

Bei Anwendung der Methode der Teilabrechnung stellt die Erfassung und Beurteilung der bis zur Fertigstellung des Gesamtauftrages verbleibenden Restrisiken das Hauptproblem für den Abschlussprüfer dar.

Es bleibt darauf hinzuweisen, dass **IAS 11.7-10** in der aktuellen Fassung die Aufspaltung von Aufträgen in Teilaufträge offenbar nicht gänzlich ausschließt. Unter dem Titel Zusammenfassung und Segmentierung von Fertigungsaufträgen heißt es:

"7 *Die Anforderungen aus diesem Standard sind in der Regel einzeln auf jeden Fertigungsauftrag anzuwenden. Unter bestimmten Voraussetzungen ist es jedoch erforderlich, den Standard auf die einzeln abgrenzbaren Teile eines einzelnen Vertrages oder einer Gruppe von Verträgen anzuwenden, um den wirtschaftlichen Gehalt eines Vertrages oder einer Gruppe von Verträgen zu bestimmen.*

8. *Umfasst ein Vertrag mehrere Einzelleistungen, so ist jede Leistung als eigener Fertigungsauftrag zu behandeln, wenn*
   (a) getrennte Angebote für jede Einzelleistung unterbreitet wurden,
   (b) über jede Einzelleistung separat verhandelt wurde und der Auftragnehmer sowie der Kunde die Vertragsbestandteile, die jede einzelne Leistung betreffen, separat akzeptieren oder ablehnen konnten und
   (c) Kosten und Erlöse jeder einzelnen vertraglichen Leistung getrennt ermittelt werden können.

9. *Eine Gruppe von Verträgen mit einem einzelnen oder mehreren Kunden ist als ein einziger Fertigungsauftrag zu behandeln, wenn.*
   (a) die Gruppe von Verträgen als ein einziges Paket verhandelt wird,
   (b) die Verträge so eng miteinander verbunden sind, dass sie im Grunde Teil eines einzelnen Projektes mit einer Gesamtgewinnmarge sind, und
   (c) die Verträge gleichzeitig oder unmittelbar aufeinander folgend abgearbeitet werden.

10. *Ein Vertrag kann einen Folgeauftrag auf Wunsch des Kunden zum Gegenstand haben oder kann um einen Folgeauftrag ergänzt werden. Der Folgeauftrag ist als separater Vertrag zu behandeln, wenn*
   (a) er sich hinsichtlich Design, Technologie oder Funktion wesentlich von dem ursprünglichen Vertrag unterscheidet oder

(b) die Preisverhandlungen für den Vertrag losgelöst von den ursprünglichen Verhandlungen geführt werden.“

Ziff. 3 Berücksichtigung vorhersehbarer Verluste vor Fertigstellung

Sobald aus einem Fertigungsauftrag Verluste zu erwarten sind, kann die percentage of completion method nicht mehr angewandt werden. Es sind, da es sich bei dem nicht fertig gestellten Auftrag um ein schwebendes Geschäft handelt, Rückstellungen für drohende Verluste aus schwebenden Geschäften nach **§ 249 Abs. 1 Satz 1 HGB** zu bilden (vgl. Rückstellungen für drohende Verluste aus schwebenden Geschäften, unten, I. § 17). Zu dem gleichen Ergebnis kommt **IAS 11.34-.37**:

"34. Auftragskosten, die wahrscheinlich nicht gedeckt werden, werden sofort als Aufwand erfasst. Beispiele für solche Fälle, in denen die Einbringbarkeit angefallener Auftragskosten nicht wahrscheinlich ist und diese eventuell sofort als Aufwand zu erfassen sind, umfassen Verträge,

(a) die nicht in vollem Umfang durchsetzbar sind, d. h. Verträge mit sehr zweifelhafter Gültigkeit,

(b) deren Fertigstellung vom Ergebnis eines schwebenden Prozesses oder eines laufenden Gesetzgebungsverfahrens abhängig ist,

(c) die in Verbindung mit Vermögenswerten stehen, die wahrscheinlich beschlagnahmt oder enteignet werden,

(d) bei denen der Kunde seine Verpflichtungen nicht erfüllen kann oder

(e) bei denen der Auftragnehmer nicht in der Lage ist, den Auftrag fertig zu stellen oder seine vertraglichen Verpflichtungen anderweitig zu erfüllen.

35. ...

36. Ist es wahrscheinlich, dass die gesamten Auftragskosten die gesamten Auftragserlöse übersteigen werden, sind die erwarteten Verluste sofort als Aufwand zu erfassen.

37. Die Höhe eines solchen Verlustes wird unabhängig von den folgenden Punkten bestimmt:

(a) ob mit der Auftragsarbeit bereits begonnen wurde,

(b) vom Fertigstellungsgrad der Auftragserfüllung oder

(c) vom erwarteten Gewinnbetrag aus anderen Verträgen, die gemäß Paragraph 9 nicht als einzelner Fertigungsauftrag behandelt werden."

Ziff. 4 Ergebnis

Nach Vorstehendem können Zweifel darüber bestehen, welches Bewertungssystem bei der Aufstellung eines Einzelabschlusses anzuwenden ist. Nach der hier vertretenen Auffassung ergeben sich nach der derzeitigen Rechtslage die folgenden Alternativen:

- Im Rahmen eines nach des HGB aufzustellenden Einzelabschlusses sind die allgemeinen Bewertungsregeln des HGB anzuwenden. Eine Leitlinie hierzu bietet die IDW-

Verlautbarung „Einzelfragen zur Anwendung von IAS“ (IDW RS HFA 2.24, Stand: 5.3.2002).

- Im Rahmen eines nach internationalen Grundsätzen (IFRS/IAS) aufzustellenden Einzelabschlusses sind die Regeln des Standards IAS 11 in vollem Umfang zu beobachten.

Es ist nicht auszuschließen, dass im Zuge einer Novellierung des HGB die Anwendung der Percentage of Completion Methode als Ausnahmeregelung zugelassen wird.

§ 8 Der Stetigkeitsgrundsatz

Übersicht

Lit.: ADS, 6. A., § 252 Tz. 103 ff.; Biener/Blaum, Kommentierung zu IAS 8, in: Baetge et al., Rechnungslegung nach IAS, Losebl. 2003; Gross, Stetigkeit, HWRP, Sp. 2259 ff.; Hense/Geißler, Beck'scher Bilanzkommentar, 5. A., Kommentierung zu § 252 HGB, Tz. 55 ff.; HFA 3/1997, Zum Grundsatz der Bewertungsstetigkeit; IAS 8, Periodenergebnis, grundlegende Fehler und Änderungen der Bilanzierungs- und Bewertungsmethoden i.d.F.v. 1999; Schülen, Stetigkeitsgrundsatz, HWRev, 2. A., Sp. 1816 ff.; Stellungnahme SABI 2/1987, Zum Grundsatz der Bewertungsstetigkeit und zu den Angaben bei Abweichungen von Bilanzierungs- und Bewertungsmethoden; WPH 2000, Bd. I, E 221 ff.;

Ziff. 1 Der Grundsatz der Bewertungsstetigkeit nach § 252 Abs. 1 Nr. 6 HGB

a) Gesetzliche Regelung

Durch **§ 252 Abs. 1 Nr. 6** und **Abs. 2 HGB** ist die Beobachtung des Grundsatzes der Bewertungsstetigkeit erstmalig im deutschen Recht vorgeschrieben worden:

> *"Die auf den vorhergehenden Jahresabschluss angewandten Bewertungsmethoden sollen beibehalten werden."*

Davon darf nur in begründeten Ausnahmen abgewichen werden (**§ 252 Abs. 2 HGB**).

b) Nationale und internationale Verlautbarungen

Der Sonderausschuss Bilanzrichtliniengesetz (SABI) hatte zur Auslegung von **§ 252 Abs. 1 Nr. 6 HGB** eine Stellungnahme veröffentlicht (SABI 2/1987), durch die der Gesetzeswortlaut äußerst weit ausgelegt wurde. SABI 2/1987 wurde deshalb im Jahre 1997 durch die Stellungnahme **HFA 3/1997** (Zum Grundsatz der Bewertungsstetigkeit) ersetzt. Dort heißt es einleitend (Abschn. 1):

"Nach § 252 Abs. 1 Nr. 6 HGB sollen die auf den vorhergehenden Jahresabschluss angewandten Bewertungsmethoden beibehalten werden. Die Vorschrift gilt rechtsformunabhängig für alle Kaufleute.

Kapitalgesellschaften sind darüber hinaus verpflichtet, im Anhang

- *die auf die Posten der Bilanz und der Gewinn- und Verlustrechnung angewandten Bilanzierungs- und Bewertungsmethoden (§ 284 Abs. 2 Nr. 1 HGB) anzugeben.*
- *Abweichungen von -Bilanzierungs- und Bewertungsmethoden anzugeben und zu begründen und deren Einfluss auf die Vermögens-, Finanz- und Ertragslage gesondert darzustellen (§ 284 Abs. 2 Nr. 3 HGB).*

Entsprechende Angabepflichten gelten nach § 313 Abs. 1 Nr. 1 und 3 HGB für den Konzernabschluss."

Korrespondierende Angabepflichten finden sich in **IAS 8**, Periodenergebnis, grundlegende Fehler und Änderungen der Bilanzierungs- und Bewertungsmethoden i.d.F. der Bekanntmachung im Amtsblatt der EU v. 31. 12. 2004 (vgl. dazu unten, Ziff 5).

c) Der Zweck des Stetigkeitsgrundsatzes

Zweck der Vorschrift ist es, die Vergleichbarkeit der Jahresabschlüsse im Zeitablauf sicherzustellen, d.h. ohne die Bewertungsstetigkeit könnten Gewinne und Verluste über die Abrechnungsperioden hinweg verlagert werden. **HFA 3/1997, Abschn. 1,** führt hierzu aus:

"Mit diesen Vorschriften wird das Ziel verfolgt, die Vergleichbarkeit des Jahresabschlusses mit dem jeweils vorhergehenden zu verbessern. Daraus ergibt sich, dass die Beibehaltung der Bewertungsmethoden immer dann verlangt wird, wenn vergleichbare Sachverhalte zu beurteilen sind, d.h. wenn die zu bewertenden Vermögensgegenstände und Schulden vergleichbaren Nutzungs- und Risikobedingungen unterworfen sind. Aus dem Vergleichbarkeitspostulat folgt, dass art- und funktionsgleiche Bewertungsobjekte nicht ohne sachlichen Grund nach unterschiedlichen Methoden bewertet werden dürfen."

Ziff. 2 Der Begriff der Bewertungsmethode

Das Gesetz verlangt nicht die Beibehaltung ganz bestimmter Wertansätze, sondern die Beibehaltung der Bewertungsmethoden. Unter Bewertungsmethoden sind nach HFA 3/1997 **bestimmte, in ihrem Ablauf definierte Verfahren der Wertfindung** zu verstehen, durch die ein Wert nachvollziehbar aus den die Bewertung bestimmenden Faktoren abgeleitet wird. Diese Faktoren können ihrerseits jeweils aus Daten unmittelbar ermittelt, subjektiv geschätzt oder durch Rechtsnormen vorgegeben sein.

Das Stetigkeitsgebot bei der Bewertung bezieht sich darüber hinaus sowohl auf die Ausübung von "echten" Wahlrechten als auch auf die Ausübung von sog. "unechten" Wahlrechten bei der Bewertung. Es heißt dazu in **HFA 3/1997, Abschn. 2**:

"In ihrer einfachsten Form beschränken Bewertungsmethoden sich auf die Anwendung gesetzlich vorgeschriebener Werte (z.B. Anschaffungskosten, niedrigerer Tageswert). Das Gesetz kann aber auch alternative Wertansätze gestatten, z.B. Einbeziehung oder Nichteinbeziehung von Gemeinkosten in die Herstellungskosten (echte Wahlrechte). Darüber hinaus

können die geforderten bzw. wahlweise zulässigen Bewertungsmaßstäbe zwar gesetzlich festgelegt, die einzelnen Faktoren aber unbestimmt sein und Schätzungen oder Ermessensentscheidungen im Rahmen gewisser Beurteilungsspielräume erfordern, z.B. Angemessenheit der Gemeinkostenzuschläge, vernünftige kaufmännische Beurteilung (unechte Wahlrechte). Die gesetzliche Forderung nach Beibehaltung der Bewertungsmethoden bezieht sich auf die echten Wahlrechte sowie auf die unechten Wahlrechte insoweit, als die Schätzungen oder Ermessensentscheidungen nach einem bestimmten Verfahren ausgeübt werden.

Die Veränderung eines Faktors aufgrund geänderter wirtschaftlicher Gegebenheiten oder sachgerechter Schätzung stellt eine Änderung der Bewertung, nicht aber der Bewertungsmethode dar. Dagegen ist der Ersatz etwa einer subjektiven Schätzung durch die Verwendung objektiver Sachverhaltsdaten oder durch gesetzliche Vorgaben eine Änderung der Bewertungsmethode. Auch Änderungen in den normativen Vorgaben beispielsweise für den Abschreibungssatz oder die Abschreibungsdauer sind Änderungen der Bewertungsmethode, wenn sie nicht auf neuen wirtschaftlichen Gegebenheiten beruhen.

Steuerrechtliche Sonderabschreibungen können fallweise in Anspruch genommen werden. Werden sie dagegen planmäßig für bestimmte Gruppen gleichartiger Vermögensgegenstände in Anspruch genommen, liegt hierin eine Bewertungsmethode, für die das Stetigkeitsgebot gilt.

Die Ausrichtung der Bewertungen insgesamt auf ein bestimmtes bilanzpolitisches Ziel (z.B. Minimierung des Jahresergebnisses, günstigste Besteuerung) stellt als solche keine eigenständige Bewertungsmethode dar. Sie führt lediglich zur zielgerichteten Anwendung einzelner Bewertungsmethoden.

Sieht eine Bewertungsmethode bereits von vornherein einen Wechsel von Bewertungskomponenten vor (z.B. Übergang von der degressiven zur linearen Abschreibung nach einer bestimmten Zahl von Jahren), so ist dieser Wechsel der Methode immanent und mithin nicht als Methodenänderung zu qualifizieren; dies ist in der Darstellung der Bewertungsmethode nach § 284 Abs. 2 Nr. 1 HGB zu beschreiben.

Die angewandten Methoden müssen in ihrer Vorgehensweise und ihrem Ergebnis den Grundsätzen ordnungsmäßiger Buchführung entsprechen."

Ziff. 3 Beibehaltungspflicht und Abweichungen in begründeten Ausnahmefällen

a) Beibehaltungspflicht

Der Grundsatz der Bewertungsstetigkeit ist weit auszulegen. Er verlangt nicht nur, dass identische Vermögensgegenstände im Zeitablauf nach gleichen Methoden zu bewerten sind, sondern auch, dass gleichartige Vermögensgegenstände in sachlicher und zeitlicher Hinsicht nach den gleichen Methoden zu bewerten sind. Es ist auch darauf hinzuweisen, dass der Grundsatz der Bewertungsstetigkeit nicht unter Bezugnahme auf den Grundsatz der Einzelbewertung "unterlaufen" werden kann. **HFA 3/1997 (Abschn. 3)**:

"*Die Bewertungsmethoden sollen stetig angewandt werden. Diese Verpflichtung besteht nicht nur hinsichtlich solcher Vermögensgegenstände und Schulden, die bereits im vorher-*

gehenden Jahresabschluss zu bilanzieren waren, sondern auch in Bezug auf zwischenzeitlich zugegangene oder entstandene Vermögensgegenstände und Schulden, sofern gleichartige Vermögensgegenstände und Schulden unter vergleichbaren Umständen im Vorjahresabschluss zu bewerten waren."

b) Abweichungen von dem Stetigkeitsgebot in begründeten Ausnahmefällen

Gemäß **§ 252 Abs. 2 HGB** gilt der Stetigkeitsgrundsatz nicht absolut; es kann in begründeten Ausnahmefällen von dem Stetigkeitsgebot abgewichen werden. Solche Abweichungen sind aber nur möglich, wenn sie begründet sind und wenn sie einschließlich der Begründung im Anhang angegeben werden. Es ist ein Anliegen non HFA 3/1997, jene Fälle zu umschreiben, in denen ein "begründeter Ausnahmefall" vorliegen könnte. HFA 3/1997 ist hierbei wesentlich strenger als es die SABI-Stellungnahme gewesen war. Festzuhalten bleibt jedoch, dass auch die in HFA 3/1997 genannten „begründeten Ausnahmefälle" eine Durchbrechung des Stetigkeitsgrundsatzes darstellen. **HFA 3/1997, Abschn. 3 Abs. 2**:

"Vom Grundsatz der Beibehaltung der Bewertungsmethoden darf nur in begründeten Ausnahmefällen abgewichen werden. Von den angewandten Methoden kann nicht schon deshalb abgewichen werden, weil die Abweichung im Anhang angegeben und begründet wird. Vielmehr muss die Abweichung sachlich gerechtfertigt sein. Das ist grundsätzlich nur der Fall,

- *wenn die Abweichung durch eine Änderung der rechtlichen Gegebenheiten (insbesondere Änderung von Gesetz und Satzung, Änderung der Rechtsprechung) veranlasst wurde,*
- *wenn die Abweichung unter Beachtung der Grundsätze ordnungsmäßiger Buchführung ein besseres Bild der Vermögens-, Finanz- oder Ertragslage vermitteln soll,*
- *wenn die Abweichung dazu dient, Bewertungsvereinfachungsverfahren in Anspruch zu nehmen,*
- *wenn die Abweichung im Jahresabschluss zur Anpassung an konzerneinheitliche Bilanzierungsrichtlinien erfolgt,*
- *wenn mit der Abweichung der Konzernabschluss an international anerkannte Grundsätze angepasst wird oder*
- *wenn die Abweichung erforderlich ist, um steuerliche Ziele zu verfolgen.*

Die Verfolgung geänderter Substanzerhaltungsziele ist dagegen kein Rechtfertigungsgrund für eine Stetigkeitsunterbrechung. Zusätzliche Abschreibungen nach § 253 Abs. 4 HGB unterliegen ebenso wie die Ausübung von Wahlrechten hinsichtlich des Bilanzansatzes und die Inanspruchnahme von Bilanzierungshilfen nicht dem Stetigkeitsgebot, wohl aber dem Willkürverbot."

Nach HFA 3/1997, Ziff. 4, sind Bewertungsänderungen sind im Jahr der Änderungen erfolgswirksam durchzuführen; eine Anpassung von Vorjahreszahlen nach **§ 265 Abs. 2 Satz 1 HGB** ist nach HFA 3/1997 im Gegensatz zu IAS 8 nicht erforderlich.

Ziff. 4 Angabepflichten (§ 284 Abs. 2 Nr. 3 HGB)

Da die Durchbrechung der Bewertungsstetigkeit eine Beeinträchtigung des vom Gesetz (**§ 264 HGB**) verlangten Einblicks in die Vermögens-, Finanz- und Ertragslage darstellt, werden im

Anhang zusätzliche Angaben verlangt, die bei Kapitalgesellschaften einmal die **Umschreibung und die Begründung** der Stetigkeitsabweichung und zum anderen die **Darstellung des Einflusses der Stetigkeitsabweichung** auf die Darstellung der Vermögens-, Finanz- und Ertragslage betreffen.

a) Umschreibung und Begründung der Stetigkeitsabweichung bei der Bewertung und Bilanzierung

Es heißt in **HFA 3/1997, Abschn. 6 b)**:

"Im Rahmen der Berichtspflicht über Stetigkeitsunterbrechungen nach § 284 Abs. 2 Nr. 3 HGB sind Abweichungen von Bilanzierungs- und Bewertungsmethoden anzugeben und zu begründen: Die Angabepflicht umfasst dabei den jeweiligen Posten und die Beschreibung der Abweichungen gegenüber den Methoden des Vorjahres. Begründung ist die Darlegung der Überlegungen und Argumente, die zur abweichenden Methode geführt haben. Dabei muss sich die Zulässigkeit der Abweichungen aus der Begründung ergeben.

Die Angabe- und Begründungspflichten bestehen für alle Fälle, in denen die Abweichungen nicht unerheblich sind.

Diese Angabe- und Begründungspflichten im Anhang sind - im Gegensatz zum Stetigkeitsprinzip - nicht auf Abweichungen von Bewertungsmethoden beschränkt. Auch über einen Wechsel der Bilanzierungsmethoden ist zu berichten. Die Berichtspflicht umfasst hier alle erforderlichen Angaben über die geänderte Ausübung eines Ansatzwahlrechtes, z. B. die erstmalige Bildung einer Rückstellung für Großreparaturaufwendungen. Bei der erstmaligen Bilanzierung eines Postens ist über die Tatsachenangabe hinaus eine Begründung aber nur erforderlich, wenn im Vorjahr dieser Posten nicht bilanziert wurde, obwohl der gleiche Sachverhalt schon früher vorlag und nicht unwesentlich war.

Die Berichtspflichten nach § 284 Abs. 2 Nr. 3 HGB erstrecken sich nach dem Wortlaut nicht nur auf die Posten der Bilanz, sondern auch auf die Posten der Gewinn- und Verlustrechnung."

b) Darstellung des Einflusses der Stetigkeitsabweichung auf die Vermögens-, Finanz- und Ertragslage

Das Gesetz verlangt nicht nur die Angabe von Durchbrechungen des Grundsatzes der Bewertungsstetigkeit und deren Begründung in den genannten Ausnahmefällen, sondern auch Angaben über die Auswirkungen der Durchbrechung auf die Darstellung der Vermögens-, Finanz- und Ertragslage. **HFA 3/1997, Abschn. 6 c)**:

"Nach § 284 Abs. 2 Nr. 3 HGB ist auch der Einfluss von Abweichungen in den Bilanzierungs- und Bewertungsmethoden auf die Vermögens-, Finanz- und Ertragslage im Anhang gesondert darzustellen.

Diese Pflicht zur gesonderten Darstellung bezieht sich auf jede einzelne Bilanzierungs- oder Bewertungsmethode unter Berücksichtigung wesentlicher Folgewirkungen, soweit die Änderung für sich allein oder in der Summe mit den Auswirkungen anderer Methodenänderungen nicht unerheblich ist.

Eine Darstellung der Auswirkungen der Methodenänderungen erfordert zahlenmäßige Angaben, damit zumindest die Größenordnung der jeweiligen Änderung in ihrem Einfluss auf die Vermögens-, Finanz- und Ertragslage des Unternehmens für das laufende Geschäftsjahr abschätzbar wird. Es wird als sachgerecht angesehen, die Auswirkungen der Methodenänderung auch für die betreffenden Vorjahreszahlen anzugeben."

Ziff. 5 Angabe- und Anpassungspflichten nach IAS 8

a) Die Zulässigkeit von Stetigkeitsdurchbrechungen

In IAS 8, Periodenergebnis, grundlegende Fehler und Änderungen der Bilanzierungs- und Bewertungsmethoden, werden in den Tz. 13 bis 16 die Zulässigkeit von Änderungen der Bilanzierungs- und Bewertungsmethoden sowie die entsprechenden Angabepflichten bestimmt.

„13. Ein Unternehmen hat seine Bilanzierungs- und Bewertungsmethoden für ähnliche Geschäftsvorfälle, sonstige Ereignisse und Bedingungen stetig auszuwählen und anzuwenden, es sei denn, ein Standard oder eine Interpretation erlaubt bzw. schreibt die Kategorisierung von Sachverhalten vor, für die andere Bilanzierungs- und Bewertungsmethoden zutreffend sind. Sofern ein Standard oder eine Interpretation eine derartige Kategorisierung vorschreibt oder erlaubt, so ist eine geeignete Bilanzierungs- und Bewertungsmethode auszuwählen und stetig für jede Kategorie anzuwenden.

14. Ein Unternehmen darf eine Bilanzierungs- und Bewertungsmethode nur dann ändern, wenn die Änderung:

(a) aufgrund eines Standards oder einer Interpretation erforderlich ist; oder

(b) dazu führt, dass der Abschluss zuverlässige und relevantere Informationen über die Auswirkungen von Geschäftsvorfällen, sonstigen Ereignissen oder Bedingungen auf die Vermögens-, Finanz- oder Ertragslage oder Cashflows des Unternehmens vermittelt.

15. Die Adressaten der Abschlüsse müssen in der Lage sein, die Abschlüsse eines Unternehmens im Zeitablauf vergleichen zu können, um Tendenzen in der Vermögens-, Finanz- und Ertragslage sowie des Cashflows zu erkennen. Daher sind in jeder Periode und von einer Periode auf die nächste stets die gleichen Bilanzierungs- und Bewertungsmethoden anzuwenden, es sei denn, die Änderung einer Bilanzierungs- und Bewertungsmethode entspricht einem der in Paragraph 14 enthaltenen Kriterien.

16. Die folgenden Fälle sind keine Änderung der Bilanzierungs- oder Bewertungsmethoden:

(a) die Anwendung einer Bilanzierungs- und Bewertungsmethode auf Geschäftsvorfälle, sonstige Ereignisse oder Bedingungen, die sich grundsätzlich von früheren Geschäftsvorfällen oder sonstigen Ereignissen oder Bedingungen unterscheiden;

und

(b) die Anwendung einer neuen Bilanzierungs- oder Bewertungsmethode auf Geschäftsvorfälle oder sonstige Ereignisse oder Bedingungen, die früher nicht vorgekommen sind oder unwesentlich waren."

b) Anpassungspflichten bei Bilanzierungs- oder Bewertungsänderungen

Nach **IAS 8** kommen zwei verschiedene Verfahren der Anpassung an Bilanzierungs- oder Bewertungsänderungen in Betracht, und zwar die rückwirkende Anpassung und die prospektive Anpassung, wobei die rückwirkende Anpassung den Normalfall darstellt: *Die* retrospektive Anwendung führt dazu, dass die neu gewählte Bilanzierungs- oder Bewertungsmethode auf Ereignisse und Geschäftsvorfälle so angewendet wird, als sei sie immer verwendet worden. Daher wird die Bilanzierungs- oder Bewertungsmethode auf die Ereignisse und Geschäftsvorfälle ab deren Entstehungstag angewendet. Prospektive Anwendung bedeutet, dass die neue Bilanzierungs- oder Bewertungsmethode auf Ereignisse und Geschäftsvorfälle, die nach dem Zeitpunkt der Änderung eintreten, angewendet wird.

In **IAS 8.19 (b)** heißt es entsprechend:

> „*(b) sofern ein Unternehmen eine Bilanzierungs- und Bewertungsmethode nach erstmaliger Anwendung eines Standards oder einer Interpretation ändert, der/die keine spezifischen Übergangsvorschriften zur entsprechenden Änderung enthält, oder aber die Bilanzierungs- und Bewertungsmethoden freiwillig ändert, so hat es die Änderung rückwirkend anzuwenden.*"

Nur in den in **IAS 8.23 bis .27** umschriebenen Ausnahmefällen (Schwierigkeiten der Datenerfassung) ist die prospektive Anpassung zugelassen, wenn der auf frühere Perioden entfallende Anpassungsbetrag nicht vernünftig bestimmt werden kann.

c) Angabepflichten bei Bilanzierungs- und Bewertungsänderungen

Hat eine Änderung einer Bilanzierungs- oder Bewertungsmethode wesentliche Auswirkungen auf die Berichtsperiode oder eine frühere dargestellte Methode oder kann sie wesentliche Auswirkungen auf spätere Perioden haben, so sind nach **IAS 8.29** die folgenden Angaben erforderlich:

> „29. *Sofern eine freiwillige Änderung der Bilanzierungs- und Bewertungsmethoden Auswirkungen auf die Berichtsperiode oder irgendeine frühere Periode hat oder derartige Auswirkungen haben könnte, es sei denn, die Ermittlung des Anpassungsbetrags ist undurchführbar, oder eventuell Auswirkungen auf zukünftige Perioden hätte, hat das Unternehmen folgendes anzugeben:*
>
> *(a) die Art der Änderung der Bilanzierungs- und Bewertungsmethoden;*
>
> *(b) die Gründe, weswegen die Anwendung der neuen Bilanzierungs- und Bewertungsmethode zuverlässige und relevantere Informationen vermittelt;*
>
> *(c) den Anpassungsbetrag für die Berichtsperiode sowie, soweit durchführbar, für jede frühere dargestellte Periode:*
>
> *(i) für jeden einzelnen betroffenen Posten des Abschlusses und*
>
> *(ii) sofern IAS* 33 *auf das Unternehmen zutrifft, für das unverwässerte und das verwässerte Ergebnis je Aktie;*
>
> *(d) den Anpassungsbetrag, sofern durchführbar, im Hinblick auf Perioden vor denjenigen, die ausgewiesen werde und*

(e) sofern eine rückwirkende Anwendung für eine bestimmte frühere Periode, oder aber für Perioden, die vor den ausgewiesenen Perioden liegen, undurchführbar ist, so sind die Umstände aufzuzeigen, die zu jenem Zustandgeführt haben, unter Angabe wie und ab wann die Änderung der Bilanzierungs- und Bewertungsmethodeangewendet wurde.

In den Abschlüssen späterer Perioden müssen diese Angaben nicht wiederholt werden."

§ 9 Bilanzierung, Bewertung und Prüfung des Sachanlagevermögens

Übersicht

Lit: ADS, 6. A., § 253 HGB, Tz. 342 ff., § 266 HGB, Tz. 32 ff.; Ballwieser, Kommentierung zu IAS 16, in: Baetge et al., Rechnungslegung nach IAS, Losebl., 2003; Berger/(Ellrott)/Schram/Ring, § 253 HGB, in: Beck`scher Bilanzkommentar, 5. A.; Coenenberg, Jahresabschluß, 19. A., S. 137 ff.; HFA 1/1990,: Zur körperlichen Bestandsaufnahme im Rahmen von Inventurverfahren; IASB, IAS 16, Sachanlagen; IASB, IAS 38, Wertminderung von Vermögenswerten; Kleekämper/Seitz, Bewegliches Anlagevermögen, HWRev, 2. A., Sp. 269 ff.; Maier, K., Grundstücke, HWRev, 2. A., Sp. 769 ff.; Richter, Sachanlagevermögen, HdJ, Abt. II, 1; WPH 2000, Bd. I, F 377 ff.

Ziff. 1 Begriff des Sachanlagevermögens

a) Gesetzliche Definition

§ 247 Abs. 2 HGB lautet:

"Beim Anlagevermögen sind nur die Gegenstände auszuweisen, die bestimmt sind, dauernd dem Geschäftsbetrieb zu dienen."

Umgekehrt gehören zum Umlaufvermögen alle Gegenstände, die nicht dazu bestimmt sind, dauernd dem Geschäftsbetrieb zu dienen. Die Unterscheidung in Anlage- und Umlaufvermögen ist nicht nur wegen des Bilanzausweises, sondern vor allem auch für die Bewertung der Vermögensgegenstände wichtig: Für die Gegenstände des Umlaufvermögens gilt das "strenge" Niederstwertprinzip (**§ 253 Abs. 3 HGB**) während für die Bewertung der Gegenstände des Anlagevermögens das sog. gemilderte Niederstwertprinzip gilt.

Die Entscheidung darüber, ob ein Gegenstand zum Anlage- oder zum Umlaufvermögen gehört, trifft grundsätzlich der Bilanzierende. Er hat zu entscheiden, ob der Gegenstand dazu bestimmt ist, dauernd dem Geschäftsbetrieb zu dienen oder nicht. Soll z.B. eine Anlage stillgelegt werden, so ist eine Umwidmung in das Umlaufvermögen notwendig, wenn die Anlage veräußert (verschrottet) werden soll.

Nach **IAS 16.6** gehören zu den Sachanlagen materielle Vermögenswerte (Assets), die

"(a) ein Unternehmen für Zwecke der Herstellung oder der Lieferung von Gütern und Dienstleistungen, zur Vermietung an Dritte oder für Verwaltungszwecke besitzt und die

(b) erwartungsgemäß länger als eine Periode genutzt werden."

Nach **IAS 16.7** ist ein Sachgegenstand als "Asset" anzusetzen, wenn

"(a) es wahrscheinlich ist, dass ein mit ihm verbundener künftiger wirtschaftlicher Nutzen dem Unternehmen zufließen wird, und wenn

(b) seine Anschaffungs- oder Herstellungskosten verlässlich ermittelt werden können."

b) Zum Sachanlagevermögen gehörende Posten

Zum Sachanlagevermögen gehören die Posten des Gliederungsschemas aus **§ 266 Abs. 2, A II HGB**, also Grundstücke, grundstücksgleiche Rechte und Bauten einschließlich der Bauten auf fremden Grundstücken, technische Anlagen und Maschinen, andere Anlagen, Betriebs- und Geschäftsausstattung und geleistete Anzahlungen sowie Anlagen im Bau.

b1) Grundstücke, grundstücksgleiche Rechte und Bauten einschließlich der Bauten auf fremden Grundstücken

b11) Grundstücke

Grundstücke sind alle bebauten und unbebauten Bodenflächen, soweit sie dazu bestimmt sind, dauernd dem Geschäftsbetrieb zu dienen. Maßgeblich ist das wirtschaftliche Eigentum, d.h. sie sind bereits zu bilanzieren, wenn dem Unternehmen die Nutzung schon zusteht und die Eintragung des Eigentumsübergangs in naher Zukunft zu erwarten ist.

Zusammen mit den Grundstücken sind auch die grundstücksgleichen Rechte auszuweisen: Erbbaurechte.

b12) Gebäude, Bauten

Gebäude sind zusammen mit den Grundstücken auszuweisen. Dazu gehören auch Einrichtungen, die wirtschaftlich dem Gebäude zugehören, auch dann, wenn sie gesondert aktiviert worden sind (z.B. Heizungsanlagen). Nicht dazu rechnen Maschinen und maschinelle Anlagen; sie sind getrennt von den Gebäuden auszuweisen.

Bei dem Erbbaurecht gilt das auf Grund des Rechts errichtete Bauwerk als wesentlicher Bestandteil des Erbbaurechts als Eigentum des Erbbauberechtigten.

Zu den Bauten gehören auch z.B. Eisenbahnanlagen, Hafenanlagen, Brücken, Straßen usw.

Bauten auf fremden Grundstücken sind unter den Gebäuden auszuweisen, obwohl sie sich nicht im rechtlichen Eigentum des Bilanzierenden befinden; es ist dabei unerheblich, ob die Gebäude wesentlicher Bestandteil des Grundstücks werden oder nicht.

b2) Technische Anlagen und Maschinen

Unter die technischen Anlagen und Maschinen fallen alle Vermögensgegenstände, die nicht Gebäude sind und unmittelbar dem betrieblichen Produktionsprozess dienen. Dabei ist von der wirtschaftlichen Zugehörigkeit auszugehen.

Auch Spezialreserveteile und die Erstausstattung an Reserveteilen sowie Werkzeuge sind hier auszuweisen (ADS, 6. A., § 266 HGB, Tz. 50).

b3) Andere Anlagen, Betriebs- und Geschäftsausstattung

Es handelt sich um einen Sammelposten der alle Gegenstände umfasst, die nicht unter anderen Posten des Sachanlagevermögens unterzubringen sind

b4) Geleistete Anzahlungen und Anlagen im Bau

Anlagen im Bau können zusammen mit den auf Anlagen geleisteten Anzahlungen ausgewiesen werden. Beide Posten haben gemeinsam, dass sie in späteren Perioden umzugliedern sind: Die Anlagen im Bau sind nach Fertigstellung in die zugehörigen Posten des Sachanlagevermögens; die geleisteten Anzahlungen nach Lieferung des Anlagegegenstandes umzugliedern.

c) Gruppierung des Sachanlagevermögens nach den IAS

Die IAS enthalten kein Bilanzgliederungsschema, das dem Gliederungsschema nach § 266 HGB vergleichbar wäre. **IAS 16.37** enthält aber für Zwecke der Bewertung detaillierte Abgrenzungen, die auch für den Ausweis herangezogen werden sollten:

„37. Unter einer Gruppe von Sachanlagen versteht man eine Zusammenfassung von Vermögenswerten, die sich durch ähnliche Art und ähnliche Verwendung in einem Unternehmen auszeichnen. Beispiele für eigenständige Gruppen sind:

(a)unbebaute Grundstücke;

(b)Grundstücke und Gebäude;

(c) Maschinen und technische Anlagen;

(d) Schiffe;

(e) Flugzeuge;

(f) Kraftfahrzeuge;

(g) Betriebsausstattung und

(h) Büroausstattung."

Nach **IAS 16.3** sind die folgenden Vermögenswerte ausdrücklich von den Regeln für das Sachanlagevermögen ausgenommen::

„(a) biologische Vermögenswerte, die mit landwirtschaftlicher Tätigkeit im Zusammenhang stehen (siehe IAS 41, Landwirtschaft); und

(b) Abbau- und Schürfrechte sowie die Exploration und Gewinnung von Mineralien, Öl und Erdgas und ähnliche nicht-regenerative Ressourcen."

Ziff. 2 Nachweis und Nachweisprüfung des Sachanlagevermögens

Vorbemerkung: Bei der Einzelfall-Prüfung von Bilanzpositionen pflegt der Prüfer üblicherweise nach der sog. retrograden Methode vorzugehen, d.h. er wird, ausgehend von den Bilanzposten, den Inhalt dieser Bilanzposten ggf. bis hin zu den dazugehörigen Belegen verfolgen.

Es empfiehlt sich, dabei die folgende Reihenfolge der Einzeluntersuchungen einzuhalten

- Nachweisprüfung;
- Bewertungsprüfung;
- Ausweisprüfung;
- Prüfung der korrespondierenden Posten, z.B. der GuV, und der erforderlichen Angaben im Anhang.

Die vorstehende Gliederung wird auch bei den nachfolgenden Darstellungen der Bilanz-Einzelposten beibehalten.

a) Nach den GoB wird eine jährliche Inventur durch körperliche Aufnahme bei dem Sachanlagevermögen nicht verlangt

Zur körperlichen Aufnahme wird in der Stellungnahme **HFA 1/1990**: "Zur körperlichen Bestandsaufnahme im Rahmen von Inventurverfahren", **Abschn. A. II.**, grundsätzlich ausgeführt:

"II. <u>Anwendungsbereich der körperlichen Aufnahme im Rahmen der Bestandsfeststellung</u>: Das HGB enthält keine ausdrückliche Vorschrift des Inhalts, dass das Inventar aufgrund einer körperlichen Aufnahme zum Bilanzstichtag aufzustellen ist. Es kann gleichwohl davon ausgegangen werden, dass der Gesetzgeber die körperliche Aufnahme von Sachgegenständen als eine Voraussetzung zur Erstellung des Inventars angesehen hat. Die körperliche Aufnahme zum Bilanzstichtag ist aber dennoch nur eine der möglichen Methoden zur Bestandsfeststellung. Immaterielle Vermögensgegenstände, Rechte und Verbindlichkeiten entziehen sich ohnehin der körperlichen Erfassung. Eine körperliche Aufnahme der Vermögensgegenstände ist nur insoweit notwendig, als die Erfüllung der sich aus dem HGB ergebenden Inventarpflicht ohne eine solche Aufnahme nicht möglich ist."

b) Anlagekartei

Bei dem Sachanlagevermögen kann der Bestandsnachweis regelmäßig durch die sog. Anlagekartei geführt werden.

Zu der Anlagekartei wird in der Stellungnahme **HFA 1/1990, Abschn. II b)**, ausgeführt:

"b) Körperliche Aufnahme bei dem Sachanlagevermögen: Das Sachanlagevermögen unterliegt im Vergleich zum Umlaufvermögen nur geringeren bestandsmäßigen Veränderungen. Andererseits haben aber beim Sachanlagevermögen die in den Abschreibungen zum Ausdruck kommenden wertmäßigen Veränderungen eine große Bedeutung. Wichtiger als Verzeichnisse der zu den einzelnen Abschluss-Stichtagen vorhandenen Anlagegegenstände sind für den Kaufmann also Aufzeichnungen, welche die Entwicklung des Anlagevermögens festhalten und eine zutreffende Ermittlung der Zugänge und Abgänge, der planmäßigen und außerplanmäßigen Abschreibungen, der Zuschreibungen und des Bestandes am Inventurstich-

tag gestatten. Diese Sachlage hat sich bestimmend auf die Form der Inventur und des Sachanlagevermögens ausgewirkt.

Der Bestand des in der Bilanz auszuweisenden Anlagevermögens wird durch Fortschreibung ermittelt, die vom Anfangsbestand ausgeht und die Zu- und Abgänge sowie die Zu- und Abschreibungen auf die einzelnen Anlagegegenstände sowie die Umbuchungen berücksichtigt. Die sich aus § 240 HGB ergebende Aufzeichnungspflicht kann grundsätzlich als erfüllt angesehen werden, wenn der Wertansatz des einzelnen Anlagegegenstandes aus den Aufzeichnungen festgestellt werden kann (Anlagekartei). Danach kann eine jährliche Kontrolle durch Vergleich mit den Istbeständen nicht als erforderlich angesehen werden, wenn sich aus dem Betriebsverlauf zwangsläufig eine ständige Kontrolle der wesentlichen Teile des Anlagevermögens ergibt und das Verfahren der Abgangsmeldungen ordnungsgemäß geregelt ist. Ist die erforderliche Bestandszuverlässigkeit der Anlagekartei nicht gegeben, so ist eine jährliche Bestandsaufnahme notwendig.

Die Anlagekartei muss mindestens enthalten:

- *Die genaue Bezeichnung des Gegenstandes;*
- *den Tag der Anschaffung oder Herstellung des Gegenstandes;*
- *die Höhe der Anschaffungs- oder Herstellungskosten;*
- *die Abschreibungsmethode und die Nutzungsdauer;*
- *den Bilanzwert am Bilanzstichtag;*
- *den Tag des Abgangs.*

Soweit Zuschreibungen und außerplanmäßige Abschreibungen vorgenommen wurden, muss dies aus der Anlagekartei hervorgehen."

c) Internes Kontrollsystem

Die Prüfung des Nachweises bei dem Sachanlagevermögen kann ferner mit Hilfe des sog. internen Kontrollsystems vorgenommen werden, d.h. im vorliegenden Fall, dass die Anlagekartei auf ihre Bestandszuverlässigkeit dadurch überprüft werden kann, dass das Vorhandensein und die Wirksamkeit von Kontrollen, die auf die Richtigkeit der Anlagekartei gerichtet sind, untersucht werden.

d) Betriebsbegehung

Hilfreich kann auch in Einzelfällen eine Inaugenscheinnahme durch den Prüfer sein (Betriebsbegehung).

Ziff. 3 Bewertung und Bewertungsprüfung

Vorbemerkung: Die allgemeinen Bewertungsregeln und Bewertungsvorschriften wurden oben, in den §§ 3, 4 und 5 ausgiebig besprochen; es reicht deshalb hier eine knappe Übersicht.

a) Bewertungsgrundsatz: Gemildertes Niederstwertprinzip

a1) Bewertung durch alle Kaufleute: §§ 253, 254 HGB

Bewertungsobergrenze sind die Anschaffungs- oder Herstellungskosten abzüglich planmäßiger (fortgeführte Anschaffungs- oder Herstellungskosten) und außerplanmäßiger Abschreibungen; außerplanmäßige Abschreibungen sind bei dauernder Wertminderung vorzunehmen; bei vorübergehender Wertminderung dürfen außerplanmäßige Abschreibungen vorgenommen werden.

a2) Sondervorschriften für Kapitalgesellschaften nach §§ 279-281 HGB

Es besteht ein Verbot zur Vornahme außerplanmäßiger Abschreibungen bei nur vorübergehender Wertminderung, aber eine Pflicht zur Vornahme von außerplanmäßigen Abschreibungen bei voraussichtlich dauernden Wertminderungen; Abschreibungen "nach vernünftigem kaufmännischen Ermessen" sind unzulässig.

b) Zuordnung von Vermögensgegenständen zum Sachanlagevermögen bei dauernder und vorübergehender Stillegung

Zur Veräußerung bestimmte Vermögensgegenstände gehören grundsätzlich nicht mehr zum Sachanlagevermögen; sie gehören - wie erwähnt - zum Umlaufvermögen. Ein Prüfungsproblem kann sich insbesondere dann ergeben, wenn Anlagen stillgelegt sind und es offen ist, ob diese Stillegung eine nur vorübergehende oder eine dauernde ist. Diese Feststellung ist deshalb wichtig, weil bei nur vorübergehender Stillegung bei Kapitalgesellschaften die Vornahme einer außerplanmäßigen Abschreibung untersagt ist, während sie bei einer dauernden Stillegung zwingend ist.

c) Prüfung der fortgeführten Anschaffungs- oder Herstellungskosten

Da die Gegenstände des Anlagevermögens, deren Nutzung zeitlich begrenzt ist, höchstens mit den fortgeführten, d.h. mit den um die planmäßigen Abschreibungen verminderten Anschaffungs- oder Herstellungskosten bewertet werden dürfen, kommt der Bemessung der planmäßigen Abschreibungen bei der Bewertung und Prüfung besondere Bedeutung zu.

c1) Begriff und Funktionen der Abschreibungen nach den unterschiedlichen Bilanzauffassungen

Das Wesen der handelsrechtlichen (und steuerlichen) Abschreibungen lässt sich am besten durch eine Gegenüberstellung der unterschiedlichen bilanztheoretischen Auffassungen zu den Abschreibungen erkennen.

c11) Abschreibungen in den statischen Bilanztheorien

Nach der statischen Bilanzauffassung werden die Vermögensgegenstände an jedem Bilanzstichtag mit ihren (Tages-)Werten festgestellt. Bei den abnutzbaren Gegenständen ergibt sich deshalb der Abschreibungsbetrag als Differenz zwischen dem Wert zu Beginn der Periode und zu Beginn der Folgeperiode. Probleme entstehen dadurch, dass der jeweilige Tageswert nur mit Schwierigkeiten feststellbar ist.

c12) Abschreibungen in den dynamischen Bilanztheorien

Wegen der vorgenannten Schwierigkeiten verzichtet die dynamische Bilanzauffassung auf eine Einzelableitung von Tageswerten bei den Gegenständen des abnutzbaren Anlagevermögens und verlangt lediglich, dass die planmäßigen Abschreibungen je Periode durch eine Verteilung der Anschaffungs- oder Herstellungskosten des Anlagegegenstandes auf den Zeitraum der voraussichtlichen Nutzung des Gegenstands ermittelt werden (= Verteilungsabschreibung). Die Verteilung soll hierbei nicht willkürlich, sondern nach einer bestimmten (wählbaren) Methode erfolgen.

c13) Abschreibungen nach organischer Bilanzauffassung

Ganz anderer Meinung ist die sog. organische Bilanzauffassung. Nach dieser Auffassung haben die Abschreibungen die Aufgabe, aus den Erträgen über die Aufwandsverrechnung diejenigen Beträge während der Nutzungsdauer der Anlage zu reservieren, die erforderlich sind, um die Anlagen am Ende der Nutzungsdauer auch bei gestiegenen Wiederbeschaffungspreisen wiederbeschaffen zu können. Die Konsequenz dieser Auffassung ist, dass die Abschreibungen nicht auf der Grundlage der Anschaffungs- oder Herstellungskosten, sondern auf der Grundlage der Wiederbeschaffungskosten ermittelt werden sollen (die vierte EG-Richtlinie ließ ein solches Vorgehen als "nationales Wahlrecht" zu).

c2) Die planmäßige Abschreibung von Gegenständen des Anlagevermögens, deren Nutzung zeitlich begrenzt ist (§ 253 Abs. 2 Sätze 1 und 2 HGB)

Das HGB steht, wie aus **§ 253 Abs. 2 Satz 1 und 2 HGB** hervorgeht, eindeutig auf dem Boden der dynamischen Bilanzauffassung. Bei den planmäßigen Abschreibungen kommt weder die statische noch die organische Bilanzauffassung zum Zuge:

> *"Bei Vermögensgegenständen des Anlagevermögens, deren Nutzung zeitlich begrenzt ist, sind die Anschaffungs- oder Herstellungskosten um planmäßige Abschreibungen zu vermindern. Der Plan muss die Anschaffungs- oder Herstellungskosten auf die Geschäftsjahre verteilen, in denen der Vermögensgegenstand voraussichtlich genutzt werden kann."*

c21) Der abschreibbare Betrag

c211) Anschaffungs- oder Herstellungskosten

Nach dem Gesetzeswortlaut ist der abschreibbare Betrag auf die Anschaffungs- oder Herstellungskosten des abzuschreibenden Gegenstandes begrenzt. Auch deswegen kann die organische Bilanzauffassung nicht zum Zuge kommen.

c212) Berücksichtigung des Restwertes

Eine offene Frage ist, ob während der Nutzungsdauer die gesamten Anschaffungs- oder Herstellungskosten abgeschrieben werden müssen, wenn mit erheblichen Restwerten am Ende der Nutzungsdauer gerechnet werden muss oder kann. Gegen den Wortlaut des Gesetzes wird zu Recht die Meinung vertreten, dass in solchen Fällen (bei Schiffen beträgt der Restwert bis zu 40 % der Anschaffungs- oder Herstellungskosten) der abschreibbare Betrag auf die Anschaffungs- oder Herstellungskosten abzüglich des Restwerts begrenzt werden kann. Bei Berücksichtigung des Restwerts wird in diesen Fällen die Vermögens-, Finanz- und Ertragslage sicher richtiger dargestellt werden als wenn der Restwert bei der Bemessung des abschreibbaren Betrags unberücksichtigt bliebe.

c22) Die Abschreibungsdauer

Die Abschreibungsdauer ist durch diejenigen Geschäftsjahre begrenzt, während derer der Vermögensgegenstand voraussichtlich genutzt werden kann. Diese Nutzungsdauer ist nicht mit der "technischen" Nutzungsdauer gleichzusetzen; sie entspricht auch nicht der möglichen optimalen Nutzungsdauer, sondern ist subjektiv durch den Bilanzierenden nach Maßgabe der vom Unternehmen verfolgten Geschäftspolitik festzulegen. Nur die Finanzverwaltung hat aus Objektivierungsgründen die sog. "betriebsgewöhnlichen Nutzungsdauern" in den AfA-Tabellen niedergelegt. Diese Tabellen sind das Ergebnis von Erhebungen durch die steuerliche Außenprüfung. Die Tabellen sind als solche nicht verbindlich; gegen ihre Verwendung in der Handelsbilanz bestehen aber keine Bedenken.

In **IAS 16.50 -.57** wird die Abschreibungsdauer sehr eingehend umschrieben; Abweichungen von den entsprechenden Regelungen unter dem HGB sind nicht erkennbar:

„50. Das Abschreibungsvolumen eines Vermögenswertes ist planmäßig über seine Nutzungsdauer zu verteilen.

51. Der Restwert und die Nutzungsdauer eines Vermögenswertes sind mindestens zum Ende jedes Geschäftsjahres zu überprüfen, und wenn die Erwartungen von früheren Einschätzungen abweichen, sind Änderungen gemäß IAS 8, Bilanzierungs- und Bewertungsmethoden, Änderungen von Schätzungen und Fehler, darzustellen.

52. Abschreibungen werden so lange, wie der Restwert des Vermögenswertes nicht höher als der Buchwert ist, erfasst, auch wenn der beizulegende Zeitwert des Vermögenswertes seinen Buchwert übersteigt. Reparatur und Instandhaltung eines Vermögenswertes widersprechen nicht der Notwendigkeit Abschreibungen vorzunehmen.

53. Das Abschreibungsvolumen eines Vermögenswertes wird nach Abzug seines Restwertes ermittelt. In der Praxis ist der Restwert oft unbedeutend und daher für die Berechnung des Abschreibungsvolumens unwesentlich.

54. Der Restwert eines Vermögenswertes kann bis zu einem Betrag ansteigen, der entweder dem Buchwert entspricht oder ihn übersteigt. Wenn dies der Fall ist, fällt der Abschreibungsbetrag des Vermögenswertes auf Null, solange der Restwert anschließend nicht unter den Buchwert des Vermögenswertes gefallen ist.

55. Die Abschreibung eines Vermögenswertes beginnt, wenn er zur Verfügung steht, d.h. wenn er sich an seinem Standort und in dem vom Management beabsichtigten betriebsbereiten Zustand befindet. Die Abschreibung eines Vermögenswertes endet, wenn dieser ausgebucht wird. Demzufolge hört die Abschreibung nicht auf, wenn ein Vermögenswert nicht genutzt wird oder vollkommen stillgelegt und bis zum Abgang gehalten wird, sofern der Vermögenswert nichtvollkommen abgeschrieben ist. Allerdings kann der Abschreibungsbetrag gemäß den üblichen Abschreibungsmethoden gleich Null sein, wenn keine Produktion läuft.

56. Der zukünftige wirtschaftliche Nutzen eines Vermögenswertes wird vom Unternehmen grundsätzlich durch dessen Nutzung verbraucht. Wenn der Vermögenswert ungenutzt bleibt, können jedoch andere Faktoren, wie technische und gewerbliche Veralterung und Verschleiß, den erwarteten Nutzen mindern. Deshalb werden zur Schätzung der Nutzungsdauer eines Vermögenswertes alle folgenden Faktoren berücksichtigt:

(a) die erwartete Nutzung des Vermögenswertes. Diese wird durch Berücksichtigung der Kapazität oder der Ausbringungsmenge ermittelt.

(b) der erwartete physische Verschleiß in Abhängigkeit von Betriebsfaktoren wie der Anzahl der Schichten, in denen der Vermögenswert genutzt wird, und dem Reparatur- und Instandhaltungsprogramm sowie der Wartung und Pflege des Vermögenswertes während der Stillstandszeiten.

(c) die technische oder gewerbliche Überholung auf Grund von Änderungen oder Verbesserungen in der Produktion oder von Änderungen in der Marktnachfrage nach Gütern oder Leistungen, die von diesem Vermögenswerterzeugt werden.

(d) rechtliche oder ähnliche Nutzungsbeschränkungen des Vermögenswertes wie das Ablaufen zugehöriger Leasingverträge.

57. Die Nutzungsdauer eines Vermögenswertes wird nach der voraussichtlichen Nutzbarkeit für das Unternehmen definiert. Die betriebliche Investitionspolitik kann vorsehen, dass Vermögenswerte nach einer bestimmten Zeit oder nachdem Verbrauch eines bestimmten Teils des künftigen wirtschaftlichen Nutzens des Vermögenswertes veräußert werden. Daher kann die voraussichtliche Nutzungsdauer eines Vermögenswertes kürzer sein als seine wirtschaftliche Nutzungsdauer. Die Bestimmung der voraussichtlichen Nutzungsdauer des Vermögenswertes basiert auf Schätzungen, denen Erfahrungswerte des Unternehmens mit vergleichbaren Vermögenswerten zugrunde liegen."

c23) Die Abschreibungsverfahren

Zum Abschreibungsplan gehört nicht nur die Festlegung des abschreibungsfähigen Betrags und die Festlegung der voraussichtlichen Nutzungsdauer, sondern es muss auch das Verfahren bestimmt werden, nach dem die Anschaffungs- oder Herstellungskosten auf die Nutzungsdauer verteilt werden können. - Wenn das Gesetz von planmäßigen Abschreibungen spricht, müssen alle drei Elemente des Abschreibungsplans (Betrag, Dauer, Verfahren) konkretisiert sein.

c231) Die verschiedenen Formen des Wertverzehrs als Bestimmungsfaktor der Abschreibungsquote

In der Praxis haben sich eine Reihe von Abschreibungsmethoden bzw. Abschreibungsverfahren herausgebildet, die nachstehend kurz umrissen werden. Hierbei ist davon auszugehen, dass das in einem bestimmten Fall gewählte Abschreibungsverfahren nicht notwendig dem Verlauf der tatsächlichen Wertminderung entsprechen muss, zumal diese Wertminderung in ihrer Entwicklung während der Nutzungsdauer ohnehin nicht mit einiger Sicherheit festgestellt werden kann.

Nach dem GoB ist es aber auf jeden Fall **unzulässig**, die planmäßigen Abschreibungen **auszusetzen** oder die Abschreibungen nach **Maßgabe des jeweiligen Gewinns** vorzunehmen!

c232) Die infolge fehlender Maßstäbe für den Wertverzehr üblichen Näherungslösungen zur Bestimmung der Abschreibungsquoten

Die Standard-Abschreibungsverfahren lassen sich wie folgt charakterisieren:

c 2321) Lineare Zeitabschreibung

Bei der linearen Zeitabschreibung wird der abschreibbare Betrag gleichmäßig auf die Perioden der Nutzung verteilt. Es gilt:

Abb. 15: Lineare Zeitabschreibung

```
Abschreibungsquote (a) = A.-Summe (A) / A.-Dauer (n)
```

c 2322) Geometrisch-degressive Zeitabschreibung

Bei der geometrisch degressiven Abschreibung wird mit gleichen Abschreibungssätzen vom jeweiligen Restbuchwert abgeschrieben. Dies führt zu jährlich kleiner werdenden Abschreibungsbeträgen; ein Restbuchwert von Null wird nicht erreicht. Deshalb gestattet die Finanzverwaltung den Übergang von der geometrisch degressiven Abschreibung auf die lineare Zeitabschreibung, sobald der Abschreibungsbetrag nach der linearen Zeitabschreibung größer wird als der Abschreibungsbetrag nach der geometrisch degressiven Abschreibung. Die Errechnung des bei geometrisch degressiver Abschreibung zu verwendenden Abschreibungssatzes (p) kann wie folgt durchgeführt werden:

Abb. 16: Geometrisch degressive Abschreibung

$$p = 100\left(1 - \sqrt[n]{R_n / A}\right) \text{ mit:}$$

n = Abschreibungsdauer;
R_n = Restwert am Ende des n-ten Jahres
A = Abschreibungsausgangsbetrag

c 2323) Arithmetisch-degressive Zeitabschreibung

Bei der arithmetisch degressiven Abschreibung sinkt der jährliche Abschreibungsbetrag von Jahr zu Jahr um den gleichen Betrag. Deshalb kann bei Verwendung der arithmetisch-degressiven Abschreibung auch ein Restwert in Höhe von Null erreicht werden. Beispiel:

Abb. 17: Arithmetisch degressive Abschreibung

```
Abschreibungsausgangsbetrag  (Abschreibungssumme): 7500,-
Abschreibungsdauer: 5 Jahre
Degressionsbetrag (d) = 7500 /  (1+2+3+4+5) = 7500 / 15 = 500
Daraus ergeben sich die folgenden Abschreibungsquoten:
im 1. Jahr 5 x 500 = 2500
im 2. Jahr 4.x 500 = 2000
im 3. Jahr 3 x 500 = 1500
im 4. Jahr 2 x 500 = 1000
im 5. Jahr 1 x 500 = 500
```

c 2324) Progressive Zeitabschreibung

Die progressive Zeitabschreibung erfolgt mit steigenden Abschreibungsbeträgen im Zeitablauf. Die Methode wird u.a. damit begründet, dass die Restwerte bis zu der Ersatzbeschaffung im Unternehmen verzinst werden müssen. Man könne eine von Jahr zu Jahr gleichbleibende Belastung erreichen, indem die Abschreibungen insoweit zunehmen wie die Zinsen abnehmen. Die Methode spielt kaum eine Rolle; sie ist aber auch steuerlich zulässig.

c 2325) Abschreibung nach Inanspruchnahme oder Substanzverzehr

Bei der Abschreibung nach Inanspruchnahme ist die Berechnungsbasis nicht die Zeit (Periode), sondern die Leistungseinheit. Ist eine Anlage z.B. in der Lage, 10.000 Leistungseinheiten abzugeben, so beträgt die Abschreibung je Leistungseinheit: Ein zehntausendstel des abschreibbaren Betrags.

Bei der Abschreibung nach Substanzverzehr, die z.B. bei Kiesgruben vorgenommen wird, werden die Anschaffungs- oder Herstellungskosten durch das geschätzte Gesamtvolumen des abbaufähigen Materials geteilt, und die Abschreibungen werden dann nach Maßgabe des Abbaus berechnet.

Voraussetzung für die Anwendung der Methoden ist, dass die Leistungs- oder Abbaueinheiten gemessen werden (können) und dass die Inanspruchnahme von Jahr zu Jahr Schwankungen unterliegt.

Nach **IAS 16.60** sind bei der planmäßigen Abschreibung die unter dem HGB zulässigen Abschreibungsmethoden auch nach den IAS anwendbar:

> *„Für die planmäßige Abschreibung kommt eine Vielzahl an Methoden in Betracht, um das Abschreibungsvolumen eines Vermögenswertes systematisch über seine Nutzungsdauer zu verteilen. Zu diesen Methoden zählen die lineare und degressive Abschreibung sowie die leistungsabhängige Abschreibung. Die lineare Abschreibung ergibt einen konstanten Betrag über die Nutzungsdauer, sofern sich der Restwert des Vermögenswertes nicht ändert. Die degressive Abschreibungsmethode führt zu einem im Laufe der Nutzungsdauer abnehmenden Abschreibungsbetrag. Die leistungsabhängige Abschreibungsmethode ergibt einen Abschreibungsbetrag auf der Grundlage der voraussichtlichen Nutzung oder Leistung. Das Unternehmen wählt die Methode aus, die am genauesten den erwarteten Verlauf des Verbrauchs des zukünftigen wirtschaftlichen Nutzens des Vermögenswertes widerspiegelt. Diese Methode ist von Periode zu Periode stetig anzuwenden, es sei denn, dass sich der erwartete Verlauf des Verbrauchs jenes künftigen wirtschaftlichen Nutzens ändert."*

c24) Planmäßigkeit (und Stetigkeit) der Abschreibung

Es ist ausdrücklich darauf hinzuweisen, dass die planmäßigen Abschreibungen dem Stetigkeitsgebot nach **§ 252 Abs. 1 Nr. 6 HGB** unterliegen. Eine Änderung des Abschreibungsplans ist nur in begründeten Ausnahmefällen möglich; Kapitalgesellschaften haben über die Gründe und die Änderung im Anhang zu berichten. (zum Stetigkeitsgrundsatz vgl. oben, **§ 8**).

c3) Die außerplanmäßige Abschreibung

c31) Die außerplanmäßige Abschreibung nach § 253 Abs. 2 Satz 3 HGB

Neben den planmäßigen Abschreibungen schreibt das Gesetz auch für die abnutzbaren Gegenstände des Sachanlagevermögens die Vornahme von sog. außerplanmäßigen Abschreibungen vor. **§ 253 Abs. 2 Satz 3 HGB**:

> *"Ohne Rücksicht darauf, ob ihre Nutzung zeitlich begrenzt ist können bei Vermögensgegenständen des Anlagevermögens außerplanmäßige Abschreibungen vorgenommen werden, um die Vermögensgegenstände mit dem niedrigeren Wert anzusetzen, der ihnen am Abschluss-*

Stichtag beizulegen ist; sie sind vorzunehmen bei einer voraussichtlich dauernden Wertminderung."

Es ist aber darauf hinzuweisen, dass Kapitalgesellschaften nach **§ 279 Abs. 1 HGB** außerplanmäßige Abschreibungen nur dann vornehmen müssen, wenn eine voraussichtlich dauernde Wertminderung vorliegt; bei vorübergehender Wertminderung von Gegenständen des Sachanlagevermögens ist die Vornahme einer außerplanmäßigen Abschreibung unzulässig.

Die außerplanmäßigen Abschreibungen sind der typische Fall der Anwendung der statischen Bilanzauffassung auf das Abschreibungsproblem.

c32) Die außerplanmäßige Abschreibung nach IAS 16 und IAS 36

Außerplanmäßige Abschreibungen auf Gegenstände des Sachanlagevermögens sind nicht in IAS 16 geregelt. Es wird in **IAS 16.63** auf die generellen Regelungen in IAS 36, Wertminderung von Vermögenswerten, verwiesen. Es heißt dort:

„Um festzustellen, ob ein Gegenstand der Sachanlagen wertgemindert ist, wendet ein Unternehmen IAS 36, Wertminderung von Vermögenswerten, an. Dieser Standard erklärt, wie ein Unternehmen den Buchwert seiner Vermögenswerte überprüft, wie es den erzielbaren Betrag eines Vermögenswertes ermittelt, und wann es einen Wertminderungsaufwanderfasst oder dessen Erfassung aufhebt."

c4) Die aus Vereinfachungsgründen zulässige Sonderabschreibung geringwertiger Wirtschaftsgüter des Anlagevermögens

Aus Vereinfachungsgründen lässt das Steuerrecht die Sofortabschreibung von sog. Geringwertigen Wirtschaftsgütern des Anlagevermögens (GWG) zu. Eine entsprechende Regelung fehlt in IAS 16. Unter Berücksichtigung des Wesentlichkeitsgrundsatzes dürfte eine entspreche Handhabung auch unter den IAS zulässig sein

d) Prüfung der Zuschreibungen

Zu den Einzelheiten der Zuschreibungen gemäß § 253 Abs. 4 HGB für alle Kaufleute und §§ 280 und 281 HGB für Kapitalgesellschaften, vgl. oben, § 5 Ziff. 5.

e) Die Festbewertung nach § 240 Abs. 3 HGB

In **§ 240 Abs. 3 HGB** heißt es:

"Vermögensgegenstände des Sachanlagevermögens sowie Roh-, Hilfs- und Betriebsstoffe können, wenn sie regelmäßig ersetzt werden, und ihr Gesamtwert für das Unternehmen von nachrangiger Bedeutung ist, mit einer gleichbleibenden Menge und mit einem gleichbleibenden Wert angesetzt werden, sofern ihr Bestand in seiner Größe, seinem Wert und seiner Zusammensetzung nur geringen Veränderungen unterliegt. Jedoch ist in der Regel alle drei Jahre eine körperliche Bestandsaufnahme durchzuführen."

e1) Wesen der Festbewertung als Vereinfachungsmaßnahme

Als Bewertungsvereinfachungsmaßnahme bzw. Inventurvereinfachungsmaßnahme bietet sich die Festbewertung dann an, wenn der Bestand mengen- und wertmäßig über die Perioden hinweg gleich bleibt. In solchen Fällen reicht es aus, die Ersatzbeschaffungen sofort als Aufwand zu verrechnen und den Bestand in der Bilanz als Festwert beizubehalten. Die Methode wird deshalb auch als Methode des "Eisernen Bestands" bezeichnet.

e2) Voraussetzungen für die Festbewertung

Die Voraussetzungen für die Anwendung des Festbewertungsverfahrens, das alle Kaufleute anwenden können, sind im Gesetz genannt.

e21) Geringe Veränderung der Größe des Bestandes

Da bei einem Bewertungsvereinfachungsverfahren eine Verfälschung der Darstellung der Vermögens-, Finanz- und Ertragslage grundsätzlich nicht hingenommen werden kann, darf der Bestand keinen größeren Veränderungen unterliegen. Es ist darauf hinzuweisen, daß unterjährige Bestandsveränderungen durchaus zulässig sind, wenn nur zu den Bilanzstichtagen der Bestand in seiner Größe annähernd in gleicher Höhe gehalten wird.

e22) Geringe Veränderung des Wertes und der Zusammensetzung des Bestandes

Die Vereinfachungsmaßnahme würde in das Leere gehen, wenn der Gesetzgeber nicht auch in Bezug auf die Zusammensetzung und den Wert des Bestandes geringe Ausnahmen zulassen würde.

Wertsteigerungen brauchen nicht zu Änderungen des Festwertes zu führen, wenn diese nicht mehr als ca. 10 % ausmachen; bei Mindermengen und Wertsenkungen sind immer Anpassungen vorzunehmen (Vorsichtsprinzip!).

e23) Regelmäßige Ersetzung

Auch die regelmäßige Ersetzung ist konstituierender Bestandteil des Verfahrens; denn wenn die Ersetzung nicht von Periode zu Periode erfolgen würde, könnte das Verfahren zu einer Verfälschung der Lagedarstellung führen.

e24) Der Gesamtwert des Festwertes muss für das Unternehmen von nachrangiger Bedeutung sein

Durch die vierte Richtlinie ist die Anwendung des Verfahrens auf Bestände beschränkt, die für das Unternehmen von "nachrangiger Bedeutung" sind. Der Begriff der "Nachrangigkeit" ist schwer zu fassen.

e25) In der Regel ist alle drei Jahre eine körperliche Bestandsaufnahme durchzuführen

Die Bestandsaufnahme (wenigstens in längeren Abschnitten) ist erforderlich, um zu verhindern, daß der ausgewiesene Bestand von dem Ist-Bestand wesentlich abweicht.

e3) Das Festwertverfahren kann auf Vermögensgegenstände des Sachanlagevermögens sowie auf Roh-, Hilfs- und Betriebsstoffe angewandt werden.

Im Umkehrschluss wird ausdrücklich festgestellt, dass das Festwertverfahren nicht auf unfertige und fertige Erzeugnisse angewandt werden kann. Dies erscheint durchaus gerechtfertigt, weil nur bei dem Sachanlagevermögen und bei den Roh-, Hilfs- und Betriebsstoffen wenigstens zu den Bilanzstichtagen eine Anpassung der Bestände durch das Unternehmen vorgenommen und damit die wesentliche Voraussetzung für die Anwendung des Festwertverfahrens erfüllt werden kann.

Ziff. 4 Bewertung des Sachanlagevermögens nach IAS

a) Die Erstbewertung von Gegenständen des Sachanlagevermögens nach IAS 16

Nach **IAS 16.15** hat die erstmalige Bewertung eines Gegenstandes des Sachanlagevermögens mit seinen Anschaffungs- oder Herstellungskosten zu erfolgen. Die Abgrenzung der Anschaffungskosten entspricht i.W. dem Anschaffungskostenbegriff nach § 255 HGB. Der Kreis der in die Herstellungskosten einzubeziehenden Aufwandsarten ist dagegen weiter als nach § 255 Abs. 1 HGB (vgl. dazu oben I, § 4 Ziff. 3 Abschn. e).

Die Verwendung von **Festwertverfahren** ist nach den IAS nicht vorgesehen.

b) Die Folgebewertung von Gegenständen des Sachanlagevermögens nach IAS 16

IAS 16 sieht als Verfahren der Folgebewertung zwei Methoden vor. Es heißt in IAS 16.29:

„*Ein Unternehmen wählt als Bilanzierungs- und Bewertungsmethoden entweder das Anschaffungskostenmodell nach Paragraph* 30 *oder das Neubewertungsmodell nach Paragraph* 31 *aus und wendet dann diese Methode auf eine gesamte Gruppe von Sachanlagen an.*"

b1) Anschaffungskostenmodell

Nach dem Anschaffungskostenmodell sind die Gegenstände des Sachanlagevermögens an den folgenden Bilanzstichtagen mit den fortgeführten, d.h. mit den um planmäßige oder außerplanmäßige verminderten Anschaffungs- oder Herstellungskosten zu bewerten. Es heißt hierzu in IAS 16.30:

> "*Nach dem Ansatz als Vermögenswert ist eine Sachanlage zu ihren Anschaffungskosten abzüglich der kumulierten Abschreibungen und kumulierten Wertminderungsaufwendungen anzusetzen.*"

b2) Alternativ zulässige Bewertungsmethode: Zeitwertmethode (Neubewertungsmodell)

Nach IAS 16.31-42 können auch Zeitwerte angesetzt werden. der als Wertansatz zu verwendende revaluated amount ist hierbei der fair value zum Zeitpunkt der letzten Neubewertung abzüglich der seitdem angefallenen kumulierten Abschreibungen. Es heißt in **IAS 16.31**:

> „*Eine Sachanlage, deren beizulegender Zeitwert verlässlich bestimmt werden kann, ist nach dem Ansatz als Vermögenswert zu einem Neubewertungsbetrag anzusetzen, der seinem beizulegenden Zeitwert am Tage der Neubewertung abzüglich nachfolgender kumulierter planmäßiger Abschreibungen und nachfolgender kumulierter Wertminderungsaufwendungen entspricht. Neubewertungen sind in hinreichend regelmäßigen Abständen vorzunehmen, um sicherzustellen, dass der Buchwert nicht wesentlich von dem abweicht, der unter Verwendung des beizulegenden Zeitwertes zum Bilanzstichtag ermittelt werden würde.*"

Ziff. 5 Ausweis und Ausweisprüfung

a) Gliederung des Sachanlagevermögens

a1) Vollgliederung bei großen Kapitalgesellschaften (§ 266 Abs. 2 A II HGB)

Große Kapitalgesellschaften haben stets als Mindestgliederung die Vorschriften des **§ 266 Abs. 2 A II HGB** anzuwenden, sofern dem nicht wirtschaftszweig- oder rechtsformabhängige Vorschriften entgegenstehen:

II. Sachanlagen

1. Grundstücke, grundstücksgleiche Rechte und Bauten auf fremden Grundstücken
2. technische Anlagen und Maschinen
3. andere Anlagen, Betriebs- und Geschäftsausstattung
4. geleistete Anzahlungen und Anlagen im Bau

a2) Erleichterungen für mittelgroße Kapitalgesellschaften

Für mittelgroße Kapitalgesellschaften sind in § 327 HGB Erleichterungen bei der Offenlegung (nicht bei der Aufstellung, Prüfung und Feststellung des Jahresabschlusses) vorgesehen. Näheres Hinschauen zeigt indes, dass für den Ausweis des Sachanlagevermögens auch durch § 327 Erleichterungen nicht gewährt werden (Es handelt sich insofern um einen "Ätsch-Paragraphen"!).

a3) Erleichterungen für kleine Kapitalgesellschaften

In **§ 266 Abs. 1 Satz 3 HGB** heißt es:

> *"Kleine Kapitalgesellschaften (§ 267 Abs. 1) brauchen nur eine verkürzte Bilanz aufzustellen, in die nur die in den Absätzen 2 und 3 mit Buchstaben und römischen Ziffern bezeichneten Posten gesondert und in der vorgeschriebenen Reihenfolge aufgenommen werden."*

Dies bedeutet, dass eine Untergliederung innerhalb des Sachanlagevermögens weder intern bei der Aufstellung und Feststellung noch extern bei der Offenlegung vorgenommen werden muss.

a4) Gliederung bei den übrigen Kaufleuten

§ 247 Abs. 1 HGB:

> *"In der Bilanz sind das Anlage- und das Umlaufvermögen, das Eigenkapital, die Schulden sowie die Rechnungsabgrenzungsposten gesondert auszuweisen und hinreichend aufzugliedern."*

Mit dieser Vorschrift sind die übrigen Kaufleute, was die Gliederung ihrer Bilanz angeht, praktisch den kleinen Kapitalgesellschaften gleichgestellt, denn auch bei ihnen ist eine Aufgliederung des Sachanlagevermögens nicht erforderlich.

b) Anlagespiegel (Anlagegitter)

b1) Bruttoanlagespiegel nach § 268 Abs. 2 HGB (nur Kapitalgesellschaften)

In **§ 268 Abs. 2 HGB** heißt es:

"In der Bilanz oder im Anhang ist die Entwicklung der einzelnen Posten des Anlagevermögens und des Postens 'Aufwendungen für die Ingangsetzung und Erweiterung des Geschäftsbetriebs' darzustellen. Dabei sind, ausgehend von den Anschaffungs- oder Herstellungskosten, die Zugänge, Abgänge Umbuchungen und Zuschreibungen des Geschäftsjahrs sowie die Abschreibungen in ihrer gesamten Höhe gesondert aufzuführen. Die Abschreibungen des Geschäftsjahrs sind entweder in der Bilanz bei dem betreffenden Posten zu vermerken oder im Anhang in einer der Gliederung des Anlagevermögens entsprechenden Gliederung anzugeben."

Der Anlagespiegel enthält somit die folgenden Posten:

- Ursprüngliche Anschaffungs- oder Herstellungskosten
- Zugänge des Geschäftsjahrs
- Abgänge des Geschäftsjahrs
- Zuschreibungen des Geschäftsjahrs
- Umbuchungen des Geschäftsjahrs
- Kumulierte Abschreibungen
- Die Abschreibungen des Geschäftsjahrs sind in der Bilanz oder im Anhang nach der Gliederung des Anlagespiegels anzugeben

Danach stellt sich der Anlagespiegel wie folgt dar:

Abb. 18: Anlagespiegel nach § 266 Abs. 2 i.V.m. § 268 Abs. 2 HGB

Posten	AHK kumuliert	Zugänge +	Abgänge urspr. Werte -	Umbuchungen +/-	Zuschreibungen d. Jahres +	Abschreibungen kumuliert -	Buchwert Ende des Gesch.J.	Buchwert Anfang des Gesch.J.

b2) Einzelfragen zum Anlagespiegel

Bei der Aufstellung des Anlagespiegels können sich einige Sonderprobleme ergeben.

b21) Zuschreibungen des Jahres werden in dem folgenden Jahresabschluss mit den kumulierten Abschreibungen saldiert

Da die Zuschreibungen jeweils des Jahres, die Abschreibungen aber kumuliert anzugeben sind, müssen die Zuschreibungen des jeweils laufenden Jahres in dem folgenden Jahresabschluss mit den kumulierten Abschreibungen saldiert werden.

b22) Geringwertige Wirtschaftsgüter sind nach GoB zu behandeln

Zur Behandlung der GWG im Anlagespiegel sagt das HGB nichts. Würde man das Gesetz befolgen, so müssten die GWG so lange in dem Anlagespiegel fortgeführt werden, wie sie im Unternehmen vorhanden sind. Bei ihrem Ausscheiden müssten sie dann sowohl mit ihren Anschaffungs- oder Herstellungskosten als auch mit den kumulierten Abschreibungen ausgebucht werden. Hierdurch würde aber der Vereinfachungscharakter der Sofortabschreibung der GWG verlorengehen. Es müssen sich in dieser Angelegenheit noch GoB entwickeln!

Ziff. 6 Prüfung korrespondierender Posten

Die bei der Prüfung des Sachanlagevermögens zu berücksichtigenden Posten des Jahresabschlusses werden nachfolgend auf der Grundlage des Gesamtkostenverfahrens der Gewinn- und Verlustrechnung nach **§ 275 Abs. 2 HGB** vorgestellt. (Es empfiehlt sich, die angegebenen Vorschriften im Gesetz nachzuschlagen!)

a) Sonderposten mit Rücklageanteil (§ 281 HGB)

Nach § 281 HGB können steuerlich bedingte Abschreibungen auch in der Weise vorgenommen werden, dass in Höhe des Differenzbetrags zwischen der handelsrechtlichen Abschreibung und der steuerlichen Abschreibung ein Korrekturposten in die Sonderposten mit Rücklageanteil eingestellt wird.

b) Andere aktivierte Eigenleistungen (§ 275 Abs. 2 Nr. 3 HGB)

In die anderen aktivierten Eigenleistungen werden bei Anwendung des Gesamtkostenverfahrens z.B. selbst erstellte Anlagegegenstände eingestellt, die als Ertragsposition die für die Herstellung verrechneten Aufwendungen neutralisieren sollen

c) Abschreibungen (§ 275 Abs. 2 Nr. 7 a HGB)

In der GuV-Rechnung nach § 275 Abs. 2 HGB sind die Abschreibungen auf immaterielle Vermögensgegenstände des Anlagevermögens und Sachanlagen sowie auf aktivierte Aufwendungen für die Ingangsetzung und Erweiterung des Geschäftsbetriebs einzustellen.

d) Angabe periodenfremder Erträge und Aufwendungen im Anhang, z.B. Erträge aus dem Abgang von Gegenständen des Anlagevermögens usw. (§ 277 Abs. 4 Satz HGB)

Es handelt sich um Aufwendungen und Erträge "die einem anderen Geschäftsjahr zuzurechnen sind", so z.B. um Gewinne aus dem Abgang von Gegenständen des Anlagevermögens, Verluste aus dem Abgang von Gegenständen des Anlagevermögens, Erträge aus der Auflösung von Rückstellungen usw.

e) Sonstige betriebliche Aufwendungen und Erträge (§ 275 Abs. 2 Nr. 8 HGB)

Es handelt sich um Erträge und Aufwendungen, die nicht unter andere Posten fallen und die nicht Finanzerträge und -aufwendungen und nicht außerordentliche Aufwendungen und Erträge sind. Es empfiehlt sich, stets, die sonstigen betrieblichen Aufwendungen und Erträge daraufhin zu untersuchen, ob sie nicht besser unter anderen Posten der Gewinn- und Verlustrechnung auszuweisen wären.

f) Angaben im Anhang, soweit sie das Sachanlagevermögen betreffen (§§ 284, 285 HGB)

Vgl. zu den auf das Sachanlagevermögen bezogenen Anhangangaben die Ausführungen im § 23 dieses Bandes.

§ 10 Bilanzierung, Bewertung und Prüfung von Vorräten

Übersicht

Lit.: ADS, 6. A. §§ 240, Tz. 3-66, 241, Tz. 3-42, 253, Tz. 481 ff., 256 HGB, Tz. 5 ff., 266 Tz. 96 ff. HGB; AWV - Arbeitsgemeinschaft für wirtschaftliche Verwaltung e.V.: Systemgestützte Werkstattinventur. Eschborn 1989; Buchau, Roh-, Hilfs- und Betriebsstoffe, HWRP, Sp. 2088-2105; Coenenberg, Jahresabschluss, 19. A., S. 211 ff.; Farr, Inventur und Inventar, HdJ, Abt. II,5; Gross/Schruff, Jahresabschluss, 2. A., S. 56 ff.; Hense/Philipps, Kommentierung zu §§ 240, 241 HGB, Beck'scher Bilanzkommentar, 5. A.; HFA 1/1981, Stichprobenverfahren für die Vorratsinventur; HFA 1/1990, Zur körperlichen Bestandsaufnahme im Rahmen von Inventurverfahren; IAS 2, Vorräte; IDW PS 301, Prüfung der Vorratsinventur; International Standard on Auditing, ISA 501.4-18, Audit Evidence - Additional Considerations for Specific Items, Part A; Jacobs, Kommentierung von IAS 2, in: Baetge et al., Rechnungslegung nach IAS, 1997, S. 157 ff.; Kleekämper/Angermayer/Oser, Vorräte, HWRP, Sp. 2591-2606; Kunz, Inventur, HWRP, Sp.1238-1247; Schildbach, Vorräte, HdJ, Abt. II,4; Thönnes, Unfertige und fertige Erzeugnisse, HWRev, 2. A., Sp. 1986 ff.; Wagner, Inventurprüfung, HWRev, 2. A., Sp. 908 ff.; WPH 2000, E 414 ff., F 183 ff.;

Ziff. 1 Begriffliche Abgrenzung

a) Vorräte als Gegenstände des Umlaufvermögens

Vorräte sind Gegenstände des Umlaufvermögens; es handelt sich also um Vermögensgegenstände, die **nicht** dazu bestimmt sind, dauernd dem Geschäftsbetrieb zu dienen (Umkehrschluss nach **§ 247 Abs. 2 HGB**).

b) Gliederung der Vorräte

Der Gliederung der Vorräte liegen die Bedürfnisse eines Fertigungsbetriebs zugrunde. Die Abgrenzung der einzelnen Unterpositionen ist fließend, insbesondere bei Betrieben, die ihre Erzeugnisse in verschiedenem Fertigungszustand verkaufen oder teils herstellen und teils kaufen. Zu den Vorräten gehören nach **§ 266 Abs. 2 B I HGB**:

b1) Roh-, Hilfs- und Betriebsstoffe

Roh-, Hilfs- und Betriebsstoffe sind fremdbezogene Stoffe, die noch unverarbeitet oder nicht verbraucht sind.

b2) Unfertige Erzeugnisse, unfertige Leistungen

Unfertige Leistungen liegen in erster Linie bei Dienstleistungsunternehmen vor.

b3) Fertige Erzeugnisse und Waren

Sind Leistungen für einen feststehenden Abnehmer fertiggestellt, so sind sie als Forderungen auszuweisen. Zu den fertigen Erzeugnissen gehören Vorräte erst dann, wenn sie versandfertig sind. Die Waren umfassen Handelsartikel und Zubehör zu den Fertigerzeugnissen.

b4) Geleistete Anzahlungen (= Leistungsforderungen)

Geleistete Anzahlungen sind unter den Vorräten auszuweisen, wenn sie der Beschaffung von Roh-, Hilfs- und Betriebsstoffen und von Waren dienen. Andere geleistete Anzahlungen sind entsprechend ihrem Charakter an anderen dafür vorgesehenen Stellen des Gliederungsschemas nach § 266 HGB auszuweisen.

c) Vorräte nach IAS 2 (Inventories)

Nach **IAS 2.6** sind Vorräte Assets,

> *„(a) die zum Verkauf im normalen Geschäftsgang gehalten werden,*
>
> *(b) die sich in der Herstellung für einen solchen Verkauf befinden oder*
>
> *(c) die als Roh-, Hilfs- und Betriebsstoffe dazu bestimmt sind, bei der Herstellung oder der Erbringung von Dienstleistungen verbraucht zu werden."*

In **IAS 2.8** heißt es weiter:

> *„Vorräte umfassen zum Weiterverkauf erworbene Waren, wie beispielsweise von einem Einzelhändler zum Weiterverkauf erworbene Handelswaren, oder Grundstücke und Gebäude, die zum Weiterverkauf gehalten werden. Des Weiteren umfassen Vorräte vom Unternehmen hergestellte Fertigerzeugnisse und unfertige Erzeugnisse sowie Roh-, Hilfs- und Betriebsstoffe vor Eingang in den Herstellungsprozess. ...“*

Ziff. 2 Nachweis und Nachweisprüfung, Inventurverfahren

Die Bestandsfeststellung bei Sachgegenständen hat grundsätzlich durch körperliche Aufnahme zu geschehen. In der Stellungnahme **HFA 1/1990, Abschn. A. II.**, wird jedoch festgestellt, dass es keine ausdrückliche gesetzliche Vorschrift gibt, nach der das Inventar aufgrund einer körperlichen Aufnahme aufzustellen ist. Dennoch könne davon ausgegangen werden, dass der Gesetzgeber die körperliche Aufnahme von Sachgegenständen als eine Voraussetzung zur Erstellung des Inventars angesehen hat. Entsprechend heißt es in **HFA 1/1990**:

> *"Bei Gegenständen des Vorratsvermögens, also bei Roh-, Hilfs- und Betriebsstoffen, unfertigen Erzeugnissen, fertigen Erzeugnissen und Waren ist eine körperliche Bestandsaufnahme*

stets erforderlich, wenn entweder eine Bestandsbuchführung nicht vorhanden ist oder wenn die erforderliche Zuverlässigkeit der Bestandsbuchführung nicht gegeben ist. Es liegt deshalb im Rahmen der gesetzlichen Bestimmungen, wenn das Inventar für das Vorratsvermögen anhand laufender Aufzeichnungen aufgestellt wird, sofern diese zuverlässig sind. Die Zuverlässigkeit wird beim Vorratsvermögen grundsätzlich dann als gegeben erachtet, wenn die Übereinstimmung der Istbestände mit den Buchbeständen mindestens einmal im Wirtschaftsjahr durch körperliche Aufnahme überprüft wird ... ."

a) Inventurgrundsätze

Jede körperliche Inventuraufnahme hat nach bestimmten Grundsätzen zu erfolgen. Die folgenden Grundsätze werden vom HFA des IDW umschrieben:

a1) Vollständigkeit

Stellungnahme **HFA 1/1990, Abschn. B. I.**:

"Nach dem Grundsatz der Vollständigkeit sind die Bestände sämtlicher Vermögensgegenstände und Schulden, die in die Bilanz nach § 246 Abs. 1 HGB aufzunehmen sind, im Inventar zu erfassen."

a2) Richtigkeit der Bestandsaufnahme

In der Stellungnahme **HFA 1/1990 Abschn. B. II.** heißt es:

"Nach dem Grundsatz der Richtigkeit sind die zu erfassenden Bestandspositionen nach Art und Menge zutreffend festzustellen. Hierzu bedarf es einer eindeutigen Identifizierung und der Erfassung sämtlicher Informationen, die für die Bewertung dieser Bestände notwendig sind."

a3) Einzelerfassung der Bestände

In der Stellungnahme **HFA 1/1990, Abschn. B. III.**, wird ausgeführt:

"Der Grundsatz der Einzelbewertung nach § 252 Abs. 1 Nr. 3 HGB erfordert, dass die Bestände nach Art und Menge und Beschaffenheit einzeln zu erfassen sind. Ausnahmen von diesem Grundsatz ergeben sich nach § 240 Abs. 3 und 4 HGB (Festwertbewertung und Gruppenbewertung)."

a4) Nachprüfbarkeit der Bestandsaufnahme

In der Stellungnahme **HFA 1/1990, Abschn. B. IV.**, heißt es schließlich:

"Der Grundsatz der Nachprüfbarkeit verlangt, dass die Bestandsaufnahme und deren Ergebnis dokumentiert und aufbewahrt werden. Da die Inventurunterlagen Bücher im Sinne des Handelsgesetzbuchs darstellen, sind auf sie die Grundsätze der §§ 238 und 239 HGB anzuwenden. Dies bedeutet, dass durch die Dokumentation der Bestandsaufnahme sichergestellt sein muss, dass sie einem sachverständigen Dritten innerhalb angemessener Zeit einen Überblick über die Bestände nach Art, Menge und Beschaffenheit vermitteln kann."

b) Inventurverfahren

Die Aufstellung des Inventars nach § 240 Abs. 1 und 2 HGB kann auf der Grundlage unterschiedlicher Verfahren erfolgen. Neben den Verfahren der körperlichen Bestandsaufnahme am Abschlussstichtag können auch andere, den GoB entsprechende Verfahren zur Aufstellung des Bestandsnachweises herangezogen werden.

b1) Stichtagsinventur und zeitlich ausgeweitete Stichtagsinventur

Es handelt sich bei der Stichtagsinventur um die körperliche Aufnahme am Bilanzstichtag (bzw. kurz davor/kurz danach, **§ 240 Abs. 2 HGB**). In der Stellungnahme **HFA 1/1990, Abschn. C. I. a) und b)**, wird das Verfahren wie folgt beschrieben:

> *"a) Die Stichtagsinventur: Die als Stichtagsinventur bezeichnete körperliche Bestandsaufnahme am Bilanzstichtag ist das herkömmliche Inventurverfahren. Es ist nach wie vor das sicherste Verfahren und überall dort anzuwenden, wo es wirtschaftlich geboten und wo es wegen Fehlens geeigneter buchmäßiger Unterlagen notwendig ist.*
>
> *Eine körperliche Aufnahme ist insbesondere bei solchen Beständen notwendig, deren Buchmengen aufgrund einer fiktiven Schwund-, Abbrand-, Abfall- usw. -rechnung bzw. nach Schätzung oder auf andere Weise durch Rückrechnung gewonnen werden, ferner bei solchen Beständen, die starker Bewegung und erfahrungsgemäß starken Mengendifferenzen und unkontrollierbarem Schwund unterliegen, sowie auch bei Beständen, die besonders wertvoll und ohne erhebliche Schwierigkeiten aufnehmbar sind.*
>
> *b) Die ausgeweitete Stichtagsinventur: Ist ... die körperliche Aufnahme notwendig, kann diese aber aus betrieblichen oder sonstigen Gründen nicht am Inventurstichtag vorgenommen werden, so kann die Aufnahme auch wenige Tage vor oder nach dem Inventurstichtag vorgenommen werden. Entsprechend den steuerlichen Vorschriften soll die körperliche Aufnahme innerhalb einer Frist von zehn Tagen vor oder nach dem Bilanzstichtag durchgeführt werden. In diesem Fall müssen die Belege über die Einzelbewegungen zwischen Aufnahmetag und Stichtag strengen Anforderungen genügen. Sie sind Inventurunterlagen."*

b2) Zeitlich vor- oder nachverlegte Inventur (§ 241 Abs. 3 Nr. 1 HGB)

Es handelt sich um eine Stichtagsinventur innerhalb eines Zeitraumes von drei Monaten vor und zwei Monaten nach dem Bilanzstichtag; Voraussetzung: Wertmäßige Vor- oder Rückrechnung bis zum Bilanzstichtag; das Verfahren ist nicht geeignet für Gegenstände, die starken Bewegungen oder unkontrollierbarem Schwund unterliegen. In der Stellungnahme **HFA 1/1990, Abschn. C. II.**, wird das Verfahren wie folgt umschrieben:

> *"Nach § 241 Abs. 3 HGB kann die jährliche körperliche Bestandsaufnahme ganz oder teilweise innerhalb der letzten drei Monate vor oder der ersten zwei Monate nach dem Bilanzstichtag durchgeführt werden. Der in diesem besonderen Inventar erfasste Bestand ist dann durch ein den Grundsätzen ordnungsmäßiger Buchführung entsprechendes Fortschreibungs- oder Rückrechnungsverfahren auf den Bilanzstichtag zu beziehen. ...*
>
> *Die Besonderheit der vor- oder nachverlegten Stichtagsinventur nach § 241 Abs. 3 HGB besteht darin, dass die Fortschreibung oder Rückrechnung auf den Bilanzstichtag **nur wert-***

mäßig (Hervorhebung v. Verf.) vorgenommen werden muss. Auf die Fortschreibung der Arten und der Mengen der Bestände kann bei diesem Verfahren verzichtet werden.

Wegen der nur wertmäßigen Vor- oder Rückrechnung kann die Anwendung des Verfahrens dann zu Schwierigkeiten führen, wenn am Bilanzstichtag für die Anwendung von Bewertungsvorschriften auf den Bestand auch Informationen über die Art, die Menge und die Beschaffenheit der Bestandspositionen erforderlich sind. Dies gilt sowohl für die Anwendung des Niederstwertprinzips (niedrigere Tagespreise, Gängigkeitsrisiken, verlustfreie Bewertung) als auch für die Inanspruchnahme steuerlicher Vorschriften .... Es empfiehlt sich deshalb, die Vor- oder Rückrechnung nicht nur wertmäßig, sondern auch art- und mengenmäßig durchzuführen.

Wegen der notwendigen Vor- oder Rückrechnung ist das Verfahren nicht auf die Bestandserfassung von Gegenständen anwendbar, die unkontrolliertem Schwund unterliegen oder die besonders wertvoll sind."

b3) Permanente Inventur (§ 241 Abs. 2 HGB)

Die sog. permanente Inventur verlangt die Aufnahme aller Posten einmal während des Geschäftsjahres; Voraussetzung: Ordnungsmäßige Lagerbuchführung; nicht geeignet für Gegenstände, die starken Bewegungen oder unkontrollierbarem Schwund unterliegen. Hierzu die Stellungnahme **HFA 1/1990, Abschn. C. III.**:

> *"Nach § 241 Abs. 2 HGB bedarf es bei der Aufstellung des Inventars für den Schluss eines Geschäftsjahres einer körperlichen Bestandsaufnahme der Vermögensgegenstände für diesen Zeitpunkt nicht, soweit durch Anwendung eines den Grundsätzen ordnungsmäßiger Buchführung entsprechenden anderen Verfahrens gesichert ist, dass der Bestand der Vermögensgegenstände nach Art, Menge und Wert auch ohne die körperliche Bestandsaufnahme für diesen Zeitpunkt festgestellt werden kann. Ein solches anderes, den Grundsätzen ordnungsmäßiger Buchführung entsprechendes Verfahren ist die sog. permanente Inventur, die eine Kombination aus buchmäßiger und körperlicher Aufnahme darstellt.*
>
> *Soweit eine genaue und ordnungsmäßige laufende Fortschreibung der Bestandsbewegungen nach Art, Menge und Wert (Bestandsbuchführung) angewandt wird, und soweit nicht die körperliche Aufnahme nach A II a) erforderlich ist, können die buchmäßig ermittelten Bestände zum Inventurstichtag unter den folgenden Voraussetzungen dem Inventar zugrunde gelegt werden:*
>
> - *In der Bestandsbuchführung müssen alle Bestände, Zugänge und Abgänge einzeln nach Tag, Art und Menge erfasst werden; die Eintragungen müssen belegmäßig nachgewiesen werden.*
> - *Zwischen dem vorhergehenden und dem neuen Inventurstichtag müssen mindestens einmal die Sollbestände jedes Gegenstandes laut Fortschreibung mit den Istbeständen aufgrund einer körperlichen Aufnahme verglichen werden.*
> - *Der Zeitpunkt, die Durchführung und das Ergebnis der körperlichen Bestandsaufnahme sind zu dokumentieren; die Aufzeichnungen stellen Inventurunterlagen dar.*
> - *Die Bestandsbuchführung ist nach den Ergebnissen der Istaufnahme zu berichtigen.*

Das Verfahren der permanenten Inventur kann auf Bestände, die unkontrollierbarem Schwund unterliegen oder die besonders wertvoll sind, nicht angewandt werden, weil es insoweit an der notwendigen Zuverlässigkeit der Bestandsbuchführung fehlt."

b4) Inventur mit Hilfe von Stichproben (§ 241 Abs. 1 HGB)

Nach **§ 241 Abs. 1 HGB** darf der Bestand der Vermögensgegenstände bei der Aufstellung des Inventars nach Art, Menge und Wert auch aufgrund von Stichproben ermittelt werden. Das Gesetz knüpft die Zulässigkeit der sog. Stichprobeninventur an drei Voraussetzungen:

- Beachtung der Grundsätze ordnungsmäßiger Buchführung;
- Verwendung anerkannter mathematisch-statistischer Methoden;
- Gleichheit des Aussagewertes des auf der Grundlage von Stichproben aufgestellten Inventars mit dem Aussagewert eines aufgrund einer körperlichen Bestandsaufnahme aufgestellten Inventars (sog. Äquivalenzforderung).

b41) Beachtung der Grundsätze ordnungsmäßiger Buchführung

Hierzu heißt es in der Stellungnahme **HFA 1/1990, Abschn. C. IV. a)**:

"Auch bei Anwendung der Stichprobeninventur sind die ... allgemeinen Inventurgrundsätze zu beachten. Für die Stichprobeninventur sind diese Grundsätze aufgrund der Verfahrensbesonderheiten wie folgt zu interpretieren:

- *Nach dem Grundsatz der **Vollständigkeit** sind alle Posten des Bestandskollektivs zu erfassen und alle Stichprobenelemente nach dem Stichprobenplan vollständig aufzunehmen und auszuwerten. Der Grundsatz setzt voraus, dass das Bestandskollektiv und dessen Elemente exakt abgegrenzt sind. Dazu bedarf es einer sachlichen, örtlichen und zeitlichen Festlegung des jeweiligen Bestandskollektivs.*
- *Der Grundsatz der **Richtigkeit** gilt als erfüllt, wenn der Aussagewert des mit Hilfe von Stichproben aufgestellten Inventars dem Aussagewert eines aufgrund einer körperlichen Bestandsaufnahme aufgestellten Inventars gleichkommt. Es empfiehlt sich, die werthöchsten Bestandselemente in einer sog. Vollerhebungsschicht zusammenzufassen, wenn hierdurch die Schätzgenauigkeit erhöht werden kann.*
- *Die **Einzelerfassung** und Fortschreibung der Bestände nach Art, Menge und Wert ist über eine ordnungsmäßige Bestandsbuchführung zu gewährleisten.*
- *Der Grundsatz der **Nachprüfbarkeit** erfordert eine ordnungsmäßige Dokumentation der Planung, der Verfahrensanwendung, der Zufallsauswahl, der körperlichen Aufnahme, der Herleitung der statistischen Aussage und der Überleitung der Stichprobenergebnisse auf das Inventar.*
- *Wegen der Hochrechnung der durch die Stichprobe gewonnenen Informationen über das Bestandskollektiv ist die **körperliche Aufnahme besonders sorgfältig** zu planen, durchzuführen und zu überwachen. Insbesondere sind hochwertige Gegenstände und Gegenstände, die unkontrollierbarem Schwund unterliegen, aus dem Stichprobenverfahren auszuschließen."*

b42) Verwendung anerkannter statistischer Methoden

Die Bestandserfassung aufgrund von Stichproben hat nach **§ 241 Abs. 1 HGB** mit Hilfe anerkannter mathematisch-statistischer Methoden zu erfolgen. Die Entscheidung, ob eine Methode als "anerkannte" Methode zu bezeichnen ist, ist danach zu treffen, ob es sich um ein Zufallsstichprobenverfahren im Sinne der statistischen Methodenlehre handelt. **HFA 1/1990, Abschn. C. IV. b)**:

"Bei einem Zufallsstichprobenverfahren sind die Elemente der Stichprobe unter dem Zufallsprinzip auszuwählen, wobei jedes Element des Bestandskollektivs, d. h. der Grundgesamtheit, eine berechenbare, positive Chance haben muss, in die Stichprobe zu gelangen.

Die erforderliche Zahl der Stichprobenelemente, d.h. der Stichprobenumfang, muss mindestens so groß gewählt werden, dass die verlangte Sicherheit und die verlangte Genauigkeit der Stichprobenaussage unter Berücksichtigung der verwendeten mathematisch-statistischen Methode und der ihr zugrunde liegenden Annahmen erreicht werden kann."

b43) Der Aussagewert des Stichprobeninventars muss dem Aussagewert eines aufgrund einer körperlichen Aufnahme aufgestellten Inventars gleichkommen (Aussageäquivalenz)

Nach der Stellungnahme **HFA 1/1990, Abschn. C. IV. c)**, wird das Problem der vom Gesetz verlangten Aussageäquivalenz wie folgt gelöst:

"Nach § 241 Abs. 1 HGB muss der Aussagewert des mit Hilfe von Stichproben aufgestellten Inventars dem Aussagewert eines aufgrund einer körperlichen Bestandsaufnahme aufgestellten Inventars gleichkommen.

Die erforderliche Äquivalenz im Hinblick auf den Gesamtwert des mit Hilfe von Stichproben ermittelten Inventars ist dann gegeben, wenn die Stichprobenaussage die folgenden Anforderungen erfüllt:

- *Die statistische Aussage muss in 95 % aller Fälle zutreffen, d.h. es muss ein Sicherheitsgrad der Aussage in Höhe von 95 % vorliegen.*
- *Der relative Stichprobenfehler, d.h. der statistische Schätzfehler, darf 1 % des gesamten Bestandswertes einschließlich einer Vollerhebungsschicht nicht überschreiten.*

Hinsichtlich der Feststellung der Vermögensgegenstände nach Art, Menge und Wert muss ein auf einer Stichprobenerhebung beruhendes Inventar dieselben Angaben enthalten wie ein herkömmliches Inventar. Diese Aussageäquivalenz im Hinblick auf die Gliederung des Inventars kann nach Auffassung des HFA regelmäßig nur mit Hilfe einer bestandszuverlässigen Bestandsbuchführung erreicht werden: Es wird für vertretbar gehalten, die Aufgliederung des mit Hilfe der Stichprobenauswertung geschätzten Gesamtwertes der Bestände nach Art, Menge und Wert auf Grundlage der Bestandsbuchführung vorzunehmen. ...

Zweifel an der erforderlichen Zuverlässigkeit der Bestandsbuchführung bestehen nicht nur dann, wenn zwischen dem Stichproben-Schätzwert und dem Buchwert des Gesamtbestands gewichtige Abweichungen bestehen, sondern auch dann, wenn sich bei Auswertung der einzelnen Stichprobenelemente herausstellt, dass erhebliche Abweichungen zwischen Buchbeständen und den nach körperlicher Aufnahme festgestellten Istbeständen bestehen. Nach

Auffassung des HFA ist die erforderliche Bestandszuverlässigkeit bei der Anwendung statistischer Schätzverfahren regelmäßig noch gegeben, wenn hinsichtlich der Gesamtabweichung ein Toleranzbereich von etwa 2 % nicht überschritten wird, es sei denn, die Zahl und die Höhe der vorgefundenen Einzelabweichungen stehen dieser Annahme entgegen."

b5) Körperliche Bestandsaufnahme bei automatisch gesteuerten Lagersystemen

Eine Sonderform der permanenten Inventur ist die Inventur bei automatisch gesteuerten Lagersystemen (Einlagerungsinventur). Hierzu sagt die Stellungnahme **HFA 1/1990, Abschn. D. II. a) und b)**:

"a) Umschreibung der Lagersysteme: Im Zuge der rationellen Gestaltung der Lagerhaltung gehen Unternehmen dazu über, normalerweise nicht begehbare Großlagerhallen einzurichten, bei denen automatisch gesteuerte Arbeitsgeräte die Warenbewegung im Lager, beginnend bei der Warenannahme und endend bei der Warenausgabe, besorgen. Aus Gründen der optimalen Lagernutzung wird hierbei die Einlagerung der Artikel in der Regel gemäß dem Prinzip der Freiplatzlagerung vorgenommen, so dass sich, im Gegensatz zur herkömmlichen Lagerhaltung, die gleichen Artikel im Lagersystem an mehreren auseinander liegenden und ständig wechselnden Lagerplätzen befinden.

b) Inventur bei vollautomatischen Lagersystemen (Einlagerungsinventur): Die Entwicklung automatisch gesteuerter Lagersysteme hat zu Verfahren geführt, bei denen die EDV-mäßige Steuerung der Ein- und Auslagerung mit der Bestandsfortschreibung gekoppelt ist. Während z. B. ein Prozessrechner das Kennzeichen der Palette (Palettenidentnummer) und den Lagerort archiviert, schreibt ein Zentralrechner neben diesen gleichzeitig übernommenen palettenspezifischen Daten den Buchbestand nach Artikelnummern und Lagerorten fort.

Unter den folgenden Voraussetzungen bietet ein solches Verfahren ein hohes Maß an Bestandssicherheit: Durch maschineninterne Kontrollen ist gewährleistet, dass weder die Einlagerung noch die Auslagerung vorgenommen werden kann, ohne dass die körperliche Bewegung in der Bestandsfortschreibung erfasst wird. Bei jeder Einlagerung erfolgt automatisch eine Leerplatzkontrolle, so dass die Mehrfachbelegung eines Faches ausgeschlossen ist. Bei der Auslagerung werden die Lagereinheiten bei jedem Zugriff vollständig entleert, Teilentnahmen sind nicht möglich bzw. erfolgen in der Form der vollständigen Entleerung der Lagereinheiten und Wiedereinlagerung eines Teilbestandes. Ferner werden die Einlagerungen der Art und Menge nach kontrolliert und dokumentiert. Das Lager ist im laufenden Betrieb nicht begehbar und Unbefugten nicht zugänglich.

Bei den beschriebenen Verfahren wird es für ausreichend gehalten, wenn die körperliche Bestandsaufnahme bei der Einlagerung der Gegenstände erfolgt, sofern die folgenden zusätzlichen Voraussetzungen gegeben sind:

- *Aufnahme und Dokumentation bei Einlagerung entsprechen den Grundsätzen einer ordnungsmäßigen Inventur.*
- *Es besteht keine Zugriffsmöglichkeit vom Eingang ins Lager (Identifikationspunkt) bis zum Lagerplatz.*

- *Die im Geschäftsjahr nicht bewegten Bestände werden spätestens zum Bilanzstichtag aufgenommen.*
- *Der gesamte am Bilanzstichtag vorhandene Bestand ist dokumentiert. Die diesen Bestand betreffenden und den Artikel und den Lagerplatz kennzeichnenden Einlagerungsbelege werden als Inventurbelege aufbewahrt.*

c) Inventur bei halbautomatischen (einfachen) Lagersystemen: Sind die unter D II b aufgeführten Voraussetzungen nicht oder nicht vollständig gegeben, d.h. bei Lagersystemen, bei denen eine mit der Lagerbewegung automatisch synchronisierte Bestandsfortschreibung nicht gegeben ist, können die vorstehend erläuterten Erleichterungen nicht angewendet werden. Hier sind die oben umschriebenen Inventurverfahren einschließlich der Stichprobeninventur anzuwenden."

b6) Verfahren der systemgestützten Werkstattinventur

Ein weiteres Inventurverfahren wird in der Stellungnahme **HFA 1/1990, Abschn. D. III. a) und b)** wie folgt umschrieben:

"III. Systemgestützte Werkstattinventur[1]

a) Besonderheiten der Werkstattinventur: Eine Besonderheit der Vorräte im Werkstattbereich besteht darin, dass sie in einer Vielzahl von Einzelaufträgen gebunden sind. Bei den Werkstattvorräten handelt es sich im Gegensatz zu Lagerbeständen um einen stets fließenden Bestand von Aufträgen, der die Fertigung durchläuft. Der Werkstattbestand zu einem bestimmten Zeitpunkt ist deshalb nur über die sich gerade in Arbeit befindlichen Aufträge, die in den unterschiedlichsten Bearbeitungsstadien sein können, zu identifizieren.

b) Verfahren der systemgestützten Werkstattinventur: In der modernen Produktionstechnik spielen sog. Produktionsplanungs- und Steuerungssysteme (PPS-Systeme) eine zunehmende Rolle. Es wird mit Hilfe der Verkettung von Bearbeitungsstationen eine fließende Fertigung ermöglicht, die im Extremfall die gesamte Fertigung eines Produkts oder einer Produktkomponente umfasst.

Soweit derartige Fertigungen mit Hilfe der Datenverarbeitung gesteuert werden, die auf der Basis von laufenden Rückmeldungen funktionieren, können die dabei verwendeten und erzeugten Daten für Inventurauswertungen genutzt werden. Wenn bei diesen Rückmeldungen die aus einer Fertigungsstrecke abgelieferten Teile mengenmäßig erfasst werden, sind insoweit körperliche Aufnahmen nicht erforderlich.

Um die in einem PPS-System erfassten Bestände am Inventurstichtag in das Inventar übernehmen zu können, muss sichergestellt sein, dass das System sämtliche für die Inventarisierung erforderlichen Daten zur Verfügung stellt und dass dieses System bestandszuverlässig arbeitet.

b1) Aus dem System abzuleitende Inventurdaten: Ob ein PPS-System für die Ableitung von Inventurdaten geeignet ist, hängt davon ab, ob die erforderlichen Inventurdaten durch

---

[1]) *Vgl. hierzu: AWV - Arbeitsgemeinschaft für wirtschaftliche Verwaltung e.V.: Systemgestützte Werkstattinventur. Eschborn 1989*

das System zur Verfügung gestellt werden können. Zumindest müssen die folgenden Daten verfügbar sein.

- *Typenbezeichnung (Artikelnummer);*
- *Auftragsnummer;*
- *Auftragseröffnungsdatum;*
- *Sollmenge des Auftrags;*
- *Istmenge ohne festgestellten Ausschuss;*
- *definierte Rückmeldepunkte;*
- *Arbeitsfortschritt entsprechend Rückmeldung;*
- *außerplanmäßig fehlende Bauteile oder Stoffe.*

b2) Überwachung der Bestandszuverlässigkeit des Systems: Die Bestandszuverlässigkeit des PPS-EDV-Systems ist durch interne Kontrollen sicherzustellen. Diese umfassen:

- *Zugriffsberechtigungen;*
- *Datensicherung;*
- *Überwachung von außerplanmäßigen Eingriffen (Korrekturen);*
- *Kontrolle der Wirkung von Änderungen (Protokollierung);*
- *stichprobenweise Prüfung der Abläufe (Soll/Ist);*
- *Erfassung aller normalen Abläufe im System (z.B. Rückmeldung, Bezug vom Lager, Ausschuss, Nachbezug, Lohnerfassung, Weitergabemeldungen);*
- *Überwachungsmaßnahmen bei Ausfall und Wiederanlauf des Systems;*
- *Festlegung von Routinekontrollen in Abhängigkeit vom Grad der systemimmanenten Zwangsläufigkeiten;*
- *Prüfungsdokumentation;*
- *Kontrolle der ordnungsmäßigen Verfahrensdokumentation.*

b3) Dokumentation des Verfahrens und der Verfahrensergebnisse: Auch die systemgestützte Werkstattinventur ist so zu dokumentieren, dass sie einem sachverständigen Dritten innerhalb angemessener Zeit einen vollständigen Einblick in das angewendete Verfahren, Erkenntnisse über die Wirksamkeit des systembezogenen internen Kontrollsystems und über die Art, die Mengen und über die Beschaffenheit der mit Hilfe des Systems erfassten Bestände vermitteln kann. Die entsprechenden Unterlagen sind Bücher im Sinne des Handelsgesetzbuchs.

Den Werkstattbestand bilden diejenigen Aufträge, die zum Inventurstichtag vorhanden sind. Es reicht deshalb für Inventurzwecke aus, wenn nur die zum Inventurstichtag vorhandenen Aufträge mit den ... Mindestangaben dokumentiert werden.

Da ein PPS-System für die Inventur nur die Daten über die mengenmäßigen, nach Aufträgen gegliederten Bestände bereitstellen kann, müssen die für die Bestandsbewertung erforderlichen Wertansätze außerhalb des Verfahrens nach § 255 HGB unter Zuhilfe-

nahme der Kostenrechnung ermittelt werden. Insoweit besteht zwischen einer systemgestützten Werkstattinventur und den anderen Inventurverfahren kein Unterschied."

b7) Kombinationen zwischen den Verfahren

Grundsätzlich sind Kombinationen zwischen den verschiedenen Inventurverfahren, also zwischen den Grundformen der Inventur als auch zwischen den vorstehend umschriebenen Sonderformen zulässig.

b8) Überleitung des Inventars auf die Bilanz

Man beachte, dass die Wertansätze im Inventar nicht identisch mit den Bilanzwerten sind (sein müssen); hierzu abschließend die Stellungnahme **HFA 1/1990, Abschn. E.**:

> *"E. Überleitung des Inventars auf die Bilanz*
>
> *Die Inventur dient der Ermittlung der Bestände nach Art, Menge und Wert; sie bildet damit eine Grundlage für die Rechnungslegung, bleibt aber eine Vorstufe der eigentlichen Bilanzierung. Dies gilt für alle Inventurverfahren, denn diese Verfahren werden i.d.R. unter Zugrundelegung von Anschaffungs- oder Herstellungskosten (ggf. auch Verrechnungs- oder Verkaufspreisen) zunächst auf die Festlegung von Inventurwerten als Ausgangswerte für die Ermittlung des Bilanzansatzes ausgerichtet sein.*
>
> *Weitere bilanzielle Überlegungen zur Anwendung des Niederstwertprinzips (niedrigere Tagespreise, Gängigkeitsrisiken, verlustfreie Bewertung), spezieller steuerlicher Vorschriften ... oder ähnlicher Bewertungsmaßnahmen lassen sich dann, ähnlich wie Wertberichtigungen bei anderen Bilanzposten, in einem gesonderten Bearbeitungsgang berücksichtigen (sog.* ***Anhängeverfahren****)."*

c) Nachweisprüfung der Vorräte

c1) Grundsätze

Das Institut der Wirtschaftsprüfer hat mit dem Prüfungsstandard IDW PS 301, Prüfung der Vorratsinventur, den International Standard on Auditing (ISA 501, Audit Evidence - Additional Considerations for Specific Items, Part A, an die deutschen Verhältnisse angepasst. In beiden Standards wird grundlegend festgestellt (**IDW PS 301.7**; vgl. dazu auch **ISA 501.5**):

> *„(7) Sind die Vorräte von wesentlicher Bedeutung für den Jahresabschluss, muss der Abschlussprüfer - soweit durchführbar - an der körperlichen Bestandsaufnahme teilnehmen, um sich auf diesem Wege ausreichende und angemessene Prüfungsnachweise über das Vorhandensein, die Vollständigkeit und die Beschaffenheit der Vorräte zu erlangen. Dabei hat sich der Abschlussprüfer von der ordnungsgemäßen Handhabung der Inventurverfahren zu überzeugen. Der Abschlussprüfer hat das interne Kontrollsystem auf Angemessenheit (Aufbauprüfung) und Wirksamkeit (Funktionsprüfung) der angewandten Inventurverfahren zu prüfen sowie aussagebezogene Prüfungshandlungen durchzuführen."*

Für die Fälle, bei denen die Beobachtung der Vorratsinventur unterbleibt bzw. unterbleiben muss, enthält **IDW PS 301** die folgenden Verfahrensregeln:

- Ist es dem Abschlussprüfer aufgrund unvorhergesehener Umstände nicht möglich, zu dem geplanten Termin an der körperlichen Bestandsaufnahme des Vorratsvermögens teilzunehmen, sind an einem Alternativtermin Kontrollzählungen durch den Abschlussprüfer durchzuführen (**IDW PS 301.20**)

- Ist eine Inventurteilnahme z.B. aufgrund der Art der Vorräte oder wegen ihres Lagerortes nicht möglich, hat sich der Abschlussprüfer durch alternative Prüfungshandlungen ausreichende und angemessene Prüfungsnachweise über das Vorhandensein, die Vollständigkeit und die Beschaffenheit der Vorräte zu verschaffen (**IDW PS 301.21**).
- Erfolgt die Auftragserteilung nach Durchführung der Inventur, ist eine Inventurteilnahme nicht möglich. Es sind alternative Prüfungshandlungen vorzunehmen (**IDW PS 301.22**).
- Sind alternative Prüfungshandlungen nicht durchführbar, liegt ein Prüfungshemmnis ggf. mit Auswirkungen auf den Bestätigungsvermerk vor (**IDW PS 301.23**).

Die auf das Vorhandensein, auf die Vollständigkeit und auf die Beschaffenheit der im Jahresabschluss ausgewiesenen Vorräte ausgerichtete Prüfung der Vorratsinventur soll gem. IDW PS 301 entsprechend dem folgenden Diagramm durchgeführt werden:

Abb. 19: Prüfung der Vorratsinventur nach IDW PS 301

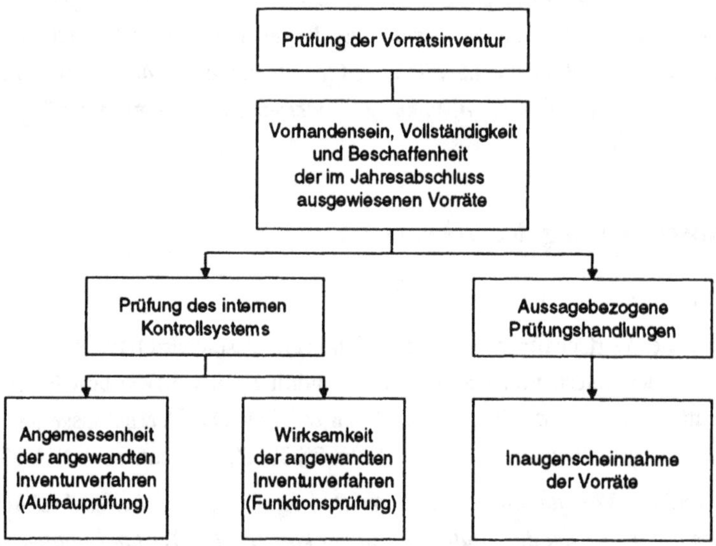

Wie aus der Abbildung 19 hervorgeht, stützt sich der Abschlussprüfer auf System- und Funktionsprüfungen des vorratsbezogenen internen Kontrollsystems (vgl. zum internen Kontrollsystem IDW PS 260). Auf der Grundlage der dabei gewonnenen Prüfungsfeststellungen legt der Abschlussprüfer den erforderlichen Umfang von ggf. stichprobenweise durchzuführenden Einzelfallprüfungen als aussagebezogene Prüfungshandlungen fest (IDW PS 301.11).

c21) Prüfung des vorratsbezogenen internen Kontrollsystems

Bei der Prüfung des vorratsbezogenen internen Kontrollsystems geht es um die Prüfung der Einhaltung der Inventurgrundsätze (Vollständigkeit und Richtigkeit der Bestandsaufnahme, Einzelerfassung der Bestände und Nachprüfbarkeit der Bestandsaufnahme). Dazu sind die Inventurrichtlinien des Unternehmens im Hinblick auf die folgenden Gesichtspunkte zu würdigen (**IDW PS 301.14; ISA 501.12**):

- Angewandte Kontrollverfahren, z. B. Angemessenheit der Regelungen zum Verfahren der Bestandszählung sowie zum Rücklauf und zur Weiterverarbeitung der ausgefüllten und der nicht verwendeten Erfassungsunterlagen.
- Kategorisierung der Vorräte, z. B. Angemessenheit der Regelungen zur Feststellung des jeweiligen Bearbeitungsstandes bei unfertigen Erzeugnissen, der schwer verkäuflichen, veralteten oder beschädigten Posten und der Bestände, die im Eigentum Dritter stehen.
- Erfassung von Vorratsbewegungen, z. B. Angemessenheit der Regelungen in Bezug auf Bewegungen von Vorräten zwischen verschiedenen Standorten und den Abgang sowie Eingang von Beständen vor und nach dem Inventurstichtag.

c22) Aussagebezogene Prüfungshandlungen

Auf der Grundlage der Ergebnisse der System- und Funktionsprüfungen im Bereich des vorratsbezogenen internen Kontrollsystems müssen nach **IDW PS 301.18 u. 23** aussagebezogene Prüfungshandlungen vorgenommen werden. Es heißt dort wörtlich:

„(18) Zusätzlich zur Prüfung des internen Kontrollsystems müssen in Bezug auf die Menge und die Beschaffenheit der Vorräte aussagebezogene Prüfungshandlungen durchgeführt werden, indem der Abschlussprüfer die in den Inventuraufzeichnungen aufgeführten Ist-Bestände in Augenschein nimmt und durch Stichprobenzählungen das Ergebnis der körperlichen Bestandsaufnahme nachprüft. Der Umfang der aussagebezogenen Prüfungshandlungen bestimmt sich nach dem bei der Prüfung des internen Kontrollsystems ermittelten Fehlerrisiko und der Wesentlichkeit der jeweiligen Vorratsbestände. Als aussagebezogene Prüfungshandlungen können auch die im Rahmen der Prüfung des internen Kontrollsystems durchgeführten Kontrollzählungen berücksichtigt werden.

(19) Der Abschlussprüfer hat zu entscheiden, inwieweit Kopien der Aufnahmeprotokolle anzufertigen sind, um spätere Nachprüfungen durchführen zu können. Der Abschlussprüfer hat die endgültigen Bestandslisten zu prüfen, um zu beurteilen, ob sie die tatsächliche Bestandsaufnahme zutreffend wiedergeben."

c23) Prüfung bei Anwendung besonderer Inventurverfahren

IDW PS 301 enthält in den Tz. 24-32 differenzierte Regeln für die Inventurprüfung bei Anwendung besonderer Inventurverfahren:

- Ausgeweitete Stichtagsinventur (**IDW PS 301.24**),
- Vor- und nachverlegte Stichtagsinventur (**IDW PS 301.25**),
- Permanente Inventur (**IDW PS 301.26**),

- Inventur bei vollautomatischen Lagersystemen (**IDW PS 301.27**),
- Systemgestützte Werkstattinventur (**IDW PS 301.28**),
- Stichprobeninventur (**IDW PS 301.29**),
- Festbewertung als Inventurverfahren (**IDW PS 301.30**),
- Von Dritten verwahrte und verwaltete Vorräte (**IDW PS 301.32**).

c231) Ausgeweitete sowie vor- und nachverlegte Inventur

Zur ausgeweiteten und zur vor- und nachverlegten Inventur wird in **IDW PS 301.25** - ähnlich wie in **ISA 501.15** - gesagt:

> „... *Ein vom Abschlussstichtag abweichender Inventuraufnahmetag - sowohl bei der ausgeweiteten als auch der vor-/nachverlegten Stichtagsinventur - setzt die Einhaltung eines den Grundsätzen ordnungsmäßiger Buchführung entsprechenden Fortschreibungs- oder Rückrechnungsverfahrens (Kontrollrisiko geringer als hoch) voraus. In diesem Fall hat der Abschlussprüfer die Fortschreibung der Zu- und Abgänge im Vorratsvermögen zwischen Aufnahmetag und Stichtag bzw. die Rückrechnung auf den Stichtag zu prüfen.*"

c232) Permanente Inventur

Die bei permanenter Inventur – vgl. dazu auch **ISA 501.16** - erforderlichen Prüfungshandlungen werden in **IDW PS 301.26** wie folgt umschrieben:

> „*Bei Anwendung der permanenten Inventur gem. § 241 Abs. 2 HGB muss der Abschlussprüfer sich davon überzeugen, dass die Voraussetzungen für ihre Anwendung gegeben sind. Insbesondere ist die Wirksamkeit der dem jeweiligen Lager- und Bestandsbuchführungssystem entsprechenden internen Kontrollmaßnahmen festzustellen. Ferner ist zu beachten, dass für sämtliche Vermögensgegenstände mindestens einmal im Geschäftsjahr die Istbestände aufgrund einer körperlichen Aufnahme mit den Sollbeständen verglichen worden sind. Der Abschlussprüfer hat bei den vom Unternehmen vorgenommenen Bestandsaufnahmen zeitweise anwesend zu sein und die Inventuraufnahmen anhand von Kontrollzählungen zu prüfen. Anhand von Inventurdifferenzlisten bzw. anhand von Abweichungen bei den eigenen Kontrollzählungen des Abschlussprüfers ist zu beurteilen, ob die Buchführung insoweit berichtigt worden ist und ob bedeutsame Abweichungen zwischen dem bei der körperlichen Bestandsaufnahme festgestellten Wert und dem Buchinventurwert nachvollziehbar sind.*"

c233) Inventur bei vollautomatischen Lagersystemen

Zur Anwendung vollautomatischer Lagersysteme wird in **IDW PS 301.27** gefordert:

> „... *insbesondere* (ist) *die Wirksamkeit der Prozesskontrollen zu berücksichtigen. Dazu gehören beispielsweise automatisierte Kontrollen, die Ein- und Auslagerungen nur bei gleichzeitiger Erfassung der körperlichen Bewegungen in der Bestandsfortschreibung zulassen, und der Ausschluss von Zugriffsmöglichkeiten vom Eingang ins Lager bis zum Lagerplatz.*"

c234) Systemgestützte Werkstattinventur

Zur systemgestützten Werkstattinventur heißt es in **IDW PS 301.28**:

> „*Ein weiteres nach § 241 Abs. 2 HGB zulässiges Verfahren stellt die systemgestützte Werkstattinventur dar. ... Bei der Prüfung ist vor allem zu beurteilen, ob das zugrunde liegende*

Produktionsplanungs- und Steuerungssystem zuverlässig den Bestand darstellt und die erforderlichen Inventurdaten zur Verfügung stellen kann.“

c235) Stichprobeninventur

Nach **§ 241 Abs. 1 HGB** darf der Bestand durch eine Stichprobeninventur ermittelt werden. Es ergeben sich im Vergleich zur Prüfung einer vollständigen Aufnahme des gesamten Bestandes zusätzliche Prüfungshandlungen. Hierzu zählen (**IDW PS 301.29**):

- *„die Prüfung der Zuverlässigkeit der Bestandsführung, des internen Kontrollsystems zur Erfassung von Abgängen und von Qualitätsminderungen im Laufe der Lagerung;*
- *die Beurteilung der Angemessenheit und Richtigkeit des Stichprobenverfahrens unter besonderer Berücksichtigung*
  - *der eindeutigen Abgrenzung der Grundgesamtheit. Dabei ist zu beachten, ob - je nach Ausgestaltung des internen Kontrollsystems - leicht verderbliche, besonders hochwertige und andere, nicht in die Stichprobe einzubeziehende Artikel in der Stichprobe enthalten sind;*
  - *der Gewährleistung einer wirklichen Zufallsauswahl der Stichproben - auch in jeder Schicht. Dies gilt insbesondere bei systematischen Auswahlverfahren mit Zufallsstart, bei denen eine Regelmäßigkeit gewisser Merkmale in der Grundgesamtheit die Auswahl beeinflussen könnte;*
  - *der Berechnung der Anzahl der erforderlichen Stichprobenelemente und der Einhaltung dieses Stichprobenumfangs;*
  - *der Sicherstellung der vollständigen Erfassung der vorgesehenen Stichprobenglieder und*
  - *der exakten und zuverlässigen Aufnahme durch entsprechende Anweisung und Einteilung von geeignetem Aufnahmepersonal.*
- *die sachliche und rechnerische Prüfung der Auswertung der Ergebnisse der Stichprobenaufnahme. Dabei*
  - *kann eine ungewöhnliche hohe Zahl von Abweichungen zwischen Inventur- und Buchbestand als Indiz dafür zu werten sein, dass eine ausreichende Zuverlässigkeit der Bestandsführung oder der Aufnahmearbeiten nicht gegeben ist;*
  - *ist das Ergebnis der Hochrechnung auch im Hinblick auf die Bedeutung der Vorräte im Verhältnis zur Bilanzsumme und zur Höhe des Eigenkapitals zu beurteilen.“*

c236) Festbewertung als Inventurverfahren

IDW PS 301.30:

„Unter bestimmten Voraussetzungen lässt § 240 Abs. 3 HGB die Festbewertung als besonderes Inventurverfahren zu. Eine körperliche Bestandsaufnahme ist dann nicht jährlich erforderlich, sondern in der Regel alle drei Jahre durchzuführen. Für die Prüfung des Mengengerüsts ergeben sich dabei keine Besonderheiten.“

c237) Von Dritten verwahrte und verwaltete Vorräte

Werden Vorräte von Dritten verwahrt und verwaltet, wird sich der Abschlussprüfer von deren Vorhandensein und Beschaffenheit im Regelfall durch die Einholung einer Bestätigung unmittelbar vom Verwahrer überzeugen (**IDW PS 301.32; ISA 501.18**):

„In Abhängigkeit von der Wesentlichkeit der jeweiligen Vorratsbestände hat der Abschlussprüfer auch zu berücksichtigen:

- *die Integrität und Unabhängigkeit des Verwahrers.*
- *die Beobachtung der Inventur beim Verwahrer (durch den Abschlussprüfer selbst oder durch einen anderen Prüfer).*
- *die Bestätigung der Angemessenheit des vorratsbezogenen internen Kontrollsystems des Verwahrers durch einen anderen Prüfer, um die Gewähr zu haben, dass die Vorräte zutreffend aufgenommen, angemessen gelagert und gesichert sind.*
- *die Inaugenscheinnahme von Unterlagen, wie z.B. Empfangsquittungen von Lagerhäusern oder Einholung von Bestätigungen Dritter, wenn die Vorräte als Sicherheit verpfändet worden sind."*

c3) Dokumentation der Prüfung der Vorratsinventur

Die Dokumentation der Inventurprüfung dient nach IDW PS 301.35 dem Nachweis der Durchführung von Funktionsprüfungen im Zusammenhang mit der Beurteilung der internen Kontrollen des zu prüfenden Unternehmens in Bezug auf die Vorratsinventur sowie dem Nachweis der Prüfung des Vorhandenseins und der Vollständigkeit der im Abschluss ausgewiesenen Vorräte. Der Prüfer sollte nach IDW PS 301.33 insbesondere die Beurteilung der Zuverlässigkeit der angewandten Inventurverfahren, deren Dokumentation in den Inventurrichtlinien sowie deren ordnungsgemäße Anwendung während der Inventur in den Arbeitspapieren dokumentieren. In die Arbeitspapiere können gem. **IDW PS 301.34** z.B. die folgenden Unterlagen aufgenommen werden:

- *„Prüfungsprogramm mit Anweisungen an die Inventurprüfer*
- *Kopie der Inventuranweisungen sowie des Inventuraufnahmeplans des zu prüfenden Unternehmens*
- *Vermerk über die Inventurzeitpunkte sowie die Dauer der Anwesenheit des Abschlussprüfers bei den körperlichen Bestandsaufnahmen*
- *Nachweise zu den Kontrollzählungen des Abschlussprüfers und zum Vergleich der Ergebnisse der Kontrollzählungen mit der Inventurliste des zu prüfenden Unternehmens*
- *Notizen über die letzten Warenbewegungen vor und nach dem Inventurzeitpunkt und deren Abstimmung mit Kreditoren- und Debitorenrechnungen als Nachweis der Prüfung der Periodenabgrenzung"*

Ziff. 3 Bewertung und Bewertungsprüfung

a) Grundsatz

Strenges Niederstwertprinzip nach **§ 253 Abs. 3 HGB**; Kapitalgesellschaften dürfen Abschreibungen nach vernünftiger kaufmännischer Beurteilung i.S.v. **§ 253 Abs. 4 HGB** nicht vornehmen; ggf. Wertaufholungsgebot.

Auch nach **IAS 2.9** ist für die Vorratsbewertung das Niederstwertprinzip zu beachten:

> *„Vorräte sind mit dem niedrigeren Wert aus Anschaffungs- oder Herstellungskosten und Nettoveräußerungswert zu bewerten."*

b) Festbewertung

(s.o., I. § 9 Ziff. 3 e).

c) Gruppenbewertung nach § 240 Abs. 4 HGB (Durchschnittsbewertung)

Die Gruppenbewertung dient der Vereinfachung von Bewertungsarbeiten und ist unabhängig davon, ob der Bestand mengenmäßig durch Zählen, Wiegen, Messen oder ein geeignetes Schätzverfahren aufgenommen wird. Voraussetzung ist, dass ein gewogener Durchschnittswert sachgerecht ermittelt werden kann. Nach dem Wortlaut von **§ 240 Abs. 4 HGB** ist die Methode durch die folgenden Kriterien gekennzeichnet:

- Gleichartige Gegenstände des Vorratsvermögens;
- Andere gleichartige oder annähernd gleichwertige bewegliche Vermögensgegenstände und Schulden;
- Zusammenfassung zu einer Gruppe;
- Bewertung mit dem gewogenen Durchschnittswert.

d) Die Verbrauchsfolgeverfahren nach § 256 HGB

Bei den Verbrauchsfolgeverfahren handelt es sich nach der Überschrift von § 256 HGB um **sog. Bewertungsvereinfachungsverfahren.** Ob es sich tatsächlich um eine Bewertungsvereinfachung handelt, muss allerdings dahingestellt bleiben. Materiell sind die Verbrauchsfolgeverfahren eine (zulässige) Durchbrechung des Grundsatzes der Einzelbewertung: Anstelle der Einzelbewertung jedes einzelnen zu einem Bestand zusammengefassten (unterschiedlichen und zu verschiedenen Preisen beschafften) Vermögensgegenstandes kann eine Sammelbewertung vorgenommen werden. Hierzu ist es erforderlich, dass für die Bewertung des Verbrauchs und des Bestandes der zusammengefassten Vermögensgegenstände bestimmte "Verbrauchsfolgen" unterstellt werden.

Zur Anwendbarkeit von **Verbrauchsfolgeverfahren nach IAS 2** vgl. unten, Ziff. 3, Abschn. d6)

d1) Einzelne Verbrauchsfolgeverfahren (das Niederstwertprinzip ist zu beachten)

d11) LIFO (Last-in-first-out)

Nach dem LIFO-Verfahren wird unterstellt, dass die zuletzt beschafften Bestände auch zuerst verbraucht werden. Dadurch kann erreicht werden, dass der jeweilige Endbestand (bei steigenden Beschaffungspreisen) mit den niedrigeren Preisen des Anfangsbestandes bewertet werden kann. Insoweit wird die Vermögenslage zu niedrig und die Ertragslage zu schlecht dargestellt; denn die Verbräuche in der Periode werden jeweils mit den gegenwartsnahen (gestiegenen) Preisen bewertet.

d12) FIFO (First-in-first-out)

Nach dem FIFO-Verfahren wird unterstellt, dass die zuerst beschafften Bestände auch zuerst verbraucht werden. Dadurch kann erreicht werden, dass der Endbestand bei steigenden Beschaffungspreisen mit den letzten Beschaffungspreisen bewertet wird, während der Verbrauch niedrig, d.h. mit den älteren Beschaffungspreisen bewertet wird. Insoweit wird die Vermögenslage richtiger als bei Anwendung des LIFO-Verfahrens ausgewiesen; die Ertragslage wird günstiger als bei Anwendung des LIFO-Verfahrens dargestellt.

d13) HIFO (Highest-in-first-out)

Nach dem HIFO-Verfahren wird unterstellt, dass die am teuersten beschafften Vermögensgegenstände zuerst verbraucht werden; der Endbestand wird dementsprechend jeweils mit den niedrigsten Beschaffungspreisen bewertet. Bei kontinuierlich steigenden Preisen entspricht das Verfahren der LIFO-Methode; auch bei diskontinuierlichen Preisschwankungen kann durch die HIFO-Methode der LIFO-Effekt erreicht werden.

d14) LOFO (Lowest-in-first-out)

Bei Anwendung des LOFO-Verfahrens wird umgekehrt verfahren: Es wird unterstellt, dass die mit den niedrigsten Preisen beschafften Gegenstände zuerst verbraucht werden, während der Endbestand jeweils mit den höchsten Beschaffungspreisen bewertet wird. Hier - wie auch bei den anderen Verfahren - ist aber das **Niederstwertprinzip** zu beachten; die Verbrauchsfolgeverfahren stellen nämlich eine Methode zur Ermittlung der Anschaffungs- oder Herstellungskosten dar.

d15) KIFO (Konzern-in-first-out)

Das KIFO-Verfahren unterstellt eine besondere Verbrauchsfolge, die im Konzernverbund eine Rolle spielen kann. Sie besagt, dass die aus konzerninternen Lieferungen stammenden Gegenstände zuerst verbraucht werden, sodass der jeweilige Endbestand als Fremdlieferung betrachtet werden kann. Dies hat den Vorteil, dass eventuelle Zwischengewinne oder Zwischenverluste aus den Konzernlieferungen nicht eliminiert werden müssen (§ 304 HGB).

d2) Anwendungsvoraussetzungen der Verbrauchsfolgeverfahren

d21) Gleichartige Gegenstände des Vorratsvermögens

Um Verbrauchsfolgeverfahren anwenden zu können, muss es sich nach dem Wortlaut des Gesetzes um gleichartige Vermögensgegenstände des Vorratsvermögens handeln. Welche (unterschiedlichen Vermögensgegenstände als "gleichartig" zu bezeichnen sind, ist umstritten. Die (ältere) Kommentierung verlangte, dass die Gegenstände der gleichen Warengattung angehören müssen und dass zwischen ihnen annähernde Preisgleichheit bestehen müsse oder dass die Gegenstände zumindest funktionsgleich sein und auch hier annähernde Preisgleichheit bestehen müsse. Dem ist entgegenzuhalten, dass das Gesetz das Erfordernis der annähernden Preisgleichheit nicht erwähnt (Preisgleichheit wird nur bei Anwendung der Gruppenbewertung nach § 240 Abs. 4 HGB verlangt).

Die Einkommensteuerrichtlinien führen zur LIFO-Methode aus:

> *"Für die Anwendung der Lifo-Methode können gleichartige Wirtschaftsgüter zu Gruppen zusammengefasst werden. Zur Beurteilung der Gleichartigkeit sind die kaufmännischen Gepflogenheiten, insbesondere die marktübliche Einteilung in Produktklassen unter Beachtung der Unternehmensstruktur, und die allgemeine Verkehrsanschauung heranzuziehen. Wirtschaftsgüter mit erheblichen Qualitätsunterschieden sind nicht gleichartig. Erhebliche Preisunterschiede sind Anzeichen für Qualitätsunterschiede".*

d22) GoB-Entsprechung und Verbrauchsfolgefiktion

Die Methoden müssen den GoB entsprechen, wobei die tatsächliche Verbrauchsfolge mit der unterstellten Verbrauchsfolge nicht übereinstimmen muss: Das Gesetz sagt ausdrücklich: "... kann unterstellt werden ...", d.h. die der Berechnung zugrundegelegte Verbrauchsfolge kann eine fiktive sein. Demgegenüber wird für die LIFO-Methode in den Einkommensteuerrichtlinien ausgeführt:

> *"Die Lifo-Methode muss den handelsrechtlichen Grundsätzen ordnungsmäßiger Buchführung entsprechen. Das bedeutet nicht, dass die Lifo-Methode mit der tatsächlichen Verbrauchs- oder Veräußerungsfolge übereinstimmen muss; sie darf jedoch, wie z.B. bei leicht verderblichen Waren nicht völlig unvereinbar mit dem betrieblichen Geschehensablauf sein. Die Lifo-Methode muss nicht auf das gesamte Vorratsvermögen angewandt werden. Sie darf auch bei der Bewertung der Materialbestandteile unfertiger oder fertiger Erzeugnisse angewandt werden, wenn der Materialbestandteil dieser Wirtschaftsgüter in der Buchführung getrennt erfasst wird und dies handelsrechtlichen Grundsätzen ordnungsmäßiger Buchführung entspricht."*

d3) Exkurs: Verbrauchsfolgeverfahren und stille Rücklagen (Scheingewinne)

Scheingewinne entstehen bei steigenden Beschaffungs- und Absatzpreisen dadurch, dass zwischen dem Beschaffungs- und dem Absatzzeitpunkt Preisänderungen für ein und denselben Vermögensgegenstand wirksam werden. Wird der Gewinn aus einem Umsatzakt als Differenz zwischen dem Umsatzerlös und den historischen Beschaffungskosten ermittelt, so enthält dieser Gewinn z.T. einen sog. Scheingewinn. Würde man dagegen den Gewinn aus dem Umsatzakt als Differenz zwischen dem Umsatzerlös und den Wiederbeschaffungskosten des Vermögensgegenstandes am Umsatzstichtag ermitteln, so wäre der Scheingewinn ausgeschaltet. Ein Scheingewinn kann somit definiert werden als die Differenz zwischen den Wiederbeschaffungskosten des umgesetzten Vermögensgegenstandes am Umsatzstichtag und den (historischen) Anschaffungs- oder Herstellungskosten des Gegenstandes.

Die LIFO-Methode ist bei kontinuierlich steigenden Preisen tendenziell geeignet, Scheingewinne erst gar nicht entstehen zu lassen, wenn und soweit es gelingt, den Verbrauch von Vermögensgegenständen mit möglichst gegenwartsnahen Preisen zu bewerten. Die Konsequenz der Anwendung der LIFO-Methode ist aber auch, dass dem mit (höheren) gegenwartsnahen Preisen bewerteten Verbrauch ein entsprechend niedrig bewerteter Bestand gegenübersteht, d.h. die höhere Verbrauchsbewertung wird mit der Legung stiller Reserven bei dem (End-)Bestand erkauft.

d4) Angabe der stillen Rücklagen (der vermiedenen Scheingewinne) nach § 284 Abs. 2 Nr. 4 HGB im Anhang der Kapitalgesellschaften

Dem vorstehend wiedergegebenen Gedankengang entspricht das HGB für Kapitalgesellschaften in **§ 284 Abs. 2 Nr. 4 HGB**: Es verlangt die Angabe der durch die Anwendung der Verbrauchsfolgeverfahren gelegten stillen (Tagesbeschaffungswert-) Reserven im Anhang:

> *"Im Anhang müssen ... bei Anwendung einer Bewertungsmethode nach § 240 Abs. 4, 256 Abs. 1 Satz 1 die Unterschiedsbeträge pauschal für die jeweilige Gruppe ausgewiesen werden, wenn die Bewertung im Vergleich zu einer Bewertung auf der Grundlage des letzten vor dem Bilanzstichtag bekannten Börsenkurses oder Marktpreises einen erheblichen Unterschied aufweist."*

d5) Ausgestaltungsformen des Lifo-Verfahrens

d51) Ausgestaltungsvarianten des Lifo-Verfahrens

(Vgl. ADS, 6. Aufl., § 256 HGB, Tz. 31 ff.).

d511) Permanentes Lifo

d5111) Beschreibung:

Bei dem permanenten Lifo wird der Abgang *fortlaufend* während des ganzen Jahres erfasst und nach Lifo bewertet.

d5112) Beispiel

Abb. 19: Permanentes Lifo (vgl. ADS, 6. A., § 256 HGB, Tz. 34)

Zugang/Abgang	Datum	Menge(Kg)		AK / Kg	Betrag €
Anfangsbestand	1. 1.	100		6,-	600,-
Zugang	15.1.	50		8,-	400,-
.		150			1.000,-
Abgang	1. 2.	80	50	8,-	- 400,-
.			30	6,-	- 180,-
		70			420,-
Zugang	11.8.	50		9,-	450,-
.		120			870,-
Abgang	15.10.	40		9,-	- 360,-
.			70	6,-	
Endbestand	31.12.	80	10	9,-	510

d5113) Beurteilung

Bei unterjähriger Lagerräumung wird der LIFO-Effekt unterbrochen. Dies hat ggf. zur Folge, dass die in dem LIFO-Bestand angesammelten stillen Reserven mit steuerlicher Wirkung aufgelöst werden. Die Methode wird deshalb wohl kaum zur Anwendung gelangen.

d512) Perioden-Lifo

d5121) Beschreibung

Bei dem Perioden-Lifo werden die Bestände nur am Ende des Geschäftsjahres bewertet. Dabei sind drei Fälle zu unterscheiden:

d5122) Endbestand = Anfangsbestand

Wenn der Anfangsbestand gleich dem Endbestand ist, kann - falls nicht das Niederstwertprinzip zu beachten ist - der Bilanzansatz des Vorjahres übernommen werden.

d5123) Endbestand > Anfangsbestand

Wenn der Endbestand größer als der Anfangsbestand ist, ist der dem Anfangsbestand entsprechende Teil des Endbestands mit dem Wert des Anfangsbestands anzusetzen.

Die Bewertung des Mehrbestands kann nach verschiedenen Verfahren erfolgen.

d51231) Ansatz zu den tatsächlichen Kosten in der Reihenfolge des Zugangs während des Geschäftsjahres.

Die Methode entspricht am ehesten dem Lifo-Gedanken. Beispiel:

Abb. 20: Perioden-Lifo, Ansatz des Mehrbestands mit tats. Kosten in der Reihenfolge des Zugangs (vgl. ADS, 6. A., § 256 HGB, Tz. 40)

Zugang/Abgang	Datum	Menge(Kg)	AK / Kg	Betrag €
Anfangsbestand	1.1.	100	6,-	600,-
aus Zugang	15.1.	20	8,-	160,-
	31.12	120		760,-

d51232) Ansatz zu den tatsächlichen Kosten der letzten Zugänge.

Die Methode entspricht in formaler Hinsicht eigentlich der FIFO-Methode. Beispiel:

Abb. 21: Perioden-Lifo, Ansatz des Mehrbestands mit Kosten der letzten Zugänge (vgl. ADS, 6. A., § 256 HGB, Tz. 40)

Zugang/Abgang	Datum	Menge(Kg)	AK / Kg	Betrag €
Anfangsbestand	1. 1.	100	6,-	600,-
aus Zugang	11.8.	20	9,-	180,-
		120		780

d51233) Ansatz des Mehrbestandes mit den Durchschnittskosten der Zugänge des Geschäftsjahres.

Auch diese Methode zur Bewertung des Mehrbestands entspricht eher der Durchschnittsbewertung, also nicht dem Lifo-Gedanken. Beispiel:

Abb.22: Perioden-Lifo, Ansatz des Mehrbestandes mit Durchschnittskosten des Geschäftsjahres (vgl. ADS, 6. A., § 256 HGB, Tz. 40)

Zugang/Abgang	Datum	Menge(Kg)	AK / Kg	Betrag €
Anfangsbestand	1.1.	100	6,-	600,-
aus den Zugängen des Jahres		20	8,50	170,-
		120		770,-

d51234) Bildung von Layers

Der Mehrbestand wird als sog. Layer (= Ableger) betrachtet, der getrennt vom Anfangsbestand fortzuführen ist. Für jedes Jahr, in dem ein Mehrbestand entsteht, wird ein eigener Layer gebildet. Ggf. sind die Layer nach dem LIFO-Verfahren schrittweise abzubauen.

d5124) Endbestand < Anfangsbestand

Im einfachsten Fall ist der verringerte Bestand mit dem gleichen Stück-Wert zu bewerten wie der Vorjahresbestand. Es ist aber auch möglich, den Mengenrückgang nach Maßgabe der "layers" abzubauen, und zwar nach dem Lifo-Prinzip.

d53) Steuerliche Anerkennung der LIFO Varianten

Die Einkommensteuerrichtlinien führen zur steuerlichen Anerkennung der verschiedenen LIFO-Varianten aus:

> "<u>Methoden der Lifo-Bewertung</u>
>
> *(4) Die Bewertung nach der Lifo-Methode kann sowohl durch permanente Lifo als auch durch Perioden-Lifo erfolgen. Die permanente Lifo setzt eine laufende mengen- und wertmäßige Erfassung aller Zu- und Abgänge voraus. Bei der Perioden-Lifo wird der Bestand lediglich zum Ende des Wirtschaftsjahres bewertet. Dabei können Mehrbestände mit dem Anfangsbestand zu einem neuen Gesamtbestand zusammengefasst oder als besondere Posten (Layer) ausgewiesen werden. Bei der Wertermittlung für die Mehrbestände ist von den Anschaffungs- oder Herstellungskosten der ersten Lagerzugänge des Wirtschaftsjahres oder von den durchschnittlichen Anschaffungs- oder Herstellungskosten aller Zugänge des Wirtschaftsjahrs auszugehen. Minderbestände sind beginnend beim letzten Layer zu kürzen.*
>
> <u>Wechsel der Bewertungsmethoden</u>
>
> *(5) Von der Lifo-Methode kann in den folgenden Wirtschaftsjahren nur mit Zustimmung des Finanzamts abgewichen werden. Der Wechsel der Methodenwahl bei Anwendung der Lifo-Methode (vgl. Abs. 4) bedarf nicht der Zustimmung des Finanzamts. Der Grundsatz der Bewertungsstetigkeit ist jedoch zu beachten (vgl. § 252 Abs. 1 Nr. 6 HGB).*
>
> <u>Niedrigerer Teilwert</u>
>
> *(6) Das Niederstwertprinzip ist zu beachten (§ 6 Abs. 1 Nr.2 Satz 2 EStG). Dabei ist der Teilwert der zu einer Gruppe zusammengefassten Wirtschaftsgüter mit dem Wertansatz, der sich bei Anwendung der Lifo-Methode ergibt, zu vergleichen. Hat der Steuerpflichtige Layer gebildet (Vgl. Absatz 4), so ist der Wertansatz des einzelnen Layer mit dem Teilwert zu vergleichen und gegebenenfalls gesondert auf den niedrigeren Teilwert abzuschreiben."*

e) Bewertung der Vorräte nach IAS 2

e1) Anwendung des strengen Niederstwertprinzips

In **IAS 2.9** heißt es:

> *"Vorräte sind mit dem niedrigeren Wert aus Anschaffungs- oder Herstellungskosten und Nettoveräußerungswert (net realisable value) zu bewerten."*

Der Nettoveräußerungswert ist in **IAS 2.9** definiert:

"Der Nettoveräußerungswert ist der geschätzte, im normalen Geschäftsgang erzielbare Verkaufserlös abzüglich der geschätzten Kosten bis zur Fertigstellung und der geschätzten notwendigen Verkaufskosten."

Es handelt sich somit um die den GoB vergleichbare retrograde Bewertung. Es wird darauf hingewiesen, dass die Herstellungskosten **nach IAS 2.10 ff. abweichend von § 255 Abs. 2 HGB definiert werden (Prinzip der produktionsbezogenen Vollkosten).**

e2) Modifikation des Grundsatzes der Einzelbewertung

e21) Zwang zur Einzelbewertung von „nicht austauschbaren" Vorräten

Nach **IAS 2.19** gilt für die Bewertung der Vorräte der Grundsatz der Einzelbewertung nur dann, wenn die Vorräte normalerweise nicht austauschbar sind oder für spezielle Projekte hergestellt und ausgesondert sind. Es gilt nach **IAS 2.23**:

„Die *Anschaffungs- oder Herstellungskosten solcher Vorräte, die normalerweise nicht austauschbar sind, und solcher Erzeugnisse, Waren oder Leistungen, die für spezielle Projekte hergestellt und ausgesondert werden, sind durch Einzelzuordnung ihrer individuellen Anschaffungs- oder Herstellungskosten zu bestimmen."*

In **IAS 2.24** wird die Verpflichtung zur Einzelbewertung von nicht austauschbaren Vorräten wie folgt erläutert: Eine Einzelzuordnung der Anschaffungs- oder Herstellungskosten bedeute, dass bestimmten Vorräten spezielle Anschaffungs- oder Herstellungskosten zugeordnet werden könnten. Die Einzelbewertung dieser Vorräte sei ein geeignetes Verfahren der Bewertung für solche Gegenstände, die für ein spezielles Projekt ausgesondert worden sind, und zwar unabhängig davon, ob sie angeschafft oder hergestellt worden seien.

e22) Zwang zur Anwendung von Sammelbewertungsverfahren bei „austauschbaren" Vorräten

Nach **IAS 2.25** ist eine Einzelbewertung jedoch dann ungeeignet, wenn es sich um eine große Anzahl von Vorräten handelt, die normalerweise untereinander austauschbar sind. Es wird befürchtet, dass bei strikter Einzelbewertung die zu bilanzierenden bzw. zu verwertenden Vorratsposten durch den Bilanzierenden danach ausgewählt werden könnten, bestimmte Auswirkungen auf das Periodenergebnis zu erzielen.:

„Die Anschaffungs- oder Herstellungskosten von Vorräten, die nicht in Paragraph 23 behandelt werden, sind nachdem First-in-First-out-Verfahren (FIFO) oder nach der Durchschnittsmethode zu ermitteln. Ein Unternehmen muss für alle Vorräte, die von ähnlicher Beschaffenheit und Verwendung für das Unternehmen sind, das gleiche Zuordnungsverfahren anwenden. Für Vorräte von unterschiedlicher Beschaffenheit oder Verwendung können unterschiedliche Zuordnungsverfahren gerechtfertigt sein.

e23) Unzulässigkeit anderer Bewertungsvereinfachungsverfahren

Andere Bewertungsvereinfachungsverfahren, insbesondere das Festwertverfahren, sind unzulässig.

e24) Wertaufholungsgebot

Es besteht - im Gegensatz zum HGB - ein Wertaufholungsgebot auf den erzielbaren Nettoverkaufswert, höchstens jedoch bis zu den Anschaffungs- oder Herstellungskosten (**IAS 2.33**):

> *„33. Der Nettoveräußerungswert wird in jeder Folgeperiode neu ermittelt. Wenn die Umstände, die früher zu einer Wertminderung der Vorräte auf einen Wert unter ihren Anschaffungs- oder Herstellungskosten geführt haben, nicht länger bestehen, oder wenn es auf Grund geänderter wirtschaftlicher Gegebenheiten einen substanziellen Hinweis auf eine Erhöhung des Nettoveräußerungswertes gibt, wird der Betrag der Wertminderung insoweit rückgängig gemacht (d.h. der Rückgang beschränkt sich auf den Betrag der ursprünglichen Wertminderung), dass der neue Buchwert dem niedrigeren Wert aus Anschaffungs- und Herstellungskosten und berichtigtem Nettoveräußerungswert entspricht. Dies ist beispielsweise der Fall, wenn sich Vorräte, die auf Grund eines Rückganges ihres Verkaufspreises zum Nettoveräußerungswert angesetzt waren, in einer Folgeperiode noch im Bestand befinden und sich ihr Verkaufspreis wieder erhöht hat."*

Ziff. 4 Ausweis, Ausweisprüfung und korrespondierende Posten

a) Ausweis

Vgl. oben, Ziff. 1.

b) Korrespondierende Posten (Gesamtkostenverfahren)

b1) Erhöhung oder Verminderung des Bestandes an fertigen und unfertigen Erzeugnissen

Vgl. § 275 Abs. 2 Nr. 2 HGB.

b2) Materialaufwand

b21) Aufwendungen für Roh-, Hilfs- und Betriebsstoffe und für bezogene Waren

Vgl. § 275 Abs. 2 Nr. 5a HGB.

b22) Aufwendungen für bezogene Leistungen

Vgl. § 275 Abs. 2 Nr. 5 b HGB.

b3) Abschreibungen auf Vermögensgegenstände des Umlaufvermögens, soweit diese die in der Kapitalgesellschaft üblichen Abschreibungen überschreiten

Vgl. § 275 Abs. 2 Nr. 7b HGB.

b4) Sonstige betriebliche Aufwendungen

Vgl. § 275 Abs. 2 Nr. 8 HGB.

b5) Außerordentliche Aufwendungen

Vgl. § 275 Abs. 2 Nr. 16 HGB.

b6) Angaben im Anhang

Vgl. insbesondere die Angabe der Unterschiedsbeträge bei Anwendung von Gruppen- und Verbrauchsfolge-Bewertungsverfahren nach § 284 Abs. 2 Nr. 4 HGB.

c) Angaben im Anhang nach IAS 2.36

Nach IAs 2.36 haben Abschlüsse die folgenden Angaben zu enthalten:

„*(a) die angewandten Bilanzierungs- und Bewertungsmethoden für Vorräte einschließlich der Zuordnungsverfahren;*

(b) den Gesamtbuchwert der Vorräte und die Buchwerte in einer unternehmensspezifischen Untergliederung;

(c) den Buchwert der zum beizulegenden Zeitwert abzüglich Vertriebsaufwendungen angesetzten Vorräte;

(d) den Betrag der Vorräte, die als Aufwand in der Berichtsperiode erfasst worden sind;

(e) den Betrag von Wertminderungen von Vorräten, die gemäß Paragraph 34 in der Berichtsperiode als Aufwanderfasst worden sind;

(f) den Betrag von vorgenommenen Wertaufholungen, die gemäß Paragraph 34 als Verminderung des Materialaufwandes in der Berichtsperiode als Aufwand erfasst worden sind;

(g) die Umstände oder Ereignisse, die zu der Wertaufholung der Vorräte gemäß Paragraph 34 geführt haben und

(h) den Buchwert der Vorräte, die als Sicherheit für Verbindlichkeiten verpfändet sind.“

§ 11 Bilanzierung, Bewertung und Prüfung von Beteiligungen

Übersicht

Lit.: ADS, 6.A., Kommentierung zu § 271 HGB; BFA 1/1977, Zu den Kriterien für das Vorliegen einer Beteiligung im Jahresabschluß von Kreditinstituten; Coenenberg, Jahresabschluß, 19. A., S. 151 ff.; Förschle, Beteiligungen, HWRev, 2. A., Sp. 224 ff.; Gross/Schruff, Jahresabschluß, 2. A., S. 156; HFA 1/1991, Zur Bilanzierung von Beteiligungen an Personenhandelsgesellschaften im Jahresabschluß der Kapitalgesellschaft; HFA 1/1993, Zur Bilanzierung von Joint Ventures; IASB, IAS 31, Rechnungslegung über Anteile an Joint Ventures; Baetge et al., Bilanzen, 6. A.,S. 275 ff.; Kupsch, Finanzanlagevermögen, HdJ, Abt. II, 3; Berger/Gutike, Kommentierung zu § 271 HGB, Beck'scher Bilanzkommentar, 5. A., Tz. 1-60; WPH 2000, Bd. I, F 170 f., E 390 ff.

Ziff. 1 Begriff der Beteiligung

a) Gesetzliche Definition

§ 271 Abs. 1 HGB lautet:

"Beteiligungen sind Anteile an anderen Unternehmen, die bestimmt sind, dem eigenen Geschäftsbetrieb durch Herstellung einer dauernden Verbindung zu jenen Unternehmen zu dienen. Dabei ist es unerheblich, ob die Anteile in Wertpapieren verbrieft sind oder nicht. Als Beteiligung gelten im Zweifel Anteile an einer Kapitalgesellschaft, deren Nennbeträge insgesamt den fünften Teil des Nennkapitals dieser Gesellschaft überschreiten. ... Die Mitglied-

schaft in einer eingetragenen Genossenschaft gilt nicht als Beteiligung im Sinne dieses Buches."

a1) Anteile an anderen Unternehmen

Es muss sich um Anteile handeln. Keine Anteile sind Ansprüche aus Betriebs-, Vertriebs-, Gewinn- und ähnlichen Interessengemeinschaften. Dies gilt auch für Gewinnansprüche aus Beteiligungen. Es ist unerheblich, ob die Anteile verbrieft sind oder nicht.

a2) Herstellung einer Dauerverbindung, die dem eigenen Geschäftsbetrieb dient

Es muss eine sog. Beteiligungsabsicht bestehen, d.h. eine Absicht, auf das Unternehmen, dessen Anteile gehalten werden, im eigenen Interesse Einfluss zu nehmen.

a3) Beteiligungsvermutung, wenn Anteile in Höhe von mehr als 20% am Nennkapital einer Kapitalgesellschaft gehalten werden

Da die Begriffsabgrenzung der "Beteiligung" schwierig ist, enthält das Gesetz eine Beteiligungsvermutung, die widerlegt werden kann. Es heißt in **§ 271 Abs. 1 Satz 3 HGB**:

> *"Als Beteiligung gelten im Zweifel Anteile an einer Kapitalgesellschaft, deren Nennbeträge insgesamt den fünften Teil des Nennkapitals dieser Gesellschaft überschreiten."*

a4) Die Mitgliedschaft in einer eingetragenen Genossenschaft gilt nicht als Beteiligung.

b) Beteiligungen nach den IFRS/IAS (Financial Instruments)

Eine dem HGB entsprechende Definition der Beteiligungen fehlt unter den IFRS/IAS. Es wird vielmehr von dem Sammelbegriff „Finanzinstrumente" (Financial Instruments) ausgegangen. Regeln für die Bilanzierung, den Ausweis, die Bewertung und die Anhangangaben zu den Finanzinstrumenten finden sich in IAS 32, *Finanzinstrumente: Angaben und Darstellung*, und in IAS 39, *Finanzinstrumente: Ansatz und Bewertung*. Beide Standards sind sehr umfangreich; sie umfassen im Amtsblatt der Europäischen Union insgesamt 98 Druckseiten (!).

In **IAS 32.11** findet sich eine Definition der Finanzinstrumente. Danach gelten als Finanzinstrumente

- Finanzielle Vermögenswerte,
- Finanzielle Verbindlichkeiten oder
- Eigenkapitalinstrumente

Es heißt dort:

> *„Ein Finanzinstrument ist ein Vertrag, der gleichzeitig bei dem einen Unternehmen zu einem finanziellen Vermögenswert und bei dem anderen Unternehmen zu einer finanziellen Verbindlichkeit oder einem Eigenkapitalinstrument führt."*

Hierbei gilt für die sog. Eigenkapitalinstrumente (**IAS 32.11**):

> *„Ein Eigenkapitalinstrument ist ein Vertrag, der einen Residualanpruch an den Vermögenswerten eines Unternehmens nach Abzug aller dazugehörigen Schulden begründet."*

Beispiele für Vertragsverhältnisse, die als Eigenkapitalinstrumente zu klassifizieren sind, werden in **IAS 32.AG13** angeführt:

„Beispiele für Eigenkapitalinstrumente sind u. a. nicht kündbare Stammaktien, einige Arten von Vorzugsaktien ... sowie Optionsscheine oder geschriebene Verkaufsoptionen, die den Inhaber zur Zeichnung oder zum Kauf einer festen Anzahl nicht kündbarer Stammaktien des emittierenden Unternehmens gegen einen festen Betrag an flüssigen Mitteln oder anderen finanziellen Vermögenswerten berechtigt. Die Verpflichtung eines Unternehmens, eine feste Anzahl von Eigenkapitalinstrumenten gegen einen festen Betrag an flüssigen Mitteln oder anderen finanziellen Vermögenswerten auszugeben oder zu erwerben, ist als Eigenkapitalinstrument des Unternehmens zu klassifizieren. ... .“

Anteile im hier zu besprechenden Sinne liegen somit vor, wenn ein Unternehmen Eigenkapitalinstrumente eines anderen Unternehmens als Vermögenswert hält (vgl. **IAS 32.11(b)**). Ob ein solches aktiviertes Eigenkapitalinstrument eines anderen Unternehmens auch als „Beteiligung“ bezeichnet werden kann, hängt davon ab, ob der finanzielle Vermögenswert einer der folgenden Kategorien zugeordnet wird (**IAS 39.9**):

- Ein zu Handelszwecken erworbener Vermögenswert (financial asset held for trading),
- Eine bis zur Endfälligkeit gehaltene Finanzinvestition (held-to-maturity Investment),
- Vom Unternehmen ausgereichte Kredite und Forderungen (loans and receivables originated by the enterprise)
- Ein zur Veräußerung verfügbarer finanzieller Vermögenswert (available for sale financial asset).

Beteiligungen im hier verstandenen Sinn dürften grundsätzlich dem Bereich „available for sale“ zuzuordnen sein, wenn sie nicht als Loans bzw. Receivables zu klassifizieren sind oder von vorn herein zur Weiterveräußerung bestimmt sind (held for trading) oder wenn weder feste Laufzeiten vereinbart sind noch bestimmbare Zahlungsverpflichtungen wie bei „held-to-maturity Investments“ vereinbart sind.

Beteiligungen als „available for sale financial assets“ sind nach **IAS 39.43** bei dem erstmaligen Ansatz mit ihrem beizulegenden Zeitwert einschließlich der Transaktionskosten zu bewerten.

Für die Folgebewertung gilt, falls ein Zeitwert (Marktpreis oder Börsenkurs) nicht zu ermitteln ist (**IAS 39.46**):

„Finanzinvestitionen in Eigenkapitalinstrumente, für die kein auf einem aktiven Markt notierter Preis vorliegt und deren beizulegender Zeitwert nicht verlässlich ermittelt werden kann, ... sind mit den Anschaffungskosten zu bewerten.“

Es ist schließlich darauf hinzuweisen, dass bestimmte Beteiligungen nach **IAS 32.4(a)** aus den Regelungen in IAS 32 bzw. IAS 39, ausgenommen sind, nämlich:

- Anteile an Tochterunternehmen von Konzern-Mutterunternehmen (s. IAS 27, Konzernabschlüsse und Bilanzierung von Anteilen an Tochterunternehmen),
- Anteile an assoziierten Unternehmen (s. IAS 28, Bilanzierung von Anteilen an assoziierten Unternehmen) und
- Anteile an Joint Ventures (s. IAS 31, Rechnungslegung über Anteile an Joint Ventures)

Anmerkung: Es handelt sich bei IAS 27, IAS 28 und IAS 31 um Spezialregelungen aus dem

Bereich der Konzernrechnungslegung, die in Band II, Aufstellung und Prüfung des Konzerabschlusses, besprochen werden.

c) Beteiligungen nach IDW-Stellungnahmen

c1) Beteiligungen an Personenhandelsgesellschaften

Anteile an Personenhandelsgesellschaften gelten nach der Stellungnahme HFA 1/1991, Zur Bilanzierung von Beteiligungen an Personenhandelsgesellschaften im Jahresabschluss der Kapitalgesellschaft, unabhängig von der Höhe **stets als Beteiligung**. Stellungnahme **HFA 1/1991**:

"Mitgliedschaften in Personenhandelsgesellschaften gehören, sofern die Voraussetzung des § 247 Abs. 2 HGB erfüllt ist, zu den Beteiligungen im Sinne von § 271 Abs. 1 Satz 1 HGB. Auf die Beteiligungsquote kommt es dabei nicht an. Bei Vorliegen der Voraussetzungen des § 272 Abs. 2 HGB stellt die Mitgliedschaft einen Anteil an verbundenen Unternehmen dar.

Ein gesonderter bilanzieller Ausweis von Beteiligungen an Personenhandelsgesellschaften als persönlich haftender Gesellschafter (§ 105 Abs. 1, § 161 Abs. 1 HGB) wird vom Gesetz nicht gefordert. Jedoch ist das Bestehen einer unbeschränkten persönlichen Haftung unter den Voraussetzungen des § 285 Nr. 3 HGB im Anhang anzugeben; dies gilt auch bei einer Beteiligung ohne Einlage sowie in Fällen der Nachhaftung eines Gesellschafters nach Ausscheiden aus der Gesellschaft oder nach Auflösung der Gesellschaft. Wird von der Erleichterung des § 288 Satz 1 HGB Gebrauch gemacht, so kann eine solche Angabe nach § 264 Abs. 2 Satz 2 HGB erforderlich sein."

Es ist allerdings fraglich, ob auch Kommanditbeteiligungen an Publikums-Kommanditgesellschaften immer als Beteiligungen zu gelten haben.

c2) Beteiligungen nach BFA 1/1977

Der Bankenfachausschuss des IDW hatte in seiner Stellungnahme **BFA 1/1977** den Versuch unternommen, die Kriterien, mit Hilfe derer "Beteiligungen" von anderen Posten des Finanzanlagevermögens abgegrenzt werden können, zu konkretisieren. Die Stellungnahme dürfte zur Auslegung von § 271 Abs. 1 HGB immer noch anwendbar (und hilfreich) sein. Die Abgrenzung ergibt sich aus dem Gesamtbild der nachfolgend unter c21) bis c27) erörterten Einzelkriterien.

c21) Unternehmensverträge

Besteht ein Unternehmensvertrag i.S.d. § 291 AktG, so ist eine Beteiligung des herrschenden Unternehmens anzunehmen. Unternehmensverträge sind nach §§ 291 und 292 AktG der **Beherrschungsvertrag**, der **Gewinnabführungsvertrag**, der **Betriebspacht- und -überlassungsvertrag**, die **Gewinngemeinschaft** und der **Teilgewinnabführungsvertrag**.

c22) Patronatserklärungen

Hat das bilanzierende Unternehmen für ein anderes Unternehmen Patronatserklärungen abgegeben, sind seine Anteile regelmäßig als Beteiligung anzusehen. Zum Begriff der Patronatserklärung vgl. unten, I, § 20, Ziff. 3.

c23) Höhe der Beteiligung

Die Höhe der Beteiligung alleine ist nach BFA 1/1977 nicht ausschlaggebend. die Vermutung nach **§ 271 Abs. 1 Satz 3 HGB** könne nur durch den Nachweis widerlegt werden, dass nach dem Gesamtbild der übrigen Merkmale ein Beteiligungsverhältnis nicht vorliegt. Je nach den Gesamtumständen kann auch ein unter 25% liegender Anteilsbesitz eine Beteiligung sein. Bei über 50% hinausgehendem Anteilsbesitz ist ein Nachweis, dass es sich um eine bloße Kapitalanlage und nicht um eine Beteiligung handelt, mit zunehmendem Anteilsbesitz erschwert oder nahezu unmöglich. Hierbei sind auch indirekt gehaltene Anteile einzubeziehen.

c24) Dauer des Anteilsbesitzes

Auch die Dauer des Anteilsbesitzes kann ein Kriterium für das Vorliegen einer Beteiligung sein. Gleichwohl kann auch die Dauer des Anteilsbesitzes für sich alleine für die Annahme einer Beteiligung nicht als bestimmend angesehen werden. Es ist nach BFA 1/1977 zu jedem Bilanzstichtag zu prüfen, ob die Voraussetzungen für die Annahme einer solchen Finanzanlage noch vorliegen oder ob weitere Merkmale hinzugekommen sind, die für eine Beteiligung sprechen.

c25) Branchenverwandtschaft

Das Kriterium der "Branchenverwandtschaft" dürfte dagegen als Abgrenzungsmerkmal in den meisten Fällen anwendbar sein. Ist der Geschäftsbetrieb des Unternehmens, an dem Anteile gehalten werden, geeignet, die Geschäfte des bilanzierenden Unternehmens zu fördern oder zu ergänzen, so lässt dies auf das Vorliegen einer Beteiligung i.S.v. § 271 Abs. 1 HGB schließen.

c26) Unternehmerische Einflussnahme

Nach BFA 1/1977 ist ferner die "unternehmerische Einflussnahme" wesentliches Abgrenzungskriterium. es wird aber bemerkt:

> *"Die Abgrenzung zwischen unternehmerischer Einflussnahme und bloßer Überwachung kann im Einzelfall Schwierigkeiten bereiten. Ist das andere Unternehmen nach Rechtsform (z.B. Personenhandelsgesellschaft) oder nach den die Geschäftsführung regelnden Bestimmungen (Satzung, Gesellschaftsvertrag, Dienstanweisung für die Geschäftsführung) in der Entscheidungsbildung von der Mitwirkung der Gesellschafter abhängig, so ist dann eine Beteiligung anzunehmen, wenn das Kreditinstitut (Unternehmen, d.V.) durch Vertretung in den die Mitwirkungsbefugnis ausübenden Gremien oder auf andere Weise maßgeblich Einfluss auf die Unternehmensführung nimmt."*

c27) Vertretung im Aufsichtsorgan

Schließlich kann die Vertretung in den Aufsichtsorganen dann ein Indiz für das Vorliegen einer Beteiligung sein, wenn das Unternehmen durch seine Vertreter Einfluss nimmt und sich nachweislich nicht darauf beschränkt, die mit dem Anteilsbesitz verbundenen Überwachungsrechte auszuüben.

d) Beteiligungen und "verbundene Unternehmen" nach § 271 Abs. 2 HGB

Liegt eine Beteiligung vor, so ist stets zu prüfen, ob auch der Tatbestand eines verbundenen Unternehmens i.S.v. **§ 271 Abs. 2 HGB** vorliegt.

Zu beachten ist, dass das HGB in § 271 Abs.2 und das AktG in § 15 "Verbundene Unternehmen" unterschiedlich definieren.

d1) Verbundene Unternehmen nach § 15 AktG

Was der Aktiengesetzgeber unter "verbundenen Unternehmen" versteht, ist in **§ 15 AktG** umschrieben. Liegt eines der nachfolgend in d11) bis d15) umschriebenen Merkmale vor, so handelt es sich um Verbundene Unternehmen i.S.d. AktG.

d11) Mehrheitsbeteiligung (§ 16 AktG)

Bei Mehrheitsbeteiligungen liegt zugleich der Tatbestand der verbundenen Unternehmen vor. Es geht um die Mehrheit der Anteile, nicht um die Mehrheit der Stimmrechte! Die Berechnung erfolgt nach § 16 Abs. 2, 3 und 4 AktG.

d12) Abhängigkeit (§ 17 AktG)

Abhängige Unternehmen sind rechtlich selbständige Unternehmen, auf die ein anderes Unternehmen (herrschendes Unternehmen) unmittelbar oder mittelbar einen beherrschenden Einfluss ausüben <u>kann</u>. - Es kommt auf die Möglichkeit der Beherrschung an, nicht nur auf die tatsächliche Ausübung der Beherrschungsmöglichkeit. Herrschende und abhängige Unternehmen sind nach dem AktG zugleich verbundene Unternehmen.

Von einem in Mehrheitsbesitz nach § 16 AktG stehenden Unternehmen wird vermutet, dass es von dem an ihm mit Mehrheit beteiligten Unternehmen abhängig ist. Diese Vermutung kann allerdings widerlegt werden.

d13) Wechselseitige Beteiligung (§ 19 AktG)

Wechselseitig beteiligte Unternehmen sind Unternehmen mit Sitz im Inland in der Rechtsform der Kapitalgesellschaft, die dadurch verbunden sind, dass jedem Unternehmen mehr als 25% der Anteile an dem anderen Unternehmen gehört.

Gehört einem der Unternehmen mehr als die Hälfte der Anteile, so ist das eine als herrschendes und das andere als abhängiges Unternehmen i.S.v. § 17 AktG anzusehen.

Gehört jedem der wechselseitig beteiligten Unternehmen eine Mehrheitsbeteiligung an dem anderen Unternehmen, <u>so gelten beide Unternehmen als herrschend und abhängig</u>.

d14) Unternehmensverträge (§§ 291, 292 AktG)

Was Unternehmensverträge i.S.d. Aktiengesetzes sind, ist oben unter c21) aufgezählt worden.

d15) Konzernverhältnisse (§ 18 AktG)

Die allgemeine Konzerndefinition des Aktiengesetzes lautet:

> *"Sind ein herrschendes und ein oder mehrere abhängige Unternehmen unter der einheitlichen Leitung des herrschenden Unternehmens zusammengefasst, so bilden sie einen Konzern; die einzelnen Unternehmen sind Konzernunternehmen."*

Abb. 24: Begriff der verbundenen Unternehmen nach § 15 AktG und § 271 Abs. 2 HGB

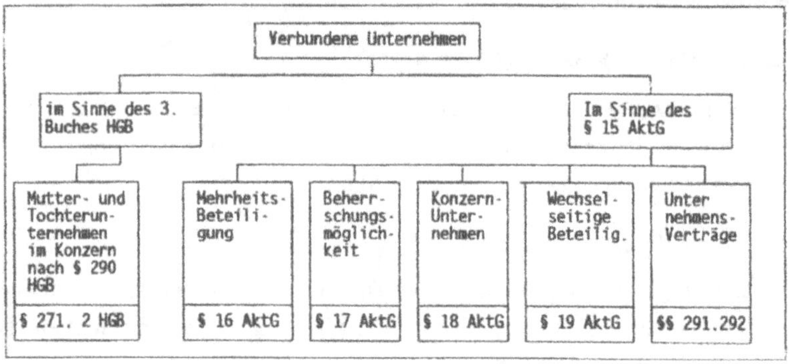

d2) Verbundene Unternehmen nach § 271 Abs. 2 HGB

Verbundene Unternehmen i.S.v. § 271 Abs. 2 HGB liegen dagegen dann vor, wenn ein **"Mutter-Tochter-Verhältnis"** i.S.v. § 290 Abs. 1 oder Abs. 2 HGB gegeben ist. Was ein "Mutter-Tochter-Verhältnis" ist, wird in § 290 Abs. 1 HGB und in § 290 Abs. 2 HGB unterschiedlich definiert.

d21) Einheitliche Leitung und Beteiligung (§ 290 Abs. 1 HGB)

In § 290 Abs. 1 heißt es:

"Stehen in einem Konzern die Unternehmen unter der einheitlichen Leitung einer Kapitalgesellschaft (Mutterunternehmen) mit Sitz im Inland und gehört dem Mutterunternehmen eine Beteiligung nach § 271 Abs. 1 an dem oder den anderen unter der einheitlichen Leitung stehenden Unternehmen (Tochterunternehmen), so haben die gesetzlichen Vertreter des Mutterunternehmens ... einen Konzernabschluss ... aufzustellen"

d22) Control-Verhältnisse (§ 290 Abs. 2 HGB)

Daneben enthält **§ 290 Abs. 2 HGB** einen anderen Konzernbegriff, der den angelsächsischen Auffassungen nachempfunden wurde. Danach ist nicht - wie nach kontinentaler Auffassung - die einheitliche Leitung konstituierendes Konzernmerkmal, sondern das "control-Verhältnis" zwischen den Konzernunternehmen. **Es handelt sich bei den control-Verhältnissen um bestimmte, im Gesetz umschriebene rechtliche Möglichkeiten zur Ausübung eines beherrschenden Einflusses.** Hierbei kommt es nicht auf die tatsächliche Ausübung der control-Rechte an, sondern nur darauf, ob diese Rechte bestehen. Als control-Rechte i.S.d. **§ 290 Abs. 2 HGB** gelten:

d221) Mehrheit der Stimmrechte (§ 290 Abs. 2 Nr. 1 HGB)

Das Gesetz formuliert:

"Eine Kapitalgesellschaft ist stets zur Aufstellung eines Konzernabschlusses und eines Konzernlageberichts verpflichtet (Mutterunternehmen), wenn ihr bei einem Unternehmen (Tochterunternehmen) die Mehrheit der Stimmrechte zusteht."

Wesentlich ist, dass es hier nicht um die Mehrheit der Anteile sondern um die Mehrheit der Stimmrechte geht!

d222) Recht, die Mehrheit der Organmitglieder zu bestellen oder zu entlassen (§ 290 Abs. 2 Nr. 2 HGB)

Ein control-Verhältnis liegt nach **§ 290 Abs. 2 Nr. 2 HGB** auch vor, wenn ein sog. Organbestellungsrecht besteht. Das Gesetz formuliert:

"Eine Kapitalgesellschaft ist stets zur Aufstellung eines Konzernabschlusses und eines Konzernlageberichts verpflichtet (Mutterunternehmen), wenn ihr bei einem Unternehmen (Tochterunternehmen) das Recht zusteht die Mehrheit der Mitglieder des Verwaltungs-, Leitungs- oder Aufsichtsorgans zu bestellen oder abzuberufen und sie gleichzeitig Gesellschafter ist."

d223) Vorliegen eines Beherrschungsvertrages oder einer Beherrschungs-Satzungsbestimmung (§ 290 Abs. 2 Nr. 3 HGB)

Schließlich liegt ein control-Verhältnis nach **§ 290 Abs. 2 Nr. 3 HGB** auch dann vor, wenn ein Beherrschungsrecht besteht. Das Gesetz formuliert:

"Eine Kapitalgesellschaft ist stets zur Aufstellung eines Konzernabschlusses und eines Konzernlageberichts verpflichtet (Mutterunternehmen), wenn ihr bei einem Unternehmen (Tochterunternehmen) ... das Recht zusteht, einen beherrschenden Einfluß auf Grund eines mit diesem Unternehmen geschlossenen Beherrschungsvertrags oder auf Grund einer Satzungsbestimmung dieses Unternehmens auszuüben."

Die nach § 290 HGB möglichen Mutter-Tochter-Verhältnisse sind in Abb. 25 dargestellt.

Abb. 25: Mutter- und Tochterunternehmen (§ 271 Abs. 1 i.V.m. § 290 HGB)

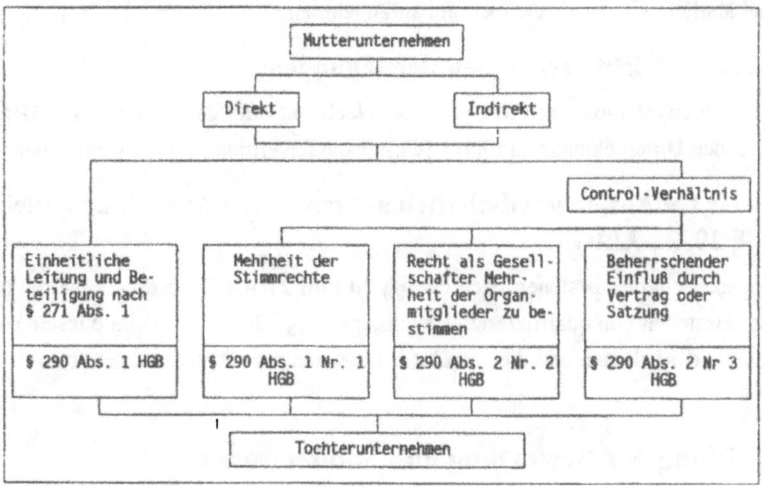

d3) Zusammenhang zwischen dem Begriff "Verbundene Unternehmen" nach Aktienrecht und nach dem HGB

Die Definition der verbundenen Unternehmen führt bei Aktiengesellschaften zu einem Nebeneinander beider Begriffe; **für die Rechnungslegung ist nur der Begriff nach § 271 Abs. 2 HGB maßgebend**. Das Gesetz sagt nämlich ausdrücklich in **§ 271 Abs. 1 Satz 1 HGB**: *"Ver-*

bundene Unternehmen im Sinne dieses Buches sind ...". Gemeint ist damit das Dritte Buch des HGB über die Rechnungslegung der Unternehmen.

d4) Auslegungsprobleme im Zusammenhang mit § 271 Abs. 2 HGB

Bei wörtlicher Auslegung von § 271 Abs. 2 HGB i.V.m. **§ 290 HGB** ergibt sich ein enger Begriff der verbundenen Unternehmen, nach dem verbundene Unternehmen nur solche Unternehmen sind, die in einem Mutter-Tochterverhältnis zu einer Kapitalgesellschaft mit Sitz im Inland stehen. **Nach herrschender Meinung liegen Verbundene Unternehmen i.S.v. § 271 Abs. 2 HGB aber in allen Fällen vor, wenn unabhängig von Rechtsform und Sitz zwischen den Unternehmen ein Mutter-Tochterverhältnis besteht. Als verbundene Unternehmen gelten auch die Tochterunternehmen untereinander.**

Ziff. 2 Nachweis der Beteiligungen

a) Kontinuität des Bilanzausweises

Insbesondere wegen der Abgrenzungsschwierigkeiten zwischen Beteiligungen, Wertpapieren und sonstigen Vermögensgegenständen sollte der Kontinuitätsgrundsatz auch bei der Abgrenzung der Beteiligungen gegenüber verwandten Posten eingehalten werden, falls nicht wesentliche Veränderungen gegenüber dem Vorjahr eingetreten sind.

b) Nachweis bei verbrieften Beteiligungen

Sind die Anteile verbrieft, so werden sie gewöhnlich von Kreditinstituten verwahrt. Deren Depotauszüge gelten dann als Nachweis. Verwahrt die Gesellschaft ihre Wertpapiere selbst, so ist der Bestand ähnlich wie der Kassenbestand aufzunehmen.

c) Nachweis bei nicht verbrieften Beteiligungen

Sind die Beteiligungen nicht verbrieft, so ist der Nachweis über das Bestehen von Beteiligungen des zu prüfenden Unternehmens zu führen (Gesellschaftsverträge, Handelsregisterauszüge etc.).

d) Nachweis bei Aktiengesellschaften aufgrund von Mitteilungspflichten nach §§ 20, 21 AktG

Bei Aktiengesellschaften bestehen nach den **§§ 20 und 21 AktG** bestimmte Mitteilungspflichten über das Bestehen von qualifizierten Beteiligungen (§§ 20, 21 AktG bitte lesen!). Allerdings erweisen sich die erhaltenen und die gewährten Mitteilungen oft nicht als sehr beweiskräftig.

Ziff. 3 Prüfung der Bewertung und Sonderfragen

a) Grundsatz: Gemildertes Niederstwertprinzip

Da es sich bei den Beteiligungen um Gegenstände des Finanzanlagevermögens handelt, sind außerplanmäßige Abschreibungen bei dauernder Wertminderung vorzunehmen, bei vorübergehender Wertminderung dürfen sie vorgenommen werden; ggf. Wertaufholungsgebot.

Die Prüfung der Bewertung ist, soweit es sich nicht um börsennotierte Anteile handelt - nur mit Hilfe vorgelegter Jahresabschlüsse dieser Unternehmen und entsprechender Prüfungsberichte sowie durch Auskünfte seitens der geprüften Gesellschaft möglich. Ergeben sich aus diesen Unterlagen keine Anhaltspunkte für nachhaltige Wertminderungen, so bestehen gegen die Weiterführung der Anschaffungskosten oder der niedrigeren Buchwerte keine Bedenken. Bestehen Zweifel an der Angemessenheit des Wertansatzes, so ist ggf. eine außerplanmäßige Abschreibung zu verlangen. Bestehen die Anteile aus börsennotierten Wertpapieren, so können die amtlichen Kurse am Bilanzstichtag Anhaltspunkte für mögliche oder notwendige außerplanmäßige Abschreibungen geben.

b) Bewertung von Beteiligungen nach den IFRS/IAS

Beteiligungen als „available for sale financial assets" sind nach **IAS 39.43** bei dem erstmaligen Ansatz mit ihrem beizulegenden Zeitwert einschließlich der Transaktionskosten zu bewerten.

Für die Folgebewertung gilt, falls ein Zeitwert (Marktpreis oder Börsenkurs) nicht zu ermitteln ist (**IAS 39.46**):

> *„Finanzinvestitionen in Eigenkapitalinstrumente, für die kein auf einem aktiven Markt notierter Preis vorliegt und deren beizulegender Zeitwert nicht verlässlich ermittelt werden kann, ... sind mit den Anschaffungskosten zu bewerten."*

Darüber hinaus gilt im Gegensatz zum HGB das strenge Niederstwertprinzip. Sowie ein Wertaufholungsverbot. Es heißt in **IAS 39.66**:

> *„Bestehen objektive Hinweise darauf dass eine Wertminderung bei einem nicht notierten Eigenkapitalinstrument, das nicht zum beizulegenden Zeitwert angesetzt wird, weil sein beizulegender Zeitwert nicht verlässlich ermittelt werden kann, ... ergibt sich der Betrag der Wertberichtigung als Differenz zwischen dem Buchwert des finanziellen Vermögenswertes und dem Barwert der geschätzten künftigen Cashflows, die mit der aktuellen Marktrendite eines vergleichbaren finanziellen Vermögenswerts abgezinst werden (siehe Paragraph 46(c) und Anhang A Paragraph AG80 und AG81). Solche Wertberichtigungen dürfen nicht rückgängig gemacht werden."*

c) Besonderheiten der Bewertung von Beteiligungen an Personenhandelsgesellschaften

Nach der Stellungnahme HFA 1/1991, Zur Bilanzierung von Anteilen an Personenhandelsgesellschaften im Jahresabschluss der Kapitalgesellschaft, sind die Anteile an Personenhandelsgesellschaften wie folgt zu bilanzieren und zu bewerten.

c1) Geleisteter Betrag

Ausgangsgröße bei der Bewertung der Beteiligungen sind die Anschaffungskosten.

> *"Bei der Bewertung von Beteiligungen ist von den Anschaffungskosten im Sinne des § 255 Abs. 1 HGB (bei Kauf oder durch Einlage) auszugehen. Die Beteiligung ist mit dem geleisteten Betrag zuzüglich eingeforderter Beträge zu aktivieren."*

c2) Bedungener Betrag

"Sie (die Beteiligung, d.Verf.) *kann auch mit einem darüber hinausgehenden bedungenen Betrag aktiviert werden."*

c3) Resteinzahlungsverpflichtung

Stimmt der Betrag der geleisteten Einlage mit dem Betrag der bilanzierten Einlage nicht überein, so ergibt sich eine Resteinzahlungsverpflichtung:

"Der Unterschiedsbetrag zwischen der geleisteten Einlage und der aktivierten Einlage ist als Resteinzahlungsverpflichtung zu passivieren. Soweit Resteinzahlungsverpflichtungen für noch nicht eingeforderte, bedungene Einlagen nicht passiviert sind, ist die Haftung auf Volleinzahlung als sonstige finanzielle Verpflichtung unter den Voraussetzungen des § 285 Nr. 3 HGB anzugeben. Die Hafteinlage ist für die Bestimmung der Anschaffungskosten ohne Bedeutung. Übersteigt die Hafteinlage die bedungene Einlage, so ist der Unterschiedsbetrag unter den Voraussetzungen des § 285 Nr. 3 HGB als sonstige finanzielle Verpflichtung anzugeben. Bei Sacheinlagen können als Anschaffungskosten wahlweise der Buchwert oder höchstens der Zeitwert des Einlageobjektes angesetzt werden."

c4) Gewinnanteile des Gesellschafters

Wesentlich ist die Bestimmung des Zeitpunktes, zu dem Gewinnanteile der Gesellschafter als realisiert gelten.

"Der einem Gesellschafter zukommende Anteil am Gewinn einer Personenhandelsgesellschaft ist insoweit realisiert (§ 252 Abs. 1 Nr. 4 HGB) und damit als Forderung bilanzierungspflichtig, als dem Gesellschafter hierauf ein Anspruch zusteht, über den er individuell und losgelöst von seinem Gesellschaftsanteil verfügen kann. Im Rahmen der für die Bilanzierung gebotenen wirtschaftlichen Betrachtungsweise bedarf es nicht eines bereits entstandenen Rechtsanspruchs des Gesellschafters auf seinen Gewinnanteil; es genügt, daß das künftige Entstehen eines Rechtsanspruchs tatsächlich gesichert ist.

Nach den gesetzlichen Bestimmungen (§§ 120-122, 161 Abs. 2, 167 und 169 HGB) ist das Entstehen eines solchen individuellen Anspruchs regelmäßig bereits zum Abschluss-Stichtag der Personenhandelsgesellschaft tatsächlich gesichert und damit im bilanziellen Sinne realisiert. Die auszuweisende Forderung muss der Höhe nach durch das Festliegen aller wesentlichen Bilanzierungs- und Bewertungsentscheidungen, im Regelfall durch eine aufgestellte Bilanz, hinreichend konkretisiert sein.

Soweit der Gewinnanteil durch Gesetz ..., Gesellschaftsvertrag oder Gesellschafterbeschluss der Verfügungsgewalt des einzelnen Gesellschafters entzogen ist, entsteht für den Gesellschafter zum Abschluss-Stichtag der Personenhandelsgesellschaft kein bilanzierungsfähiger Anspruch.

Soweit die Befugnis des Gesellschafters zur Verfügung über den Gewinn von einem Beschluß der Gesellschafter abhängt, ist eine bilanzierungsfähige Forderung des Gesellschafters erst im Zeitpunkt einer solchen Beschlussfassung - frühestens jedoch am Abschluss-Stichtag der Personenhandelsgesellschaft - realisiert. Steht einem Gesellschafter die Mehrheit der

Stimmrechte zu, so ist sein Anteil am Gewinn unter entsprechender Anwendung des BGH-Urteils vom 3. November 1975 (BGHZ 65, 230 ff.) zu vereinnahmen.

Eine nach vorstehenden Grundsätzen bilanzierte Gesellschafterforderung auf den Gewinnanteil kann in das gesamthänderisch gebundene Gesellschaftsvermögen wieder eingelegt werden oder gilt für den vollhaftenden Gesellschafter als durch Zeitablauf (§§ 122 Abs. 1 und 169 Abs. 1 HGB) eingelegt; insoweit entstehen nachträgliche Anschaffungskosten. Die Forderung ist als Zugang auf Beteiligungen umzubuchen.

Wird ein Gewinnanteil, über den der Gesellschafter noch kein individuelles Verfügungsrecht hatte, zur Erfüllung einer Einlageverpflichtung oder zur Einlageerhöhung verwendet, so ist er im Zeitpunkt der Beschlussfassung - frühestens jedoch am Abschluss-Stichtag der Personenhandelsgesellschaft - zu vereinnahmen und als Tilgung der Einlageverbindlichkeit oder als Beteiligungszugang zu buchen."

c5) Verlustanteile

Von Bedeutung ist ferner die Möglichkeit bzw. die Verpflichtung zur Vornahme von Abschreibungen (Zuschreibungen) auf die Beteiligung.

"Verluste und Ergebnisverschlechterungen bei der Personenhandelsgesellschaft können nur dann zu einer außerplanmäßigen Abschreibung der Beteiligung beim Gesellschafter führen, wenn dieser dadurch gemäß § 253 Abs. 2 Satz 3 HGB ein niedrigerer Wert beizulegen ist; bei einer voraussichtlich dauernden Wertminderung ist die Abschreibung zwingend.

Verluste und Ergebnisverschlechterungen, die durch Vornahme allein steuerrechtlicher Abschreibungen (§ 254 HGB) bei der Personenhandelsgesellschaft eingetreten sind, können nicht zu einer Abschreibung der Beteiligung führen, weil der beizulegende Wert der Beteiligung hierdurch nicht negativ beeinflusst wird und ein entsprechender handelsrechtlicher Wertansatz beim Gesellschafter nicht Voraussetzung für die Anerkennung der steuerrechtlichen Abschreibung in der Personenhandelsgesellschaft ist (§ 279 Abs. 2 HGB). Das gleiche gilt für Abschreibungen auf die Beteiligung, die sich aus einer bei der Personenhandelsgesellschaft geführten steuerlichen Ergänzungsbilanz ergeben.

Unabhängig von einer Verlustentstehung ist bei Vorliegen eines niedrigeren beizulegenden Wertes bei voraussichtlich dauernder Wertminderung eine Abschreibung des Wertansatzes vorzunehmen.

Da Zuschreibungen zum Beteiligungsansatz nach dem Wertaufholungsgebot des § 280 Abs. 1 HGB ohne Auswirkung auf die steuerliche Gewinnermittlung sind, kann § 280 Abs. 2 HGB nicht angewandt werden. Dementsprechend ist bei Fortfall der Gründe für eine außerplanmäßige Abschreibung eine Zuschreibung zwingend.

Sind die dem Gesellschafter steuerlich zuzurechnenden Ergebnisse höher oder niedriger als die Ergebnisse, die nach vorstehenden Abschnitten 3 bis 5 zu bilanzieren sind, so wird auf die Bestimmungen des § 274 HGB verwiesen."

d) Die Bewertung von Beteiligungen "at equity"

Die 4.EG-Richtlinie sieht als "nationales Wahlrecht" die Anwendung der sog. Equity-Methode vor, d.h. die Bewertung der Beteiligung in Höhe des jeweils auf sie entfallenden anteiligen Eigenkapitals (Spiegelbildmethode). Bis zu einer späteren Koordinierung unter den Mitgliedstaaten ist die Anwendung der Equity-Methode im Einzelabschluss allerdings unzulässig; im Konzernabschluss unter bestimmten Bedingungen dagegen zwingend. Eine eingehende Behandlung der Equity-Methode erfolgt deshalb im Teil II (Konzernrechnungslegung).

e) Bilanzierung der Anteile an Joint Ventures

Die Stellungnahme **HFA 1/1993** "Zur Bilanzierung von Joint Ventures" beschäftigt sich mit der Bilanzierung bei und mit der Bilanzierung von Anteilen an Gemeinschaftsunternehmen, Arbeitsgemeinschaften usw. Der Begriff des "Joint Venture" ist unscharf; er deckt, wie die Stellungnahme HFA 1/1993 zeigt, sehr unterschiedliche Gestaltungsformen der Zusammenarbeit zwischen mehreren Unternehmen. HFA 1/1993 behandelt vornehmlich **Arbeitsgemeinschaften** in den Formen der BGB-Gesellschaft und der Bruchteilsgemeinschaft; Arbeitsgemeinschaften in der Form von Handelsgesellschaften werden nur am Rande erwähnt.

Mit Joint Ventures beschäftigt sich auch **IAS 31**; allerdings bestehen zwischen IAS 31 und HFA 1/1993 Unterschiede in der begrifflichen Abgrenzung. IAS 31 unterscheidet zwischen:

(a) Gemeinsam kontrollierten Tätigkeiten (jointly controlled operations, IAS 31.8-12);

(b) gemeinsam kontrollierten Vermögensgegenständen (jointly controlled assets, IAS 31.13-18);

(c) gemeinsam kontrollierten Unternehmen (jointly controlled entities, IAS 31.19-24).

Gegenstand von HFA 1/1993 sind lediglich die Ausgestaltungsformen der Joint Ventures zu (b) und (c). Die unter (c) genannte Form entspricht im Rahmen der Vorschriften zur Konzernrechnungslegung den in § 310 HGB geregelten "Gemeinschaftsunternehmen".

e1) Gestaltung der Joint Ventures

Zur rechtlichen Gestaltung der Joint Ventures (Arbeitsgemeinschaften) und zu den daraus abgeleiteten Bilanzierungs- und Bewertungsregeln wird in der Stellungnahme HFA 1/1993, Ziff. 1, ausgeführt:

> *"Nach deutschem Recht können Joint Ventures Kapitalgesellschaften, Personenhandelsgesellschaften, BGB-Gesellschaften oder Bruchteilsgemeinschaften sein. Besondere Bilanzierungsprobleme bestehen bei solchen Joint Ventures, die nicht Kapitalgesellschaften oder Personenhandelsgesellschaften, sondern BGB-Gesellschaften oder Bruchteilsgemeinschaften sind, da das Handelsrecht für diese keine Rechnungslegungsvorschriften enthält und derzeit für die Bilanzierung von Anteilen an BGB-Gesellschaften noch keine allgemein anerkannten Grundsätze existieren. ...*
>
> *Die rechtliche und wirtschaftliche Würdigung von Joint Ventures hat wesentliche Auswirkungen auf die Rechnungslegung im Joint Venture und auf die Behandlung eines Joint Venture im Jahresabschluss der Partnerunternehmen. Für die Bilanzierung beim Partnerunternehmen ist entscheidend, ob eine BGB-Gesellschaft besteht, die aufgrund ihrer Ausgestaltung als solche Bilanzierungsobjekt wird, oder ob anteilige Vermögensgegenstände und Schulden (Bruchteilseigentum) zu bilanzieren sind. Dabei ist im wesentlichen von Bedeutung,*

- *ob das Joint Venture nach außen auftritt und Rechtsbeziehungen mit Dritten unterhält (Außengesellschaft) oder seine Rechtsbeziehungen auf die Mitgesellschafter beschränkt sind (Innengesellschaft),*
- *ob das Joint Venture als Gesamthandsgemeinschaft ausgestaltet ist, d.h. das Vermögen insoweit allen Gesellschaftern zur gesamten Hand zusteht oder Bruchteilseigentum gebildet wurde, und in Abhängigkeit davon,*
- *inwieweit vertraglich Gesellschafterleistungen in Beiträgen (Einlagen) erbracht werden und inwieweit ggf. daneben oder ausschließlich ein Leistungsaustausch auf schuldrechtlicher Basis (Verrechnungsverkehr bspw. aus Personal- oder Materialgestellung) erfolgt.*

Im Anschluss an die Qualifizierung als Bilanzierungsobjekt ist für die Klärung weiterer Bilanzierungsfragen wesentlich, ob

- *ein Joint Venture auf unbestimmte Dauer, zeitlich begrenzt oder für die Durchführung einer Aufgabe (Gelegenheitsgesellschaft) geschlossen ist,*
- *ein Joint Venture als Unternehmen im Sinne handelsrechtlicher Rechnungslegungsvorschriften anzusehen ist."*

e2) Zur Rechnungslegung innerhalb des Joint Venture

Wird das Joint Venture in der Form der Kapitalgesellschaft oder der Personengesellschaft geführt. sind für die Rechnungslegung im Joint Venture die Regelungen des Dritten Buchs des HGB anzuwenden.

Probleme entstehen, wenn das Joint Venture in anderen (ggf. ausländischen) Rechtsformen geführt wird.

Joint Ventures in der Rechtsform der BGB-Gesellschaft unterliegen nach § 721 Absatz 2 BGB grundsätzlich der Pflicht, periodische Rechnungsabschlüsse zu erstellen. Diese gesetzliche Verpflichtung ist durch Gesellschaftsvertrag abdingbar; handelsrechtliche Rechnungslegungspflichten bestehen für BGB-Gesellschaften nicht. Dennoch besteht aus Sicht der Partnerunternehmen ein Bedarf für eine freiwillige periodische Rechnungslegung des Joint Venture, wenn dieses Gesamthandsvermögen besitzt und die Partner daher einen Anteil an dem Joint Venture bilanzieren.

e3) Die Bilanzierung der Mitgliedschaft in einem Joint Venture im Jahresabschluss der Partnerunternehmen

Wesentliches Anliegen der Stellungnahme HFA 1/1993 ist die Bilanzierung und Bewertung der Anteile an einem Joint Venture (einer Arbeitsgemeinschaft) im Jahresabschluss des oder der Partnerunternehmen.

e31) Ausweis der Mitgliedschaft

Die Mitgliedschaft in einem Joint Venture, das kein Gesamthandsvermögen besitzt, führt nach HFA 1/1993, Abschn. 3.1., im Jahresabschluss der Partnerunternehmen nicht zum Ausweis eines Anteils an dem Joint Venture im Sinne eines einheitlichen Vermögensgegenstandes. Bruchteilseigentum ist in der Bilanz der Partnerunternehmen nach allgemeinen Bilanzierungsregeln anteilig auszuweisen.

Liegt Gesamthandsvermögen vor, stellt die Mitgliedschaft aus Sicht der Partnerunternehmen einen einheitlichen Vermögensgegenstand dar, der als **Anteil** an dem Joint Venture zu bilanzieren ist.

Die Zuordnung zum Anlage- oder Umlaufvermögen hängt davon ab, ob der Anteil nach § 246 Abs. 3 HGB dazu bestimmt ist, dauernd dem Geschäftsbetrieb zu dienen. Die Stellungnahme HFA 1/1993 geht davon aus, dass die Anteile regelmäßig bei den Partnerunternehmen zum Anlagevermögen gehören, und als **Beteiligungen** auszuweisen sind, wenn das Joint Venture Unternehmenseigenschaft besitzt. Bei fehlender Unternehmenseigenschaft des Joint Venture sind die Anteile nach HFA 1/1993 als **sonstige Ausleihungen** unter Anpassung der Postenbezeichnung gemäß **§ 265 Absatz 6 HGB**, oder in Erweiterung des gesetzlichen Gliederungsschemas gemäß **§ 265 Absatz 5 HGB** innerhalb der Finanzanlagen gesondert auszuweisen.

Wenn der Anteil an einem Joint Venture im Umlaufvermögen bilanziert wird, soll er als **sonstiger Vermögensgegenstand** oder als besonderer Posten unter entsprechender Bezeichnung ausgewiesen werden

e32) Bewertung der Mitgliedschaft

Bei Bruchteilseigentum erfolgt die Bewertung der einzelnen Vermögensgegenstände und Schulden anteilig; bei Gesamthandsvermögen sind die Anteile nach dem Anschaffungswertprinzip zu bewerten.

Liegt bei dem Joint Venture Gesamthandsvermögen vor, so sind die Ausgangsgröße der Bewertung von Anteilen die Anschaffungskosten nach **§ 255 Absatz 1 HGB**. Die Fortschreibung der so gewonnenen Ausgangswerte durch Gewinne oder Verluste aus dem Anteil an dem Joint Venture erfolgt unter Bezugnahme auf § 721 Absatz 2 BGB nach den Voraussetzungen der Stellungnahme HFA 1/1991, Zur Bilanzierung von Anteilen an einer Personenhandelsgesellschaft (vgl. oben, Ziff. 3 c)).

Ergibt sich während der Laufzeit des Joint Venture, dass ein ausgleichspflichtiger Verlust droht, so ist hierfür nach HFA 1/1993 beim Gesellschafter eine Rückstellung für ungewisse Verbindlichkeiten zu passivieren, in der auch Risiken aus der Solvenz der anderen Partnerunternehmen zu berücksichtigen sind.

e33) Gewinnvereinnahmung aus Gesellschaftsanteilen

Die Vereinnahmung von Gewinnanteilen aus der Mitgliedschaft an einem Joint Venture mit Gesamthandsvermögen hat nach den in der Stellungnahme HFA 1/1991, Zur Bilanzierung von Anteilen an einer Personenhandelsgesellschaft, niedergelegten Regeln zu erfolgen. Es heißt in HFA 1/1993, Abschn. 3.3.:

> *"Voraussetzung für die Vereinnahmung eines Gewinns aus einem Anteil an einem Joint Venture ist, dass der Gewinnanspruch des Partners hinreichend sicher ist. Der vom Joint Venture ermittelte Periodengewinn ist danach beim Partnerunternehmen - unbeschadet der weiteren in der Stellungnahme HFA 1/1991 genannten Voraussetzungen - nur insoweit zu vereinnahmen, wie die Rechnungslegung im Joint Venture zum Ausweis eines hinreichend sicheren Gewinns geführt hat. ... "*

e34) Ergebnisausweis aus Gesellschaftsanteilen in der Gewinn- und Verlustrechnung

Zu Besonderheiten des Ergebnisausweises in der Gewinn- und Verlustrechnung eines Partnerunternehmens heißt es in HFA 1/1993, Abschn. 3.4.:

> *"Die bilanzielle Behandlung des Anteils an einem Joint Venture hat sachgerechter Weise entsprechende Auswirkungen auf den Ausweis der zugehörigen Ergebnisse in der Gewinn- und Verlustrechnung. Aus einem Ausweis der Anteile in den genannten Posten des* ***Finanzanlagevermögens*** *folgt, dass Ergebnisse aus der Mitgliedschaft grundsätzlich innerhalb der entsprechenden Posten des* ***Finanzergebnisses*** *auszuweisen sind. Eine Saldierung positiver und negativer Ergebnisse aus Anteilen an verschiedenen Joint Ventures ist nach § 246 Absatz 2 HGB nicht zulässig.*
>
> *Bei dem* ***Umlaufvermögen*** *zuzuordnenden Anteilen an Joint Ventures, in die das Partnerunternehmen die Ausübung eines Teils seiner gewöhnlichen Geschäftstätigkeit rechtlich ausgelagert hat und in die keine Einlagen geleistet wurden (Beispiel ist die typische Form der Bauarbeitsgemeinschaft), kann ein Ergebnisanteil aus dem Joint Venture bei wirtschaftlicher Betrachtung auch als* ***Umsatzerlös*** *ausgewiesen werden, wenn dies im Anhang erläutert und der Anteil der in dieser Weise abgewickelten Aufträge am Gesamtvolumen der in der Berichtsperiode abgewickelten Aufträge angegeben wird."*

e35) Darstellung im Anhang

Sind Kapitalgesellschaften Partner von Joint Ventures, so sind die für sie geltenden Vorschriften über die Angaben im Anhang sinngemäß anzuwenden.

e4) Schuldrechtliche und gesellschaftsrechtliche Beziehungen zwischen einem Joint Venture und den Partnerunternehmen

Leistungsbeziehungen zwischen den Partnerunternehmen und dem Joint Venture sind nur dann erheblich, wenn das Joint Venture Gesamthandsvermögen besitzt. In diesem Fall kommt es entweder zu schuldrechtlichen oder zu gesellschaftsrechtlichen Beziehungen, die als solche abzubilden sind.

e5) Das Joint Venture in einem Konzernabschluss des Partnerunternehmens

Wenn ein Partner eines Joint Venture einen Konzernabschluss aufzustellen hat, so gelten nach der Stellungnahme 1/1993 die folgenden Grundsätze:

- Unter den Voraussetzungen von § 290 HGB sind Joint Ventures nach den Regeln für die Vollkonsolidierung in den Konzernabschluss der Partner einzubeziehen.
- Wenn das Joint Venture von den Partnern gemeinsam geführt wird und die Voraussetzungen von § 310 HGB gegeben sind, kann das Joint Venture quotal in den Konzernabschluss der Partner einbezogen werden.
- Eine Bewertung "at equity" hat im Konzernabschluss in allen anderen Fällen zu erfolgen, sofern ein "maßgeblicher Einfluss" nach § 311 HGB auf das Joint Venture ausgeübt wird.

Einzelheiten zur Konzernrechnungslegung werden im Teil II. behandelt.

Ziff. 4 Ausweis und Ausweisprüfung

a) Große Kapitalgesellschaften

a1) Ausweis unter Pos. § 266 Abs. 2 A III 3: "Beteiligungen"

a2) Sonderausweis der Anteile an verbundenen Unternehmen

Bei der Prüfung der Beteiligungen - wie auch der Anteile - sollte der Prüfer sich gleichzeitig einen umfassenden Überblick über die Arten der Unternehmensverbindungen und die sich daraus für die Rechnungslegung ergebenden Konsequenzen verschaffen.

a3) Angabepflichten im Anhang

Außer den allgemeinen Angaben zur Bewertung und Bilanzierung verlangt das HGB in §§ 285 Nr. 11 bzw. 287 HGB Sonderangaben über den Anteilsbesitz.

a31) Angabe des Anteilsbesitzes (§ 285 Nr. 11 HGB)

Verlangt wird die Angabe von Namen, Sitz und Ergebnis des letzten Geschäftsjahres von Unternehmen, an denen ein Anteilsbesitz (nicht Beteiligung) in Höhe von mindestens 20% besteht. Für die Berechnung des Anteilssatzes ist § 16 AktG maßgebend. Die Befolgung dieser Vorschrift kann bei umfangreichem Anteilsbesitz sehr aufwendig sein. Deshalb enthält § 287 HGB eine Erleichterungsregelung.

a32) Offenlegung einer "Anteilsliste" (§ 287 HGB)

Aus Vereinfachungsgründen dürfen die Angaben über den Anteilsbesitz statt im Anhang auch in einer gesonderten Aufstellung des Anteilsbesitzes (sog. Anteilsliste) gemacht werden. Da die Anteilsliste an sich Teil des Anhangs ist, muss im Anhang auf die Tatsache der gesonderten Anteilsliste und auf den Ort ihrer Hinterlegung - dieser muss nicht das Handelsregister sein - hingewiesen werden.

b) Mittelgroße Kapitalgesellschaften

Die mittelgroßen Kapitalgesellschaften müssen den Jahresabschluss intern wie große Kapitalgesellschaften aufstellen. Für die Offenlegung sieht § 327 HGB jedoch die Zusammenfassung bestimmter Posten vor. Im Bereich des Finanzanlagevermögens wird aber ausdrücklich bestimmt, dass die Posten A III 1, Anteile an verbundenen Unternehmen, A III 2, Ausleihungen an verbundene Unternehmen, A II 3, Beteiligungen und A III 4, Ausleihungen an Unternehmen, mit denen ein Beteiligungsverhältnis besteht, gesondert ausgewiesen werden müssen. Die Erleichterungsvorschrift geht damit weitgehend ins Leere.

c) Kleine Kapitalgesellschaften

Wie mittelgroße Kapitalgesellschaften; die Bilanzgliederung braucht die Aufteilung des Finanzanlagevermögens nicht zu enthalten

Ziff. 5 Berücksichtigung korrespondierender Posten in der GuV (Gesamtkostenverfahren)

a) Erträge aus Beteiligungen, davon aus verbundenen Unternehmen (§ 275 Abs. 2 Nr. 9 HGB)

b) Sonstige Zinsen und ähnliche Erträge (§ 275 Abs. 2 Nr. 11 HGB)

c) Abschreibungen auf Finanzanlagen (§ 275 Abs. 2 Nr. 12 HGB)

d) Zeitpunkte der Gewinnvereinnahmung/Verlustvereinnahmung

d1) Grundsatz: Realisationsprinzip

Auch bei der Vereinnahmung von Beteiligungserträgen ist das Realisationsprinzip zu beachten, d.h. es dürfen Gewinnanteile erst dann vereinnahmt werden, wenn der Rechtsanspruch des Berechtigten entstanden ist. Bei Kapitalgesellschaften ist dies grundsätzlich erst dann der Fall, wenn die zuständigen Gesellschaftsorgane den "Gewinnverwendungsbeschluss" gefasst haben. Dies bedeutet, dass die Gewinnvereinnahmung durch den Beteiligten im Regelfall zeitverschoben erfolgt.

d2) Gewinnvereinnahmung bei Vorliegen von Ergebnisübernahmeverträgen

Bei Vorliegen von Gewinnabführungsverträgen und Verlustübernahmeverträgen erfolgt die Gewinn- bzw. Verlustvereinnahmung zeitlich synchron, d.h. der Ertrag aus einer empfangenen Gewinnabführung ist am Ende des Geschäftsjahres der abführenden Gesellschaft von der empfangenden Gesellschaft zu vereinnahmen.

d3) Gewinnvereinnahmung bei Mehrheitsbeteiligung an Kapitalgesellschaften

Nach der Rechtsprechung ist ausnahmsweise der Zeitpunkt der Gewinnvereinnahmung das Ende des Geschäftsjahres der ausschüttenden Kapitalgesellschaft, wenn eine Mehrheitsbeteiligung seitens des Berechtigten besteht und wenn der Jahresabschluss der ausschüttenden Gesellschaft bis zum Zeitpunkt der Aufstellung des Jahresabschlusses vorliegt. Begründet wird diese Vorverlegung des Vereinnahmungszeitpunkts vom Zeitpunkt des Gewinnverwendungsbeschlusses auf den Schluss des Geschäftsjahres damit, dass bei Vorliegen einer Mehrheitsbeteiligung der Inhalt des Gewinnverwendungsbeschlusses von dem mit Mehrheit Beteiligten jederzeit kontrolliert werden kann.

d4) Gewinnvereinnahmung bei Anteilen an Personen-Handelsgesellschaften

Die Gewinnvereinnahmung aus Beteiligungen an Personenhandelsgesellschaften erfolgt grundsätzlich zeitlich synchron, es sei denn, dass es z.B. lt. Gesellschaftsvertrag zusätzlicher Beschlüsse über die Gewinnverwendung und -ausschüttung bedarf.

§ 12 Bilanzierung und Prüfung der Ausleihungen des Finanzanlagevermögens

Übersicht

Lit.:

ADS, 6. A., Kommentierung zu § 253 HGB, Tz. 54, § 266 Tz. 76 ff., 82 ff. u. 89 ff.; Bellavite-Hövermann/Barkow, Kommentierung zu IAS 39, in Baetge et.al., 2. A., Losebl.; Bellavite-Hövermann/Menn/Viethen, Kommentierung zu IAS 32, in Baetge et.al. Rechnungslegung nach IAS, 2. Aufl. Losebl.; BFA 1/1978, Zur Abschlußprüfung bei Kreditinstituten; Coenenberg, Jahresabschluss und Jahresabschlussanalyse, 19. A., S. 149 ff.; Förschle, Ausleihungen, HWRev, 2. A., Sp. 138 ff.; HFA 1/1986, Zur Bilanzierung von Zero-Bonds; Kupsch, Finanzanlagevermögen, HdJ, Abt. II, 3; Raff, Forderungen, HWRP, Sp. 818-830; SABI 3/1986, Zur Darstellung der Finanzlage i.S.v. § 264 Abs. 2 HGB; WPH 2000 Bd. I, F 179, R 385.

Ziff. 1 Begriff der Ausleihungen des Finanzanlagevermögens

a) Abgrenzung nach § 266 Abs. 2 A III HGB

a1) Ausleihungen als Gegenstände des Anlagevermögens

Unter **§ 266 Abs. 2, Pos. A III**, fallen nur Gegenstände des Anlagevermögens, d.h. nach **§ 247 Abs. 2 HGB** Ausleihungen, die bestimmt sind, dauernd dem Geschäftsbetrieb zu dienen. Maßgeblich ist grundsätzlich weder die Restlaufzeit noch die Gesamtlaufzeit sondern lediglich die Daueranlageabsicht.

a2) Gliederung der Ausleihungen

Als Ausleihungen sind in Pos. A III genannt:

- Ausleihungen an verbundene Unternehmen (i.S.v. § 271 Abs. 2 HGB),
- Ausleihungen an Unternehmen, mit denen ein Beteiligungsverhältnis (i.S.v. § 271 Abs. 1 HGB) besteht,
- Sonstige Ausleihungen.

Zu den sonstigen Ausleihungen gehören somit alle Ausleihungen, die nicht zu den Ausleihungen an verbundene Unternehmen oder an Unternehmen, mit denen ein Beteiligungsverhältnis besteht, gehören.

b) Entstehung der Ausleihungen

Ausleihungen entstehen grundsätzlich durch Auszahlung (Bar- und Buchgeld) aufgrund eines Darlehensvertrages oder Ausnahmsweise durch Umschuldung (Novation)

Nach dem WPH 2000 Bd. I, F 179, sind unter den Ausleihungen hauptsächlich langfristige Darlehen zu erfassen, gleichgültig, ob eine besondere Sicherung besteht oder nicht. Forderungen aus einem Liefer- oder Leistungsgeschäft gehören nur dann zu den Ausleihungen, wenn dieses Geschäft mit einem Finanzgeschäft gekoppelt ist, so dass tatsächlich eine Ausleihung vereinbart ist. Werden Waren- oder Leistungsforderungen im Wege der Novation in ein Darlehen mit entsprechender Laufzeit umgewandelt (§ 305 BGB), erfolgt der Ausweis von diesem Zeitpunkt an unter den Ausleihungen. „Eingefrorene" Warenforderungen gehören nicht zu den Ausleihungen!

c) Vorzeitige Kündigungsmöglichkeiten

Vorzeitige Kündigungsmöglichkeiten sind für die Zuordnung zum Finanzanlagevermögen ohne Bedeutung.

d) Nicht zu den Ausleihungen gehörende Posten

Nicht zu den Ausleihungen gehören somit: Forderungen und Wertpapiere des Umlaufvermögens, Anteile des Anlagevermögens, Wertpapiere des Anlagevermögens und Beteiligungen.

e) Abgrenzungsprobleme

Abgrenzungsprobleme können entstehen zu: Beteiligungen (partiarische Darlehen), Forderungen aus Lieferungen und Leistungen, Forderungen gegen verbundene Unternehmen, fälligen und rückständigen Tilgungsraten und zu fälligen Zinsforderungen

Ziff. 2 Nachweis und Nachweisprüfung bei Ausleihungen des Finanzanlagevermögens

Prüfungsunterlagen können sein:

- Verträge,
- Personenkonten,
- Grundbuchauszüge, Verträge über Sicherheiten,
- evtl. Schätzgutachten,
- Aufsichtsrats- und Hauptversammlungsprotokolle,
- Auszahlungs- und Einzahlungsbelege,
- Saldenlisten,
- Saldenbestätigungen, Saldenmitteilungen, Schuldanerkenntnisse,

- Grundschuld- und Hypothekenbriefe,
- Kreditauskünfte,
- Kreditverkehr.

Das WPH 2000, Bd. I, R 385, führt hierzu aus:

"Die Ausleihungen müssen wie andere Forderungen durch eine Saldenliste nachgewiesen werden. ... Der Prüfer sollte sich zur Prüfung der ***Werthaltigkeit*** *von der Sicherung der Ausleihungen überzeugen. Unterlagen dafür sind u.a. Grundbuchauszüge neuesten Datums, notarielle Urkunden, Hypotheken- und Grundschuldbriefe sowie Darlehensverträge. Eine Einsichtnahme in die Darlehensverträge ist schon deswegen erforderlich, weil aus ihnen die Zins- und Tilgungsbedingungen ersichtlich sind, deren Einhaltung geprüft werden muss. In einer geordneten Darlehenskartei sind die notwendigen Daten zur Überwachung der Forderung - insbesondere Sicherheiten, Verzinsung und Rückzahlungsbedingungen - enthalten. Wenn der Prüfer die richtige Übernahme dieser Angaben aus den Darlehensverträgen für Neuzugänge lückenlos prüft, braucht er später nur noch nachträgliche Änderungen, über die schriftliche Vereinbarungen vorliegen müssen, sowie Abweichungen zwischen den vertraglichen Vereinbarungen und der tatsächlichen Abwicklung zu prüfen."*

Ziff. 3 Bewertung und Bewertungsprüfung bei Ausleihungen des Finanzanlagevermögens

a) Grundsatz

Gemildertes Niederstwertprinzip; außerplanmäßige Abschreibungen bei voraussichtlich dauernder Wertminderung; Wahlrecht für außerplanmäßige Abschreibungen bei vorübergehenden Wertminderungen; ggf. Zuschreibungsgebot.

b) Bewertungseinflüsse

b1) Bonität des Schuldners

Der Bankenfachausschuss des Instituts der Wirtschaftsprüfer (BFA) hat sich eingehend mit der Prüfung der Werthaltigkeit von Forderungen auseinandergesetzt. Die Stellungnahme BFA 1/1978, Zur Abschlussprüfung bei Kreditinstituten, bezieht sich zwar auf die "Engagementprüfung" bei Kreditinstituten; die Feststellungen zur Prüfung der Bonität des Schuldners und der Sicherheiten dürften aber immer noch z.T. von allgemeiner Bedeutung sein:

"a) <u>Wirtschaftliche Verhältnisse der Schuldner</u>: Auf die Prüfung der wirtschaftlichen Verhältnisse der Schuldner kann im Regelfall auch dann nicht verzichtet werden, wenn Sicherheiten vorhanden sind. Nur wenn keinerlei vernünftige Zweifel bestehen, dass die Sicherheiten zur Deckung des Kreditrisikos ausreichen, kann von der Prüfung der wirtschaftlichen Verhältnisse abgesehen werden. ...

Die wirtschaftlichen Verhältnisse des Schuldners sind daraufhin zu überprüfen, ob sie die vereinbarte Verzinsung des Kredites und seine Rückzahlung erwarten lassen. Dafür kann die bisherige Erfahrung aus dem Kreditverhältnis ein Kriterium sein. Im Zusammenhang damit kann es besonders im Falle eines ständig anwachsenden Fremdkapitalanteils im Schuldnerunternehmen von Bedeutung sein, ob die Kreditmittel zur Finanzierung von Investitionen, zur Deckung eines umsatzbedingten Betriebsmittelbedarfes, zur Verlustfinanzierung oder zur Ablösung anderer Geldgeber verwendet worden sind. Auch die Frage, ob die Bank unter den gegebenen Gesamtumständen tatsächlich noch eine Gläubigerposition innehat oder ob sie als alleiniger oder maßgeblicher Kreditgeber nicht schon die weitergehenden Risiken eines Unternehmers trägt, sollte untersucht werden. ...

b) Sicherheiten: Die Prüfung der Sicherheiten hat um so größere Bedeutung, je weniger aus der wirtschaftlichen Lage des Schuldners auf die Vollwertigkeit der Kreditforderung geschlossen werden kann. Zu prüfen sind der rechtliche und tatsächliche Bestand der Sicherheiten sowie ihr voraussichtlicher Realisationswert.

Der rechtliche Bestand wird in der Regel als hinreichend gesichert angesehen werden können, wenn fachmännisch ausgearbeitete und nach der jeweiligen Rechtsentwicklung periodisch überprüfte Standardtexte zweckentsprechend angewandt oder - in Sonderfällen - entsprechende Spezialvereinbarungen unter juristischer Mitwirkung getroffen werden.

Hinsichtlich des tatsächlichen Bestandes der Sicherheiten kann der Abschlussprüfer auf Erkenntnisse zurückgreifen, die er bei der Prüfung der Sicherheitenverwaltung gewonnen hat. ... In Ausnahmefällen kann es notwendig sein, dass sich der Abschlussprüfer durch Augenschein oder andere geeignete Maßnahmen vom tatsächlichen Vorhandensein der Sicherheiten überzeugt. ...

Die zur Beurteilung des Wertes der Sicherheiten erforderlichen Unterlagen und Prüfungshandlungen richten sich nach der Art des Sicherungsgegenstandes. Hängt der Wert der Sicherheit maßgeblich von den wirtschaftlichen Verhältnissen eines Dritten ab (z.B. Bürgschaft, Forderungsabtretung), so gelten für deren Prüfung die gleichen Maßstäbe wie bei der Prüfung der wirtschaftlichen Verhältnisse eines Hauptschuldners. Fehlt es an ausreichenden Beurteilungsunterlagen, muss die Sicherheit als nicht bewertbar und der betreffende Kredit insoweit als Blankokredit angesehen werden.

Ist der Wert der Sicherheit nach dem Wert eines Gegenstandes zu beurteilen (Pfandrecht, Sicherungsübereignung), so sollten die Unterlagen des Kreditinstitutes sämtliche für die Beurteilung des Wertes der Sicherheit erforderlichen Angaben enthalten. Wenn dies nicht der Fall ist, kommen Risikoabschläge in Betracht, die ggf. bis zur Nichtanrechnung der Sicherheit reichen.

Für die Bewertung von Sicherheiten ist der bei ihrer Verwertung zu erwartende Erlös maßgebend; bei gewerblichen Objekten ist ggf. die Verwertung im Ganzen zu unterstellen. Dabei sind die Vielseitigkeit der Verwendbarkeit der Sicherheit, die konjunkturelle Situation u.a. zu berücksichtigen.

c) Angemessenheit der Einzelwertberichtigungen: Schwieriger als im Falle der Abschreibung uneinbringlicher Forderungen ist die Beurteilung der Angemessenheit der Wertansätze als zweifelhaft anzusehender und deshalb nur mit ihrem wahrscheinlichen Wert anzusetzender Kreditforderungen. Eine Wertberichtigung kann nicht allein schon deshalb gefordert werden, weil in Zukunft ein Verlust aus einem Engagement nicht ausgeschlossen werden kann, vielmehr muss der Forderungsausfall wahrscheinlich sein.

Allgemeingültige Aussagen darüber, unter welchen Umständen ein Forderungsverlust als "wahrscheinlich" angesehen werden muss, lassen sich wegen der in jedem Fall anders gelagerten Einzelumstände nicht treffen."

b2) Gewährte Sicherheiten

Vgl. dazu vorstehenden Auszug aus der Stellungnahme BFA 1/1978.

b3) Währung, auf die die Forderung lautet

Vgl. dazu oben, I. § 6.

b4) Verzinsung der Forderung

b41) Niedrig verzinsliche Forderungen

Da eine nicht oder niedrig verzinsliche Forderung weniger wert ist als eine normalverzinsliche Forderung, ist grundsätzlich bei niedrig verzinslichen Ausleihungen ein Bewertungsabschlag nach dem Niederstwertprinzip vorzunehmen: Barwert als Differenz zwischen dem Auszahlungsbetrag und dem kapitalisierten langfristigen Ertragsentgang gegenüber normal verzinslichen Finanzanlagen. Auf die Abzinsung von niedrig verzinslichen Forderungen kann wegen Geringfügigkeit oder kurzer Restlaufzeiten verzichtet werden.

b42) Behandlung von sog. Zero-Bonds

b421) Begriff der Zero-Bonds

In der Stellungnahme HFA 1/1986: "Zur Bilanzierung von Zero-Bonds" wird zum Begriff der Zerobonds ausgeführt:

> "*1. Begriffe: Zero-Bonds sind Anleihen, auf die keine periodischen Zinszahlungen geleistet werden, sondern deren Gegenleistung für die Kapitalüberlassung durch einen gegenüber dem Ausgabebetrag erhöhten Rücknahmebetrag am Ende der Laufzeit beglichen wird.*
>
> *Emissionsbetrag ist ein durch die Emissionsbedingungen festgelegter Betrag, zu dem die Anleihe plaziert werden soll. Ausgabebetrag ist der Anleihebetrag zu dem Kurs, zu dem die Anleihe tatsächlich vom Emittenten am Markt verkauft worden ist. Emissionsbetrag und Ausgabebetrag können aufgrund kurzfristig geänderter Marktkonditionen voneinander abweichen.*
>
> *Rücknahmebetrag ist der durch die Emissionsbedingungen festgelegte Betrag, zu dem die Anleihe nach Ablauf der Laufzeit durch den Emittenten eingelöst wird."*

b422) Bewertung der Zero-Bonds bei dem Gläubiger

Zur Bewertung der Zerobonds wird in der Stellungnahme 1/1986, Ziff. 3, ausgeführt:

> "*3. Bilanzierung im Jahresabschluss des Erwerbers: Zero-Bonds sind mit ihren Anschaffungskosten zuzüglich der jeweils aufgrund der kapitalabhängigen Effektivzinsberechnung ermittelten Zinsforderung zu aktivieren.*

Bei einem niedrigeren Stichtagskurs der Zero-Bonds ist nach Maßgabe der Niederstwertvorschriften eine Abschreibung vorzunehmen."

Es handelt sich bei der Berücksichtigung der aufgelaufenen Zinsen nicht um eine Zuschreibung, sondern um eine getrennte Betrachtung des Ausgabebetrages und der Zinsforderung. Streitig kann sein, ob die aufgelaufenen Zinsforderungen während der Laufzeit des Zero-Bond als realisiert angesehen werden können.

Ziff. 4 Ausweis und Ausweisprüfung

a) Anlagespiegel

(wie übriges Anlagevermögen)

b) Ausweis

b1) Große Kapitalgesellschaften

§ 266 Abs. 2 A III 2, 4, 6 HGB: Vollgliederung im Rahmen des Finanzanlagevermögens.

b2) Mittelgroße Kapitalgesellschaften

Mittelgroße Kapitalgesellschaften haben (intern) ihren Jahresabschluss wie große Kapitalgesellschaften zu gliedern. Dieser ungekürzte Jahresabschluss ist auch Gegenstand der Jahresabschlussprüfung. Für Zwecke der Offenlegung ist die Zusammenfassung mit den anderen Posten des Finanzanlagevermögens möglich. Vgl. aber **§ 327 HGB**. Hiernach besteht die "Erleichterung" für die Offenlegung lediglich darin, dass die Posten A III 5. und 6. zusammen ausgewiesen werden können (Wertpapiere des Anlagevermögens und sonstige Ausleihungen).

b3) Kleine Kapitalgesellschaften

Zusammenfassung der mit arabischen Ziffern versehenen Posten ist möglich (**§ 266 Abs. 1 Satz 3 HGB**).

c) Angabepflichten

c1) Angabe der Forderungen mit einer Restlaufzeit von mehr als einem Jahr

§ 268 Abs. 4 HGB verlangt, dass der Betrag der Forderungen mit einer Restlaufzeit von mehr als einem Jahr bei jedem gesondert ausgewiesenen Posten zu vermerken ist. Zur Auslegung dieser Vorschrift wird in der Stellungnahme SABI 3/1986: "Zur Darstellung der Finanzlage i.S.v. § 264 Abs. 2 HGB" in Anm. 3 festgestellt:

"Innerhalb der Vorschriften zur Bilanz ist insbesondere auf die Bestimmungen über die Restlaufzeit von mehr als bzw. bis zu einem Jahr bei Forderungen und Verbindlichkeiten hinzuweisen (§ 268 Abs. 4 Satz 1 und Abs. 5 Satz 1 HGB). Bei Forderungen ist die Angabe einer längeren Laufzeit als der eines Jahres auf alle Forderungen ausgedehnt worden. Ob als Forderungen im Sinne dieser Vorschrift nicht nur die Posten B II Nr. 1 bis 3 der Aktivseite der Bilanz anzusehen sind (§ 266 Abs. 2 HGB) oder auch die Ausleihungen (A III 2, 4 und 6) sowie auch Forderungen, die in dem Posten 'sonstige Vermögensgegenstände' einzubeziehen sind, kann nach dem Wortlaut des Gesetzes zweifelhaft sein. Artikel 9 D II der 4. EG-

Richtlinie schreibt den Vermerk nur für die im Umlaufvermögen ausgewiesenen Forderungen vor. Daher kann davon ausgegangen werden, dass der Vermerk der Restlaufzeit nur bei den unter den Posten B II Nr. 1 bis 4 der Aktivseite auszuweisenden Forderungen erfolgen muss. Gleiches gilt bezüglich der Vermerke, die nach § 268 Absatz 5 Satz 1 HGB bei den Verbindlichkeiten zu machen sind. Auch hier besteht eine Verpflichtung nur in Bezug auf die unter den Posten C Nr. 1 bis 8 der Passivseite auszuweisenden Verbindlichkeiten."

Danach ist eine Angabe der Restlaufzeit bei den Ausleihungen (leider) nicht erforderlich.

c2) ggf. Angabe der gewährten Vorschüsse und Kredite an Organe unter Angabe der wesentlichen Bedingungen usf.

Vgl. **§ 285 Nr. 9c HGB.**

Ziff. 5 Bei der Prüfung zu berücksichtigende korrespondierende Posten (Gesamtkostenverfahren)

a) Erträge aus Ausleihungen

Vgl. **§ 275 Abs. 2 Nr. 10 HGB.**

b) Sonstige Zinsen und ähnliche Erträge, davon aus verbundenen Unternehmen

Vgl. **§ 275 Abs. 2 Nr. 11 HGB.**

c) Abschreibungen auf Finanzanlagen

Vgl. **§ 275 Abs. 2 Nr. 12 HGB.**

d) Zinsen und ähnliche Aufwendungen

Vgl. **§ 275 Abs. 2 Nr. 13 HGB.**

Ziff. 6 Bilanzierung und Bewertung von Ausleihungen nach IAS 32 und IAS 39

Eine dem HGB entsprechende Definition von Ausleihungen fehlt unter den IFRS/IAS. Es wird, wie bereits in § 11, Ziff. 1 b) dargestellt, vielmehr von dem Sammelbegriff „Finanzinstrumente" (Financial Instruments) ausgegangen. Nachfolgend wird auf die Regeln für die Bilanzierung, den Ausweis, die Bewertung und die Anhangangaben zu den Finanzinstrumenten in IAS 32, *Finanzinstrumente: Angaben und Darstellung* (i.d.F.d. Veröffentlichung im Amtsblatt der EU v. 31.12.2004), und in IAS 39, *Finanzinstrumente: Ansatz und Bewertung* (i.d.F.d. Veröffentlichung im Amtsblatt der EU vom 9.12.2004), Bezug genommen. Es wird darauf hingewiesen. dass die Diskussion um die beiden genannten Standards noch nicht abgeschlossen ist; mit einer weiteren Novellierung bis Ende 2005 wird gerechnet.

Nach **IAS 32.11** gelten als Finanzinstrumente:

- Finanzielle Vermögenswerte,
- Finanzielle Verbindlichkeiten oder
- Eigenkapitalinstrumente

Es heißt dort:

> *„Ein Finanzinstrument ist ein Vertrag, der gleichzeitig bei dem einen Unternehmen zu einem finanziellen Vermögenswert und bei dem anderen Unternehmen zu einer finanziellen Verbindlichkeit oder einem Eigenkapitalinstrument führt."*

Die Bilanzierung und Bewertung der Finanzinstrumente richtet sich nach deren Zuordnung zu den folgenden in **IAS 39.9** umschriebenen Kategorien:

- Ein zu Handelszwecken erworbener Vermögenswert (financial asset held for trading),
- Eine bis zur Endfälligkeit gehaltene Finanzinvestition (held-to-maturity Investment),
- Vom Unternehmen ausgereichte Kredite und Forderungen (loans and receivables originated by the enterprise),
- Ein zur Veräußerung verfügbarer finanzieller Vermögenswert (available for sale financial asset).

Ausleihungen im hier verstandenen Sinn dürften grundsätzlich dem Bereich „Loans and Receivables" zuzuordnen sein, wenn sie nicht von vorn herein zur Weiterveräußerung bestimmt sind (held for trading) oder einer der anderen Kategorien zugeordnet werden müssen. Es heißt hierzu in **IAS 39.9**:

> *„Kredite und Forderungen sind nicht derivative finanzielle Vermögenswerte mit festen oder bestimmbaren Zahlungen, die nicht in einem aktiven Markt notiert sind, mit Ausnahme von:*
>
> *(a) denjenigen, die das Unternehmen sofort oder kurzfristig zu verkaufen beabsichtigt und die dann als zu Handelszwecken gehalten einzustufen sind, und denjenigen, die das Unternehmen beim erstmaligen Ansatz als erfolgswirksam zum beizulegenden Zeitwert zu bewerten designiert;*
>
> *(b) denjenigen, die das Unternehmen nach erstmaligem Ansatz als zur Veräußerung verfügbar klassifiziert;*
> *oder*
>
> *(c) denjenigen, für die der Inhaber seine ursprüngliche Investition infolge anderer Gründe als einer Bonitätsverschlechterung nicht mehr nahezu vollständig wiedererlangen könnte und die dann als zur Veräußerung verfügbar einzustufen sind."*

Kredite und Forderungen sind nach **IAS 39.43** bei dem **erstmaligen Ansatz** mit ihrem beizulegenden Zeitwert einschließlich der Transaktionskosten zu bewerten.

Für die **Folgebewertung** gilt, falls ein Zeitwert (Marktpreis oder Börsenkurs) nicht zu ermitteln ist, **IAS 39.46**. Danach sind Kredite und Forderungen ebenso wie bis zur Endfälligkeit gehaltene Finanzinvestitionen zu fortgeführten Anschaffungskosten unter Anwendung der Effektivzinsmethode zu bewerten. Die Vorgehensweise entspricht grundsätzlich der oben unter Abschn. b42) besprochenen sog. Zero-Bonds.

Der Begriff der fortgeführten Anschaffungskosten einschließlich der Effektivzinsmethode wird in **IAS 39.9** wie folgt umschrieben (Herv.d.V.):

> *„Als **fortgeführte Anschaffungskosten** eines finanziellen Vermögenswertes oder einer finanziellen Verbindlichkeit wird der Betrag bezeichnet, mit dem ein finanzieller Vermögenswert oder eine finanzielle Verbindlichkeit beim erstmaligen Ansatz bewertet wurde, abzüglich Tilgungen, zuzüglich oder abzüglich der kumulierten Amortisation einer etwaigen Differenz zwischen dem ursprünglichen Betrag und dem bei Endfälligkeit rückzahlbaren Betrag unter Anwendung der Effektivzinsmethode sowie abzüglich etwaiger Minderung (entweder direkt oder mithilfe eines Wertberichtigungskontos) für Wertminderungen oder Uneinbringlichkeit.*
>
> *Die **Effektivzinsmethode** ist eine Methode zur Berechnung der fortgeführten Anschaffungskosten eines finanziellen Vermögenswertes oder einer finanziellen Verbindlichkeit (oder einer Gruppe von finanziellen Vermögenswerten oder finanziellen Verbindlichkeiten) und der Allokation von Zinserträgen und Zinsaufwendungen auf die jeweiligen Perioden. Der Effektivzinssatz ist derjenige Kalkulationszinssatz, mit dem die geschätzten künftigen Ein- und Auszahlungen über die erwartete Laufzeit des Finanzinstruments oder eine kürzere Periode, sofern zutreffend, exakt auf den Nettobuchwert des finanziellen Vermögenswertes oder der finanziellen Verbindlichkeit abgezinst werden. Bei der Ermittlung des Effektivzinssatzes hat ein Unternehmen zur Schätzung der Cashflows alle vertraglichen Bedingungen des Finanzinstruments zu berücksichtigen (z.B. Vorauszahlungen, Kauf- und andere Optionen), nicht jedoch künftige Kreditausfälle. In diese Berechnung fließen alle unter den Vertragspartnern gezahlten oder erhaltenen Gebühren und sonstige Entgelte ein, die ein integraler Teil des Effektivzinssatzes (siehe IAS 18), der Transaktionskosten und aller anderen Agien und Disagien sind. Es wird davon ausgegangen, dass die Cashflows und die erwartete Laufzeit einer Gruppe ähnlicher Finanzinstrumente verlässlich geschätzt werden kann. In den seltenen Fällen, in denen es jedoch nicht möglich ist, die Cashflows oder die erwartete Laufzeit eines Finanzinstruments (oder einer Gruppe von Finanzinstrumenten) verlässlich zu bestimmen, hat das Unternehmen die vertraglichen Cashflows über die gesamte vertragliche Laufzeit des Finanzinstruments (oder der Gruppe von Finanzinstrumenten) zugrunde zu legen."*

Im Gegensatz zur entsprechenden Regelung im HGB ist nach **IAS 39.63** das strenge Niederstwertprinzip zu beachten:

> *„Gibt es einen objektiven Hinweis, dass eine Wertminderung bei mit fortgeführten Anschaffungskosten bilanzierten Krediten und Forderungen oder bei bis zur Endfälligkeit gehaltenen Finanzinvestitionen eingetreten ist, ergibt sich die Höhe des Verlusts als Differenz zwischen dem Buchwert des Vermögenswertes und dem Barwert der erwarteten künftigen Cashflows (mit Ausnahme künftiger, noch nicht erlittener Kreditausfälle), abgezinst mit dem ursprünglichen Effektivzinssatz des finanziellen Vermögenswertes (d.h. dem bei erstmaligem Ansatz ermittelten Zinssatz). Der Buchwert des Vermögenswertes ist entweder direkt oder unter Verwendung eines Wertberichtigungskontos zu reduzieren. Der Verlustbetrag ist ergebniswirksam zu erfassen."*

Nach **IAS 39.65** ist ein entsprechendes Wertaufholungsgebot zu beachten.

Gewinne oder Verluste aus finanziellen Vermögenswerten, die mit den fortgeführten Anschaffungskosten angesetzt werden, sind nach **IAS 39.56** mit - Ausnahme der ratierlichen Auflösung der Unterschiedsbeträge - im Periodenergebnis zu erfassen, sobald der finanzielle Vermögenswert ausgebucht oder wertgemindert ist.

§ 13 Bewertung, Ausweis und Prüfung der Forderungen des Umlaufvermögens

Übersicht

Lit.: ADS, 6. A. §§ 253, Tz. 54, 481 ff., 266, Tz. 120 ff. HGB; Bolsenkötter, Kurzfristige Forderungen, HdJ, 2. A., Abt. II,6; Breycha, Saldenbestätigungen, HWRev, 2. A., Sp. 1733 ff.; Coenenberg, Jahresabschluß, 19. A., S. 225 ff.; IASB: IAS 1, Darstellung des Abschlusses; IASB: IAS 32, Amtsbl. Der EU v. 31. 12. 2004; IASB: IAS 39, Amtsbl. Der EU v. 9. 12. 2004; IDW PS 302, Bestätigungen Dritter; IDW, Fachgutachten 1/1988, Grundsätze ordnungsmäßiger Durchführung von Abschlußprüfungen, Abschn. D II 4. c2); IFAC, International Standard on Auditing, ISA 502, External Confirmations; Raff, Forderungen des Umlaufvermögens, HWRev, 2. A., Sp. 551 ff.; Raff, Forderungen, HWRP, Sp. 818-830; Schwarzkopf, Finanzinnovationen, HWRev, 2. A., Sp. 537 ff.; WPH 2000, Bd. I, F. 191 ff.

Ziff. 1 Begriff und Ausweis

a) Forderungen als Gegenstände des Umlaufvermögens

Sofern Forderungen Gegenstände des Umlaufvermögens sind, gilt auch für sie die (negative) Abgrenzung gegenüber den Gegenständen des Anlagevermögens: Gegenstände des Umlaufvermögens sind nicht dazu bestimmt, dauernd dem Geschäftsbetrieb zu dienen.

b) Gliederung der Forderungen des Umlaufvermögens nach dem HGB

§ 266 Abs. 2 B II HGB schreibt die folgende Untergliederung der Forderungen des Umlaufvermögens vor.

b1) Große Kapitalgesellschaften

b11) Forderungen aus Lieferungen und Leistungen

Zu den Forderungen aus Lieferungen und Leistungen gehören die Ansprüche aus gegenseitigen Verträgen), die von dem bilanzierenden Unternehmen im Rahmen seiner üblichen Umsatztätigkeit erfüllt sind, von dem Schuldner aber noch nicht erfüllt worden sind.

b12) Forderungen gegen verbundene Unternehmen

Sind die Forderungen gegen verbundene Unternehmen i.S.v. **§ 271 Abs. 2 HGB** gerichtet, so sind sie dort auszuweisen; auf den "Mitzugehörigkeitsvermerk" nach **§ 265 Abs. 3 Satz 1 HGB** wird verwiesen. Hier sind nicht nur Forderungen aus Lieferungen und Leistungen auszuweisen, sondern grundsätzlich alle Forderungen gegenüber verbundenen Unternehmen.

b13) Forderungen gegen Unternehmen, mit denen ein Beteiligungsverhältnis besteht

Hier gilt das Gleiche wie bei den Forderungen gegenüber verbundenen Unternehmen. Fällt eine Forderung sowohl unter die Forderungen gegenüber verbundenen Unternehmen als auch unter die Forderungen gegenüber Unternehmen, mit denen ein Beteiligungsverhältnis besteht, so hat der Ausweis unter den Forderungen gegenüber verbundenen Unternehmen den Vorrang.

b2) Mittelgroße Kapitalgesellschaften: Erleichterungen bei der Offenlegung nach § 327 Nr. 1 HGB

Mittelgroße Kapitalgesellschaften dürfen nach § 327 HGB bei der Offenlegung die mit arabischen Ziffern versehenen Posten nach § 266 HGB zusammengefasst ausweisen, jedoch schreibt **§ 327 Satz 2 HGB** vor, dass die "Forderungen gegen verbundene Unternehmen" und die "Forderungen gegen Unternehmen, mit denen ein Beteiligungsverhältnis besteht", gesondert ausgewiesen werden müssen.

b3) Kleine Kapitalgesellschaften: Untergliederung von Forderungen nicht erforderlich

Kleine Kapitalgesellschaften können - nicht nur bei der Offenlegung - stets die mit arabischen Ziffern versehenen Posten zusammengefasst ausweisen.

b4) Sonstige Angaben

Bei den Forderungen des Umlaufvermögens sind darüber hinaus die folgenden Angaben erforderlich.

b41) Vermerk der Forderungen mit einer Restlaufzeit über einem Jahr bei jedem gesondert ausgewiesenen Posten

§ 268 Abs. 4 HGB verlangt die Angabe des Betrags der Forderungen mit einer Restlaufzeit von mehr als einem Jahr bei jedem gesondert ausgewiesenen Posten. Die Restlaufzeit ist die Zeit zwischen dem Abschluss-Stichtag und dem voraussichtlichen Eingang der Forderung. Der tatsächlich erwartete Eingang ist maßgeblich, wenn er nach dem vereinbarten Zahlungstermin liegt. Bei Ratenzahlung gehören die voraussichtlich innerhalb des nächsten Jahres eingehenden Raten nicht in den Vermerk.

b42) Ggf. offene Absetzung von Anzahlungen auf Vorräte (§ 268 Abs. 5 HGB)

Nachrichtlich sei an dieser Stelle vermerkt, dass nach **§ 268 Abs. 5 HGB** Anzahlungen auf Vorräte von dem Posten "Vorräte" offen abgesetzt werden können.

Ziff. 2 Forderungen des Umlaufvermögens nach IFRS/IAS

Eine dem HGB entsprechende Abgrenzung der Forderungen des Umlaufvermögens fehlt unter den IFRS/IAS. Es herrscht für den Bilanzausweis vielmehr die Zweiteilung in kurzfristige und langfristige Posten vor. Einzelheiten finden sich in IAS 1, „Darstellung des Abschlusses“.

Nach **IAS 1.51** gilt:

„51. *Ein Unternehmen hat gemäß den Paragraphen 57-67 kurzfristige und langfristige Vermögenswerte sowie kurzfristige und langfristige Schulden als getrennte Gliederungsgruppen in der Bilanz darzustellen, sofern eine Darstellung nach der Liquidität nicht zuverlässig und relevanter ist. Trifft diese Ausnahme zu, sind alle Vermögenswerte und Schulden grob nach ihrer Liquidität anzuordnen.*"

Zur Frage, wann ein Vermögenswert, und damit eine Forderung, als kurzfristig anzusehen ist, heißt es in **IAS 1.57**:

„*Ein Vermögenswert ist als kurzfristiger Vermögenswert zu klassifizieren, wenn:*

(a) *seine Realisation innerhalb des normalen Verlaufs des Geschäftszyklus des Unternehmens erwartet wird oder er zum Verkauf oder Verbrauch innerhalb dieses Zeitraums gehalten wird; oder*

(b) *er primär für Handelszwecke oder für einen kurzen Zeitraum gehalten wird und seine Realisation innerhalb von zwölf Monaten nach dem Bilanzstichtag erwartet wird; oder*

(c) *es sich um Zahlungsmittel oder Zahlungsmitteläquivalente handelt, deren Verwendung keiner Beschränkung unterliegt.*

Alle anderen Vermögenswerte sind als langfristig zu klassifizieren."

Außer der Gliederung nach der Fristigkeit wird zusätzlich (in der Bilanz oder im Anhang) eine sachliche Aufgliederung der Forderungen verlangt (**IAS 1.75(b)**):

„*Forderungen werden gegliedert in Beträge, die von Handelskunden, anderen Konzernunternehmen oder nahe stehenden Unternehmen und Personen gefordert werden, sowie in Vorauszahlungen und sonstige Beträge.*"

Ziff. 3 Nachweisprüfung bei Forderungen (und Verbindlichkeiten) - Saldenbestätigungen

a) Übersicht über Prüfungsmöglichkeiten

a1) Prüfung anhand der Saldenlisten

Selbstverständlich sind die ausgewiesenen Forderungen mit den entsprechenden Saldenlisten abzustimmen. Es handelt sich bei dieser Abstimmung aber nicht um eine "Nachweisprüfung".

a2) Prüfung mit Hilfe des internen Kontrollsystems

Sind durch das IKS des Unternehmens Zweifel an dem Bestand der Forderungen ausgeschlossen, erübrigen sich insoweit weitere Prüfungshandlungen.

a3) Nachvollzug der Geschäftsvorfälle

Eine zwar aufwendige aber relativ sichere Methode der Nachweisprüfung ist der Nachvollzug der einzelnen Geschäftsvorfälle, soweit sie mit Forderungen verbunden sind. Es handelt sich um eine Prüfungsmethode, die dann herangezogen werden kann, wenn andere Nachweise nicht vorliegen.

a4) Prüfung anhand der bis zum Prüfungszeitraum erfolgten Regulierung

Sind Zahlungsvorgänge zum Ausgleich der Forderungen zwischen dem Bilanzstichtag und dem Prüfungszeitpunkt nachgewiesen, so kann dies nur bedingt als Nachweis der Existenz der Forderung zum Bilanzstichtag angesehen werden (vgl. **IDW PS 302.26**, Satz 2):

> *"Zahlungsein- und Zahlungsausgänge bis zum Prüfungsstichtag können allein regelmäßig nicht als Nachweis einer Forderung oder Verbindlichkeit angesehen werden."*

a5) Prüfung anhand von Forderungs- und Schuldurkunden

Falls Forderungen verbrieft sind, kann der deren Existenz auch anhand der jeweiligen Urkunden nachgewiesen werden.

a6) Prüfung anhand von Saldenmitteilungen der Geschäftspartner

Haben Geschäftsfreunde ihrerseits die Existenz einer Verbindlichkeit dem zu prüfenden Unternehmen gegenüber bestätigt, so bedarf es einer erneuten Anfrage zur Bestätigung der entsprechenden eigenen Forderung selbstverständlich nicht!

b) Die Einholung von Saldenbestätigungen als wesentliche Prüfungshandlung

Vorbemerkung: Im Rahmen der Grundsätze ordnungsmäßiger Abschlussprüfung wird die Einholung von Saldenbestätigungen nachdrücklich empfohlen. Das deutsche Institut der Wirtschaftsprüfer hatte in seinen Fachgutachten 1/77 und 1/88, „Grundsätze ordnungsmäßiger Durchführung von Abschlussprüfungen", Verfahrensregeln für die Durchführung von Saldenbestätigungen entwickelt. Auch die internationale Vereinigung der Prüfer, die International Federation of Accountants (IFAC) hat einen entsprechenden Prüfungsstandard verabschiedet: International Standard on Auditing 502,"External Confirmations", (ISA 502). Das Institut der Wirtschaftsprüfer hat im Zuge der internationalen Harmonisierung des Pflichtprüfungswesens die in den Fachgutachten enthaltenen Regelungen an ISA 502 angepasst und seinerseits den IDW-Prüfungsstandard IDW PS 302, „Bestätigungen Dritter" vorgelegt (Fassung v. 1.7.2003). Die nachfolgende Darstellung bezieht sich auf den Standard IDW PS 302 mit Verweisen auf den Standard ISA 502.

b1) Allgemeine Grundsätze für die Einholung von Bestätigungen Dritter

Es obliegt dem Abschlussprüfer zu entscheiden, in wie weit Bestätigungen aus externen Quellen einzuholen sind, um hinreichende Sicherheit darüber zu erlangen, ob die in der Rechnungslegung enthaltenen Angaben keine wesentlich falsche Aussagen enthalten. Bei dieser Entscheidung sollen nach **IDW PS 302.6** die Wesentlichkeit der zu prüfenden Posten und das Ausmaß des inhärenten Risikos sowie des Kontrollrisikos für das Unternehmen insgesamt und für einzelne Prüffelder ausschlaggebend sein, falls nicht durch anderweitige Prüfungshandlungen die Prüfungsaussagen mit zumindest gleicher Sicherheit getroffen werden können.

IDW PS 302.7-12 (ISA 502.2 ff.) enthält eine Reihe von allgemeinen Grundsätzen, die bei der Einholung externer Bestätigungen zu beachten sind:

- Art, Umfang und zeitlicher Ablauf der Einholung externer Bestätigungen sind aus dem festgestellten inhärenten Risiko und dem Kontrollrisiko herzuleiten. **IDW PS 302.7 Abs. 1**).

- Außergewöhnliche oder besonders komplexe Sachverhalte können ein hohes inhärentes Risiko und/oder Kontrollrisiko aufweisen. Der Abschlussprüfer wird in diesen Fällen sorgfältig abwägen, ob für die Beurteilung des Sachverhalts neben der Dokumentation des geprüften Unternehmens auch Bestätigungen Dritter einzuholen sind (**IDW PS 302.7 Abs. 2**).
- In welchem Ausmaß Bestätigungen Dritter als Prüfungsnachweise geeignet sind, hängt ferner ab vom Unternehmensumfeld und der Bereitschaft Dritter, solche Auskünfte zu geben (**IDW PS 302.7 Abs. 3**).
- Der Grad der Verlässlichkeit von Prüfungsnachweisen hängt von deren Art und deren zugrunde liegender Quelle ab. Bestätigungen Dritter sind verlässlicher als solche, die intern erteilt werden. Bestätigungen in Schriftform sind verlässlicher als mündliche Auskünfte (**IDW PS 302.8**
- Der Grad der Verlässlichkeit externer Bestätigungen hängt auch von der sachgerechten Gestaltung, Durchführung und Auswertung der Einholung von Bestätigungen durch den Abschlussprüfer ab (**IDW PS 302.9 Satz 1**).
- Weitere Einflussfaktoren sind neben der sachgerechten Kontrolle von Bestätigungsanfrage und -antwort durch den Abschlussprüfer, die Zuverlässigkeit der befragten Personen sowie in der Bestätigung enthaltene Einschränkungen oder durch die Unternehmensleitung veranlasste Verfahrensbeschränkungen (**IDW PS 302.9 Satz 2**).
- Je nach Art der zu prüfenden Aussage sind Bestätigungen Dritter unterschiedlich als Prüfungsnachweise geeignet. Es heißt dazu in **IDW PS 302.10**:
  - *„So kann zwar z.B. das Bestehen oder die zeitliche Abgrenzung einer Forderung nachgewiesen werden (Saldenbestätigung), jedoch können sie kaum etwas über deren Werthaltigkeit aussagen, da es wenig aussichtsreich ist, einen Schuldner über seine Bonität zu befragen*
  - *Ähnliches gilt für Waren, die in Kommission gegeben werden. Hier können Bestätigungen Dritter einen angemessenen und ausreichenden Prüfungsnachweis hinsichtlich des Vorhandenseins und der Zuordnung des wirtschaftlichen Eigentums darstellen. Sie liefern jedoch möglicherweise keinen Prüfungsnachweis, der die Aussagen in der Rechnungslegung hinsichtlich der Bewertung unterstützt"*
- Die Auswahl der einzuholenden Bestätigungen Dritter wird bestimmt durch die zu prüfenden Aussagen in der Rechnungslegung. Zur Begründung wird festgestellt, dass dann, wenn die Vollständigkeit der Verbindlichkeiten aus Lieferungen und Leistungen in Frage steht, eher die Lieferanten mit den höchsten Jahresverkehrszahlen in die Bestätigungsaktion einzubeziehen sind, selbst wenn diese einen Saldo von Null aufweisen, als jene, bei denen zum Zeitpunkt der Auswahl ein hoher Saldo besteht, die Jahresverkehrszahlen jedoch niedrig sind (**IDW PS 302.11 Abs. 1**)
- Wenn einem Vertragspartner (z.B. Lieferanten oder Kunden) des Unternehmens eine be-

sondere wirtschaftliche Bedeutung zukommt, muss der Abschlussprüfer entscheiden, ob es erforderlich ist, über die Saldenbestätigung hinaus weitere Prüfungsnachweise einzuholen, um das Bestehen der Geschäftsbeziehung festzustellen (**IDW PS 302. Abs. 2**).

- Sofern Bestätigungen Dritter als Prüfungsnachweise für bestimmte Aussagen in der Rechnungslegung nicht ausreichend sind, hat der Abschlussprüfer ergänzende oder andere Prüfungshandlungen vorzunehmen (**IDW PS 302.12; ISA 505.16**).

b2) Gestaltung der Einholung von Bestätigungen Dritter

b21) Methoden der Bestätigungsanfragen

Üblicherweise werden zwei Methoden der Bestätigungsanfragen unterschieden, die sog, positive Methode und die sog. negative Methode (**IDW PS 302.17; ISA505.20**)

Abb. 26 Methoden der Bestätigungsanfragen nach IDW PS 302.17

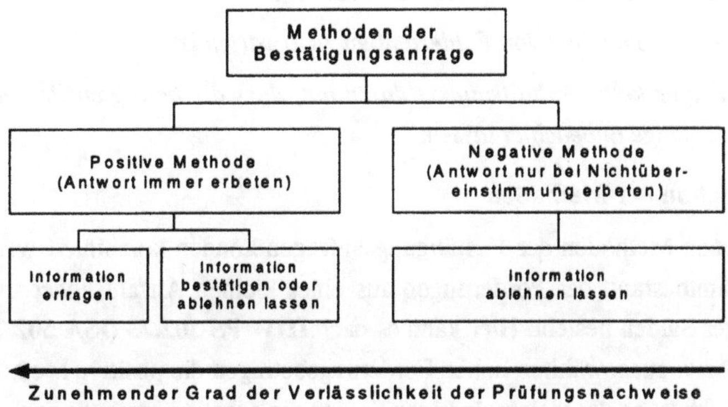

b211) Die positive Methode

Bei der positiven Methode werden die befragten Personen gebeten, entweder eine nachgefragte Information (offene Methode) oder die Übereinstimmung oder Nichtübereinstimmung mit einer angegebenen Information (geschlossene Methode) schriftlich mitzuteilen. Zur Beurteilung der positiven Methode wird in **IDW PS 302.19 (ISA 502.21)**angeführt:

„Die Beantwortung einer Bestätigungsanfrage nach der positiven Methode lässt grundsätzlich einen verlässlichen Prüfungsnachweis erwarten. Es bleibt jedoch das Risiko, dass die befragten Personen eine Bestätigung abgeben, ohne die erhaltene Information tatsächlich zu überprüfen. Der Abschlussprüfer hat in diesem Fall keine Möglichkeit, hierdurch bedingte Fehler aufzudecken. Dieses Risiko kann reduziert werden, indem der Abschlussprüfer keine Information zur Bestätigung vorgibt, sondern die befragten Personen bittet, die nachgefragte Information mitzuteilen. Jedoch ist zu erwarten, dass dieses Verfahren wegen des für die befragten Personen höheren Aufwands zu einer geringeren Rücklaufquote führen wird.

Ferner ist zu berücksichtigen, dass mit großer Wahrscheinlichkeit nur Abweichungen festgestellt werden können, wenn Debitorensalden zu hoch bzw. Kreditorensalden zu niedrig ausgewiesen werden, während der jeweils entgegengesetzte Fall häufig unbeanstandet bleiben wird“.

b212) Die negative Methode

Bei der negativen Methode der Bestätigungsanfrage werden die befragten Personen gebeten, nur dann zu antworten, wenn sie mit der angegebenen Information nicht einverstanden sind (IDW PS 302.20). Zur Beurteilung der negativen Methode heißt es in **IDW PS 302.21-22 (vgl. ISA 502.22-.23)**:

> *„Der Nachteil der negativen Methode liegt darin, dass ein ausbleibender Rücklauf keinen expliziten Prüfungsnachweis für die mitgeteilte Information darstellt. Schon aus diesem Grund führt die negative Methode i.d.R. zu weniger verlässlichen Prüfungsnachweisen als die positive Methode und erfordert ggf. ergänzende Prüfungsfeststellungen*
>
> *Die Anwendung der negativen Methode kann das Prüfungsrisiko auf ein akzeptables Maß reduzieren, wenn:*
>
> - *das inhärente Risiko und das Kontrollrisiko als gering eingeschätzt werden,*
> - *eine große Zahl kleiner Einzelsalden vorliegt,*
> - *eine erhebliche Zahl von Fehlern nicht zu erwarten ist,*
> - *der Prüfer keine Anhaltspunkte dafür hat, dass die befragten Personen die Bestätigungsanfrage unbeachtet lassen."*

b213) Kombination der Methoden

Die verschiedenen Methoden der Bestätigungsanfragen können kombiniert werden, z.B. dann, wenn der Gesamtbestand der Forderungen aus einer kleinen Anzahl hoher und einer großen Anzahl niedriger Salden besteht. Hier kann es nach **IDW PS 302.23 (ISA 502.24)** zweckmäßig sein, bei allen bzw. ausgewählten hohen Forderungsbeträgen die positive Methode anzuwenden und bei einer Stichprobe der vielen niedrigen Salden die negative Methode anzuwenden.

b214) Stichtagsbezogenheit der Bestätigungsanfrage

Wenn Bestätigungen Dritter zu einem früheren Zeitpunkt als dem Abschlussstichtag eingeholt werden, sollen nach **IDW PS 302.24 (ISA 502.37)** ausreichende und angemessene Prüfungsnachweise dazu eingeholt werden, dass Geschäftsvorfälle zwischen diesem Zeitpunkt und dem Abschlussstichtag nicht zu wesentlichen falschen Angaben in der Rechnungslegung führen.

b215) Auswahl der Bestätigungsanfragen

IDW PS 302.25-26 (ähnlich ISA 502.9 ff.):

> *„(25) Im Allgemeinen werden Saldenbestätigungen nicht lückenlos, sondern nur für bestimmte Forderungen und Verbindlichkeiten einzuholen sein. Als Auswahlkriterium für die bewusste Auswahl kommen als Anzeichen für ein erhöhtes Fehlerrisiko vor allem in Betracht:*
>
> - *Höhe der einzelnen Forderung oder Verbindlichkeit,*
> - *Umfang des Geschäftsverkehrs,*
> - *Überschreitungen des Zahlungsziels,*
> - *Struktur und Ordnungsmäßigkeit des Kontokorrents.*

Daneben können Verfahren der mathematisch-statistischen Auswahl zur Anwendung kommen.

(26) Von der Einholung von Saldenbestätigungen wird abgesehen werden können, wenn nach Art der Erfassung, Verwaltung und Abwicklung der Forderungen und Verbindlichkeiten ihr Nachweis in anderer Weise einfacher und mit mindestens gleicher Sicherheit erbracht werden kann ... Zahlungsein- und Zahlungsausgänge bis zum Prüfungsstichtag allein können regelmäßig nicht als Nachweis einer Forderung oder Verbindlichkeit angesehen werden.“

b22) Durchführung der Befragung unter der Kontrolle des Prüfers

Im Interesse verlässlicher Prüfungsnachweise müssen Auswahl, Versand und Rücklauf der Bestätigungsanfragen unter der Kontrolle des Abschlussprüfers stehen. Die Kontrolle muss die gesamte Kommunikation zwischen den Adressaten der Bestätigungsanfragen und dem Abschlussprüfer umfassen (**IDW PS 302.38 f.; ISA 502.30**). Die Ausübung der Kontrolle durch den Abschlussprüfer schließt nicht aus, dass sich dieser bei der Durchführung der Saldenbestätigungs-Aktion der Mithilfe von Angehörigen des zu prüfenden Unternehmens bedient. Dies kann zweckmäßig in der Weise geschehen, dass

- die Auswahl der zu bestätigenden Salden durch den Prüfer vorgenommen wird, dass
- die ausgewählten Salden in einer "Überwachungsliste" dokumentiert werden, dass
- die Feststellung der Salden mit der Buchhaltung abgestimmt wird, dass
- der Ausdruck der Anschreiben durch das Unternehmen durchgeführt wird, dass
- die Vollständigkeit der Anschreiben durch den Prüfer festgestellt wird, dass
- der Versand der Anschreiben durch den Prüfer erfolgt, dass
- der Rücklauf der Anschreiben an die Adresse des Prüfers bzw. an ein nur ihm zugängliches Postfach des Unternehmens erfolgt, dass
- der Rücklauf in der Überwachungsliste (mit Ergebnis) durch den Prüfer registriert wird, dass
- die Aufklärung der Differenzen durch die Buchhaltung erfolgt und dass
- die Klärung und Beurteilung der Abweichungen durch den Prüfer erfolgt und
- die entsprechenden Bewertungskonsequenzen durch ihn bestimmt werden.

b221) Alternative Prüfungshandlungen bei Nichtbeantwortung von Bestätigungsanfragen

Wenn eine Bestätigungsanfrage nach der positiven Methode unbeantwortet bleibt und auch eine zweite Anfrage nicht beantwortet wird, hat der Prüfer nach **IDW PS 302.40 (ISA 502.31)** alternative Prüfungshandlungen vorzunehmen, die zu ebenso ausreichenden und angemessenen Prüfungsnachweisen führen müssen, wie sie mit den Bestätigungsanfragen bezweckt waren. Zu den alternativen Prüfungshandlungen heißt es in **IDW PS 302.41 (ISA 502.32):**

„Die Art alternativer Prüfungshandlungen hängt ab vom betreffenden Posten und den getroffenen Aussagen in der Rechnungslegung. Bei Forderungen aus Lieferungen und Leistungen können diese etwa die Prüfung der zugrunde liegenden Unterlagen und ergänzend der

Zahlungseingänge nach dem Abschlussstichtag, die Einsichtnahme in Versandpapiere oder Abgrenzungsprüfungen (cut-off-Prüfungen) sein. Bei Verbindlichkeiten sind alternative Prüfungshandlungen neben den cut-off-Prüfungen die Prüfung von Zahlungsausgängen nach dem Abschlussstichtag, die Prüfung der Korrespondenz mit Dritten, die das Bestehen der Verbindlichkeit belegt, sowie die Prüfung anderer Dokumente wie z.B. Lieferbestätigungen."

b222) Überprüfung der Authentizität der Antwort bei Zweifeln an der Zuverlässigkeit einer Bestätigung

Bei Zweifeln an der Authentizität der Bestätigungen Dritter kann es nach **IDW PS 302.42 (ISA 502.33)** angezeigt sein, zur Überprüfung der Zuverlässigkeit der Bestätigung Kontakt mit den befragten Personen aufnehmen und diese nochmals zu bitten, die Bestätigung unmittelbar an ihn zu senden. - Mündliche Bestätigungen sind in den Arbeitspapieren zu dokumentieren; in wesentlichen Fällen wird sich der Abschlussprüfer die mündliche Bestätigung unmittelbar schriftlich bestätigen lassen.

b223) Untersuchung der Gründe und der Häufigkeit von Abweichungen zwischen Anfrage und Bestätigung

Nach **IDW PS 302.43 (ISA 502.35)** hat der Prüfer den Gründen und der Häufigkeit von Abweichungen zwischen Anfrage und Bestätigung nachzugehen. Es wird darauf hingewiesen, dass der Prüfer dann, wenn Abweichungen auf falsche Angaben in den Aufzeichnungen des zu prüfenden Unternehmens zurückzuführen sind, zu überprüfen hat, ob die Gründe für die falschen Angaben wesentlichen Einfluss auf die Aussagen in der Rechnungslegung haben können.

c) Einfluss der Beteiligten auf den Bestätigungsprozess

c1) Einwendungen der gesetzlichen Vertreter

Sofern Einwendungen der gesetzlichen Vertreter gegen die Einholung von Bestätigungen durch Dritte erhoben werden, werden dem Prüfer die folgenden Verhaltensregeln durch **IDW PS 302.33-35 (ähnlich ISA 502.25 bis.27)** vorgeschrieben:

- Sofern die gesetzlichen Vertreter des zu prüfenden Unternehmens Einwendungen gegen das Einholen von Bestätigungen von bestimmten Personen erheben, hat der Abschlussprüfer zu ermitteln, ob es berechtigte Gründe dafür gibt (**IDW PS 302.33 Satz 1**).
- Falls die Gründe als berechtigt und durch den Prüfer nachvollziehbar sind, hat der Prüfer alternative Prüfungshandlungen vorzunehmen, um über den betreffenden Sachverhalt, auch ohne die externe Bestätigung, ausreichende und angemessene Prüfungsnachweise zu erlangen (**IDW PS 302.33 Satz 2**).
- Können alternative Prüfungshandlungen zur Erlangung ausreichender und angemessener Prüfungsnachweise nicht vorgenommen werden, liegt ein Prüfungshemmnis vor (**IDW PS 302.33 Satz 3**).
- Ein Prüfungshemmnis liegt auch vor, wenn die von den gesetzlichen Vertretern angeführten Gründe gegen das Einholen von Bestätigungen nach Auffassung des Abschlussprüfers nicht berechtigt und nachvollziehbar sind (**IDW PS 302.34**).

- Die von den gesetzlichen Vertretern vorgebrachten Gründe sind mit der berufsüblichen kritischen Grundhaltung zu würdigen und abzuwägen, ob die Weigerung der gesetzlichen Vertreter ein Indiz für Unregelmäßigkeiten darstellt (**IDW PS 302.35**).

c2) Verlässlichkeit der Bestätigungen

Die Verlässlichkeit der Bestätigungen Dritter hängt nach **IDW PS 302.36 (ISA 502.28)** auch ab:

- von der Zuverlässigkeit der befragten Personen,
- von der Kompetenz der befragten Personen,
- von der Objektivität der befragten Personen,
- von der Sachkenntnis der befragten Personen über den jeweiligen Einzelfall und davon,
- ob die befragten Personen autorisiert sind, die entsprechenden Auskünfte zu erteilen.

Sind Zweifel an der Kompetenz, der Sachkenntnis, der Eignung und der Bereitschaft zur Beantwortung der Bestätigungsanfrage sowie die Interessenlage der befragten Personen vorhanden, ist nach **IDW PS 302.38 Abs. 2 (vgl. ISA 502.29)** zu entscheiden, ob weitere Prüfungshandlungen erforderlich sind. Speziell wird festgestellt (ebd.):

> *„Bei ungewöhnlichen Transaktionen am Jahresende, die wesentlichen Einfluss auf den Jahresabschluss und den Lagebericht haben, die mit einem nahe stehenden Unternehmen durchgeführt wurden, hat der Abschlussprüfer abzuwägen, ob die befragten Personen dieses Unternehmens Gründe für die Erteilung falscher Auskünfte haben."*

d) Gesamtwürdigung der Ergebnisse des Bestätigungsverfahrens

Abschließend wird in **IDW PS 302.45 (ISA 502.36)** festgestellt:

> *„Kommt der Abschlussprüfer am Ende des Prozesses der Bestätigungsanfragen zu der Auffassung, dass die erlangten Prüfungsnachweise durch die Bestätigungsanfragen und die durchgeführten alternativen Prüfungshandlungen nicht ausreichen, um ausreichende und angemessene Prüfungsnachweise hinsichtlich der geprüften Aussagen in der Rechnungslegung zu gewährleisten, hat der Abschlussprüfer weitere Prüfungshandlungen vorzunehmen, um zu ausreichenden und angemessenen Prüfungsnachweisen zu kommen.*
>
> *Die erlangten Prüfungsnachweise sind vom Abschlussprüfer dahingehend zu würdigen, ob sie zusammen mit den Ergebnissen weiterer Prüfungshandlungen eine hinreichende Prüfungssicherheit hinsichtlich der geprüften Jahresabschlussaussagen gewährleisten."*

Ziff. 4 Bewertung von Forderungen des Umlaufvermögens

a) Bewertung nach dem HGB

Strenges Niederstwertprinzip nach § **253 Abs. 3 HGB**; ggf. Zuschreibungsgebot; weitere Abschreibungen nach "vernünftiger kaufmännischer Beurteilung" (**§ 253 Abs. 4 HGB**) sind bei Kapitalgesellschaften unzulässig; steuerliche Abschreibungen sind nach § 254 HGB bei allen Kaufleuten, bei Kapitalgesellschaften nach § 281 HGB möglich.

b) Bewertung nach den IFRS/IAS

Auch die Forderungen des Umlaufvermögens gehören wie die Ausleihungen zu den Finanzinstrumenten. Wie in § 12 (Ziff. 6) bereits erwähnt, werden Finanzinstrumente in **IAS 32.11** wie folgt definiert:

> *„Ein Finanzinstrument ist ein Vertrag, der gleichzeitig bei dem einen Unternehmen zu einem finanziellen Vermögenswert und bei dem anderen Unternehmen zu einer finanziellen Verbindlichkeit oder einem Eigenkapitalinstrument führt.“*

Die Bewertung der Finanzinstrumente richtet sich nach deren Zuordnung zu den folgenden in **IAS 39.9** umschriebenen Kategorien:

- Ein zu Handelszwecken erworbener Vermögenswert (financial asset held for trading),
- Eine bis zur Endfälligkeit gehaltene Finanzinvestition (held-to-maturity Investment),
- Vom Unternehmen ausgereichte Kredite und Forderungen (loans and receivables originated by the enterprise),
- Ein zur Veräußerung verfügbarer finanzieller Vermögenswert (available for sale financial asset).

Die hier zu besprechenden Forderungen des Umlaufvermögens dürften entweder der Gruppe „loans and receivables originated by the Enterprise“ oder der Gruppe „financial asset held for trading“ zuzuordnen sein, soweit sie nicht der Restgruppe „available for sale“ zuzurechnen sind.

Bei ihrem **erstmaligen Ansatz** sind sämtliche der genannten Forderungen mit ihren Anschaffungswerten, die regelmäßig den Zeitwerten entsprechen, zu bewerten (**IAS 39.43**).

Die **Folgebewertung** der zu den „loans and receivables originated by the enterprise“ gehörenden Forderungen erfolgt zu den fortgeführten Anschaffungskosten (**IAS 39.46**). Die Posten der beiden anderen Gruppen sind mit ihren jeweiligen Zeitwerten anzusetzen. Hierbei sind Gewinne oder Verluste aus der Veränderung der Zeitwerte der Gruppe „held for trading“ erfolgswirksam zu verrechnen; Gewinne oder Verluste aus der Restgruppe „available for sale“ sind dagegen nach **IAS 39.55(b)** zu behandeln:

> *„Ein Gewinn oder Verlust aus einem zur Veräußerung verfügbaren finanziellen Vermögenswert ist in der Aufstellung über die Veränderung des Eigenkapitals (siehe IAS 1 Darstellung des Abschlusses) solange direkt im Eigenkapital zu erfassen, ... bis der finanzielle Vermögenswert ausgebucht wird. Zu diesem Zeitpunkt ist der zuvor im Eigenkapital erfasste kumulierte Gewinn oder Verlust im Periodenergebnis zu erfassen. ...“*

§ 14 Andere Gegenstände des Umlaufvermögens, Posten der Rechnungsabgrenzung

Übersicht

Lit.: ADS, 6. Aufl., § 250 HGB, Tz. 4 ff., 266 HGB, Tz. 156; Coenenberg, Jahresabschluss, 19. A., S. 378 ff.; Gross/Schruff, Jahresabschluß, 2. Aufl., S. 131; Hommel, Rechnungsabgrenzungsposten, HWRP, Sp. 1971-1978; IASB, IAS 1, Darstellung des Abschlusses; IASB, IAS 2, Vorräte; IASB, IAS 23, Fremdkapitalkosten; HFA 1/1985, Zur Behandlung der Umsatzsteuer im Jahresabschluß; HFA 5/1991, Zur Aktivierung von Herstellungskosten; Hüttemann, Posten der aktiven und passiven Rechnungsabgrenzung, HdJ, Abt. II, 8; Maul, Wertpapiere des Umlaufvermögens, flüssige Mittel, HdJ, Abt. II, 7; Rusch, Flüssige Mittel, HWRev, 2. A., Sp. 545 ff.; Sarx, Rechnungsabgrenzungsposten, HWRev, 2. A., Sp. 1597 ff.; Berger/Bartels-Hetzler, Kommentierung zu § 250 HGB, in: Beckscher Bilanzkommentar, 5. A., S. 357 ff.; WPH 2000, Bd. I, F 210 ff., F 210 ff., F 610.

Ziff. 1 Geleistete Anzahlungen (§ 266 Abs. 2 A I 3; B I 4 HGB)

Bei den geleisteten Anzahlungen handelt es sich um Vorleistungen auf im übrigen noch schwebende Geschäfte. Sie sind grundsätzlich in Höhe des Anzahlungsbetrags anzusetzen. Die Bewertung der geleisteten Anzahlungen als Leistungsforderungen erfolgt nach den gleichen Grundsätzen wie bei Forderungen. Das gilt auch für die Einbeziehung des allgemeinen Kreditrisikos in die Pauschalwertberichtigung auf Forderungen. - Zur Behandlung der Mehrwertsteuer auf Anzahlungen vgl. unten, Ziff 5, b3), aktive Posten der Rechnungsabgrenzung.

Ziff. 2 Flüssige Mittel (§ 266 Abs. 2 B IV HGB)

a) Scheckbestand

b) Kassenbestand

Nach dem WPH 2000, Bd. I, F 212, gehören hierher alle Bestände der Haupt- und Nebenkassen; Zins- und Dividendenscheine sind als Wertpapiere des Umlaufvermögens; Vorschüsse sind als Forderungen auszuweisen.

c) Bundesbank- und Postbankguthaben, Guthaben bei Kreditinstituten

Als Guthaben bei Kreditinstituten sind Forderungen an inländische Kreditinstitute oder an gleichartige ausländische Institute aus dem Kreditverkehr, und zwar sowohl täglich fällige Gelder als auch Festgelder auszuweisen; ein Sonderausweis der Festgelder wird empfohlen, wenn nicht damit zu rechnen ist, dass das Kreditinstitut diese gegen entsprechende Zinsberechnung freigibt (WPH 2000, Bd. I, F. 213).

Ziff. 3 Wertpapiere des Umlaufvermögens

a) Anteile an verbundenen Unternehmen (§ 266 Abs. 2 B III Nr. 1 HGB)

Zum Begriff der Verbundenen Unternehmen vgl. oben, § 11, "Beteiligungen", Ziff. 1 d).

b) Eigene Anteile (§ 266 Abs. 2 B III Nr. 2 HGB)

Zur Behandlung der eigenen Anteile vgl. unten, § 19 "Eigenkapital".

c) Sonstige Wertpapiere (§ 266 Abs. 2 B III Nr. 3 HGB)

Unter der Bezeichnung "Sonstige Wertpapiere" sind alle Wertpapiere auszuweisen, die nicht zu einem anderen Posten gehören und jederzeit veräußerlich sind (WPH 2000 Bd. I, F 210).

Ziff. 4 Sonstige Vermögensgegenstände (§ 266 Abs. 2 B II Nr. 4 HGB)

Unter den sonstigen Vermögensgegenständen sind alle übrigen Vermögensgegenstände auszuweisen, soweit sie Gegenstände des Umlaufvermögens sind. Nach dem WPH 2000, Bd. I, F 204., gehören Bausparguthaben und langfristig gestundete Forderungen aus Lieferungen und Leistungen nicht zu den sonstigen Vermögensgegenständen.

Die Bewertung richtet sich nach der Art des Vermögensgegenstandes. Auf Angabepflichten z.B. bei Forderungen wird hingewiesen, wenn die sonstigen Vermögensgegenstände z.B. Forderungscharakter besitzen.

Nach den **IFRS/IAS** sind die sonstigen Vermögensgegenstände dann auszuweisen, wenn sie die Qualität von „assets“ (vgl. oben, § 2 Ziff. 1 c)) haben. Auch hier richtet sich die Bewertung nach dem Charakter des Vermögenswertes

Ziff. 5 Aktive (und passive) Rechnungsabgrenzungsposten

Rechnungsabgrenzungsposten im weitesten Sinne dienen grundsätzlich dazu, das Auseinanderfallen von Einnahmen und Ausgaben einerseits und der entsprechenden Erträge und Aufwendungen andererseits zu berücksichtigen. Vgl. dazu auch § 252 Abs. 1 Nr. 5 HGB, wonach Aufwendungen und Erträge des Geschäftsjahrs unabhängig von den Zeitpunkten der entsprechenden Zahlungen im Jahresabschluss zu berücksichtigen sind.

a) Arten der Rechnungsabgrenzung

Je nach dem, ob der Zahlungsvorgang dem Erfolgsvorgang vorausgeht oder ihm nachfolgt, werden sog. transitorische und antizipative Posten der Rechnungsabgrenzung unterschieden.

a1) Transitorische Posten

Bei den transitorischen Posten der Rechnungsabgrenzung geht der Zahlungsvorgang der entsprechenden erfolgswirksamen Buchung voraus:

- **Aktive transitorische Abgrenzung:** Ausgabe vor dem Abschluss-Stichtag, die einer Aufwandsbuchung nach dem Abschluss-Stichtag entspricht.
- **Passive transitorische Abgrenzung:** Einnahme vor dem Abschluss-Stichtag, die einer Ertragsbuchung nach dem Abschluss-Stichtag entspricht.

a2) Antizipative Posten

Bei den sog. antizipativen Posten der Rechnungsabgrenzung geht umgekehrt die Erfolgsbuchung der Zahlungsbuchung zeitlich voraus:

- **Aktive Abgrenzung:** Ertrag, der noch nicht zu einer Einnahme geführt hat; es handelt sich grundsätzlich um Leistungsforderungen;
- **Passive Abgrenzung:** Aufwand, der noch nicht zu einer Ausgabe geführt hat; es handelt sich grundsätzlich um Leistungsverbindlichkeiten.

a3) Abgrenzung der "Einnahmen" und "Ausgaben" bei der Rechnungsabgrenzung.

Zu den abzugrenzenden Zahlungsvorgängen (Einnahmen / Ausgaben) gehören bare (Kasse) und unbare (Bank, Postscheck) Zahlungsvorgänge und die Hergabe / Entgegennahme von Wechseln. Nach ADS, § 250 HGB, Tz. 25, stehen den Zahlungsvorgängen solche Einbuchungen von Forderungen und Verbindlichkeiten gleich, "die bei vertragsgemäßer Abwicklung des Geschäfts durch vor dem Ende der Abschlussperiode liegende Zahlungsvorgänge erloschen wären."

b) Aktive Rechnungsabgrenzungsposten in der Handelsbilanz

Handels- und steuerrechtlich sind - neben einigen Sonderposten - nur bestimmte Vorgänge als aktive bzw. passive RAP auszuweisen

b1) Transitorische Rechnungsabgrenzungsposten (§ 250 Abs. 1 Satz 1 HGB)

In **§ 250 Abs. 1 Satz 1 HGB** heißt es:

> *"Als Rechnungsabgrenzungsposten sind auf der Aktivseite Ausgaben vor dem Abschluss-Stichtag auszuweisen, soweit sie Aufwand für eine bestimmte Zeit nach diesem Tag darstellen."*

Es handelt sich also um transitorische Posten. Aber nicht alle transitorischen Posten können als aktive RAP behandelt werden, sondern nur die transitorischen Posten "im engeren Sinn": RAP i.S. von § 250 Abs. 1 HGB liegen nur vor, wenn die Ausgaben vor dem Abschluss-Stichtag **Aufwendungen für eine bestimmte Zeit nach dem Abschluss-Stichtag** darstellen. Rechnungsabgrenzungen können über mehrere Geschäftsjahre hinwegreichen. Im Allgemeinen werden den RAP gegenseitige Verträge zugrunde liegen, bei denen Leistung und Gegenleistung ihrer Natur nach zeitbezogen sind, zeitlich aber auseinanderfallen. Vorauszahlungen für Miete, Pacht, Versicherungsprämien, Beiträge, Zinsen und Honorare sind Beispiele für aktive (und auf der Gegenseite passive) RAP i.S.d. HGB. Es besteht **Aktivierungspflicht**.

b2) Zölle und Verbrauchsteuern (§ 250 Abs. 1 Satz 2 Nr. 1 HGB)

Außer den transitorischen Rechnungsabgrenzungsposten im engeren Sinne **dürfen** bestimmte andere Posten als RAP ausgewiesen werden, obwohl es sich hierbei gewiss nicht um Rechnungsabgrenzungsposten im oben umschriebenen Sinn handelt. In **§ 250 Abs. 1 Satz 2 Nr. 1 HGB** heißt es:

> *"Ferner dürfen ausgewiesen werden als Aufwand berücksichtigte Zölle und Verbrauchsteuern, soweit sie auf am Abschluss-Stichtag auszuweisende Vermögensgegenstände des Vorratsvermögens entfallen."*

Durch die Vorschrift des HGB wird eine Anpassung an § 5 Abs. 5 Satz 2 EStG vorgenommen. Dies allerdings mit dem Unterschied, dass der steuerlichen Aktivierungspflicht ein handelsrechtliches Aktivierungswahlrecht entspricht.

b3) Umsatzsteuer (§ 250 Abs. 1 Satz 2 Nr. 2 HGB)

Ein weiterer Sonderposten, der mit transitorischen Rechnungsabgrenzungsposten an sich nichts zu tun hat, findet sich in **§ 250 Abs. 1 Satz 2 Nr. 2 HGB**. Es heißt dort:

> *"Ferner dürfen ausgewiesen werden, als Aufwand berücksichtigte Umsatzsteuern auf am Abschluss-Stichtag auszuweisende oder von den Vorräten offen abgesetzte Anzahlungen."*

Im Zusammenhang mit einer Anzahlung geleistete Umsatzsteuer ist an sich nur insoweit aktivierbar, wie nicht eine Verrechnung als Vorsteuer erfolgt. In der Stellungnahme **HFA 1/1985**, Zur Behandlung der Umsatzsteuer im Jahresabschluss, Abschn. B, heißt es zu dem Problem des Ausweises der Umsatzsteuer auf Anzahlungen:

> *"B. Behandlung der Umsatzsteuer auf erhaltene Anzahlungen (§ 13 Abs. 1 Nr. 1a UStG)*
>
> *Aus den Grundsätzen der Bilanzierung schwebender Geschäfte und dem Charakter der Umsatzsteuer ergibt sich, dass die Umsatzsteuer auf erhaltene Anzahlungen erfolgsneutral zu behandeln ist. Sofern aus dem Geschäft, auf das sich die Anzahlung bezieht, ein Verlust droht, ist dieser unabhängig von der bilanziellen Behandlung der Umsatzsteuer auf Anzahlungen im Jahresabschluss zu berücksichtigen (§ 253 Abs. 3, § 253 Abs. 1 Satz 2 i.V.m. § 249 HGB).*
>
> *Es ist naheliegend, dem Charakter der Umsatzsteuer entsprechend, die erhaltenen Anzahlungen netto, d.h. ohne Umsatzsteueranteil, auszuweisen (§ 250 Abs. 1 Satz 2 HGB). Bei noch schwebendem Geschäft besteht die Verpflichtung des Unternehmens in der Erbringung einer Lieferung oder sonstigen Leistung. Die erhaltenen Anzahlungen - als gesonderter Passivposten - zeigen an, in welchem Umfang der Auftraggeber für diese Verpflichtung bereits eine Gegenleistung erbracht hat. Es ist folgerichtig, wie beim Umsatzgeschäft, Leistung und darauf entfallende Umsatzsteuer zu trennen und damit die Gegenleistung ohne Umsatzsteuer auszuweisen (Nettomethode).*
>
> *Es bestehen aber auch keine Bedenken, unter dem Gesichtspunkt einer möglichen Rückgän-*

gigmachung des Geschäfts, erhaltene Anzahlungen brutto, d.h. einschließlich Umsatzsteuer, als Verpflichtung auszuweisen. Dann muss allerdings dementsprechend ein Anspruch auf Rückerstattung der Umsatzsteuer aktiviert werden, um die Erfolgsneutralität zu wahren. Dies gilt auch bei Anwendung der Nettomethode, falls eine Rückzahlung zu erwarten ist."

b4) Disagio, Ausweiswahlrecht (§ 250 Abs. 3 HGB)

Ein weiterer Sonderposten, der ebenfalls mit den Posten der (transitorischen) aktiven Rechnungsabgrenzung nichts zu tun hat, ist das (Auszahlungs-) Disagio bzw. das (Rückzahlungs-) Agio. Es heißt in **§ 250 Abs. 3 HGB**:

"Ist der Rückzahlungsbetrag einer Verbindlichkeit höher als der Ausgabebetrag, so darf der Unterschiedsbetrag in den Rechnungsabgrenzungsposten auf der Aktivseite aufgenommen werden. Der Unterschiedsbetrag ist durch planmäßige jährliche Abschreibungen zu tilgen, die auf die gesamte Laufzeit der Verbindlichkeit verteilt werden können."

Kapitalgesellschaften müssen das Disagio, wenn sie es aktivieren, in der Bilanz gesondert ausweisen oder im Anhang angeben (*§ 268 Abs. 6 HGB*).

Der Unterschiedsbetrag **darf** unter die RAP aufgenommen werden; es besteht also - im Gegensatz zur steuerlichen Regelung - ein Aktivierungswahlrecht. Welcher Art die Verbindlichkeit ist, bei der ein Unterschiedsbetrag entsteht, ist gleichgültig; die Vorschrift gilt also nicht nur für Anleihen.

Auf die Besonderheiten der Bilanzierung von Zero-Bonds (Null-Coupon-Anleihen) nach HFA 1/1986 (Vgl. oben, § 11, "Ausleihungen", Ziff 3 b42) und unten, § 15, "Verbindlichkeiten, Ziff 2b) wird hingewiesen.

Bei Aktivierung ist der Unterschiedsbetrag **durch planmäßige Abschreibungen zu tilgen**, die auf die gesamte Laufzeit verteilt werden können. Im WPH 2000, Bd. I, E 201, wird hierzu ausgeführt:

"Die planmäßige Abschreibung muss mindestens jährlich den Betrag vorsehen, der sich bei einer Verteilung des Disagios entsprechend der vereinbarten Kapitalinanspruchnahme ergibt; Tilgungsmaßstab ist dabei das Verhältnis der auf die einzelnen Jahre entfallenden Zinsen zu den Gesamtzinsen. Höhere planmäßige oder freiwillige außerplanmäßige Abschreibungen sind zulässig. Eine außerplanmäßige Abschreibung kann notwendig werden, wenn die Verbindlichkeit oder Anleihe vorzeitig zurückgezahlt wird oder sich das Zinsniveau wesentlich ermäßigt."

c) Passive Rechnungsabgrenzungsposten (§ 250 Abs. 2 HGB)

Die passiven transitorischen Posten der Rechnungsabgrenzung entsprechen den aktiven Posten der Rechnungsabgrenzung. Zusätzliche Sonderposten, wie Zölle, Umsatzsteuer, Disagio gibt es auf der Passivseite nicht. Es heißt in **§ 250 Abs. 2 HGB** lediglich:

"Auf der Passivseite sind als Rechnungsabgrenzungsposten Einnahmen vor dem Abschluss-Stichtag auszuweisen, soweit sie Ertrag für eine bestimmte Zeit nach diesem Tag darstellen."

d) Behandlung antizipativer Posten nach § 268 Abs. 4 und 5 HGB bei Kapitalgesellschaften

In **§ 268 Abs. 4 Satz 2 HGB** heißt es:

"Werden unter dem Posten 'sonstige Vermögensgegenstände' Beträge für Vermögensgegenstände ausgewiesen, die erst nach dem Abschluss-Stichtag rechtlich entstehen, so müssen Beträge, die einen größeren Umfang haben, im Anhang erläutert werden."

Entsprechend heißt es in **§ 268 Abs. 5 Satz 3 HGB**:

"Sind unter dem Posten 'Verbindlichkeiten` Beträge für Verbindlichkeiten ausgewiesen, die erst nach dem Abschluss-Stichtag rechtlich entstehen, so müssen Beträge, die einen größeren Umfang haben, im Anhang erläutert werden."

Es handelt sich hierbei um antizipative Posten, die eigentlich Forderungen oder Verbindlichkeiten sind, bei denen aber im Interesse der richtigen Darstellung der Ertragslage eine Erfolgsabgrenzung erforderlich ist. In Betracht kommen z.B. anteilige Stückzinsen, Erstattungsansprüche, Rückdeckungsansprüche aus Lebensversicherungen etc. Nach dem WPH 2000, Bd. I, F 610, genügt es, im Anhang die Art dieser Posten anzugeben; betragsmäßige Angaben kommen nur ausnahmsweise in Betracht.

e) Rechnungsabgrenzungsposten nach den IAS

Für den Ansatz von Rechnungsabgrenzungsposten gibt es in den IFRS/IAS keine gesonderten Regeln; es sind deshalb die allgemeinen Ansatz- und Bewertungsvorschriften anzuwenden.

Entsprechend dem Grundsatz der Periodenabgrenzung (accrual-Prinzip, **IAS 1.25**) sind Aufwendungen der Periode zuzurechnen, in die sie gehören. Daraus lässt sich eine Aktivierungspflicht für Ausgaben vor dem Abschluss-Stichtag, die Aufwand nach dem Abschluss-Stichtag darstellen, ableiten, wenn ein nach dem HGB ansetzbarer Abgrenzungsposten die Kriterien eines „asset“ erfüllt.

Nach **IAS 1.57** soll der Ausweis in Abhängigkeit von der Fristigkeit erfolgen. Diese Regel gilt auch für die aktiven Rechnungsabgrenzungsposten:

„Ein Vermögenswert ist als kurzfristig einzustufen, wenn er mindestens eines der nachfolgenden Kriterien erfüllt:

(a) seine Realisation wird innerhalb des normalen Verlaufs des Geschäftszyklus des Unternehmens erwartet oder er wird zum Verkauf oder Verbrauch innerhalb dieses Zeitraums gehalten;

(b) er wird primär für Handelszwecke gehalten;

(c) seine Realisation wird innerhalb von zwölf Monaten nach dem Bilanzstichtag erwartet; oder

(d) es handelt sich um Zahlungsmittel oder Zahlungsmitteläquivalente (gemäß der Definition in IAS 7 Kapitalflussrechnungen), es sei denn, der Tausch oder die Nutzung des Vermögenswerts zur Erfüllung einer Verpflichtung sind für einen Zeitraum von mindestens 12 Monaten nach dem Bilanzstichtag eingeschränkt.

Alle anderen Vermögenswerte sind als langfristig einzustufen.

Eine Begrenzung auf "Aufwendungen für eine bestimmte Zeit", wie nach § 250 Abs. 1 HGB, besteht nicht.

Nicht zulässig ist der Ausweis von Zöllen und Verbrauchsteuern (§ 250 Abs. 1 Nr. 1 HGB); sie sind vielmehr aktivierungspflichtiger Bestandteil der Anschaffungs- oder Herstellungskosten (IAS 2.11) Die Umsatzsteuer ist erfolgsneutral zu behandeln..

Das Disagio ist, wie sich aus IAS 23.5b i.V.m. IAS 23.7 ergibt, (im Gegensatz zum HGB) aktivierungspflichtig; das Disagio ist erfolgswirksam auf die Laufzeit der entsprechenden liability zu verteilen.

Entsprechend dem Grundsatz der Periodenabgrenzung (accrual-Prinzip) sind auch Erträge der Periode zuzurechnen, in die sie gehören. Daraus läßt sich eine Passivierungspflicht für Einnahmen vor dem Abschluss-Stichtag, die Ertrag nach dem Abschluss-Stichtag darstellen, ableiten. Der Ausweis erfolgt unter den liabilities; eine Begrenzung auf "Erträge für eine bestimmte Zeit", wie nach § 250 Abs. 2 HGB, besteht nicht. Ein getrennter Ausweis nach der Fristigkeit wird empfohlen (IAS 2.60).

f) Tabellarischer Überblick über die Rechnungsabgrenzungsposten nach dem HGB

Die nachfolgende Übersicht (Abb. 27 nach Gross/Schruff, Jahresabschluß, 2. Aufl., S. 131) stellt die Rechnungsabgrenzungsposten nach dem HGB abschließend dar:

Abb. 27: Posten der Rechnungsabgrenzung

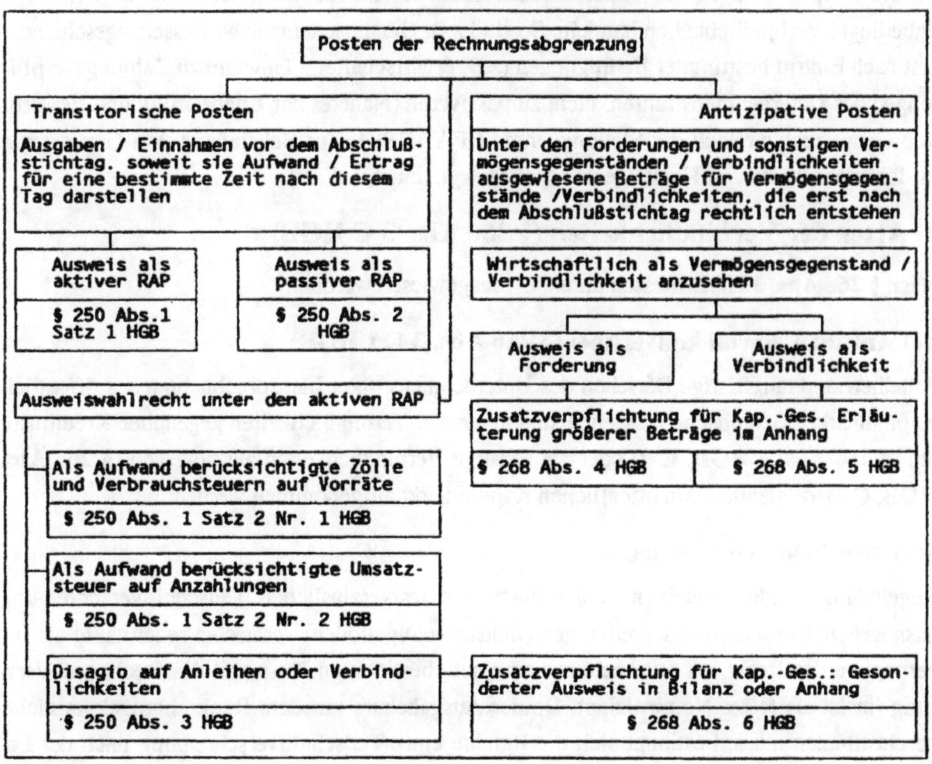

§ 15 Bilanzierung, Bewertung, Ausweis und Prüfung von Verbindlichkeiten

<u>*Übersicht*</u>

Lit.: ADS, 6. A., § 253 HGB, Tz. 70 ff.; Coenenberg, Jahresabschluß, 19. A., S. 334 ff.; Ellrott/Ring, Beck'scher Bilanzkommentar, 5. A. ,§ 266 HGB, Rn. 210 ff.; HFA 1/1986, Zur Bilanzierung von Zero-Bond; HFA 1/1994, Zur Behandlung von Genussrechten im Jahresabschluß von Kapitalgesellschaften; Hüttemann, Verbindlichkeiten, HdJ, Abt. III, 8; IASB IAS 32, Finanzinstrumente: Angaben und Darstellung; IASB IAS 39, Finanzinstrumente: Ansatz und Bewertung; IASB, IAS 1, Darstellung des Abschlusses; IASB, IAS-Framework; Raff, Verbindlichkeiten, HWRev, 2. A., Sp. 2055 ff.; Raff, Verbindlichkeiten, HWRP, Sp. 2473-2481.;WPH 2000, Bd. I, F. 327 ff.

Ziff. 1 Arten und Ausweis der Verbindlichkeiten

Als Verbindlichkeiten sind die am Abschluss-Stichtag der Höhe und der Fälligkeit nach feststehenden Verpflichtungen des Unternehmens auszuweisen. Es muss sich dabei regelmäßig um unbedingte Verbindlichkeiten handeln. So sind z.B. Genussscheine bzw. Besserungsscheine, die erst nach Eintritt bestimmter Bedingungen (z.B. erwirtschafteter Gewinn) zu Zahlungsverpflichtungen des Unternehmens führen, nicht zu passiveren (Näheres zur Bilanzierung und Bewertung von Genussrechten nach der Stellungnahme HFA 1/1994, Zur Behandlung von Genussrechten im Jahresabschluss von Kapitalgesellschaften, vgl. unten, I. § 19).

a) Arten der Verbindlichkeiten (§ 266 Abs. 3 C HGB)

Nach **§ 266 Abs. 3 HGB** müssen unter "C" ausgewiesen werden:

a1) Anleihen, davon konvertibel (§ 266 Abs. 3 C 1 HGB)

Anleihen sind langfristige Darlehen des Unternehmens unter Inanspruchnahme des öffentlichen Kapitalmarkts. Schuldscheindarlehen sind unter den Verbindlichkeiten gegenüber Kreditinstituten (**§ 266 Abs. 3 HGB, C 2**) oder als sonstige Verbindlichkeiten auszuweisen (**§ 266 Abs. 3 HGB, C 8**), da sie nicht am öffentlichen Kapitalmarkt aufgenommen werden.

a11) Teilschuldverschreibungen

Regelmäßig werden Anleihen in der Form von festverzinslichen Teilschuldverschreibungen ausgegeben. Teilschuldverschreibungen (Industrieobligationen) verbriefen regelmäßig als Inhaberpapiere das Recht auf Rückzahlung zu einem bestimmten Kurs und das Recht auf Verzinsung (meist als fester Nominalzins). Da der Ausgabekurs mit dem Rückzahlungskurs nicht übereinstimmen muss, bestimmt sich die Rendite einer Teilschuldverschreibung nach der Laufzeit, dem Verhältnis von Ausgabe- zu Rückzahlungskurs und dem Nominalzins.

a12) Gewinnschuldverschreibungen

Gewinnschuldverschreibungen stellen eine Sonderform der Teilschuldverschreibungen dar. Bei ihnen tritt an die Stelle der festen Verzinsung eine gewinnabhängige Verzinsung.

a13) Wandelschuldverschreibungen (Konvertible Anleihen)

Wandelschuldverschreibungen (vgl. § 221 AktG) und sog. Optionsschuldverschreibungen sind als "Konvertible" Anleihen durch einen "davon"-Vermerk oder als Untergliederung in der Bilanz anzugeben.

a131) Anleihen mit Umtauschrecht

Es handelt sich um Anleihen, die zusätzlich das Recht auf Umtausch in Aktien der ausgebenden Aktiengesellschaft verbriefen.

a132) Anleihen mit Bezugsrecht

Es handelt sich um Anleihen, die zusätzlich das Recht auf den Bezug von Aktien der ausgebenden Aktiengesellschaft verbriefen.

a14) Genussrechte

Es kommt auf den Einzelfall an, ob sog Genussrechte unter den Anleihen zu passivieren sind. Dies ist nur der Fall, wenn die Genussrechte eine unbedingte Verbindlichkeit darstellen und am öffentlichen Kapitalmarkt gehandelt werden.

Der Hauptfachausschuss des IDW hat eine Stellungnahme zur Bilanzierung von Genussrechten abgegeben (Stellungnahme HFA 1/1994, Zur Behandlung von Genussrechten im Jahresabschluss von Kapitalgesellschaften). Auf Einzelheiten wird unten im Rahmen der Bilanzierung und Bewertung des Eigenkapitals eingegangen (vgl. unten, I. § 19).

a2) Verbindlichkeiten gegenüber Kreditinstituten (§ 266 Abs. 3 C 2 HGB)

Hier sind alle Bankverbindlichkeiten einschließlich der Verbindlichkeiten gegenüber Bausparkassen auszuweisen.

a3) Erhaltene Anzahlungen auf Bestellungen (§ 266 Abs. 3 C 3 HGB)

Erhaltene Anzahlungen stellen Leistungsverbindlichkeiten dar. Es wird darauf hingewiesen, dass erhaltene Anzahlungen nach § 268 Abs. 5 Satz 2 HGB auch offen von dem Posten "Vorräte" abgesetzt werden können.

a4) Verbindlichkeiten aus Lieferungen und Leistungen (§ 266 Abs. 3 C 4 HGB)

Die hier auszuweisenden Verbindlichkeiten brauchen nicht in unmittelbarem Zusammenhang mit dem betrieblichen Leistungsprozess zu stehen. Bestehen diese Verbindlichkeiten gegenüber verbundenen Unternehmen oder gegenüber Unternehmen, zu denen ein Beteiligungsverhältnis besteht, so empfiehlt sich ein Ausweis unter **§ 266 Abs. 3 HGB, C 6** bzw. **C 7**.

a5) Verbindlichkeiten aus der Annahme gezogener Wechsel und der Ausstellung eigener Wechsel (§ 266 Abs. 3 C 5 HGB)

Hat das Unternehmen einen aufgrund einer Verbindlichkeit auf sie gezogenen Wechsel noch nicht akzeptiert, so wird die Schuld als solche und nicht als Wechselverbindlichkeit ausgewiesen. Sog. Kautionswechsel, die abredegemäß nur in den Verkehr gebracht werden dürfen, wenn das Unternehmen seinen Verpflichtungen nicht nachkommt, brauchen nicht als solche ausgewiesen zu werden, wenn mit einer wechselmäßigen Inanspruchnahme auf keinen Fall zu rechnen ist.

a6) Verbindlichkeiten gegenüber verbundenen Unternehmen (§ 266 Abs. 3 C 6 HGB)

a7) Verbindlichkeiten gegenüber Unternehmen, mit denen ein Beteiligungsverhältnis besteht (§ 266 Abs. 3 C 7 HGB)

a8) Sonstige Verbindlichkeiten; davon aus Steuern; davon im Rahmen der sozialen Sicherheit (§ 266 Abs. 3 C 8 HGB)

Der Posten ist ein Sammelposten, unter den alle Verbindlichkeiten fallen, die nicht unter die anderen Posten zu subsumieren sind, z.B. noch nicht ausbezahlte Löhne, Steuerschulden, sofern sie nicht unter den Rückstellungen ausgewiesen sind.

Verwiesen wird auf die beiden erforderlichen "Davon"-Vermerke. Unbestimmt ist, was das Gesetz als im Rahmen der sozialen Sicherheit ansieht. Es handelt sich wohl um rückständige Sozialversicherungsbeiträge, Beiträge zum Pensionssicherungsverein, Zusagen an eine rechtlich selbständige Unterstützungseinrichtung sowie um Verpflichtungen aus Abfindungen und Sozialplänen.

b) Ausweispflichten

b1) Große Kapitalgesellschaften

Große Kapitalgesellschaften sind zum Vollausweis der mit arabischen Ziffern versehenen Posten in § **266 Abs. 3 HGB** verpflichtet.

b2) Mittelgroße Kapitalgesellschaften

Mittelgroße Kapitalgesellschaften sind (intern) ebenfalls zum Vollausweis verpflichtet. Für sie bestehen aber Erleichterungen bei der Offenlegung, vgl. **§ 327 HGB**. Danach können die in § 266 HGB mit arabischen Ziffern versehenen Unterposten zusammengefasst ausgewiesen werden; die Posten

- C1, Anleihen, davon konvertibel,
- C2, Verbindlichkeiten gegenüber Kreditinstituten,
- C6, Verbindlichkeiten gegenüber verbundenen Unternehmen und
- C7, Verbindlichkeiten gegenüber Unternehmen, mit denen ein Beteiligungsverhältnis besteht,

sind stets gesondert auszuweisen und offen zu legen.

b3) Kleine Kapitalgesellschaften

Eine Untergliederung der mit arabischen Ziffern versehenen Posten nach § 266 HGB ist nicht erforderlich.

b4) Übrige Kaufleute

Es wird lediglich eine "hinreichende Aufgliederung" verlangt (**§ 247 Abs. 1 HGB**).

c) Angabepflichten bei Kapitalgesellschaften

c1) Angabe der Restlaufzeit bis zu einem Jahr bei jeder Verbindlichkeit (§ 268 Abs. 5 Satz 1 HGB)

Vgl. unten, Verbindlichkeitsspiegel.

c2) Sonderausweis der Anzahlungen auf Vorräte, soweit nicht offen von den Vorräten abgesetzt (§ 268 Abs. 5 Satz 2 HGB)

Vgl. oben, Ziff. 1, a3).

c3) Angabe wesentlicher Beträge von Verbindlichkeiten, die erst nach dem Abschluss-Stichtag entstehen, im Anhang (§ 268 Abs. 5 Satz 3 HGB)

Vgl. oben, § 14 Ziff. 5 d).

c4) Angabe Gesamtbetrag und Einzelbeträge von Verbindlichkeiten mit einer Restlaufzeit von mehr als fünf Jahren (§ 285 Nr. 1 a und 2 HGB)

c5) Angabe Gesamtbetrag und Einzelbeträge von Verbindlichkeiten, die durch Grundpfandrechte oder ähnliche Rechte gesichert sind, unter Angabe von Art und Form der Sicherheiten (§ 285 Nr. 1 b und 2 HGB)

c6) Einzelangaben im Rahmen eines "Verbindlichkeitsspiegels"

Die Zusammenfassung der erforderlichen Einzelangaben zu den Verbindlichkeiten in einem sog. Verbindlichkeitsspiegel wird empfohlen:

Abb. 28: Verbindlichkeitsspiegel

Art der Verbindlichkeit	Restlaufzeit bis zu einem Jahr	Restlaufzeit zw. einem und fünf Jahren	Restlaufzeit mehr als fünf Jahre	Summe = Wert im Berichtsjahr	Davon durch Pfandrechte oder ähnliche Rechte gesichert		Vorjahr
					Betrag	Art der Sicherheit	
...							
...							
...							

Ziff. 2 Bewertung der Verbindlichkeiten

a) Grundsätze

a1) Bewertung von Verbindlichkeiten mit dem Rückzahlungsbetrag

Dies ist die Aussage von **§ 253 Abs. 1 Satz 2 HGB**.

a2) Bewertung von Rentenverpflichtungen, für die eine Gegenleistung nicht mehr zu erwarten ist, zu ihrem Barwert

Auch dies ist die Aussage von **§ 253 Abs. 1 Satz 2 HGB**.

a3) Berücksichtigung des Disagios

Vgl. oben I. § 13 Ziff. 5.

a4) Bewertung von Währungsverbindlichkeiten

Vgl. oben, I. § 6.

b) Besonderheiten der Bewertung bei Zero-Bonds

b1) Begriff der Zero-Bonds

Zu den Bilanzierungs- und Bewertungsproblemen bei sog. Null-Coupon-Anleihen (Zero-Bonds) hat der HFA im Jahre 1986 die Stellungnahme HFA 1/1986, Zur Bilanzierung von Zero-Bonds, veröffentlicht. In dieser Stellungnahme werden die Zero-Bonds wie folgt definiert:

> *"Zero-Bonds sind Anleihen, auf die keine periodischen Zinszahlungen geleistet werden, sondern deren Gegenleistung für die Kapitalüberlassung durch einen gegenüber dem Ausgabebetrag erhöhten Rücknahmebetrag am Ende der Laufzeit beglichen wird. Emissionsbetrag ist ein durch die Emissionsbedingungen festgelegter Betrag, zu dem die Anleihe plaziert werden soll. Ausgabebetrag ist der Anleihebetrag zu dem Kurs, zu dem die Anleihe tatsächlich vom Emittenten am Markt verkauft worden ist. Emissionsbetrag und Ausgabebetrag können aufgrund kurzfristig geänderter Marktkonditionen voneinander abweichen. Rücknahmebetrag ist der durch die Emissionsbedingungen festgelegte Betrag, zu dem die Anleihe nach Ablauf der Laufzeit durch den Emittenten eingelöst wird."*

b2) Passivierung der Zero-Bonds mit dem Betrag, der den Anleihegläubigern unabhängig von der Fälligkeit am Bilanzstichtag geschuldet wird.

Zur Passivierung der Verbindlichkeiten aus Zero-Bonds wird in der Stellungnahme HFA 1/1986 (abweichend von **§ 253 Abs. 1 Satz 2 HGB**) ausgeführt:

> *"2. Bilanzierung im Jahresabschluss des Emittenten*
>
> *Zero-Bonds sind mit dem Betrag zu passivieren, der den Anleihegläubigern unabhängig von der Fälligkeit am Bilanzstichtag geschuldet wird. Dies ist in der Regel der Ausgabebetrag zuzüglich der aufgrund einer kapitalabhängigen Effektivzinsberechnung ermittelten Zinsschuld (kapitalisierte und abzugrenzende Zinsen) zum Bilanzstichtag. Ausgabebetrag und Zinsverpflichtung sind dabei als einheitliche Schuld anzusehen, da die zuzurechnende Zins-*

verpflichtung Bestandteil der Hauptschuld wird. Dementsprechend wird die Zinsverpflichtung dem Ausgabebetrag ratierlich zugeschrieben, so dass zum Ende der Laufzeit der Anleihe der vollständige Rücknahmebetrag unter den Anleihen ausgewiesen wird.

Wie bei Anleihen mit periodischer Zinszahlung kann ein Agio bzw. Disagio entstehen, wenn der Ausgabebetrag vom Emissionsbetrag abweicht. Sofern die Anleihebedingungen einen Emissionsbetrag vorsehen, wird es dementsprechend auch für vertretbar gehalten, die Effektivzinsberechnung auf der Basis des Emissionsbetrages durchzuführen und die Differenz zum jeweiligen Ausgabebetrag bilanziell als Agio bzw. Disagio zu behandeln.

Demgegenüber wird in der Literatur auch vorgeschlagen, bereits bei der Emission der Zero-Bonds den Rücknahmebetrag der Anleihe als Verbindlichkeit auszuweisen und die gesamte Differenz zum Ausgabebetrag als Disagio zu behandeln (wie dies eigentlich dem HGB entsprechen würde, d. Verf.).

Dieses Disagio würde dann den gesamten Zinsaufwand für die Laufzeit der Zero-Bonds enthalten und nur zu einem nicht periodengerechten Ausweis der Zinsbelastung führen, wenn es im Rahmen einer Effektivzinsberechnung über die gesamte Laufzeit der Anleihe abgeschrieben würde. Demgegenüber lässt § 250 Abs. 3 HGB sowohl hiervon abweichende Abschreibungsverläufe als auch eine sofortige Aufwandsverrechnung des Disagios zu, was bei den üblichen langen Laufzeiten und dem hohen Anteil des Zinsaufwands am Gesamtbetrag der Anleihe zu einer Verzerrung der Ertragslage führt.

Auch das Bild der Vermögenslage wird unzutreffend dargestellt, wenn bereits mit der Emission der Zero-Bonds die Zinsschuld für die gesamte Laufzeit als Verbindlichkeit ausgewiesen wird. Die Aufnahme dieses Zinsaufwands in die Verbindlichkeiten wäre wesensfremd zur Bewertung der übrigen Anleiheverbindlichkeiten, für die die Zinsen periodisch gezahlt werden und die somit die vom Unternehmen geschuldete Leistung zum Bilanzstichtag umfassen.

Angesichts dieser Ergebnisse muss bezweifelt werden, ob zumindest in dem Fall, in dem vollständig auf eine fortlaufende Zinszahlung angesichts einer abgezinsten Ausgabe der Anleihe verzichtet wird, der Ausweis einer Verbindlichkeit, die den gesamten Zinsaufwand und den Ausgabebetrag umfasst, sowie eines entsprechend überhöhten Disagios sinnvoll ist. Der Ausweis eines solchen Disagios wird nicht durch den in § 253 Abs. 1 Satz 2 und § 250 Abs. 3 Satz 1 HGB verwendeten Begriff des Rückzahlungsbetrages gedeckt, da nicht nur der zurückzuzahlende Kapitalbetrag, sondern auch die ergänzend zu leistenden Zinszahlungen ausgewiesen würden. Er stünde auch nicht mit der herrschenden Interpretation als Schuld, die zum Bilanzstichtag geschuldet wird, im Einklang."

Den Verfasser vermag die vorstehende Argumentation nicht restlos zu überzeugen. Richtig ist sicher, dass die Ertragslage durch die vorgesehene Verfahrensweise richtiger dargestellt wird als durch die strikte Anwendung des für die Passivseite gültigen Höchstwertprinzips; es bleibt aber die Frage, ob die Vorgehensweise mit § 253 Abs. 1 Satz 2 HGB voll vereinbar ist.

Ziff. 3 Bilanzierung von Verbindlichkeiten (Liabilities) nach den IAS

Die IAS kennen nur den umfassenden Begriff der Liabilities, der weiter ist als der handelsrechtliche Begriff der Verbindlichkeit. So gehören zu den Liabilities auch die Rückstellungen für ungewisse Verbindlichkeiten. Es heißt im "Framework" der IAS (IAS F.49b):

„Eine Schuld ist eine gegenwärtige Verpflichtung des Unternehmens, die aus Ereignissen der Vergangenheit entsteht und deren Erfüllung für das Unternehmen erwartungsgemäß mit einem Abfluss von Ressourcen mit wirtschaftlichem Nutzen verbunden ist."

Es heißt weiter in **IAS F.64**:

„Einige Schulden können nur mit einem erheblichen Maß an Schätzung bewertet werden. Einige Unternehmen beschreiben diese Schulden als Rückstellungen. In einigen Ländern werden derartige Rückstellungen nicht als Schulden im Sinne einer Verbindlichkeit angesehen, weil der Begriff der Verbindlichkeit sehr eng gefasst ist und nur die Beträge umfasst, die ohne Schätzung ermittelt werden können. Die Definition der Schulden aus Paragraph 49 verfolgt einen weiteren Ansatz. Danach stellt eine Rückstellung, wenn sie eine gegenwärtige Verpflichtung umfasst und den Rest der Definition erfüllt, eine Schuld dar, selbst wenn der Betrag geschätzt werden muss. Beispiele hierfür sind Rückstellungen für Garantieverpflichtungen und Rückstellungen für Pensionsverpflichtungen."

Nach den IAS und nach dem IAS-Framework gibt es für die Liabilities keine allgemeinen Aussagen zur Bewertung. Es finden sich aber Einzelregelungen zu Steuerverpflichtungen (IAS 12) zu Pensionsverpflichtungen (IAS 19), zu Verbindlichkeiten aus „investment property" (IAS 40) und zu dem „financial instruments" (IAS 32 und IAS 39). Die „Finanziellen Verbindlichkeiten", die einen Großteil der Verbindlichleiten abdecken, werden in **IAS 32.11** definiert:

„Finanzielle Verbindlichkeiten umfassen:

(a) eine vertragliche Verpflichtung:

(i) flüssige Mittel oder einen anderen finanziellen Vermögenswert an ein anderes Unternehmen abzugeben; oder

(ii) finanzielle Vermögenswerte oder finanzielle Verbindlichkeiten mit einem anderen Unternehmen zu potenziell nachteiligen Bedingungen auszutauschen;

oder

(b) einen Vertrag, der in eigenen Eigenkapitalinstrumenten des Unternehmens erfüllt werden wird oder kann und bei dem es sich um Folgendes handelt:

(i) ein nicht derivatives Finanzinstrument, das eine vertragliche Verpflichtung des Unternehmens beinhaltet oder beinhalten kann, eine variable Anzahl von Eigenkapitalinstrumenten des Unternehmens abzugeben;

oder

(ii) ein derivatives Finanzinstrument, das auf andere Weise als durch den Austausch eines festen Betrags an flüssigen Mitteln oder anderen finanziellen Vermögenswerten gegen eine feste Anzahl von Eigenkapitalinstrumenten des Unternehmens erfüllt werden wird oder kann. In diesem Sinne beinhalten die Eigenkapitalinstrumente eines Unternehmens keine Instrumente, die selbst Verträge über den künftigen Empfang oder die künftige Abgabe von Eigenkapitalinstrumenten des Unternehmens darstellen."

Für die Bewertung bei dem Erstmaligen Ansatz gilt für finanzielle Verbindlichkeiten ebenso wie für finanzielle Vermögenswerte **IAS 39.43**:

„Bei dem erstmaligen Ansatz eines finanziellen Vermögenswertes oder einer finanziellen

Verbindlichkeit hat ein Unternehmen diese zu ihrem beizulegenden Zeitwert zu bewerten, im Falle eines finanziellen Vermögenswertes oder einer finanziellen Verbindlichkeit, die nicht erfolgswirksam zum beizulegenden Zeitwert bewertet werden, unter Einschluss von Transaktionskosten, die direkt dem Erwerb des finanziellen Vermögenswertes oder der Emission der finanziellen Verbindlichkeit zuzurechnen sind.“

Für die Folgebewertung gilt **IAS 39.47**, also die Bewertung mit den fortgeführten Anschaffungskosten. Ausgenommen von dieser Regel sind die zu Handelszwecken gehaltenen Verbindlichkeiten, die mit den Zeitwerten zu bewerten sind:

„Nach dem erstmaligen Ansatz hat ein Unternehmen alle finanziellen Verbindlichkeiten mit den fortgeführten Anschaffungskosten unter Anwendung der Effektivzinsmethode zu bewerten, mit Ausnahme von

(a) finanziellen Verbindlichkeiten, die erfolgswirksam zum beizulegenden Zeitwert bewertet werden. ...“.

Die **fortgeführten Anschaffungskosten** werden in **IAS 39.9** wie folgt definiert:

„Als fortgeführte Anschaffungskosten eines finanziellen Vermögenswertes oder einer finanziellen Verbindlichkeit wird der Betrag bezeichnet, mit dem ein finanzieller Vermögenswert oder eine finanzielle Verbindlichkeit beim erstmaligen Ansatz bewertet wurde, abzüglich Tilgungen, zuzüglich oder abzüglich der kumulierten Amortisation einer etwaigen Differenz zwischen dem ursprünglichen Betrag und dem bei Endfälligkeit rückzahlbaren Betrag unter Anwendung der Effektivzinsmethode sowie abzüglich etwaiger Minderung (entweder direkt oder mithilfe eines Wertberichtigungskontos) für Wertminderungen oder Uneinbringlichkeit.“

Entsprechend lautet die Definition der **„Effektivzinsmethode“** nach **IAS 39.9**:

„Die Effektivzinsmethode ist eine Methode zur Berechnung der fortgeführten Anschaffungskosten eines finanziellen Vermögenswertes oder einer finanziellen Verbindlichkeit (oder einer Gruppe von finanziellen Vermögenswerten oder finanziellen Verbindlichkeiten) und der Allokation von Zinserträgen und Zinsaufwendungen auf die jeweiligen Perioden. Der Effektivzinssatz ist derjenige Kalkulationszinssatz, mit dem die geschätzten künftigen Ein- und Auszahlungen über die erwartete Laufzeit des Finanzinstruments oder eine kürzere Periode, sofern zutreffend, exakt auf den Nettobuchwert des finanziellen Vermögenswertes oder der finanziellen Verbindlichkeit abgezinst werden. ...“

Hinweise für den **Ausweis von Verbindlichkeiten** finden sich in **IAS 1.68**:

„In der Bilanz sind zumindest nachfolgende Posten darzustellen:

(a)-(i) ...

(j) Verbindlichkeiten aus Lieferungen und Leistungen und sonstige Verbindlichkeiten;

(k) Rückstellungen;

(l) finanzielle Schulden (ohne die Beträge, die unter (j) und (k) ausgewiesen werden);

(m) Steuerschulden und -erstattungsansprüche gemäß IAS 12, Ertragsteuern;

(n) Latente Steueransprüche und -schulden gemäß IAS 12;

...“

Eine Aufgliederung der Verbindlichkeiten nach der Fristigkeit ist nach **IAS 1.60** möglich:

> *„Eine Schuld ist als kurzfristig einzustufen, wenn sie mindestens eines der nachfolgenden Kriterien erfüllt:*
>
> *(a) ihre Tilgung wird innerhalb des gewöhnlichen Verlaufs des Geschäftszyklus des Unternehmens erwartet;*
>
> *(b) sie wird primär für Handelszwecke gehalten;*
>
> *(c) ihre Tilgung wird innerhalb von zwölf Monaten nach dem Bilanzstichtag erwartet; oder*
>
> *(d) das Unternehmen hat kein uneingeschränktes Recht zur Verschiebung der Erfüllung der Verpflichtung um mindestens zwölf Monate nach dem Bilanzstichtag.*
>
> *Alle anderen Schulden sind als langfristig einzustufen."*

Ziff. 4 Nachweisprüfung bei Verbindlichkeiten

Vgl. besonders oben, I, § 13 Ziff. 2.

§ 16 Ansatz, Ausweis und Prüfung von Rückstellungen

<u>*Überblick*</u>

Lit.: ADS, 6. A., §§ 253, Tz. 175 ff., 249 HGB; Bareis, Rückstellungen für drohende Verluste aus schwebenden Geschäten, HWRP, Sp. 2106-2118; Berger/Ring, Kommentierung zu § 249 HGB, Beck'scher Bilanzkommentar, 5. A.; Coenenberg, Jahresabschluß, 19. A., S. 347 ff.; Forster, WPg 1971, S. 393 ff.; Franz, Kulanzrückstellungen, HWRev, 2. A., Sp. 1168 ff.; Gross/Schruff, Jahresabschluß, 2. A., S. 123; HFA 2/1973 i.d.F. v. 1990, Rückstellungen für Jahresabschluß- und Prüfungskosten nach § 249 Abs. 1 HGB; HFA 2/1988, Pensionsverpflichtungen im Jahresabschluß; HFA 3/1993, Zur Bilanzierung und Prüfung der Anpassungspflicht von Betriebsrenten; HFA-Verlautbarung (WPg 3/1998), Auswirkungen der steuerlichen Nichtanerkennung von Rückstellungen für drohende Verluste; HFA-Verlautbarung, Zur Bilanzierung von Rückstellungen für Jubiläumszuwendungen; HFA-Verlautbarung v. Juni 1984 (FN 6/84: Vorruhestand); IASB, IAS 19, Leistungen an Arbeitnehmer; IASB, IAS 37, Rückstellungen, Eventualverbindlichkeiten und Eventualforderungen; IASB, IAS 1, Darstellung des Abschlusses; IASB, Framework Rahmenkonzept für die Aufstellung und Darstellung von Abschlüssen; IASB, IFRS 2, Aktienbasierte Vergütung; IASB, IAS 26, Bilanzierung und Berichterstattung von Altersversorgungsplänen; IDW RS HFA 3, Zur Bilanzierung von Verpflichtungen aus Altersteilzeitregelungen; IDW RS HFA 4 : Zweifelsfragen zum Ansatz und zur Bewertung von Drohverlustrückstellungen,(Stand: 28. 6. 2000)' FN 7/2000, S. 290 ff.; Luik, Rückstellungen für Pensionsverpflichtungen, HWRev, 2. A., Sp. 1705 ff.; Moxter, Rückstellungen für ungewisse Verbindlichkeiten, HWRev, 2. A., Sp. 1719 ff.; Rehkugler, Aufwandsrückstellungen, HWRev, 2. A., Sp. 106 ff.; Schülen, Pensionsrückstellungen, HdJ, Abt. III, 7; Schwitters/Peters, Pensionsverpflichtungen, HWRP, Sp. 1622-1638; Selchert, Rückstellungen für Instandhaltung und Abraumbeseitigung, HWRev, 2. A., Sp. 1698 ff.; Telkamp/Bruns, Rückstellungen für ungewisse Verbindlichkeiten,

HWRP Sp. 2118-2136; v. Keitz/Dörner/Wollmert/Oser, IAS 37, Rückstellungen ,Eventualschulden und Eventualforderungen, in Baetge et al., Rechnungslegung nach IAS, Losebl., 2002; Weirich, Rückstellungen für drohende Verluste, HWRev, 2. A., Sp. 1684 ff.; Wesner, Aufwandsrückstellungen, HWRP, Sp.147-156; Wollmert/Rhiel/Hofmann/Schwitters, IAS 19, Leistungen an Arbeitnehmer, in Baetge et al., Rechnungslegung nach IAS, Losebl., 2002; WPH 2000 Bd. I, E 81 ff.

Ziff. 1 Begriff der Rückstellungen

a) Allgemeine Begriffselemente der Rückstellungen

Bevor die Regelungen des HGB zur Passivierung und zur Bewertung von handelsrechtlichen Rückstellungen dargestellt werden, empfiehlt es sich, einige grundsätzliche Überlegungen zum Begriff der Rückstellungen und damit zur Abgrenzung von anderen Passiv-Posten anzustellen. Nach Eifler (Grundsätze ordnungsmäßiger Bilanzierung von Rückstellungen) müssen jeweils sämtliche nachfolgend darzustellenden Begriffselemente gleichzeitig gegeben sein, wenn Passiva als "Rückstellungen" ausgewiesen werden sollen.

a1) Betriebliche Belastung

Jede Rückstellung stellt eine betriebliche Belastung dar. Dabei ist es zunächst gleichgültig, ob es sich um eine schuldrechtliche oder öffentlich-rechtliche Verpflichtung handelt oder nur um eine wirtschaftliche Verpflichtung des Unternehmens.

a2) Durch spätere Tatsachen ausgelöst

Jede Rückstellung ist durch Tatsachen ausgelöst, die nach dem Schlussbilanzstichtag des Geschäftsjahres liegen. Insoweit sind hinsichtlich der Existenz der betrieblichen Belastung und hinsichtlich der Höhe der betrieblichen Belastung Schätzungen erforderlich.

a3) Aufwand vor dem Bilanzstichtag

Rückstellungen sind ihrem Wesen nach antizipative Abgrenzungsposten, d.h. sie dienen dazu, die Aufwendungen zu antizipieren, denen spätere Ausgaben entsprechen. Diese Antizipation von Aufwendungen entspricht dem Grundsatz der imparitätischen Behandlung von zukünftigen Verlusten (Aufwendungen) einerseits und von zukünftigen Erträgen andererseits. So heißt es in **§ 252 Abs. 1 Nr. 4, erster Halbsatz HGB**: *"Es ist vorsichtig zu bewerten, namentlich sind alle vorhersehbaren Risiken und Verluste, die bis zum Bilanzstichtag entstanden sind, zu berücksichtigen, ..."*. Dies ist auch der Grund dafür, dass Rückstellungen buchtechnisch durch die Buchung: "Per Aufwand an Rückstellungen" gebildet werden. Dabei ist stets diejenige Aufwandsposition zu berühren, die zu berühren gewesen wäre, wenn es sich bei den Rückstellungen nicht um einen Abgrenzungsposten handeln würde.

a4) Mit Ungewissheit behaftet

Wegen ihrer Zukunftsbezogenheit sind Rückstellungen regelmäßig mit Ungewissheit behaftet. Es gibt also:

- Rückstellungen für in der Höhe ungewisse zukünftige Belastungen,
- Rückstellungen für im bloßen Bestehen ungewisse zukünftige Belastungen,
- Rückstellungen, bei denen die Person des evtl. Berechtigten ungewiss ist (z.B. Garantierückstellungen).

a5) Kein Korrekturposten zu bestimmten Aktiva

In Artikel 20 der 4. EG-Richtlinie wird ausdrücklich festgestellt, dass Rückstellungen keine Korrekturposten für den Ansatz bestimmter Aktivposten sein dürfen (es ist insofern darauf hinzuweisen, dass z.B. Rückstellungen für unterlassene Reparaturen eigentlich keine Rückstellungen, sondern Wertberichtigungen darstellen; es bestehen deshalb Zweifel an der richtlinienkonformen Umsetzung von Art. 20 der 4.EG-Richtlinie in das deutsche Recht).

b) Arten der Rückstellungen nach § 249 HGB

Abb. 29: Rückstellungsarten (vgl. Gross/Schruff, Jahresabschluß 2. A., S. 123)

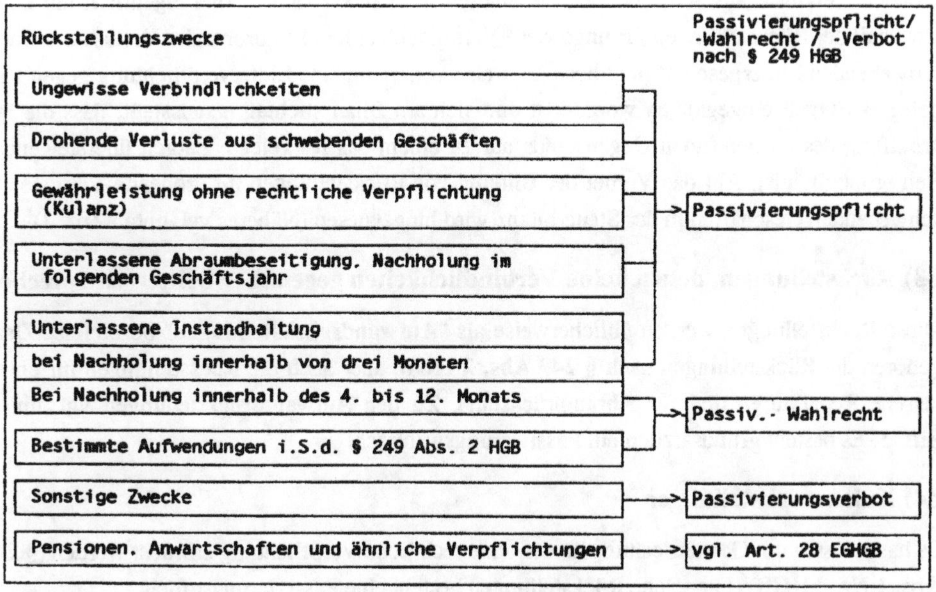

In **§ 249 HGB** werden Rückstellungen wie folgt umschrieben:

"(1) Rückstellungen sind für ungewisse Verbindlichkeiten und für drohende Verluste aus schwebenden Geschäften zu bilden. Ferner sind Rückstellungen zu bilden für

1. *im Geschäftsjahr unterlassene Aufwendungen für Instandhaltung, die im folgenden Geschäftsjahr innerhalb von drei Monaten, oder für Abraumbeseitigung, die im folgenden Geschäftsjahr nachgeholt werden,*
2. *Gewährleistungen, die ohne rechtliche Verpflichtung erbracht werden.*

Rückstellungen dürfen für unterlassene Aufwendungen für Instandhaltung auch gebildet werden, wenn die Instandhaltung nach Ablauf der Frist nach Satz 2 Nr. 1 innerhalb des Geschäftsjahrs nachgeholt wird.

(2) Rückstellungen dürfen außerdem für ihrer Eigenart nach genau umschriebene, dem Geschäftsjahr oder einem früheren Geschäftsjahr zuzuordnende Aufwendungen gebildet werden, die am Abschluss-Stichtag wahrscheinlich oder sicher, aber hinsichtlich ihrer Höhe oder des Zeitpunkts ihres Eintritts unbestimmt sind.

(3) Für andere als die in den Absätzen 1 und 2 bezeichneten Zwecke dürfen Rückstellungen nicht gebildet werden. Rückstellungen dürfen nur aufgelöst werden, soweit der Grund hierfür entfallen ist."

b1) Rückstellungen für ungewisse Verbindlichkeiten

§ 249 Abs. 1 Satz 1 HGB stellt fest, dass eine Passivierungspflicht für "Rückstellungen für ungewisse Verbindlichkeiten" besteht (Näheres vgl. unten Ziff. 2).

b2) Rückstellungen für drohende Verluste aus schwebenden Geschäften

Nach **§ 249 Abs. 1 Satz 1 HGB** besteht ferner eine Passivierungspflicht von Rückstellungen für drohende Verluste aus schwebenden Geschäften. Es handelt sich hierbei eigentlich um einen Unterfall der Rückstellungen für ungewisse Verbindlichkeiten. Ein drohender Verlust aus einem schwebenden Liefergeschäft liegt beispielsweise vor, wenn eine Lieferverpflichtung gegen festgelegtes Entgelt eingegangen worden ist und sich am Bilanzstichtag herausstellt, dass die Beschaffung des zu liefernden Gegenstands nur zu einem das festgelegte Entgelt übersteigenden Betrag möglich ist. Auf das Verbot der Bildung von Rückstellungen für drohende Verluste aus schwebenden Geschäften in der Steuerbilanz wird hingewiesen (Näheres vgl. unten Ziff. 3).

b3) Rückstellungen, denen keine Verbindlichkeiten gegenüber Dritten entsprechen

Diese Rückstellungen werden üblicherweise als "**Aufwandsrückstellungen**" bezeichnet. Dazu gehören die Rückstellungen nach **§ 249 Abs. 2 HGB**, aber auch die Rückstellungen für unterlassene Reparaturen und für Abraumrückstand. Zu den Aufwandsrückstellungen vgl. unten, Ziff. 5. Es besteht grundsätzlich ein Passivierungswahlrecht

b4) Kulanzrückstellungen

Es handelt sich um Gewährleistungen, die ohne rechtliche Verpflichtung erbracht werden (**§ 249 Abs. 1 Nr. 2 HGB**). Für solche Rückstellungen besteht eine Passivierungspflicht.

c) Abgrenzung der Rückstellungen gegenüber Verbindlichkeiten, Rechnungsabgrenzungsposten, Wertberichtigungen, Sonderposten mit Rücklageanteil und Rücklagen

Die oben unter a) angeführten Abgrenzungskriterien für Rückstellungen eignen sich vor allem zur Abgrenzung gegenüber verwandten Passivposten:

- Von **Verbindlichkeiten** unterscheiden sich Rückstellungen durch das Kriterium der Ungewissheit und durch das Kriterium der Aufwandswirksamkeit.
- **Passive Rechnungsabgrenzungsposten** sind Einnahmen vor dem Abschluss-Stichtag, die Ertrag für eine bestimmte Zeit nach dem Abschluss-Stichtag darstellen; Rückstellungen sind

Aufwendungen vor dem Abschluss-Stichtag, denen Ausgaben nach dem Abschluss-Stichtag entsprechen.

- **Wertberichtigungen** sind Korrekturposten zu bestimmten Aktiva; Rückstellungen sollten dies nach Art. 20 der 4.-EG-Richtlinie nicht sein.
- **Sonderposten mit Rücklageanteil** sind, sofern es sich bei ihnen um steuerfreie Rücklagen handelt, ein Mischposten; sie sind in Höhe der bei ihrer Auflösung eintretenden Steuerlast Rückstellungen; sie sind in Höhe des "Eigenkapital-Anteils" Rücklagen.
- **Rücklagen** sind im Fall der "Gewinnrücklagen" aus nicht ausgeschütteten Gewinnen gespeist; Rückstellungen sind dagegen Aufwand, der noch nicht zur Ausgabe geworden ist.

d) Rückstellungen nach internationalen Grundsätzen

Rückstellungen sind allgemein in IAS 37 geregelt. Sondervorschriften bestehen im Zusammenhang mit:

- Fertigungsaufträgen (siehe IAS 11, Fertigungsaufträge), mit
- Ertragsteuern (siehe IAS 12, Ertragsteuern), mit
- Leasingverhältnissen (siehe IAS 17, Leasingverhältnisse) und für
- Leistungen an Arbeitnehmer (siehe IAS 19, Leistungen an Arbeitnehmer).

Die Verpflichtung zur Bildung von Rückstellungen ergibt sich aus **IAS 37.14**:

„Eine Rückstellung ist dann anzusetzen, wenn

(a) ein Unternehmen aus einem Ereignis der Vergangenheit eine gegenwärtige Verpflichtung (rechtlich oder faktisch) hat;

(b) der Abfluss von Ressourcen mit wirtschaftlichem Nutzen zur Erfüllung dieser Verpflichtung wahrscheinlich ist; und

(c) eine verlässliche Schätzung der Höhe der Verpflichtung möglich ist.

Sind diese Bedingungen nicht erfüllt, ist keine Rückstellung anzusetzen."

Rechtliche und faktische Verpflichtungen werden in IAS 37.10 definiert:

„Eine rechtliche Verpflichtung ist eine Verpflichtung, die sich ableitet aus

(a) *einem Vertrag (auf Grund seiner expliziten oder impliziten Bedingungen);*

(b) *Gesetzen oder*

(c) *sonstigen unmittelbaren Auswirkungen der Gesetze.*

Eine faktische Verpflichtung ist eine aus den Aktivitäten eines Unternehmens entstehende Verpflichtung, wenn:

(a) *das Unternehmen durch sein bisher übliches Geschäftsgebaren, öffentlich angekündigte Maßnahmen oder eine ausreichend spezifische, aktuelle Aussage anderen Parteien gegenüber die Übernahme gewisser Verpflichtungen angedeutet hat; und*

(b) *das Unternehmen dadurch bei den anderen Parteien eine gerechtfertigte Erwartung geweckt hat, dass es diesen Verpflichtungen nachkommt."*

Fehlt es an einer der Voraussetzungen oder ist die Wahrscheinlichkeit des Bestehens einer Verpflichtung bzw. ungewiss bzw. ist eine zuverlässige Schätzung der zukünftigen Belastung nicht möglich (Eintrittswahrscheinlichkeit größer als 50 %: more likely than not), kann eine Rückstellung nicht gebildet werden. Abb. 30 zeigt die Abgrenzung zwischen Rückstellungen und Eventualverpflichtungen nach IAS 37.

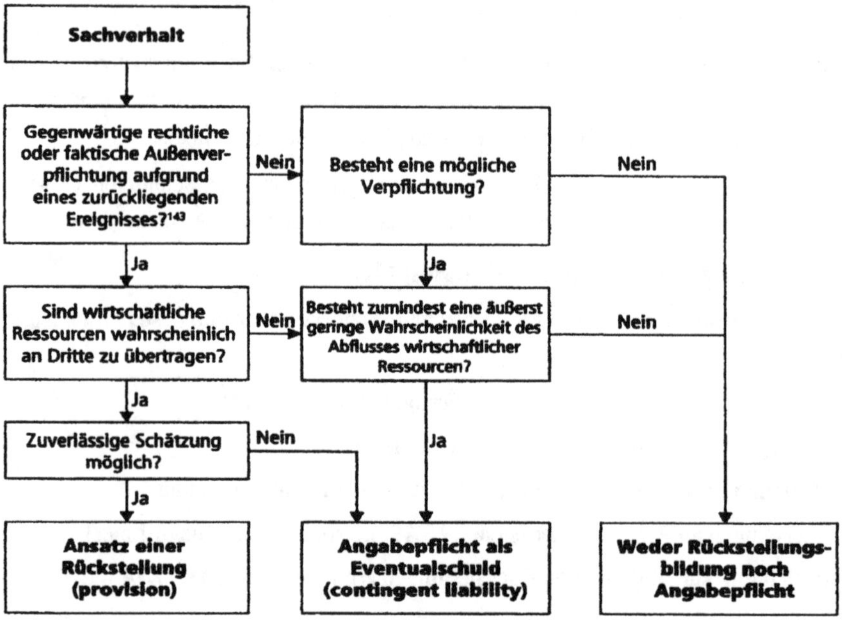

Abb. 30 Abgrenzung zwischen Rückstellungen und Eventualverpflichtungen nach Baetge et al., Bilanzen, S. 404

Ziff. 2 Rückstellungen für ungewisse Verbindlichkeiten

a) Abgrenzung des Begriffsmerkmals "Betriebliche Belastung"

Bei den Rückstellungen für ungewisse Verbindlichkeiten kommt es nach Auffassung des BFH grundsätzlich nicht auf die wirtschaftliche Verursachung vor dem Bilanzstichtag an, sondern darauf, ob am Bilanzstichtag bereits eine schuldrechtliche oder neuerdings auch öffentlich-rechtliche Verpflichtung bestanden hat.

b) Besprechung einzelner Rückstellungen für ungewisse Verbindlichkeiten, insbes. Pensionsrückstellungen

b1) Rückstellungen für Pensionen und ähnliche Verpflichtungen (§ 266 Abs. 3 B 1 HGB)

b11) Grundsätzliche Passivierungspflicht bei weitgehenden Übergangsregelungen nach Art. 28 EGHGB

Die bilanzielle Behandlung von Pensionsrückstellungen ergibt sich aus Art. 28 des Einführungsgesetzes zum HGB (EGHGB):

"(1) Für eine laufende Pension oder eine Anwartschaft auf eine Pension auf Grund einer

unmittelbaren Zusage braucht eine Rückstellung nach § 249 Abs. 1 Satz 1 des Handelsgesetzbuchs nicht gebildet zu werden, wenn der Pensionsberechtigte seinen Rechtsanspruch vor dem 1. Januar 1987 erworben hat oder sich ein vor diesem Zeitpunkt erworbener Rechtsanspruch nach dem 31. Dezember 1986 erhöht. Für eine mittelbare Verpflichtung aus einer Zusage für eine laufende Pension oder eine Anwartschaft auf eine Pension sowie für eine ähnliche unmittelbare oder mittelbare Verpflichtung braucht eine Rückstellung in keinem Fall gebildet zu werden.

(2) Bei Anwendung des Absatzes 1 müssen Kapitalgesellschaften die in der Bilanz nicht ausgewiesenen Rückstellungen für laufende Pensionen, Anwartschaften auf Pensionen und ähnliche Verpflichtungen jeweils im Anhang und im Konzernanhang in einem Betrag angeben."

Der Zusammenhang der Bestimmungen nach Art. 28 EGHGB wird in Abb. 31 wiedergegeben:

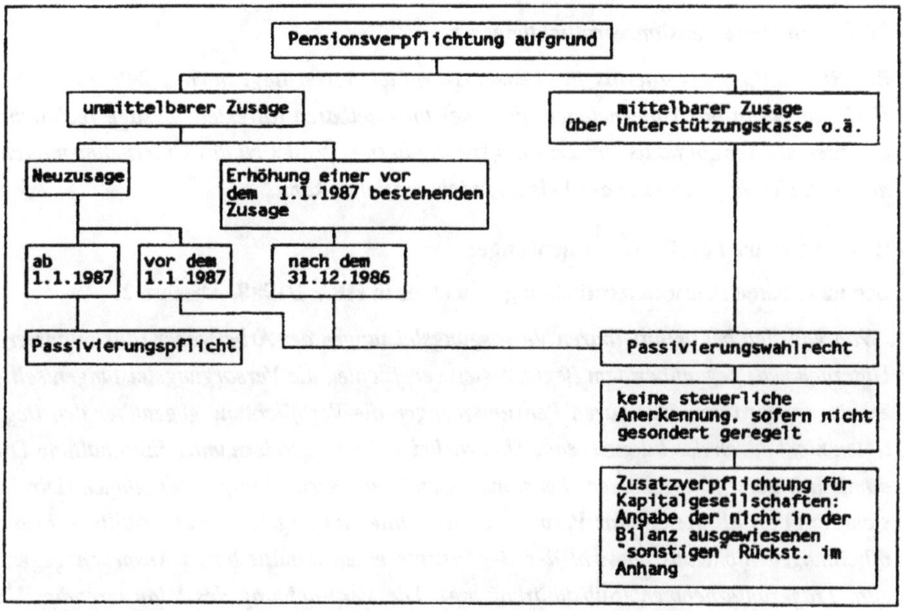

Abb. 31: Pensionsrückstellungen (vgl. Gross/Schruff, Jahresabschluß, 2. A., S. 127)

b12) Feststellungen der Stellungnahme HFA 2/1988: Pensionsverpflichtungen im Jahresabschluss

Der HFA hat in einer umfangreichen Stellungnahme zur Passivierung von Pensionsanwartschaften, laufenden Pensionen und pensionsähnlichen Verpflichtungen Stellung genommen.

b121) Arten der Verpflichtungen

HFA 2/1988:

"Laufende Pensionen und Anwartschaften auf Pensionen sowie ähnliche Verpflichtungen gehören zu den ungewissen Verbindlichkeiten, für die nach § 249 Abs. 1 Satz 1 HGB eine Rückstellungspflicht besteht, sofern nicht nach Artikel 28 Abs. 1 EGHGB ein Passivierungswahlrecht gegeben ist. Die Übergangsvorschrift des Artikel 28 EGHGB führt dazu, daß lediglich für unmittelbare Zusagen, bei denen der Pensionsberechtigte seinen Rechtsanspruch

nach dem 31.12.1986 erworben hat (Neuzusagen), eine Passivierung zwingend ist, während für unmittelbare Altzusagen (Erwerb des Rechtsanspruchs vor dem 1.1.1987) und deren Erhöhung nach dem 31.12.1986, für sämtliche mittelbaren Verpflichtungen aus einer Zusage sowie für ähnliche Verpflichtungen ein Passivierungswahlrecht besteht. Allerdings haben Kapitalgesellschaften nicht passivierte Beträge im Rahmen von Artikel 28 Abs. 2 EGHGB im Anhang anzugeben.

Unabhängig davon, ob die Rückstellung auf Grund einer Passivierungspflicht oder eines Passivierungswahlrechts gebildet worden ist, darf diese nur aufgelöst werden, soweit der Grund hierfür entfallen ist (§ 249 Abs. 3 Satz 2 HGB)."

b1211) Unmittelbare Pensionsverpflichtungen

Zu den unmittelbaren Pensionsverpflichtungen wird in **HFA 2/1988** ausgeführt:

"1. Unmittelbare Pensionsverpflichtungen

Ein Rückstellungserfordernis für Pensionsverpflichtungen liegt nach § 249 Abs. 1 Satz 1 HGB vor, wenn das Unternehmen aus einer unmittelbaren (direkten) Zusage rechtlich verpflichtet ist oder ein faktischer Leistungszwang besteht, weil sich das Unternehmen auch ohne rechtliche Verpflichtung der Leistung nicht entziehen kann."

b1212) Mittelbare Pensionsverpflichtungen

Zu den mittelbaren Pensionsverpflichtungen heißt es in **HFA 2/1988, Abschn. 2**:

"Während sich bei unmittelbaren Versorgungsleistungen der Arbeitgeber (das bilanzierende Unternehmen) gegenüber dem Begünstigten verpflichtet, die Versorgungsleistungen selbst zu erbringen, wird bei mittelbaren Pensionszusagen die Verpflichtung gegenüber den Begünstigten nicht durch das bilanzierende Unternehmen direkt, sondern unter Einschaltung Dritter nämlich Unterstützungskassen, Pensionskassen oder Versicherungsunternehmen (Direktversicherung) erfüllt. Reicht das Vermögen einer Unterstützungskasse zur Erfüllung ihrer Verpflichtungen nicht aus, erwirbt der Begünstigte einen unmittelbaren Anspruch gegenüber dem Trägerunternehmen (Subsidiärhaftung). Die Verpflichtung des bilanzierenden Unternehmens besteht bei Pensionskassen darin, durch Dotierung dieser Kassen und bei Direktversicherung durch die Entrichtung der Prämien an das Versicherungsunternehmen die Erfüllung der Pensionsleistungen zu ermöglichen."

b1213) Pensionsähnliche Verpflichtungen

Der Begriff der pensionsähnlichen Verpflichtungen soll offensichtlich einen Auffangtatbestand umschreiben. Die Stellungnahme **HFA 2/1988** kommt in **Abschn. 3** zu sehr allgemeinen Feststellungen:

"Für pensionsähnliche Verpflichtungen enthält das Gesetz keine Definition ... Um eine Überschneidungsfreiheit zu gewährleisten, kann es sich bei den pensionsähnlichen Verpflichtungen nur um solche handeln, die nicht den Charakter der Pensionsverpflichtung erfüllen. Andererseits muss der Verpflichtungscharakter erfüllt sein, so dass eine lediglich noch nicht bestehende Pensionsverpflichtung nicht den Charakter einer pensionsähnlichen Verpflich-

tung erfüllt (zeitlicher Aspekt). Demnach muss es sich um der Pension inhaltlich ähnliche Verpflichtungen handeln, ohne selbst den Begriff der Pension erfüllen zu dürfen."

b122) Bewertung

Nach **§ 253 Abs. 1 Satz 2 HGB** sind Rentenverpflichtungen, für die eine Gegenleistung nicht mehr zu erwarten ist, mit ihrem Barwert und Rückstellungen nur in Höhe des Betrages anzusetzen, der nach vernünftiger kaufmännischer Beurteilung notwendig ist. Die Stellungnahme HFA 2/1988 nimmt in ihrem Abschn. 4 ausführlich zu der Bewertung sowohl der laufenden Rentenverpflichtungen als auch zu der Bewertung der Verpflichtungen aus Pensionsanwartschaften Stellung.

b1221) Anwendung anerkannter Regeln der Versicherungsmathematik

HFA 2/1988:

"*a) Für die Bewertung von Pensionsverpflichtungen sind die anerkannten Regeln der Versicherungsmathematik anzuwenden."*

b1222) Laufende Rentenverpflichtungen: Ansatz mit dem Barwert

HFA 2/1988:

"*b) Laufende Rentenverpflichtungen sowie Versorgungsverpflichtungen gegenüber ausgeschiedenen Anwärtern sind mit ihrem Barwert anzusetzen."*

b1223) Pensionsanwartschaften: Mittelansammlung während der Aktivitätsperiode

HFA 2/1988:

"*c) Bei Pensionsanwartschaften der im Unternehmen tätigen Anwärter soll die Mittelansammlung grundsätzlich über die Aktivitätsperiode des einzelnen Versorgungsanwärters erfolgen. Für die Verteilung der Mittelansammlung kommen verschiedene versicherungsmathematische Verfahren in Betracht. Es sollte dem Verfahren der Vorzug gegeben werden, bei dem im gegebenen Fall die Belastung des Unternehmens betriebswirtschaftlich angemessen ausgewiesen wird. Grundsätzlich wird dieser Anforderung insbesondere das Teilwertverfahren, nicht aber das Barwertverfahren, gerecht.."*

b1224) Bewertungsparameter

Die zu beachtenden Bewertungsparameter werden in der Stellungnahme **HFA 2/1988** eingehend umschrieben:

"*Für die verwendeten Rechnungsgrundlagen bzw. -annahmen ist von folgenden Festlegungen auszugehen:*

- *Die **biometrischen Grundlagen** (Sterbe- und Invalidisierungswahrscheinlichkeiten) müssen unter Verwendung zeitnaher Beobachtungswerte und zulässiger mathematisch-statistischer Methoden erstellt worden sein; sie können allgemein anerkannten Tabellenwerken entnommen werden.*

- *Bei den grundsätzlich nach bestandsspezifischen Erkenntnissen als weitere Ausscheidewahrscheinlichkeit im Unternehmen tätigen Begünstigten ist die **Fluktuation** zu berücksichtigen.*
- *Die in die Bewertung eingehende **Altersgrenze** ist unter Beachtung der vertraglich vorgesehenen Altersgrenze und der voraussichtlichen Pensionierungsgewohnheiten der jeweiligen Versorgungsbestände festzulegen.*
- *Die künftigen Pensionsleistungen sind mit dem Betrag anzusetzen, der sich nach den **Verhältnissen am Bilanzstichtag** ergibt. Bereits vereinbarte Lohn- und Gehaltssteigerungen müssen deshalb zum ersten Bilanzstichtag nach der Vereinbarung berücksichtigt werden (z.B. mehrjährige Tarifverträge).*
- *Als **Rechnungszins** kommt unter den derzeitigen wirtschaftlichen Bedingungen in der Bundesrepublik ein Zinssatz von ca. 3 - 6% p.a. in Betracht. Die Verwendung von Zinssätzen, die höher als 6% sind, ist in der Regel nur in Verbindung mit einer gesonderten Berücksichtigung trendbedingter Wertänderungen denkbar.*
- *Die künftigen **trendbedingten Wertänderungen** (z.B. Gehaltssteigerungen, Geldentwertung) können, wenn sie nicht bereits im Rechnungszins berücksichtigt sind, gesondert in Ansatz gebracht werden.*

*Aus diesen Festlegungen wird abgeleitet, dass die nach dem Teilwertverfahren nach § 6a EStG mit einem Rechnungszins von 6% ermittelten Werte für voll- bzw. teildynamische Verpflichtungen als **Minimalwerte** anzusehen sind. In Einzelfällen können Regelungen des Steuerrechts (z.B. Drittelung nach § 6a Abs. 4 EStG) zu handelsrechtlich nicht vertretbaren Werten führen.*

Ein einmal gewähltes Bewertungsverfahren ist (mit den verwendeten Rechnungsgrundlagen und den Veränderungsannahmen) solange unverändert anzuwenden, soweit nicht eine zulässige Ausnahme i.S.v. § 252 Abs. 2 HGB vorliegt.

Diese Bewertungsgrundsätze gelten für alle Arten von Pensionsverpflichtungen (unmittelbare und mittelbare) und für pensionsähnliche Verpflichtungen (unmittelbare und mittelbare). Falls für mittelbare Verpflichtungen eine Beschränkung der bei vorzeitiger Beendigung der Mittelansammlung zu erbringenden Leistungen auf die bei einer externen Versorgungseinrichtung jeweils vorhandenen Deckungsmittel vorgesehen und arbeitsrechtlich durchsetzbar ist, wird eine gesonderte Bewertung nach den genannten Grundsätzen nicht erforderlich."

b1225) Bewertung mittelbarer Pensionsverpflichtungen aus der Unterdeckung bei Unterstützungskassen

Ein Sonderproblem stellt die Bewertung mittelbarer Pensionsverpflichtungen dar, die sich aus der Unterdeckung bei Unterstützungskassen ergeben. Es heißt in **Abschnitt 5, HFA 2/1988**:

"Aufgrund steuerrechtlicher Vorschriften, insbesondere wegen der begrenzten steuerwirksamen Dotierungsmöglichkeiten, sind bei Unterstützungskassen die Versorgungsverpflichtungen vielfach nicht durch das Kassenvermögen gedeckt. Wegen der durch die Rechtsprechung des Bundesarbeitsgerichts bestätigten Subsidiärhaftung des Trägerunternehmens besteht bei diesem eine mittelbare Pensionsverpflichtung in Höhe des Differenzbetrages zwi-

schen den aus der Sicht des Trägerunternehmens bewerteten Pensionsverpflichtungen der Unterstützungskasse und dem auf der Basis von Zeitwerten ermittelten Vermögen (abzüglich etwaiger anderer Verbindlichkeiten).

Der ermittelte Fehlbetrag aus Unterdeckung ist beim Trägerunternehmen im Rahmen des Passivierungswahlrechts (Artikel 28 Abs. 1 Satz 2 EGHGB) zu behandeln; Kapitalgesellschaften haben nicht passivierte Beträge in den im Anhang angabepflichtigen Fehlbetrag aus der Nichtpassivierung nach Artikel 28 Abs. 2 EGHGB aufzunehmen."

b123) Berichterstattung im Anhang

Kapitalgesellschaften haben nach **§ 284 Abs. 2 Nr. 1 HGB** im Anhang die auf die Posten der Bilanz und der Gewinn- und Verlustrechnung angewandten Bilanzierungs- und Bewertungsmethoden anzugeben.

b1231) Angabe der Bewertungsmethoden nach § 284 Abs. 2 Nr. 1 HGB

Hierzu heißt es in der Stellungnahme **HFA 2/1988 (Abschn. 6)**:

> *"Im Rahmen der Pensionsverpflichtungen umfassen die Erläuterungen insbesondere die versicherungsmathematischen Grundlagen, den Rechnungszinsfuß und gegebenenfalls einen Hinweis auf die Anwendung steuerlicher Vorschriften."*

b1232) Angabe des Fehlbetrages nach Art. 28 Abs. 2 EGHGB

HFA 2/1988:

> *"Ein Fehlbetrag nach Art. 28 Abs.2 EGHGB ist nach derselben Methode zu berechnen, nach der die Pensionsrückstellungen berechnet worden sind. Weist die Bilanz keine entsprechenden Rückstellungen aus, so sind die für die Berechnung des Fehlbetrages angewandten Bewertungsmethoden entsprechend § 284 Abs. 2 Nr. 1 HGB anzugeben."*

b1233) Angabe von Unterdeckungen bei U.-Kassen

Wichtig ist die Feststellung in **HFA 2/1988**, dass eventuelle Unterdeckungen der Unterstützungskasse auf der Grundlage von Tageswerten des Kassenvermögens zu ermitteln sind:

> *"Unterstützungskassen haben Leistungen nur bis zur Höhe ihres Vermögens zu erbringen. Eine Angabe von Fehlbeträgen kommt deshalb auch bei Unterstützungskassen in der Rechtsform der Kapitalgesellschaft nicht in Betracht. Unbeschadet hiervon hat das Trägerunternehmen den Fehlbetrag aus der Unterdeckung der Unterstützungskasse als Differenz zwischen den von der Subsidiärhaftung erfassten über die Unterstützungskasse eingegangenen Verpflichtungen und deren zu Tageswerten bewerteten Vermögen in seinem Anhang anzugeben, soweit nicht entsprechende Rückstellungen beim Trägerunternehmen bestehen."*

b124) Pensionsverpflichtungen im Konzernabschluss

Durch die Bezugnahme in § 298 Abs. 1 HGB auf § 249 HGB gelten die Vorschriften gleichermaßen für den Konzernabschluss, wobei die Übergangserleichterungen des Art. 28 des EGHGB anwendbar sind (HFA 2/1988, Abschn. 7).

b13) Pensionsverpflichtungen nach internationalen Grundsätzen

Altersversorgungsregelungen sind in IAS 19, Aufwendungen für Altersversorgung, zusammengefasst. Dabei werden alle Arten der Altersversorgung, unabhängig von der Form und unabhängig von der Finanzierung behandelt. Wichtig ist die folgende Unterscheidung:

- Leistungsorientierte Versorgungssysteme (defined benefit plans) sind nach **IAS 19.7** Altersversorgungspläne, "bei denen die als Versorgungsleistung zu zahlenden Beträge nach Maßgabe einer Formel bestimmt werden, die üblicherweise das Einkommen des Arbeitnehmers und/oder die Jahre seiner Dienstzeit berücksichtigt" Bei diesen Plänen wird dem Arbeitnehmer durch das Unternehmen und/oder durch den Pensionsfonds eine bestimmte Betriebsrente zugesagt.
- Beitragsorientierte Versorgungssysteme (defined contribution plans) sind nach **IAS 19.7** Altersversorgungspläne, "bei denen die als Versorgungsleistung zu zahlenden Beträge durch die Beiträge zu einem Fonds und den daraus erzielten Finanzerträgen bestimmt werden." Bei diesen Versorgangssystemen ist das Unternehmen lediglich zu Zahlungen an einen Pensionsfonds oder auch eine Versicherungsgesellschaft verpflichtet, wobei der Plan so ausgestaltet sein kann, dass dem Unternehmen über die Beitragszahlung hinaus keine weiteren Verpflichtungen erwachsen.

Zur Berichterstattung über Versorgungspläne vgl. IAS 26, Bilanzierung und Berichterstattung von Altersversorgungsplänen (**IAS 26.13 ff.** und **IAS 26.17 ff.**). Die in Deutschland üblichen Direktzusagen entsprechen den defined benefit plans. Sie sind, weil kein besonderes Fondsvermögen angesammelt wird, sog. unfunded plans.

Rückstellungen werden bei einem defined contribution Plan nicht gebildet. Es sind aber im Anhang (den notes) Angaben über die Ausgestaltung der Pensionspläne zu machen.

Die Bewertung der Rückstellungen bzw. die Bemessung der Fondsbeitragszahlungen soll die betriebswirtschaftlich richtige Verteilung des Periodenaufwandes sicherstellen.

b2) Andere Rückstellungen für ungewisse Verbindlichkeiten

b2.1) Rückstellungen für Ausgleichsansprüche für Handelsvertreter

Nach **§ 89a HGB** erwirbt der Handelsvertreter mit seinem Ausscheiden einen Ausgleichsanspruch. Scheidet der Handelsvertreter erst im neuen Geschäftsjahr aus, so ist steuerlich für die abgelaufenen Perioden keine Rückstellung zu bilden, da der schuldrechtliche Anspruch erst im neuen Geschäftsjahr entstanden ist. Handelsrechtlich ist nach dem WPH 2000 Bd. I, E 107 eine Rückstellungsbildung möglich. Die Abweichung zwischen Handels- und Steuerbilanz kann dadurch erklärt werden, dass steuerlich die statische Bilanzauffassung angewandt wird, nach der am Bilanzstichtag bei Rückstellungen für ungewisse Verbindlichkeiten eine rechtliche Verpflichtung bestanden haben muss; handelsrechtlich überwiegt dagegen die dynamische Bilanzauffassung, nach der es vorwiegend auf die wirtschaftliche Verursachung ankommt.

b2.2) Rückstellung für rückständige Urlaubsansprüche

Nach dem Bundesurlaubsgesetz fließt dem Arbeitnehmer der Urlaubsanspruch bereits während des laufenden Geschäftsjahres zu. Er hat also am Bilanzstichtag einen rechtlichen Anspruch auf den noch nicht genommenen Urlaub. Folglich ist auch nach der statischen Bilanzauffassung eine Rückstellungsbildung erforderlich.

b2.3) Rückstellung für Ausbildungskosten

Eine Rückstellung für Ausbildungskoten kommt allenfalls als Rückstellung für drohende Verluste aus schwebenden Geschäften in Betracht; denn der Ausbildungsvertrag ist ein schwebendes Dauerrechtsverhältnis. Ist die (zukünftige) Leistung des Auszubildenden niedriger als die Leistung des Ausbildungsunternehmens, so könnte ein Verlust aus dem noch schwebenden Ausbildungsverhältnis entstehen. Der BFH hat aber die Bildung einer entsprechenden Rückstellung mit der Begründung abgelehnt, dass bei tarifvertraglich bestimmten Arbeitsverhältnissen grundsätzlich von einer Ausgeglichenheit von Leistung und Gegenleistung auszugehen sei.

b2.4) Rückstellung für Produzentenhaftung

Eine Rückstellung kommt erst dann in Betracht, wenn sich das Haftungsrisiko hinreichend konkretisiert hat; Ansprüche aus einer Versicherung sind gegenzurechnen (Einzelheiten und Literatur s. WPH 2000 Bd. I, E 120 f.).

b2.5) Rückstellung für Wechselobligo

Das Finanzministerium NRW hat Rückstellungen für das Wechselobligo auch als Pauschalrückstellung anerkannt. Grundsätzlich besteht aber der Grundsatz der Einzelbewertung, d.h. Rückstellungen sind zu bilden, wenn sich die Haftung konkretisiert hat, z.B. durch das "Platzen" eines Wechsels, den die Bilanzierende weitergegeben hat.

b2.6) Rückstellung für Jahresabschlusskosten und für die Prüfung des Jahresabschlusses

Über die Rückstellungen für Prüfungskosten und für Jahresabschlusskosten ist lange gestritten worden. Nach den BFH-Urteilen v. 23.7.1980 und vom 24.11.1983 müssen diese Rückstellungen auch dann gebildet werden, wenn die entsprechende Verpflichtung öffentlich-rechtlicher Natur ist. Beachtenswert ist insbesondere, dass durch die vom BFH konstituierte Pflicht, auch öffentlich-rechtliche Verpflichtungen, die am Bilanzstichtag bestehen, zurückzustellen, dazu geführt hat, dass vor allem auch Verpflichtungen auf der Grundlage öffentlich-rechtlicher Umwelt-Auflagen zurückgestellt werden müssen!

Der HFA hat sich mit dem Problem mehrfach auseinandergesetzt. Das Ergebnis dieser Auseinandersetzung enthält die Stellungnahme HFA 2/1973 i.d.F. v. 1990, Rückstellungen für Jahresabschluss- und Prüfungskosten nach § 249 Abs. 1 HGB, die sich eindeutig für die Rückstellungspflicht ausspricht.

b2.7) Rückstellung für drohende Verpflichtungen zur Verlustabdeckung bei Ergebnisübernahmeverträgen

Hierunter fallen drohende Verpflichtungen zur Verlustabdeckung bei Beherrschungs- und Gewinnabführungsverträgen. Die Rückstellung braucht sich nach dem WPH 2000 Bd. I, E 151, grundsätzlich nur auf ein Jahr zu erstrecken; anders bei nachhaltiger Ertraglosigkeit.

b2.8) Rückstellung für Rekultivierungsverpflichtungen

Die Rückstellungspflicht kann sich sowohl aufgrund öffentlich-rechtlicher als auch privatrechtlicher Verpflichtungen ergeben (BFH v. 16.9.1970). Ursprünglich wollte der BFH nur die Rückstellungsbildung für privatrechtliche Verpflichtungen zulassen.

b2.9) Rückstellung für öffentlich-rechtliche Sicherheitsinspektionen

Z.B. Luftverkehrsunternehmen haben kraft öffentlich-rechtlicher Auflage die Verschleißteile von Flugzeugen regelmäßig zu ersetzen. Eine Rückstellung für ungewisse Verbindlichkeiten kommt dennoch nicht in Betracht, wenn die Verpflichtung am Bilanzstichtag noch nicht bestanden hat. Es kann aber eine Aufwandsrückstellung nach **§ 249 Abs. 2 HGB** (ohne steuerliche Wirkung) gebildet werden.

b2.10) Rückstellungen für Sozialplanverpflichtungen

Bei Betriebsänderungen im Sinne der **§§ 111 und 112 BetrVerfG** sind Sozialpläne aufzustellen, die i.d.R. Abfindungszahlungen an die ausscheidenden Arbeitnehmer vorsehen. Ein Sozialplan kommt rechtlich zustande, wenn die entsprechenden Vereinbarungen zwischen den zuständigen Organen (Unternehmensleitung, Betriebsrat) vorliegen. Es ist aber schon vor dem rechtlichen Zustandekommen der entsprechenden Betriebsvereinbarung von einer Rückstellungspflicht auszugehen, wenn entweder dem Betriebsrat Mitteilung über die bevorstehende Betriebsänderung gemacht worden ist oder wenn ernsthaft mit entsprechenden Betriebsänderungen zu rechnen ist. Dies ist insofern erstaunlich, wie die Steuerrechtsprechung sonst davon ausgeht, dass die entsprechende Verpflichtung am Bilanzstichtag bereits rechtlich entstanden sein muss (vgl. Abfindung des Handelsvertreters!).

b2.11) Rückstellungen für ökologische Altlasten

Relativ offen ist die Behandlung von Rückstellungen für ökologische Altlasten. Folgende Probleme werden diskutiert:

1. Ist ein kontaminiertes Grundstück **brutto oder netto** zu bewerten, d.h. ist z.B. die Verseuchung eines Grundstücks Teil des Grundstücks oder stellt sie eine zu passivierende Last dar?
2. Ist eine Rückstellung zu bilden, wenn die spätere Dekontaminierung als **Herstellungs- und** nicht als **Erhaltungsaufwand** anzusprechen ist? Liegt Herstellungsaufwand vor, kommt grundsätzlich die Bildung einer Rückstellung nicht in Betracht, weil es in diesem Fall an antizipationsfähigem Aufwand fehlt.
3. Unter welchen Voraussetzungen ist eine Altlastenrückstellung als **Verbindlichkeitsrückstellung** und unter welchen Voraussetzungen als **Aufwandsrückstellung** zu behandeln? Welcher Art muss also ggf. die Verpflichtung sein, um entweder eine Pflicht oder ein Wahlrecht zur Rückstellungsbildung auszulösen?
4. Wie kann der zukünftige Aufwand geschätzt werden, vor allem ist zu klären, welche Art der Sanierung in der Zukunft erforderlich sein wird (**Billigsanierung, Luxussanierung**)?

Zur Rückstellungsbildung vgl WPH 2000 Bd. I, E 147.

b2.12) Rückstellungen für Jubiläumszuwendungen

Es besteht grundsätzlich kein Zweifel daran, dass Verpflichtungen zur Gewährung von Jubiläumszuwendungen nach den GoB im Jahresabschluss als Verbindlichkeitsrückstellungen zu passivieren sind. Dennoch hat sich eine Kontroverse über die steuerliche Anerkennung entsprechender Rückstellungen ergeben, die Gegenstand einer Verlautbarung des Hauptfachausschusses aus dem Jahre 1993 war (Verlautbarung HFA, Zur Bilanzierung von Rückstellungen für Jubiläumszuwendungen, FN 1/94). In dieser Verlautbarung wird die Problematik ausführlich umschrieben. Der HFA stellt am Schluss der Diskussion fest:

> *"Die eingeschränkte steuerliche Zulässigkeit der Passivierung von Rückstellungen für Jubiläumszuwendungen gem. § 5 Abs. 4 i.V.m. § 52 Abs. 6 EStG resultiert aus einem außerhalb des Maßgeblichkeitsgrundsatzes liegenden steuerlichen Sonderrecht. Die handelsrechtliche Bilanzierung wird hierdurch nicht berührt. Werden in der Handelsbilanz Rückstellungen für Jubiläumszuwendungen nicht oder mit einem geringeren als dem handelsrechtlich notwendigen Betrag angesetzt, liegt ein Verstoß gegen Rechnungslegungsvorschriften vor, der nach allgemeinen Grundsätzen zu einer Einschränkung des Bestätigungsvermerks führen muss."*

b2.13) Restrukturierungsrückstellungen

IAS 37 enthält ausführliche Regelungen zur Passivierung von sog. Restrukturierungsrückstellungen. **IAS 37.70** geht von einer Beispielsliste derjenigen Fälle aus, die zu Verpflichtungen aus Restrukturierungsmaßnahmen führen können:

> *„Die folgenden beispielhaften Ereignisse können unter die Definition einer Restrukturierungsmaßnahme fallen:*
>
> *(a) Verkauf oder Beendigung eines Geschäftszweigs;*
>
> *(b) die Stilllegung von Standorten in einem Land oder einer Region oder die Verlegung von Geschäftsaktivitäten von einem Land oder einer Region in ein anderes bzw. eine andere;*
>
> *(c) Änderungen in der Struktur des Managements, z. B. Auflösung einer Managementebene; und*
>
> *(d) grundsätzliche Umorganisation mit wesentlichen Auswirkungen auf den Charakter und Schwerpunkt der Geschäftstätigkeit des Unternehmens."*

Es wird dann ferner festgestellt, dass (faktische) Verpflichtungen aus solchen Restrukturierungsmaßnahmen und damit entsprechende Rückstellungsnotwendigkeiten entstehen können, wenn ein Unternehmen (**IAS 37.72**):

> *„(a) einen detaillierten, formalen Restrukturierungsplan hat, in dem zumindest die folgenden Angaben enthalten sind:*
>
> *(i) der betroffene Geschäftsbereich oder Teil eines Geschäftsbereichs;*
>
> *(ii) die wichtigsten betroffenen Standorte;*
>
> *(iii) Standort, Funktion und ungefähre Anzahl der Arbeitnehmer, die für die Beendigung ihres Beschäftigungsverhältnisses eine Abfindung erhalten werden;*
>
> *(iv) die entstehenden Ausgaben; und*
>
> *(v) den Umsetzungszeitpunkt des Plans; und*

(b) bei den Betroffenen eine gerechtfertigte Erwartung geweckt hat, dass die Restrukturierungsmaßnamen durch den Beginn der Umsetzung des Plans oder die Ankündigung seiner wesentlichen Bestandteile den Betroffenen gegenüber durchgeführt wird."

Eine Rückstellung für Restrukturierungsaufwand ist allerdings nur dann zu bilden, wenn die allgemeinen Ansatzkriterien für Rückstellungen erfüllt werden. (**IAS 37.71**).

- Andere Rückstellungen für ungewisse Verbindlichkeiten -

Sehen Sie sich bitte die alphabetische Zusammenstellung von Rückstellungen für ungewisse Verbindlichkeiten z.B. im WPH 2000 Bd. I, E 100-156, an!!

Ziff. 3 Rückstellungen für drohende Verluste aus schwebenden Geschäften

a) Rechtsgrundlage: § 249 Abs. 1 Satz 1 HGB

Rückstellungen für drohende Verluste aus schwebenden Geschäften sind in **§ 249 Abs. 1 Satz 1 HGB** ausdrücklich genannt. Diese Rückstellungen müssen gebildet werden. Eigentlich hätte es einer besonderen Regelung in § 249 nicht bedurft, denn nach § 252 Abs. 1 Nr. 4 HGB sind ohnehin Verluste und Risiken bereits dann zu berücksichtigen, wenn sie entstanden sind und nicht erst dann, wenn sie realisiert sind. Rückstellungen für drohende Verluste aus schwebenden Geschäften kommen in Betracht für

- **schwebende Beschaffungsgeschäfte**: Rückstellungsbildung für bis zum Bilanzstichtag eingetretene Verluste (z.B. Möglichkeit des günstigeren Erwerbs am Bilanzstichtag);
- **Dauerrechtsverhältnisse**, soweit sie am Bilanzstichtag noch schweben: Rückstellungsbildung kommt in Betracht, wenn bei zweiseitigen Geschäften zukünftige Leistungen und Gegenleistungen für das bilanzierende Unternehmen unausgeglichen sind;
- **schwebende Liefergeschäfte**: Dies ist der häufigste Fall; die entsprechenden Rückstellungen werden nachfolgend besprochen.

b) Grundsätze für die Ermittlung von Verlusten aus schwebenden Liefergeschäften

Die folgenden Überlegungen knüpfen an einen Aufsatz von Forster, WPg 1971, S. 393 ff., an.

b1) Ermittlung der noch anfallenden Aufwendungen

Der Verlust aus dem schwebenden Liefergeschäft ergibt sich aus der Gegenüberstellung des mutmaßlichen, zukünftigen Veräußerungserlöses und den bereits angefallenen bzw. noch anfallenden Aufwendungen zur Fertigstellung bzw. Beschaffung und Lieferung des zu liefernden Gegenstandes. Problematisch ist insbesondere der Ansatz der noch anfallenden Aufwendungen

b11) Ansatz nur der variablen Aufwendungen bei Unterbeschäftigung während der Fertigungszeit

Forster kommt zu dem Ergebnis, dass bei Unterbeschäftigung des Unternehmens nur die noch anfallenden variablen Aufwendungen (Einzelkosten und unechte Gemeinkosten) einzurechnen sind, weil nur diese Aufwendungen zur Fertigstellung erforderlich sind (die fixen Kosten bzw. die echten Gemeinkosten fallen auch an, wenn der Gegenstand nicht fertig gestellt werden würde).

b12) Ansatz der Vollaufwendungen bei Vollbeschäftigung während der Fertigungszeit

Ist dagegen das Unternehmen vollbeschäftigt, so müssen knappe Fertigungskapazitäten von anderen, möglicherweise erfolgsträchtigeren Einsatzmöglichkeiten abgezogen werden. Dies rechtfertigt die Feststellung, dass bei Vollbeschäftigung nicht nur die noch anfallenden variablen Kosten (Einzelkosten) sondern auch die notwendigen fixen Kosten (Gemeinkosten) angesetzt werden müssen.

b13) Vollaufwandsabzug stets zulässig

Aus Gründen der kaufmännischen Vorsicht soll nach Forster der Ansatz von Vollaufwendungen stets, also auch bei Unterbeschäftigung möglich sein.

b2) Beachtung des Stichtagsprinzips: Berücksichtigung aller am Bilanzstichtag vorhersehbaren Verluste (und nur dieser)

Das Stichtagsprinzip besagt nach **§ 252 Abs. 1 Nr. 4 HGB**, dass alle am Bilanzstichtag entstandenen Risiken und Verluste zu berücksichtigen sind, selbst wenn diese verlustbringenden Ereignisse erst nach dem Bilanzstichtag bekannt geworden sind. Dies bedeutet andererseits, dass verlustbringende Ereignisse, die erst nach dem Bilanzstichtag entstanden sind, auch dann nicht berücksichtigt werden können, wenn sie vor dem Tag der Bilanzaufstellung (-feststellung) eingetreten sind.

b3) Nettoausweis der künftigen Verluste, also ggf. Aufrechnung mit möglichen Regressforderungen

Rückstellungen sind zu bilden für drohende "Verluste". Ein Verlust ist immer ein Erfolgssaldo. Deshalb kann ein Nettobetrag zurückgestellt werden.

b4) Berücksichtigung des Vorsichtsprinzips bei Schätzung zukünftiger Ereignisse

Wie bei allen Rückstellungen sind - unter dem HGB - die erforderlichen Schätzungen nach vernünftiger kaufmännischer Beurteilung vorzunehmen (**§ 253 Abs. 1 HGB**). Dies heißt, dass Schätzungen weder zu pessimistisch noch zu optimistisch vorgenommen werden sollen. Forster plädiert allerdings dafür, die Schätzungen eher ein wenig zu pessimistisch als zu optimistisch vorzunehmen.

b5) Keine Abgrenzung für Verluste, die sich über mehrere künftige Abrechnungsperioden erstrecken

Falls die zukünftigen Verluste aus dem schwebenden Liefergeschäft sich über mehrere Geschäftsjahre erstrecken, ist eine Verteilung des Gesamtverlusts auf die folgenden Geschäftsjahre unzulässig, weil das Gesetz ausdrücklich in **§ 252 Abs. 1 Nr. 4 HGB** verlangt, dass alle vorhersehbaren Risiken und Verluste berücksichtigt werden müssen.

c) Auswirkungen der steuerlichen Nichtanerkennung von Rückstellungen für drohende Verluste aus schwebenden Geschäften auf den handelsrechtlichen Jahresabschluss

Rückstellungen für drohende Verluste aus schwebenden Geschäften (Drohverlustrückstellungen) dürfen in der Steuerbilanz nicht mehr gebildet werden.

Die steuerliche Sonderregelung gilt nur für die Steuerbilanz. Nach einer IDW-Verlautbarung (WPg 3/1998, S. 113 f.) sind in der Handelsbilanz Drohverlustrückstellungen auch für Geschäftsjahre, die nach dem 31. Dezember 1996 enden, gem. **§ 249 Abs. 1 Satz 1 HGB** zu bilden und dürfen nur aufgelöst werden, soweit der Grund hierfür entfallen ist (**§ 249 Abs. 3 Satz 2 HGB**). Es wird dazu weiter ausgeführt:

> *"Durch das steuerliche Ansatzverbot für Drohverlustrückstellungen wird der Grundsatz der Maßgeblichkeit der handelsrechtlichen GoB für die Steuerbilanz (§ 5 Abs. 1 Satz 1 EStG) bezüglich des Ansatzes von Drohverlustrückstellungen aufgehoben. § 5 Abs. 4 a EStG ist auch kein Anwendungsfall für die sog. umgekehrte Maßgeblichkeit und berührt weder die Passivierungspflicht von Rückstellungen für ungewisse Verbindlichkeiten noch die Grundsätze zur verlustfreien Bewertung."*

Ziff. 4 Kulanzrückstellungen

a) Begriff

Nach **§ 249 Abs. 1 Nr. 2 HGB** handelt es sich um Rückstellungen für Gewährleistungen, die ohne rechtliche Verpflichtung erbracht werden. Gewährleistungen, die mit rechtlicher Verpflichtung erbracht werden, fallen nicht hierunter, sondern unter die Rückstellungen für ungewisse Verbindlichkeiten.

b) Passivierungspflicht für Kulanzrückstellungen

Nach **§ 249 Abs. 1 Nr. 2 HGB** besteht - ebenso wie nach internationalen Grundsätzen - Passivierungspflich. Auf Prüfungsprobleme, die sich bei diesen Rückstellungen ergeben können, wird hingewiesen. Im Industriebereich wird man auf Erfahrungssätze zurückgreifen müssen, um Anhaltspunkte für die Höhe der zu bildenden Rückstellungen zu gewinnen.

Ziff. 5 Aufwandsrückstellungen § 249 Abs. 2 HGB

Das Gesetz zählt die Bedingungen auf, unter denen sog. Aufwandsrückstellungen (ohne steuerliche Wirkung) gebildet werden können:

- Künftige Aufwendungen;

- Aufwendungen, die dem Geschäftsjahr oder einem früheren Geschäftsjahr zuzuordnen sind;
- Aufwendungen, die am Abschluss-Stichtag wahrscheinlich oder sicher, aber hinsichtlich ihrer Höhe oder ihres Zeitpunktes unbestimmt sind.

Die Inhaltsabgrenzung der Rückstellungen nach § 249 Abs. 2 ist unklar!

Das WPH 2000 Bd. I, E 185 führt hierzu aus, dass die ersten beiden Bedingungen sicherstellen sollen, dass nur für konkrete, nach Art und Höhe nachvollziehbare und genau zu bezeichnende Aufwendungen Rückstellungen gebildet werden, die unter betriebswirtschaftlichen Gesichtspunkten bereits verursacht sind (=dynamische Bilanzauffassung). Allgemeine Rückstellungen für das allgemeine Unternehmensrisiko usw. sind danach nicht zulässig, wohl aber Rückstellungen für **Großreparaturen, Entsorgungsmaßnahmen** und **Sicherheitsinspektionen**, wenn hierfür nicht eine Passivierungspflicht besteht. Auch Aufwendungen für Mitarbeiter können zu Aufwandsrückstellungen führen (nachzuholende Ausbildungsmaßnahmen, nachzuholende Vorsorgeuntersuchungen). Ob unterlassene Forschungs- und Entwicklungsaufwendungen zurückgestellt werden können, hängt, ebenso wie bei unterlassener Werbung, davon ab, ob der Aufwand in der Vergangenheit verursacht worden ist. Der Vorschlag, Aufwandsrückstellungen zur Berücksichtigung zukünftiger erhöhter Wiederbeschaffungskosten für abnutzbare Anlagen zu bilden, hat sich nicht durchgesetzt.

Die Höhe der Aufwandsrückstellungen unterliegt ebenfalls einem Wahlrecht. Nach dem WPH 2000, Bd. I., E 190, sind sämtliche Wertansätze zwischen Null und dem nach vernünftiger kaufmännischer Beurteilung möglichen Wert zulässig.

Wegen des handelsrechtlichen Passivierungswahlrechts werden Aufwandsrückstellungen steuerlich nicht anerkannt.

Nach **§ 285 Nr. 12 HGB** müssen die Aufwandsrückstellungen gem. § 249 Abs. 2 HGB im Anhang von Kapitalgesellschaften erläutert werden, wenn sie einen nicht unerheblichen Umfang haben.

Ziff. 6 Bewertung der Rückstellungen

Rückstellungen sind nach § 253 Abs. 1 Satz 2 HGB *"nur in Höhe des Betrags anzusetzen, der nach vernünftiger kaufmännischer Beurteilung notwendig ist."*

Wie bereits erwähnt, benutzt der Handelsgesetzgeber die Formulierung "nach vernünftiger kaufmännischer Beurteilung" immer dann, wenn es sich um Schätzungen handelt und dies ist bei Rückstellungen fast immer der Fall. Durch die Bezugnahme auf die vernünftige kaufmännische Beurteilung soll sichergestellt werden, dass Zukunftsschätzungen weder zu pessimistisch noch zu optimistisch vorgenommen werden.

Zu beachten ist die Klarstellung durch das HGB 1994: In § 253 Abs. 1 Satz 2 letzter Absatz heißt es:

> *"...; Rückstellungen dürfen nur abgezinst werden, soweit die ihnen zugrunde liegenden Verbindlichkeiten einen Zinsanteil enthalten."*

Dieser Vorbehalt fehlt bei den IAS. Langfristige Rückstellungen sind nach IAS grundsätzlich abzuzinsen, auch wenn sie keinen Zinsanteil enthalten.

Zur Bewertung von Rückstellungen nach **IAS 37** ist von der bestmöglichen Schätzung (best estimate) des Betrages auszugehen, der erforderlich wäre, die Verpflichtung am Bilanzstichtag abzulösen bzw. sie auf einen Dritten zu übertragen. Es heißt in **IAS 37.36** und **37;**

> *„36. Der als Rückstellung angesetzte Betrag stellt die bestmögliche Schätzung der Ausgabe dar, die zur Erfüllung der gegenwärtigen Verpflichtung zum Bilanzstichtag erforderlich ist.*
>
> *37. Die bestmögliche Schätzung der zur Erfüllung der gegenwärtigen Verpflichtung erforderlichen Ausgabe ist der Betrag, den das Unternehmen bei vernünftiger Betrachtung zur Erfüllung der Verpflichtung zum Bilanzstichtag oder zur Übertragung der Verpflichtung auf einen Dritten zu diesem Termin zahlen müsste. ...“*

Diese Bewertung der Rückstellungen nach **IAS 37** basiert nach Ansicht des IDW auf einem vom HGB abweichenden Verständnis des Vorsichtsprinzips, das zu tendenziell niedrigeren Wertansätzen führt (vgl. auch Arbeitskreis "Externe Unternehmensrechnung" der Schmalenbach-Gesellschaft - Deutsche Gesellschaft für Betriebswirtschaft e.V.).

Ziff. 7 Ausweisvorschriften für Rückstellungen

a) Bilanzausweis

§ 266 Abs. 3 HGB verlangt unter der Position B nur den gesonderten Ausweis der folgenden Rückstellungen. - Zu beachten ist, dass unter den "sonstigen Rückstellungen" sowohl passivierungspflichtige als auch nicht passivierungspflichtige Rückstellungen zusammen ausgewiesen werden können:

- Rückstellungen für Pensionen und ähnliche Verpflichtungen (**§ 266 Abs. 3 B 1 HGB**)
- Steuerrückstellungen (**§ 266 Abs. 3 B 2 HGB**)
- Sonstige Rückstellungen (**§ 266 Abs. 3 B 3 HGB**).

b) Erläuterung der unter dem Posten "sonstige Rückstellungen" nicht gesondert ausgewiesenen Rückstellungen, wenn sie einen nicht unerheblichen Umfang haben (§ 285 Nr. 12 HGB)

Die Pflicht zur Aufgliederung der sonstigen Rückstellungen wird relativiert durch den materiality-Grundsatz. Es ist offen, was "ein nicht unerheblicher Umfang" ist.

Auf die Angabe der nicht passivierten Pensionsverpflichtungen durch Kapitalgesellschaften in deren Anhang (Art. 28 Abs. 2 EGHGB) wird nochmals hingewiesen.

§ 17 Steuerabgrenzung, insbesondere Rückstellungen für latente Steuern

<u>*Übersicht*</u>

Lit.: ADS, 6. A., Kommentierung zu § 274 HGB; Berger/Fischer, Kommentierung zu § 274 HGB, Beck'scher Bilanz-Kommentar, 5. A., S. 1037 ff.; Coenenberg, Jahresabschluss, 19. A., S. 382 ff.; Coenenberg/Hille, Kommentierung zu IAS 12, Ertragsteuern, in Baetge et al. Rechnungslegung nach IAS, 2. A., Losebl. 2002; Euler, Latente Steuern, HWRP, Sp. 1462-1477; IASB, IAS 12 (Rev. 2000), Ertragsteuern i.d.F.d. Veröffentlichung im Amtsblatt der EU v. 13.10.2003; IDW ERS HFA 2, Einzelfragen zur Anwendung von IAS, FN Nr. 10/1998, Tz. 55-62; SABI 3/1988, Zur Steuerabgrenzung im Einzelabschluß; WPH 2000 Bd. I, F 775 ff.

Ziff. 1 Begriff der latenten Steuern

Latente Steuern resultieren aus der Differenz zwischen der effektiven Steuerschuld und der Steuerschuld, die sich ergeben würde, wenn der handelsrechtliche Gewinn Steuerbemessungsgrundlage wäre. Zweck der Abgrenzung ist es, den Steueraufwand für die Ertragsteuern den Perioden zuzuordnen, in die er nach handelsrechtlichen Grundsätzen gehört.

Ziff. 2 Latente Steuern im Jahresabschluss von Kapitalgesellschaften

a) Grundsätzliche Überlegungen

In den meisten Ländern weicht die Steuerbilanz von der Handelsbilanz ab: Aus wirtschafts-, sozial- und verteilungspolitischen Gründen werden in den Steuerbilanzen "Bewertungsfreiheiten" usw. gewährt, deren Zweck vornehmlich darin besteht, steuerpflichtiges Einkommen erst in zukünftigen Perioden zur Besteuerung heranzuziehen.

Handelsrechtlich sollen der Gewinn und die entsprechenden Ertragsteuern aber denjenigen Perioden zugerechnet werden in denen der Gewinn realisiert worden ist (true and fair view Prinzip). Deshalb werden zukünftige Ertragsteuerbelastungen, die bereits verursacht worden sind, als latente Steuerverbindlichkeiten und zukünftige Steuerentlastungen als aktive latente Steuern berücksichtigt.

Stimmen die Steuerbilanz und die Handelsbilanz hinsichtlich der Wertansätze und hinsichtlich der Bilanzansätze überein, so kann es im vorstehenden Sinne keine Abgrenzung latenter Steuern geben, d.h. je mehr (weniger) sich der Maßgeblichkeitsgrundsatz im deutschen Rechtsgebiet behauptet, desto geringer (größer) wird die Bedeutung der latenten Steuern.

a1) Zeitliche, permanente und quasi permanente Differenzen

Im Sinne der sog. GuV-orientierten Steuerabgrenzung nach **§ 274 HGB** sind nicht alle Unterschiede zwischen der Handels- und Steuerbilanz i.S.d. Steuerabgrenzung zu berücksichtigen, sondern nur die sog. zeitlichen Differenzen.

Zeitliche Differenzen (timing differences) sind solche Differenzen zwischen Handels- und Steuerbilanz, die sich im Zeitablauf ausgleichen. Eine zeitliche Differenz liegt z.B. vor, wenn ein Anlagegegenstand in der Handelsbilanz schneller abgeschrieben wird als in der Steuerbilanz: In diesem Falle ist in den ersten Perioden der Anlagenutzung das handelsrechtliche Ergebnis niedriger als das steuerliche Ergebnis; es werden also in den ersten Perioden - bezogen auf das handelsrechtliche Ergebnis - zu viel Steuern bezahlt. Sobald die Anlage in der Handelsbilanz voll abgeschrieben ist, kehrt sich das Verhältnis zwischen Handels- und Steuerbilanz um: Das handelsrechtliche Ergebnis ist höher als das steuerliche Ergebnis. Insofern werden in diesen Perioden - bezogen auf das handelsrechtliche Ergebnis - zu wenig Steuern bezahlt. Insgesamt gleichen sich die zeitlichen Differenzen - vorausgesetzt der Steuersatz bleibt unverändert - während der Betrachtungsperiode (im Beispiel während der Nutzungsdauer der Anlage) betragsmäßig aus.

Permanente Differenzen zwischen Handels- und Steuerbilanz sind dagegen solche Differenzen, die sich im Zeitablauf nicht ausgleichen (z.B. auf Dauer nicht abzugsfähige Betriebsausgaben, die handelsrechtlich als Aufwendungen verrechnet werden). Permanente Differenzen sind im Rahmen der Steuerabgrenzung nicht zu berücksichtigen!

Quasi permanente Differenzen sind an sich zeitliche Differenzen; sie werden aber nach bisherigen Grundsätzen aus Vereinfachungsgründen bei der Abgrenzung latenter Ertragsteuern nicht berücksichtigt. Eine quasi permanente Differenz könnte z.B. dann entstehen, wenn ein (unbebautes) Grundstück in der Handelsbilanz abgeschrieben wird, diese Abschreibung in der Steuerbilanz aber nicht anerkannt wird. In diesem Fall ist das steuerliche Ergebnis in der Periode der Abschreibung - bezogen auf das handelsrechtliche Ergebnis - zu hoch. Diese Differenz gleicht sich aber erst bei der Veräußerung des Grundstücks - spätestens bei der Liquidation des Unternehmens - aus, weil dann der handelsrechtliche Veräußerungsgewinn höher liegt als der entsprechende steuerliche Veräußerungsgewinn. Da es in solchen Fällen offen ist, ob und wann sich die Differenzen ausgleichen werden, kann hier nach bisheriger Auffassung auf die Ertragsteuerabgrenzung verzichtet werden.

a2) Einzelfälle zeitlicher Differenzen

Die denkbaren zeitlichen Differenzen lassen sich systematisch auf vier Fälle zurückführen, von denen jeweils zwei die passive und jeweils zwei die aktive Abgrenzung betreffen.

a21) Effektive Steuerzahlungen zu niedrig = passive Abgrenzung

a211) Erträge werden in der Handelsbilanz früher verrechnet als die entsprechenden Betriebseinnahmen in der Steuerbilanz

Dieser Fall tritt grundsätzlich unter dem geltenden Handels- und Steuerrecht nicht ein.

a212) Betriebsausgaben werden in der Steuerbilanz früher verrechnet als die entsprechenden Aufwendungen in der Handelsbilanz

Als Beispiel für diesen Fall können die "Aufwendungen für die Ingangsetzung und Erweiterung des Geschäftsbetriebs" nach § 269 HGB angesehen werden. Diese Aufwendungen sind steuerlich Betriebsausgaben; handelsrechtlich dagegen werden die Abschreibungen als Aufwendungen auf die Folgejahre verteilt.

a22) Effektive Steuerzahlungen zu hoch = aktive Abgrenzung

a221) Betriebseinnahmen werden in der Steuerbilanz früher als die entsprechenden Erträge in der Handelsbilanz verrechnet

Auch dieser Fall tritt grundsätzlich unter dem geltenden Recht nicht ein.

a222) Aufwendungen werden in der Handelsbilanz früher als die entsprechenden Betriebsausgaben in der Steuerbilanz verrechnet

Dies ist nach gegenwärtigem deutschen Recht der häufigste Fall der Steuerabgrenzung, z.B.: Kürzere Nutzungsdauern in der Handelsbilanz im Vergleich zur Steuerbilanz; Ansatz von steuerlich nicht anerkannten Aufwandsrückstellungen (sowie Drohverlustrückstellungen) in der Handelsbilanz; Ansatz der Herstellungskosten nach § 255 Abs. 2 HGB nur in Höhe der Einzelkosten usw.

In Abb. 32 werden einige Fälle der Steuerabgrenzung unter deutschen Gegebenheiten dargestellt:

Abb. 32: Einzelbeispiele für latente Steuern

Aktive latente Steuern:	
-	Ansatz höherer Abschreibungen in der Handelsbilanz als in der Steuerbilanz
-	Nichtaktivierung bzw. schnellere Abschreibung des Firmenwertes in der Handelsbilanz
-	Ansatz der Herstellungskosten in der Handelsbilanz nur mit Einzelkosten (§ 255 Abs. 2 HGB)
-	Ausbuchung bzw. raschere Abschreibung des Disagios in der Handelsbilanz (§ 250 Abs. 3 HGB)
-	Ansatz steuerlich nicht anerkannter (Aufwands-) Rückstellungen in der Handelsbilanz (§ 249 Abs. 2 HGB)
-	Abzinsung von Pensionsrückstellungen mit einem niedrigeren als dem steuerlichen Satz
Passive latente Steuern:	
-	Bewertung nach der LIFO- bzw. LOFO-Methode
-	Anwendung zwingender steuerlicher Abschreibungssätze, die handelsrechtlich nicht maßgeblich sind (§ 7 Abs. 4 Satz 1 EStG, Wirtschaftsgebäude)
-	Inanspruchnahme der Bilanzierungshilfe für die Ingangsetzung und Erweiterung des Geschäftsbetriebs

b) Gesetzliche Regelung durch § 274 HGB

b1) Passive latente Steuern

Nach **§ 274 Abs. 1 HGB** besteht eine Verpflichtung zur Rückstellungsbildung:

> *"Ist der dem Geschäftsjahr und früheren Geschäftsjahren zuzurechnende Steueraufwand zu niedrig, weil der nach den steuerrechtlichen Vorschriften zu versteuernde Gewinn niedriger als das handelsrechtliche Ergebnis ist, und gleicht sich der zu niedrige Steueraufwand des Geschäftsjahres und früherer Geschäftsjahre in späteren Geschäftsjahren voraussichtlich aus, so ist in Höhe der voraussichtlichen Steuerbelastung nachfolgender Geschäftsjahre eine Rückstellung nach § 249 Abs. 1 Satz 1 zu bilden und in der Bilanz oder im Anhang gesondert anzugeben. Die Rückstellung ist aufzulösen, sobald die höhere Steuerbelastung eintritt oder mit ihr voraussichtlich nicht mehr zu rechnen ist".*

b2) Aktive latente Steuern

Nach § 274 Abs. 2 HGB besteht ein Wahlrecht zur Aktivierung als "Bilanzierungshilfe" mit Ausschüttungssperre (vgl. oben, I. § 2 Ziff. 1 b 334):

> *"Ist der dem Geschäftsjahr und früheren Geschäftsjahren zuzurechnende Steueraufwand zu hoch, weil der nach den steuerrechtlichen Vorschriften zu versteuernde Gewinn höher als das handelsrechtliche Ergebnis ist, und gleicht sich der zu hohe Steueraufwand des Geschäftsjahrs und früherer Geschäftsjahre in späteren Geschäftsjahren voraussichtlich aus, so darf in Höhe der voraussichtlichen Steuerentlastung nachfolgender Geschäftsjahre ein Abgrenzungsposten als Bilanzierungshilfe auf der Aktivseite der Bilanz gebildet werden. Dieser Posten ist unter entsprechender Bezeichnung gesondert auszuweisen und im Anhang zu erläutern. Wird ein solcher Posten ausgewiesen, so dürfen Gewinne nur ausgeschüttet werden, wenn die nach der Ausschüttung verbleibenden jederzeit auflösbaren Gewinnrücklagen zuzüglich eines Gewinnvortrags und abzüglich eines Verlustvortrags dem angesetzten Betrag mindestens entsprechen. Der Betrag ist aufzulösen, sobald die Steuerentlastung eintritt oder mit ihr voraussichtlich nicht mehr zu rechnen ist."*

Ziff. 3 Technische Probleme der Ermittlung der latenten Steuern

a) Verrechnungstheorien

Eine erste Frage betrifft die **Wahl des Steuersatzes**, auf dessen Grundlage die gegenwärtigen und zukünftigen Steuerbe- und -Entlastungen gemessen werden sollen. Probleme tauchen insbesondere dann auf, wenn sich die Ertragsteuersätze im Zeitablauf ändern, da dann ein exakter Ausgleich der zeitlichen Differenzen nicht ohne weiteres möglich ist.

a1) Liability Concept

Nach dem "Liability Concept" werden die Steuersätze zum Zeitpunkt der Auflösung der zeitlichen Differenzen zur Ermittlung der Ausgleichsposten herangezogen. Nach dieser Auffassung sollen vor allem die latenten Steuerverpflichtungen sachgerecht erfasst werden. Dies bedeutet, da Verbindlichkeiten mit ihrem Rückzahlungsbetrag zu passivieren sind, dass diejenigen Steuersätze heranzuziehen sind, die voraussichtlich zu den Zeitpunkten der Auflösung der zeitlichen

Differenzen maßgeblich sind. Dies wiederum wirft erhebliche Schätzprobleme auf.

a2) Deferral Concept

Nach dem "Deferral Concept" werden die Steuersätze bei Entstehung der zeitlichen Differenzen zur Ermittlung des Ausgleichspostens herangezogen. Hierbei werden zwar Schätzprobleme weitgehend vermieden, die für die einzelnen zeitlichen Differenzen maßgeblichen Steuersätze müssen dann aber einzeln nachgehalten werden.

b) Latente Steuern als Saldoposten

Nach dem Wortlaut § 274 HGB sind aktive und passive latente Steuern miteinander zu saldieren. Da ein passiver Saldo nach § 274 HGB als Rückstellung ausgewiesen werden muss; ein aktiver Saldo dagegen als Bilanzierungshilfe ausgewiesen werden kann, besteht hier also die Verpflichtung, Rückstellungen für ungewisse Verbindlichkeiten mit einer Bilanzierungshilfe zu verrechnen(!)

In Praxi werden latente Steuern im Einzelabschluß nach dem HGB nur selten ausgewiesen: Da nach deutschem Ertragsteuerrecht meist die aktiven latenten Steuern die passiven latenten Steuern überwiegen und Bilanzierungshilfen nur ungern ausgewiesen werden, kommt es nicht zum Ausweis irgendwelcher latenter Steuern. - Eine Berichterstattung im Anhang fehlt üblicherweise, weil nicht verlangt werden kann, dass über nicht in Anspruch genommene Bilanzierungshilfen berichtet wird.

Nach dem Wortlaut des Gesetzes kann der Saldo der latenten Steuern durchaus pauschal ermittelt werden, und zwar durch den jeweiligen Vergleich des um permanente Differenzen und um quasi permanente Differenzen bereinigten handelsrechtlichen Ergebnisses mit dem entsprechenden steuerlichen Ergebnis. Ein Schema der Berechnung (ähnlich Berger/Fischer, Tz.55) findet sich in Abb. 33.

Abb. 33: Globale Ermittlung latenter Steuern

a) Handelsbilanzergebnis vor Steuern
b) + steuerlich nicht abzugsfähige Aufwendungen (= perm. Diff.)
c) ./. steuerfreie Erträge (= permanente Differenzen)
d) +/- Aufwendungen (+) und Erträge (-) (=quasi permanente Diff.)
e) = bereinigtes Handelsbilanz-Ergebnis
f) fiktiver Steueraufwand hierauf (= HB-Ergebnis x Steuersatz)
g) ./. tatsächlicher Ertragsteueraufwand
h) = Änderung der Steuerabgrenzung für das Geschäftsjahr

Ziff. 4 Einzelfragen zur Ermittlung und zum Ausweis Latenter Steuern in handelsrechtlichen Jahresabschlüssen nach der SABI-Stellungnahme 3/1988

Einzelheiten der Steuerabgrenzung im handelsrechtlichen Einzelabschluß werden durch die Stellungnahme SABI 3/1988, Zur Steuerabgrenzung im Einzelabschluß, erläutert. Auf die Stellungnahme wird nachfolgend Bezug genommen.

a) Geltungsbereich des § 274 HGB

Durch seine rechtssystematische Einordnung gilt § 274 HGB grundsätzlich nur für Kapitalgesellschaften. Nach der Stellungnahme SABI 3/1988, Ziff. 2, können die Vorschriften zur Steuerabgrenzung aber auch in den Jahresabschlüssen von Einzelkaufleuten und Personen-Handelsgesellschaften angewandt werden. Es heißt dort:

"... *Für publizitätspflichtige Unternehmen gilt die Vorschrift zum Ausweis latenter Steuern sinngemäß (§ 5 Abs. 1 Satz 2 PublG). Es kann im Hinblick auf diese Regelung im Publizitätsgesetz davon ausgegangen werden, dass auch für andere Unternehmen die Grundsätze des § 274 HGB sinngemäß angewandt werden dürfen.*"

b) Saldierung aktiver mit passiven latenten Steuern

Die Saldierung aktiver mit passiven zeitlichen Differenzen wird durch die Stellungnahme SABI 3/1988 (Abschn. 4) nicht nur für zulässig sondern für zwingend gehalten; allerdings gilt das Saldierungsgebot nur für die aktiven und für die passiven Steuer-Abgrenzungsposten, nicht dagegen für andere Steuerrückstellungen.

c) Einzeldifferenzen-Ermittlung erforderlich

Trotz des in § 274 HGB enthaltenen Saldierungsgebots kann nach der Stellungnahme SABI 3/1988 auf die getrennte Ermittlung der Einzeldifferenzen nicht verzichtet werden. Zur Begründung der geforderten Einzel-Differenzen-Analyse wird in der Stellungnahme SABI 3/1988 auf die Möglichkeit verwiesen, dass zukünftige Steuerbelastungen früher eintreten können als die entsprechenden (zu saldierenden) zukünftigen Steuerentlastungen:

"*Ist erkennbar, dass die voraussichtliche Steuerbelastung nachfolgender Geschäftsjahre bereits wirksam wird, ehe eine im Grundsatz erwartete Steuerentlastung eintritt, so können nach allgemeinen Grundsätzen hierfür Rückstellungen gebildet werden; soweit sie wegen Saldierung unterbleiben, sind zusätzliche Angaben nach §§ 264 Abs. 2 Satz 2 und 285 Nr. 3 HGB zu machen, wenn es sich um wesentliche Beträge handelt.*"

d) Differenzenspiegel und vereinfachte Berechnungen

Ein Beispiel für den in SABI 3/1988 erwähnten "Differenzenspiegel" findet sich in Abb. 34:

Abb. 34: Differenzenspiegel, Spalteneinteilung (ADS, 6. A., § 274 HGB, Tz. 45 f.)

1. Ursache der zeitlichen Abweichung
2. Datum der Einbuchung
3. Betrag der zeitlichen Abweichung zum Einbuchungszeitpunkt
4. Saldo der zeitlichen Abweichungen zu Beginn des GJ
5. Neubildung der auf Grund von Geschäftsvorfällen des Rechnungslegungszeitraums eingetretenen zeitlichen Abweichungen
6. Auflösung im GJ auf Grund von handels- bzw. steuerrechtlichen Vorschriften
7. Ansatz nach handels- bzw. steuerrechtlichen Vorschriften zum Schluss des GJ
8. Ergebnisunterschied zum Abschluss-Stichtag
9. GJ der - ceteris paribus - voraussichtlichen Umkehr der Ergebnisdifferenz, dh. Auflösung der Steuerabgrenzung

Zur praktischen Anwendung der Vorschriften des § 274 HGB wird in der Stellungnahme SABI 3/1988 ausgeführt:

"In der Praxis wird man auf die Form eines Differenzenspiegels oder ein anderes geeignetes Verfahren zurückgreifen, aus dem der Eintritt von Steuerbelastungen und -entlastungen auch im Zeitablauf erkennbar wird. Die Aufzeichnungen sollen auch sicherstellen, dass bei Wegfall der sachlichen Grundlagen Steuerabgrenzungsposten zum richtigen Zeitpunkt aufgelöst werden.

Liegen zum Bilanzstichtag keine Sachverhalte vor, die zu einer passivischen Abgrenzung führen, oder ist mit genügender Sicherheit erkennbar, dass die Differenzen, die zu einem aktivischen Ausgleichsposten führen, überwiegen, und beabsichtigt das Unternehmen keine Aktivierung im Wege der Ausübung des Wahlrechtes, so kann eine vereinfachte, z.B. gruppenweise Ermittlung der Differenzen erfolgen."

e) Bilanzausweis

Zum Ausweis einer **Rückstellung nach § 274 Abs. 1 HGB** empfiehlt die Stellungnahme SABI 3/1988 in Abschn. 6 entweder den Sonderausweis unter den Rückstellungen oder den Ausweis unter den Steuerrückstellungen mit einem "davon-Vermerk". Wird die Rückstellung nach § 274 Abs. 1 HGB nicht in der Bilanz offen ausgewiesen, ist eine Anhangangabe erforderlich:

Ein **aktiver Saldo aus der Steuerabgrenzung** sollte nach der Stellungnahme SABI 3/1988 im Bereich der aktiven Posten der Rechnungsabgrenzung gezeigt werden:

"Der Ausweis eines aktivischen Abgrenzungspostens gemäß § 274 Abs. 2 Satz 2 HGB ist nicht eindeutig festgelegt; das Gesetz verlangt gemäß § 274 Abs. 2 Satz 2 HGB den gesonderten Ausweis in der Bilanz und eine (verbale) Erläuterung (der Gründe) im Anhang. Ein Ausweis dieses Postens vor oder nach den Rechnungsabgrenzungsposten unter entsprechender Bezeichnung bietet sich an."

f) GuV-Ausweis

Grundsätzlich ist der Aufwand/Ertrag aus der Steuerabgrenzung in der Gewinn- und Verlustrechnung unter den Posten "Steuern vom Einkommen und vom Ertrag" zu subsumieren, es sei denn, der aktive oder der passive Abgrenzungsposten wird aufgelöst, weil nicht mehr mit einer Entlastung oder mit einer Belastung zu rechnen ist. Es heißt in der Stellungnahme SABI 3/1988:

"7. In der Gewinn- und Verlustrechnung ist der Ertrag oder Aufwand aus der Auflösung oder der Bildung einer Steuerabgrenzung in den Posten 'Steuern vom Einkommen und vom Ertrag' einzubeziehen. In gleicher Weise ist zu verfahren, wenn die Steuerabgrenzung aufgelöst wird, weil die erwartete Steuerentlastung oder Steuerbelastung eingetreten ist. Ist eine Steuerabgrenzung dagegen aufzulösen, weil nicht mehr mit einer entsprechenden Ent- oder Belastung zu rechnen ist, oder wird eine aktivische Steuerabgrenzung im Hinblick auf das Aktivierungswahlrecht aufgelöst, so dürfen die Auflösungsbeträge nicht in den Steuerausweis mit einbezogen werden, sondern sind unter den Sonstigen Aufwendungen oder Sonstigen Erträgen auszuweisen."

Ziff. 5 Latente Ertragsteuern nach internationalen Grundsätzen (IAS 12)

Während das bisherige deutsche Handelsrecht die Steuerdifferenzen GuV-orientiert (erfolgsorientiert i.S.d. **income statement liability approach**) ermitteln lässt, verlangen die internationalen Rechnungslegungsgrundsätze (IAS 12) die Anwendung der sog. bilanzorientierten Abgrenzungskonzeption (**balance sheet liability approach**). Diese Konzeption führt im Vergleich zur erfolgsorientierten Steuerabgrenzung zu umfangreicheren Abgrenzungsmaßnahmen.

Den nachfolgenden Erörterungen liegt der im Jahre 2000 grundsätzlich überarbeitete internationale Rechnungslegungsgrundsatz IAS 12, Ertragsteuern, in der Fassung der Veröffentlichung im Amtsblatt der EU v. 13.10.2003 zugrunde. Es sind als wesentliche Abweichungen von der bisherigen handelsrechtlichen Regelung der Steuerlatenzen die folgenden Problembereiche zu behandeln:

- Unterschiede zwischen der erfolgsorientierten Ermittlung der Steuerdifferenzen (**timing differences**) und der bilanzorientierten Ermittlung der Steuerdifferenzen (**temporal differences**);
- die sich auf der Grundlage der bilanzorientierten Ermittlung ergebenden Bilanzierungs- und Bewertungsprobleme;
- Fragen der Bewertung der auszuweisenden latenten Steuerposten;
- Anhangangaben zur Erläuterung der Abgrenzungsposten.

a) Timing Differences versus Temporal Differences

In der Abb. 47 ist das Ermittlungsschema für die Differenzen zwischen Handels und Steuerbilanz aus den zeitlichen Unterschieden der Verrechnung von Aufwendungen/Erträgen und Betriebsausgaben/-einnahmen erklärt (timing differences nach dem income statement approach).

Nach den neuen internationalen Grundsätzen (IAS 12) wird die erfolgsorientierte Betrachtungsweise durch eine bilanz- oder bestandsorientierte Betrachtungsweise abgelöst. Anstelle der "timing differences" nach dem erfolgsorientierten Ansatz (vgl. Abb. 35) soll nun von "temporary differences" nach dem "balance sheet approach" gesprochen werden (vgl. Abb. 36). Diese konzeptionelle Neufassung ist nicht nur formeller Natur; sie hat wesentliche materielle Konsequenzen.

Abb. 35: GuV-orientierte Ermittlung von "Timing Differences"

GuV-orientierte Ermittlung von „Timing Differences" nach § 274 HGB	
Aktive Abgrenzung	**Passive Abgrenzung**
Erträge in der Steuerbilanz früher als in der Handelsbilanz	Erträge in der Steuerbilanz später als in der Handelsbilanz
Aufwendungen in der Steuerbilanz später als in der Handelsbilanz	Aufwendungen in der Steuerbilanz früher als in der Handelsbilanz

Temporary Differences werden in **IAS 12.5** wie folgt definiert:

"Temporäre Differenzen sind Unterschiedsbeträge zwischen dem Buchwert eines Vermögenswertes oder einer Schuld in der Bilanz und seinem Steuerwert. Temporäre Differenzen können entweder:

(a) *zu versteuernde temporäre Differenzen sein, die temporäre Unterschiede darstellen, die zu steuerpflichtigen Beträgen bei der Ermittlung des zu versteuernden Einkommens (steuerlichen Verlustes) zukünftiger Perioden führen, wenn der Buchwert des Vermögenswertes realisiert oder der Schuld erfüllt wird; oder*

(b) *abzugsfähige temporäre Differenzen sein, die temporäre Unterschiede darstellen, die zu Beträgen führen, die bei der Ermittlung des zu versteuernden Ergebnisses (steuerlichen Verlustes) zukünftiger Perioden abzugsfähig sind, wenn der Buchwert des Vermögenswertes realisiert oder eine Schuld erfüllt wird.*

Der Steuerwert eines Vermögenswertes oder einer Schuld ist der diesem Vermögenswert oder dieser Schuld für steuerliche Zwecke beizulegende Betrag."

Diese von der Bilanz ausgehende Sichtweise erfasst die Differenzen, die aus unterschiedlichen Wertansätzen in Handels- und Steuerbilanz resultieren und die zukünftig Ertragsteuerbelastungen oder -entlastungen bewirken und somit zu einer Verminderung oder Erhöhung des zukünftig zu versteuernden Einkommens oder Gewinns führen, sei es, dass der Buchwert eines Vermögensgegenstandes realisiert oder dass Schulden beglichen worden sind.

Die Bestimmung und Erfassung der Differenzen erfolgt entsprechend dem in Abb. 48 wiedergegebenen Schema.

Vergleicht man die Steuerabgrenzung auf der Grundlage der (GuV-bezogenen) zeitlichen Differenzen (timing differences) mit den auf der Grundlage von bilanzbezogen ermittelten temporary differences, so zeigt sich, dass einerseits **alle (bisherigen) timing differences zugleich auch zu temporary differences** führen; es zeigt sich andererseits, dass nach dem bilanzorientierten Konzept, wie nachfolgend gezeigt wird, zusätzliche **Abgrenzungen** vorzunehmen sind.

Abb. 36: Bilanzorientierte Ermittlung von "Temporary Differences"

Bilanzorientierte Ermittlung von „Temporary Differences" nach IAS 12	
Aktive Abgrenzung	**Passive Abgrenzung**
Aktiva in der Steuerbilanz größer als in der Handelsbilanz	Aktiva in der Steuerbilanz kleiner als in der Handelsbilanz
Passiva in der Steuerbilanz kleiner als in der Handelsbilanz	Passiva in der Steuerbilanz größer als in der Handelsbilanz

a1) Abgrenzungspflicht auch für quasi permanente Differenzen

IAS 12 verfolgt das Abgrenzungskonzept wesentlich konsequenter als dies nach deutschen Recht der Fall ist. Dies kommt zunächst dadurch zum Ausdruck, dass als temporary differences sämtliche bilanziellen Differenzen zwischen Handels- und Steuerbilanz abzugrenzen sind, die sich voraussichtlich ausgleichen, und zwar **einschließlich der sog. quasi permanenten Diffe-**

renzen, die bislang aus Vereinfachungsgründen bei der Steuerabgrenzung nicht berücksichtigt werden.

Nach dem IAS-Konzept ist deshalb eine Steuerabgrenzung auch dann vorzunehmen, wenn z.B. ein (unbebautes) Grundstück in der Handelsbilanz abgeschrieben wird, diese Abschreibung in der Steuerbilanz aber nicht anerkannt wird und die steuerliche Entlastung erst bei Veräußerung des Grundstücks bzw. Liquidation des Unternehmens eintritt. Gleiches gilt bei steuerlich nicht (voll) anerkannten Abschreibungen auf Beteiligungen oder bei langfristigen, steuerlich nicht anerkannten Rückstellungen.

Nicht abzugrenzen sind - wie nach deutschem Recht - andere Differenzen zwischen Handels- und Steuerbilanz. Das sind Differenzen, die bei ihrer Auflösung weder zu Steuerbelastungen oder -entlastungen führen; sie entsprechen den **"Permanenten Differenzen"** im herkömmlichen Sinn und erfordern deshalb auch nach IAS 12 keine Abgrenzung.

a2) Verlustvorträge und Steuergutschriften

Verfügbare steuerliche Verlustvorträge und Steuergutschriften sind nach IAS 12 aktiv abzugrenzen, wenn sie wahrscheinlich ein für die Zukunft zu erwartendes steuerpflichtiges Einkommen mindern (**IAS 12.34**):

> *„Ein latenter Steueranspruch für den Vortrag noch nicht genutzter steuerlicher Verluste und noch nicht genutzter Steuergutschriften ist in dem Umfang zu bilanzieren, in dem es wahrscheinlich ist, dass zukünftiges zu versteuerndes Ergebnis zur Verfügung stehen wird, gegen das die noch nicht genutzten steuerlichen Verluste und noch nicht genutzten Steuergutschriften verwendet werden können."*

Die Aktivierungsfähigkeit von Verlustvorträgen ist in der bisherigen deutschen Diskussion umstritten. Dies insbesondere,

- weil der sich ergebende aktive Abgrenzungsposten kein "Vermögensgegenstand" sein kann;
- es fehlen Anschaffungskosten für einen solchen "asset";
- die Entstehung eines solchen Postens ist noch nicht realisiert;
- die spätere Nutzbarkeit eines solchen Postens hängt von der Existenz zukünftigen steuerpflichtigen Einkommens ab.

In den IAS wird - wohl aus ähnlichen Erwägungen - ausdrücklich als Voraussetzung für die Aktivierung festgestellt, dass positive zukünftige Ergebnisse zu erwarten sind (are probable), mit denen die bestehenden Ergebnisdifferenzen verrechnet (ausgeglichen) werden können. Über den Grad der erforderlichen Wahrscheinlichkeit wird in IAS 12 nichts gesagt. Lediglich anlässlich der Aktivierung von Verlustvorträgen wird festgestellt, dass dann, wenn ein Unternehmen über eine "history" von Verlusten verfügt, Verlustvorträge nur dann aktiviert werden können, wenn überzeugende Gründe (convincing evidence) für die Deckung des Vortrages durch zukünftige Gewinne angeführt werden können (**IAS 12.35**):

> *„Das Vorhandensein noch nicht genutzter steuerlicher Verluste (spricht) deutlich dafür, dass zukünftiges zu versteuerndes Ergebnis möglicherweise nicht zur Verfügung stehen wird. Weist ein Unternehmen in der näheren Vergangenheit eine Historie von Verlusten auf, kann*

es daher latente Steueransprüche aus ungenutzten steuerlichen Verlusten oder ungenutzten Steuergutschriften nur in dem Maße bilanzieren, als es über ausreichende zu versteuernde temporäre Differenzen verfügt oder soweit überzeugende substanzielle Hinweise dafür vorliegen, dass ein ausreichendes zu versteuerndes Ergebnis zur Verfügung stehen wird, gegen das die ungenutzten steuerlichen Verluste oder ungenutzten Steuergutschriften vom Unternehmen verwendet werden können."

a3) Temporary differences im Konzernbereich

Weitere Unterschiede bzw. Klarstellungen betreffen den hier nicht speziell zu behandelnden Konzernbereich, so:

- Neubewertung von Vermögensgegenständen und Schulden anlässlich der Vereinheitlichung der Bewertung bei den in den Konzernabschluss einbezogenen Unternehmen (§ **308 HGB**). (Eine Abgrenzung wäre z.B. auch bei dem Übergang der Handelsbilanz auf IASC-Regelungen notwendig).
- Neubewertungen von Vermögensgegenständen und Schulden anlässlich der Kapitalkonsolidierung.
- Erfolgswirksame Differenzen aus der Umrechnung der Abschlüsse von Auslandsgesellschaften.
- Nicht ausgeschüttete Gewinne innerhalb des Konzerns sowie anlässlich der Konsolidierung entstehende Geschäftswerte werden grundsätzlich nicht abgegrenzt. usf.

b) Ermittlungs- und Bilanzierungsprobleme

Wesentliche Unterschiede bei der Ermittlung und der Bilanzierung von Steuerlatenzen ergeben sich aus dem Vergleich zwischen der bisherigen (deutschen) Auffassung und dem Konzept von IAS 12.

Diese Unterschiede betreffen die Frage nach der

- Aktivierungspflicht für aktive Abgrenzungsposten,
- die sog. Einzeldifferenzen- bzw. Gesamtdifferenzen-Ermittlung und
- die Frage nach der Saldierung aktiver mit passiven Abgrenzungsposten.

b1) Aktivierungswahlrecht und Aktivierungspflicht

Nach **§ 274 Abs. 1 HGB** besteht für die passiven Abgrenzungsposten (-salden) ein Passivierungsgebot und für die aktiven Abgrenzungsposten (-salden) ein Aktivierungswahlrecht.

Nach angelsächsischer Auffassung ist diese differenzierte Betrachtungsweise müßig. Gemäß IAS 12 sind "assets" aus latenten Steuern ebenso zu aktivieren wie "liabilities" aus latenten Steuern zu passivieren sind. Voraussetzung für die Aktivierung ist, wie bereits erwähnt, dass die Erwartung positiver steuerlicher Ergebnisse, zu deren Verrechnung die bestehenden Ergebnisdifferenzen benutzt werden können, wahrscheinlich (probable) ist.

b2) Saldierungsgebot und Saldierungsverbot

Nach dem Wortlaut von § 274 HGB sind aktive und passive latente Steuern miteinander zu saldieren. Da ein passiver Saldo nach § 274 HGB als Rückstellung ausgewiesen werden muss; ein aktiver Saldo dagegen als Bilanzierungshilfe ausgewiesen werden kann, besteht hier also die Verpflichtung, Rückstellungen für ungewisse Verbindlichkeiten mit einer Bilanzierungshilfe zu verrechnen.

Nach IAS 12 entfällt das Wahlrecht zur Aktivierung; es sind "assets" aus latenten Steuern und "liabilities" aus latenten Steuern grundsätzlich je einzeln auszuweisen. Nach IAS 12.72 dürfen aktive und passive latente Steuerabgrenzungsposten nicht miteinander saldiert werden, es sei denn, sie bestehen ausnahmsweise im Verhältnis zu derselben Steuerbehörde und dasselbe Steuersubjekt. **IAS 12.72**:

„Ein Unternehmen hat latente Steueransprüche und latente Steuerschulden dann zu saldieren, aber nur dann, wenn:

(a) das Unternehmen ein einklagbares Recht zur Aufrechnung tatsächlicher Steuererstattungsansprüche gegen tatsächliche Steuerschulden hat; und

(b) die latenten Steueransprüche und die latenten Steuerschulden sich auf Ertragsteuern beziehen, die von dergleichen Steuerbehörde erhoben werden für:

(i) entweder dasselbe Steuersubjekt; oder

(ii) unterschiedliche Steuersubjekte, die beabsichtigen, in jeder zukünftigen Periode, in der die Ablösung oder Realisierung erheblicher Beträge an latenten Steuerschulden bzw. Steueransprüchen zu erwarten ist, entweder den Ausgleich der tatsächlichen Steuerschulden und Erstattungsansprüche auf Nettobasis herbeizuführen oder gleichzeitig mit der Realisierung der Ansprüche die Verpflichtungen abzulösen."

b3) Einzeldifferenzen- und Gesamtdifferenzenermittlung

In der deutschen Praxis werden (saldierte) latente Steuern im Einzelabschluß nur selten ausgewiesen: Da, wie erwähnt, nach deutschem Ertragsteuerrecht im Einzelabschluß meist die aktiven latenten Steuern die passiven latenten Steuern überwiegen und Bilanzierungshilfen nur ungern ausgewiesen werden.

Nach dem Wortlaut des HGB kann der Saldo der latenten Steuern durchaus pauschal und damit relativ einfach ermittelt werden, und zwar durch den jeweiligen Vergleich der Steuerlast für das um permanente Differenzen und um quasi permanente Differenzen bereinigte handelsrechtliche Ergebnis mit der entsprechenden tatsächlichen Steuerlast.

Da nach IAS 12 aktive und passive Abgrenzungsposten nur in wenigen Ausnahmefällen miteinander saldierbar sind, wird man deshalb unter den IAS um eine Einzeldifferenzenerfassung und um eine Einzeldifferenzenverfolgung nicht herumkommen können.

c) Bewertung der Abgrenzungsposten, insb. Wahl der Steuersätze

IAS 12 verlangt die Anwendung des Liability-Konzepts zwingend. Auch nach dem Wortlaut des § 274 HGB gilt im Einzelabschluß das Liability-Konzept, so dass insoweit eine Anpassung an internationale Grundsätze nicht erforderlich ist.

Entsprechend dem liability-Konzept sind grundsätzlich bei der Berechnung der Abgrenzungsposten die zukünftigen Steuersätze zu berücksichtigen, die bei der Auflösung der Differenzen maßgeblich sind. Es sind deshalb zu jedem Abschluss-Stichtag Anpassungen an ggf. geänderte Steuersätze vorzunehmen und im Differenzenspiegel zu berücksichtigen. **IAS 12.46**:

> *„Latente Steueransprüche und latente Steuerschulden sind anhand der Steuersätze zu bewerten, deren Gültigkeit für die Periode, in der ein Vermögenswert realisiert wird oder eine Schuld erfüllt wird, erwartet wird. Dabei werden die Steuersätze (und Steuervorschriften) verwendet, die zum Bilanzstichtag gültig oder angekündigt sind."*

d) Anhangangaben

IAS 12.79 und **.81** verlangen zur Erläuterung der von den Unternehmen vorgenommenen Ertragsteuerabgrenzungen äußerst umfangreiche Angaben im Anhang (notes). Die Regelungen werden abschließend wiedergegeben:

79. Die *Hauptbestandteile des Steueraufwandes (Steuerertrages) sind getrennt anzugeben.*

81. *Weiterhin ist ebenfalls getrennt anzugeben:*

(a) *die Summe des Betrages tatsächlicher und latenter Steuern resultierend aus Posten, die direkt dem Eigenkapital belastet oder gutgeschrieben wurden;*

(b) *der Steueraufwand (Steuerertrag), der außerordentlichen Posten der laufenden Periode zuzurechnen ist;*

(c) *eine Erläuterung der Relation zwischen Steueraufwand (Steuerertrag) und dem handelsrechtlichen Periodenergebnis (vor Ertragsteuern) alternativ in einer der beiden folgenden Formen:*

(i) *eine Überleitungsrechnung zwischen dem Steueraufwand (Steuerertrag) und dem Produkt aus dem handelsrechtlichen Periodenergebnis (vor Ertragsteuern) und dem anzuwendenden Steuersatz (den anzuwendenden Steuersätzen), wobei auch die Grundlage anzugeben ist, auf der der anzuwendende Steuersatz berechnet wird oder die anzuwendenden Steuersätze berechnet werden; oder*

(ii) *eine Überleitungsrechnung zwischen dem durchschnittlichen effektiven Steuersatz und dem anzuwendenden Steuersatz, wobei ebenfalls die Grundlage anzugeben ist, auf der der anzuwendende Steuersatz berechnet wird;*

(d) *eine Erläuterung zu Änderungen des anzuwendenden Steuersatzes bzw. der anzuwendenden Steuersätze im Vergleich zu der vorherigen Berichtsperiode;*

(e) *der Betrag (und, falls erforderlich, das Datum des Verfalles) der abzugsfähigen temporären Differenzen, der noch nicht genutzten steuerlichen Verluste und der noch nicht genutzten Steuergutschriften, für welche in der Bilanz kein latenter Steueranspruch angesetzt wurde;*

(f) *die Summe des Betrages temporärer Unterschiede im Zusammenhang mit Antei-*

len an Tochterunternehmen, Zweigniederlassungen und assoziierten Unternehmen sowie Anteilen an Joint Ventures, für die keine latenten Steuerschulden bilanziert worden sind;

(g) *bezüglich jeder Art temporärer Unterschiede und jeder Art noch nicht genutzter steuerlicher Verluste und noch nicht genutzter Steuergutschriften:*

(i) *der Betrag der in der Bilanz angesetzten latenten Steueransprüche und latenten Steuerschulden für jede dargestellte Periode;*

(ii) *der Betrag des in der Gewinn- und Verlustrechnung erfassten latenten Steuerertrages oder Steueraufwandes, falls dies nicht bereits aus den Änderungen der in der Bilanz angesetzten Beträge hervorgeht;*

(h) *der Steueraufwand hinsichtlich aufgegebener Geschäftsbereiche für:*

(i) *den auf die Aufgabe entfallenden Gewinn oder Verlust; und*

(ii) *das Periodenergebnis, soweit es aus der gewöhnlichen Tätigkeit des aufgegebenen Geschäftsbereiches resultiert, zusammen mit den Vergleichszahlen für jede dargestellte frühere Periode; und*

(i) *der Betrag der ertragsteuerlichen Konsequenzen von Dividendenzahlungen an die Anteilseigner des Unternehmens, die vorgeschlagen oder beschlossen wurden, bevor der Abschluss zur Veröffentlichung freigegeben wurde, die aber nicht als Verbindlichkeit im Abschluss bilanziert wurden."*

§ 18 Sonderposten mit Rücklageanteil

Übersicht

Lit: ADS, 6. A. Kommentierung zu § 273 HGB, Tz. 1-28; Berger/Gutike, Kommentierung zu § 273, Beckscher Bilanzkommentar, 5. A., S. 1035 f.; Coenenberg, Jahresabschluß, 19. A., S. 180, S. 275; Kleineidam, Sonderposten mit Rücklageanteil, HWRP. Sp. 2218-2224; Sarx, Sonderposten mit Rücklageanteil, in HWRev 2. A., Sp. 1442 ff.; Siegel, Sonderposten mit Rücklageanteil, HdJ, Abt. III, 4; WPH 2000, Bd. I, E 73 ff., F 317 ff.

Ziff. 1 Begriff der Sonderposten mit Rücklageanteil und Rechtsgrundlagen

a) Ansatzwahlrecht für alle Kaufleute

Eine Definition der Sonderposten mit Rücklageanteil findet sich in **§ 247 Abs. 3 HGB**:

"Passivposten, die für Zwecke der Steuern vom Einkommen und vom Ertrag zulässig sind, dürfen in der Bilanz gebildet werden. Sie sind als Sonderposten mit Rücklageanteil auszuweisen und nach Maßgabe des Steuerrechts aufzulösen. Einer Rückstellung bedarf es insoweit nicht."

Sonderposten mit Rücklageanteil sind nach internationalen Rechnungslegungsgrundsätzen unbekannt. Dem entsprechend sind sie anlässlich des Übergangs auf die IFRS/IAS-Rechnungslegung aufzulösen.

b) Für Kapitalgesellschaften Begrenzung des Ansatzwahlrechts auf die Fälle der umgekehrten Maßgeblichkeit

§ 273 HGB:

"Der Sonderposten mit Rücklageanteil (§ 247 Abs. 3) darf nur insoweit gebildet werden, als das Steuerrecht die Anerkennung des Wertansatzes bei der steuerrechtlichen Gewinnermittlung davon abhängig macht, dass der Sonderposten in der Bilanz gebildet wird. Er ist auf der Passivseite vor den Rückstellungen auszuweisen; die Vorschriften, nach denen er gebildet worden ist, sind in der Bilanz oder im Anhang anzugeben."

Ziff. 2 Inhalt des Sonderpostens mit Rücklageanteil

a) Inhalt bei Kapitalgesellschaften

Als Sonderposten mit Rücklageanteil, die bei umgekehrter Maßgeblichkeit gebildet werden dürfen, kommen in erster Linie die sog. steuerfreien Rücklagen in Betracht. Die Vorschriften, nach denen der Posten gebildet ist, sind anzugeben. Es reicht nach dem WPH (2000 Bd. I, F 317) aus, die in Betracht kommenden Vorschriften im Anhang zu nennen. Hinweise finden sich im WPH 2000, Bd. I, E 75.

b) Rücklagen, die bei Fehlen der umgekehrten Maßgeblichkeit zusätzlich von allen Kaufleuten nach § 247 gebildet werden können

An Sonderposten mit Rücklageanteil, die auch bei Fehlen der umgekehrten Maßgeblichkeit von den Nicht-Kapitalgesellschaften gebildet werden können, verbleibt nach dem WPH 2000, Bd. I, E 77 nur noch die Rücklage nach dem Gesetz über steuerliche Maßnahmen bei der Stillegung von Steinkohlenbergwerken.

c) Wertberichtigungen nach § 281 HGB als Sonderposten mit Rücklageanteil

(Vgl. dazu auch oben, I. § 5 Ziff. 4 c3)

Nach § 281 Abs. 1 HGB dürfen auch die Differenzbeträge zwischen den nach steuerlichen Regeln (Sonderabschreibungen nach § 254 HGB) niedrigeren Wertansätzen und den handelsrechtlich "richtigen" Wertansätzen in die Sonderposten mit Rücklageanteil eingestellt werden.

Damit wird der Sonderposten mit Rücklageanteil zu einem Mischposten, und zwar zu einem Mischposten zwischen Rücklagen und Rückstellungen und darüber hinaus auch zu einem Mischposten zwischen Rücklagen, Rückstellungen und "Wertberichtigungen". Das WPH 2000 Bd. I, F 319, empfiehlt zwar einen Sonderausweis der Sonderposten mit Wertberichtigungscharakter, hält diesen Sonderausweis jedoch nicht für zwingend.

Abb. 37: Sonderposten mit Rücklageanteil
(vgl. Gross/Schruff, Jahresabschluß, 2. A., S. 110)

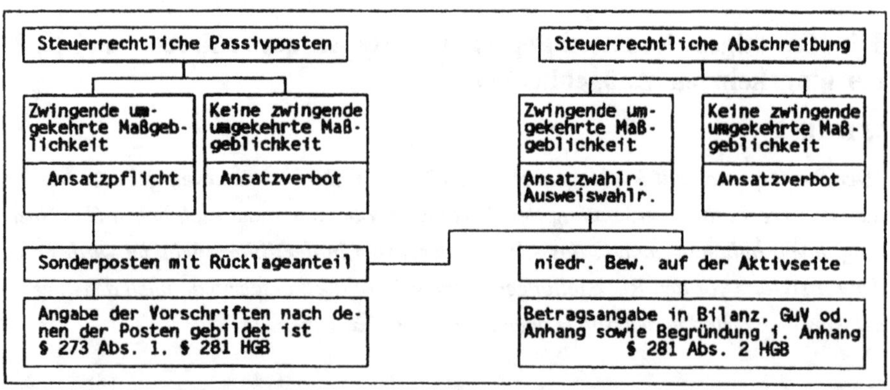

§ 19 Bilanzierung, Bewertung und Prüfung des Eigenkapitals von Kapitalgesellschaften

Übersicht

Zur Bilanzierung des Eigenkapitals bei Personenhandelsgesellschaften, vgl. oben, I, § 2 Ziff. 2

Lit.: ADS, 6. A. Kommentierung zu §§ 272, 266 HGB; Bordt, Das Grund- und Stammkapital der Kapitalgesellschaften, HdJ Abt. III, 1; Coenenberg, Jahresabschluss, 19. A., S. 260 ff.; Drukarczyk, Kapitalerhöhung und -herabsetzung, HWRev, 2. A., Sp. 934 ff.; Farr, Die offenen Rücklagen der Kapitalgesellschaften, HdJ Abt. III, 2; Förschle/Hoffmann, Kommentierung zu § 272 HGB, Beck'scher Bilanzkommentar, 5. Aufl.; IDW, Stellungnahme HFA 1/1994, Zur Behandlung von Genussrechten im Jahresabschluss von Kapitalgesellschaften; Schwab, Eigenkapital, HWRev. 2. A., Sp. 392 ff.; Steiner/Wagner, Eigenkapital, HWRP, Sp. 589-604; Wollmert, Eigenkapitalveränderungsrechnung, HWRP, Sp. 605-610; WPH 2000, Bd. I, F 226 ff. N 752 ff.

Ziff. 1 Abgrenzung und Ausweis des Eigenkapitals bei Kapitalgesellschaften (§ 266 Abs. 3 Pos. A HGB)

Das HGB unterscheidet in **§ 266 Abs. 3, Pos. A** die folgenden Kategorien des Eigenkapitals von Kapitalgesellschaften (Übersicht):

Gezeichnetes Kapital
Kapitalrücklagen
Gewinnrücklagen
Gesetzliche Rücklage
Rücklage für eigene Anteile
Satzungsmäßige Rücklagen
Andere Gewinnrücklagen
Gewinnvortrag/Verlustvortrag
Jahresüberschuss/Jahresfehlbetrag ferner:
Auf der Aktivseite: Ausstehende Einlagen Auf der Aktivseite: *"Nicht durch Eigenkapital gedeckter Fehlbetrag" § 268 Abs. 3 HGB).*

Die verschiedenen Eigenkapitalkategorien werden nachfolgend besprochen.

Ziff. 2 Das gezeichnete Kapital

a) Begriff des gezeichneten Kapitals

a1) Begriff nach § 272 Abs. 1 Satz 1 HGB

"Gezeichnetes Kapital ist das Kapital, auf das die Haftung der Gesellschafter für die Verbindlichkeiten der Kapitalgesellschaft gegenüber den Gläubigern beschränkt ist."

a2) Gezeichnetes Kapital bei Aktiengesellschaften: Grundkapital

Nach **§ 152 Abs. 1 Satz 1 AktG** ist das "Grundkapital" der Aktiengesellschaft in der Bilanz als gezeichnetes Kapital auszuweisen. Es handelt sich hierbei um eine formale Anpassung an die Begriffe der 4. EG-Richtlinie.

Durch das KonTraG und das Euro-Einführungsgesetz sind die aktienrechtlichen Vorschriften über die Form der Aktien und über die Mindestbeträge neu gefasst worden. Die **§§ 6-8 AktG** lauten nunmehr:

"<u>§ 6 Grundkapital</u>

Das Grundkapital muss auf einen Nennbetrag in Euro lauten.

<u>§ 7 Mindestnennbetrag des Grundkapitals</u>

Der Mindestnennbetrag des Grundkapitals ist fünfzigtausend Euro.

<u>§ 8 Form und Mindestnennbeträge der Aktien</u>

(1) Die Aktien können entweder als Nennbetragsaktien oder als Stückaktien begründet werden.

(2) Nennbetragsaktien müssen auf mindestens einen Euro lauten. Aktien über einen ge-

ringeren Nennbetrag sind nichtig. Für den Schaden aus der Ausgabe sind die Ausgeber den Inhabern als Gesamtschuldner verantwortlich. Höhere Aktiennennbeträge müssen auf volle Euro lauten.

(3) Stückaktien lauten auf keinen Nennbetrag. Die Stückaktien einer Gesellschaft sind am Grundkapital in gleichem Umfang beteiligt. Der auf die einzelne Aktie entfallende anteilige Betrag des Grundkapitals darf einen Euro nicht unterschreiten. Absatz 2 Satz 3 findet entsprechende Anwendung.

(4) Der Anteil am Grundkapital bestimmt sich bei Nennbetragsaktien nach dem Verhältnis ihres Nennbetrags zum Grundkapital, bei Stückaktien nach der Zahl der Aktien.

(5) Die Aktien sind unteilbar.

(6) Diese Vorschriften gelten auch für Anteilscheine, die den Aktionären vor der Ausgabe der Aktien erteilt werden (Zwischenscheine)."

a3) Gezeichnetes Kapital bei der GmbH: Stammkapital

Nach **§ 42 Abs. 1 GmbHG** ist in der Bilanz das Stammkapital als gezeichnetes Kapital auszuweisen. Auch hier bleibt es im GmbHG bei der bisherigen Bezeichnung "Stammkapital"; nur in der Bilanz ist dieses Kapital als "gezeichnetes Kapital" auszuweisen.

a4) Nachrichtlich: Gezeichnetes Kapital bei Genossenschaften

Das HGB enthält in **§ 337 Abs. 1 Satz 1 u. 2 HGB** eine ähnliche Anpassungsvorschrift:

"An Stelle des gezeichneten Kapitals ist der Betrag der Geschäftsguthaben der Genossen auszuweisen. Dabei ist der Betrag der Geschäftsguthaben der mit Ablauf des Geschäftsjahrs ausgeschiedenen Genossen gesondert anzugeben."

b) Nachweis und Nachweisprüfung des gezeichneten Kapitals

Maßgeblich für die Höhe des in der Bilanz auszuweisenden gezeichneten Kapitals ist grundsätzlich der Betrag, der am Bilanzstichtag in das Handelsregister eingetragen ist. Es gibt aber Ausnahmen von diesem Grundsatz. Die bei der Nachweisprüfung zu beobachtenden Vorschriften des Aktiengesetzes und des GmbHG werden nachfolgend vorgestellt.

b1) Nachweis von Veränderungen des Grundkapitals von Aktiengesellschaften

b11) Veränderungen durch Kapitalerhöhung

Die Vorschriften über die Durchführung und über das Wirksamwerden von Erhöhungen des Grundkapitals von Aktiengesellschaften finden sich in den **§§ 182-220 AktG**.

b111) Kapitalerhöhung gegen Einlagen (§§ 182 ff. AktG)

§ 182 Abs. 1 Satz 1 AktG:

"Eine Erhöhung des Grundkapitals gegen Einlagen kann nur mit einer Mehrheit beschlossen werden, die mindestens drei viertel des bei der Beschlussfassung vertretenen Grundkapitals umfasst. ..."

Wesentlich ist, dass nach § 189 AktG die Kapitalerhöhung gegen Einlagen erst mit der **Eintragung der Durchführung der Erhöhung des Grundkapitals** in das Handelsregister wirksam wird und deshalb auch erst nach diesem Zeitpunkt bilanziert werden kann.

b112) Kapitalerhöhung aus Gesellschaftsmitteln (§§ 207 ff. AktG)

§ 207 Abs. 1, 2 und 3 AktG:

"(1) Die Hauptversammlung kann eine Erhöhung des Grundkapitals durch Umwandlung der Kapitalrücklage oder von Gewinnrücklagen in Grundkapital beschließen. ...

(2) Für den Beschluss und für die Anmeldung des Beschlusses gelten § 182 Abs. 1, § 184 Abs. 1 sinngemäß. Gesellschaften mit Stückaktien können ihr Grundkapital auch ohne Ausgabe neuer Aktien erhöhen; der Beschluss über die Kapitalerhöhung muss die Art der Erhöhung angeben..

(3) dem Beschluss ist eine Bilanz zugrunde zu legen."

Zum Wirksamwerden der Kapitalerhöhung aus Gesellschaftsmitteln wird in **§ 211 AktG** festgestellt, dass nicht die Eintragung der Durchführung in das Handelsregister sondern die **Eintragung des Beschlusses über die Erhöhung des Grundkapitals** in das Handelsregister der maßgebliche Zeitpunkt ist.

b113) Bedingte Kapitalerhöhung (§§ 192 ff. AktG)

An Voraussetzungen für die sog. bedingte Kapitalerhöhung wird in **§ 192 AktG** festgelegt:

"(1) Die Hauptversammlung kann eine Erhöhung des Grundkapitals beschließen, die nur insoweit durchgeführt werden soll, wie von einem Umtauschrecht oder Bezugsrecht Gebrauch gemacht wird, das die Gesellschaft auf die neuen Aktien (Bezugsaktien) einräumt (bedingte Kapitalerhöhung).

(2) Die bedingte Kapitalerhöhung soll nur zu folgenden Zwecken beschlossen werden:

1. *zur Gewährung von Umtausch- oder Bezugsrechten an Gläubiger von Wandelschuldverschreibungen*
2. *zur Vorbereitung des Zusammenschlusses mehrerer Unternehmen*
3. *zur Gewährung von Bezugsrechten an Arbeitnehmer und Mitglieder der Geschäftsleitung der Gesellschaft oder eines verbundenen Unternehmens im Wege des Zustimmungs- oder Ermächtigungsbeschlusses.*

(3) Der Nennbetrag des bedingten Kapitals darf die Hälfte und der Nennbetrag des nach Absatz 2 Nr. 3 beschlossenen Kapitals den zehnten Teil des Grundkapitals, das zur Zeit der Beschlussfassung über die bedingte Kapitalerhöhung vorhanden ist, nicht übersteigen. ..."

Die Wirksamkeit der bedingten Kapitalerhöhung ist **nicht an die Eintragung in das Handelsregister geknüpft;** wirksam wird die bedingte Kapitalerhöhung nach **§ 200 AktG mit der Ausgabe der Bezugsaktien!**

b114) Kapitalerhöhung mit genehmigtem Kapital (§§ 202 ff. AktG)

Das genehmigte Kapital beruht auf einer Ermächtigung des Vorstandes der Aktiengesellschaft durch die Satzung, das Grundkapital der Aktiengesellschaft durch Ausgabe neuer Aktien gegen Einlagen zu erhöhen (**§ 202 AktG**):

"(1) Die Satzung kann den Vorstand für höchstens fünf Jahre nach Eintragung der Gesellschaft ermächtigen, das Grundkapital bis zu einem bestimmten Nennbetrag (genehmigtes Kapital) durch Ausgabe neuer Aktien gegen Einlagen zu erhöhen.

(2) Die Ermächtigung kann auch durch Satzungsänderung für höchstens fünf Jahre nach Eintragung der Satzungsänderung erteilt werden. ...

(3) Der Nennbetrag des genehmigten Kapitals darf die Hälfte des Grundkapitals, das zur Zeit der Ermächtigung vorhanden ist, nicht übersteigen. Die neuen Aktien sollen nur mit Zustimmung des Aufsichtsrats ausgegeben werden. ..."

Der Zeitpunkt der Wirksamkeit der vorgenommenen Kapitalerhöhung ist durch die **Eintragung der Kapitalerhöhung in das Handelsregister** festgelegt (**§ 203 Abs. 1 Satz 1 i.V.m. § 200 AktG**).

b12) Veränderungen des Grundkapitals durch Kapitalherabsetzung

Die Vorschriften über Maßnahmen der Herabsetzung des Grundkapitals von Aktiengesellschaften finden sich in den **§§ 222-240 AktG**. Sie sind gekennzeichnet durch strenge Vorschriften zur Sicherung der Haftungssubstanz der Aktiengesellschaft.

b121) Ordentliche Kapitalherabsetzung (§§ 222 ff. AktG)

Zur Herabsetzung des Grundkapitals bedarf es einer 3/4-Mehrheit des bei der Beschlussfassung vertretenen Grundkapitals (**§ 222 Abs. 1 AktG**). In dem Beschluss ist festzusetzen, zu welchem Zweck die Herabsetzung erfolgen soll, namentlich, ob Teile des Grundkapitals zurückgezahlt werden sollen (§ 222 Abs. 3 AktG). Nach **§ 222 Abs. 3 AktG** kann das Grundkapital entweder durch Herabsetzung des Nennbetrags der Aktien oder durch Zusammenlegung der Aktien herabgesetzt werden. Die Zusammenlegung der Aktien ist nur zulässig, wenn anders der Mindestnennbetrag für Aktien (nach § 8 AktG) nicht innegehalten werden kann. Den Gläubigern ist Sicherheit zu leisten. Zahlungen an die Aktionäre sind erst nach sechs Monaten nach Bekanntmachung der Eintragung zulässig, sofern den Gläubigern, die sich gemeldet haben, Befriedigung oder Sicherheit geleistet worden ist.

Mit der **Eintragung des Beschlusses über die Herabsetzung des Grundkapitals** ist das Grundkapital herabgesetzt (also Regelfall).

b122) Vereinfachte Kapitalherabsetzung (§§ 229 ff. AktG)

Die Kapitalherabsetzung ist in vereinfachter Form möglich, falls in Folge der Kapitalherabsetzung keine Zahlungen an die Aktionäre geleistet werden (**§ 230 AktG**).

Die vereinfachte Kapitalherabsetzung ist der Regelfall bei der sog. buchmäßigen Sanierung. Sie darf nämlich nur dazu dienen,

- Wertminderungen auszugleichen,
- sonstige Verluste zu decken oder ggf.

- Beträge in die Kapitalrücklage einzustellen (**§ 229 Abs. 1 AktG**).

Die vereinfachte Kapitalherabsetzung ist ferner nach **§ 229 Abs. 2 AktG** nur zulässig,

> *"nachdem der Teil der gesetzlichen Rücklage und der Kapitalrücklage, um den diese zusammen über zehn vom Hundert des nach der Herabsetzung verbleibenden Grundkapitals hinausgehen, sowie die Gewinnrücklagen vorweg aufgelöst sind. Sie ist nicht zulässig, solange ein Gewinnvortrag vorhanden ist."*

Eine wesentliche Besonderheit der vereinfachten Kapitalherabsetzung ist deren mögliche Rückwirkung nach **§ 234 AktG:**

> *„(1) Im Jahresabschluss für das letzte vor der Beschlussfassung über die Kapitalherabsetzung abgelaufene Geschäftsjahr können das gezeichnete Kapital sowie die Kapital- und Gewinnrücklagen in der Höhe ausgewiesen werden, in der sie nach der Kapitalherabsetzung bestehen sollen.*
>
> *(2) In diesem Fall beschließt die Hauptversammlung über die Feststellung des Jahresabschlusses. Der Beschluss soll zugleich mit dem Beschluss über die Kapitalherabsetzung gefasst werden.*
>
> *(3) Die Beschlüsse sind nichtig, wenn der Beschluss über die Kapitalherabsetzung nicht binnen drei Monaten in das Handelsregister eingetragen worden ist. ..."*

Nach **§ 235 AktG** kann auch eine gleichzeitig mit der Kapitalherabsetzung vorzunehmende Kapitalerhöhung in dem vorhergehenden Jahresabschluss als vollzogen berücksichtigt werden. Hier kommt der Gesetzgeber einem bei Sanierungsfällen häufigen Bedürfnis entgegen: Nach Verlusten ist das Grundkapital zunächst herabzusetzen um auf diese Weise den Kurs der Aktien über pari anzuheben. Erst dann wird durch Ausgabe neuer Aktien gegen Einlagen das Grundkapital erhöht und der Gesellschaft damit per saldo neues Kapital zugeführt.

Die Rückwirkung der Kapitalherabsetzung nach § 234 AktG und ggf. die gleichzeitig durchgeführte Kapitalheraufsetzung hat zur Folge, dass der der Beschlussfassung vorhergehende Jahresabschluss von dem Jahresabschlussprüfer nicht ohneweiteres testiert werden kann.

In solchen Fällen bleibt nur die Möglichkeit, den Jahresabschluss, der die Eigenkapitaländerungen bereits enthält, zu deren Wirksamkeit aber noch die entsprechenden Beschlüsse bzw. die Eintragung in das Handelsregister fehlen, unter einer aufschiebenden Bedingung zu testieren. Der Bestätigungsvermerk würde also z.B. mit dem folgenden bedingenden Zusatz zu versehen sein: "... Ich erteile den Bestätigungsvermerk unter der Bedingung, dass die in dem Jahresabschluss bereits berücksichtigten Maßnahmen der Kapitalveränderungen durch die Hauptversammlung beschlossen und in das Handelsregister eingetragen werden."

Treten die entsprechenden Bedingungen ein, so gilt der Bestätigungsvermerk von Anfang an (ex tunc) als erteilt; treten die Bedingungen nicht ein, so gilt der Bestätigungsvermerk als nicht erteilt.

b123) Kapitalherabsetzung durch Einziehung von Aktien (§§ 237 ff. AktG)

Nach § 237 AktG können Aktien zwangsweise oder nach Erwerb durch die Aktiengesellschaft eingezogen werden. Hierbei sind die Vorschriften über die ordentliche Kapitalherabsetzung zu beachten.

Was die **Wirksamkeit der Kapitalherabsetzung** durch Einziehung von Aktien angeht, so enthält schließlich **§ 238 AktG** eine Regelung, die wiederum vom Normalfall (Wirksamwerden mit der Eintragung in das Handelsregister) abweicht:

> *"Mit der Eintragung des Beschlusses oder, wenn die Einziehung nachfolgt, mit der Einziehung ist das Grundkapital um den Gesamtnennbetrag der eingezogenen Aktien herabgesetzt. Handelt es sich um eine durch die Satzung angeordnete Zwangseinziehung, so ist, wenn die Hauptversammlung nicht über die Kapitalherabsetzung beschließt, das Grundkapital mit der Zwangseinziehung herabgesetzt. Zur Einziehung bedarf es einer Handlung der Gesellschaft, die auf Vernichtung der Rechte aus bestimmten Aktien gerichtet ist."*

b2) Nachweis von Veränderungen des Stammkapitals bei der GmbH

Bei der GmbH bedarf es bei Änderungen des Stammkapitals jeweils einer Änderung des Gesellschaftsvertrags. Da die Änderung des Gesellschaftsvertrags zu ihrer Wirksamkeit ihrerseits der Eintragung in das Handelsregister bedarf (**§ 54 Abs. 3 GmbHG**), gilt für die GmbH der Regelfall, wonach die Handelsregister-Eintragung jeweils konstituierend für die Höhe des Stammkapitals ist.

b21) Erhöhung des Stammkapitals (§§ 55 ff. GmbHG)

Die (formellen und materiellen) Bestimmungen über die Erhöhung des Stammkapitals der GmbH finden sich in den **§§ 55-57 o GmbHG.**

b22) Stammkapitalerhöhung durch Umwandlung von Rücklagen (§§ 57 c-o GmbHG)

Das bisherige "Gesetz über die Kapitalerhöhung aus Gesellschaftsmitteln und über die Verschmelzung von Gesellschaften mit beschränkter Haftung" ist nach Art. 5 des Gesetzes zur Bereinigung des Umwandlungsrechts aufgehoben worden. Die Vorschriften über die Kapitalerhöhung aus Gesellschaftsmitteln bei der GmbH sind über die **§§ 57 c bis 57 o GmbHG** in das GmbH-Gesetz aufgenommen worden.

Die Vorschriften über die Stammkapitalerhöhung durch Umwandlung von Rücklagen bei der GmbH sind den aktienrechtlichen Vorschriften über die Kapitalerhöhung aus Gesellschaftsmitteln nachgebildet (vgl. oben, b112)).

Auch hier kann die Umwandlung von Rücklagen erst dann beschlossen werden, nachdem der Jahresabschluss für das letzte vor der Beschlussfassung abgelaufene Geschäftsjahr festgestellt ist (**§ 57 c GmbHG**). Dem Beschluss kann die letzte Jahresbilanz zugrunde gelegt werden, wenn diese geprüft, festgestellt und mit einem uneingeschränkten Bestätigungsvermerk versehen ist (**§ 57 e GmbHG**). Die Beschlussfassung kann auch auf der Grundlage einer "Erhöhungssonderbilanz" erfolgen; eine Sonderbilanz ist zugrunde zu legen, wenn die letzte Jahresbilanz auf einen Stichtag aufgestellt ist, der mehr als acht Monate vor der Anmeldung des Umwandlungsbeschlusses liegt. (**§§ 57 e, 57 f.**). **Wirksam wird die Kapitalerhöhung auch hier mit der Eintragung (§ 57 i GmbHG) des Beschlusses.**

b23) Kapitalherabsetzung (§§ 58 - 58 f GmbHG)

Die (formellen und materiellen) Bestimmungen über die Herabsetzung des Stammkapitals der GmbH finden sich in **§§ 58 - 58 f GmbHG.**

Auch die Regelungen über die vereinfachte Herabsetzung des Stammkapitals der GmbH sind den entsprechenden aktienrechtlichen Regelungen nachgebildet (vgl. oben, b122)). Auch bei der GmbH ist die Kapitalherabsetzung in vereinfachter Form möglich, wenn in Folge der Kapitalherabsetzung keine Beträge an die Gesellschafter binnen bestimmter Fristen ausgeschüttet werden. Die vereinfachte Kapitalherabsetzung darf nach **§ 58 b GmbHG** nur dazu dienen,

- Wertminderungen auszugleichen und
- sonstige Verluste zu decken (**§ 58 b Abs. 1 GmbHG**).

Ggf. können aus der Kapitalherabsetzung gewonnene Beträge in die Kapitalrücklage eingestellt werden; diese Beträge dürfen innerhalb von fünf Jahren nur zum Ausgleich eines Jahresfehlbetrages oder eines Verlustvortrages oder zur Kapitalerhöhung aus Gesellschaftsmitteln verwandt werden (**§ 58 b Abs. 2** und **3 GmbHG**).

Die wesentliche Besonderheit der vereinfachten Kapitalherabsetzung besteht - wie nach den §§ 234, 235 AktG - darin, dass die vereinfachte Kapitalherabsetzung ebenso wie eine gleichzeitige Kapitalerhöhung **rückwirkend in dem Jahresabschluss vor der Kapitalveränderung berücksichtigt** werden kann. Der betreffende Jahresabschluss darf aber erst nach der Eintragung der Veränderungsbeschlüsse offen gelegt werden (**§§ 58 e** und **58 f GmbHG**).

c) Bewertung des gezeichneten Kapitals

§ 283 HGB enthält eine knappe und eindeutige Regelung zur Bewertung des gezeichneten Kapitals (Grundkapitals/Stammkapitals):

"Das gezeichnete Kapital ist zum Nennbetrag anzusetzen."

d) Angaben zum gezeichneten Kapital durch Aktiengesellschaften nach §§ 152 Abs. 1 und 160 Abs. 1 Nrn. 1-4 AktG

§ 152 Abs. 1 AktG:

"Das Grundkapital ist in der Bilanz als gezeichnetes Kapital auszuweisen. Dabei ist der auf jede Aktiengattung entfallende Betrag des Grundkapitals gesondert anzugeben. Bedingtes Kapital ist mit dem Nennbetrag zu vermerken. Bestehen Mehrstimmrechtsaktien, so sind beim gezeichneten Kapital die Gesamtstimmenzahl der Mehrstimmrechtsaktien und die der übrigen Aktien zu vermerken."

Die Angaben zum gezeichneten Kapital im Anhang von Aktiengesellschaften nach **§ 160 Abs. 1 Nrn. 1-4 AktG** betreffen Angabepflichten über den Bestand und den Zugang von Aktien, die ein Aktionär für Rechnung der Aktiengesellschaft oder eines mit ihr verbundenen Unternehmens übernommen hat; sie betreffen die eigenen Aktien; sie betreffen Angaben über die Aktiengattungen und Angaben über das genehmigte Kapital.

Ziff. 3 Ausstehende Einlagen

Ausstehende Einlagen haben grundsätzlich einen Doppelcharakter. Sie sind einmal Forderungen der Kapitalgesellschaft an ihre Gesellschafter auf Volleinzahlung des gezeichneten Kapitals (einschl. des evtl. Agios); sie stellen zum anderen einen Korrekturposten zum gezeichneten Kapital dar, weil das gezeichnete Kapital in voller Höhe seines Nominalwerts zu passivieren ist und es deshalb einer (aktiven) Korrektur des nicht eingezahlten Teils des gezeichneten Kapitals bedarf. Es ist herrschende Auffassung, dass "eingeforderte" und nicht eingeforderte ausstehende Einlagen unterschiedlich zu behandeln sind: Eingeforderte ausstehende Einlagen sind wie (kurzfristige) Forderungen zu behandeln; nicht eingeforderte ausstehende Einlagen sind wie Korrekturposten zu behandeln.

a) Ausstehende Einlagen bei der GmbH

§ 7 Abs. 2 GmbHG legt die Mindesteinzahlung, die auf jede Stammeinlage zu leisten ist, auf ein Viertel fest.

b) Ausstehende Einlagen bei der AG

Aktien, die auf den Inhaber lauten (Inhaberaktien), müssen stets voll einbezahlt sein. Nicht voll einbezahlte Aktien müssen stets auf den Namen lauten (Namensaktien **§ 10 Abs. 2 AktG**), damit die zur Einzahlung Verpflichteten durch die Aktiengesellschaft festgestellt werden können (Eintragung in das Aktienbuch, **§ 67 AktG**). Der Nachweis der Namensaktien kann über das Aktienbuch geführt werden. Das Aktienbuch übernimmt hier die Funktion einer Saldenliste.

c) Bewertung der ausstehenden Einlagen

Das HGB enthält über die Bewertung der ausstehenden Einlagen keine Bestimmung. Zumindest die eingeforderten ausstehenden Einlagen sollten (wie bisher) wie Forderungen (unter Angabe des Nennbetrages) ausgewiesen werden.

d) Ausweis der ausstehenden Einlagen

Das HGB räumt für den Ausweis der ausstehenden Einlagen ein Wahlrecht zwischen dem Brutto- oder dem Nettoausweis der ausstehenden Einlagen ein (Abb. 38).

Abb. 38: Ausweis der ausstehenden Einlagen (vgl. Gross/Schruff, Jahresabschluss, 2. A., S. 168)

Bruttoausweis nach § 272 Abs. 1 Satz 2 HGB

Bilanz AG oder GmbH

Aktiva		Passiva	
A. Ausstehende Einlagen auf das gezeichnete Kapital (davon eingefordert 50.-)	150.-	A. Eigenkapital I. Gezeichnetes Kapital	1000.-
B. Anlagevermögen Saldo	850.-	II Kapitalrücklage	
	1000		1000.-

Nettoausweis nach § 272 Abs. 1 Satz 3 HGB

Bilanz AG oder GmbH

Aktiva		Passiva	
A. Anlagevermögen		A. Eigenkapital	
B. Umlaufvermögen		I. Gezeichnetes Kapital	1000.-
Forderungen		nicht eingeforderte Einlagen	./.100.-
- eingeforderter, aber noch nicht eingezahlter Betrag auf das gezeichnete Kapital	50.-	Eingefordertes Kapital	900.-
Saldo	850.-		
	900.-		900.-

Die entsprechende gesetzliche Vorschrift (**§ 272 Abs. 1 Satz 2 und 3 HGB**) lautet:

> *"Die ausstehenden Einlagen auf das gezeichnete Kapital sind auf der Aktivseite vor dem Anlagevermögen gesondert auszuweisen und entsprechend zu bezeichnen; die davon eingeforderten ausstehenden Einlagen sind zu vermerken. Die nicht eingeforderten ausstehenden Einlagen dürfen auch von dem Posten 'Gezeichnetes Kapital' offen abgesetzt werden; in diesem Falle ist der verbleibende Betrag als Posten 'Eingefordertes Kapital' in der Hauptspalte der Passivseite auszuweisen und ist außerdem der eingeforderte, aber noch nicht eingezahlte Betrag unter den Forderungen gesondert auszuweisen und entsprechend zu bezeichnen."*

Ziff. 4 Kapitalrücklagen

a) Begriff und Ausweis der Kapitalrücklagen

Als Kapitalrücklagen werden nach dem HGB alle offenen Rücklagen bezeichnet, die nicht aus Gewinnen der Kapitalgesellschaft gespeist sind (= Gewinnrücklagen nach **§ 272 Abs. 2 HGB**).

Die in die Kapitalrücklagen einzustellenden Beträge werden in **§ 272 Abs. 2 HGB** einzeln aufgeführt; die Beträge sind nach dem WPH 2000, Bd. I, F 262 f., jeweils gesondert auszuweisen.

a1) Ausgabeagio von Anteilen (§ 272 Abs. 2 Nr. 1 HGB)

Es handelt sich um das vereinbarte (nicht freiwillig gezahlte) Agio bei der Ausgabe von Anteilen. Die Ausgabekosten für die Anteile dürfen nicht abgesetzt werden.

a2) Agio bei Ausgabe von Wandelschuldverschreibungen (§ 272 Abs. 2 Nr. 2 HGB)

Hierzu gehören evtl. bezahlte Aufgelder bei den in § 221 AktG geregelten Wandelschuldverschreibungen und Gewinnschuldverschreibungen. Nach dem WPH 2000, Bd. I, F 266, ist auch in der Einräumung eines unter dem Kapitalmarktzins liegenden Zinssatzes eine Gegenleistung für die Einräumung von Wandlungsrechten und Optionsrechten zum Erwerb von Anteilen zu sehen.

a3) Betrag von Zuzahlungen von Gesellschaftern gegen Gewährung eines Vorteiles für ihre Anteile (§ 272 Abs. 2 Nr. 3 HGB)

Hierunter fallen Zuzahlungen zur Erlangung gesellschaftsrechtlicher Vorzugsrechte.

a4) Andere Zuzahlungen von Gesellschaftern in das Eigenkapital (§ 272 Abs. 2 Nr. 4 HGB)

Es handelt sich nach dem WPH 2000, Bd. I, F 268, um Beträge, die von Gesellschaftern ohne eine Gegenleistung der Gesellschaft geleistet werden und die nach dem Willen des Leistenden zu einer Erhöhung des Rücklagekapitals führen sollen. Zu Abgrenzungsproblemen vgl. ebd.

b) Kapitalrücklagen aus Kapitalveränderungen bei der AG

In Betracht kommen:

- Beträge, die aus einer Kapitalherabsetzung gewonnen wurden unter Berücksichtigung der Begrenzung nach **§ 231 AktG**;

- Beträge aus zu hoch angenommenen Verlusten nach vorangegangener vereinfachter Kapitalherabsetzung (**§ 232 AktG**);
- Beträge aus einer Kapitalherabsetzung durch Einziehung von Aktien, wenn die Aktien der Gesellschaft unentgeltlich zur Verfügung gestellt wurden oder sie zu Lasten des Bilanzgewinns oder einer Gewinnrücklage eingezogen wurden (**§ 237 Abs. 5 AktG**).

c) Kapitalrücklagen und gesetzliche Rücklagen bei der AG

Kapitalrücklagen bei der Aktiengesellschaft gehören zu den "gesetzlichen Rücklagen"; zur Bildung und Auflösung vgl. **§ 150 AktG**.

d) Zu den Kapitalrücklagen bei der GmbH gehört auch der Gegenposten für eingeforderte Nachschüsse nach § 42 Abs. 2 GmbHG

Eine Sonderregelung, die nur bei der GmbH für den Fall, dass die Gesellschafter sog. Nachschüsse zu zahlen haben von Bedeutung ist, behandelt **§ 42 Abs. 2 GmbHG**:

> *"Das Recht der Gesellschaft zur Einziehung von Nachschüssen der Gesellschafter ist in der Bilanz insoweit zu aktivieren, als die Einziehung bereits beschlossen ist und den Gesellschaftern ein Recht, durch Verweisung auf den Geschäftsanteil sich von der Zahlung der Nachschüsse zu befreien, nicht zusteht. Der nachzuschießende Betrag ist auf der Aktivseite unter den Forderungen gesondert unter der Bezeichnung 'Eingeforderte Nachschüsse' auszuweisen, soweit mit der Zahlung gerechnet werden kann. Ein dem Aktivposten entsprechender Betrag ist auf der Passivseite in dem Posten 'Kapitalrücklage' gesondert auszuweisen."*

Ziff. 5 Gewinnrücklagen

a) Begriff der Gewinnrücklagen nach § 272 Abs. 3 HGB

In **§ 272 Abs. 3 HGB** wird ausgeführt:

> *"Als Gewinnrücklagen dürfen nur Beträge ausgewiesen werden, die im Geschäftsjahr oder in einem früheren Geschäftsjahr aus dem Ergebnis gebildet worden sind. Dazu gehören aus dem Ergebnis zu bildende gesetzliche oder auf Gesellschaftsvertrag oder Satzung beruhende Rücklagen und andere Gewinnrücklagen."*

b) Dotierung und Auflösung der Gewinnrücklagen bei der AG

b1) Gesetzliche (Gewinn-)Rücklage nach § 150 Abs. 2 AktG

Für die Aktiengesellschaft ist die Bildung einer gesetzlichen (Gewinn-) Rücklage ausdrücklich vorgeschrieben, während für die GmbH keine entsprechenden Vorschriften bestehen. In die gesetzliche Gewinnrücklage ist durch die AG solange der zwanzigste Teil des um einen Verlustvortrag aus dem Vorjahr geminderten Jahresüberschusses einzustellen bis die gesetzliche Gewinnrücklage und die Kapitalrücklagen zusammen den zehnten oder den in der Satzung bestimmten höheren Teil des Grundkapitals erreichen.

b2) Wahlrecht zur Einstellung in die Gewinnrücklagen

Der Eigenkapitalanteil von Wertaufholungen und von bei der steuerlichen Gewinnermittlung gebildeten Passivposten, die nicht in die Sonderposten mit Rücklageanteil eingestellt werden dürfen, kann in die Gewinnrücklagen eingestellt werden (**§ 58 Abs. 2 a AktG**; vgl. dazu auch eine entsprechende Regelung in **§ 29 Abs. 4 GmbHG**).

b3) Andere Gewinnrücklagen, Gewinnverteilung bei der AG nach § 58 AktG

Nach § 58 AktG dürfen grundsätzlich höchstens 50% des Jahresüberschusses in die anderen Gewinnrücklagen eingestellt werden. Vgl. zu den Rechten und Pflichten der Hauptversammlung, des Vorstands und des Aufsichtsrats der AG **§ 58 Abs. 1, 2 und 3 AktG.**

c) Dotierung und Auflösung der Gewinnrücklagen bei der GmbH

In **§ 29 Abs. 1 und 2 GmbHG** wird zur Gewinnverteilung und damit zur Einstellung in die Gewinnrücklagen lediglich ausgeführt:

"(1) Die Gesellschafter haben Anspruch auf den Jahresüberschuss zuzüglich eines Gewinnvortrags und eines Verlustvortrags, soweit der sich ergebende Betrag nicht nach Gesetz oder Gesellschaftsvertrag, durch Beschluss nach Abs. 2 oder als zusätzlicher Aufwand aufgrund des Beschlusses über die Verwendung des Ergebnisses von der Verteilung unter die Gesellschafter ausgeschlossen ist. Wird die Bilanz unter Berücksichtigung der teilweisen Ergebnisverwendung aufgestellt oder werden Rücklagen aufgelöst, so haben die Gesellschafter abweichend von Satz 1 Anspruch auf den Bilanzgewinn.

(2) Im Beschluss über die Verwendung können die Gesellschafter, wenn der Gesellschaftsvertrag nichts anderes bestimmt, Beträge in Gewinnrücklagen einstellen oder als Gewinn vortragen."

d) Zeitpunkt der Berücksichtigung von Gewinnrücklagen

Nach **§ 270 Abs. 2 HGB** kann die Bilanz unter Berücksichtigung der vollständigen oder teilweisen Verwendung des Jahresergebnisses aufgestellt werden. Bei teilweiser Verwendung tritt an die Stelle der Posten "Jahresüberschuss/Jahresfehlbetrag" und "Gewinnvortrag/Verlustvortrag" der Posten "Bilanzgewinn/Bilanzverlust" (**§ 268 Abs. 1 HGB**). Bei der AG ist die Aufstellung des Jahresabschlusses nach teilweiser Gewinnverwendung die Regel: Dotierungen und Auflösungen von Rücklagen werden durch die Verwaltung vorgenommen; Gegenstand des sog. Gewinnverwendungsbeschlusses der Hauptversammlung ist lediglich der danach verbleibende Betrag, der "Bilanzgewinn".

e) Ausweis der Veränderungen der Rücklagen in der GuV

Veränderungen der Gewinnrücklagen dürfen in der GuV-Staffel erst nach dem Posten "Jahresüberschuss / Jahresfehlbetrag" ausgewiesen werden (**§ 275 Abs. 4 HGB**); denn es handelt sich hierbei um Gewinnverwendung und nicht um Gewinnentstehung.

Ziff. 6 Eigene Anteile, Rücklage für eigene Anteile

a) Eigene Anteile

Erwirbt eine Kapitalgesellschaft eigene Anteile (Aktien, Geschäftsanteile), so kann dies zu einer Aushöhlung der Haftungssubstanz führen. Folgerichtig unternimmt der (Aktien-)Gesetzgeber alles, was in seiner Macht steht, um den Erwerb eigener Anteile zu verhindern, ggfs. eine weitgehende Offenlegung zu erzwingen und Gewinnausschüttungen aus entsprechenden Vorgängen zu verhindern.

a1) Begrenzungen des Erwerbs eigener Anteile

Der Gesetzgeber verbietet den Erwerb eigener Anteile grundsätzlich bzw. lässt den Erwerb nur unter bestimmten Voraussetzungen zu. Durch das KonTraG wird der Katalog der zulässigen Ausnahmefälle um zwei Posten erweitert.

a11) Begrenzungen nach §§ 71-71e AktG

Nach **§ 71 Abs. 1 AktG** darf die Aktiengesellschaft eigene Aktien nur erwerben,

- wenn der Erwerb notwendig ist, um einen schweren, unmittelbar bevorstehenden Schaden von der Aktiengesellschaft abzuwenden (Ziff. 1),
- wenn die Aktien den Arbeitnehmern der Aktiengesellschaft oder eines mit ihr verbundenen Unternehmens zum Erwerb angeboten werden sollen (Ziff. 2),
- wenn der Erwerb geschieht, um Aktionäre nach §§ 305 Abs. 2 oder 320 Abs. 5 AktG abzufinden (Ziff. 3),
- wenn der Erwerb unentgeltlich geschieht oder ein Kreditinstitut mit dem Erwerb eine Einkaufskommission ausführt (Ziff. 4),
- durch Gesamtrechtsnachfolge (Ziff. 5) oder
- aufgrund eines Beschlusses der Hauptversammlung zur Einziehung nach den Vorschriften über die Herabsetzung des Grundkapitals (Ziff. 6).

Nach den beiden durch das **KonTraG** neu eingefügten Ziffern des **§ 71 Abs. 1 AktG** darf eine Aktiengesellschaft eigene Aktien auch erwerben,

"7. wenn sie ein Kreditinstitut, Finanzdienstleistungsinstitut oder Finanzunternehmen ist, auf Grund eines Beschlusses der Hauptversammlung zum Zwecke des Wertpapierhandels. Der Beschluss muss bestimmen, dass der Handelsbestand der zu diesem Zweck zu erwerbenden Aktien fünf vom Hundert des Grundkapitals am Ende jeden Tages nicht übersteigen darf; er muss den niedrigsten und den höchsten Gegenwert festlegen. Die Ermächtigung darf höchstens 18 Monate gelten oder

8. auf Grund einer höchstens 18 Monate geltenden Ermächtigung der Hauptversammlung, die den niedrigsten und den höchsten Gegenwert sowie den Anteil am Grundkapital, der zehn vom Hundert nicht übersteigen darf, festlegt. Als Zweck ist der Handel in eigenen Aktien ausgeschlossen. § 53a ist auf Erwerb und Veräußerung anzuwenden. Erwerb und Veräußerung über die Börse genügen dem. Eine andere Veräußerung kann die Hauptver-

sammlung beschließen; § 186 Abs. 3, 4 und § 193 Abs. 2 Nr. 4 sind in diesem Fall entsprechend anzuwenden. Die Hauptversammlung kann den Vorstand ermächtigen, die eigenen Aktien ohne weiteren Hauptversammlungsbeschluss einzuziehen."

Insgesamt darf der Gesamtnennbetrag der eigenen Aktien zehn Prozent des Grundkapitals nicht überschreiten; die **§§ 71 a - 71 e AktG** enthalten weitere nicht unwesentliche Beschränkungen (bitte lesen!).

a12) Begrenzungen nach § 33 GmbHG

§ 33 Abs. 1 und 2 GmbHG enthalten, was die eigenen Geschäftsanteile angeht, wesentlich knappere Regelungen:

"(1) Die Gesellschaft kann eigene Geschäftsanteile, auf welche die Einlagen noch nicht vollständig geleistet sind, nicht erwerben oder als Pfand nehmen.

(2) Eigene Geschäftsanteile, auf welche die Einlagen vollständig geleistet sind, darf sie nur erwerben, sofern der Erwerb aus dem über den Betrag des Stammkapitals hinaus vorhandenen Vermögen geschehen und die Gesellschaft die nach § 272 Abs. 4 des Handelsgesetzbuchs vorgeschriebene Rücklage für eigene Anteile bilden kann, ohne das Stammkapital oder eine nach dem Gesellschaftsvertrag zu bildende Rücklage zu mindern, die nicht zu Zahlungen an die Gesellschafter verwandt werden darf. ..."

a2) Bewertung der eigenen Anteile

Die Bewertung der eigenen Anteile in der Bilanz hat nach den Vorschriften über die Bewertung von Gegenständen des Umlaufvermögens, also nach dem strengen Niederstwertprinzip zu erfolgen. Dies ergibt sich indirekt aus **§ 272 Abs. 4 HGB**.

a3) Ausweis der eigenen Anteile

Im Regelfall sind die eigenen Anteile als besonderer Posten auf der Aktivseite der Bilanz auszuweisen und durch eine besondere Rücklage für eigene Anteile zu kompensieren (vgl. unten, Buchst. b)).

§ 272 Abs. 1 Satz 4-6 sieht eine besondere Ausweisregel vor, die **unter bestimmten Bedingungen nur bei dem Ausweis eigener Anteile durch Aktiengesellschaften anzuwenden** ist. Diese Ausweisregel kommt nämlich nur zur Anwendung,

- wenn entweder die Hauptversammlung eine Kapitalherabsetzung durch Einziehung von Aktien beschlossen hat (Erwerb nach **§ 71 Abs. 1 Nr. 6 AktG**) oder
- wenn in dem Beschluss über den Rückkauf von eigenen Aktien die spätere Veräußerung von einem Beschluss der Hauptversammlung mit Dreiviertel-Mehrheit abhängig gemacht worden ist (Erwerb nach **§ 71 Abs. 1 Nr. 8 AktG**).

In beiden vorgenannten Fällen ist die Ausweisregel nach **§ 272 Abs. 1 Satz 4 HGB** anzuwenden:

"Der Nennbetrag oder, falls ein solcher nicht vorhanden ist, der rechnerische Wert von nach § 71 Abs. 1 Nr. 6 oder 8 des Aktiengesetzes zur Einziehung erworbenen Aktien ist in der Vorspalte offen von dem Posten Gezeichnetes Kapital als Kapitalrückzahlung abzusetzen."

Mit dieser Regelung ist in Abhängigkeit von der jeweiligen Zielsetzung des Rückerwerbs eigener Anteile das Ausweisprinzip (vom Bruttoausweis zum Nettoausweis) verändert worden.

Wenn der Nennbetrag bzw. der rechnerische Wert von zurückerworbenen Aktien von deren Kaufpreis abweicht, ist **§ 272 Abs. 1 Satz 6 HGB** anzuwenden:

"Wird der Nennbetrag oder der rechnerische Wert von Aktien nach Satz 4 abgesetzt, ist der Unterschiedsbetrag dieser Aktien zwischen ihrem Nennbetrag oder dem rechnerischen Wert und ihrem Kaufpreis mit den anderen Gewinnrücklagen (§ 266 Abs. 3 A.III.4.) zu verrechnen; weitergehende Anschaffungskosten sind als Aufwand des Geschäftsjahres zu berücksichtigen."

a4) Berichterstattung nach § 160 Abs. 1 Nr. 2 AktG

§ 160 Abs. 1 Nr. 2 AktG enthält Vorschriften zu den Anhangangaben über eigene Aktien, die wegen ihrer prohibitiven Formulierung hier wiedergegeben werden. Eine entsprechende Vorschrift für die GmbH fehlt:

"In jedem Anhang sind Angaben zu machen über ... den Bestand an eigenen Aktien der Gesellschaft, die sie, ein abhängiges Unternehmen oder in Mehrheitsbesitz der Gesellschaft stehendes Unternehmen oder ein anderer für Rechnung der Gesellschaft oder eines abhängigen oder eines in Mehrheitsbesitz der Gesellschaft stehenden Unternehmens erworben oder als Pfand genommen hat; dabei sind die Zahl und der Nennbetrag dieser Aktien sowie deren Anteil am Grundkapital, für erworbene Aktien, ferner der Zeitpunkt des Erwerbs und die Gründe für den Erwerb anzugeben. Sind solche Aktien im Geschäftsjahr erworben oder veräußert worden, so ist auch über den Erwerb oder die Veräußerung unter Angabe der Zahl und des Nennbetrags dieser Aktien, des Anteils am Grundkapital und des Erwerbs- oder Veräußerungspreises sowie über die Verwendung des Erlöses zu berichten."

b) Rücklage für eigene Anteile nach § 272 Abs. 4 HGB

Um Ausschüttungen zu vermeiden ist, wenn und soweit eigene Anteile am Abschlussstichtag vorhanden sind, eine "Rücklage für eigene Anteile", die eine **Ausschüttungssperrfunktion** hat, zu bilden. Die Vorschrift gilt für alle Kapitalgesellschaften, also sowohl für die AG wie auch für die GmbH. **§ 272 Abs. 4 HGB:**

"In eine Rücklage für eigene Anteile ist ein Betrag einzustellen, der dem auf der Aktivseite der Bilanz für die eigenen Anteile anzusetzenden Betrag entspricht. Die Rücklage darf nur aufgelöst werden, soweit die eigenen Anteile ausgegeben, veräußert oder eingezogen werden oder soweit nach § 253 Abs. 3 HGB auf der Aktivseite ein niedrigerer Betrag angesetzt wird. Die Rücklage, die bereits bei der Aufstellung der Bilanz vorzunehmen ist, darf aus vorhandenen Gewinnrücklagen gebildet werden, soweit diese frei verfügbar sind. Die Rücklage nach Satz 1 ist auch für Anteile eines herrschenden oder eines mit Mehrheit beteiligten Unternehmens zu bilden."

In den Abb. 39 und 40 findet sich eine Übersicht über die von den Kapitalgesellschaften zu bildenden und auszuweisenden Kapital- und Gewinnrücklagen.

Abb. 39: Kapitalrücklagen bei der AG (vgl. Gross/Schruff, Jahresabschluss, 2. A., S. 169)

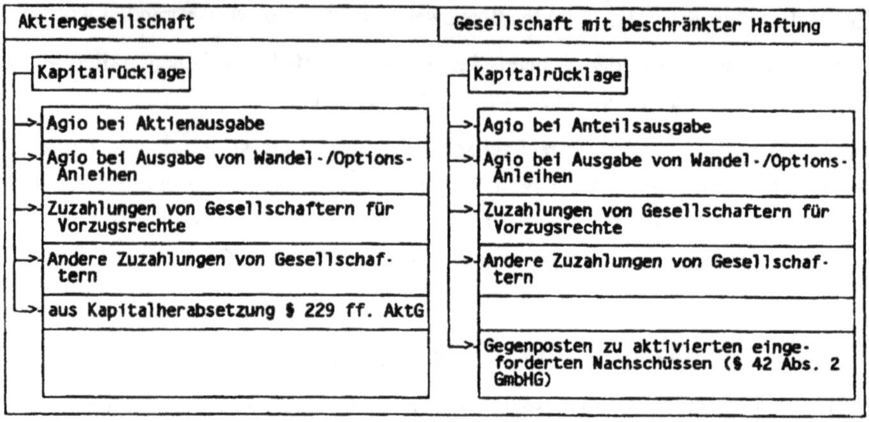

Abb. 40: Gewinnrücklagen bei der GmbH (vgl. Gross/Schruff, Jahresabschluss, 2. A., S. 170)

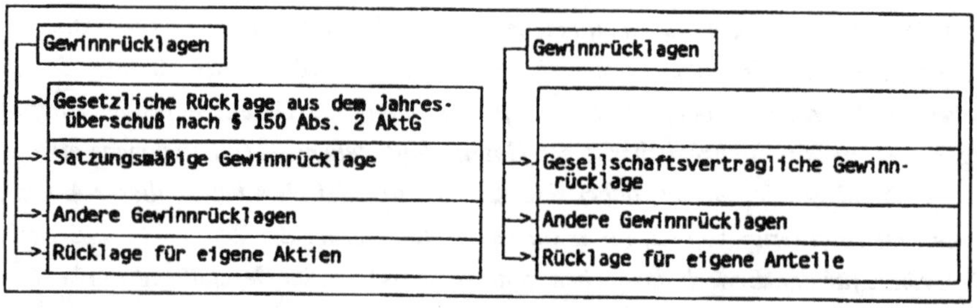

Ziff. 7 Zur Bilanzierung von Genussrechten, Stellungnahme HFA 1/1994 (Erg. 1998)

Sog. Genussrechte können sowohl Eigen- als auch Fremdkapitalcharakter haben; sie werden wegen ihres möglichen Eigenkapital-Charakters an dieser Stelle behandelt.

Der Hauptfachausschuss des IDW hat sich mit den offenen Problemen der Bilanzierung von Genussrechten bei dem Emittenten und bei dem Inhaber von Genussrechten beschäftigt. Das Ergebnis ist in der Stellungnahme **HFA 1/1994**, Zur Behandlung von Genussrechten im Jahresabschluss von Kapitalgesellschaften, veröffentlicht worden.

a) Begriff und Arten der Genussrechte

In der Stellungnahme **HFA 1/1994** werden in **Abschn. 1** zunächst der Begriff und die Arten der in der Stellungnahme behandelten Genussrechte umschrieben.

"Genussrechte beruhen auf einem schuldrechtlichen Vertrag, in dem der Genussrechtsemittent dem Genussrechtsinhaber als Gegenleistung für die Überlassung von Kapital (Kapitalzufuhr oder Forderungsverzicht gemäß § 397 HGB) oder zur Abgeltung sonstiger Ansprüche Vermögensrechte gewährt, wie sie sonst typischerweise nur im Verhältnis zu Gesellschaftern bestehen (z.B. eine Beteiligung am Gewinn und/oder am Liquidationserlös). Unabhängig von

ihrer Ausgestaltung verlieren Genussrechte nicht ihren schuldrechtlichen Charakter. Genussrechte gewähren keine Mitgliedschaftsrechte.

Genussrechte können verbrieft (sog. Genussschein) oder nicht verbrieft sein. Genussscheine können als Inhaber-, Order- oder Namenspapiere begeben werden."

Die Stellungnahme geht auf Genussrechte, die ohne Überlassung von Kapital gewährt werden, sowie auf wirtschaftszweigspezifische Besonderheiten der Rechnungslegung z.B. von Kreditinstituten und Versicherungsunternehmen nicht ein.

b) Bilanzierung bei der Genussrechte emittierenden Kapitalgesellschaft

b1) Behandlung der Kapitalzuführung

Ein Hauptproblem ergibt sich aus der unterschiedlichen Ausgestaltung von Genussrechten. **HFA 1/1994, Abschn. 2.1.**, sagt hierzu:

"Das überlassene Genussrechtskapital ist je nach Sachverhalt beim Genussrechtsemittenten

- *als Fremdkapital zu passivieren,*
- *unmittelbar in das Eigenkapital einzustellen oder*
- *erfolgswirksam zu vereinnahmen."*

b11) Erfolgsneutrale Passivierung

Wird das Genussrechtskapital erfolgsunwirksam passiviert, ist die Frage zu klären, ob dieses Kapital **als Eigenkapital oder als Fremdkapital** auszuweisen ist. Die Stellungnahme **HFA 1/1994** setzt sich in ihrem **Abschnitt 2.1.1.**) in einer sehr eingehenden Analyse mit dieser Frage auseinander:

"Grundlegende Voraussetzung für die Qualifikation einer Kapitalzufuhr als bilanzielles Eigenkapital ist eine ausreichende Haftungsqualität des überlassenen Kapitals. Diese Haftungsqualität ist bei der für die Bilanzierung geltenden wirtschaftlichen Betrachtungsweise insbesondere aus der Gläubigerschutzfunktion des handelsrechtlichen Jahresabschlusses zu bestimmen. Unerheblich ist dagegen aus dieser Sicht, ob die Kapitalzufuhr durch Gesellschafter erfolgt.

Danach ist eine schuldrechtlich begründete Kapitalüberlassung nur dann als bilanzielles Eigenkapital auszuweisen, wenn folgende Kriterien kumulativ erfüllt sind:

- *Nachrangigkeit,*
- *Erfolgsabhängigkeit der Vergütung sowie Teilnahme am Verlust bis zur vollen Höhe,*
- *Längerfristigkeit der Kapitalüberlassung.*

... Im Gegensatz zum bilanziellen Eigenkapital wird bilanzielles Fremdkapital vor allem durch die Kriterien der juristisch erzwingbaren Leistung und der wirtschaftlichen Belastung des Vermögens bestimmt."

b12) Erfolgswirksame Vereinnahmung

Eine erfolgsunwirksame Vereinnahmung des Genussrechtskapitals als Eigen- oder als Fremdkapital kommt nach **HFA 1/1994, Abschn. 2.1.2.**, nicht in Betracht, wenn der Genussrechtsinhaber kein Rückforderungsrecht besitzt und dieser ausdrücklich einen Ertragszuschuss leisten will.

b13) Ausweis und Erläuterung im Anhang

Zu Ausweis- und Berichterstattungsfragen heißt es in **HFA 1/1994, Abschn. 2.1.3.**:

> *"Erreicht das Genussrechtskapital die **Haftungsqualität von Eigenkapital** und ist es nicht ertragswirksam zu vereinnahmen, so ist es gemäß § 266 Absatz 3 HGB innerhalb des Postens "A. Eigenkapital" in einem separaten Posten auszuweisen, der nach dem gezeichneten Kapital, den Gewinnrücklagen oder als letzter Posten des Eigenkapitals eingefügt werden kann. Das Genussrechtskapital ist grundsätzlich ohne Berührung der Gewinn- und Verlustrechnung in das Eigenkapital einzustellen.*
>
> ***Als Fremdkapital qualifiziertes Genussrechtskapital** ist als Verbindlichkeit auszuweisen. Nach dem Grundsatz der Klarheit erscheint die Hinzufügung eines neuen Postens (beispielsweise 'Genussrechtskapital') gemäß § 265 Absatz 5 Satz 2 HGB sachgerecht. Vertretbar erscheint allerdings nur bei Genussscheinen auch ein Ausweis unter dem Posten 'Anleihen' mit weiterer Untergliederung gemäß § 265 Absatz 5 Satz 1 HGB oder einem Davon-Vermerk.*
>
> *Sofern das überlassene Kapital nach den ... genannten Kriterien erfolgswirksam zu vereinnahmen ist, wird im Regelfall ein Ausweis gemäß § 277 Absatz 3 Satz 1 und 2 HGB als **außerordentlicher Ertrag** in Betracht kommen. ... "*

b14) Sonderfragen

In der Stellungnahme HFA 1/1994 werden Sonderfragen angesprochen, die sich ergeben, wenn die Genussrechtsemissionen mit einem Agio oder mit einem Disagio erfolgen oder wenn die Genussscheine als Wandel- oder Optionsscheine ausgegeben werden. Auf diese Fragen wird hier nicht eingegangen.

b2) Vergütung und Verlustbeteiligung

b21) Genussrechtskapital ohne Eigenkapitalcharakter

Hat das Genussrechtskapital Fremdkapitalcharakter, so stellen die laufenden Vergütungen nach **HFA 1/1994, Abschn. 2.2.1.**, Zinsaufwendungen dar.

Im Fall einer eingetretenen Verlustbeteiligung wird die Rückzahlungsverpflichtung des Emittenten zugunsten des laufenden Ergebnisses herabgesetzt. Dieser Ertrag ist nach **HFA 4/1994, Abschn. 2.2.1. b)**, unter der 'Erträgen aus Verlustübernahme' gesondert auszuweisen. Wenn in den Folgejahren erzielte Jahresüberschüsse nach den Genussrechtsbedingungen zuerst zur Wiederauffüllung des durch Verluste geminderten Genussrechtsbetrages zu verwenden sind, sollen diese Beträge als gesonderter Aufwandsposten ausgewiesen werden.

b22) Genussrechtskapital mit Eigenkapitalcharakter

Auch dann, wenn das Genussrechtskapital als Eigenkapital zu qualifizieren ist, muss die laufende Bedienung gem. **HFA 1/1994, Abschn. 2.2.2.**, nicht als Gewinnverwendung sondern als Aufwand ("Vergütung für Genussrechtskapital") in der GuV vor dem Jahresüberschuss ausgewiesen werden. Zum GuV-Ausweis wird hierzu festgestellt:

"Der Aufwand aus der laufenden Vergütung ist im Interesse der Klarheit der Gewinn- und Verlustrechnung in dieser unter entsprechender Postenbezeichnung gesondert auszuweisen (z. B. 'Vergütung für Genussrechtskapital'). Dies gilt unabhängig davon, ob die Vergütungspflicht als Teilgewinnabführungsvertrag i. S. v. § 277 Absatz 3 Satz 2 HGB anzusehen ist."

Wird ein Verlustanteil übernommen, so sind Veränderungen des Genussrechtskapitals, das als Eigenkapital qualifiziert wurde, wie Rücklagenzuführungen bzw. -entnahmen nach dem Jahresüberschuss auszuweisen. Sie sind bereits bei der Aufstellung des Jahresabschlusses zu berücksichtigen. In Betracht kommt nach HFA 1/1994 eine Bezeichnung als 'Entnahme aus Genussrechtskapital' bzw. als 'Wiederauffüllung des Genussrechtskapitals'."

Ziff. 8 Das Eigenkapital nach den IFRS/IAS

a) Das Eigenkapital als Restgröße

Das Eigenkapital wird in **IAS F.49** (c) als Restgröße definiert:

„Eigenkapital ist der nach Abzug aller Schulden verbleibende Restbetrag der Vermögenswerte des Unternehmens."

b) Gliederung des Eigenkapitals

Die allgemeine Definition schließt nicht aus, dass die Eigenkapitalposten für den Ausweis weiter differenziert werden. Da die Bilanzierung des Eigenkapitals in großem Umfang durch das nationale Gesellschaftsrecht bestimmt wird, beschränkt sich das IAS-Framework allerdings auf allgemeine Hinweise zum Ausweis der Eigenkapital-Posten (**IAS F.65 - .66**):

IAS F.65: *„Obwohl das Eigenkapital ... als eine Restgröße definiert ist, kann es in der Bilanz unterteilt werden. So können beispielsweise in einer Kapitalgesellschaft Gesellschafterbeiträge, Gewinnrücklagen vor oder nach Verwendung und Kapitalerhaltungsrücklagen gesondert ausgewiesen werden. Solche Aufgliederungen können für die Abschlussadressaten im Rahmen ihrer Entscheidungserfordernisse relevant sein, wenn sie auf gesetzliche oder andere Einschränkungen in der Fähigkeit des Unternehmens hinweisen, Ausschüttungen vorzunehmen oder das Eigenkapital anderweitig zu verwenden. Sie können auch die Tatsache widerspiegeln, dass Anteilseigner eines Unternehmens unterschiedliche Dividendenrechte oder unterschiedliche Rechte auf Rückzahlung von Kapital haben."*

IAS F.66: *„Die Dotierung von Rücklagen ist manchmal durch die gesellschaftsrechtlichen Statuten oder andere Gesetze vorgeschrieben, damit das Unternehmen und seine Gläubiger in einem höheren Maß vor den Auswirkungen von Verlusten geschützt sind. Andere Rücklagen können gebildet werden, wenn das nationale Steuerrecht bei einem Übertrag auf solche Rücklagen Befreiungen von der Besteuerung oder Steuervergünstigungen gewährt. Existenz und Höhe dieser gesetzlichen, statutarischen oder steuerlichen Rücklagen können für die Adressaten und deren wirtschaftliche Entscheidungen relevant sein. Zuführungen zu solchen Rücklagen sind als Verwendung von Gewinnrücklagen, nicht aber als Aufwendungen anzusehen."*

c) Angaben zum Eigenkapital

Unabhängig von der konkreten Gliederung des Eigenkapitals sind nach **IAS 1.76** in der Bilanz oder im Anhang aber umfangreiche Angaben erforderlich:

„(a) für jede Klasse von Anteilen:

(i) die Anzahl der genehmigten Anteile;

(ii) die Anzahl der ausgegebenen und voll eingezahlten Anteile und die Anzahl der ausgegebenen und nicht voll eingezahlten Anteile;

(iii) den Nennwert der Anteile oder die Aussage, dass die Anteile keinen Nennwert haben;

(iv) eine Überleitungsrechnung der Anzahl der im Umlauf befindlichen Anteile am Anfang und am Ende der Periode;

(v) die Rechte, Vorzugsrechte und Beschränkungen für die jeweilige Kategorie von Anteilen einschließlich Beschränkungen bei der Ausschüttung *von Dividenden und der Rückzahlung des Kapitals;*

(vi) Anteile an dem Unternehmen, die durch das Unternehmen selbst, seine Tochterunternehmen oder assoziierte Unternehmen gehalten werden;

und

(vii) Anteile, die für die Ausgabe auf Grund von Optionen und Verkaufsverträgen vorgehalten werden, unter Angabe der Modalitäten und Beträge;

sowie

(b) eine Beschreibung von Art und Zweck jeder Rücklage innerhalb des Eigenkapitals."

d) Aufstellung der Veränderungen des Eigenkapitals (Eigenkapitalspiegel)

Darüber hinaus ist ein sog. Eigenkapitalspiegel offen zu legen. Es heißt hierzu in **IAS 1.96** und in **IAS 1.97:**

IAS 1.96: *„Das Unternehmen hat eine Aufstellung der Veränderungen des Eigenkapitals zu erstellen, die folgende Posten enthält:*

(a) Periodenergebnis;

(b) jeden Ertrags- und Aufwands-, Gewinn- oder Verlustposten, der für die betreffende Periode nach anderen Standards bzw. Interpretationen direkt im Eigenkapital erfasst wird, sowie die Summe dieser Posten;

(c) Gesamtertrag und -aufwand für die Periode (Summe von (a) und (b)), wobei die Beträge, die den Anteilseignern des Mutterunternehmens bzw. den Minderheitsanteilen zuzurechnen sind, getrennt auszuweisen sind

und

(d) für jeden Eigenkapitalbestandteil die Auswirkungen der gemäß IAS 8 erfassten Änderungen der Bilanzierungs- und Bewertungsmethoden sowie Fehlerberichtigungen."

IAS 1.97: *„Das Unternehmen hat darüber hinaus entweder in der Aufstellung der Veränderungen des Eigenkapitals oder im Anhang anzugeben:*

(a) die Beträge der Transaktionen mit Anteilseignern, die in ihrer Eigenschaft als Anteilseigner handeln, wobei die Dividendenausschüttungen an die Anteilseigner gesondert auszuweisen sind;

(b) den Betrag der Gewinnrücklagen (d.h. die angesammelten Ergebnisse) zu Beginn der Periode und zum Bilanzstichtag sowie die Bewegungen während der Periode

und

(c) eine Überleitung der Buchwerte jeder Kategorie des gezeichneten Kapitals und sämtlicher Rücklagen zu Beginn und am Ende der Periode, die jede Bewegung gesondert angibt.“

Ein Beispiel eines Eigenkapitalspiegels findet sich in Abb. 41 (nach Baetge et al., Bilanzen, 6. A., S. 463)

Eine ausführliche Begründung der Verpflichtung zur Erfassung der Veränderungen des Eigenkapitals eines Unternehmens enthält **IAS 1.98**. Danach spiegeln die Veränderungen des Eigenkapitals zwischen zwei Bilanzstichtagen die Zu- oder Abnahme des Nettovermögens während der Periode wider. Mit Ausnahme von Änderungen, die sich aus Transaktionen mit Anteilseignern, die in ihrer Eigenschaft als Anteilseigner handeln (z.B. Kapitaleinzahlungen, Zurückerwerb der Eigenkapitalinstrumente und Dividenden des Unternehmens), sowie den unmittelbar damit zusammenhängenden Transaktionskosten ergeben, stellt die Gesamtveränderung des Eigenkapitals während der betreffenden Periode nach **IAS 1.98** den Gesamtertrag bzw. -aufwand einschließlich der Gewinne und Verluste, die während der betreffenden Periode durch die Aktivitäten des Unternehmens entstehen, dar (und zwar unabhängig davon, ob solche Ertrags- und Aufwandsposten in der Gewinn- und Verlustrechnung oder unmittelbar in der Aufstellung über Veränderungen des Eigenkapitals ausgewiesen werden).

Durch das TransPuG (Transparenz- und Publizitätsgesetz) ist **§ 297 Abs. 1 Satz 2 HGB** neu gefasst worden. Danach hat ein kapitalmarktorientiertes Mutterunternehmen seinen (nach den Regeln des HGB aufgestellten) Konzernabschluß u.a. um einen Eigenkapitalspiegel zu ergänzen. Das Deutsche Rechnungslegungs Standards Committee hat einen entsprechenden Standard für die Aufstellung des Eigenkapitalspiegels veröffentlicht (DRS 7 Darstellung des Konzerneigenkapitals).

Abb. 41 Eigenkapitalspiegel

	Gezeichnetes Kapital	Rücklagen				Gesamt
		Kapitalrücklage	Neubewertungsrücklage	Umrechnungsrücklage	Gewinnrücklage	
Stand 31.12.00						
Änderungen der Bilanzierungs- und Bewertungsmethoden						
Angepaßter Saldo						
Überschüsse/Fehlbeträge aus der erfolgsneutralen Neubewertung (nach Arten der betroffenen Vermögensgegenstände gegliedert)						
Periodenergebnis						
Dividenden						
Kapitalerhöhung						
Stand 31.12.01						

§ 20 Vermerkposten (Eventualverbindlichkeiten)

Übersicht

Lit.: ADS, 6. A., Kommentierung zu § 251 HGB; Bieg, Haftungsverhältnisse, HWRP, Sp. 1101-1112; Ellrott, Kommentierung zu § 251 HGB, Beck'scher Bilanzkommentar, 5. A., S. 369 ff.; Haegert, Eventualverbindlichkeiten, HWRev, 2. A., Sp. 495 ff.; IDW, HFA 2/1976 i.d.F.v 1990, Zur handelsrechtlichen Vermerk- und Berichterstattungspflicht bei Patronatserklärungen gegenüber dem Kreditgeber eines Dritten; Keitz/Dörner/Wollmert/Oser, IAS 37, Rückstellungen, Eventualschulden und Eventualforderungen, in: Baetge et al., Rechnungslegung nach IAS, 2. A., Loseblatt, 2003; WPH 2000, Bd. I, F 347 ff., N 800 f.

Ziff. 1 Vermerkposten nach § 251 HGB

Haftungsverhältnisse sind, soweit sie nicht durch entsprechende Rückstellungen oder Verbindlichkeiten berücksichtigt werden müssen, unter der Bilanz oder im Anhang zu vermerken. Im einzelnen werden im Gesetz genannt (**§ 251 HGB**):

- Verbindlichkeiten aus der Begebung und Übertragung von Wechseln,
- Verbindlichkeiten aus Bürgschaften, Wechsel- und Scheckbürgschaften,
- Verbindlichkeiten aus Gewährleistungsverträgen (dazu gehören auch Patronatserklärungen) und
- Verbindlichkeiten aus der Haftung aus der Bestellung von Sicherheiten für fremde Verbindlichkeiten.

a) Verbindlichkeiten aus der Begebung und Übertragung von Wechseln

In das Wechselobligo sind alle Abschnitte einzubeziehen, aus denen das Unternehmen als Aussteller oder Indossant haftet. Regelmäßig wird bei der Berechnung von der Wechselsumme ausgegangen; Nebenkosten bleiben dabei außer Betracht.

b) Verbindlichkeiten aus Bürgschaften, Wechsel- und Scheckbürgschaften

Zu den Bürgschaftsverbindlichkeiten gehören Haftungen aus Bürgschaften aller Art, auch Rückbürgschaften und Ausfallbürgschaften.

c) Verbindlichkeiten aus Gewährleistungsverträgen (dazu gehören auch Patronatserklärungen)

Vgl. dazu unten, Ziff. 3.

d) Haftung aus der Bestellung von Sicherheiten für fremde Verbindlichkeiten

Unter die Haftungsverhältnisse aus der Bestellung von Sicherheiten für fremde Verbindlichkeiten fallen z.B. Grundpfandrechte, Sicherungsübereignungen, Verpfändungen beweglicher Sachen und Rechte. Grundsätzlich ist der Betrag der gesicherten Verbindlichkeiten anzugeben.

Ziff. 2 Ausweis der Vermerkposten

a) Ausweis durch Nicht-Kapitalgesellschaften

Die Nicht-Kapitalgesellschaften können die Vermerkposten in einem Betrag unter der Bilanz vermerken. Die Haftungsverhältnisse sind auch dann anzugeben, wenn ihnen gleichwertige Rückgriffsforderungen gegenüberstehen (**§ 251 HGB**).

b) Zusatzverpflichtung für Kapitalgesellschaften nach § 268 Abs. 7 HGB

Für Kapitalgesellschaften bestehen nach **§ 268 Abs. 7 HGB** differenziertere Ausweispflichten. Neben der Aufgliederung der einzelnen Haftungsverhältnisse und der Angabe der gewährten Sicherheiten und Pfandrechte sind auch diejenigen Haftungsverhältnisse gesondert anzugeben, die gegenüber verbundenen Unternehmen bestehen:

"Die in § 251 bezeichneten Haftungsverhältnisse sind jeweils gesondert unter der Bilanz oder im Anhang unter Angabe der gewährten Pfandrechte und sonstigen Sicherheiten anzugeben; bestehen solche Verpflichtungen gegenüber verbundenen Unternehmen, so sind sie gesondert anzugeben."

Ziff. 3 Besonderheiten von sog. Patronatserklärungen

a) Begriff der Patronatserklärung

Eine Muttergesellschaft erklärt sich gegenüber einem Kreditgeber der Tochtergesellschaft zur Vornahme oder zur Unterlassung von Maßnahmen bereit.

In der Stellungnahme **HFA 2/1976** i.d.F.v 1990 wird allgemein zu den Patronatserklärungen ausgeführt:

"I. Wesen und rechtliche Einordnung der Patronatserklärungen

Ein Rechtsbegriff 'Patronatserklärung', aus dem sich die Rechte und Pflichten des Erklärenden und des Erklärungsempfängers rechtstypisch ableiten lassen, ist nicht feststellbar. Mit 'Patronatserklärung' findet man in der Praxis eine Vielzahl von Erklärungen bezeichnet, die

- bei unterschiedlichem Rechtsgehalt - ihre Gemeinsamkeit regelmäßig darin haben, dass eine Muttergesellschaft einem Kreditgeber ihrer Tochter zur Förderung oder Erhaltung der Kreditbereitschaft Maßnahmen oder Unterlassungen in Aussicht stellt oder zusagt. Dabei macht es keinen Unterschied, ob die Zusage von vornherein gegenüber dem Kreditgeber abgegeben wird oder zunächst gegenüber der Tochtergesellschaft und diese hernach die Rechte aus der Zusage mit Zustimmung der Muttergesellschaft an den Kreditgeber abtritt. Gleichzustellen ist auch der Fall, dass die Zusage der Tochtergesellschaft erteilt wird, die Muttergesellschaft sich aber gegenüber dem Kreditgeber verpflichtet, für die Dauer des Kreditverhältnisses die Zusage unverändert gelten zu lassen. Erklärungen, die nur gegenüber der Tochtergesellschaft abgegeben sind und die vielfach auch als 'Patronatserklärungen' bezeichnet werden, sind nicht Gegenstand dieser Stellungnahme. Dabei ist zur Klarstellung darauf hinzuweisen, dass die Tatsache, dass nur die Tochtergesellschaft Empfängerin der Erklärung ist, der Annahme eines Gewährleistungsvertrages nicht entgegensteht und eine Prüfung der Erklärung auf ihren Verpflichtungsgehalt nicht entbehrlich macht."

b) Grundformen der Patronatserklärungen

Angesichts der Vielfalt der möglichen Inhalte von Patronatserklärungen bietet die Stellungnahme HFA 1/76 i.d.F.v 1990 eine Grundsystematik möglicher Erklärungsinhalte an, und zwar kann erklärt werden,

1. das Gesellschaftsverhältnis mit der Tochter beizubehalten,
2. den Unternehmensvertrag mit der Tochter nicht zu ändern, aufzuheben oder zu kündigen,
3. die Tochter dahin zu beeinflussen, dass sie ihren Verbindlichkeiten (aus dem Kreditvertrag) nachkommt,
4. die Tochter finanziell so ausgestattet zu halten, dass sie ihren Verbindlichkeiten (aus dem Kreditvertrag) nachkommen kann oder
5. eine bestimmte Kapitalausstattung bei der Tochter aufrechtzuerhalten.

b1) Grundform 1: Gesellschaftsverhältnis zur Tochter wird beibehalten, ein Vermerk ist nicht erforderlich

Hierzu wird in der Stellungnahme HFA 2/76 i.d.F.v 1990 ausgeführt:

"Patronatserklärungen mit dem Inhalt der Grundform 1 enthalten keine Gewährleistungszusage; über die bloße Pflicht zur Beibehaltung der Beteiligung hinaus wird ein besonderer Erfolg nicht geschuldet. Eine solche Patronatserklärung ist daher in der Bilanz nicht zu vermerken. ..."

b2) Grundform 2: Unternehmensvertrag mit der Tochter wird beibehalten, ein Vermerk ist nicht erforderlich

Hierzu wird in der Stellungnahme HFA 2/76 i.d.F.v 1990 ausgeführt:

"Patronatserklärungen mit dem Inhalt der Grundform 2 enthalten ebenfalls keine Gewährleistungszusage. Die Pflichten der Muttergesellschaft ergeben sich aus dem Unternehmensvertrag, den fortzuführen sie verspricht; darüber hinaus hat sie dem Kreditgeber für eine

weitere Leistung oder einen gesonderten Erfolg nicht einzustehen. Der Kreditgeber findet seine sicherungsmäßigen Grundlagen als Ausfluss des Unternehmensvertrages in den gesetzlichen Gläubigerschutzbestimmungen (z.B. §§ 300 bis 303 AktG) insbesondere auch in der Verpflichtung der Muttergesellschaft zur Verlustübernahme (§ 302 AktG). Patronatserklärungen mit dem Verpflichtungsinhalt der Grundform 2 sind daher weder zu vermerken noch muss über sie bei den Haftungsverhältnissen berichtet werden, da über das aus dem Unternehmensvertrag folgende wirtschaftliche Risiko hinaus ein weiteres nicht eingegangen wird. Andererseits entbindet das Bestehen eines Unternehmensvertrages nicht von der Pflicht, eine als Gewährleistungsvertrag zu qualifizierende Patronatserklärung zu vermerken und gegebenenfalls über sie zu berichten. ..."

b3) Grundform 3: Tochter wird beeinflusst, ihren Verpflichtungen nachzukommen, ein Vermerk ist grundsätzlich nicht erforderlich

Hierzu wird in der Stellungnahme HFA 2/76 i.d.F.v 1990 ausgeführt:

"Mit einer Patronatserklärung nach Grundform 3 verspricht die Muttergesellschaft lediglich, die Tochtergesellschaft zu ordentlicher Kreditabwicklung anzuhalten, wobei - als ungeschriebener Vertragsinhalt - gilt, dass dies nur im Rahmen des rechtlich Zulässigen zu geschehen hat. Die Muttergesellschaft verpflichtet sich zwar, die Tochter dahin zu beeinflussen, dass sie ihre Geschäfte (auf einem Teilgebiet) mit der Sorgfalt eines ordentlichen Kaufmanns führt, sie steht aber damit nicht für einen bestimmten Erfolg dieser Geschäftsführung ein. Dies schon deshalb nicht, weil auch eine ordentliche Geschäftsführung nicht schon für sich allein die Erfüllung der Verpflichtungen aus einem Kreditvertrag garantiert. ..."

Verbindet jedoch die Muttergesellschaft das Versprechen der Einflussnahme mit der Zusage, die Tochter in die Lage zu versetzen, ihren Verbindlichkeiten nachkommen zu können oder erklärt sie, dafür 'sorgen' zu wollen, dass die Tochter ihre Verbindlichkeiten erfüllt, so ist eine Erfolgsgarantie eingeschlossen. Hier muss die Muttergesellschaft erforderlichenfalls Liquiditätshilfe leisten. Daraus folgt, dass derartige Erklärungen als auf Liquiditätsausstattung gerichtete Gewährleistungszusagen zu werten sind. Wegen der sich daraus ergebenden bilanzrechtlichen Auswirkungen kann auf die Erläuterungen zu Grundform 4 verwiesen werden."

b4) Grundform 4: Tochter wird finanziell so ausgestattet, dass sie ihren Verpflichtungen nachkommen kann, ein Vermerk ist erforderlich

Hierzu wird in der Stellungnahme HFA 2/76 i.d.F.v 1990 ausgeführt:

"Durch eine Patronatserklärung nach Grundform 4 übernimmt die Muttergesellschaft gegenüber dem Kreditgeber die Gewähr für die künftige finanzielle Leistungsfähigkeit der Tochter. Der Annahme eines Gewährleistungsvertrages (in der Form eines unechten Vertrages zugunsten eines Dritten, der Tochter) steht nicht entgegen, dass kein direkter Zahlungsanspruch des Kreditgebers gegen die Muttergesellschaft besteht, sondern er lediglich verlangen kann, dass die Muttergesellschaft ihre Tochter ausreichend mit liquiden Mitteln versorgt; und ebenso wenig steht entgegen, dass die Muttergesellschaft die finanzielle Ausstattung nicht aus eigenen Mitteln bewirken muss.

Eine Verpflichtung zur Leistung an den Kreditgeber ist nur bei Bürgschafts- und Garantieverträgen begriffsnotwendig, und die Ausstattung muss im äußersten Fall eben doch durch die gewährleistende Muttergesellschaft erfolgen."

Zur Höhe der Vermerkpflicht wird ausgeführt:

"Ist in der Erklärung auf die zu sichernde Verbindlichkeit ('aus dem Kreditvertrag') Bezug genommen, so genügt in aller Regel die Angabe des Betrages, der der Schuld der Tochter entspricht. Fehlt eine solche Bezugnahme und übernimmt die Muttergesellschaft ganz allgemein die Verpflichtung, die Tochter so auszustatten, dass sie ihre Verbindlichkeiten erfüllen kann, dann liegt nach dem schlichten Wortlaut der Erklärung eine allgemeine Liquiditätszusage vor. Im allgemeinen wird jedoch eine so weitgehende Verpflichtung von den Vertragspartnern nicht gewollt sein. Eine entsprechende Klarstellung der Rechtslage, etwa durch eine Bestätigung des Kreditgebers, sollte herbeigeführt werden, zumal sie auch im wirtschaftlichen Interesse des geprüften Unternehmens liegt. Bleiben Zweifel - etwa weil eine Bestätigung des Kreditgebers nicht zu erlangen ist - , muss von der Annahme ausgegangen werden, dass es dem Kreditgeber - z.B. im Interesse ihm nahe stehender anderer Kreditgeber - tatsächlich auf die Aufrechterhaltung der allgemeinen Liquidität ankommt. Dann reicht ein Vermerk in Höhe der Schuld der Tochter nicht aus, sondern das Haftungsrisiko muss, soweit dies nach den Umständen des Einzelfalles möglich ist, anders beziffert werden. In der Mehrzahl der Fälle wird das Risiko jedoch ziffernmäßig nicht bestimmbar sein. Die mangelnde Bestimmbarkeit berechtigt aber nicht, einen Vermerk bzw. eine Anhangangabe gem. § 268 Abs. 7 HGB überhaupt zu unterlassen und auf eine Angabe gem. § 285 Nr. 3 HGB auszuweichen und dort über die Liquiditätszusage bei den Haftungsverhältnissen zu berichten. Vielmehr ist auch in einem solchen Falle die Schuld der Tochter gegenüber dem Kreditgeber zu vermerken, da insoweit primär und mindestens Gewähr geleistet wird. Die darüber hinausgehenden, nicht bezifferbaren Verbindlichkeiten aus dem Gewährleistungsvertrag sind im Anhang zu erläutern, worauf in der Bilanz bei dem Vermerkposten hinzuweisen ist."

b5) Grundform 5: Eine bestimmte Kapitalausstattung bei der Tochter soll beibehalten werden, ein Vermerk ist erforderlich

Hierzu wird in der Stellungnahme HFA 2/76 i.d.F.v. 1990 ausgeführt:

"Eine Patronatserklärung mit dem Inhalt der Grundform 5 ist ebenfalls als Gewährleistungsvertrag (in der Form eines unechten Vertrages zugunsten Dritter, der Tochter) zu werten, wobei im Gegensatz zu den Liquiditätszusagen die Muttergesellschaft ihre Verpflichtung auch durch Übertragung oder Verschaffung nichtliquider Mittel erfüllen kann. Auch hier wird der Zweck der Patronatserklärung im allgemeinen darauf beschränkt sein, dem Kreditgeber durch Erhaltung bestimmter Kapitalien eine Sicherheit zu verschaffen. Dies muss jedoch klargestellt sein, wenn der Vermerk der Gewährleistungsverbindlichkeit auf die Schuld der Tochter gegenüber dem Kreditgeber beschränkt bleiben soll. Auf die Ausführungen zu Grundform 4 wird verwiesen."

Ziff. 4 Bedingte Verbindlichkeiten (contingencies) nach internationalen Grundsätzen

Im Grundsatz stimmen die Regelungen nach IAS 37 mit den handelsrechtlichen Regelungen überein: Sichere Verpflichtungen sind als Verbindlichkeit zu passivieren; ungewisse (bedingte) Verbindlichkeiten sind bei hinreichender Wahrscheinlichkeit zurückzustellen; werden die Verpflichtungen nicht passiviert, sind sie von Kapitalgesellschaften nach § 268 Abs. 7 HGB einzeln anzugeben, wenn es sich nach § 251 HGB um Verbindlichkeiten aus der Begebung und Übertragung von Wechseln, aus Bürgschaften, Wechsel- und Scheckbürgschaften und aus Gewährleistungsverträgen sowie Haftungsverhältnisse aus der Bestellung von Sicherheiten für fremde Verbindlichkeiten handelt; fallen die bedingten Verpflichtungen nicht unter die vorgenannten Kategorien, sind sie schließlich nach § 285 Nr. 3 HGB im Anhang anzugeben.

Zur Abgrenzung zwischen Rückstellungen (Provisions) und Eventualberbindlichkeiten (contingent liabilities) vgl. Abb. 42:

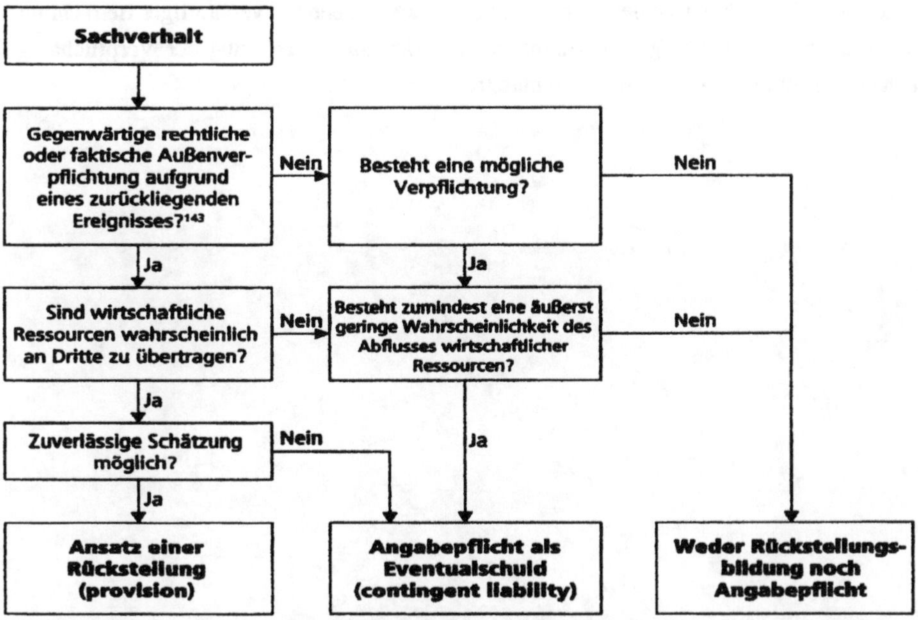

Abb. 42 Abgrenzung zwischen Rückstellungen und Eventualverpflichtungen nach Baetge et al., Bilanzen, S. 404

„Eventualschulden" (contingent liabilities) werden in **IAS 37.10** wie folgt definiert:

„Eine Eventualschuld ist:

(a) *eine mögliche Verpflichtung, die aus vergangenen Ereignissen resultiert und deren Existenz durch das Eintreten oder Nichteintreten eines oder mehrerer unsicherer künftiger Ereignisse erst noch bestätigt wird, die nicht vollständig unter der Kontrolle des Unternehmens stehen, oder*

(b) *eine gegenwärtige Verpflichtung, die auf vergangenen Ereignissen beruht, jedoch nicht erfasst wird, weil:*

(i) *ein Abfluss von Ressourcen mit wirtschaftlichem Nutzen zur Erfüllung dieser Verpflichtung nicht wahrscheinlich ist, oder*

(ii) *die Höhe der Verpflichtung nicht ausreichend verlässlich geschätzt werden kann.*

Ergänzend werden durch **IAS 37.86** Anhangangaben verlangt:

„Sofern die Möglichkeit eines Abflusses bei der Erfüllung nicht unwahrscheinlich ist, hat ein Unternehmen für jede Gruppe von Eventualschulden zum Bilanzstichtag eine kurze Beschreibung der Eventualschuld und, falls praktikabel, die folgenden Angaben zu machen:

(a) eine Schätzung der finanziellen Auswirkungen, bewertet nach den Paragraphen 36 bis 52 („bestmögliche Schätzung", d.V.);

(b) die Angabe von Unsicherheiten hinsichtlich des Betrages oder der Fälligkeiten von Abflüssen; und

die Möglichkeit einer Erstattung."

Nach **IAS 37.37** ist die bestmögliche Schätzung der zur Erfüllung der gegenwärtigen Verpflichtung erforderlichen Ausgabe der Betrag, den das Unternehmen bei vernünftiger Betrachtung zur Erfüllung der Verpflichtung zum Bilanzstichtag oder zur Übertragung der Verpflichtung auf einen Dritten zu diesem Termin zahlen müsste.

§ 21 Gliederungsgrundsätze für den Jahresabschluss

<u>*Übersicht*</u>

Lit.: ADS, 6. A., Kommentierung zu §§ 265, 266, 268 HGB; Coenenberg, Jahresabschluss, 19. A., S. 125 ff.; Elrott/Krämer u. Berger/Schmidt-Wendt, Kommentierung zu § 266 HGB, Beckscher Bilanzkommentar, 5. A., S. 808 ff. und S.819 ff.; Gross/Schruff, Jahresabschluss, 2.A., S. 145 ff.; Hense/Geißler, Kommentierung zu § 265 HGB, Beckscher Bilanzkommentar, 5. A., S. 798 ff.; IDW, Stellungnahme HFA 5/1988: Vergleichszahlen im Jahresabschluss und im Konzernabschluss sowie ihre Prüfung; Kussmaul, Bilanz, HWRP, Sp. 375-393; WPH 2000, Bd. I, E 450 ff.

Ziff. 1 Allgemeine Ausweis- und Gliederungsvorschriften für alle bilanzierenden Kaufleute

Eine Übersicht über die Gliederungsgrundsätze für die Bilanz und die Erfolgsrechnung findet sich in der Abb. 43.

a) GoB-Entsprechung (§ 243 Abs. 1 HGB)

§ 243 Abs. 1 HGB verlangt, dass der Jahresabschluss (Bilanz, GuV, ggf. Anhang) den Grundsätzen ordnungsmäßiger Buchführung entspricht. Im hier zu besprechenden Zusammenhang ist damit in erster Linie die Gliederungsstetigkeit gemeint. Das WPH 2000, Bd. I, E 448, postuliert, dass die Bilanz in Kontoform und die GuV in Konto- oder Staffelform aufgestellt wird und dass Vorjahreszahlen angegeben werden.

b) Klarheit und Übersichtlichkeit (§ 243 Abs. 2 HGB)

Nach dem WPH 2000, Bd. I, E 446, verlangt der Grundsatz der Klarheit und Übersichtlichkeit, dass die Bezeichnung der Posten klar und verständlich sein muss, dass die Posten in sinnvoller Weise aufeinander folgen und dass jedem Posten ein in Ziffern ausgedrückter Betrag entspricht.

c) Vollständigkeit (§ 246 Abs. 1 HGB)

Nach **§ 246 Abs. 1 HGB** hat der Jahresabschluss sämtliche Vermögensgegenstände und Schulden, Rechnungsabgrenzungsposten, Aufwendungen und Erträge zu enthalten, soweit gesetzlich nichts anderes bestimmt ist. Eine solche Bestimmung liegt z.B. in **§ 248 Abs. 2 HGB** vor, wonach immaterielle Vermögensgegenstände des Anlagevermögens nicht bilanziert werden dürfen, wenn sie nicht entgeltlich erworben worden sind.

d) Saldierungsverbot (§ 246 Abs. 2 HGB)

Schließlich enthält **§ 246 Abs. 2 HGB** ein allgemeines Saldierungsverbot: Posten der Aktivseite dürfen nicht mit Posten der Passivseite, Aufwendungen nicht mit Erträgen, Grundstücksrechte nicht mit Grundstückslasten verrechnet werden. Auch hier sind Ausnahmen kraft gesetzlicher Regelung durchaus möglich, aber nur diese.

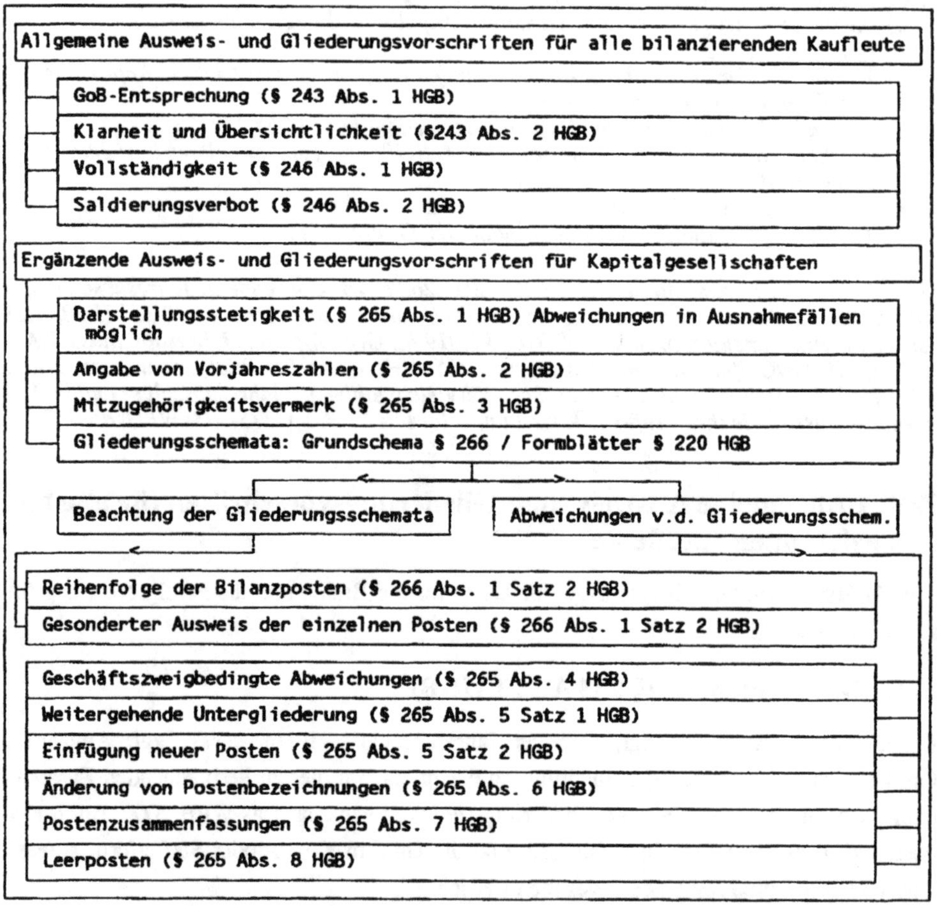

Abb. 43: Gliederungsgrundsätze (vgl. Gross/Schruff, Jahresabschluß 2. A., S.146)

Ziff. 2 Ergänzende Vorschriften für Kapitalgesellschaften

a) Darstellungsstetigkeit; bei Abweichungen Angabe- und Begründungszwang (§ 265 Abs. 1 HGB)

Nach **§ 265 Abs. 1 HGB** ist die Form der Darstellung, insbesondere die Gliederung der aufeinanderfolgenden Bilanzen und Gewinn- und Verlustrechnungen beizubehalten, sofern nicht in Ausnahmefällen wegen besonderer Umstände Abweichungen erforderlich sind. Die Abweichungen sind im Anhang anzugeben und zu begründen. Damit ist ein willkürlicher Wechsel in der Darstellungsform ausgeschlossen.

b) Angabe von Vorjahreszahlen; bei mangelnder Vergleichbarkeit oder bei Anpassung: Angabepflicht (§ 265 Abs. 2 HGB)

Die Angabe von Vorjahreszahlen entsprach schon nach altem Recht guter Übung. Das HGB schreibt die Angabe von Vorjahreszahlen erstmals mindestens für Kapitalgesellschaften zwingend vor. Zu Zweifelsfragen nimmt die nachfolgend wiedergegebene Stellungnahme **HFA 5/1988**, Vergleichszahlen im Jahresabschluss und im Konzernabschluss sowie ihre Prüfung, Stellung:

"I. Ermittlung und Anpassung der Vergleichszahlen

1. Gemäß § 265 Abs. 2 Satz 1 HGB ist in der Bilanz sowie in der Gewinn- und Verlustrechnung einer Kapitalgesellschaft zu jedem Posten der entsprechende Betrag des vorhergehenden Geschäftsjahrs anzugeben. Diese Angabepflicht führt dazu, dass die Vorjahresbeträge Bestandteil des Jahresabschlusses sind. Die Pflicht zur Angabe von Vorjahreszahlen gilt auch für Untergliederungen von Posten, auch in Form von Davon-Vermerken, sowie für Angaben, die anstatt in der Bilanz oder in der Gewinn- und Verlustrechnung im Anhang gemacht werden.

2. Die anzugebenden Vorjahresbeträge sind dem festgestellten Jahresabschluss des vorhergehenden Geschäftsjahres zu entnehmen. Ist dieser Jahresabschluss noch nicht festgestellt, so sind die Beträge maßgebend, die sich aus dem aufgestellten Jahresabschluss ergeben.

3. Die Vorjahresbeträge dürfen ohne weitere Angaben oder Maßnahmen gemäß § 265 Abs. 2 Satz 2 und 3 HGB nur übernommen werden, wenn sie mit den entsprechenden Angaben für das laufende Geschäftsjahr vergleichbar sind. Vergleichbarkeit i.S.v. § 265 Abs. 2 Satz 2 HGB liegt vor, wenn der Posteninhalt sich in seiner Zusammensetzung gegenüber dem Vorjahr nicht verändert hat.

Änderungen im Ansatz und in der Bewertung der Posten berühren nicht die Vergleichbarkeit im Sinne dieser Vorschrift, sondern sind erforderlichenfalls im Rahmen der Angaben von § 284 Abs. 2 Nr. 3 HGB darzustellen.

Rechtsformänderungen, Umstrukturierungen und Fusionen führen unbeschadet anderer Vorschriften nicht zu einer Beeinträchtigung der Vergleichbarkeit i.S.d. § 265 Abs. 2 HGB.

4. Die Vergleichbarkeit der Beträge kann durch Erläuterung im Anhang nach § 265 Abs. 2 Satz 2 HGB oder durch Anpassung und Erläuterung nach § 265 Abs. 2 Satz 3 hergestellt werden.

Eine Anpassung der Vorjahresbeträge kommt insbesondere in Betracht, wenn sich der Posteninhalt gegenüber dem Vorjahr in seiner Zusammensetzung verändert hat, bei einem Wechsel zwischen Gesamtkosten- und Umsatzkostenverfahren sowie einem Wechsel zwischen den unterschiedlichen größenabhängigen Gliederungsschemata.

Bei unterschiedlichem Vergleichszeitraum (z.B. Rumpfgeschäftsjahr) besteht keine Möglichkeit, die anzugebenden Vergleichszahlen nach § 265 Abs. 2 Satz 3 HGB anzupassen. Neben den nach § 265 Abs. 2 HGB anzugebenden Vorjahreszahlen können jedoch auf freiwilliger Grundlage unter entsprechender Kennzeichnung Vergleichszahlen in den Jahresabschluss aufgenommen werden, die die Veränderungen aufgrund der unterschiedlichen Dauer des Geschäftsjahres vergleichbar machen.

5. Für Unternehmen, die nicht zur Angabe von Vergleichszahlen verpflichtet sind, gebietet der Grundsatz der Klarheit einen entsprechenden Hinweis, wenn auf freiwilliger Grundlage Vergleichszahlen abweichend von den vorstehenden Grundsätzen angegeben werden."

c) Mitzugehörigkeitsvermerk bei Postenüberschneidungen (§ 265 Abs. 3 HGB)

Da die Gliederungsschemata sich teilweise überschneiden, musste in **§ 265 Abs. 3 HGB** die folgende Regelung getroffen werden:

"Fällt ein Vermögensgegenstand oder eine Schuld unter mehrere Posten der Bilanz, so ist die Mitzugehörigkeit zu anderen Posten bei dem Posten, unter dem der Ausweis erfolgt ist, zu vermerken oder im Anhang anzugeben, wenn dies zur Aufstellung eines klaren und übersichtlichen Jahresabschlusses erforderlich ist. Eigene Anteile dürfen unabhängig von ihrer Zweckbestimmung nur unter dem dafür vorgesehenen Posten im Umlaufvermögen ausgewiesen werden."

Zu beachten ist, dass die Vorschrift über die Mitzugehörigkeitsvermerke nur für die Bilanz, nicht für die GuV gilt.

d) Beachtung der Gliederungsschemata (§ 266 HGB) und ggf. besonderer Formblätter (§ 330 HGB)

Die Gliederungsschemata der §§ 266 und 275 (für die GuV) sind zu beachten; ggf. sind die für bestimmte Wirtschaftszweige bzw. Rechtsformen vorgeschriebenen Formblätter zu beachten. Eine entsprechende Formblattermächtigung findet sich in § 330 HGB.

d1) Reihenfolge der Posten (§ 266 Abs. 1 Satz 2 HGB)

Sowohl die Posten der Bilanz als auch die Posten der GuV sind nach **§§ 266 Abs. 1 und 275 Abs. 1 HGB** in der dort vorgeschriebenen Reihenfolge auszuweisen.

d2) Gesonderter Ausweis der einzelnen Posten (§ 266 Abs. 1 Satz 2 HGB)

Die Verpflichtung, jeden einzelnen Posten gesondert auszuweisen, wird durch § 265 Abs. 7 HGB teilweise durchbrochen.

e) Abweichungen von den Gliederungsschemata

Die folgenden Abweichungen von den Gliederungsschemata der § 266 und 275 HGB sind möglich.

e1) Geschäftszweig-bedingte Abweichungen (§ 265 Abs. 4 HGB)

In **§ 265 Abs. 4 HGB** heißt es:

"Sind mehrere Geschäftszweige vorhanden und bedingt dies die Gliederung des Jahresabschlusses nach verschiedenen Gliederungsvorschriften,, so ist der Jahresabschluss nach der für einen Geschäftszweig vorgeschriebenen Gliederung aufzustellen und nach der für die anderen Geschäftszweige vorgeschriebenen Gliederung zu ergänzen. Die Ergänzung ist im Anhang anzugeben und zu begründen."

e2) Weitergehende Untergliederung (§ 265 Abs. 5 Satz 1 HGB)

Eine weitergehende Untergliederung der einzelnen Posten ist zulässig, sofern dadurch der Grundsatz der Klarheit und Übersichtlichkeit nicht verletzt wird.

e3) Einfügung neuer Posten (§ 265 Abs. 5 Satz 2 HGB)

Es ist ferner möglich, neue Posten hinzuzufügen. Diese Hinzufügung findet aber ihre Grenze dort, wo der Inhalt dieser Posten (teilweise) von einem vorgeschriebenen Posten gedeckt wird.

e4) Änderung der Gliederung und der Bezeichnung von Posten (§ 265 Abs. 6 HGB)

§ 265 Abs. 6 HGB: *"Gliederung und Bezeichnung der mit arabischen Ziffern versehenen Posten der Bilanz und der Gewinn- und Verlustrechnung sind zu ändern, wenn dies wegen der Besonderheiten der Kapitalgesellschaft zur Aufstellung eines klaren und übersichtlichen Jahresabschlusses erforderlich ist."*

e5) Postenzusammenfassungen (§ 265 Abs. 7 HGB)

Die mit arabischen Ziffern versehenen Posten der Gliederungsschemata nach § 266 und § 275 HGB können unter bestimmten Bedingungen zusammengefasst werden. Diese Bedingungen sind nach **§ 265 Abs. 7 HGB**:

- Die zusammenzufassenden Posten enthalten einen Betrag, der für die Vermittlung eines den tatsächlichen Verhältnissen entsprechenden Bildes nicht erheblich ist, oder
- durch die Zusammenfassung wird die Klarheit der Darstellung vergrößert. In diesem Fall müssen die zusammengefassten Posten jedoch im Anhang gesondert ausgewiesen werden.

Die Möglichkeit der Zusammenfassung von Posten entspricht internationalen Gepflogenheiten; sie führt in Grenzfällen zu radikal geschrumpften Bilanzen. - Unverständlich ist es, dass der Gesetzgeber es zulässt, auch die mit arabischen Ziffern versehenden Posten der Gewinn- und Verlustrechnung zusammenzufassen, weil die Gliederungsschemata nach § 275 HGB ausschließlich mit arabischen Ziffern versehene Posten enthalten (!).

e6) Nichtberücksichtigung von Leerposten (§ 265 Abs. 8 HGB)

Leerposten brauchen - wie bisher - nicht ausgewiesen zu werden, es sei denn, dass im Vorjahr ein Betrag unter diesen Posten ausgewiesen worden war.

Ziff. 3 Gliederungsregelungen nach internationalen Grundsätzen

Die IAS enthalten keine allgemeinen Gliederungsschemata wie das deutsche Handelsrecht. Es gibt lediglich allgemeine Regelungen, nach denen der Jahresabschluss alle relevanten und wesentlichen Informationen enthalten muss, um klar und verständlich zu sein.

Das schließt nicht aus, dass die IAS an den verschiedensten Stellen Mindestangaben (minimum disclosures) verlangen, die als Gliederungshinweise angesehen werden können.

Es heißt grundsätzlich in **IAS 1.68**:

„In der Bilanz sind zumindest nachfolgende Posten darzustellen:

(a) Sachanlagen;

(b) als Finanzinvestitionen gehaltene Immobilien;

(c) immaterielle Vermögenswerte;

(d) finanzielle Vermögenswerte (ohne die Beträge, die unter (e), (h) und (i) ausgewiesen werden);

(e) nach der Equity-Methode bilanzierte Finanzanlagen;

(f) biologische Vermögenswerte;

(g) Vorräte;

(h) Forderungen aus Lieferungen und Leistungen und sonstige Forderungen;

(i) Zahlungsmittel und Zahlungsmitteläquivalente;

(j) Verbindlichkeiten aus Lieferungen und Leistungen und sonstige Verbindlichkeiten;

(k) Rückstellungen;

(l) finanzielle Schulden (ohne die Beträge, die unter (j) und (k) ausgewiesen werden);

(m) Steuerschulden und -erstattungsansprüche gemäß IAS 12, Ertragsteuern;

(n) Latente Steueransprüche und -schulden gemäß IAS 12;

(o) Minderheitsanteile am Eigenkapital;

(p) gezeichnetes Kapital und Rücklagen, die den Anteilseignern der Muttergesellschaft zuzuordnen sind.“

Daneben enthält IAS 1 eine Reihe von (fakultativen) Gliederungshinweisen:

- Zusätzliche Posten, Überschriften und Zwischensummen sind darzustellen, wenn die Darstellung für das Verständnis der Finanzlage wesentlich ist (**IAS 1.69**);
- Kurz- und langfristige Posten können getrennt dargestellt werden (**IAS 1.70**);
- Eine bestimmte Reihenfolge der Posten wird nicht vorgeschrieben (**IAS 1.71**);
- Ob und in wie weit zusätzliche Posten eingefügt werden können, hat sich nach der Art und der Liquidität von Vermögenswerten, nach der Funktion der Vermögenswerte im Unternehmen sowie nach den Beträgen, der Art und der Fälligkeit von Schulden zu richten (**IAS 1.72 (a)-(c)**);

Die Anwendung unterschiedlicher Bewertungsmethoden für unterschiedliche Gruppen von Vermögenswerten sollte dazu führen, solche Gruppen gesondert auszuweisen (IAS 1.73);

In der Bilanz oder im Anhang sind weitere Untergliederungen vorzunehmen (IAS 1.74), und zwar:

- Aufgliederung der Sachanlagen (IAS 1.75 (a)),
- Aufgliederung der Forderungen in Beträge, die gegenüber Handelskunden, nahe stehenden Unternehmen und Personen bestehen, sowie Gliederung in Vorauszahlungen und sonstige Beträge (IAS 1.75 (b)),
- Aufgliederung der Vorräte in Handelswaren, Roh-, Hilfs- und Betriebsstoffe, unfertige Erzeugnisse und Fertigerzeugnisse (IAS 1.75 (c)),
- Aufgliederung der Rückstellungen in Rückstellungen für Personalaufwand und sonstige Rückstellungen (IAS 1.75 (d)),
- Aufgliederung des Eigenkapitals in beispielsweise eingezahltes Kapital, Agio und Rücklagen (IAS 1.75(e)).

§ 22 Die Erfolgsrechnung

Übersicht

Lit.: ADS, 6. A. Kommentierung zu §§ 275, 277 HGB; Ballwieser, Gewinnverteilung, HWRev, 2. A., Sp. 706 ff.; Coenenberg, Jahresabschluss, 19. A., S. 429 ff.; Dykerhoff, Gewinn- und Verlustrechnung, Umsatzkostenverfahren, HWRP, Sp. 990-1000; Förschle, Kommentierung zu § 275 HGB, Beck´scher Bilanzkommentar, 5. A., Tz. 1-322; Förschle/Kroner, Kommentierung zu § 275 HGB, Beck´scher Bilanzkommentar, 5. A., Tz. 330-364; Gross/Schruff, Jahresabschluss, 2. A., S. 175; IDW, SABI 1/1987, Probleme des Umsatzkostenverfahrens; Matschke/Jaeckel, Gewinn- und Verlustrechnung, Gesamtkostenverfahren, HWRev, 2. A., Sp. 671 ff.; Matschke/Schellhorn, Gewinn- und Verlustrechnung, Gesamtkostenverfahren, HWRP. Sp. 979-990; Pohlentz, Gewinn- und Verlustrechnung, Umsatzkostenverfahren, HWRev, 2. A., Sp. 695 ff.; Rürup, Erfolgsrechnung, HdJ, Abt. IV, 1; Schirmeister, Gewinnverwendung, HWRP, Sp. 1001-1006; Wöhe, Bilanzierung und Bilanzpolitik, 8. A., S. 278; WPH 2000, Bd. I, F 395 ff.

Ziff. 1 Rechtsform- und Größenabhängigkeiten

a) Die Erfolgsrechnung für alle Kaufleute (§ 242 Abs. 2, § 246 HGB)

Das HGB enthält die Verpflichtung auch für die Einzelkaufleute und Personenhandelsgesellschaften, eine Erfolgsrechnung aufzustellen. Nach § 242 Abs. 2 HGB hat der Kaufmann für den

Schluss eines jeden Geschäftsjahrs eine Gegenüberstellung der Aufwendungen und Erträge des Geschäftsjahres (Gewinn- und Verlustrechnung) aufzustellen; es gilt das Vollständigkeitsgebot (**§ 246 Abs. 1 HGB**) und das Verrechnungsverbot (**§ 246 Abs. 2 HGB**).

b) Ergänzende Vorschriften für Kapitalgesellschaften

Für Kapitalgesellschaften gelten auf der Grundlage der vierten EG-Richtlinie die Vorschriften der **§§ 275-278 HGB**.

b1) Große Kapitalgesellschaften: Vollgliederung nach § 275 HGB

Nur die großen Kapitalgesellschaften sind verpflichtet, die Vollgliederungen des § 275 HGB entweder nach dem Gesamtkostenverfahren (**§ 275 Abs. 2 HGB**) oder nach dem Umsatzkostenverfahren (**§ 275 Abs. 3 HGB**) anzuwenden.

b2) Kleine und mittelgroße Kapitalgesellschaften: Zusammenfassung von Posten zum "Rohergebnis" nach § 276 HGB

Kleine und mittelgroße Kapitalgesellschaften i.S.v. § 267 HGB dürfen bestimmte "kritische" Posten zusammenfassen und in einer Summe unter der Bezeichnung "Rohergebnis" zusammenfassen.

Bei Anwendung des Gesamtkostenverfahrens können die folgenden Posten der Gliederung nach **§ 275 Abs. 2 HGB** zusammengefasst werden:

1. Umsatzerlöse,
2. Erhöhung oder Verminderung des Bestands an fertigen und unfertigen Erzeugnissen,
3. andere aktivierte Eigenleistungen,
4. sonstige betriebliche Erträge,
5. Materialaufwand:
   a) Aufwendungen für Roh-, Hilfs- und Betriebsstoffe und für bezogene Waren und
   b)Aufwendungen für bezogene Leistungen.

Bei Anwendung des Umsatzkostenverfahrens nach **§ 275 Abs. 3 HGB** können zu dem Posten "Rohergebnis" zusammengefasst werden:

1. Umsatzerlöse,
2. Herstellungskosten der zur Erzielung der Umsatzerlöse erbrachten Leistungen,
3. Bruttoergebnis vom Umsatz und
6. sonstige betriebliche Erträge.

Es ist fraglich, ob auf diese Weise der verlangte Einblick in die Ertragslage noch gewährleistet werden kann; es sind offensichtlich Gründe der Mittelstandspolitik, die dazu geführt haben, dass auch unter EG-Recht die kleinen und die mittelgroßen Kapitalgesellschaften nicht gezwungen werden sollten, ihre Umsatzerlöse und wesentliche umsatzbezogene Aufwendungen zu zeigen.

(In der nachfolgenden Darstellung wird nur noch auf die Vollgliederungen nach § 275 HGB abgestellt.)

Ziff. 2 Grundsätzlicher Aufbau nach dem Gesamtkostenverfahren und nach dem Umsatzkostenverfahren

a) Wahlrecht nach § 275 Abs. 2 und 3 HGB

In Ausübung eines nationalen Wahlrechts der 4. EG-Richtlinie hat der Gesetzgeber des HGB die folgenden Formen der Gewinn- und Verlustrechnung zugelassen.

a1) Gesamtkostenverfahren in Staffelform mit Artengliederung der Aufwendungen (§ 275 Abs. 2 HGB)

Sowohl das Gesamtkostenverfahren als auch das Umsatzkostenverfahren sind nach § 275 HGB in Staffelform anzuwenden; das nach der Richtlinie bestehende Wahlrecht, die GuV auch in Kontoform aufzumachen, ist nicht in das deutsche Recht transformiert worden.

Wesentlich ist, dass das Gesamtkostenverfahren die **Gliederung der produktionsbezogenen Aufwendungen nach primären Aufwandsarten** vorschreibt, also:

- Materialaufwand,
- Personalaufwand,
- Abschreibungen,
- sonstige betriebliche Aufwendungen.

a2) Umsatzkostenverfahren in Staffelform mit Bereichsgliederung der Aufwendungen (§ 275 Abs. 3 HGB)

Im Gegensatz dazu werden bei dem Umsatzkostenverfahren nach dem HGB die umsatzbezogenen Aufwendungen nicht nach primären Aufwandsarten sondern **nach sekundären Aufwands-Bereichen gegliedert**, also:

2. Herstellungskosten der zur Erzielung der Umsatzerlöse erbrachten Leistungen (= Produktionsbereich),
4. Vertriebskosten (= Vertriebsbereich),
5. allgemeine Verwaltungskosten (= Verwaltungsbereich) und
6. sonstige betriebliche Aufwendungen.

Die Gliederung der Aufwandsarten nach primären Aufwandsarten einerseits und nach sekundären, bereichsbezogenen Aufwendungen entspricht der Trennung im Bereich der Kostenrechnung in die Kostenartenrechnung einerseits und die Kostenstellenrechnung andererseits, wobei die Kostenstellenrechnung die auf die Kostenstellen (= Bereiche) umgegliederten Kostenarten enthält.

b) Grundaufbau der Erfolgsrechnung nach dem Gesamtkostenverfahren

Umsatzkostenverfahren und Gesamtkostenverfahren unterscheiden sich ferner durch die unterschiedliche Behandlung von Bestandsänderungen der unfertigen und der fertigen Erzeugnisse bzw. - was gleichbedeutend ist - durch die Abgrenzung dessen, was als Ertrag bezeichnet wird und dessen, was den Erträgen als Aufwand gegenübergestellt wird. Bei dem Gesamtkostenverfahren (**§ 275 Abs. 2 HGB**) gilt die folgende formelmäßige Darstellung:

Aufwand = Produktionsaufwand der Periode; Gliederung nach primären Aufwandsarten.

Ertrag = Gesamtleistung der Periode (= Umsatzerlöse ./. Bestandsabnahme + Bestandszunahme).

Danach wird als Produktionsaufwand der Fertigungsaufwand der Periode erfasst, und zwar unabhängig davon, ob die produzierten Leistungen in der Periode umgesetzt worden sind oder nicht.

Deshalb müssen auf der Ertragsseite neben den Umsatzerlösen der Periode auch die Bestandsänderungen (explizit) erfasst werden.

Ist z.B. in einer Periode nur auf Lager produziert worden, so sind dem Produktionsaufwand der Periode die Bestandszunahmen (bewertet mit Produktionskosten) als Gesamtleistung gegenüberzustellen.

Ist umgekehrt in einer Periode nichts produziert worden, sind aber die in Vorperioden hergestellten Leistungen in der Betrachtungsperiode umgesetzt worden, so ist zur Erfolgsermittlung den Umsatzerlösen die Bestandsabnahme gegenüberzustellen.

Sind schließlich die in einer Periode produzierten Leistungen sämtlich umgesetzt worden, so gilt für die Erfolgsermittlung: Umsatzerlöse ./. Produktionsaufwand der Periode.

c) Grundaufbau der Erfolgsrechnung nach dem Umsatzkostenverfahren

Bei Anwendung des Umsatzkostenverfahrens (**§ 275 Abs. 3 HGB**) gilt die folgende formelmäßige Darstellung.

Aufwand = Umsatzaufwand (= Produktionsaufwand der Periode + Bestandsabnahme ./. Bestandszunahme); Gliederung nach Bereichen.

Ertrag = Umsatzerlöse der Periode.

Danach werden als Ertrag nur die Umsatzerlöse der Periode ausgewiesen (- wenn man von anderen Erträgen absieht -). Diesem Ertrag können nur die umsatzbezogenen Aufwendungen, die Umsatzaufwendungen, gegenübergestellt werden (daher die Bezeichnung: "Umsatzkostenverfahren"). Die Umsatzaufwendungen lassen sich aus den Produktionsaufwendungen der Periode durch Hinzufügen der Bestandsabnahmen und durch Abziehen der Bestandszunahmen ableiten.

Ist z.B. in einer Periode nur auf Lager produziert worden, so sind Umsatzerlöse nicht angefallen; folglich sind auch Umsatzaufwendungen nicht auszuweisen. Nach der obigen Formel wird der Produktionsaufwand der Periode durch die Bestandszunahmen an fertigen und unfertigen Erzeugnissen kompensiert.

Ist umgekehrt in einer Periode nichts produziert worden, sind aber die in Vorperioden hergestellten Leistungen in der Betrachtungsperiode umgesetzt worden, so ist zur Erfolgsermittlung den Umsatzerlösen die Bestandsabnahme als Umsatzaufwand gegenüberzustellen.

Sind schließlich die in einer Periode produzierten Leistungen sämtlich umgesetzt worden, so gilt für die Erfolgsermittlung: Umsatzerlöse ./. Produktionsaufwand der Periode (Umsatzerlöse ./. Umsatzaufwand).

Abb. 44: Beispiele zu unterschiedlichen Typen der Erfolgsrechnung
(vgl. Wöhe, Bilanzierung und Bilanzpolitik, 8. A., S. 278 ff.)

Gesamterfolgsrechnung mit Artengliederung

Löhne und Gehälter	30.000	Umsatzerlöse	200.000	
Materialverbrauch	70.000	Bestandsabnahmen		
Abschreibungen	10.000		./. 20.000	
Zinsen	5.000			
Sonstige Aufwendungen	25.000			
Gewinn	40.000	Gesamtleistung		180.000
	180.000			180.000

Umsatzerfolgsrechnung mit Artengliederung

Löhne und Gehälter	34.400	Umsatzerlöse	200.000
Materialverbrauch	80.200		
Abschreibungen	11.700		
Zinsen	5.600		
sonstiger Aufwand	28.100		
Gewinn	40.000		
	200.000		200.000

Umsatzerfolgsrechnung mit Bereichsgliederung

Herstellungsaufwand	150.000	Umsatzerlöse	200.000
Verwaltungs- und Vertriebsaufwand	10.000		
Gewinn	-40.000		
	200.000		200.000

Überleitung der Periodenaufwendungen auf die Umsatzaufwendungen

	Aufw. d. Periode	Minderung d. unf. Erz. +	Minderung d. fert. Erz. +	Umsatzaufwand
Löhne und Geh.	30.000	2.300	2.100	34.400
Materialverbr.	70.000	5.300	4.900	80.200
Abschreibungen	10.000	1.000	700	11.700
Zinsen	5.000	250	350	5.600
sonst Aufw.	25.000	1.150	1.950	28.100
	140.000	10.000	10.000	160.000
Gewinn				40.000
				200.000

In Abb. 44 sind Beispiele zu unterschiedlichen Typen der Erfolgsrechnungen wiedergegeben, und zwar zunächst die herkömmliche Gesamterfolgsrechnung (Gesamtkostenverfahren) mit Artengliederung der Produktionsaufwendungen der Periode und explizitem Ausweis der Bestandsänderungen gem. **§ 275 Abs. 2 HGB**. Dieser Form ist eine Umsatzerfolgsrechnung mit Artengliederung gegenübergestellt (beachten Sie bitte, dass die Zinsen und die sonstigen Aufwendungen nicht unbedingt produktionsbezogen sein müssen). Vergleicht man die in beiden Rechnungen ausgewiesenen Aufwandsarten, so zeigt sich, dass die Umsatzaufwendungen in der zweiten Rechnung größer sind als die Periodenaufwendungen in der ersten Rechnung. Der Grund ist darin zu suchen, dass wegen der angenommenen Bestandsabnahmen in den Umsatzaufwendungen nicht nur die Produktionsaufwendungen der Periode, sondern auch die Aufwendungen der aus Vorperioden übernommenen und in der Betrachtungsperiode umgesetzten Bestände enthalten sind. In einer dritten Rechnung ist dann die Umsatzkostenrechnung nach **§ 275 Abs. 3 HGB** wiedergegeben. Die Überleitung von den Produktionsaufwendungen der Periode zu den Umsatzaufwendungen ergibt sich schließlich aus der angefügten Überleitungstabelle.

Ziff. 3 Sonderprobleme des Umsatzkostenverfahrens

Der Sonderausschuss Bilanzrichtlinien-Gesetz (SABI) im Institut der Wirtschaftsprüfer hat sich seinerzeit ausführlich nicht nur mit den Grundlagen sondern auch mit Einzelproblemen der Anwendung des Umsatzkostenverfahrens nach **§ 275 Abs. 3 HGB** auseinandergesetzt.

a) Grundsätzliches

SABI 1/1987, Abschn. I, umschreibt zunächst die Besonderheiten des Umsatzkostenverfahrens im Vergleich zu dem Gesamtkostenverfahren:

"Das HGB stellt in § 275 HGB für die Darstellung der Gewinn- und Verlustrechnung zwei Möglichkeiten zur Wahl. Neben dem bisher für Aktiengesellschaften allein zulässigen Gesamtkostenverfahren wird nunmehr auch das Umsatzkostenverfahren zugelassen. Für beide Verfahren ist die Staffelform unabdingbar.

Das Gesamtkostenverfahren vergleicht die Aufwendungen einer Periode mit der in ihr erbrachten Leistung (Umsatz, Bestandsveränderung der Erzeugnisse, andere aktivierte Eigenleistungen), während beim Umsatzkostenverfahren den Umsatzerlösen die zu ihrer Erzielung angefallenen Aufwendungen gegenübergestellt werden. Beide Verfahren führen zum gleichen Ergebnis; denn beim Umsatzkostenverfahren stellen die Aufwendungen der zur Erzielung der Umsatzerlöse erbrachten Leistungen nichts anderes dar als die um die Bestandserhöhung der Erzeugnisse und anderen aktivierten Eigenleistungen gekürzten bzw. um die Bestandsverminderung der Erzeugnisse erhöhten Aufwendungen des Gesamtkostenverfahrens.

Die Gliederung der Gewinn- und Verlustrechnung nach dem Gesamtkostenverfahren (§ 275 Abs. 2 HGB) unterteilt die Aufwendungen nach Arten (Primärprinzip). Demgegenüber werden beim Umsatzkostenverfahren (§ 275 Abs. 3 HGB) die betriebsbezogenen Aufwendungen funktional nach den Bereichen Herstellung, Vertrieb und allgemeine Verwaltung gegliedert (Sekundärprinzip). Zum Teil werden aber auch Aufwendungen und Erträge nach dem Primärprinzip ausgewiesen."

b) Ableitung aus dem Rechnungswesen

Die Möglichkeiten (und Grenzen) der Ableitung des Umsatzkostenverfahrens aus dem betrieblichen Rechnungswesen charakterisiert SABI 1/1987 (Abschn. II) wie folgt:

"Das Umsatzkostenverfahren kann bei Fertigungsunternehmen in aller Regel nicht aus dem Gesamtkostenverfahren direkt abgeleitet werden. Selbst wenn die Aufwendungen für Bestandserhöhungen der Erzeugnisse und andere aktivierte Eigenleistungen bzw. die Erträge aus Bestandsminderungen der Erzeugnisse eliminiert werden können, ist das Problem der Verteilung der Aufwandsarten auf die Kostenbereiche (Herstellung, Vertrieb und allgemeine Verwaltung) allein mit den Mitteln der Finanzbuchhaltung in den meisten Fällen nicht zu lösen. Hierzu bedarf es in der Regel der Verfahren der Kostenstellenrechnung. Die Zuordnung dieser Kostenbereiche zum Umsatz der Periode ist mittels der Kostenträgerrechnung vorzunehmen.

Die Zuordnung der Aufwendungen zu den Bereichen Herstellung, Vertrieb und allgemeine Verwaltung hat im allgemeinen nach den Regeln der Kostenstellenrechnung zu erfolgen.

Hierbei werden Abgrenzungsprobleme vor allem im Bereich der zeitbezogenen Aufwendungen (Gemeinkosten) auftreten. Soweit die Zuordnung der innerbetrieblichen Kostenverrechnungspraxis des Unternehmens entspricht und die Zuordnung willkürfrei ist, wird man ihr auch für die Gewinn- und Verlustrechnung folgen können."

c) Ausweis- und Gliederungsprobleme

c1) Herstellungskosten zur Erzielung der Umsatzerlöse

c11) Die in der GuV auszuweisenden Herstellungskosten sind grundsätzlich "Vollkosten"

SABI 1/1987 löst in Abschn. III, 1 die Grundsatzfrage, wie die Herstellungskosten i.S.v. **§ 275 Abs. 3 Nr. 2 HGB** im Vergleich zu **§ 255 Abs. 2 HGB** abzugrenzen sind:

"In Posten Nr. 2 der Umsatzkostenrechnung sind die Herstellungskosten der verkauften Produkte und Leistungen sowie die Anschaffungskosten für verkaufte Handelswaren auszuweisen, unabhängig davon, in welchem Geschäftsjahr sie angefallen sind.

Für die Zwecke der Bestandsbewertung sind die Herstellungskosten in § 255 Abs. 2 HGB definiert. Alle in dieser Vorschrift aufgeführten Aufwendungen zählen grundsätzlich auch zu den unter dem Posten Nr. 2 auszuweisenden Aufwendungen, unabhängig davon, wie bei der Bilanzbewertung verfahren wird. Darüber hinaus sind auch alle anderen Aufwendungen einzubeziehen, soweit sie im Herstellungsbereich für verkaufte Produkte angefallen sind. ***Der Herstellungskostenbegriff nach § 275 Absatz 3 Nr. 2 ist entsprechend der Aufgabenstellung der Gewinn- und Verlustrechnung, alle Aufwendungen nachzuweisen, umfassender als der nach § 255 Absatz 2.*** *" (Hervorhebung v. Verf.).*

c12) Behandlung von in Vorjahr hergestellten und nicht mit Vollkosten aktivierten umgesetzten Gegenständen

Soweit in der Bilanz nur mit Teilkosten bewertete Erzeugnisbestände in der Berichtsperiode umgesetzt werden, wenn also Bestandsminderungen vorliegen, tritt die Frage auf, wie in diesem Falle die Herstellungskosten in der GuV zu bemessen sind. SABI 1/1987 stellt hierzu fest:

"Soweit im letzten Jahresabschluss ausgewiesene und nicht mit Vollkosten bewertete Bestände im laufenden Jahr veräußert worden sind, sind sie nur mit den Bilanzansätzen in den Posten Nr. 2 einzubeziehen; eine Aufstockung der Bilanzwerte auf volle Herstellungskosten muss unterbleiben, da andernfalls die ursprünglich nicht aktivierten Teile der Herstellungskosten zum zweiten Mal in der GuV als Aufwand ausgewiesen würden."

c13) Behandlung der nicht aktivierten Herstellungskosten von im Berichtsjahr hergestellten, nicht umgesetzten Gegenständen

Werden dagegen in der Berichtsperiode hergestellte und nicht umgesetzte Erzeugnisse (Bestandserhöhungen) in der Bilanz gem. **§ 255 Abs. 2 HGB** nur mit Teilkosten aktiviert, so entsteht die Frage, wo die nicht aktivierten Aufwendungen für diese Erzeugnisse in der GuV nach dem Umsatzkostenverfahren auszuweisen sind. SABI 1/1987 stellt in diesem Fall zwei Alternativen fest:

"Werden die zu aktivierenden Leistungen (Erzeugnisse und Eigenleistungen) auf der Basis von Teilherstellungskosten bewertet, erhebt sich die Frage, wo im Falle einer Bestandserhöhung der Unterschied zu den Vollkosten auszuweisen ist. Hier erscheint es zulässig, die nicht aktivierten Beträge entweder

- innerhalb der Herstellungskosten (Posten Nr. 2) oder

- als Sonstige betriebliche Aufwendungen (Posten Nr. 7)

auszuweisen.

Die erste Alternative entspricht der angelsächsischen Praxis, bei der ein gesonderter Ausweis Sonstiger betrieblicher Aufwendungen nicht üblich ist; auch im Gliederungsschema des Artikels 25 der 4. EG-Richtlinie ist ein Posten Sonstige betriebliche Aufwendungen nicht vorgesehen. Die zweite Alternative befindet sich in Übereinstimmung mit der Begründung zu § 275 HGB.

Handelt es sich um nicht unerhebliche Beträge, so ist die angewandte Bilanzierungsmethode im Anhang anzugeben (§ 284 Abs. 2 Nr. 1 HGB)."

c14) Abgrenzung der Allgemeinen Verwaltungskosten

Nach **§ 255 Abs. 2 HGB** gehören die Allgemeinen Verwaltungskosten einerseits in den Kreis der aktivierungsfähigen Herstellungskosten, andererseits verlangt **§ 275 Abs. 3 Nr. 5 HGB** den Sonderausweis der Allgemeinen Verwaltungskosten. Die erforderliche Abgrenzung kann nach SABI 1/1987 wie folgt vorgenommen werden:

"In die unter dem Posten Nr. 2 ausgewiesenen Herstellungskosten sind auch die allgemeinen Verwaltungskosten einzubeziehen, da sie nach § 255 Absatz 2 Satz 4 HGB einen Teil der Herstellungskosten bilden. Soweit sie nicht dem Bereich Herstellung zurechenbar sind, gehen sie in den hierfür eigens vorgesehenen Posten Nr. 5 ein. Der betriebsindividuellen Zuordnung zu den Bereichen Herstellung und Verwaltung wird man in der Praxis unter Beachtung des Stetigkeitsgrundsatzes und des Willkürverbots folgen können (§ 265 Abs. 1 HGB)."

c15) Behandlung der Betriebsteuern und der Zinsen

Ein ähnliches Abgrenzungsproblem tritt im Bereich der Betriebsteuern und der Zinsaufwendungen auf: Einerseits verlangt **§ 275 Abs. 3 HGB** den primären Ausweis dieser Posten, andererseits können diese Aufwendungen zu den Herstellungskosten gehören. SABI 1/1987 gibt dem primären Ausweis unter den Posten 12 und 18 der Umsatzkostenrechnung den Vorzug:

"Betriebsteuern und - in bestimmten Fällen - auch Zinsen können nach § 255 Absatz 2 und 3 HGB zu den Herstellungskosten rechnen. Andererseits sieht das Gliederungsschema auch beim Umsatzkostenverfahren den primären Ausweis dieser Aufwendungen unter den Posten Nr. 18 und 12 vor. Daher sollten diese Aufwendungen nicht in den Posten Nr. 2 einbezogen, sondern unter den genannten Posten ausgewiesen werden. Im Hinblick auf den Wortlaut des Artikels 25 Nr. 18 der 4. EG-Richtlinie, der die Einschränkung ´soweit nicht unter obigen Posten enthalten´ enthält, erscheint es aber auch als zulässig, Betriebsteuern und Zinsen dann in den Posten Nr. 2 mit einzubeziehen, wenn sie nach der angewandten Berechnungsmethode grundsätzlich den aktivierbaren Herstellungskosten zugerechnet werden."

c16) Behandlung der Vertriebskosten

SABI 1/1987, Abschn. III, 2:

> *"Die Vertriebskosten sind nach § 255 Absatz 2 Satz 6 HGB nicht aktivierbar. Sie sind daher im vollen Umfang im Geschäftsjahr des Anfalls auszuweisen."*

c17) Behandlung der Allgemeinen Verwaltungskosten

Zur Abgrenzung der Allgemeinen Verwaltungskosten (Posten Nr. 5) von den Herstellungskosten vgl. oben, c14), ergänzend wird in SABI 1/1987, Abschn. III, 3, festgestellt:

> *"In diesem Posten sind die Verwaltungskosten insoweit auszuweisen, als sie weder zu den Herstellungskosten noch zu den Vertriebskosten rechnen. Bei Zweifeln hinsichtlich der Abgrenzung zu den Sonstigen betrieblichen Aufwendungen ist dem Ausweis unter Nr. 5 der Vorzug zu geben."*

c2) Sonstige betriebliche Aufwendungen und Erträge

Auch die Sonstigen betrieblichen Aufwendungen und Erträge, insbesondere die Sonstigen betrieblichen Aufwendungen, sind bei Anwendung des Umsatzkostenverfahrens anders abzugrenzen als bei Anwendung des Gesamtkostenverfahrens. Hierzu sagt die Stellungnahme SABI 1/1987, Abschn. III Nr. 4:

> *"Die **Sonstigen betrieblichen Erträge** sind grundsätzlich mit denjenigen des Gesamtkostenverfahrens identisch. Dies sind Erträge, die mit der eigentlichen Betriebstätigkeit nicht zusammenhängen, soweit sie nicht als Finanzerträge (Posten Nr. 8 bis 10) oder außerordentliche Erträge (Posten Nr. 14) auszuweisen sind. Zudem können hierin Erträge enthalten sein, die sich ergeben aus der Einbeziehung von Betriebsteuern und Zinsen in die Herstellungskosten der Bestände.*
>
> *Die **Sonstigen betrieblichen Aufwendungen** sind gegenüber dem Gesamtkostenverfahren wesentlich enger gefasst. Nur solche Aufwendungen, die nicht unter die Funktionsbereiche Herstellung, Vertrieb und allgemeine Verwaltung fallen und nicht als Finanzaufwendungen (Posten Nr. 11 und 12), außerordentliche Aufwendungen oder Steuern (Posten Nr. 17 und 18) ausgewiesen werden müssen, sind in diesen Sammelposten aufzunehmen."*

c23) Behandlung der Periodenfremden Aufwendungen

SABI 1/1987:

> *"Periodenfremde Herstellungs-, Vertriebs- und Verwaltungsaufwendungen sind funktional zuzuordnen."*

b3) Behandlung der Abschreibungen

Bei Anwendung des Umsatzkostenverfahrens werden Abschreibungen nicht gesondert in der Gewinn- und Verlustrechnung ausgewiesen; sie sind vielmehr nach SABI 1/1987, Abschn. III, 5, grundsätzlich "funktional" zuzuordnen:

> *"**Planmäßige Abschreibungen** auf immaterielle Vermögensgegenstände des Anlagevermögens, auf Sachanlagen sowie auf Aufwendungen für die Ingangsetzung und Erweiterung des*

Geschäftsbetriebs sind den Bereichen Herstellung, Vertrieb und allgemeine Verwaltung zuzuordnen. Im übrigen sind sie in den Sonstigen betrieblichen Aufwendungen zu erfassen (z.B. Abschreibungen auf Werkswohnungen u.a.). ***Außerplanmäßige Abschreibungen*** *nach § 253 Absatz 2 Satz 3 HGB und steuerrechtliche Abschreibungen i.S.d. § 254 HGB sind in erster Linie den Funktionsbereichen zuzuordnen. Für beide Abschreibungen ist jedoch zu beachten, dass unter bestimmten Voraussetzungen (§ 277 Abs. 3 Satz 1, 281 Abs. 2 Satz 1 HGB) auch ein Sonderausweis (davon Vermerk, Untergliederung) notwendig sein kann.*

Abschreibungen auf Vermögensgegenstände des Umlaufvermögens sind, soweit möglich, den Funktionsbereichen zuzuordnen, im übrigen unter den Sonstigen betrieblichen Aufwendungen auszuweisen. Dies gilt auch 'soweit diese die in der Kapitalgesellschaft üblichen Abschreibungen überschreiten'. Beim Gesamtkostenverfahren ist in diesem Fall ein Sonderausweis vorgeschrieben (§ 275 Abs. 2 Nr. 7b HGB). Die funktionale Zuordnung gilt grundsätzlich auch für die steuerrechtlichen Abschreibungen nach § 254 HGB und für die Abschreibungen nach § 253 Absatz 3 Satz 3 HGB. Auch hier kann ein Sonderausweis nach § 277 Absatz 3 Satz 1, 251 Absatz 2 Satz 1 HGB in Betracht kommen."

d) Anhangangaben

Die erforderlichen Anhangangaben bei Anwendung des Umsatzkostenverfahrens werden in SABI 1/1987, Abschn. IV, abschließend behandelt. Hierbei wird insbesondere auf mögliche Angabepflichten nach den **§§ 264 Abs. 2, 284 Abs. 2 Nr. 1 HGB** hingewiesen:

"Infolge der Gliederung des Umsatzkostenverfahrens sind bestimmte, bisher für bedeutsam gehaltene Aufwandsarten nicht mehr erkennbar. Im Anhang sind deshalb nach § 285 Nr. 8 HGB zusätzliche Angaben zu machen.

a) Nach § 285 Nr. 8a HGB ist der Materialaufwand des Geschäftsjahres getrennt nach Aufwendungen für Roh-, Hilfs- und Betriebsstoffe und für bezogene Waren einerseits und Aufwendungen für bezogene Leistungen andererseits zu nennen. Von dieser Verpflichtung sind lediglich die kleinen Kapitalgesellschaften befreit (§ 288 Satz 1 HGB); mittelgroße Kapitalgesellschaften dürfen den Anhang ohne diese Angaben zum Handelsregister einreichen (§ 327 Nr. 2 HGB). Nach dem Gesetzeswortlaut ('des Geschäftsjahres') und dem Sinn und Zweck dieser Angabe handelt es sich um den Materialaufwand im Sinne des Gesamtkostenverfahrens.

b) Nach § 285 Nr. 8b HGB ist der Personalaufwand des Geschäftsjahres anzugeben. Die Gliederung der Angabe hat nach dem Gesamtkostenverfahren (§ 275 Abs. 2 Nr. 6 HGB) zu erfolgen. Auch Umfang und Inhalt bestimmen sich danach.

Die Besonderheiten des Umsatzkostenverfahrens können unter den Gesichtspunkten des § 264 Abs. 2 HGB Angaben zu den angewandten Bilanzierungsverfahren bedingen, wie sie in § 284 Abs.2 Nr. 1 HGB allgemein vorgesehen sind. Diese Angaben sollen zwecks Verständlichkeit der Erfolgsrechnung erkennen lassen, wie die wichtigsten Ausweiswahlrechte ausgeübt worden sind."

Ziff. 4 Abgrenzung ausgewählter Posten

a) Umsatzerlöse (§ 277 Abs. 1 HGB)

Als Umsatzerlöse sind nach **§ 277 Abs. 1 HGB** die Erlöse aus dem Verkauf und der Vermietung oder Verpachtung von für die gewöhnliche Geschäftstätigkeit der Kapitalgesellschaft typischen Erzeugnissen und Waren sowie aus von für die gewöhnliche Geschäftstätigkeit der Kapitalgesellschaft typischen Dienstleistungen nach Abzug der Erlösschmälerungen und der Umsatzsteuer (sofern Vorsteuerabzugsberechtigung besteht) auszuweisen.

b) Bestandsänderungen und andere aktivierte Eigenleistungen (Gesamtkostenverfahren; § 277 Abs. 2 HGB)

Der Posten ergibt sich nach dem WPH 2000, Bd. I, F 335 ff., als Differenz zwischen den Werten, die in der zum Ende des Geschäftsjahres aufgestellten Bilanz und in der Vorjahresbilanz für unfertige und fertige Erzeugnisse ausgewiesen worden sind. Eine Aufteilung nach fertigen und unfertigen Erzeugnissen erübrigt sich, auch wenn die Veränderungen gegenläufig sind. Es ist ebenfalls unbeachtlich, ob sich die Veränderungen auf Mengenänderungen oder Wertänderungen zurückführen lassen. Liegen jedoch Abschreibungen vor, die das bei der Gesellschaft sonst übliche Maß überschreiten, sind diese unter dem Posten 7 b auszuweisen (die Abgrenzung ist schwierig).

Den wesentlichen Inhalt der anderen aktivierten Eigenleistungen bilden selbsterstellte Anlagen, aktivierte Großreparaturen und aktivierte Aufwendungen für die Ingangsetzung und Erweiterung des Geschäftsbetriebs.

c) Sonstige betriebliche Erträge

Der Posten ist ein Sammelposten für alle nicht unter andere Ertragsposten fallende Posten. Im Gesetz werden gesondert genannt: Erträge aus der Auflösung des Sonderpostens mit Rücklageanteil nach **§ 281 Abs. 2 Satz 2 HGB**.

d) Materialaufwand

Der Posten entfällt bei dem Umsatzkostenverfahren. Bei Anwendung des Umsatzkostenverfahrens ist aber die Angabe des Periodenaufwands für Material im Anhang durch große und mittelgroße Kapitalgesellschaften erforderlich (**§ 285 Nr. 8 a HGB**).

e) Rohergebnis

Das Rohergebnis ergibt sich aus der Zusammenfassung bestimmter Posten durch kleine und mittelgroße Kapitalgesellschaften (**§ 276 HGB**).

f) Personalaufwand

Die auf den Personalaufwand entfallenden Posten werden bei Anwendung des Umsatzkostenverfahrens nicht ausgewiesen; es ist dann aber die Angabe des Personalaufwands des Geschäftsjahrs im Anhang durch große und mittelgroße Kapitalgesellschaften (**§ 285 Nr. 8 b HGB**) erforderlich.

g) Sonstige betriebliche Aufwendungen

Es handelt sich hier - wie bei den sonstigen Erträgen - um einen Sammelposten, in den alle Aufwendungen aufzunehmen sind, die nicht unter andere Aufwandsposten fallen. Vom Gesetz werden ausdrücklich genannt: Einstellungen in die Sonderposten mit Rücklageanteil nach **§ 281 Abs. 2 Satz 2 HGB**. Der Posten ist in der 4. EG-Richtlinie nicht vorgesehen.

h) Außerordentliche Erträge und Aufwendungen

Die außerordentlichen Posten sind in **§ 277 Abs. 4 HGB** umschrieben. Danach handelt es sich um Erträge und Aufwendungen, die außerhalb der gewöhnlichen Geschäftstätigkeit anfallen. Wann allerdings Erträge und Aufwendungen als außerhalb der gewöhnlichen Geschäftstätigkeit angefallen zu gelten haben, wird weder im Gesetz noch in der Begründung umschrieben. Nach dem WPH 2000, Bd. I, F 464 ff. gehören hierzu mit Sicherheit Aufwendungen und Erträge seltener, d.h. nicht ständig wiederkehrender Natur sowie Vorgänge ungewöhnlicher Art. Es könnte sich nach dem Wortlaut von **§ 277 Abs. 4 HGB** auch um "neutrale" Aufwendungen und Erträge handeln. Es besteht Erläuterungspflicht bei nicht untergeordneter Bedeutung der außerordentlichen Posten für die Beurteilung der Ertragslage.

i) Periodenfremde Aufwendungen und Erträge

Als periodenfremde Posten sind z.B. Erträge und Verluste aus Anlageabgängen, Erträge aus der Auflösung von Rückstellungen, Erträge aus Zuschreibungen zu bezeichnen. Nach **§ 277 Abs. 4 Satz 3 HGB** besteht eine Angabepflicht für *"Erträge und Aufwendungen, die einem anderen Geschäftsjahr zuzurechnen sind"*, falls die Beträge für die Beurteilung der Ertragslage nicht von untergeordneter Bedeutung sind.

j) Steuern vom Einkommen und vom Ertrag

§ 278 HGB stellt klar, dass die (Körperschaft)Steuer auf der Grundlage des Beschlusses über die Verwendung des Ergebnisses berechnet werden muss. Liegt ein solcher Beschluss bei Feststellung des Jahresabschlusses noch nicht vor, so ist vom Vorschlag über die Verwendung des Jahresergebnisses auszugehen Bei Abweichungen: "Zusätzlicher Aufwand" oder "zusätzlicher Ertrag".

k) Ergebnisse aus Unternehmensverträgen

In **§ 277 Abs. 3 Satz 2 HGB** heißt es:

> *"Erträge und Aufwendungen aus Verlustübernahme und auf Grund einer Gewinngemeinschaft, eines Gewinnabführungs- oder Teilgewinnabführungsvertrags erhaltene oder abgeführte Gewinne sind jeweils gesondert unter entsprechender Bezeichnung auszuweisen."*

Es handelt sich hierbei um Posten, die in die Hauptspalte der GuV aufzunehmen sind und nicht nur um angabepflichtige Posten!

Ziff. 5 Ergebnisverwendung

a) Ausweis der Änderungen der Kapital- und Gewinnrücklagen nach dem Posten "Jahresüberschuss / Jahresfehlbetrag" (§ 275 Abs. 4 HGB)

Die Gewinn- und Verlustrechnungen nach **§ 275 Abs. 2 und 3 HGB** enden jeweils mit dem Posten "Jahresüberschuss/Jahresfehlbetrag" als Saldo zwischen allen Aufwendungen und Erträgen. Der Gesetzgeber verlangt, dass Vorgänge der Ergebnisverwendung, wenn sie in der GuV gezeigt werden, erst nach dem Jahresüberschuss oder Jahresfehlbetrag ausgewiesen werden dürfen. Es handelt sich nach § 275 Abs. 4 HGB um "Veränderungen der Kapital- und Gewinnrücklagen". Alternativ kann die sog. Erfolgsverwendungsrechnung, angelsächsischen Vorbildern folgend, auch in den Anhang aufgenommen werden.

b) Gewinnverwendungsrechnung bei Aktiengesellschaften entweder in der GuV oder im Anhang erforderlich (§ 158 Abs. 1 AktG)

Für Aktiengesellschaften ist die Erfolgsverwendungsrechnung explizit in § 158 AktG vorgeschrieben:

> *"Die Gewinn- und Verlustrechnung ist nach dem Posten 'Jahresüberschuss/Jahresfehlbetrag' in Fortführung der Numerierung um die folgenden Posten zu ergänzen:*
> *1. Gewinnvortrag/Verlustvortrag aus dem Vorjahr*
> *2. Entnahmen aus der Kapitalrücklage*
> *3. Entnahmen aus Gewinnrücklagen*
> *a) aus der gesetzlichen Rücklage*
> *b) aus der Rücklage für eigene Aktien*
> *c) aus satzungsmäßigen Rücklagen*
> *d) aus anderen Gewinnrücklagen*
> *4. Einstellungen in Gewinnrücklagen*
> *a) in die gesetzliche Rücklage*
> *b) in die Rücklage für eigene Aktien*
> *c) in satzungsmäßige Rücklagen*
> *d) in andere Gewinnrücklagen*
> *5. Bilanzgewinn/Bilanzverlust"*

c) Aufnahme der Erfolgsverwendungsrechnung in den Anhang, ggf. Darstellung im "Eigenkapitalspiegel"

§ 158 Abs. 1 Satz 2 AktG gestattet es ausdrücklich, die Erfolgsverwendungsrechnung auch im Anhang zu zeigen. Dies kann nach herrschender Meinung ggf. in einem "Eigenkapitalspiegel" erfolgen

Ziff. 6 Gliederungsregeln für die GuV nach internationalen Grundsätzen

Die IAS enthalten keine allgemeinen Gliederungsschemata wie das deutsche Handelsrecht. Das schließt nicht aus, dass die IAS an den verschiedensten Stellen Mindestangaben (minimum disclosures) verlangen, die als Gliederungshinweise angesehen werden können.

Nach **IAS 1** sind für die Gliederung der Gewinn- und Verlustrechnung sowohl das Gesamtkostenverfahren als auch das Umsatzkostenverfahren zugelassen. Darüber hinaus gilt auch für die GuV-Gliederung der Stetigkeitsgrundsatz und die Verpflichtung zur Angabe von vergleichbaren Vorjahreszahlen.

Zum Gesamtkostenverfahren wird in **IAS 1.91** und zum Umsatzkostenverfahren in **IAS 1.92** ausgeführt:

„91. Die erste Gliederung wird als Gesamtkostenverfahren bezeichnet. Aufwendungen werden in der Gewinn- und Verlustrechnung nach ihrer Art zusammengefasst (beispielsweise Abschreibungen, Materialeinkauf, Transportaufwand, Leistungen an Arbeitnehmer, Werbeaufwendungen) und werden nicht nach ihrer Zugehörigkeit zu einzelnen Funktionsbereichen des Unternehmens umverteilt. Diese Methode ist einfach anzuwenden, da keine Zuordnung von betrieblichen Aufwendungen zu einzelnen Funktionsbereichen notwendig ist.

Ein Beispiel für eine Gliederung bei der Anwendung des Gesamtkostenverfahrens ist:"

Umsatzerlöse		*X*
Sonstige Erträge		*X*
Veränderung des Bestandes an Fertigerzeugnissen und unfertigen Erzeugnissen	*X*	
Aufwendungen für Roh-, Hilfs- und Betriebsstoffe	*X*	
Zuwendungen an Arbeitnehmer	*X*	
Aufwand für planmäßige Abschreibungen	*X*	
Andere Aufwendungen	*X*	
Gesamtaufwand		*(X)*
Gewinn		*X*

„92. Die zweite Analyse wird als Umsatzkostenverfahren bezeichnet und unterteilt die Aufwendungen nach ihrer funktionalen Zugehörigkeit als Teile der Umsatzkosten, beispielsweise der Aufwendungen für Vertriebs- oder Verwaltungsaktivitäten. Zumindest hat das Unternehmen die Umsatzkosten gesondert zu erfassen. Diese Methode liefert den Adressaten oft wichtigere Informationen als die Aufteilung nach Aufwandsarten, aber die Zuordnung von Aufwendungen zu Funktionen kann willkürlich sein und enthält erhebliche Ermessensentscheidungen. Ein Beispiel für die Gliederung nach dem Umsatzkostenverfahren ist:"

Umsatzerlöse	*X*
Umsatzkosten	*(X)*
Bruttogewinn	*X*
Sonstige Erträge	*X*
Vertriebskosten	*(X)*
Verwaltungsaufwendungen	*(X)*
Andere Aufwendungen	*(X)*
Gewinn	*X*

Unternehmen, die das Umsatzkostenverfahren anwenden, haben nach **IAS 1.93** – wie nach **§ 285 Nr. 8 a) und b) HGB** - zusätzliche Informationen über die Art der Aufwendungen, einschließlich des Aufwandes für planmäßige Abschreibungen sowie Leistungen an Arbeitnehmer und den Materialeinsatz, anzugeben.

Zur Gewinnverwendungsrechnung nach IAS (Eigenkapitalspiegel) vgl. oben, § 19, Ziff. 8 d).

§ 23 Der Anhang

Übersicht

Lit.: ADS, 6. A., Kommentierung zu §§ 284-288 HGB; Coenenberg, Jahresabschluss, 19. A., S. 841 ff.; Ellrott, Kommentierung zu §§ 284-288 HGB, Beckscher Bilanzkommentar, 5. A.; Farr, W.-M., Checkliste 1, Aufstellung und Prüfung des Anhangs, IDW-Verlag; Kupsch, Der Anhang, HdJ, Abt. IV, 4; Ossadnik, Erläuterung der Einzelabschlußpositionen im Anhang, HWRev, 2. A., Sp. 12 ff.; Pellens/Fülbier, Notes, HWRP, Sp. 1575-1588; Richter, Anhang, Pflichtangaben zum Einzelabschluss nach HGB, HWRP, Sp. 47-55; Richter, Pflichtangaben zum Einzelabschluß im Anhang, HWRev, 2. A., Sp. 26 ff.; WPH 2000, Bd. I, F 531 ff.

Ziff. 1 Rechtsgrundlagen und Zweck des Anhangs

a) Der Anhang als Teil des Jahresabschlusses von Kapitalgesellschaften

Nach **§ 264 Abs. 1 HGB** ist der Jahresabschluss von Kapitalgesellschaften um einen Anhang zu erweitern, der mit der Bilanz und GuV-Rechnung eine Einheit bildet.

b) Zweck des Anhangs

Zweck des Anhangs ist es, Informationen aufzunehmen, die aus der Bilanz und der GuV nicht ohne weiteres ersichtlich sind. Deshalb hat der Anhang die gleiche Publizität wie die Bilanz und die GuV.

Ziff. 2 Vorschriften zur Aufstellung des Anhangs

a) § 284 HGB: Erläuterung der Bilanz und GuV

Nach **§ 284 Abs. 1 HGB** sind in den Anhang diejenigen Angaben aufzunehmen, die zu den einzelnen Posten der Bilanz oder der Gewinn- und Verlustrechnung vorgeschrieben oder die im Anhang zu machen sind, weil sie in Ausübung eines Wahlrechts nicht in die Bilanz oder in die Gewinn- und Verlustrechnung aufgenommen wurden.

b) § 285 HGB: Sonstige Pflichtangaben

Darüber hinaus verlangt § 285 HGB eine Reihe von Pflichtangaben, die sich nicht unbedingt auf einzelne Posten der Bilanz und der GuV beziehen.

c) § 286 HGB: Unterlassen von Angaben (Schutzklausel, Wirtschaftlichkeitsgrundsatz)

Anhangangaben haben zu unterbleiben, wenn dies für das Wohl der Bundesrepublik oder eines ihrer Länder erforderlich ist (**§ 286 Abs. 1 HGB**).

Sie können unterlassen werden, wenn

- sie für die Darstellung der Vermögens-, Finanz- und Ertragslage von untergeordneter Bedeutung sind oder
- sie nach vernünftiger kaufmännischer Beurteilung geeignet sind, der Kapitalgesellschaft oder einem anderen Unternehmen einen erheblichen Nachteil zuzufügen. Dies gilt auch für die Aufgliederung der Umsatzerlöse nach § 285 Nr. 4 HGB.

Ferner können die Angaben des Eigenkapitals und des Jahresergebnisses unterbleiben, wenn das Unternehmen, über das zu berichten ist, seinen Jahresabschluss nicht offen zu legen hat und die Kapitalgesellschaft weniger als die Hälfte der Anteile besitzt.

d) § 287 HGB: Sonderregelung für die "Aufstellung des Anteilsbesitzes" (Anteilsliste)

Nach **§ 285 Nr. 11 HGB** müssen über Unternehmen, an denen die Kapitalgesellschaft mindestens 20% der Anteile besitzt, im Anhang zusätzliche Angaben gemacht werden (sog. Anteilsliste). Aus Vereinfachungsgründen gestattet § 287 HGB, die entsprechenden Angaben in einer besonderen Aufstellung zusammenzufassen. Auf die Aufstellung einer solchen Anteilsliste und auf den Ort ihrer Hinterlegung ist im Anhang hinzuweisen.

e) § 288 HGB: Größenabhängige Erleichterungen

Kleine Kapitalgesellschaften und mittelgroße Kapitalgesellschaften brauchen einen Teil der in § 285 enthaltenen Pflichtangaben nicht zu machen.

f) Rechtsformabhängige Zusatzangaben

Durch das Aktiengesetz und durch das GmbHG werden zusätzliche Angaben verlangt, die nur durch Unternehmen in den jeweiligen Rechtsformen zusätzlich zu den im HGB vorgeschriebenen Angaben zu erbringen sind.

g) Zusammenstellungen der Anhangangaben

Es gibt eine Reihe von tabellarischen Zusammenstellungen der notwendigen Anhangangaben (sog. Checklisten). An dieser Stelle wird auf Farr, W.-M., Checkliste 1, Aufstellung und Prüfung des Anhangs, IDW-Verlag, verwiesen.

Ziff. 3 Formelle Gestaltung des Anhangs

a) Grundsätze

Bilanz, GuV und Anhang sind klar und übersichtlich aufzustellen; für die Gesellschaften besteht aber Gestaltungsfreiheit; da der Anhang (wie die Bilanz und die GuV) offengelegt werden muss, ist Straffheit geboten.

b) Mögliche Gestaltungsformen

Grundsätzlich widerstreiten zwei Gestaltungsprinzipien

- Gliederung unter sachlichen Gesichtspunkten
- Verwendung von Fußnoten (daher die engl. Bezeichnung "Notes"). Der Nachteil besteht darin, dass nicht alle Positionen des Anhangs einzelnen Posten bzw. Postengruppen von Bilanz und GuV zugeordnet werden können.
- Empfehlung: Um die für die Veröffentlichung in den Gesellschaftsblättern notwendige kompakte Form zu erreichen, empfiehlt es sich, so weit wie möglich von Fußnoten Gebrauch zu machen und sonst eine sachliche Gliederung zu wählen (Stetigkeit der Gliederung!)

c) Abgrenzung des Anhangs im Geschäftsbericht

Der Anhang muss im "Druckbericht" abgegrenzt sein und dort die gleiche Gestalt haben wie im Bundesanzeiger (Registergericht); er wird zusammen mit der Bilanz und der GuV testiert.

Ziff. 4 Der Anhang (Notes) nach den IFRS/IAS

Die Notes (der Anhang) werden in **IAS 1.11** wie folgt umschrieben:

„Der Anhang enthält zusätzliche Angaben zur Bilanz, zur Gewinn- und Verlustrechnung, zur Kapitalflussrechnung und zur Aufstellung der Veränderungen des Eigenkapitals. Anhangangaben enthalten verbale Beschreibungen oder Untergliederungen der im Abschluss enthaltenen nicht ansatzpflichtigen Posten."

IAS 1, Darstellung des Abschlusses, legt die allgemeinen Grundsätze zur Gestaltung des Anhangs fest. Die konkreten Angabepflichten finden sich allerdings hauptsächlich in den einzelnen IFRS/IAS.

In Übereinstimmung mit den HGB-Vorschriften können die Pflichtangaben durch freiwillige Angaben (Umweltberichte, Wertschöpfungsrechnungen, Belegschaftsberichte) nach IAS 1.10 ergänzt werden.

Im Gegensatz zum deutschen Handelsrecht besitzen die Anhangangaben aber **keine Korrekturfunktion**, d.h. fehlerhafte, den IFRS/IAS widersprechende oder unangemessene Methoden der Rechnungslegung können durch Angaben im Anhang nicht geheilt werden (**IAS 1.16**). In **IAS 1.17** wird auf nur eine Ausnahme von dieser Regel verwiesen".

> *„17. Im äußerst seltenen Fall, dass das Management zu dem Schluss kommt, dass die Einhaltung einer in einem Standard bzw. in einer Interpretation enthaltenen Bestimmung so irreführend wäre, dass es zu einem Konflikt mit dem in dem Rahmenkonzept geschilderten Zweck der Abschlüsse kommen würde, hat ein Unternehmen von der Anwendung einer solchen Bestimmung ... abzusehen, sofern eine solche Abweichung nach den geltenden gesetzlichen Rahmenbedingungen erforderlich oder nicht unzulässig ist."*

Anhangangaben sollen nach **IAS 1.104**, soweit möglich, systematisch dargestellt werden. Jeder Posten in der Bilanz, der Gewinn- und Verlustrechnung, der Aufstellung der Veränderungen des Eigenkapitals und der Kapitalflussrechnung muss einen **Querverweis auf sämtliche dazugehörenden Informationen im Anhang** aufweisen..

Durch **IAS 1.105** wird eine bestimmte **Reihenfolge der Anhangangaben** vorgegeben, um so eine Vergleichbarkeit der Anhangangaben zu erreichen. Der Anhang soll in der angegebenen Reihung die folgenden Angaben enthalten:

(a) eine Erklärung über die **Übereinstimmung mit den IFRS**. Nach **IAS 1.14** hat ein Unternehmen ausdrücklich und uneingeschränkt zu erklären, dass der Abschluss den IFRS/IAS entspricht; ein Abschluss darf nicht als mit den IFRS übereinstimmend bezeichnet werden, solange er nicht sämtliche Anforderungen der IFRS erfüllt.

(b) eine **Zusammenfassung der wesentlichen Bilanzierungs- und Bewertungsmethoden**. Das Unternehmen hat nach **IAS 1.108** bei der Zusammenfassung der maßgeblichen Bilanzierungs- und Bewertungsmethoden folgendes anzugeben:

   (i) die bei der Erstellung des Abschlusses herangezogene(n) Bewertungsgrundlage(n) und

   (ii) sonstige angewandte Bilanzierungs- und Bewertungsmethoden, die für das Verständnis des Abschlusses relevant sind,

(c) **ergänzende Informationen** zu den in der Bilanz, der Gewinn- und Verlustrechnung, der Aufstellung der Veränderungen des Eigenkapitals und der Kapitalflussrechnung dargestellten Posten in der Reihenfolge, in der jeder Posten und jeder Abschlussbestandteil dargestellt wird und

(d) **andere Angaben**, einschließlich:

   (i) **Eventualschulden** (IAS 37) und nicht bilanzierte vertragliche Verpflichtungen und

   (ii) **nicht finanzielle Angaben**, z.B. die Risikomanagementziele und -methoden des Unternehmens (IAS 32).

Zusätzlich verlangt **IAS 1.116** die **Angabe zukunftsbezogener Daten**:

„Das Unternehmen hat im Anhang die wichtigsten zukunftsbezogenen Annahmen anzugeben, sowie Angaben über die sonstigen am Stichtag wesentlichen Quellen von Schätzungsunsicherheiten zu machen, durch die ein beträchtliches Risiko entstehen kann, dass innerhalb des nächsten Geschäftsjahrs eine wesentliche Anpassung der ausgewiesenen Vermögenswerte und Schulden erforderlich wird. Bezüglich solcher Vermögenswerte und Schulden sind im Anhang:

(a) ihre Art,

(b) ihre Buchwerte am Bilanzstichtag anzugeben."

Schließlich müssen die einschlägigen Unternehmensdaten angegeben werden, sofern sie nicht bereits an anderer Stelle wiedergegeben worden sind (**IAS 1.126**):

„Ein Unternehmen hat Folgendes anzugeben, wenn es nicht an anderer Stelle in Informationen angegeben wird, die zusammen mit dem Abschluss veröffentlicht werden:

(a) den Sitz und die Rechtsform des Unternehmens, das Land, in dem es als juristische Person registriert ist, und die Adresse des eingetragenen Sitzes (oder des Hauptsitzes der Geschäftstätigkeit, wenn dieser vom eingetragenen Sitz abweicht);

(b) eine Beschreibung der Art der Geschäftstätigkeit des Unternehmens und seiner Hauptaktivitäten;

(c) den Namen des Mutterunternehmens und des obersten Mutterunternehmens des Konzerns."

§ 24 Der Lagebericht und dessen Prüfung

Übersicht

Lit.: ADS, 6. A., Kommentierung zu § 289 HGB; Clemm/Reittinger, Lagebericht, HWRev, 2. A., Sp. 1181 ff.; Coenenberg, Jahresabschluß, 19. A., S. 874 ff.; DRSC, Überarbeiteter Entwurf DRS 20, veröffentlicht im Bundesanzeiger Nr. 40 vom 28.2.2005 als DRS 15; Ellrott, Kommentierung zu § 289 HGB, Beck'scher Bilanzkommentar, 5. A., Tz. 1-44; Hachmeister, Lagebericht, HWRP, Sp. 1431-1461; IDW PS 350, Prüfung des Lageberichts (Stand 26.6.98, WPg 15/1998); IDW RS HFA 1, Aufstellung des Lageberichts (Stand 26.6.98, WPg 15/1998); Pfitzer/Oser/Orth, Offene Fragen und Systemwidrigkeiten des Bilanzrechtsreformgesetzes, DB 2004, S. 2593 ff.; Reittinger, Der Lagebericht, HdJ, Abt. IV, 2; WPH 2000, Bd. I, F 657 ff.

Ziff. 1 Rechtsgrundlagen für die Aufstellung und Prüfung des Lageberichts

a) Zweck des Lageberichts

Bei angespannter wirtschaftlicher Lage kommt dem Lagebericht erhöhte Bedeutung zu; es fehlte aber bislang an hinreichender Konkretisierung der erforderlichen Lageberichts-Inhalte und dementsprechend an hinreichenden Prüfungsmöglichkeiten. Der Lagebericht spielte deshalb bislang eine nur untergeordnete Rolle.

Es ist vorweg darauf hinzuweisen, dass der Lagebericht eine Besonderheit der deutschen Rechnungslegung ist; er findet in den internationalen Rechnungslegungsgrundsätzen keine (zumindest direkte) Entsprechung.

b) Rechtsgrundlagen nach § 289 HGB

In **§ 289 HGB** i.d.F.d. Bilanzrechtsreformgesetzes (BilReG) v. 04.12.04 heißt es:

„(1) Im Lagebericht sind der Geschäftsverlauf einschließlich des Geschäftsergebnisses und die Lage der Kapitalgesellschaft so darzustellen, dass ein den tatsächlichen Verhältnissen entsprechendes Bild vermittelt wird. Er hat eine ausgewogene und umfassende, dem Umfang

und der Komplexität der Geschäftstätigkeit entsprechende Analyse des Geschäftsverlaufs und der Lage der Gesellschaft zu enthalten. In die Analyse sind die für die Geschäftstätigkeit bedeutsamsten finanziellen Leistungsindikatoren einzubeziehen und unter Bezugnahme auf die im Jahresabschluss ausgewiesenen Beträge und Angaben zu erläutern. Ferner ist im Lagebericht die voraussichtliche Entwicklung mit ihren wesentlichen Chancen und Risiken zu beurteilen und zu erläutern; zugrunde liegende Annahmen sind anzugeben.

(2) Der Lagebericht soll auch eingehen auf:

1. Vorgänge von besonderer Bedeutung, die nach dem Schluss des Geschäftsjahres eingetreten sind;

2. a) die Risikomanagementziele und -methoden der Gesellschaft einschließlich ihrer Methoden zur Absicherung aller wichtigen Arten von Transaktionen, die im Rahmen der Bilanzierung von Sicherungsgeschäften erfasst werden, sowie

b) die Preisänderungs-, Ausfall- und Liquiditätsrisiken sowie die Risiken aus Zahlungsstromschwankungen, denen die Gesellschaft ausgesetzt ist, jeweils in Bezug auf die Verwendung von Finanzinstrumenten durch die Gesellschaft und sofern dies für die Beurteilung der Lage oder der voraussichtlichen Entwicklung von Belang ist

3. den Bereich Forschung und Entwicklung;

4. bestehende Zweigniederlassungen der Gesellschaft.

(3) Bei einer großen Kapitalgesellschaft (§ 267 Abs. 3) gilt Absatz 1 Satz 3 entsprechend für nichtfinanzielle Leistungsindikatoren, wie Informationen über Umwelt- und Arbeitnehmerbelange, soweit sie für das Verständnis des Geschäftsverlaufs oder der Lage von Bedeutung sind."

Nach herrschender Meinung sind die Sollvorschriften nach **§ 289 Abs. 2 HGB** nicht als Unternehmenswahlrechte zu verstehen, sondern es ist über die entsprechenden Themen stets zu berichten, wenn entsprechende berichtsfähige Tatbestände vorliegen ("Sollen heißt müssen, wenn man kann"!).

c) Prüfungsvorschriften

In **§ 317 Abs. 2 HGB** (Gegenstand und Umfang der Prüfung) in der durch das KonTraG und durch das BilReG geänderten Fassung heißt es:

"Der Lagebericht und der Konzernlagebericht sind darauf zu prüfen, ob der Lagebericht mit dem Jahresabschluss, gegebenenfalls auch mit dem Einzelabschluss nach § 325 Abs. 2a und der Konzernlagebericht mit dem Konzernabschluss sowie mit den bei der Prüfung gewonnenen Erkenntnissen des Abschlussprüfers in Einklang stehen und ob der Lagebericht insgesamt eine zutreffende Vorstellung von der Lage des Unternehmens und der Konzernlagebericht insgesamt eine zutreffende Vorstellung von der Lage des Konzerns vermittelt. Dabei ist auch zu prüfen, ob die Chancen und Risiken der zukünftigen Entwicklung zutreffend dargestellt worden sind."

In **§ 321 Abs. 1 Satz 2 HGB** (Prüfungsbericht) in der durch das KonTraG und durch das BilReG geänderten Fassung heißt es schließlich:

"In dem Bericht ist vorweg zu der Beurteilung der Lage des Unternehmens oder Konzerns durch die gesetzlichen Vertreter Stellung zu nehmen, wobei insbesondere auf die Beurteilung des Fortbestandes und der künftigen Entwicklung des Unternehmens unter Berücksichtigung des Lageberichts und bei der Prüfung des Konzernabschlusses von Mutterunternehmen auch des Konzerns unter Berücksichtigung des Konzernlageberichts einzugehen ist, soweit die geprüften Unterlagen und der Lagebericht oder der Konzernlagebericht eine solche Beurteilung erlauben."

Ziff. 2 Grundsätze für die Aufstellung des Lageberichts nach den Stellungnahmen IDW RS HFA 1 und DRS 15

Der HFA des IDW hat mit der Rechnungslegungs-Stellungnahme IDW RS HFA 1 (Stand 26.6.98, WPg 15/1998), Aufstellung des Lageberichts, zu wesentlichen Fragen, vor allem auch zu denjenigen, die sich aus dem KonTraG ergeben, Stellung genommen. In der Stellungnahme IDW RS HFA 1 sind die durch das BilReG vorgenommenen Änderungen noch nicht berücksichtigt. Die Feststellungen von IDW RS HFA 1 können aber weiterhin herangezogen werden, soweit es sich bei der Neufassung von **§ 289 (§ 315) HGB** lediglich um eine gesetzgeberische Klarstellung des bereits geltenden Rechts gehandelt hat (vgl. dazu Pfitzer/Oser/Orth, Offene Fragen und Systemwidrigkeiten des Bilanzrechtsreformgesetzes, DB 2004, S. 2593 ff, S. 2596). Das Deutsche Rechnungslegungs Standards Committee (DRSC) schließlich hat die neuen Regelungen durch das BilReG in dem Standard **DRS 15** (veröff. im Banz. Nr. 40 vom 28.2.2005) - allerdings nur für den Konzern-Lagebericht nach § 315 HGB - bereits berücksichtigt. Die dort getroffenen Feststellungen dürften aber auch auf den Lagebericht zum Einzelabschluss nach § 289 HGB angewandt werden können (**DRS 15.5**).

IDW RS HFA 1 wird ergänzt durch den Prüfungsstandard **IDW PS 350**, Grundsätze für die Prüfung des Lageberichts.

a) Grundsätze der Lageberichterstattung

IDW RS HFA 1 geht nach allgemeinen Ausführungen über Zweck, Aufstellungspflicht und Verantwortlichkeiten (**IDW RS HFA 1.1-.6**) auf die allgemeinen Aufstellungsgrundsätze, Vollständigkeit, Richtigkeit sowie Klarheit und Übersichtlichkeit des Lageberichts ein (**IDW RS HFA 1.7-.19; DRS 15.9-.13**).

a1) Vollständigkeit

Zum Grundsatz der Vollständigkeit des Lageberichts wird in **IDW RS HFA 1.7**, recht allgemein ausgeführt:

"(7) Nach dem Grundsatz der Vollständigkeit muss der Lagebericht alle Angaben enthalten, die für die Gesamtbeurteilung der wirtschaftlichen Lage des Unternehmens und des Geschäftsverlaufs sowie der Risiken der künftigen Entwicklung erforderlich oder die im Rahmen der besonderen Angabepflichten nach § 289 Abs. 2 HGB zu machen sind. Die Angaben

des Lageberichts müssen dem Berichtsadressaten ein zutreffendes Bild von der Gesamtlage des Unternehmens und seiner voraussichtlichen Entwicklung vermitteln. In diesem Rahmen können im Einzelfall in § 289 HGB genannte Elemente ohne Fehlanzeige entfallen, dafür aber andere Angaben, die für die Lage der Kapitalgesellschaft wesentlich sind, berichtspflichtig sein."

Im übrigen gilt:

- Die Grundsätze für die Aufstellung des Lageberichts gelten rechtsformunabhängig (**IDW RS HFA 1.8**);
- eine vollständige Aufnahme aller Geschäftsvorfälle ist nicht erforderlich; Kompensationen zwischen günstigen und ungünstigen Vorgängen sind unzulässig; die Berichtstiefe ist unter dem Gesichtspunkt der Entscheidungsrelevanz für die Berichtsempfänger zu bestimmen (**IDW RS HFA 1.9**);
- bei stark diversifizierten (internationalen) Unternehmen kann eine Segmentierung nach geographischen und sachlichen Gesichtspunkten notwendig sein (**IDW RS HFA 1.10**);
- Angaben im Anhang bzw. Kenntnis der Berichtsempfänger entheben nicht von der Berichterstattungspflicht (**IDW RS HFA 1.11**);
- für die Angaben im Lagebericht besteht **keine Schutzklausel**; von der Berichtspflicht sind nur Informationen ausgenommen, für die auch ein Auskunftsverweigerungsrecht gegenüber den Aktionären bestehen würde.

a2) Richtigkeit

Der Grundsatz der Richtigkeit („Verlässlichkeit" nach DRS 15.14-.19) ist bei subjektiven Beurteilungsaussagen und vor allem bei Prognoseaussagen zu relativieren. Bei logischen Schlüssen aus Tatsachenangaben und Annahmen soll nach **IDW RS HFA 1.13** gelten:

"(13) Der Grundsatz der Richtigkeit verlangt, dass die Angaben im Lagebericht - auch soweit sie nicht zu den im Gesetz ausdrücklich geforderten Angaben gehören - die folgenden Anforderungen erfüllen:

- *Verlaufs- und Zustandsangaben (sog. Tatsachenangaben) sind intersubjektiv nachprüfbar*
- *Annahmen sind glaubhaft, d.h. sie sind plausibel und stehen nicht im Widerspruch zum Jahresabschluss, zu anderen Unterlagen des Unternehmens und zu allgemein bekannten wirtschaftlichen Tatsachen;*
- *Folgerungen aus den zugrunde liegenden Prämissen und Annahmen sind schlüssig, d.h. rechnerisch und sachlich richtig sowie willkürfrei gezogen.*

Als Maßstab für die Richtigkeit ist die Sorgfalt eines gewissenhaften und ordentlichen Geschäftsführers heranzuziehen."

a3) Klarheit und Übersichtlichkeit

Nach **IDW RS HFA 1.14-.19** (vgl. DRS 15.20-.27) entspricht es dem Grundsatz der Klarheit und Übersichtlichkeit des Lageberichts, wenn der Lagebericht

- in verständlicher Sprache geschrieben, klar gegliedert und angemessen detailliert ist (**IDW RS HFA 1.14**),
- grundsätzlich in deutscher Sprache abgefasst ist (**IDW RS HFA 1.15**),
- von Jahr zu Jahr stetig aufgebaut ist, Vorjahreszahlen enthält und Unstetigkeiten als solche gekennzeichnet sind (**IDW RS HFA 1.16, .17**),
- durch graphische Darstellungen ergänzt wird (**IDW RS HFA 1.18**) und
- gegenüber anderen Berichtsteilen (Jahresabschluss, freier Teil in Geschäftsberichten) klar abgegrenzt ist (**IDW RS HFA 1.19**).

b) Inhalt des Lageberichts

Der Inhalt des Lageberichts wird durch § 289 HGB allgemein vorgegeben. Neben der Berichterstattung nach **§ 289 Abs. 1 HGB** kommen die Einzelangaben nach **§ 289 Abs. 2 HGB** in Betracht.

b1) Berichterstattung nach § 289 Abs. 1 HGB

§ 289 Abs. 1 HGB verlangt

- die Darstellung des Geschäftsverlaufs,
- die Darstellung der Lage und
- das Eingehen auf die Risiken und Chancen der zukünftigen Entwicklung.

Im Hinblick auf die Abgrenzbarkeit der Berichtsgegenstände untereinander spricht sich **IDW RS HFA 1.21** und **.22** für die folgende Vorgehensweise aus:

> *"(21) Zwischen dem Geschäftsverlauf und der Lage des Unternehmens i.S.v. § 289 Abs. 1 HGB besteht ein innerer Zusammenhang derart, dass die im Rahmen des Geschäftsverlaufs darzustellenden Ereignisse und Entwicklungen sich im Sinne einer Ursache-Wirkung-Beziehung auf die Lage des Unternehmens auswirken. Bei der notwendigen Einschätzung der künftigen Entwicklung sind deren Risiken von Bedeutung; sie unterliegen einer eigenständigen Berichtspflicht.*
>
> *Aufgrund der in der Praxis schwierigen Abgrenzung kann es sinnvoll sein, den Geschäftsverlauf, die Lage des Unternehmens und die Risiken der künftigen Entwicklung, ggf. unter Einbeziehung der Darstellung der voraussichtlichen Entwicklung (§ 289 Abs. 2 Nr. 2 HGB), im Rahmen einer integrierten Darstellung zu erläutern.*
>
> *(22) Da die Einbindung eines Unternehmens in einen Konzernverbund Einfluss auf den Geschäftsverlauf und die Lage des Unternehmens haben kann, empfiehlt es sich, auf die Stellung eines Unternehmens innerhalb eines Konzernverbunds und die sich hieraus ergebenden Konsequenzen einzugehen."*

b11) Darstellung des Geschäftsverlaufs

Nach **IDW RS HFA 1.23**, ist mit der Darstellung des Geschäftsverlaufs ein Überblick über die Entwicklung des Unternehmens (Konzerns) und dessen ursächliche Ereignisse in der Berichtsperiode zu geben (vgl **DRS15.36-.47**). Dabei soll aus der Berichterstattung hervorgehen, ob die

Geschäftsleitung die **Entwicklung günstig oder ungünstig** beurteilt. Zum Prognosebericht vgl. **DRS 15.87-.94**.

IDW RS HFA 1.24, trägt der Schwierigkeit, die notwendigen Gegenstandsbereiche der Lageberichterstattung zu bestimmen, dadurch Rechnung, dass die Bereiche aufgezählt werden, über die, wenn sie für die Darstellung des Geschäftsverlaufs wesentlich sind, berichtet werden muss. Es sind dies die folgenden Bereiche:

- Entwicklung von Branche und Gesamtwirtschaft;
- Umsatz- und Auftragsentwicklung;
- Produktion;
- Beschaffung;
- Investitionen;
- Finanzierungsmaßnahmen bzw. -vorhaben;
- Personal- und Sozialbereich;
- Umweltschutz;
- Sonstige wichtige Vorgänge im Geschäftsjahr.

Zu den sonstigen wichtigen Vorgängen im Geschäftsjahr wird in **IDW RS HFA 1** erläuternd ausgeführt:

> *"Im Hinblick auf die Darstellung des den tatsächlichen Verhältnissen entsprechenden Geschäftsverlaufs sind alle wesentlichen sonstigen während des Geschäftsjahres eingetretenen Ereignisse und Entwicklungen anzugeben. Hierzu gehören bspw. wesentliche Veränderungen der rechtlichen Rahmenbedingungen, der Abschluss wichtiger Verträge sowie Sanierungsmaßnahmen."*

b12) Darstellung der Lage

Die Darstellung der Lage umfasst die drei Teilbereiche der Vermögens-, Finanz- und Ertragslage. Hierbei ist nach **IDW RS HFA 1.25**, eine ausgewogene - d.h. auch künftige Entwicklungen berücksichtigende - Darstellung der Lage erforderlich, es soll auch dargestellt werden, ob sich besondere Einflüsse ausgewirkt haben. Die Darstellungen sollen durch die Verwendung von Kennziffern, deren Herleitung erforderlichenfalls zu erläutern ist, unterstützt werden.

b121) Darstellung der Vermögenslage

Zur Darstellung der Vermögenslage vgl. **DRS 15.80-.83**. Die Darstellung der Vermögenslage soll (kann) nach **IDW RS HFA 1.26**, umfassen:

- Erläuterung durch vertikale Vermögensstrukturkennzahlen (z. B. Anlageintensität, Struktur und Wertigkeit des Vorratsbestands) unter Einbeziehung von Vergleichsmaßstäben (Zeitvergleich, branchenübliche Werte).
- Darstellung der Zusammensetzung des Vermögens und die Kapitalstruktur (ggf. horizontale Entsprechungsziffern).

- Feststellung, ob durch erhebliche Abweichungen der Buchwerte von den Verkehrswerten die Vermögenslage geprägt oder beeinflusst wird.
- Nicht bilanzwirksame Geschäfte (z.B. Finanzinstrumente und Haftungsverhältnisse) sollen erläutert werden, wenn sie für die Vermögenslage von Bedeutung sind.
- Hinweise auf wesentliche Vermögensteile, wenn diese durch politische oder sonstige Einflüsse bedroht sind.

b122) Darstellung der Finanzlage

Zur Darstellung der Finanzlage vgl. DRS 15.64-.79. Nach **IDW RS HFA 1.27**, soll ein über die Einzelangaben im Jahresabschluss hinausgehendes Gesamtbild der Finanz- und Liquiditätslage vermittelt werden. In diesem Zusammenhang wird die Aufstellung einer Kapitalflussrechnung auch dann empfohlen, wenn das Unternehmen zur Aufstellung einer solchen Rechnung nicht verpflichtet ist.

b123) Darstellung der Ertragslage

Zur Darstellung der Ertragslage vgl. DRS 15.53-.63. **IDW RS HFA 1.28**, weist darauf hin, dass das ausgewiesene Jahresergebnis vielfältigen Sondereinflüssen durch

- ungewöhnliche und außerordentliche Ereignisse,
- unternehmerische Dispositionen und
- inflationäre Entwicklungen

unterliegen kann, durch die ein Zeit- und Unternehmensvergleich erschwert wird. Im Lagebericht soll deshalb der Jahresüberschuss/-fehlbetrag auf ein bereinigtes Ergebnis zurückgeführt werden, aus dem insbesondere ungewöhnliche und außerordentliche Einflüsse sowie Ansatz- und Bewertungsänderungen einschließlich der Inanspruchnahme wesentlicher steuerlicher Sonderabschreibungen eliminiert sind. Es wird in diesem Zusammenhang auf die bei börsennotierten Unternehmen gängigen finanzanalytischen Verfahren verwiesen.

b13) Hinweise auf die Risiken der zukünftigen Entwicklung

Zum Risiko-Bericht vgl DRS 15.86. Nach **§ 289 Abs. 1 HGB** ist bei der Darstellung des Geschäftsverlaufs und der Lage auch auf die Risiken und auf die Chancen der zukünftigen Entwicklung einzugehen. Was darunter zu verstehen ist, wird in **IDW RS HFA 1.29**, erläutert:

> *"... Im Sinne des Gesetzes wird unter 'Risiko' die Möglichkeit ungünstiger künftiger Entwicklungen verstanden, die mit einer erheblichen, wenn auch nicht notwendigerweise überwiegenden Wahrscheinlichkeit erwartet werden. Allgemeinen Grundsätzen folgend und im Interesse der Klarheit des Lageberichts sollte sich die Darstellung auf wesentliche Risiken der künftigen Entwicklung, das heißt auf solche Risiken beschränken, die entweder bestandsgefährdend sind oder einen wesentlichen Einfluss auf die Vermögens-, Finanz- oder Ertragslage haben können."*

b131) Bestandsgefährdende Risiken

Das Going Concern-Prinzip verlangt an sich schon die Beantwortung der Frage nach der Fortbestehensmöglichkeit des Unternehmens, zumal eine Verneinung der Fortbestehenshypothese erhebliche Auswirkungen auf die Rechnungslegung haben kann (**IDW RS HFA 1.30**). Sofern allerdings die Unternehmensleitung aufgrund der wirtschaftlichen Verhältnisse von dem Fortbestehen ausgehen kann und keine davon abweichende Beschlussfassung der Unternehmensorgane vorliegt, ist nach **IDW RS HFA 1.31**, eine explizite Berichterstattung nicht erforderlich.

Sofern von der Fortführung nicht mehr ausgegangen werden kann oder wenn Anhaltspunkte dafür vorliegen, dass die Unternehmensfortführung bedroht ist, muss darauf im Lagebericht deutlich und unter Nennung der Gründe bzw. Anhaltspunkte hingewiesen werden. Auch wenn bestandsgefährdende Tatsachen nach Einschätzung der Unternehmensleitung der Anwendung der Fortbestehenshypothese noch nicht entgegenstehen, ist eine abwägende Berichterstattung erforderlich (**IDW RS HFA 1.32**).

Zur Bestimmung des Bezugszeitraums für die Vorhersage der Fortbestehensmöglichkeit werden in **IDW RS HFA 1.33**, die folgenden wesentlichen Feststellungen getroffen:

> *"(33) Der innere Zusammenhang der den Unternehmensfortbestand betreffenden Angaben im Rahmen der Lageberichterstattung mit den für den Jahresabschluss zu treffenden Ansatz- und Bewertungsentscheidungen verlangt, dass der Berichtsprognose im Lagebericht und der Fortführungsprognose für den Jahresabschluss identische Bezugszeiträume zugrunde gelegt werden. Da die Prognosesicherheit mit der Länge des Prognosezeitraums abnimmt, die zu ziehenden Konsequenzen jedoch durch eine hohe Eintrittswahrscheinlichkeit abgesichert werden müssen, ist als Bezugsperiode ein Zeitraum von zwölf Monaten, gerechnet von dem Abschluss-Stichtag des Geschäftsjahres, zugrundezulegen, sofern keine fundierten Anhaltspunkte dafür vorliegen, dass die Annahme des Unternehmensfortbestands zu einem danach liegenden Zeitpunkt nicht mehr aufrechtzuerhalten sein wird. Mit der zeitlichen Festlegung ist der Vorteil eines mit einer Rechnungslegungsperiode übereinstimmenden, für sich abgeschlossenen Prognosezeitraums verbunden, mittels dessen die Angemessenheit der Annahme des Going Concern bis zur Folgezäsur überprüft wird. Für Unternehmen mit längeren Produktionszyklen (Zeitraum der Mittelbindung für Vorratsvermögen bis zum Verkauf der Produkte) können längere Prognosezeiträume, die einen vollen Produktionszyklus umfassen, sachgerecht sein."*

b132) Sonstige Risiken

Es ist aber auch über solche Risiken zu berichten, die zwar die Fortbestehensannahme noch nicht berühren, die sich aber nachteilig auf den Geschäftsverlauf und damit auf die zukünftige Entwicklung auswirken können (**IDW RS HFA 1.34**). So können ihrer Art nach alle Risiken berichtspflichtig sein, die sich in den einzelnen Bereichen (Entwicklung von Branche und Gesamtwirtschaft; Umsatz- und Auftragsentwicklung; Produktion; Beschaffung; Investitionen; Finanzierungsmaßnahmen bzw. -vorhaben; Personal- und Sozialbereich; Umweltschutz) ergeben können. Es ist nach **IDW RS HFA 1.36**, darzustellen, *"wie sich identifizierte wesentliche Risiken innerhalb eines überschaubaren Zeitraums (i.d.R. 2 Jahre nach dem Abschluss-Stichtag des Geschäftsjahres) auf die Vermögens-, Finanz- und Ertragslage voraussichtlich auswirken werden."*

b2) Berichterstattung nach § 289 Abs. 2 HGB

Nach dem Gesetzeswortlaut "soll" über die in **§ 289 Abs. 2 HGB** genannten Gegenstände berichtet werden. **IDW RS HFA 1.37**, stellt hierzu fest, dass für diese Sachverhalte, sofern sie für das Unternehmen nicht von untergeordneter Bedeutung sind, faktisch eine Berichtspflicht bestehe.

b21) Berichterstattung über Vorgänge nach dem Schluss des Geschäftsjahres (§ 289 Abs. 2 Nr. 1 HGB)

Es handelt sich um Vorgänge, die (wegen des Stichtagsprinzips) in dem Jahresabschluss des abgelaufenen Geschäftsjahres noch keinen Niederschlag gefunden haben, die aber, wenn sie bereits vor Ende des Geschäftsjahres eingetreten wären, zu einer anderen Darstellung der Lage des Unternehmens geführt hätten (**IDW RS HFA 1.38**). Die Berichtspflicht besteht insbesondere dann, wenn die betreffenden Vorgänge negative Auswirkungen auf die Unternehmenslage erwarten lassen (**IDW RS HFA 1.39**). Da sich die zu berichtenden Vorgänge regelmäßig nicht quantifizieren lassen, reichen nach **IDW RS HFA 1.40** grundsätzlich verbale Angaben aus.

b22) Berichterstattung über das Risikomanagement sowie über Preisänderungs-, Ausfall-, Liquiditäts- und Zahlungsstromrisiken (§ 289 Abs. 2 Nr. 2 a und 2 b HGB)

Durch das Bilanzrechtsreformgesetz (BilReG) v. 04.12.04 sind die Regelungen des **§ 289 Abs. 2 Nr. 2a** und **b** neu in das **HGB** aufgenommen worden.

Nach **Nr. 2a** sind die Risikomanagementziele und -methoden der Gesellschaft einschließlich ihrer Methoden zur Absicherung aller wichtigen Arten von Transaktionen, die im Rahmen der Bilanzierung von Sicherungsgeschäften erfasst werden, darzustellen.

Gemäß **Nr. 2b** ist *„jeweils in Bezug auf die Verwendung von Finanzinstrumenten durch die Gesellschaft und sofern dies für die Beurteilung der Lage oder der voraussichtlichen Entwicklung von Belang ist,“* auf die folgenden Risiken einzugehen:

- Preisänderungsrisiken,
- Ausfallrisiken,
- Liquiditätsrisiken und
- Zahlungsstrom-Risiken (Cashflow-Risiken).

Die voraussichtliche Entwicklung ist grundsätzlich auch für jene Bereiche darzustellen, die auch Gegenstand der Berichterstattung zum Geschäftsverlauf und zur Lage sein können (vgl. oben, Ziff. 2, Abschn. b11) und b12)). Zur Prognoseherleitung und deren Prüfung s.a. unten, Ziff 3, Abschn. d2). Der Zeitraum, auf den sich die Prognosen erstrecken, sollte sich - je nach Geschäftszweig - auf einen Zeitraum von mindestens zwei Jahren, gerechnet vom Abschluss-Stichtag, erstrecken (**IDW RS HFA 1.44**).

b23) Berichterstattung über Forschung und Entwicklung (§ 289 Abs. 2 Nr. 3 HGB)

Gegenstand der Berichterstattung ist die Gesamtheit der systematischen Untersuchungen, die sich auf neue wissenschaftliche oder technische Erkenntnisse beziehen, sofern die entsprechenden Aktivitäten für Zwecke des Unternehmens entfaltet werden (**IDW RS HFA 1.45**). Hierbei entfällt eine Berichtspflicht nach **IDW PS 1.46**, wenn Unternehmen branchenüblich keine wesentlichen Forschungs- und Entwicklungsaktivitäten entfalten. Umgekehrt besteht aber Berichtspflicht, wenn auf branchenübliche Aktivitäten im Forschungs- und Entwicklungsbereich verzichtet wurde.

Die Einbeziehung konkreter Forschungsergebnisse bzw. Entwicklungsabsichten in die Berichterstattung ist ebenso wenig erforderlich wie die betragsmäßige Angabe der Aufwendungen für einzelne Forschungsobjekte (**IDW RS 1.47**).

b24) Berichterstattung über bestehende Zweigniederlassungen (§ 289 Abs. 2 Nr. 4 HGB)

In **IDW RS HFA 1.48**, wird eine Zweigniederlassung wie folgt definiert:

> *"Eine Zweigniederlassung stellt eine dauerhafte, räumlich von der Hauptniederlassung getrennte Einrichtung dar, die mit personeller und organisatorischer Eigenständigkeit im Rahmen der Unternehmenstätigkeit wie ein selbständiges Unternehmen am Geschäftsverkehr teilnimmt."*

Es reicht aus, die wesentlichen Belegenheitsorte der in- und ausländischen Zweigniederlassungen zu nennen und wesentliche Veränderungen gegenüber dem Vorjahr zu erläutern (**IDW RS HFA 1.49**).

Ziff. 3 Grundsätze für die Prüfung des Lageberichts nach dem Prüfungsstandard IDW PS 350

Der HFA des IDW hat mit dem ebenfalls neu formulierten Prüfungsstandard IDW PS 350, Prüfung des Lageberichts (Stand 26.6.98, WPg 15/1998), ergänzend zu dem Rechnungslegungsstandard IDW RS HFA zu wesentlichen Fragen auch der Prüfung des (Konzern-)Lageberichts Stellung genommen.

a) Prüfungsgegenstand

Einleitend wird in **IDW PS 350.2**, festgestellt, dass Gegenstand und Umfang der Prüfung des Lageberichts nicht allein aus § 317 Abs. 2 HGB abgeleitet werden können, sondern dass auch aus den §§ 321 und 322 HGB zusätzliche Prüfungspflichten abzuleiten sind. Es heißt in **IDW PS 350.3**:

> *"Gemäß § 317 Abs. 2 Satz 1 HGB hat der Abschlussprüfer zu prüfen, ob der Lagebericht mit dem Jahresabschluss sowie mit den bei der Prüfung gewonnenen Erkenntnissen des Abschlussprüfers in Einklang steht und ob der Lagebericht insgesamt eine zutreffende Vorstellung von der Lage des Unternehmens vermittelt. Ferner ist zu prüfen, ob die Risiken der*

künftigen Entwicklung im Lagebericht zutreffend dargestellt sind (§ 317 Abs. 2 Satz 2 HGB). Die Notwendigkeit einer intensiven Auseinandersetzung des Abschlussprüfers mit den Risiken der künftigen Entwicklung ergibt sich auch aus der Verpflichtung, im Prüfungsbericht vorweg auf Grundlage der geprüften Unterlagen und des Lageberichts zu der Beurteilung der Lage des Unternehmens durch die gesetzlichen Vertreter Stellung zu nehmen, wobei insbesondere auf deren Beurteilung des Fortbestandes und der künftigen Entwicklung des Unternehmens einzugehen ist (§ 321 Abs. 1 Satz 2 HGB), sowie im Bestätigungsvermerk auf im Rahmen der Prüfung festgestellte fortbestandsgefährdende Risiken gesondert einzugehen und die zutreffende Darstellung der Risiken der künftigen Entwicklung zu beurteilen (§ 322 Abs. 2 Satz 2 und Abs. 3 Satz 2 HGB). Des weiteren werden Aussagen des Abschlussprüfers darüber verlangt, ob der Lagebericht nach der Beurteilung des Abschlussprüfers insgesamt eine zutreffende Vorstellung von der Lage des Unternehmens vermittelt (§ 322 Abs. 3 Satz 1 HGB) und den gesetzlichen sowie den ergänzenden gesellschaftsvertraglichen bzw. satzungsmäßigen Vorschriften entspricht (§ 321 Abs. 2 Satz 1 HGB). Hiernach hat der Abschlussprüfer auch zu beurteilen, ob der Lagebericht die in dem IDW RS HFA 1 aufgeführten Pflichtangaben vollständig enthält."

b) Prüfungsumfang und -intensität

Zum Prüfungsumfang wird in **IDW PS 350.4** und **.5**, festgestellt, dass

- sämtliche Angaben im Lagebericht der Prüfungspflicht unterliegen, dass
- sonstige Informationen in einem sog. Druckbericht/Geschäftsbericht, die erkennbar losgelöst vom Lagebericht und vom Jahresabschluss gewährt werden, nicht der Prüfungspflicht unterliegen, dass aber
- sonstige Informationen In dem Druckbericht, die einen falschen Eindruck von der Unternehmenssituation vermitteln, auf Veranlassung des Abschlussprüfers durch das Unternehmen zu korrigieren sind.

Hinsichtlich der notwendigen Prüfungsintensität enthält **IDW PS 350.6** die - offensichtlich bislang nicht immer beachtete - wesentliche Feststellung, dass der **Lagebericht mit der gleichen Intensität und nach den gleichen Grundsätzen zu prüfen** ist wie der Jahresabschluss.

c) Prüfungsablauf

Bei den Feststellungen zum Prüfungsablauf wird durch IDW PS 350.7-.10, auf die enge Verknüpfung zwischen der Prüfung des Jahresabschlusses und der Prüfung des Lageberichts hingewiesen. Es wird festgestellt,

- dass bereits zu Beginn der Prüfung anhand der zur Verfügung stehenden Informationen eine Beurteilung der Lage des Unternehmens vorzunehmen ist, die durch weitere, bei der Prüfung gewonnene Informationen zu präzisieren ist (**IDW PS 350.8**),
- dass die Prüfung der Vorgänge von besonderer Bedeutung nach dem Abschluss-Stichtag mit der im Rahmen der Abschlussprüfung vorzunehmenden Beurteilung der Fortführungsmöglichkeit des Unternehmens korrespondiert und

- dass zukunftsorientierte Bilanzierungsentscheidungen (z.B. Bildung und Bewertung von Rückstellungen) den Abschlussprüfer veranlassen, die Einschätzung der voraussichtlichen Entwicklung des Unternehmens durch die Unternehmensleitung zu beurteilen (IDW PS 350.9).

d) Prüfungshandlungen

Bei der Umschreibung der vorzunehmenden Prüfungshandlungen wird durch **IDW PS 350.10-.18**, zwischen der vergangenheitsorientierten (IDW PS 350.10-.12) und der zukunftsorientierten Prüfung des Lageberichts (IDW PS 350.13-.18) unterschieden.

d1) Vergangenheitsorientierte Prüfung des Lageberichts

Bei der vergangenheitsorientierten Prüfung des Lageberichts sind die Angaben zur Lage unter den folgenden Gesichtspunkten zu untersuchen (**IDW PS 350.10**):

- Analyse des globalen Umfelds (gesamtwirtschaftliche, politische und wissenschaftlich-technische Rahmenbedingungen),
- Analyse des Unternehmensumfelds (Branchenentwicklung, Wettbewerbsverhältnisse usw.),
- Analyse der unternehmensinternen Erfolgsfaktoren und
- Analyse der internen Organisation und Entscheidungsfindung.

Neben den Informationen, die unmittelbar die Vermögens-, Finanz- und Ertragslage betreffen und deren Quellen schon bei der Jahresabschlussprüfung erfasst werden, sind auch solche Informationsquellen zu berücksichtigen, die wesentlich für die Gesamtsituation des Unternehmens sein können (**IDW PS 350.11**).

Bei wertenden Gesamtaussagen muss darüber hinaus geprüft werden, ob nicht trotz zutreffender Einzelaussagen ein falscher Gesamteindruck (Gesamteindrucksprüfung) z.B. durch Fortlassen von Einzelaussagen, unzutreffende Gewichtung von Einzelaussagen oder durch Erwähnung von Chancen ohne gleichzeitige Erwähnung von Risiken, vermittelt wird (**IDW PS 350.12**).

d2) Zukunftsorientierte Prüfung des Lageberichts

Während bei der vergangenheitsorientierten Prüfung auf Tatsachen zurückgegriffen werden kann, ist bei der zukunftsorientierten Prüfung ein "richtig/falsch"-Urteil nicht möglich. Bei prognostischen und auch wertenden Angaben kann der Prüfer allenfalls die Plausibilität der Angaben und die Übereinstimmung der Angaben mit den bei der Abschlussprüfung gewonnenen Erkenntnissen beurteilen (**IDW PS 350.13**).

Für die Prüfung der prognostischen (und wertenden) Angaben im Lagebericht werden in IDW PS 350 die folgenden Prinzipien vorgetragen:

- Der Prüfer hat sich ein Bild von der Zuverlässigkeit und Funktionsfähigkeit des unternehmensinternen Planungssystems, sofern es für die Herleitung der Angaben im Lagebericht von Bedeutung ist, zu verschaffen (**IDW PS 350.15**).

- Es ist zu prüfen, ob im Lagebericht Prognosen und (subjektive) Wertungen als solche gekennzeichnet sind (**IDW PS 350.15**).
- Bei einem im Zeitablauf konstanten Planungssystem empfehlen sich Soll-Ist-Vergleiche zwischen den geplanten und den erreichten Ergebnissen/Zuständen (**IDW PS 350.15**).
- Bei wirtschaftlichen Schwierigkeiten des Unternehmens sind die prognostischen und wertenden Angaben im Lagebericht besonders kritisch zu prüfen. In diesen Fällen sind ggf. die für die Überschuldungsprüfung entwickelten Grundsätze heranzuziehen. - Dies gilt auch für einzelne Betriebsteile/Geschäftsfelder (**IDW PS 350.14**).
- Es ist zu prüfen, ob die prognostischen Angaben im Lagebericht nach Inhalt und Wahrscheinlichkeitsgrad mit den unternehmensinternen Erwartungen übereinstimmen (**IDW PS 350.16**).
- Es ist zu prüfen, ob bei Prognosen und wertenden Aussagen nicht durch Darstellungsform und Wortwahl ein irreführendes Bild der tatsächlich erwarteten Verhältnisse vermittelt wird (**IDW PS 350.18**).
- Es ist zu prüfen, ob die bei Prognosen verwendeten Prognosemodelle für die jeweilige Problemstellung sachgerecht sind und richtig gehandhabt worden sind (**IDW PS 350.17**).

Hinweis: Zukunftsbezogene Aussagen, die den Anspruch erheben, begründete Prognosen - und nicht bloße Prophetien - zu sein, beruhen auf sog. Prognosemodellen.

Ein Prognosemodell geht stets von bestimmten, in einen **Wenn-Dann-Satz gekleideten Annahmen** aus. Diese Annahmen können aus Gesetzmäßigkeiten, Erfahrungssätzen, Ursache-Wirkungs-Zusammenhängen usf. bestehen, und sie müssen - bezogen auf das Prognoseobjekt - plausibel sein. So könnte für eine Umsatzprognose von der folgenden Annahme ausgegangen werden: "Immer **wenn** die Auftragseingänge steigen, **dann** werden (wahrscheinlich) mit zeitlicher Verzögerung auch die Umsätze steigen."

Ein Prognosemodell bedarf ferner einer **Konkretisierung der "Wenn-Komponente"** der jeweiligen, der Prognose zugrundeliegenden Annahme, z.B.: "Im abgelaufenen Geschäftsjahr haben sich die Auftragseingänge erhöht (vermindert)".

Aus beiden Komponenten des Prognosemodells (der Annahme und der konkretisierten Wenn-Komponente) lässt sich dann als **Schlussfolgerung** die begründete Prognose ableiten, z.B.: "Die Umsätze werden in der Zukunft (wahrscheinlich) steigen (sinken)."

e) Prüfung der Darstellung von Vorgängen nach dem Abschluss-Stichtag

IDW PS 350.19, empfiehlt als Prüfungshandlungen:

- Durchsicht von Zwischenberichten (Monats- und Quartalsberichten);
- Durchsicht von Protokollen über Sitzungen der Verwaltung;
- Befragungen der Geschäftsführung und anderer Auskunftspersonen etc.;
- Durchsicht von Berichten der Innenrevision;
- Durchsicht der Aufwendungen für Rechtsberatung und andere Sachverständige zwecks Erlangung von Hinweisen auf wichtige Verträge, Prozesse oder sonstige Ereignisse;

- Beschaffung von neuen Informationen über den Stand schwebender Geschäfte;
- Beschaffung von Informationen über den Stand steuerlicher Veranlagungen.

Nach **IDW PS 350.20** ist darauf zu achten, dass sich die von der Unternehmensleitung abzugebende Vollständigkeitserklärung auch auf den Lagebericht bezieht und auch die erforderlichen Angaben zu Vorgängen von besonderer Bedeutung nach dem Abschluss-Stichtag einschließt.

Gliederungsvorschläge zu ausgewählten Themen aus dem Bereich "Jahresabschluss"

Vorbemerkung: Die folgenden Gliederungsvorschläge decken das Stoffgebiet "Jahresabschluss" nahezu vollständig ab. Die Gliederungsvorschläge sind dazu bestimmt, sowohl die im Rahmen der Berufsexamina anzufertigenden Aufsichtsarbeiten als auch die Kurzvorträge unter sachlichen Gesichtspunkten zu strukturieren. Den einzelnen Gliederungsvorschlägen ist ein Hinweis auf die jeweilige Fundstelle im Textteil des Buches vorangestellt. Dadurch ist der Zugriff auf den zum Thema gehörenden Volltext stets möglich.

Themenübersicht

Themenübersicht

Themenübersicht

Einzelthemen

1. Thema: Erläutern Sie das System der externen Rechnungslegung nach dem HGB und vergleichen Sie die wesentlichen Regelungen des HGB mit den internationalen Rechnungslegungsgrundsätzen!

- Vgl. I, § 1 -

I. Rechtsgrundlagen des handelsrechtlichen Jahresabschlusses
A. Kodifiziertes Handelsrecht
1. Die 4., 7. und die 8. EG-Richtlinie als Grundlage
2. Das Dritte Buch des HGB
a. Vorschriften, die für alle Kaufleute gelten
a1. Buchführungspflicht
a2. Führung der Handelsbücher
a3. Inventar
a4. Pflicht zur Aufstellung von Bilanz und GuV-Rechnung
a5. Generalnorm für alle Kaufleute
b. Vorschriften, die zusätzlich für Kapitalgesellschaften gelten
b1. Ergänzung des Jahresabschlusses durch den Anhang
b2. Ergänzung um einen Lagebericht
b3. Festlegung einer besonderen Generalnorm für Kapitalgesellschaften
b4. Größenabhängige Vorschriften
B. Grundsätze ordnungsmäßiger Buchführung und Bilanzierung
1. Rechtsnatur der GoB
2. Inhalt der GoB
a. Formelle GoB
b. Materielle GoB
c. Im HGB kodifizierte GoB
d. Bestimmung der GoB
d1. Bestimmung durch Rechtsprechung und amtliche Äußerungen
d2. Bestimmung durch Schrifttum, Fachstellungnahmen und Erkenntnisse der Betriebswirtschaftslehre
d3. Ermittlung durch Handelsbrauch (induktive Methode)
d4. Ermittlung durch "Nachdenken" (deduktive Methode)
II. Jüngere Entwicklungen; Anpassung an internationale Grundsätze
A. Ermittlung der GoB durch unabhängige Gremien
B. Rechnungslegungsgrundsätze (Framework) des International Accounting Standards Board (IASB)
1. Zweck der Rechnungslegung: Entscheidungsbezogenheit
a. Grundlegende Annahmen
a1. Verständlichkeit
a2. Vergleichbarkeit
a21. Zeitliche Vergleichbarkeit
a22. Zwischenbetriebliche Vergleichbarkeit
a3. Entscheidungsrelevanz der Informationen
a31. Signalwirkung der Informationen
a32. Wesentlichkeit (Materiality) der Informationen
a4. Zuverlässigkeit
a41. Faithful Representation

a42. Substance over Form
a43. Neutrality
a44. Prudence
a45. Completeness
b. Grundsatz der Periodenabgrenzung
c. Going Concern-Prinzip
2. Einschränkende Merkmale
a. Rechtzeitigkeit
b. Nützlichkeit
c. Konflikte zwischen den Einzelprinzipien
III. Konsequenzen der Angleichung der Rechnungslegungsgrundsätze an internationale Standards und Beurteilung

2. Thema: Die Bilanzierung von Forschungs- und Entwicklungskosten, immateriellen Gütern des Anlagevermögens, der Kosten der Ingangsetzung sowie der Erweiterung des Geschäftsbetriebes und des Firmenwertes. Gehen Sie auch auf die Abweichungen zwischen den deutschen Ansatzregeln und den internationalen Grundsätzen ein!

- Vgl. I, § 2 Ziff. 1 -

I. Grundlagen der Bilanzierung
A. Bilanzierungspflichten, Bilanzierungsrechte und Bilanzierungsverbote nach Handelsrecht
1. Begriff der Bilanzierungsrechte, -pflichten und -verbote
2. Der Begriff des Vermögensgegenstandes im Handelsrecht
a. Hinweise im Handelsgesetzbuch
b. Merkmale des Vermögensgegenstandes
b1. Verkehrsfähigkeit
b2. "Sicherer" zukünftiger Wert
b3. Zurechenbarkeit von Ausgaben (Aufwendungen)
3. "Assets" nach den Rechnungslegungsstandards des IASC (Recognition Criteria)
a. Zukünftiger Nutzen
b. Nutzenwahrscheinlichkeit > Gegenwahrscheinlichkeit
c. Zuverlässig (with reliability) schätzbare Zuordnung von Aufwendungen
d. Unerheblichkeit des physikalischen Zustands eines Item
4. Grenzfälle: Forschungs- und Entwicklungskosten, immaterielle Gegenstände des Anlagevermögens, Kosten der Ingangsetzung und Erweiterung des Geschäftsbetriebs, Firmenwert, aktive latente Steuern
II. Einzelfälle
A. Forschungs- und Entwicklungskosten
1. Handelsrechtlich besteht keine selbständige Bilanzierungsfähigkeit, da weder verkehrsfähig noch die Zurechenbarkeit von Ausgaben/Aufwendungen besteht
2. Nationales Wahlrecht nach 4.EG-Richtlinie ist nicht ausgeübt worden
3. Forschungskosten sind nach IAS nicht aktivierungsfähig; Entwicklungskosten müssen aktiviert werden wenn:
a. Aufwendungen bestimmten Objekten eindeutig zugerechnet werden können,
b. technische Realisierbarkeit besteht,
c. das Produkt oder Verfahren muss innerhalb oder außerhalb des Unternehmens genutzt werden können.
B. Immaterielle Anlagewerte
1. § 248 Abs. 2 HGB

2. Nach der 4.EG-Richtlinie vorhandenes Wahlrecht, auch selbsterstellte immaterielle Anlagewerte zu bilanzieren, ist nicht ausgeübt worden
3. Es besteht nach IAS Aktivierungspflicht, wenn die Merkmale eines Asset gegeben sind

C. "Bilanzierungshilfen"
1. Wesen der Bilanzierungshilfen
2. Kosten der Ingangsetzung und Erweiterung / Aufwendungen für die Umstellung auf den Euro - Prüfung der Zulässigkeit, der Bewertung und des Ausweises. - Achtung: Personenhandelsgesellschaften und Einzelkaufleute können die Bilanzierungshilfe für Ingangsetzung oder Erweiterung nicht bilden, weil es sich um eine Spezialvorschrift für Kapitalgesellschaften handelt; die Euro-Bilanzierungshilfe darf von allen Kaufleuten gebildet werden. International sind Bilanzierungshilfen unbekannt!
3. Firmenwert § 255 Abs. 4 HGB; § 7 Abs. 1 Satz 3 EStG. - Achtung: Es handelt sich um Vorschriften, die für alle Kaufleute gelten; - Achtung: Die Verpflichtung zur Bildung einer Ausschüttungssperrücklage besteht nicht; - Prüfung des Umfangs, der Bewertung und des Ausweises des Firmenwertes
4. Aktive latente Steuern als Bilanzierungshilfe - § 274 Abs. 2 HGB. - Es handelt sich um eine Vorschrift, die nur für Kapitalgesellschaften gilt. - Es handelt sich um eine neue Position, über deren Inhalt und Abgrenzung noch weitgehend Unklarheit besteht. Eine Neuordnung i.S.v. IAS 12 ist zu erwarten

III. Sonstige Bilanzierungshilfen - Verschmelzungsmehrwert - Pensionsrückstellungen, für die ein Ansatzwahlrecht besteht

3. Thema: Die Zurechnung von Wirtschaftsgütern / Vermögensgegenständen zum Bilanzierenden

- Vgl. I § 2 Ziff. 2 a und b -

I. Betriebsvermögen, Privatvermögen

A. Abgrenzung bei Einzelkaufleuten
1. Notwendiges Betriebsvermögen
2. Notwendiges Privatvermögen
3. Gewillkürtes Privatvermögen

B. Abgrenzung bei Personenhandelsgesellschaften
1. Aktivierungsfähig ist grundsätzlich nur das Gesamthandsvermögen
2. Passivierungsfähig sind grundsätzlich nur die Gesamthandsverbindlichkeiten
3. Zur Abgrenzung von Verbindlichkeiten gegenüber Gesellschaftern und Eigenkapital der Gesellschaft vgl. St HFA 2/93

C. Kapitalgesellschaften können nur Betriebsvermögen haben

II. Rechtliches und wirtschaftliches Eigentum

A. Grundlage: Für die Zurechnung ist nicht das rechtliche sondern das wirtschaftliche Eigentum maßgebend

B. Beispiele für Abweichungen zwischen rechtlichem und wirtschaftlichem Eigentum
1. Eigentumsvorbehalt
2. Sicherungsübereignung
3. Bauten auf fremdem Grund und Boden
4. Miet- und Pachtverhältnisse. Grundsätzlich bilanziert der Vermieter oder Verpächter, Ausnahme ggf. Finanzierungsleasing (s.d.)

4. Thema: Die Behandlung von sog. schwebenden Geschäften im handelsrechtlichen Jahresabschluss

- Vgl. I, § 2 Ziff 2c) -

I. Zum Begriff der schwebenden Geschäfte
   A. Von keiner Seite erfüllte Geschäfte
   B. Beispiele
      1. Miet- und Pachtverträge
      2. Versicherungsverträge
      3. Arbeitsverträge
      4. Pensionsgeschäfte

II. Grundsätze der Bilanzierung
   A. Nach GoB sind schwebende Geschäfte nicht zu bilanzieren, obwohl ggf. Vermögensgegenstände und Schulden
   B. Teilweise erfüllte Geschäfte werden nur insoweit bilanziert, wie wenigstens eine Seite erfüllt hat - Anzahlungen - Teillieferungsverträge (vgl. langfristige Fertigung)
   C. Berücksichtigung von Verlusten aus schwebenden Geschäften (vgl. Rückstellungen für Verluste aus schwebenden Geschäften)
   D. Besonderheiten bei Finanzierungs-Leasing-Verträgen (s.d.)
   E. Besonderheiten bei Pensionsgeschäften

5. Thema: Zur Bilanzierung, Bewertung und Prüfung von Finanzierungs-Leasing-Verträgen

- Vgl. I § 2 Ziff. 2 d -

I. Begriff des Finanzierungsleasing: In der steuerlichen Terminologie werden unter "Finanzierungsleasing" Verträge zusammengefasst, bei denen die Vertragsdauer (Grundmietzeit) mit der "betriebsgewöhnlichen Nutzungsdauer" des Gegenstandes (näherungsweise) übereinstimmt. Die Verträge können während der Grundmietzeit grundsätzlich nicht gekündigt werden. Durch die Mietraten während der Grundmietzeit werden mindestens die Anschaffungs- oder Herstellungskosten des Leasinggebers gedeckt.

II. Arten der Leasingverträge
   A. Finanzierungsleasing und Operate-Leasing
   B. Finanzierungsleasing mit und ohne Sonderrechte nach Vertragsende
      1. Mietverlängerungsoption
      2. Kaufoption
   C. Pay-out und non pay out-Verträge. Die "non-pay-out-Verträge" sind Leasingverträge, bei denen während der Grundmietzeit die Anschaffungs- oder Herstellungskosten des Leasinggebers durch die vereinbarten Leasingentgelte nicht voll gedeckt sind.
   D. Differenzierung nach den Leasinggegenständen
      1. Immobilienleasing
      2. Mobilienleasing

III. Probleme der Zurechnung zum L.-Geber oder zum L.-Nehmer
   A. Leasingvertrag ist schwebendes Geschäft, deshalb Bilanzierung des Leasinggegenstandes grundsätzlich nach GoB beim Leasinggeber
   B. Umdeutung der Finanzierungsleasingverträge in verdeckte Ratenkaufverträge (wirtschaftliches Eigentum)
   C. Problematik der Abgrenzung - Starre steuerliche Abgrenzung - Elastische Regelung nach HFA
   D. Vom HFA geforderte Vermerkpflicht, wenn nicht beim Leasingnehmer bilanziert wird
   E. Regelung nach dem HGB

1. Weder die 4.EG-Richtlinie noch das HGB 85 nehmen zur Zurechnung des Leasing-Gegenstandes Stellung
2. Nach § 285 Nr. 3 HGB: Anhangangabe (vgl. Stellungnahme SABI 3/86: Zur Darstellung der Finanzlage i.S.v. § 264 Abs. 2 HGB, Ziff. 7.)

IV. Regelung nach IAS 17
A. Grundsatz
1. Finanzierungs-Leasing-Verträge (finance leasing) werden grundsätzlich bei dem Leasingnehmer bilanziert
2. Operate-leasing-Verträge werden bei dem Leasinggeber bilanziert.

B. Merkmale des Finanzierungsleasing nach IAS 17.8
1. Am Ende der Laufzeit des Leasingverhältnisses wird dem Leasingnehmer das Eigentum an dem Vermögenswert übertragen,
2. Der Leasingnehmer hat eine Kaufoption, bei der er den Vermögenswert zu einem Preis erwerben kann, der erwartungsgemäß deutlich günstiger als der zum möglichen Optionsausübungszeitpunkt beizulegende Zeitwert
3. Die Laufzeit des Leasingverhältnisses betrifft den überwiegenden Teil der Nutzungsdauer des Vermögenswertes.
4. der Barwert der Mindestleasingzahlungen zu Beginn des Leasingverhältnisses übersteigt oder entspricht im wesentlichen dem beizulegenden Zeitwert des Leasinggegenstandes

C. Bewertung des Leasinggegenstandes beim Leasingnehmer nach IAS 17.11: Ausgangswert ist der Niederstwert aus dem
1. Zeitwert zu Beginn des Leasingverhältnisses und dem
2. Barwert der Mindestleasingzahlungen. Bei der Berechnung des Barwertes der Mindestleasingzahlungen dient der dem Leasingverhältnis zugrunde liegende Zins als Abzinsungsfaktor
3. Die aktivierten Leasinggegenstände sind nach den gleichen Grundsätzen abzuschreiben wie vergleichbare andere Vermögensgegenstände (IAS 17.14, 16).

D. Die Leasingraten sind in einen Zinsanteil und in einen Tilgungsanteil aufzuteilen.

6. Thema: Zur Bilanzierung und Bewertung von Leasingverträgen aus der Sicht des Leasinggebers

- Vgl. I, § 2 Ziff. 2 d5) -

I. Ausweis des Leasingvermögens
A. Für die Zuordnung des Leasinggegenstands ist die Zweckwidmung durch den Leasinggeber maßgebend
B. Das Leasingvermögen sollte in der Bilanz unter römischer Ziffer erscheinen, um die Besonderheit, dass es sich um Leasingvermögen handelt, erkennen zu lassen

II. Bewertung des Leasingvermögens
A. Obergrenze: Fortgeführte Anschaffungs- oder Herstellungskosten
B. Fremdkapitalzinsen dürfen nur im Rahmen des § 255 Abs. 3 HGB in die Herstellungskosten eingerechnet werden
C. Kosten des Leasingvertrags (Vertragsbeschaffungskosten) sind nicht aktivierungsfähig
D. Abschreibung
1. Planmäßige Abschreibung über die Nutzungsdauer, ggf. unter Berücksichtigung des Restwerts
2. Planmäßige Abschreibung beginnt im Zeitpunkt des Zugangs, nicht mit dem Mietbeginn
3. Der Stetigkeitsgrundsatz ist zu beachten
4. Außerplanmäßige Abschreibungen bei voraussichtlich dauernder Wertminderung

III. Ergebniswirksame Vereinnahmung von Leasingentgelten
A. Bei der ergebniswirksamen Vereinnahmung von Leasingentgelten ist von den vertraglichen Vereinbarungen auszugehen, wenn diese zu einem Ausgleich von Leistung und Gegenleistung führen. Dies ist der Fall, wenn die Entgelte der im Zeitablauf gleich bleibenden Nutzungsüberlassung oder dem i.d.R. degressiven Aufwandsverlauf des Leasinggebers entsprechen
B. Führen die Verträge nicht zu einem sachgerechten Ausgleich von Leistung und Gegenleistung, so ist eine passive oder aktive Abgrenzung vorzunehmen
C. Maßstab für eine passive Abgrenzung ist der Aufwandsverlauf
D. Maßstab für die Aktivierung noch nicht fälliger Leasingforderungen im Falle progressiver Ratenvereinbarungen ist die gleichbleibende Nutzungsüberlassung. weitere Voraussetzungen s. Stellungnahme HFA I/1989, D 4
E. Unter Berücksichtigung der Ertragsvereinnahmung ist entweder eine verlustfreie (Rest-)Abwicklung sicherzustellen oder es sind Drohverlustrückstellungen zu bilden
F. Im Falle wesentlicher Anlaufverluste oder Auslaufgewinne sind Anhangangaben nach § 264 Abs. 2 HGB erforderlich
IV. Risikovorsorge: Es gelten die allgemeinen Bilanzierungsgrundsätze
V. Forfaitierung: Die Erlöse aus dem Verkauf zukünftig fälliger Leasingraten an Dritte (Forfaitierung) sind insoweit passiv abzugrenzen, als sie Erträge zukünftiger Perioden darstellen und ihnen Verpflichtungen zu Nutzungsüberlassung gegenüberstehen
VI. Bilanzierung von Leasinggegenständen nach IAS 17

7. Thema: Die Anschaffungskosten. Nehmen Sie grundsätzlich zum Problem der Bemessung der Anschaffungsnebenkosten, der Anschaffungskostenminderungen, der Anschaffungskosten bei unentgeltlichem Erwerb und der Anschaffungskosten beim Tausch Stellung!

- Vgl. I § 4 Ziff. 1 -

I. Merkmale des Anschaffungskostenbegriffs
A. Anschaffungspreis
B. Anschaffungsnebenkosten
C. Anschaffungskostenminderungen
D. Gesetzliche Anschaffungskosten
II. Probleme der Ermittlung des Anschaffungspreises: Die Bilanzierung erfolgt in Höhe der Verpflichtung zur Gegenleistung
A. Der tatsächlich gezahlte Preis
1. Der vor Erwerb gezahlte Preis (Anzahlungen, Mietkauf, Anrechnung einer Schuld auf den Kaufpreis)
2. Bei Erwerb gezahlter Preis
a Behandlung der Vorsteuer
b Bestimmung bei Vorliegen eines Gesamtanschaffungspreises
c Bestimmung bei verdeckter Gewinnausschüttung
d Anschaffungspreis in Auslandswährung (vgl. Probleme der Währungsumrechnung im Jahresabschluss)
3. Nach dem Erwerb gezahlter Preis
a Anschaffungsnahe Aufwendungen
b Nachträglich im Prozesswege heraufgesetzter Preis
c Später erkannte Mängel
B. Fiktiver Anschaffungspreis
1. Fiktiver Anschaffungsbreis bei unentgeltlichem Erwerb
2. Fiktiver Anschaffungspreis beim Tausch

a Anschaffungspreis ohne Gewinnrealisierung (grundsätzlich Handelsrecht)

b Anschaffungspreis mit Gewinnrealisierung (Steuerrecht)

c Kommentarmeinungen

II. Probleme der Anschaffungsnebenkosten

A. Anschaffungsnebenkosten mit Aktivierungspflicht

B. Anschaffungsnebenkosten mit Aktivierungsverbot (Finanzierungskosten, Betriebs- und Verwaltungskosten)

III. Anschaffungskostenminderungen

A. Skonti und Rabatte (Abzugspflicht, ggf. pauschal)

B. Boni (ggf. Pauschalierung)

C. Zuschüsse und Subventionen als Anschaffungskostenminderungen (vgl. bes. Thema)

IV. Beispiele gesetzlicher Anschaffungskosten

V. Anschaffungskosten nach den IAS im Vergleich

IAS 2.7: "In die Anschaffungskosten von Vorräten sind alle Kosten des Erwerbs ... sowie sonstige Kosten einzubeziehen, die angefallen sind, um die Vorräte an ihren derzeitigen Ort und in ihren derzeitigen Zustand zu versetzen."

8. Thema: Die bilanzielle und die erfolgsmäßige Behandlung von Zulagen und Zuschüssen der öffentlichen Hand im handelsrechtlichen Jahresabschluss (vgl. HFA 1/84)

- Vgl. I § 4 Ziff. 2 -

I. Begriffsabgrenzung: Unter finanziellen Zuwendungen sind Zahlungen an den Berechtigten zu verstehen, die nicht rückzahlbar oder nur bedingt rückzahlbar sind. Bei bedingt rückzahlbaren Zuwendungen ist die Rückzahlungspflicht von dem Eintritt oder Nichteintritt einer oder mehrerer bei der Gewährung der Zuwendung festgelegter Bedingungen abhängig.

II. Bilanzierung von nicht zurückzahlbaren Zuwendungen

A. Erfolgswirksamkeit

1. Investitionszuschüsse sind nach sachgerechten Verfahren auf die Nutzungsdauer der bezuschussten Gegenstände zu verteilen

2. Aufwandszuschüsse sind nach Maßgabe der Verrechnung des Aufwandes, zu dessen Deckung der Zuschuss dient, zu vereinnahmen

3. Eine sofortige erfolgswirksame Vereinnahmung ist nur in Ausnahmefällen möglich

a wenn für die bezuschussten Gegenstände bereits eine außerplanmäßige Abschreibung vorgenommen worden ist oder

b in Sanierungsfällen zu Ausgleich von Verlusten

B. Zeitpunkt der Bilanzierung von Zuwendungen

1. Der Anspruch auf eine Zuwendung ist als Forderung zu aktivieren, wenn die sachlichen Voraussetzungen für die Gewährung erfüllt sind und die Zuwendung spätestens bis zum Zeitpunkt der Aufstellung des Jahresabschlusses bewilligt ist

2. Zuwendungen, auf die ein Rechtsanspruch besteht werden aktiviert, sobald sie sachlichen Voraussetzungen für die Gewährung erfüllt sind und zum Zeitpunkt der Bilanzaufstellung der erforderliche Antrag gestellt ist

3. Bei Auszahlung der Zuwendung bevor der Empfänger die sachlichen Voraussetzungen erfüllt hat, ist der empfangene Betrag bis zu seiner bestimmungsmäßigen Verwendung als sonstige Verbindlichkeit zu passivieren

C. Passivierung Rückzahlungsverpflichtung bei Nichteinhaltung der Bindungsfrist

D. Ausweisfragen

1. Investitionszuschüsse und -zulagen

a Nettobilanzierung

b Bruttobilanzierung

2. Aufwandszuschüsse

III. Bilanzierung von bedingt zurückzahlbaren Zuwendungen
  A. An Gewinnerzielung des Unternehmens gebundene Rückzahlungsverpflichtung
  B. An den Erfolg des geförderten Projekts gebundene Rückzahlungsverpflichtung
  C. Wegfall der Rückzahlungsverpflichtung
IV. Vorstehende Regelung entspricht IAS 20

9. Thema: Zur Bilanzierung privater Zuschüsse

- Vgl. I § 4 Ziff. 2 e), Stellungnahme IDW HFA 2/1966 -

I. Wesen der privaten Zuschüsse: Im Gegensatz zu öffentlichen Zuwendungen, denen häufig keine unmittelbare Gegenleistungsverpflichtung des Zuwendungsempfängers gegenübersteht, beruhen private Zuschüsse grundsätzlich auf einem ökonomischen Austauschverhältnis. In diesem Fall sind Leistung und Gegenleistung nach kaufmännischen Gesichtspunkten gegeneinander abgewogen, so dass die Leistung des Zuschussgebers und die gesamte Gegenleistung des Zuschussempfängers sich ausgeglichen gegenüberstehen.
  A. Behandlung im Jahresabschluss des Zuschussempfängers
    1. Zuschüsse mit Gegenleistungsverpflichtung
      a. Investitionszuschüsse
        a1. Eigentum an dem Vermögensgegenstand verbleibt beim Zuschussempfänger
        a2. Eigentum an dem Vermögensgegenstand geht auf den Zuschussgeber über
      b. Aufwands- und Ertragszuschüsse
    2. Zuschüsse ohne Gegenleistungsverpflichtung
  B. Behandlung im Jahresabschluss des Zuschussgebers
    1. Zuschüsse mit Gegenleistungsverpflichtung
      a. Investitionszuschüsse
        a1. Eigentum an dem Vermögensgegenstand verbleibt beim Zuschussempfänger
        a2. Eigentum an dem Vermögensgegenstand geht auf den Zuschussgeber über
      b. Aufwands- und Ertragszuschüsse
    2. Zuschüsse ohne Gegenleistungsverpflichtung

10. Thema: Zur Bestimmung der Ober- und Untergrenze der Herstellungskosten. Gehen Sie bei Ihren Erörterungen auch ein auf den Zeitraum der Herstellung, auf die "Kosten der Unterbeschäftigung", auf die Behandlung der Einzel- und Gemeinkosten, auf die Kosten der Auftragserlangung und auf die Behandlung der Fremdkapitalzinsen.

- Vgl. I § 4 Ziff. 3 -

I. Begriff der Herstellungskosten
  A. Herstellungskosten als Analogbegriff zu den Anschaffungskosten
  B. Herstellungsaufwand und Herstellungskosten
  C. Anpassung des handelsrechtlichen Herstellungskostenbegriffs an den steuerlichen Begriff der Herstellungskosten (Abschn. 33 EStR)
  D. Der Herstellungszeitraum
    1. Der Beginn der Herstellung
    2. Die Unterbrechung der Herstellung
    3. Die Beendigung der Herstellung
II. Zur Bestimmung der Obergrenze der Herstellungskosten
  A. Nach § 255 HGB einzubeziehende Aufwendungen
    1. Materialkosten
    2. Fertigungskosten
    3. Sonderkosten der Fertigung

B. Einbeziehbare Aufwendungen: Angemessene Teile der (des) auf den Zeitraum der Herstellung entfallenden
   1. notwendigen Materialgemeinkosten
   2. notwendigen Fertigungsgemeinkosten
   3. Wertverzehrs des Anlagevermögens, soweit durch Fertigung veranlasst
   4. die auf den Zeitraum der Herstellung entfallenden Kosten der allgemeinen Verwaltung
   5. die auf den Zeitraum der Herstellung entfallenden Aufwendungen für soziale Einrichtungen
   6. die auf den Zeitraum der Herstellung entfallenden Aufwendungen für freiwillige soziale Leistungen
   7. die auf den Zeitraum der Herstellung entfallenden Aufwendungen für betriebliche Altersversorgung

C. Sonderprobleme
   1. Behandlung der Biersteuer, der Mineralölsteuer
   2. Verbot der Einbeziehung von Vertriebskosten, Behandlung der Kosten der Auftragserlangung
   3. Einbeziehbarkeit der Kosten der Unterbeschäftigung
   4. Das Problem der Einbeziehbarkeit von Fremdkapitalzinsen (§ 255 Abs. 3 HGB / IAS 23, Borrowing Costs))

III. Zur Bestimmung der Untergrenze der Herstellungskosten

A. Nach § 255 Abs. 2 HGB mindestens einzubeziehende Aufwendungen
   1. Materialkosten
   2. Fertigungskosten
   3. Sonderkosten der Fertigung

B. Diskussion möglicher Untergrenzen
   1. Variable Kosten als Untergrenze
   2. Leistungsabhängige Kosten als Untergrenze (vgl. NA 4/66)
   3. Dem Erzeugnis unmittelbar zurechenbare Kosten (Art. 35 der 4.EG-Richtlinie)
   4. Einzelkosten als Untergrenze
      a Unechte Einzelkosten und unechte Gemeinkosten
      b Echte Gemeinkosten und echte Einzelkosten

C. Ableitung der mindestens anzusetzenden Herstellungskosten aus dem Rechnungswesen

IV. Sonderformen der Ableitung der Herstellungskosten aus dem Rechnungswesen

A. Die Normal-/Plankostenrechnung als Grundlage der Ableitung

B. Teilkostenrechnungen (Deckungsbeitragsrechnungen) als Grundlage der Ableitung

C. Die Kosten des kostengünstigsten (Konzern-) Betriebs als Grundlage der Ableitung

D. Die Kosten eines fiktiven (kostenoptimalen) Betriebs als Grundlage der Ableitung

V. Die Verwendung von Verbrauchsfolgeverfahren (vgl. dort)

VI. Nachträgliche Herstellungskosten (Abgrenzung zwischen Herstellungs- und Erhaltungsaufwand)

VII. Herstellungskosten nach IAS 2, Inventories: Es sind alle Einzelkosten sowie fixe und variable Produktionsgemeinkosten, die in direktem Zusammenhang mit der Produktion oder dem Produkt stehen, einzubeziehen; für die Einbeziehung von Finanzierungskosten besteht ein begrenztes Einbeziehungswahlrecht; für Vertriebskosten ein Einbeziehungsverbot (Prinzip der produktionsbezogenen Vollkosten).

11. Thema: Probleme der Ermittlung niedrigerer Wertansätze für Gegenstände des Umlaufvermögens nach § 253 Abs. 3 HGB

- Vgl. I, § 5 Ziff. 1 bis 4 -

I. Übersicht: Die Anwendung des Niederstwertprinzips bei der Bewertung von Gegenständen des Umlaufvermögens; der niedrigere "Zukunftswert" als Bewertungsvereinfachungsverfahren

II. Der niedrigere Wert, der sich aus einem Börsen- oder Marktpreis am Abschluss-Stichtag ergibt (§ 253 Abs. 3 Satz 1 HGB)

A. Grundlagen und offene Fragen

1. Zum Begriff des Börsen- oder Marktpreises

2. Die Maßgeblichkeit des Beschaffungsmarktes und die Maßgeblichkeit des Absatzmarktes

a. Grundsatz: Absatzmarkt

b. Einzelfragen der Maßgeblichkeit

b1. Fertige Erzeugnisse

b2. Unfertige Erzeugnisse

b3. Roh-, Hilfs- und Betriebsstoffe

b4. Handelswaren

b5. Überbestände an Roh-, Hilfs- und Betriebsstoffen

b6. Unfertige Erzeugnisse, die auch von Dritten beschafft werden können

c. Nach IAS 2 ist grundsätzlich der Absatzmarkt maßgeblich; bei RHB auch der Beschaffungsmarkt

B. Sonderprobleme der "retrograden Bewertung" bzw. der verlustfreien Bewertung

1. Das Wesen der retrograden (verlustfreien) Bewertung

2. Einzelprobleme

a. Die Ermittlung des mutmaßlichen Veräußerungserlöses

b. Die Ermittlung der noch anfallenden Aufwendungen

b1. Die noch anfallenden Herstellungskosten

b2. Abzugsfähigkeit der Voll- oder der Teilkosten?

b3. Die Behandlung anderer noch anfallender Aufwendungen und der evtl. Gewinnzuschläge

c. Ermittlung des Niederstwertes

c1. Grundsätzliche Überlegungen

c2. Diskussion von Einzelfällen

c21. Volle Anschaffungs- oder Herstellungskosten/noch anfallende Vollkosten

c22. Teilanschaffungs- oder Herstellungskosten/noch anfallende Vollkosten

c23. Volle Anschaffungs- oder Herstellungskosten/noch anfallende Teilkosten

c23. Teil-Anschaffungs- oder Herstellungskosten/noch anfallende Teilkosten

c3. Versuch einer Lösung (Forster)

III. Der Wert, der den Vermögensgegenständen am Abschluss-Stichtag beizulegen ist (§ 253 Abs. 3 Satz 2 HGB)

A. Grundsätzliche Überlegungen: Der beizulegende Wert als Ersatzwert bei fehlenden Börsen- oder Marktpreisen

B. Das Beispiel der "Gängigkeitsabschreibungen"

IV. Das Abwertungswahlrecht zur Verhinderung von Wertschwankungen (§ 253 Abs. 3 Satz 3 HGB)

A. Der Wortlaut des Gesetzes und offene Fragen

B. Der Begriff der "nächsten Zukunft"

C. Das Identitätsproblem

D. Der Anwendungsbereich der Vorschrift

V. Ergebnis: Anwendung des strengen Niederstwertprinzips nach § 253 Abs. 3 Satz 1 und 2 HGB; der "Zukunftswert" nach § 352 Abs. 3 Satz 3 HGB als Methode zur Bildung stiller Rücklagen

12. Thema: Die Zuschreibungen nach Handelsrecht; gehen Sie bei der Behandlung des Themas auch auf die Zusammenhänge zwischen Handels- und Steuerbilanz (§§ 254, 279, 280 und 281 HGB) ein!

- Vgl I § 5 Ziff. 5 -

I. Voraussetzungen für das Zuschreibungswahlrecht nach bisherigem Handelsrecht

A. Vornahme außerplanmäßiger Abschreibungen in Vorperioden

B. Fortfall der Gründe für die außerplanmäßige Abschreibung

C. Zuschreibung nur bis zu den fortgeführten Anschaffungs- oder Herstellungskosten

D. Zuschreibung nur in Ausnahmefällen, z.B. zur Anpassung der Handelsbilanz an die Ergebnisse der steuerlichen Außenprüfung

II. Zuschreibung nach der 4.EG-Richtlinie: Die Richtlinie enthält in Art. 35 Abs. 1 c) dd) und Art. 39 Abs. 1 d) ein Wertaufholungsgebot: "Der niedrigere Wertansatz nach den Unterabsätzen aa) und bb) (= niedrigerer beizulegender Wert) darf nicht beibehalten werden, wenn die Gründe für die Wertminderung nicht mehr bestehen."

III. Zuschreibungen nach dem HGB 1985

A. Alle Kaufleute: Beibehaltungswahlrecht (Zuschreibungswahlrecht) nach § 253 Abs. 5 HGB (wie bisher)

B. Zuschreibungsgebot für Kapitalgesellschaften, d.h. für die unter die Richtlinie fallenden Unternehmen nach § 280 Abs. 1 HGB

C. Befreiung von dem Zuschreibungsgebot bei "umgekehrter Maßgeblichkeit" nach § 280 Abs. 2 HGB

1. Wortlaut § 280 Abs. 2 HGB: "Von der Zuschreibung nach Absatz 1 kann abgesehen werden, wenn der niedrigere Wertansatz bei der steuerrechtlichen Gewinnermittlung beibehalten werden kann und wenn Voraussetzung für die Beibehaltung ist, daß der niedrigere Wertansatz auch in der Bilanz beibehalten wird."
2. Neuregelung des Maßgeblichkeitsgrundsatzes durch das Steuerreformgesetz
3. Damit ist das Wertaufholungsgebot der Richtlinie praktisch unterlaufen!
4. Angabepflicht für die unterlassenen Zuschreibungen nach § 280 Abs. 3 HGB

IV. Für Gegenstände des Vorratsvermögens besteht nach IAS 2.30 eine Pflicht zur Wertaufholung

V. Der Einfluss des Maßgeblichkeitsgrundsatzes auf die Aussagefähigkeit des Jahresabschlusses

13. Thema: Die Währungsumrechnung im Jahresabschluss

- Vgl. I § 6; vgl. HFA 1986: Geänderter Entwurf einer Verlautbarung zur Währungsumrechnung im Jahres- und Konzernabschluss; IAS 21 -

I. Grundsätze der Währungsumrechnung bei der Erstbewertung (Zugangsbewertung)

A. Währungsumrechnung ist Teil der Bewertung im Jahresabschluss

B. Anzuwendende Bewertungsregeln Währungsumrechnung ist Teil der Bewertung im Jahresabschluss

C. Maßgeblicher Wechselkurs im Zeitpunkt der Erstverbuchung

1) Grundsätze

2) Sonderfälle der Kursbestimmung

D. Die Zeitpunkte der Erstverbuchung

II. Folgebewertung von Vermögensgegenständen und Verbindlichkeiten

A. Folgebewertung unter strikter Beachtung des Anschaffungswertprinzips, des Imparitätsprinzips und des Realisationsprinzips

a) Bei Anwendung des Niederstwertprinzips sind die maßgebenden Märkte und deren Währungen zu berücksichtigen
b) Währungsforderungen und -verbindlichkeiten sind nach dem Niederstwert- und nach dem Imparitätsprinzip zu bewerten
c)Folgebewertung von flüssigen Mitteln, Anzahlungen und Rückstellungen
B. Folgebewertung nach internationalen Grundsätzen (IAS 21)
a) Die Unterscheidung in monetäre und nicht monetäre Fremdwährungsposten
b) Die Folgebewertung der monetären Fremdwährungsposten
b1) Umrechnung zum jeweiligen Stichtagskurs
b2) Erfolgswirksame Behandlung der Umrechnungsdifferenzen
c) Die Folgebewertung der nicht monetären Fremdwährungsposten:
c1) Differenzierte Umrechnung nach dem Zeitbezug
c2) Die Behandlung der Umrechnungsdifferenzen
III. Ergebnis

14. Thema: Bilanzierung und Prüfung von Vorgängen der langfristigen Fertigung. Nehmen Sie zur Aktivierung, zur Passivierung und zum Erfolgsausweis Stellung; welche besonderen Aufgaben ergeben sich für den Abschlussprüfer?

- Vgl. I § 7 / IAS 11 -

I. Einführung
A. Wesen der langfristigen Fertigung
B. Arten der langfristigen Fertigungsaufträge
1. Festpreisverträge
2. "cost-plus"-Verträge
C. Problematik der Gewinnrealisierung und der Darstellung der Vermögens-, Finanz- und Ertragslage bei langfristiger Fertigung
II. Bilanzierungs- und Bewertungsmöglichkeiten
A. "Completed-contract-Methode"
1. Beschreibung
2. Art und Umfang der in die Herstellungskosten der unfertigen Erzeugnisse einrechenbaren Aufwendungen
3. Prüfungsprobleme, insbesondere Obergrenze der Herstellungskosten
B. Die "Percentage-of Completion-Methode"
1. Beschreibung
2. Voraussetzungen
a Bei Festpreisverträgen
b Bei cost-plus-Verträgen
c Prüfungsprobleme: Ermittlung der bereits angefallenen/der noch anfallenden Aufwendungen
3. Ausweisfragen: Noch nicht mit dem Auftraggeber abgerechnete Aufträge sind unter "Forderungen" auszuweisen
4. Beurteilung: Verstoß gegen das Realisationsprinzip?
C. Methode der Teilabrechnung
1. Beschreibung: Gewinn gilt nach Maßgabe der abgerechneten Teilleistungen als realisiert
2. Voraussetzung: Gesamtleistung muss teilbar sein
3. Prüfungsprobleme: Erfassung der Restrisiken
4. Beurteilung
III. Berücksichtigung vorhersehbarer Verluste vor Fertigstellung (vgl. Rückstellungen für Verluste aus schwebenden Geschäften)

IV. Ist eine Durchbrechung des Realisationsprinzips nach § 252 HGB bei entsprechender Berichterstattung zulässig? (nach Auffassung des HFA unzulässig)

15. Thema: Probleme bei der Auslegung des Stetigkeitsgrundsatzes nach § 252 Abs. 2 Nr. 6 HGB im Vergleich zu internationalen Grundsätzen

- Vgl. I, § 8 -

I. Grundsatz: § 252 Abs. 1 Nr. 6 HGB: "Die auf den vorhergehenden Jahresabschluss angewandten Bewertungsmethoden sollen beibehalten werden" - Davon darf nur in begründeten Ausnahmen abgewichen werden (§ 252 Abs. 2 HGB)

A. Zweck der Vorschrift ist die Vergleichbarkeit der Jahresabschlüsse im Zeitablauf

B. Die Beibehaltung der Methoden wird nur dann verlangt, wenn vergleichbare Sachverhalte zu beurteilen sind; andererseits dürfen art- und funktionsgleiche Bewertungsobjekte nicht mit Hinweis auf den Grundsatz der Einzelbewertung unterschiedlich bewertet werden.

C. Der Grundsatz gilt nur für Bewertungs- nicht auch für Bilanzierungsmethoden

II. Begriff der Bewertungsmethode: Bestimmte, in ihrem Ablauf definierte Verfahren der Wertfindung

A. Die Stetigkeit bezieht sich auf die Ausübung echter und unechter Wahlrechte

B. Planmäßige Inanspruchnahme steuerlicher Abschreibungen ist zulässig

C. Zwingende Abschreibungen, z.B. nach dem strengen Niederstwertprinzip stellen keinen Verstoß gegen den Stetigkeitsgrundsatz dar.

III. Abweichungen in begründeten Ausnahmefällen. Als begründete Ausnahmefälle können z.B. angesehen werden:

A. Änderungen der rechtlichen Gegebenheiten

B. Bessere Darstellung der VFE-Lage unter Beachtung der GoB

C. Inanspruchnahme von Bewertungsvereinfachungsverfahren

D. Anpassung an konzerneinheitliche Bilanzierungsgrundsätze

E. Anpassung des Jahresabschlusses an internationale Rechnungslegungsgrundsätze

F. Übergang oder Verzicht auf die Anwendung von Bewertungsvereinfachungsverfahren

G. Abweichungen, um steuerliche Ziele zu erreichen

IV. Angabepflichten (§ 284 Abs. 2 Nr. 3 HGB)

A. Angabe- und Begründungspflichten bei Durchbrechung der Bewertungs- und Ansatzstetigkeit

B. Darstellung des Einflusses auf die Finanz-, Vermögens- und Ertragslage im Anhang

V. Der Stetigkeitsgrundsatz nach IAS 8

A. Die Zulässigkeit von Stetigkeitsdurchbrechungen

B. Anpassungspflichten bei Bilanzierungs- oder Bewertungsänderungen

C. Angabepflichten bei Bilanzierungs- oder Bewertungsänderungen

16. Bilanzierung, Bewertung und Prüfung des Sachanlagevermögens.

- Vgl. I, § 9 / IAS 16 -

I. Begriff des Sachanlagevermögens

A. § 247 Abs. 2 HGB: Anlage- und Umlaufvermögen

B. Abgrenzung nach § 266 Abs. 2 A II HGB

II. Nachweis und Nachweisprüfung

A. Nach GoB wird eine jährliche Inventur nicht verlangt

B. Anlagekartei

C. Internes Kontrollsystem

D. Betriebsbegehung

III. Bewertung und Bewertungsprüfung

A. Grundsatz: Gemildertes Niederstwertprinzip
   1. Alle Kaufleute: §§ 253, 254 HGB
   2. Sondervorschriften für Kapitalgesellschaften nach §§ 279-281 HGB
B. Zuordnung von Vermögensgegenständen zum Sachanlagevermögen bei dauernder und vorübergehender Stilllegung
C. Prüfung der fortgeführten Anschaffungs- und Herstellungskosten
   1. Begriff und Funktionen der Abschreibungen in den unterschiedlichen Bilanzauffassungen
   2. Die planmäßige Abschreibung von Gegenständen des Anlagevermögens, deren Nutzung zeitlich begrenzt ist (§ 253 Abs. 2 Sätze 1 und 2 HGB)
      a. Der abschreibbare Betrag
         a1. Anschaffungs- oder Herstellungskosten
         a2. Berücksichtigung des Restwertes
      b. Die Abschreibungsdauer
         b1. Handelsrechtlich: Verteilung auf die Geschäftsjahre, in denen der Vermögensgegenstand voraussichtlich genutzt werden kann
         b2. Steuerlich: Die betriebsgewöhnliche Nutzungsdauer
      c. Die Abschreibungsverfahren
      d. Planmäßigkeit (und Stetigkeit) der Abschreibung
   3. Die außerplanmäßige Abschreibung nach § 253 Abs. 2 Satz 3 HGB
   4. Die aus Vereinfachungsgründen zulässige Sonderabschreibung geringwertiger Wirtschaftsgüter des Anlagevermögens
D. Prüfung der Zuschreibungen
   1. Prüfung der Voraussetzungen für die Zuschreibung nach § 253 Abs. 5 (alle Kaufleute)
   2. Prüfung der Voraussetzungen für die Wertaufholung bzw. für den Verzicht auf die Wertaufholung nach § 280 HGB
E. Die Festbewertung nach § 240 Abs. 3 HGB
   1. Wesen der Festbewertung als Vereinfachungsmaßnahme
   2. Voraussetzungen für die Festbewertung
   3. Das Festwertverfahren kann auf Vermögensgegenstände des Sachanlagevermögens sowie auf Roh-, Hilfs- und Betriebsstoffe angewandt werden.
   4. Das Festbewertungsverfahren ist nach IAS nicht zulässig

IV. Ausweis und Ausweisprüfung
A. Gliederung des Sachanlagevermögens
   1. Vollgliederung bei großen Kapitalgesellschaften (§ 266 Abs. 2 A II HGB)
   2. Erleichterungen für mittelgroße Kapitalgesellschaften: Bei Einreichung zum Handelsregister besteht nach § 327 Nr. 1 HGB die Möglichkeit, auf den Ausweis der mit arabischen Ziffern bezeichneten Posten zu verzichten
   3. Erleichterung für kleine Kapitalgesellschaften :§ 266 Abs. 1 Satz 3 HGB
   4. Gliederung bei den übrigen Kaufleuten (§ 247 Abs. 1 HGB)
B. Anlagespiegel (Anlagegitter)
   1. Bruttoanlagespiegel nach § 268 Abs. 2 HGB (nur Kapitalgesellschaften)
   2. Sonderprobleme
      a. Zuschreibungen des Jahres werden in der folgenden Bilanz mit den kumulierten Abschreibungen saldiert
      b. Geringwertige Wirtschaftsgüter sind nach GoB zu behandeln
      c. Übergangsregelung: Bisherige Buchwerte können bei der erstmaligen Anwendung als ursprüngliche Anschaffungs- oder Herstellungskosten angesetzt werden (Art. 24 Abs. 6 EGHGB)

C. Sonderposten mit Rücklageanteil bei Anwendung von § 281 HGB

V Prüfung korrespondierender Posten (auf der Grundlage des Gesamtkostenverfahrens nach § 275 Abs. 2 HGB)

A. Sonderposten mit Rücklageanteil (§ 281 HGB)

B. Andere aktivierte Eigenleistungen (§ 275 Abs. 2 Nr. 3 HGB)

C. Abschreibungen (§ 275 Abs. 2 Nr. 7 a HGB)

D. Angabe periodenfremder Erträge und Aufwendungen im Anhang, z.B. Erträge aus dem Abgang von Gegenständen des Anlagevermögens usw. (§ 277 Abs. 4 Satz HGB)

E. Sonstige betriebliche Aufwendungen und Erträge (§ 275 Abs. 2 Nr. 8 HGB)

F. Angaben im Anhang, soweit sie das Sachanlagevermögen betreffen (§§ 284, 285 HGB)

VI. Bewertung des Sachanlagevermögens nach IAS 16

A. Die Erstbewertung von Gegenständen des Sachanlagevermögens

B. Die Folgebewertung von Gegenständen des Sachanlagevermögens: Wertaufholungsgebot

1. Anschaffungskostenmodell

2.Alternativ zulässige Bewertungsmethode: Zeitwertmethode (Neubewertungsmodell)

17. Thema: Zur Bilanzierung, Bewertung und Prüfung von Beteiligungen an Kapitalgesellschaften.

- Vgl I, § 11 Ziff. 1, 2, 3a und 4 -

I. Begriff der Beteiligung

A. Gesetzliche Definition (§ 271 Abs. 1 HGB)

B. Beteiligungen nach IDW-Stellungnahmen

1. Beteiligungen an Personenhandelsgesellschaften gelten nach HFA 3/76 unabhängig von der Höhe stets als Beteiligung (?)

2. Beteiligungen nach BFA 1/77

C. Beteiligungen und "verbundene Unternehmen" nach § 271 Abs. 2 HGB (s.a. Thema 21: Verbundene Unternehmen)

II. Nachweis der Beteiligungen

A. Kontinuität des Bilanzausweises (Beteiligungen, Wertpapiere, Ausleihungen, sonstige Vermögensgegenstände)

B. Nachweis bei verbrieften Beteiligungen

C. Nachweis bei nicht verbrieften Beteiligungen

D. Ggf. bei Aktiengesellschaften aufgrund von Mitteilungspflichten nach §§ 20, 21 AktG

III. Prüfung der Bewertung

A. Grundsatz: Gemildertes Niederstwertprinzip, Wertaufholung

B. Besonderheiten der Bewertung von Beteiligungen an Personenhandelsgesellschaften (s. a. 18. Thema)

C. Equity-Methode; sie wird im Einzelabschluß nicht angewandt

D. Zur Bilanzierung der Anteile an Joint Ventures (s. a. 20. Thema)

IV. Ausweis und Ausweisprüfung

A. Große Kapitalgesellschaften

1. Pos. § 266 Abs. 2 A III 3

2. Sonderausweis der Anteile an verbundenen Unternehmen

3. Angabepflicht im Anhang nach § 285 Nr. 11 HGB oder "Anteilsliste nach § 287 HGB

B. Mittelgroße Kapitalgesellschaften (Bei der Offenlegung vgl. § 327 HGB)

C. Kleine Kapitalgesellschaften

V. Berücksichtigung korrespondierender Positionen in der GuV (Gesamtkostenverfahren)

A. Erträge aus Beteiligungen, davon aus verbundenen Unternehmen (§ 275 Abs. 2 Nr. 9)

B. Sonstige Zinsen und ähnliche Erträge (§ 275 Abs. 2 Nr. 11 HGB)
C. Abschreibungen auf Finanzanlagen (§ 275 Abs. 2 Nr. 12 HGB)
D. Zeitpunkt der Gewinnvereinnahmung/Verlustvereinnahmung
E. Grundsatz: Realisationsprinzip
F. Bei Vorliegen von Ergebnisübernahmeverträgen
G. Gewinnvereinnahmung bei Mehrheitsbeteiligung an Kapitalgesellschaften
H. Gewinnvereinnahmung bei Anteilen an Personen-Handelsgesellschaften

18. Thema: Die Bilanzierung, Bewertung und Prüfung von Beteiligungen an Personenhandelsgesellschaften (Ergänzung zu Thema 17)

- Vgl. I, § 11 Ziff. 3 c) -

I. Anteile an Personenhandelsgesellschaften als Beteiligungen
II. Ausweis der Anteile
A. Anteile an PHG gehören zu den Beteiligungen, wenn auf Dauer bestimmt
B. Gesonderter Ausweis ist wünschenswert aber gesetzlich nicht gefordert
III. Bewertung der Anteile
A. Bewertung zu Anschaffungskosten (bei Kauf oder durch Einlage)
B. Bestimmung der Anschaffungskosten
1. Geleisteter Betrag zuzüglich eingeforderter Beträge
2. Wahlrecht, auch den bedungenen Betrag anzusetzen
3. Differenzbetrag zu dem geleisteten Betrag ist als Resteinzahlungsverpflichtung zu passivieren
4. Soweit Resteinzahlungsverpflichtungen für noch nicht eingeforderte, bedungene Einlagen nicht passiviert sind ist eine Anhangangabe nach § 285 Nr. 3 HGB erforderlich. Eine Hafteinlage ist für die Bemessung der Anschaffungskosten ohne Bedeutung; übersteigt sie die bedungene Einlage: § 285 Nr. 3 HGB
IV. Behandlung von Gewinnanteilen
A. Grundsätzlich gilt ein Gewinnanteil, über den der Gesellschafter verfügen kann, als am Abschluss-Stichtag der PHG realisiert
B. Er ist nicht realisiert, wenn der Gewinnanteil der Verfügungsgewalt des Gesellschafters entzogen ist, und zwar
1. durch Gesetz
2. durch Gesellschaftsvertrag
3. durch (ausstehenden) Gesellschafterbeschluss
C. Eine Gesellschafterforderung auf den Gewinnanteil kann wieder eingelegt werden; insoweit entstehen nachträgliche Anschaffungskosten
D. Ein Gewinnanteil, der zur Erfüllung einer Einlageverpflichtung verwendet wird, ist zum Zeitpunkt der Beschlussfassung, frühestens am Abschluss-Stichtag der PHG, zu vereinnahmen bzw. umzubuchen
V. Behandlung von Verlusten und Ergebnisverschlechterungen
A. Grundsatz: Dauernde Wertminderungen sind abzuschreiben; vorübergehende Wertminderungen dürfen abgeschrieben werden
B. Verluste, die durch rein steuerliche Wertminderungen entstehen, können nicht zu einer Abschreibung führen
VI. Auf Zuschreibungen kann nicht mit Hinweis auf § 280 Abs. 2 HGB verzichtet werden.
VII. Auf § 274 HGB (latente Steuern) ist hinzuweisen.

19. Thema: Zur Bilanzierung durch Personenhandelsgesellschaften

- Vgl. I, § 2 Ziff. 2 a2 -

I. Einführung: In der Stellungnahme HFA 2/1993 hat das IDW grundlegend zur Bilanzierung bei Personenhandelsgesellschaften Stellung genommen. Hierbei spielt insbesondere die Frage eine Rolle, in wie weit Vermögensgegenstände und Schulden der Gesellschaft zuzuordnen sind und welche Folgerungen aus der Zuordnung für Bilanz und GuV zu ziehen sind.

II. Zum Inhalt des Jahresabschlusses einer Personenhandelsgesellschaft

  A. Der Inhalt der Bilanz

    1. Vermögensgegenstände (Gesamthandsvermögen)

    2. Schulden der Gesellschaft

      a. Gesamthandsverbindlichkeiten

      b. Abgrenzung zwischen Eigen- und Fremdkapital

    3. Rückstellungen

  B. Der Inhalt der GuV-Rechnung

    1. Darstellung der Rechtsbeziehungen zu den Gesellschaftern

    2. Kapitalertragsteuer- und Körperschaftsteueranrechnung

III. Die Gliederung des Jahresabschlusses

  A. Bilanzgliederung

    1. Die Vorschrift des § 274 Abs. 1 HGB

    2. Ausweis des Eigenkapitals und des Ergebnisses

      a. Kapitalanteile der Gesellschafter einer OHG

      b. Kapitalanteile der Gesellschafter einer KG

      c. Ausstehende Einlagen

      d. Rücklagen

      e. Jahresergebnis

      f. Für Entnahmen zur Verfügung stehende Eigenkapitalanteile

    3. Ausweis von Forderungen und Verbindlichkeiten, die Gesellschafter betreffen

    4. Ausweis von Anteilen an der persönlich haftenden Gesellschafterin

  B. GuV-Gliederung

IV. Bilanzierung bei Abfindung ausscheidender Gesellschafter

20. Thema: Bilanzierung und Bewertung von Anteilen an "Joint Ventures" (Ergänzung zu Thema 19)

- Vgl. I, § 11 Ziff. 3 e) / HFA Stellungnahme 1/1993 / IAS 31 -

I. Begriff und Differenzierung der Joint Ventures (Arbeitsgemeinschaften) nach HFA. Die Begriffsabgrenzung nach IAS 31 weicht von der des HFA ab

  A. Begriff: Joint Ventures im Sinne des HFA sind vertragliche Vereinbarungen über ökonomische Aktivitäten zwischen zwei oder mehreren Parteien, die einen gemeinsamen Zweck verfolgen; das Joint Venture muss eigene Interessen kaufmännischer Art verfolgen. (in Deutschland vor allem Arbeitsgemeinschaften)

  B. Differenzierung nach der Rechtsform

    1. Kapitalgesellschaften

    2. Personenhandelsgesellschaften

    3. BGB-Gesellschaften

    4. Bruchteilsgemeinschaften (der HFA beschäftigt sich vorwiegend mit 3 u. 4)

II. Die Rechnungslegung im Joint Venture

  A. Für Joint Ventures in der Rechtsform der Kapitalgesellschaft oder der Personenhandelsgesellschaft gelten die Vorschriften des Dritten Buches des HGB

B. Joint Ventures ohne Gesamthandsvermögen: Es besteht kein Bedarf der Partner an einer eigenen Rechnungslegung des Joint Venture.

C. Joint Ventures mit Gesamthandsvermögen: Nach HGB bestehen für BGB-Gesellschaften keine Rechnungslegungsvorschriften, allenfalls nach § 721 Abs. 2 BGB, diese Vorschriften sind aber abdingbar.

1. Eine Gemeinschaftsrechnung wird freiwillig durchgeführt

2 Eine Gemeinschaftsrechnung wird nicht durchgeführt

III. Bilanzierung der Mitgliedschaft in einem Joint Venture im Jahresabschluss der Partnerunternehmen

A. Ausweis der Mitgliedschaft

1. Ausweis bei fehlendem Gesamthandsvermögen

2. Ausweis bei Vorhandensein von Gesamthandsvermögen

a. Zugehörigkeit der Mitgliedschaft zum Anlage- oder Umlaufvermögen

b. Ausweis als Beteiligung i.S.v. § 271 Abs. 1 HGB, wenn das Joint Venture Unternehmenseigenschaft besitzt

c. Bei Ausweis im Umlaufvermögen: Ausweis als Sonstiger Vermögensgegenstand oder Sonderausweis.

B. Bewertung der Mitgliedschaft

1. Bewertung bei fehlendem Gesamthandsvermögen

2. Bewertung an Joint Ventures in der Form des Gesamthandsvermögens:

a. Ausgangsgröße für die Bewertung von Anteilen sind die Anschaffungskosten nach § 255 Abs. 1 HGB

b. Die Fortschreibung richtet sich nach den Grundsätzen der Stellungnahme HFA 1/91 (s. Thema 17)

c. Drohende ausgleichspflichtige Verluste: Bildung einer Rückstellung nach § 249 Abs. 1 Satz 1 HGB

C. Gewinnvereinnahmung aus Gesellschaftsanteilen

IV. Ergebnisausweis aus Anteilen in der GuV-Rechnung.

A. Ausweis innerhalb der Posten des Finanzergebnisses, wenn der Anteil im Finanzanlagevermögen bilanziert ist.

B. Ergebnisausweis als sonstige betriebliche Erträge / Aufwendungen, wenn der Anteil im Umlaufvermögen bilanziert ist

C. Die Saldierung positiver mit negativen Ergebnissen aus Joint Ventures ist nach § 246 Abs. 2 HGB nicht zulässig

V. Angaben im Anhang von Kapitalgesellschaften

A. Angaben nach § 285 Nr. 11 HGB

B. Hinweis auf das evtl. Bestehen einer unbeschränkten persönlichen Haftung aus dem Joint Venture

VI. Leistungsbeziehungen zwischen einem Joint Venture und den Partnerunternehmen bei Vorliegen von Gesamthandsvermögen

A. Gesellschaftsrechtlich begründete Leistungen

B. Schuldrechtliche Beziehungen

C. Einzelvertragliche Verpflichtungen

VII. Schlussbemerkung: Das Joint Venture im Konzernabschluss eines Partnerunternehmens

21. Thema: Grenzen Sie die Begriffe der "Verbundenen Unternehmen" nach § 271 Abs. 2 HGB und nach § 15 AktG ab. Zeigen Sie die unterschiedlichen Anwendungsbereiche und - wenn möglich - die "Schnittmenge" beider Begriffsfassungen auf!

- Vgl. I § 11 Ziff. 1 d) -

I. Verbundene Unternehmen nach dem AktG
- A. Arten der verbundenen Unternehmen nach § 15 AktG
  1. Direkte und indirekte Mehrheitsbeteiligung
  2. Abhängige und herrschende Unternehmen
  3. Vertragsteile eines Unternehmensvertrages
     a. Beherrschungsvertrag
     b. Gewinnabführungsvertrag
     c. Teilgewinnabführungsvertrag
     d. Gewinngemeinschaft
     e. Betriebspachtvertrag
  4. Wechselseitig beteiligte Unternehmen
  5. Konzernunternehmen = rechtlich selbständige Unternehmen unter einheitlicher Leitung
- B. Konzernvermutungen nach dem Aktiengesetz
  1. Nicht widerlegbare V. bei Beherrschungsvertrag
  2. Nicht widerlegbare V. bei Eingliederung
  3. Nicht widerlegbare V. bei wechselseitiger Mehrheitsbeteiligung
  4. Mehrheitsbeteiligung führt widerlegbar zur Abhängigkeit
  5. Abhängigkeit führt zur widerlegbaren Konzernvermutung
- C. Bedeutung der Begriffe der verbundenen Unternehmen und der Konzernunternehmen für Aktiengesellschaften (außerhalb der Rechnungslegung)

II. Verbundene Unternehmen nach dem Handelsgesetzbuch
- A. Begriff der verbundenen Unternehmen nach § 271 Abs. 2 HGB
  1. § 271 Abs. 2 verweist auf § 290 HGB
  2. In § 290 werden Mutter-Tochterverhältnisse zwischen Kapitalgesellschaften mit Sitz im Inland und Tochterunternehmen, unabhängig von deren Sitz und Rechtsform definiert
     a. Nach § 290 Abs. 1 HGB liegt ein Mutter-Tochterverhältnis vor, wenn eine Kapitalgesellschaft mit Sitz im Inland an einem anderen Unternehmen beteiligt ist und die einheitliche Leitung ausübt
     b. Nach § 290 Abs. 2 HGB liegt ein Mutter-Tochterverhältnis auch vor, wenn einer Kapitalgesellschaft mit Sitz im Inland gegenüber anderen Unternehmen die folgenden Control-Rechte zustehen:
        b1. Mehrheit der Stimmrechte
        b2. Organ-Bestellungs- Abberufungsrecht
        b3. Beherrschungsrecht durch Vertrag oder Satzungsbestimmung
  3. Danach sind Mutter-Tochterverhältnisse nach § 290 stets verbundene Unternehmen
- B. Bedeutung des Begriffs der verbundenen Unternehmen für das Dritte Buch HGB: Die Definition nach § 271 Abs. 2 HGB betrifft nur die Rechnungslegung auf der Grundlage des Dritten Buches des HGB.
- C. Unklarheiten bei der Definition der verbundenen Unternehmen nach § 271 Abs. 2 HGB bei wörtlicher Auslegung der Vorschrift
  1. § 290 HGB betrifft nur Kapitalgesellschaften als Mutterunternehmen; damit könnten Einzelkaufleute und Personengesellschaften zu ihren Tochterunternehmen nicht "verbundene Unternehmen" sein

2. § 290 HGB betrifft nur Gesellschaften mit Sitz im Inland als Muttergesellschaften; damit könnten Mutterunternehmen mit Sitz im Ausland im Verhältnis zu ihren Tochterunternehmen nicht "verbundene Unternehmen" sein

D. Die bisherige Diskussion um den Begriff der verbundenen Unternehmen nach HGB führt zu folgendem vom Gesetzeswortlaut abweichenden Ergebnis: Verbundene Unternehmen nach HGB sind Mutter- und Tochterunternehmen nach § 290 Abs. 1 und 2 HGB, aber unabhängig von der Rechtsform und dem Sitz der Mutterunternehmen sowie die Tochterunternehmen untereinander

III. Zusammenfassung: Verbundene Unternehmen nach § 15 AktG sind Grundlage (nur) des aktienrechtlichen Konzern-Organisations-Rechts; Verbundene Unternehmen nach § 271 Abs. 2 HGB haben Bedeutung (nur) für die Rechnungslegung der Kapitalgesellschaften.

22. Thema: Probleme bei der Prüfung von Ausleihungen des Finanzanlagevermögens

- Vgl. I, § 12 -

I. Begriff der Ausleihungen des Finanzanlagevermögens

A. Abgrenzung nach § 266 Abs. 2 A III HGB

B. Entstehung der Ausleihungen

1. Grundsätzlich durch Auszahlung (Bar- und Buchgeld) aufgrund eines Darlehensvertrages

2 Ausnahmsweise durch Umschuldung (Novation)

C. Vorzeitige Kündigungsmöglichkeiten sind für die Zuordnung zum Finanzanlagevermögen ohne Bedeutung

D. Nicht zu den Ausleihungen gehören

1. Forderungen und Wertpapiere des Umlaufvermögens
2. Anteile des Anlagevermögens
3. Wertpapiere des Anlagevermögens
4. Beteiligungen

E. Abgrenzungsprobleme bestehen zu folgenden Posten

1. Beteiligungen (partiarische Darlehen)
2. Forderungen aus Lieferungen und Leistungen
3. Forderungen gegen verbundene Unternehmen
4. Fällige und rückständige Tilgungsraten
5. Fällige Zinsforderungen

II. Nachweis und Nachweisprüfung bei Ausleihungen des Finanzanlagevermögens; Prüfungsunterlagen können sein:

A. Verträge

B. Personenkonten

C. Grundbuchauszüge, Verträge über Sicherheiten

D. evtl. Schätzgutachten

E. Aufsichtsrats- und Hauptversammlungsprotokolle

F. Auszahlungs- und Einzahlungsbelege

G. Saldenlisten

H. Saldenbestätigungen, Saldenmitteilungen, Schuldanerkenntnisse

I. Grundschuld- und Hypothekenbriefe

J. Kreditauskünfte

K. Kreditverkehr

III. Bewertung und Bewertungsprüfung bei Ausleihungen des Finanzanlagevermögens

A. Grundsatz: Gemildertes Niederstwertprinzip im Finanzanlagevermögen

B. Bewertungseinflüsse

1. Bonität des Schuldners
2. Gewährte Sicherheiten
3. Währung, auf die die Forderung lautet
4. Verzinsung der Forderung
   a. Grundsätzlich bei niedrig verzinslichen Ausleihungen: Barwert als Differenz zwischen Auszahlungsbetrag und dem kapitalisierten langfristigen Ertragsentgang gegenüber normal verzinslichen Finanzanlagen
   b. Behandlung von sog. Zero-Bonds
      b1. Begriff der Zero-Bonds
      b2. Bewertung der Zero-Bonds bei dem Gläubiger mit den Anschaffungskosten zuzüglich der jeweils aufgrund der kapitalabhängigen Effektivzinsberechnung ermittelten Zinsforderung

IV. Ausweis und Ausweisprüfung
   A. Anlagespiegel (wie übriges Anlagevermögen)
   B. Ausweis
      1. Große Kapitalgesellschaften: § 266 Abs. 2 A III 2, 4, 6 HGB
      2. Mittelgroße Kapitalgesellschaften: § 327 HGB für die Offenlegung.
      3. Kleine Kapitalgesellschaften: § 266 Abs. 1 Satz 3 HGB
   C. Angabepflichten
      1. Angabe der Forderungen mit einer Restlaufzeit von mehr als einem Jahr (§ 268 Abs. 4 HGB) <nur Umlaufvermögen>
      2. Ggf. Angabe der gewährten Vorschüsse und Kredite an Organe unter Angabe der wesentlichen Bedingungen usf. (§ 285 Nr. 9c HGB)

V. Bei der Prüfung zu berücksichtigende korrespondierende Positionen
   A. Erträge aus Ausleihungen (§ 275 Abs. 2 Nr. 10 HGB)
   B. Sonstige Zinsen und ähnliche Erträge, davon aus verbundenen Unternehmen (§ 275 Abs. 2 Nr. 11 HGB)
   C. Abschreibungen auf Finanzanlagen (§ 275 Abs. 2 Nr. 12 HGB)
   D. Zinsen und ähnliche Aufwendungen (§ 275 Abs. 2 Nr. 13 HGB)

VI. Bilanzierung und Bewertung von Ausleihungen nach IAS 32 und IAS 39

23. Thema: "Financial Instruments" nach internationalen Rechnungslegungsstandards (ohne Derivate)

- Vgl. I. § 12, Ziff. 6; Hinweis / IAS 32, IAS 39-

I. In der internationalen Diskussion ist eine grundsätzliche Reform der Bilanzierung und Bewertung von "Financial Instruments" geplant. Die Diskussion ist indes noch nicht abgeschlossen; Eine Novellierung der IAS 32 und IAS 39 bis Ende 2005 ist vorgesehen; die Grundzüge dieser Reform sind jedoch bereits erkennbar.

II. Definition der Finanzinstrumente (IAS 32, Financial Instruments: Disclosure and Presentation):

"Ein Finanzinstrument ist ein Vertrag, der gleichzeitig bei dem einen Unternehmen zu einem finanziellen Vermögenswert (financial asset) und bei dem anderen zu einer finanziellen Verbindlichkeit (financial liability) oder einem Eigenkapitalinstrument (equity instrument) führt."

   A. Finanzielle Vermögenswerte (financial assets) umfassen nach IAS 32.5:
      1. Kassenbestände,
      2. das Recht, flüssige Mittel oder andere finanzielle Vermögenswerte von einem anderen Unternehmen zu erhalten,
      3. das Recht, Finanzinstrumente mit einem anderen Unternehmen unter potentiell vorteilhaften Bedingungen austauschen zu können, oder

4. ein als Aktivum gehaltenes Eigenkapitalinstrument eines anderen Unternehmens.

B. Eine finanzielle Verbindlichkeit (financial liability) ist jede vertragliche Verpflichtung,
   1. flüssige Mittel oder einen anderen finanziellen Vermögenswert an ein anderes Unternehmen abzugeben oder
   2. Finanzinstrumente mit einem anderen Unternehmen unter potentiell nachteiligen Bedingungen austauschen zu müssen.

C. Ein Eigenkapitalinstrument ist ein Vertrag, der einen Residualanspruch an den Vermögenswerten eines Unternehmens nach Abzug aller Schulden begründet.

D. Monetäre finanzielle Vermögenswerte und finanzielle Verbindlichkeiten (sog. monetäre Finanzinstrumente) sind finanzielle Vermögenswerte, und finanzielle Verbindlichkeiten, die in festen oder bestimmbaren Geldbeträgen entgegenzunehmen oder zu bezahlen sind."

E. Nicht zu den Financial Instruments gehören nach IAS 32.1:
   1. Anteile an Tochterunternehmen (Mehrheitsbeteiligungen),
   2. Anteile an assoziierten Unternehmen (Minderheitsbeteiligungen),
   3. Anteile an Joint Ventures,
   4. Versorgungsverpflichtungen,
   5. Verpflichtungen aus Arbeitnehmerbeteiligungsplänen,
   6. Verpflichtungen aus Versicherungsverträgen.

III. Wesentlicher Diskussionspunkt ist der Ansatz der Finanzinstrumente zu Tageswerten.

24. Thema: Bilanzierung, Bewertung und Prüfung von Vorräten

- Vgl. I § 10 / IAS 2 -

I. Begriffliche Abgrenzung

A. Vorräte sind Gegenstände des Umlaufvermögens; es handelt sich also um Vermögensgegenstände, die nicht dazu bestimmt sind, dauernd dem Geschäftsbetrieb zu dienen (Umkehrschluss nach § 247 Abs. 2 HGB)

B. Zu den Vorräten gehören nach § 266 Abs. 2 B I HGB, ähnlich IAS 2:
   1. Roh-, Hilfs- und Betriebsstoffe
   2. Unfertige Erzeugnisse, unfertige Leistungen
   3. Fertige Erzeugnisse und Waren
   4. Geleistete Anzahlungen (= Leistungsforderungen)

II. Nachweis und Nachweisprüfung (Inventurverfahren und Inventurprüfung, s. Thema 25)

III. Bewertung und Bewertungsprüfung

A. Grundsatz: Strenges Niederstwertprinzip nach § 253 Abs. 3; Kapitalgesellschaften dürfen Abschreibungen nach vernünftiger kaufmännischer Beurteilung i.S.v. § 253 Abs. 4 HGB nicht vornehmen; ggf. Wertaufholungsgebot

B. Festbewertung

C. Gruppenbewertung, Durchschnittsbewertung, Verbrauchsfolgeverfahren (s. a. 26. Thema)

IV. Bewertung der Vorräte nach IAS 2

A. Anwendung des strengen Niederstwertprinzips nach IAS 2.6: Vorräte sind mit dem niedrigeren Wert aus Anschaffungs- oder Herstellungskosten und Nettoveräußerungswert (net realisable value) zu bewerten. Der Nettoveräußerungswert ist nach IAS 2 der geschätzte, im normalen Geschäftsgang erzielbare Verkaufserlös abzüglich der geschätzten Kosten bis zur Fertigstellung und der geschätzten notwendigen Verkaufskosten.

B. Modifikation des Grundsatzes der Einzelbewertung: Nach IAS 2.19 gilt für die Bewertung der Vorräte der Grundsatz der Einzelbewertung nur dann, wenn die Vorräte "normalerweise nicht austauschbar sind oder für spezielle Projekte hergestellt und ausgesondert sind"

C. Verbrauchsfolgeverfahren

1. Nach IAS 2 ist die Anwendung der FIFO-Methode oder der Durchschnittsmethode bei „austauschbaren" Gegenständen Pflicht.
2. Das LIFO-Verfahren ist nach nur in Verbindung mit zusätzlichen Angaben, die den Angabepflichten nach § 284 Abs. 2 Nr. 4 HGB entsprechen , zulässig.

D. Unzulässigkeit anderer Bewertungsvereinfachungsverfahren einschl. Festwertverfahren

E. Wertaufholungsgebot

V. Ausweis, Ausweisprüfung und korrespondierende Positionen

A. Ausweis: Vgl. oben, I. B.

B. Korrespondierende Positionen (Gesamtkostenverfahren)

1. Erhöhung oder Verminderung des Bestandes an fertigen und unfertigen Erzeugnissen (§ 275 Abs. 2 Nr. 2 HGB)
2. Materialaufwand:
   a. Aufwendungen für Roh-, Hilfs- und Betriebsstoffe und für bezogene Waren (§ 275 Abs. 2 Nr. 5a HGB)
   b. Aufwendungen für bezogene Leistungen (§ 275 Abs. 2 Nr. 5 b HGB)
3. Abschreibungen auf Vermögensgegenstände des Umlaufvermögens, soweit diese die in der Kapitalgesellschaft üblichen Abschreibungen überschreiten (vgl. § 275 Abs. 2 Nr. 7b HGB)
4. Sonstige betriebliche Aufwendungen (§ 275 Abs. 2 Nr. 8 HGB)
5. Außerordentliche Aufwendungen (§ 275 Abs. 2 Nr. 16 HGB)

25. Thema: Die Prüfung der Inventur im Rahmen der Jahresabschlussprüfung. Gehen Sie bei Ihren Ausführungen auch auf unterschiedliche Inventurverfahren ein!

- Vgl. I, § 10 Ziff. 2 -

I. Inventurgrundsätze

A. Vollständigkeit

B. Richtigkeit und Genauigkeit

C. Nachprüfbarkeit

II. Inventurverfahren

A. Stichtagsinventur und zeitlich ausgeweitete Stichtagsinventur = körperliche Aufnahme am Bilanzstichtag (bzw. kurz davor/kurz danach; § 240 Abs. 2 HGB)

B. Zeitlich vor- oder nachverlegte Inventur (§ 241 Abs. 3 Nr. 1 HGB) = Stichtagsinventur innerhalb eines Zeitraumes von drei Monaten vor und zwei Monaten nach dem Bilanzstichtag; Voraussetzung: Wertmäßige Vor- oder Rückrechnung bis zum Bilanzstichtag; nicht geeignet für Gegenstände, die starken Bewegungen oder unkontrollierbarem Schwund unterliegen

C. Permanente Inventur (§ 241 Abs. 2 HGB) = Aufnahme aller Positionen einmal während des Geschäftsjahres; Voraussetzung: Ordnungsmäßige Lagerbuchführung; nicht geeignet für Gegenstände, die starken Bewegungen oder unkontrollierbarem Schwund unterliegen

D. Inventur mit Hilfe von Stichproben (§ 241 Abs. 1 HGB) = die Auswertung einer Zufallsstichprobe von Lagerpositionen wird zum Gesamtwert des "Lagerkollektivs" hochgerechnet. Voraussetzungen:

1. Verwendung anerkannter statistischer Methoden
2. Übereinstimmung mit den GoB
3. Aussagewert des Stichprobeninventars muss dem Aussagewert eines aufgrund einer körperlichen Aufnahme aufgestellten Inventars gleichkommen (vgl. HFA 1/81: Stichprobenverfahren für die Vorratsinventur zum Jahresabschluss)

E. Körperliche Bestandsaufnahme bei automatisch gesteuerten Lagersystemen

F. Verfahren der systemgestützten Werkstattinventur

G. Kombinationen zwischen den Verfahren sind möglich

III. Prüfung der Vorratsinventur
  A. Übersicht über die Prüfungsmöglichkeiten
  B. Beobachtung der Inventur als wesentliche Prüfungshandlung (Fachgutachten 1/88)
    1. Verzicht auf die Beobachtung
      a Gleichwertige externe Kontrollen
      b Sachliche und zeitliche Beschränkungen der Inventurbeobachtung
      c Beobachtung nach einem mehrjährigen Prüfungsplan
    2. Planung der Inventurprüfung
    3. Prüfungshandlungen bei der Inventurprüfung
      a Prüfung der Inventurvorbereitung
      b Prüfung der körperlichen Aufnahme
      c Verfolgung der Aufnahmeergebnisse
  C. Prüfung der Stichprobeninventur

26. Thema: Umschreiben Sie die Prüfungsprobleme bei Anwendung von Verbrauchsfolgeverfahren nach § 256 HGB. Gehen Sie dabei auch auf den Ausweis der Unterschiedsbeträge nach § 284 Abs. 2 Nr. 4 HGB ein und gehen Sie der Frage nach, inwieweit durch Anwendung von Verbrauchsfolgeverfahren der Scheingewinnausweis vermieden werden kann. Welche Bedeutung haben die Verbrauchsfolgeverfahren für die steuerliche Gewinnermittlung?

- Vgl. I, § 10 Ziff. 3 c, d und e -

I. Anwendungsvoraussetzungen der Verbrauchsfolgeverfahren nach § 256 HGB
  A. Gleichartige Gegenstände des Vorratsvermögens
    1. Gleiche Warengattung und annähernde Preisgleichheit
    2. Funktionsgleichheit und annähernde Preisgleichheit?
  B. GoB-Entsprechung
  C. Verbrauchsfolgefiktion

II. Einzelne Verbrauchsfolgeverfahren (das Niederstwertprinzip ist zu beachten)
  A. LIFO (Last-in-first-out)
  B. FIFO (First-in-first-out)
  C. HIFO (Highest-in-first-out)
  D. LOFO (Lowest-in-first-out)
  E. KIFO (Konzern-in-first-out)

III. Verbrauchsfolgeverfahren und stille Rücklagen (Scheingewinne)
  A. Zum Begriff des Scheingewinns
  B. Untersuchung der Verbrauchsfolgeverfahren im Hinblick auf die Vermeidung des Scheingewinnausweises

IV. Angabe der stillen Rücklagen (der vermiedenen Scheingewinne) nach § 284 Abs. 2 Nr. 4 HGB im Anhang der Kapitalgesellschaften

V. Einzelheiten nach steuerlicher Anerkennung des LIFO-Verfahrens
  A. Steuerliche Voraussetzungen nach § 6 Abs. 1 Nr. 2a EStG
    1. Gewinnermittlung nach § 5 EStG
    2. Anwendung für gleichartige WG des Vorratsvermögens
    3. Vereinbarkeit mit handelsrechtlichen GoB
    4. Ansatz des LIFO-Wertes auch in der Handelsbilanz
    5. Keine Inanspruchnahme des Importwarenabschlages nach § 80 EStDV
    6. Bei erstmaliger Anwendung ist vom Durchschnittswert des Bestandes auszugehen
  B. Ausgestaltungsformen des LIFO-Verfahrens
    1. Permanentes LIFO

a. Beschreibung
b. Beurteilung: Bei unterjähriger Lagerräumung wird. der LIFO-Effekt unterbrochen
2. Perioden-LIFO
a. Beschreibung
b. Endbestand = Anfangsbestand
c. Endbestand > Anfangsbestand
c1. Ansatz zu den tatsächlichen Kosten in der Reihenfolge des Zugangs während des Geschäftsjahres.
c2. Ansatz zu den tatsächlichen Kosten der letzten Zugänge.
c3. Ansatz des Mehrbestandes mit den Durchschnittskosten der Zugänge des Geschäftsjahres
c4. Bildung von layers
d. Endbestand < Anfangsbestand
VI. Nach IAS 2 sind das FIFO-Verfahren und die Durchschnittsmethode bei austauschbaren Gegenständen Pflicht.

27. Thema: Die Prüfung von Forderungen (und Verbindlichkeiten). Nach den Grundsätzen ordnungsmäßiger Abschlussprüfung sind bei der Prüfung von Forderungen und Verbindlichkeiten Saldenbestätigungen einzuholen. Legen Sie dar, wie eine Saldenbestätigungsaktion durchgeführt werden sollte!

- Vgl. I, § 13 -

I. Begriff und Ausweis der Forderungen des Umlaufvermögens
A. Forderungen als Gegenstände des Umlaufvermögens
B. Gliederung der Forderungen des Umlaufvermögens (§ 266 Abs. 2 B II HGB)
1. Große Kapitalgesellschaften
a. Forderungen aus Lieferungen und Leistungen
b. Forderungen gegen verbundene Unternehmen
c. Forderungen gegen Unternehmen, an denen ein Beteiligungsverhältnis besteht
2. Mittelgroße Kapitalgesellschaften: Wie B1. Für die Offenlegung besteht nach § 327 Nr. 1 HGB die Möglichkeit, auf die Untergliederung zu verzichten.
3. Kleine Kapitalgesellschaften: Untergliederung von Pos. § 266 Abs. 2 B II HGB nicht erforderlich
C. Sonstige Angaben
1. Vermerk der Forderungen mit einer Restlaufzeit über ein Jahr bei jedem gesondert ausgewiesenen Posten (§ 268 Abs. 4 HGB)
2. Ggf. offene Absetzung von Anzahlungen auf Vorräte (§ 268 Abs. 5 HGB)
II. Nachweisprüfung bei Forderungen (und Verbindlichkeiten) - Saldenbestätigungen
A. Übersicht über Prüfungsmöglichkeiten
1. Prüfung anhand der Saldenlisten
2. Prüfung mit Hilfe des internen Kontrollsystems
3. Nachvollzug der Geschäftsvorfälle
4. Prüfung anhand der bis zum Prüfungszeitraum erfolgten Regulierung
5. Prüfung anhand von Forderungs- und Schuldurkunden
6. Prüfung anhand von Saldenmitteilungen der Geschäftspartner
B. Die Einholung von Saldenbestätigungen als wesentliche Prüfungshandlung nach ISA 502 und IDW PS 302
1. Allgemeine Grundsätze für die Einholung von Bestätigungen Dritter
a) Durchführung der Befragung unter der Kontrolle des Prüfers
b) Auswahl der Bestätigungsanfragen

2. Stichtagsbezogenheit der Bestätigungsanfrage
3. Methoden der Bestätigungsanfragen
   a) Die negative Methode
   b) Die positive Methode
4. Alternative Prüfungshandlungen bei Nichtbeantwortung von Bestätigungsanfragen
5. Überprüfung der Authentizität der Antwort bei Zweifeln an der Zuverlässigkeit einer Bestätigung
6. Untersuchung der Gründe und der Häufigkeit von Abweichungen zwischen Anfrage und Bestätigung
7. Einfluss der Beteiligten auf den Bestätigungsprozess
4. Verfahrensablauf

III. Bewertung von Forderungen des Umlaufvermögens

28. Thema: Bilanzierung und Bewertung von anderen Gegenständen des Umlaufvermögens sowie der aktiven und passiven Posten der Rechnungsabgrenzung

- Vgl. I, § 14 -

I. Übersicht
II. Geleistete Anzahlungen (§ 266 Abs. 2 A I 3; B I 4 HGB)
III. Flüssige Mittel (§ 266 Abs. 2 B IV HGB)
   A. Scheckbestand
   B. Kassenbestand
   C. Bundesbank- und Postbankguthaben, Guthaben bei Kreditinstituten
IV. Wertpapiere des Umlaufvermögens
   A. Anteile an verbundenen Unternehmen (§ 266 Abs. 2 B III Nr. 1 HGB)
   B. Eigene Anteile (§ 266 Abs. 2 B III Nr. 2 HGB)
   C. Sonstige Wertpapiere (§ 266 Abs. 2 B III Nr. 3 HGB)
V. Sonstige Vermögensgegenstände (§ 266 Abs. 2 B II Nr. 4 HGB)
VI. Aktive (und passive) Rechnungsabgrenzungsposten
   A. Arten der Rechnungsabgrenzung
      1. Transitorische Posten
      2. Antizipative Posten
      3. Abgrenzung der "Einnahmen" und "Ausgaben" bei der Rechnungsabgrenzung.
   B. Aktive Rechnungsabgrenzungsposten in der Handelsbilanz
      1. Transitorische Rechnungsabgrenzungsposten (§ 250 Abs. 1 Satz 1 HGB)
      2. Zölle und Verbrauchsteuern (§ 250 Abs. 1 Satz 2 Nr. 1 HGB)
      3. Umsatzsteuer (§ 250 Abs. 1 Satz 2 Nr. 2 HGB)
      4. Disagio
         a Ausweiswahlrecht
         b Abschreibung
   C. Passive Rechnungsabgrenzungsposten (§ 250 Abs. 2 HGB)
   D. Behandlung antizipativer Posten nach § 268 Abs. 4 und 5 HGB bei Kapitalgesellschaften
   E. Posten der Rechnungsabgrenzung nach IAS:
      Ansatzpflicht für transitorische RAP und für das Disagio; nicht für Zölle, Verbrauchsteuern und Wertberichtigungen

29. Thema: Bilanzierung, Bewertung und Prüfung von Verbindlichkeiten im handelsrechtlichen Jahresabschluss. Gehen Sie auch auf die Behandlung der sog. Zero-Bonds ein!

- Vgl. I, § 15 -

I. Arten, Ausweis und Angabepflichten
  A. Arten (§ 266 Abs. 3 C HGB)
    1. Anleihen, davon konvertibel (§ 266 Abs. 3 C 1 HGB)
      a. Teilschuldverschreibungen
      b. Gewinnschuldverschreibungen
      c. Wandelschuldverschreibungen (Konvertible Anleihen)
        c1. Anleihen mit Umtauschrecht
        c2. Anleihen mit Bezugsrecht
      d Unter bestimmten Bedingungen: Genussrechte (s. bes. Thema)
    2. Verbindlichkeiten gegenüber Kreditinstituten (§ 266 Abs. 3 C 2 HGB)
    3. Erhaltene Anzahlungen auf Bestellungen (§ 266 Abs. 3 C 3 HGB)
    4. Verbindlichkeiten aus Lieferungen und Leistungen (§ 266 Abs. 3 C 4 HGB)
    5. Verbindlichkeiten aus der Annahme gezogener Wechsel und der Ausstellung eigener Wechsel (§ 266 Abs. 3 C 5 HGB)
    6. Verbindlichkeiten gegenüber verbundenen Unternehmen (§ 266 Abs. 3 C 6 HGB)
    7. Verbindlichkeiten gegenüber Unternehmen, mit denen ein Beteiligungsverhältnis besteht (§ 266 Abs. 3 C 7 HGB)
    8. Sonstige Verbindlichkeiten; davon aus Steuern; davon im Rahmen der sozialen Sicherheit (§ 266 Abs. 3 C 8 HGB)
  B. Ausweispflichten
    1. Für große Kapitalgesellschaften: Vollausweis
    2. Für mittelgroße Kapitalgesellschaften: Vollausweis; Erleichterungen bei der Offenlegung
    3. Für kleine Kapitalgesellschaften: Untergliederung nicht erforderlich, vgl. aber § 327 HGB.
    4. Für die übrigen Kaufleute: "Hinreichende Aufgliederung" (§ 247 Abs. 1 HGB)
  C. Angabepflichten bei Kapitalgesellschaften
    1. Angabe der Restlaufzeit bis zu einem Jahr bei jeder Verbindlichkeit (§ 268 Abs. 5 Satz 1 HGB)
    2. Sonderausweis der Anzahlungen auf Vorräte, soweit nicht offen von den Vorräten abgesetzt (§ 268 Abs. 5 Satz 2 HGB)
    3. Angabe wesentlicher Beträge von Verbindlichkeiten, die erst nach dem Abschlußstichtag entstehen, im Anhang (§ 268 Abs. 5 Satz 3 HGB)
    4. Angabe Gesamtbetrag und Einzelbeträge von Verbindlichkeiten mit einer Restlaufzeit von mehr als fünf Jahren (§ 285 Nr. 1 a und 2 HGB)
    5. Angabe Gesamtbetrag und Einzelbeträge von Verbindlichkeiten, die durch Grundpfandrechte oder ähnliche Rechte gesichert sind, unter Angabe von Art und Form der Sicherheiten (§ 285 Nr. 1 b und 2 HGB)
    6. Erleichterungen für mittelgroße und kleine Kapitalgesellschaften. Im übrigen: Angabe im Rahmen eines "Verbindlichkeitsspiegel" ist sinnvoll

II. Bewertung der Verbindlichkeiten
  A. Grundsätze
    1. Bewertung von Verbindlichkeiten mit dem Rückzahlungsbetrag (§ 253 Abs. 1 Satz 2 HGB)
    2. Bewertung von Rentenverpflichtungen, für die eine Gegenleistung nicht mehr zu erwarten ist, zu ihrem Barwert (§ 253 Abs. 1 Satz 2 HGB)

3. Berücksichtigung des Disagios
4. Bewertung von Währungsverbindlichkeiten

B. Besonderheiten der Bewertung bei Zero-Bonds
1. Begriff der Zero-Bonds
2. Passivierung mit dem Betrag, der den Anleihegläubigern unabhängig von der Fälligkeit am Bilanzstichtag geschuldet wird (und nicht mit dem Rückzahlungsbetrag!).
3. Agio bzw. Disagio ist zu berücksichtigen

III. Prüfung der Verbindlichkeiten (vgl. auch Thema 27, Saldenbestätigungen)

30. Thema: Rückstellungen, Arten, Passivierungsregeln, Bewertung und Ausweis

- Vgl. I, § 16 -

I. Begriff der Rückstellungen

A. Allgemeine Begriffselemente der Rückstellungen
1. Rückstellungen stellen eine betriebliche Belastung dar
2. Rückstellungen sind durch spätere Tatsachen ausgelöst
3. Rückstellungen sind Aufwand vor dem Bilanzstichtag
4. Rückstellungen sind mit Ungewissheit behaftet
5. Nach Art. 20 der vierten EG-Richtlinie dürfen Rückstellungen nicht als Korrekturposten zu bestimmten Aktiva gebildet werden

B. Arten der Rückstellungen nach § 249 HGB
1. Rückstellungen für Verpflichtungen gegenüber Dritten
   a. Rückstellungen für ungewisse Verbindlichkeiten (Passivierungspflicht)
   b. Rückstellungen für drohende Verluste aus schwebenden Geschäften (Passivierungspflicht)
   c. Rückstellungen für Gewährleistungen, die ohne rechtliche Verpflichtung erbracht werden (Passivierungspflicht, obwohl es sich nicht um rechtliche Verpflichtungen handelt)
2. Aufwandsrückstellungen
   a. Rückstellungen für unterlassene Aufwendungen für Instandhaltung (Passivierungspflicht, wenn die Instandhaltung innerhalb von drei Monaten nachgeholt wird, sonst Passivierungswahlrecht)
   b. Rückstellungen für Abraumrückstand (Passivierungspflicht bei Nachholung innerhalb des folgenden Geschäftsjahres, sonst Passivierungswahlrecht)
   c. Aufwandsrückstellungen nach § 249 Abs. 2 HGB (Passivierungswahlrecht)

C. Abgrenzung der Rückstellungen gegenüber Verbindlichkeiten, Rechnungsabgrenzungsposten, Wertberichtigungen, Sonderposten mit Rücklageanteil und Rücklagen

D. Rückstellungen und Eventualschulden nach IAS 17

II. Rückstellungen für ungewisse Verbindlichkeiten

A. Abgrenzung des Begriffsmerkmals "Betriebliche Belastung" (privatrechtliche oder öffentlich-rechtliche Verpflichtung am Bilanzstichtag)

B. Erläuterung einzelner ausgewählter Rückstellungen für ungewisse Verbindlichkeiten
1. Pensionsrückstellungen (s. a. 33. Thema)
2. Rückstellungen für Vorruhestandsleistungen
3. Rückstellungen für Ausgleichsansprüche der Handelsvertreter
4. Rückstellungen für rückständige Urlaubsansprüche
5. Rückstellungen für Ausbildungskosten
6. Rückstellungen für Produzentenhaftung
7. Rückstellungen für Wechselobligo
8. Rückstellungen für Jahresabschlusskosten und für die Prüfung des Jahresabschlusses

9. Rückstellungen für drohende Verpflichtungen zur Verlustabdeckung bei Ergebnisübernahmeverträgen
10. Rückstellungen für Rekultivierungsverpflichtungen
11. Rückstellungen für öffentlich-rechtliche Sicherheitsinspektionen
12. Jubiläumsrückstellungen
14. Rückstellungen für Sozialplanverpflichtungen
15. Rückstellungen für ökologische Altlasten (s. a. 32. Thema)

III. Rückstellungen für drohende Verluste aus schwebenden Geschäften
- A. Rechtsgrundlage
- B. Grundsätze für die Ermittlung von Verlusten aus schwebenden Liefergeschäften (s. a. 31. Thema)

IV. Kulanzrückstellungen
- A. Begriff
- B. Passivierungspflicht für Kulanzrückstellungen!

V. Aufwandsrückstellungen
- A. Aufwandsrückstellungen nach § 249 Abs. 2 HGB, Voraussetzungen:
  1. Ihrer Eigenart nach genau umschriebene Aufwendungen
  2. Dem Geschäftsjahr oder einem früheren Geschäftsjahr zugeordnet
  3. Am Abschluss-Stichtag wahrscheinlich oder sicher
  4. Nach Höhe oder Zeitpunkt des Eintritts unbestimmt
- B. Sonderbehandlung der Rückstellungen für unterlassene Aufwendungen für Instandhaltung (teilweise Passivierungspflicht)

VI. Bewertung der Rückstellungen
- A. Grundsatz: Bewertung nach vernünftiger kaufmännischer Beurteilung
- B. Verbindlichkeitsrückstellungen: Geschätzter Zahlungs- oder Leistungsbetrag
- C. Rentenverpflichtungen ohne Gegenleistung: Barwert
- D. Rentenverpflichtungen mit Gegenleistung: Sonderregelung z.B. für Pensionsanwartschaften
- E. Aufwandsrückstellungen mit Wahlrecht: Ansatz bis zur Höhe der antizipierten zukünftigen Aufwendungen
- F. Rückstellungen dürfen nur abgezinst werden, wenn die ihnen zugrunde liegenden Verbindlichkeiten einen Zinsanteil enthalten
- G. Bewertung von Rückstellungen nach IAS 17

VII. Ausweisvorschriften für Rückstellungen
- A. Bilanzausweis
- B. Erläuterung der unter dem Posten "sonstige Rückstellungen" nicht gesondert ausgewiesenen Rückstellungen, wenn sie einen nicht unerheblichen Umfang haben (§ 285 Nr. 12 HGB)
- C. Angabe der nicht passivierten Pensionsrückstellungen (Art. 28 EGHGB)

31. Thema: Probleme der Bemessung von Rückstellungen für drohende Verluste aus schwebenden Liefergeschäften

- Vgl. I, § 16, Ziff. 3 -

I. Rechtsgrundlage: § 249 Abs. 1 Satz 1 HGB

II. Grundsätze für die Ermittlung von Verlusten aus schwebenden Liefergeschäften
- A. Ermittlung der noch anfallenden Aufwendungen
  1. Ansatz nur der variablen Aufwendungen bei Unterbeschäftigung während der Fertigungszeit
  2. Ansatz der Vollaufwendungen bei Vollbeschäftigung während der Fertigungszeit

3. Vollaufwandsabzug ist stets zulässig

B. Beachtung des Stichtagsprinzips: Berücksichtigung aller am Bilanzstichtag vorhersehbaren Verluste (und nur dieser)

C. Nettoausweis der künftigen Verluste, also ggf. Aufrechnung mit möglichen Regreßforderungen

D. Berücksichtigung des Vorsichtsprinzips bei Schätzung zukünftiger Ereignisse

E. Keine Abgrenzung für Verluste, die sich über mehrere künftige Abrechnungsperioden erstrecken

F. Auswirkungen der steuerlichen Nichtanerkennung von Drohverlust-Rückstellungen

§ 5 Abs. 4a EStG gilt als steuerliche Sonderregelung nur für die Steuerbilanz. In der Handelsbilanz sind Drohverlustrückstellungen auch für Geschäftsjahre, die nach dem 31. Dezember 1996 enden, gem. § 249 Abs. 1 Satz 1 HGB zu bilden und dürfen nur aufgelöst werden, soweit der Grund hierfür entfallen ist (§ 249 Abs. 3 Satz 2 HGB.

III. Prüfungsprobleme

A. Prüfung des Bestandes schwebender Liefergeschäfte

B. Prüfung zukünftiger Risiken

32. Thema: Zur bilanziellen Behandlung von Altlasten (Sanierungsverpflichtungen, Anpassungsverpflichtungen)

- Vgl. I. § 16, Ziff. 2, b2.11) -

I. Begriffliche Abgrenzung Altlasten sind Kontaminierungen von Boden, ggf. auch von Wasser und Luft. Sanierungsverpflichtungen können sein:

A. Sanierungsverpflichtungen

B. Anpassungsverpflichtungen (z.B. nach der Technischen Anweisung Luft sind bestimmte Anlagen immer auf dem letzten Stand der Technik zu halten)

II. Die Bilanzierung von Sanierungsverpflichtungen

A. Grundsätzliche Möglichkeiten der bilanziellen Behandlung (Streitfrage ist, ob die Altlast Bestandteil des Aktivums, des Grundstücks, ist oder ob die Belastung als selbständige Last neben dem Grundstück besteht. Im ersten Fall: Nettobilanzierung; im zweiten: Bruttobilanzierung)

B. Ansatz eine niedrigeren Wertes für ein Grundstück/Gebäude auf der Aktivseite

1. Kauf des Grundstücks

a. Käufer hat Mangel gekannt: Keine Abschreibung mehr notwendig; Dekontaminierungsaufwand ggf. = nachträgliche Anschaffungskosten

b. Käufer hat Mangel nicht gekannt: Abschreibung notwendig

2. Bereits vorhandenes oder übertragenes belastetes Grundstück (Mangel wird später erkannt): Es besteht grundsätzlich ein Wahlrecht zur Brutto- oder Nettobilanzierung (Streitfrage)

a. Abschreibung auf den niedrigeren beizulegenden Wert Teilwert) nur, wenn Tageswert unter dem Buchwert liegt, also der Buchwert keine stillen Anschaffungswertreserven enthält

b. Bildung einer Rückstellung, wenn Wertminderung größer als bisheriger Buchwert

C. Berücksichtigung der Sanierungsverpflichtung als Rückstellung (Streitfrage, ob nach Art 20 der 4. Richtlinie eine Rückstellung mit Wertberichtigungscharakter gebildet werden kann)

1. Bildung von Rückstellungen nach dem Grund und der Art

a. Altlastenrückstellung als Verbindlichkeitsrückstellung nach § 249 Abs. 1 HGB nach der bisherigen Steuerrechtsprechung

a1. Vorliegen einer privatrechtlichen oder öffentlich-rechtlichen Verpflichtung am Bilanzstichtag; die öffentlich-rechtliche Verpflichtung kann durch Gesetz oder Verwaltungsakt vorgenommen worden sein

a2. Vertrag, Verwaltungsakt oder Gesetz müssen zu einer konkreten Handlung veranlassen. (Streitfrage Luxus- oder Billigsanierung)

a3. Die Auflage durch Vertrag, Gesetz oder Verwaltungsakt muss innerhalb eines überschaubaren Zeitraumes erfolgen

a4. Die Auflage muß mit Sanktionen versehen sein.

a5. Die späteren Dekontaminierungsaufwendungen müssen Erhaltungsaufwand, nicht Herstellungsaufwand nach § 255 Abs. 2 HGB sein. (Nach dem FG Münster kommt Rückstellungsbildung nur in Betracht, wenn die Dekontaminierung nicht zu einer wesentlichen Verbesserung gegenüber dem bisherigen Zustand führt).

b. Ggf. Kritik an der bisherigen Rechtsprechung mit Hilfe der folgenden Rückstellungskriterien

b1. Rückstellung = betriebliche Belastung i.S.e. schuldrechtlichen oder öffentlich-rechtlichen Verpflichtung

b2. Rückstellung durch spätere Tatsachen ausgelöst

b3. Aufwand vor dem Bilanzstichtag (R. zur Alimentierung von Erträgen)

b4. Mit Ungewissheit behaftet

b5. Rückstellung als Korrekturposten?

c. Dekontaminierungsrückstellungen als Aufwandsrückstellungen sind grundsätzlich nach § 249 Abs. 2 HGB möglich, wenn sie zukünftigen (Erhaltungs-)Aufwand antizipieren

2. Bewertung der Dekontaminierungsrückstellungen

a. Bewertung nach vernünftigem kaufmännischem Ermessen (Streitfrage: Luxus- oder Billigsanierung?)

b. Rückstellung ist in voller Höhe zu bilden.

c. Eine Abzinsung der zukünftigen Belastung kommt nicht in Betracht, wenn in der Verpflichtung kein Zinsanteil enthalten ist

III. Die Bilanzierung von Anpassungsverpflichtungen, wenn die öffentlich-rechtliche Auflage zu zukünftigen Anpassungen zwingt (z.B. TA-Luft), sind nur die Beträge zurückzustellen, die durchzuführen das Unternehmen am Bilanzstichtag verpflichtet ist - unter Berücksichtigung der sonstigen Voraussetzungen für die Rückstellungsbildung -

IV. Schlussbemerkungen

33. Thema: Bilanzierung und Bewertung von Pensionszusagen

- Vgl. I, § 16, Ziff. 2 b1 und b2 -

I. Verpflichtungen aus Pensionszusagen sind grundsätzlich als Verbindlichkeitsrückstellungen passivierungspflichtig bei weitgehenden Übergangsregelungen

II. Feststellungen der Stellungnahme HFA 2/1988: Pensionsverpflichtungen im Jahresabschluß

A. Arten der Verpflichtungen

1. Unmittelbare Pensionsverpflichtungen
2. Mittelbare Pensionsverpflichtungen
3. Pensionsähnliche Verpflichtungen

B. Bewertung

1. Anwendung anerkannter Regeln der Versicherungsmathematik

a. Laufende Rentenverpflichtungen: Ansatz mit dem Barwert

b. Pensionsanwartschaften: Mittelansammlung während der Aktivitätsperiode

2. Bewertungsparameter

a. biometrische Grundlagen

b. Fluktuation

c. Altersgrenze

d. Verhältnisse am Bilanzstichtag
e. Rechnungszins
f. Trendbedingte Wertänderungen
3. Bewertung mittelbarer Pensionsverpflichtungen aus der Unterdeckung bei Unterstützungskassen
4. Berichterstattung im Anhang
a. Angabe der Bewertungsmethoden nach § 284 Abs. 2 Nr. 1 HGB
b. Angabe des Fehlbetrages nach Art. 28 Abs. 2 EGHGB
c. Angabe von Unterdeckungen bei U.-Kassen
III. Zur Bilanzierung und Prüfung der Anpassungspflicht von Betriebsrenten, Stellungnahme HFA 3/1993
A. Bilanzierung der Rentenerhöhung zum Anpassungszeitpunkt
B. Bilanzierung zwischen den Anpassungszeitpunkten
C. Bilanzierung bei unterbliebener Anpassung.
1. Rechtmäßig unterbliebene Anpassung.
2. Rechtswidrig unterbliebene Anpassung.
D. Prüfungsaspekte
1. Prüfungsdurchführung
2. Prüfungsbericht und Bestätigungsvermerk
IV. Schlussbemerkung: Vorruhestandsleistungen sind keine Pensionsleistungen, sondern Prämien für vorzeitiges Ausscheiden. Es besteht Passivierungspflicht

34. Thema: Die Steuerabgrenzung im Einzelabschluß. Diskutieren Sie Anwendungsprobleme, die sich aus § 274 HGB ergeben können

- Vgl. I, § 17 / IAS 12 -

I. Begriff der latenten Steuern
II. Latente Steuern im Jahresabschluss von Kapitalgesellschaften
A. Grundsätzliche Überlegungen
B. Ausweis in der Bilanz
III. Technische Probleme der Ermittlung der latenten Steuern
A. Verrechnungstheorien
B. Saldierung aktiver mit passiven latenten Steuern
IV. Latente Steuern nach der SABI-Stellungnahme 3/1988
A. Grundsätzliche Feststellungen
B. § 274 HGB gilt grundsätzlich nur für Kapitalgesellschaften; die Vorschrift kann aber auch auf alle übrigen Kaufleute angewandt werden
C. Zeitliche, permanente und quasi-permanente Differenzen
D. Saldierung aktiver mit passiven latenten Steuern erforderlich
E. Anwendung der "Verbindlichkeits-Methode"
F. Bilanzausweis
G. GuV-Ausweis: Grundsätzlich im Steueraufwand; bei Auflösung, weil mit einer zukünftigen Be- oder Entlastung nicht mehr zu rechnen ist: Sonstige Aufwendungen / -Erträge
V. Latente Ertragsteuern nach IAS 12
A. Timing Differences versus Temporal Differences
1. Abgrenzungspflicht auch für quasi permanente Differenzen
2. Verlustvorträge und Steuergutschriften
3. Temporary Differences im Konzernbereich
B. Ermittlungs- und Bilanzierungsprobleme

1. Aktivierungspflicht
2. Saldierungsverbot
3. Einzeldifferenzenermittlung

C. Bewertung der Abgrenzungsposten, insb. Wahl der Steuersätze

D. Anhangangaben

35. Thema: Zur Bilanzierung und Prüfung des Gezeichneten Kapitals und der ausstehenden Einlagen

- Vgl. I, § 19, Ziff. 2 und 3 -

I. Abgrenzung und Ausweis des Eigenkapitals bei Kapitalgesellschaften (§ 266 Abs. 3 Pos. A HGB)

A. Gezeichnetes Kapital

B. Kapitalrücklage

C. Gewinnrücklagen

1. Gesetzliche Rücklage
2. Rücklage für eigene Anteile
3. Satzungsmäßige Rücklagen
4. Andere Gewinnrücklagen

D. Gewinnvortrag/Verlustvortrag

E. Jahresüberschuss/Jahresfehlbetrag

F. Auf der Aktivseite: "Nicht durch Eigenkapital gedeckter Fehlbetrag" (§ 268 Abs. 3 HGB)

II. Das gezeichnete Kapital

A. Begriff des gezeichneten Kapitals

1. Begriff nach § 272 Abs. 1 Satz 1 HGB
2. Bei Aktiengesellschaften: Grundkapital (§ 152 Abs. 1 Satz 1 AktG)

<u>Hinweis</u> auf Änderungen nach dem KonTraG

a. Das Grundkapital muss auf einen Nennbetrag in Euro lauten

b. Der Mindestnennbetrag des Grundkapitals ist fünfzigtausend Euro

c. Die Aktien können entweder als Nennbetragsaktien oder als Stückaktien begründet werden

d. Nennbetragsaktien müssen auf einen Euro lauten

3. Bei der GmbH: Stammkapital (§ 42 Abs. 1 GmbHG)

B. Nachweis des gezeichneten Kapitals

1. Nachweis von Veränderungen des Grundkapitals von Aktiengesellschaften

a. Veränderungen durch Kapitalerhöhung

a1. Gegen Einlagen (§§ 182 ff. AktG)

a2. Aus Gesellschaftsmitteln (§§ 207 ff. AktG)

a3. Bei bedingter Kapitalerhöhung (§§ 192 ff. AktG)

a4. Im Rahmen des genehmigten Kapitals (§§ 202 ff. AktG)

b. Veränderungen durch Kapitalherabsetzung

b1. Ordentliche Kapitalherabsetzung (§§ 222 ff. AktG)

b2. Vereinfachte Kapitalherabsetzung (§§ 229 ff. AktG)

b3. Kapitalherabsetzung durch Einziehung von Aktien (§§ 237 ff. AktG)

2. Nachweis von Veränderungen des Stammkapitals bei der GmbH

a. Erhöhung des Stammkapitals (§§ 55 ff. GmbHG)

b. Kapitalerhöhung aus Gesellschaftsmitteln (§ 57 c GmbHG)

c. Kapitalherabsetzung (§ 58 ff. GmbHG)

C. Bewertung des gezeichneten Kapitals (§ 283 HGB)
D. Angaben zum gezeichneten Kapital durch Aktiengesellschaften nach §§ 152 Abs. 1 und 160 Abs. 1 Nrn. 1-4 AktG

III. Ausstehende Einlagen
A. Ausstehende Einlagen bei der GmbH: § 7 Abs. 2 GmbHG
B. Ausstehende Einlagen bei der AG: § 36 a AktG. Nachweis über das Aktienbuch
C. Bewertung der ausstehenden Einlagen: Zumindest die eingeforderten ausstehenden Einlagen sollten (wie bisher) wie Forderungen (unter Angabe des Nennbetrages) ausgewiesen werden.
D. Ausweis der ausstehenden Einlagen
1. Bruttoausweis
2. Nettoausweis

36. Thema: Zur Bilanzierung und Prüfung der offenen Rücklagen und der eigenen Anteile bei Kapitalgesellschaften

- Vgl. I, § 19 Ziff. 4-6 -

I. Offene Rücklagen als Teil des Eigenkapitals von Kapitalgesellschaften (zur Übersicht über die Eigenkapitalposten vgl. 36. Thema, Abschn I.)

II. Kapitalrücklagen
A. Begriff und Ausweis der Kapitalrücklagen
1. Ausgabeagio von Anteilen (§ 272 Abs. 2 Nr. 1 HGB)
2. Agio bei Ausgabe von Wandelschuldverschreibungen (§ 272 Abs. 2 Nr. 2 HGB)
3. Betrag von Zuzahlungen von Gesellschaftern gegen Gewährung eines Vorteiles für ihre Anteile (§ 272 Abs. 2 Nr. 3 HGB)
4. Andere Zuzahlungen von Gesellschaftern in das Eigenkapital (§ 272 Abs. 2 Nr. 4 HGB)
B. Kapitalrücklagen bei der Aktiengesellschaft gehören zu den "gesetzlichen Rücklagen"; vgl. § 150 AktG
C. Zu den Kapitalrücklagen bei der GmbH gehört auch der Gegenposten für eingeforderte Nachschüsse nach § 42 Abs. 2 GmbHG

III. Gewinnrücklagen
A. Begriff der Gewinnrücklagen nach § 272 Abs. 3 HGB
B. Dotierung und Auflösung der Gewinnrücklagen bei der AG
1. Gesetzliche (Gewinn-)Rücklage nach § 150 Abs. 2 AktG
2. Eigenkapitalanteil von Wertaufholungen (§ 58 Abs. 2 a AktG)
3. Andere Gewinnrücklagen (§ 58 AktG)
C. Dotierung und Auflösung der Gewinnrücklagen bei der GmbH
1. Gewinnverteilung nach § 29 GmbHG
2. Übergangsregelungen nach § 7 GmbHÄndG
D. Zeitpunkt der Berücksichtigung von Gewinnrücklagen nach § 270 Abs. 2 HGB (§ 268 Abs. 1 HGB)
E. Ausweis Rücklagenveränderungen in der GuV (§ 275 Abs. 4 HGB)

IV. Eigene Anteile, Rücklage für eigene Anteile
A. Eigene Anteile
b1. Ausweis als besonderer Posten (§ 266 Abs. 2 B III HGB), Hinweis: § 272 Abs. 1 Satz 4-6 HGB sieht eine besondere Ausweisregel vor, die unter bestimmten Bedingungen nur bei dem Ausweis eigener Anteile durch Aktiengesellschaften anzuwenden ist, und zwar: "Der Nennbetrag oder, falls ein solcher nicht vorhanden ist, der rechnerische Wert von nach § 71 Abs. 1 Nr. 6 oder 8 des Aktiengesetzes zur Einziehung erworbenen Aktien ist in der Vorspalte offen von dem Posten Gezeichnetes Kapital als Kapi-

talrückzahlung abzusetzen." und: "Wird der Nennbetrag oder der rechnerische Wert von Aktien nach Satz 4 abgesetzt, ist der Unterschiedsbetrag dieser Aktien zwischen ihrem Nennbetrag oder dem rechnerischen Wert und ihrem Kaufpreis mit den anderen Gewinnrücklagen (§ 266 Abs. 3 A.III.4.) zu verrechnen; weitergehende Anschaffungskosten sind als Aufwand des Geschäftsjahres zu berücksichtigen."

2. Begrenzungen des Erwerbs eigener Anteile
   a. Nach §§ 71-71e AktG. Hinweis: § 71 Abs. 1 ist um zwei Nrn. erweitert worden (Nr. 7, Handelsbestand von Kreditinstituten; Nr. 8, Ermächtigung des Vorstands börsennotierter AG)
   b. Nach § 33 GmbHG
3. Bewertung: Wie Gegenstände des Umlaufvermögens
4. Berichterstattung nach § 160 Abs. 1 Nr. 2 AktG

B. Rücklage für eigene Anteile nach § 272 Abs. 4 HGB

37. Thema: Zur Bilanzierung von Genussrechten nach der Stellungnahme HFA 1/1994

- Vgl. I, § 19, Ziff. 7 -

I. Begriff und Arten der Genussrechte

A. Begriff: Genussrechte beruhen auf einem schuldrechtlichen Vertrag, in dem der Genussrechtsemittent dem Genussrechtsinhaber als Gegenleistung für die Überlassung von Kapital oder zur Abgeltung sonstiger Ansprüche Vermögensrechte gewährt, wie sie sonst typischerweise nur im Verhältnis zu Gesellschaftern bestehen. Unabhängig von ihrer Ausgestaltung verlieren Genussrechte nicht ihren schuldrechtlichen Charakter. Genussrechte gewähren keine Mitgliedschaftsrechte.

B. Arten
1. Nicht verbriefte Genussrechte
2. Verbriefte Genussrechte (Genussscheine)

II. Bilanzierung bei der Genussrechte emittierenden Kapitalgesellschaft

A. Behandlung der Kapitalzuführung
(Das überlassene Genussrechtskapital ist je nach Sachverhalt beim Genussrechtsemittenten
als Fremdkapital zu passivieren,
unmittelbar in das Eigenkapital einzustellen oder
erfolgswirksam zu vereinnahmen)

1. Erfolgsneutrale Passivierung
   a. Bilanzierung als Eigenkapital unter den folgenden Bedingungen:
      a1. Nachrangigkeit
      a2. Erfolgsabhängigkeit der Vergütung sowie Teilnahme am Verlust bis zur vollen Höhe
      a3. Längerfristigkeit der Kapitalüberlassung
   b. Bilanzierung als Fremdkapital bei Fehlen der Bedingungen zu (a)
2. Erfolgswirksame Vereinnahmung bei Fehlen eines Rückforderungsrechts und wenn der Genussrechtsinhaber ausdrücklich einen Ertragszuschuss leisten will
3. Ausweis und Erläuterung im Anhang
4. Sonderfragen
   a. Agio-Emissionen
      a1. Genussrechtskapital ohne Eigenkapitalcharakter
      a2. Genussrechtskapital mit Eigenkapitalcharakter
   b. Disagio-Emissionen
      b1. Genussrechtskapital ohne Eigenkapitalcharakter
      b2. Genussrechtskapital mit Eigenkapitalcharakter

c. Wandel- und Options-Genussscheine
B. Vergütung und Verlustbeteiligung
1. Genussrechtskapital ohne Eigenkapitalcharakter
a. Ausweis der laufenden Bedienung
b. Ausweis eines Verlustanteils
2. Genussrechtskapital mit Eigenkapitalcharakter
a. Ausweis der laufenden Bedienung
b. Ausweis eines Verlustanteils
III. Bilanzierung beim Genussrechtsinhaber
A. Genussrechtskapital
B. Vergütung und Verlustbeteiligung

38. Thema: Vergleichen Sie den Begriffsumfang der Herstellungskosten nach § 255 Abs. 2 mit dem Begriffsumfang nach § 275 Abs. 2 Nr. 2 HGB

- Vgl. I, § 22 -

I. Einleitung: Darstellung von § 255 Abs. 2 und 3; kurze Darstellung des Umsatzkostenverfahrens
II. Umfang der in die Herstellungskosten einzurechnenden Aufwandsarten
A. Bilanzielle Herstellungskosten: Einbeziehungspflicht der einzeln bzw. unmittelbar zurechenbaren Aufwendungen; Wahlrecht für Gemeinkosten (mittelbar zurechenbare Aufwendungen) und Abschreibungen
B. UKV: Grundsätzlich Vollkosten, soweit sie auf die umgesetzten Lieferungen und Leistungen entfallen
C. Umfang der bilanziellen Herstellungskosten muß mit dem Umfang der Herstellungskosten nach § 275 Abs. 3 Nr. 2 nicht übereinstimmen
Sonderprobleme der Abgrenzung
1. Sonderproblem: Im Vorjahr hergestellte und in der Bilanz nur mit Teilkosten aktivierte Herstellungskosten der im Folgejahr umgesetzten Leistungen gehen nur mit den Teilkosten in die GuV ein
2. Sonderproblem: Die nicht aktivierten Herstellungskosten der im Berichtsjahr hergestellten, aber nicht umgesetzten Leistungen können
a. in Posten 2 des Berichtsjahrs ausgewiesen werden oder
b. in den "sonstigen betrieblichen Aufwendungen" ausgewiesen werden
III. Zuordnungs- und Gliederungsprobleme
A. Grundlagen: Bei dem Umsatzkostenverfahren erfolgt die Gliederung nach Bereichen (Herstellung - allg. Verwaltung - Vertrieb); bei dem GKV nach primären Aufwandsarten. Weil die GuV nach § 275 Abs. 3 HGB nur die umsatzbezogenen Aufwendungen nach Bereichen und die übrigen Aufwendungen nach dem Primärprinzip gliedert, ergeben sich Zuordnungsprobleme
B. Einzelne Zuordnungsprobleme
1. Allgemeine Verwaltungskosten, die zu den GuV-Herstellungskosten gehören, werden in Pos. 2 und nicht in Pos. 5 von § 275 Abs. 3 HGB ausgewiesen
2. Betriebsteuern und Zinsen, die zu den Herstellungskosten gehören könnten, sollten nicht unter Pos. 2 von § 275 Abs. 3 HGB ausgewiesen werden, sondern unter den entsprechenden primären Aufwandsarten
3. Zu den sonstigen betrieblichen Aufwendungen gehören nur jene Aufwendungen, die nicht unter die Funktionsaufwendungen, unter die Finanzaufwendungen, unter die außerordentlichen Aufwendungen oder unter die Steuern fallen.
IV. Berichtspflichten: Wegen der Wahlrechte ist über beide Arten der Herstellungskosten im Anhang zu berichten.

39. Thema: Der Lagebericht, Inhalt und Prüfung
- Vgl. I, § 24 / IDW RS HFA 1 / IDW PS 350 -

I. Rechtsgrundlagen für die Aufstellung und Prüfung
- A. Zweck des LB
- B. Rechtsgrundlagen nach §§ 289, 317, 321 und 322 HGB

II. Grundsätze für die Aufstellung des LB
- A. Allgemeine Berichtsgrundsätze
  - 1. Vollständigkeit
  - 2. Richtigkeit
  - 3. Klarheit und Übersichtlichkeit
- B. Inhalt des LB
  - 1. Berichterstattung nach § 289 Abs. 1 HGB
    - a. Darstellung des Geschäftsverlaufs
      - a1. Entwicklung von Branche und Gesamtwirtschaft
      - a2. Umsatz- und Auftragsentwicklung
      - a3. Produktion
      - a4. Beschaffung
      - a5. Investitionen
      - a6. Finanzierungsmaßnahmen bzw. —vorhaben
      - a7. Personal- und Sozialbereich
      - a8. Umweltschutz
      - a9. Sonstige wichtige Vorgänge im Geschäftsjahr.
    - b. Darstellung der Lage
      - b1. Vermögenslage
      - b2. Finanzlage
      - b3. Ertragslage
    - c. Hinweise auf die Risiken der zukünftigen Entwicklung
      - c1. Bestandsgefährdende Risiken
      - c2. Sonstige Risiken
  - 2. Berichterstattung nach § 289 Abs. 2 HGB
    - a. Berichterstattung über Vorgänge nach dem Schluß des Geschäftsjahres
    - b. Berichterstattung über die voraussichtliche Entwicklung
    - c. Berichterstattung über Forschung und Entwicklung
    - d. Berichterstattung über bestehende Zweigniederlassungen
- C. Besonderheiten des Konzern-LB

III. Grundsätze für die Prüfung des LB
- A. Prüfungsgegenstand
- B. Prüfungsumfang und -intensität
- C. Prüfungsablauf
- D. Prüfungshandlungen
  - 1. Vergangenheitsorientierte Prüfung des LB
  - 2. Zukunftsorientierte Prüfung des LB
- E. Prüfung der Darstellung von Vorgängen nach dem Abschluss-Stichtag
- F. Prüfungsbericht und Bestätigungsvermerk

* * *

Stichwortverzeichnis

Anmerkung: Die mit „*" gekennzeichneten Seitenangaben des Stichwortverzeichnisses beziehen sich auf die vorstehend abgedruckten Gliederungsvorschläge zu ausgewählten Themen aus dem Bereich des handelsrechtlichen Jahresabschlusses.

A

B

E

F

G

H

I

J

K

L

M

Z

www.ingramcontent.com/pod-product-compliance
Lightning Source LLC
LaVergne TN
LVHW060629300926
849162LV00008B/1740